JN412165

부가세, 원천징수,
법인세 등의 완벽한
세금신고 노하우!

남미숙 저

세무회계 신입의 업무 불안감을 공감하는
대선배의 시크릿 핵심노트!

(주)영화조세통람

개정판 머리말

사회 변화에 발맞춰 책이 보다 다양한 매체를 통해 소비되는 것을 보며 종이책이 정말 필요한 자들의 전유물이 되어가고 있음을 느끼고 있다. 당장 출근길에 주변을 둘러봐도 종이책을 보는 사람보다는 스마트폰이나 태플릿pc 같은 전자기기를 들여다보는 사람을 더 흔히 볼 수 있다. 입문자에게 도움이 되었으면 하는 마음으로 책으로 출간하기까지 가장 많이 고민했던 부분이 바로 이 부분이다. 전자기기에 익숙한 사람들에게 이 종이책이 언제 어디서나 도움이 될 수 있었으면 하는 바람이다.

「세금신고 끝판왕」 개정판을 사용할 사람들에게 가이드라인을 제시하면 다음과 같다.

입문자의 경우에는 연간신고목록으로 신고내용의 흐름을 이해하고 1년의 반복적인 신고기한에 대해서 숙지하는 것이 좋다. 본 도서의 각 세목별로 기본법 핵심 정리 부분을 중점적으로 읽고, 총괄 업무 파악에서 업무의 진행 과정을 확인하고 거래처 업무진행 관리 현황표에 관리회사를 체크해가며 할 일을 찾아보기 바란다. 또한 국세청 홈택스와 회계프로그램의 기능을 터득해야 하므로 각종 신고 전에는 이에 해당하는 원천징수, 부가가치세, 종합소득세, 법인세 신고 캡쳐 화면을 따라해보는 연습이 필요할 것이다.

근무경력이 쌓인 경력자라면 사업장을 관리하는 담당자이기 때문에 연간신고목록을 익히는 데에 따로 시간을 투자하지 않아도 될 것이라 생각한다. 관리회사의 컨설턴트로서 이미 사업자의 기본 사항을 모두 파악한 상태이므로 본 도서의 내용 중 신고할 때 반드시 지켜야할 의무사항 등을 체크하고 검토해야 한다. 예를 들면 복식부기의무자의 사업용계좌신고 등이 이에 해당된다. 또한 각종 신고 전에는 이에 해당하는 원천징수, 부가가치세, 종합소득세 및 법인세 세무조정을 본 도서의 캡쳐 화면을 통해 꼭 실습해보기 바란다.

마지막으로, "초보자에게 업무를 어떻게 가르쳐야 할까요?"라는 질문을 많이 받는다.

이 책을 처음부터 끝까지 읽는다고 해서 완벽히 이해하기는 쉽지 않을 것이다. 배우는 사람과 가르치는 사람 모두가 계단을 오르듯 차근차근 단계를 밟아가야 한다. 예를 들어 초보자에게는 이 책의 연간신고목록표와 각 세목별 핵심 부분과 원천징수, 부가가치세 등 흐름을 보게 한 다음 프로그램을 다루는 법을 설명하는 것도 하나의 방법이다. 이때, 교육을 신고기간에 해당하는 3월이나 5월에 바로 진행하는 것도 좋지만 8월과 11월의 중간예납 신고시 해당 프로그램을 먼저 접하게 한다면 그 다음해의 법인세와 종합소득세 신고에서 선행학습의 효과를 기대할 수 있을 것이다.

아울러 이번 개정판에서는 세무사랑 프로그램을 사용하는 분들에게도 조금이나마 도움이 되었으면 하는 마음으로 해당 프로그램을 사용한 운영실무 코너를 따로 만들었다. 또한 거래처 관리현황, 신고서 접수현황, 납부서 전달사항 등 모든 관리를 기록으로 남길 수 있도록 본문에서 언급된 것은 물론, 언급되지 않은 기타 서식 및 안내문 파일까지 '세금신고 업무지원 서식 리스트'라 하여 하나로 모아 택스넷(www.taxnet.co.kr) 공지사항에 올려놓을 예정이니 다운로드하여 사용하기 바란다. 모든 파일들은 저자가 실제로 사용하고, 노하우가 담겨있는 것이므로 이를 잘 활용하여 신고관리업무를 무사히 끝내길 바란다.

본 개정판이 나올 수 있도록 격려와 아낌없는 조언을 주신 분들에게 이 자리를 빌어 감사함을 전하고자 한다. 개정판 원고를 쓸 수 있도록 격려와 용기를 주신 ㈜영화조세통람의 모든 분들 특히 김현영 상무님과 책을 예쁘게 꾸며주신 권아정 대리님께 감사드린다. 또한 만남의 소중함을 일깨워 주신 세무법인 정산의 최순규 대표 세무사님, 강승수 세무사님, 세영 세무법인의 유원형 실장님께 감사드리며, 새로운 꿈을 갖게 해주신 세명세무회계의 김형삼 세무사님, 용기를 심어주신 아이파경영아카데미 이성진 차장님, 강사로 거듭날 수 있도록 지도편달해주신 세무법인 로맥 일산지점의 변종화 대표 세무사님(AT커뮤니케이션) 외 많은 분들께 감사드린다. 그리고 친구들, 사랑하는 가족과 아들, 딸에게 진심으로 말로 다할 수 없는 감사의 마음을 전한다. 마지막으로 본 도서에서 아직 채우지 못한 부족한 부분은 앞으로 채워야 할 숙제로 남겨 두며 머리말을 마친다.

「세금신고 끝판왕」이 모든 독자분들의 경력에 작게나마 보탬이 되길 바라며, 항상 건강하고 모든 행운이 함께 하기를 기원한다.

2019년 8월
남미숙

머리말

세무회계사무소는 직접 정확한 세액을 산출하고 신고하는 데에 어려움이 있는 기업이나 사업자와 같은 사람들에게 대리인 또는 참고인으로서 도움을 주기 위한 곳이다.

모든 업무는 세법에 근거를 두며 세무회계 종사자들은 각종 신고서식을 중심으로 업무를 수행하게 된다. 어느 회사나 그 회사의 방침에 맞게 신입직원을 교육해야 하겠지만, 세무회계사무소는 철저히 세법 중심으로 운영되기 때문에 그 특성상 어느 사무소를 가든지 똑같은 신고 업무를 담당하게 된다. 특히 세금을 산출하여 신고하는 작업은 매년 반복되기 때문에 그만큼 기초를 탄탄하게 다지는 것이 중요하다.

세무회계 분야에 종사하면서 수많은 신입직원들을 만나 왔다. 대부분의 경우 업무에 적응하기 위한 첫 1년과 더불어 매년 개정되는 세법에 적응하기까지 최소 3년의 기간을 가장 힘들어 한다. 저자 또한 신입직원이었던 시절이 있었기 때문에 그러한 어려움과 내가 과연 이 직종에 대한 선택을 한 후 앞으로 잘 해낼 수 있을까 하는 두려움이 있었기에 그 심정을 잘 알고 있다.

본서를 집필하게 된 계기가 바로 그러한 불안감에 대한 공감이다. 지금까지는 처음 입사한 직원에게 업무를 알려 주면서 그 업무처리과정을 입으로 또는 기초안내자료 메모노트를 복사해 주었다. 그러나 이러한 일들이 반복되면서 그동안 정리한 메모노트를 책에 담아 후배들이 때로는 친구처럼, 때로는 선생님처럼 언제든 옆에 두고 꺼내볼 수 있도록 하면 좋겠다는 마음이 컸다. 업무에 대한 막연함을 줄이는 데에 도움이 되길 바라며 저자가 느꼈던 성취감과 보람을 함께 느꼈으면 한다. 이 책을 발판 삼아 전문 직업인으로서 첫발을 내딛을 때 가졌던 포부와 다짐을 잊지 않길 바란다.

본서는 세무회계 업무에 처음 임하는 신입직원의 실무지침서를 지향(희망)하는 바, 1년 단위의 업무 수행과정을 상세히 정리했다. 우선 세무회계사무소 신입직원으로서 본인이 해야 하는 업무를 파악한 후 앞으로 담당하게 될 고객사의 특성을 파악해야 한다. 납세 당사자의 정체성에 따라 세액을 산출하거나 신고하는 방법이 달라지므로 고객의 정보를 정확히 파악하는 것이 중요하다. 이후 본격적인 신고업무에 들어가게 되는데, 세무신고를 위한 자료를 어떻게 입력하는지, 입력한 자료를 바탕으로 신고는 어떤 방식으로 진행되는지를 알아야 한다.

세무조정을 하는 부분은 경력이 있는 직원에게도 다소 어려운 부분이기 때문에 본서에 제시된 예시들을 직접 따라 입력해 보면 업무 습득의 속도를 높이는 데에 도움이 될 것이라 생각한다. 또한 해당되는 부분에는 회계 프로그램으로 해당 과정을 입력・처리한 결과를 캡쳐하여 함께 실었으니, 직접 진행한 결과와 비교해 볼 수 있을 것이다. 캡쳐화면이 따로 첨부되지 않았더라도 메뉴 순서대로 화살표를 따라가면 익힐 수 있도록 구성되어 있으며, 그 외 효율적인 업무 진행을 위해 고객을 관리하는 방법도 소개되어 있다.

여기에 기술한 업무흐름은 기술적인 안내에 불과하고, 전문적인 관련 서적을 통해 세법지식을 스스로 터득하는네 시간을 투자했으면 한다. 여러 제약 사항으로 인해 저자가 심도 있게 다루지 못한 부분은 약간 아쉬움으로 남지만, 본서에는 1년 동안 이뤄지는 세무회계 업무가 담겨 있으므로 각 신고기한 전에 필요한 준비들을 마치는 데 큰 도움이 될 것이다. 여러분이 세법을 기본으로 직접 실무를 익히면서 터득하는 업무 진행과정에는 저자와 견해의 차이가 있을 수 있음을 이해하기 바란다.

끝으로 몇 가지 당부와 함께 머리말을 마치고자 한다.

첫 번째는 상식적이고 기본적인 이야기지만 전화를 할 때의 자세와 관련한 것이다. 세무회계사무소는 직접 고객을 대면하는 일보다 상대적으로 전화로 마주하는 경우가 많다. 따라서 갓 입사한 신입직원들도 고객과 전화할 기회가 많이 주어지는데, 이때 전화 받는 목소리에 우울함과 짜증이 섞여 있다면 돌아오는 목소리 또한 같을 수밖에 없다. 고객과의 원만한 관계를 유지하여 신뢰를 쌓고 싶다면 늘 밝고 상냥한 태도로 응대해야 함을 잊지 않길 바란다.

두 번째는 항상 호기심을 가지고 업무에 임해야 한다는 것이다. 질문을 하는 것이 자존심 상할 일도 아니고 모르는 것이 잘못도 아니다. 오히려 무엇이든 새롭게 느껴질 신입 시기에 제대로 아는 것보다 그렇지 못한 것이 많음은 당연한 일이다. 목마른 자가 우물을 파는 것은 자명하므로 늘 궁금해하고 그에 대한 해답을 확실하게 찾는 것이 중요하다.

마지막으로 업무에 임하는 마음가짐을 바로잡아야 한다는 것이다. 이론과 실무가 완벽하게 동일하지는 않기 때문에 이론을 실무에 적용하는 일이 어렵다고 의기소침할 필요도, 그렇다고 이론은 등한시한 채 실무에만 집중할 필요도 없다. 둘 사이에서의 균형을 잃지 않고 성실히 임하려는 태도가 중요하다. 준비된 사람은 어느 곳에 가더라도 환영받는다는 것을 잊지 말아야 한다.

한 권의 책이 세상의 빛을 볼 수 있도록 도와 주신 ㈜영화조세통람의 모든 분들, 무에서 유를 창조할 수 있도록 이끌어주신 김현영 편집장님, 신정세무회계사무소 홍석진 세무사님, 집필의 시작에서 기획을 함께 해준 윤아영님, 책이 길을 잃지 않게끔 기꺼이 길잡이가 되어주신 서민옥 대표님과 스터디 멤버 및 최동선 경영지도사님, 그 밖에 든든한 버팀목이 되어준 친구들과 많은 분들 그리고 사랑하는 가족과 아들, 딸에게 진심으로 말로 다할 수 없는 감사의 마음을 전한다. 이 책을 읽는 모든 분들의 앞날에 행복과 사랑이 충만하기를 기원한다.

2018년 11월

남미숙

세금신고 업무지원 서식 리스트

※해당 목록은 택스넷(www.taxnet.co.kr)의 공지사항에서 파일로 다운로드가 가능합니다.

세금신고 업무지원 서식명	연관된 본문 페이지
1. 공문 및 안내문	
• 개인사업자 사업용신용카드 등록 안내문	428
• 개인사업자와 법인사업자의 비교	75
• 법인세 신고 공문	224
• 부가가치세 신고 공문	190
• 사업용계좌 관리 안내문	430
• 연간신고목록	25
• 연말정산 자료준비 안내문	146
• 종합소득세 신고서류 준비안내 등	341
2. 거래처 관리 서류	
• 건강보험 EDI 업무대행 위임장	163
• 결산분석 검토표	353
• 담당자별 관리 현황표	431
• 담당자별 전자신고 현황표	431
• 법인세 및 종합소득 산출구조	225, 351
• 사업장업무대행(5종, 국민연금EDI)	164
• 서류인수인계서(문서보관, 개인/법인)	444
• 신고 집계관리(11종)	
– 연말정산 등 지급명세서 집계관리	188

8 세금신고 업무지원 서식 리스트

세금신고 업무지원 서식명	연관된 본문 페이지
–법인세 신고 집계관리	339
· 법인지방소득세 신고현황 집계관리	
· 법인세 중간예납 신고현황 집계관리	
–종합소득세 확정신고 집계관리	400
· 면세사업자 현황신고 집계관리	
· 성실신고 종합소득세 확정신고 집계관리	
–근로소득 및 사업소득 간이지급명세서 집계관리	187
–부가가치세 신고 집계관리	222
–원천징수이행상황신고서(매월, 반기)(일용근로명세서)	187
· 일용직 지급명세서 집계관리	
• 신규업체 관리 상담표	415
• 업무진행 현황 리스트(개인별)	105
• 원천징수 이행상황신고 연간집계표(개인)	186
• 원천징수 이행상황신고 연간집계표(법인)	186

다음은 본 도서에 실리지는 않았지만 운영에 관한 기타 관리 서류이다.

세금신고 업무지원 서식명
3. 사무실 관리 기타 서류
• CMS 동의서
• 기장 신규, 폐업, 해임업체 관리대장
• 기장 홈택스 ID, 계좌번호 현황표
• 문구, 비품 관리대장
• 받을어음장
• 세금계산서(기장료)발행대장
• 세무대리계약서
• 우편물 관리대장
• 인수인계서류 요청 공문
• 주식회사 설립 준비
• 직원 연차 휴가공문 시행문
• 직원 휴가일지(개인별) 관리대장
• 퇴직사유서 확인 공문

차 례

제 1 장 세금신고 업무파악

제 2 장 고객사의 특성 파악

제 3 장 세무신고를 위한 자료입력과 신고실무

제 4 장 효율적인 고객서비스 및 관리업무

제 1 장
세금신고 업무파악

인터넷의 발달에 따라 대부분의 세금신고가 전자신고로 이루어지고 있으므로 전산프로그램에 대한 이해와 더불어 체계적인 업무흐름을 익혀 사업장 관리를 효율적으로 할 필요가 있다.

제1절

세무회계의 시작, 연간신고

사업자, 과세관청, 세무대리인 간의 상호 관계

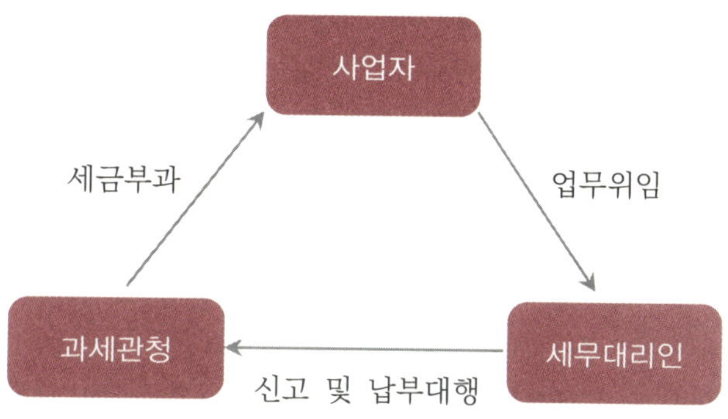

본격적인 내용으로 들어가기 전에 사업자, 과세관청, 세무대리인 간의 상호 관계에 대해서 알아보자. 사업자가 세무대리인에게 업무를 위임하면 위임받은 세무대리인은 과세관청에 신고 및 납부를 대행한다.

사업자는 사업장을 운영하여 총수입금액에서 경비(제조·건설 등 특정 업종은 자재비나 노무비 등 원가 포함)를 지급하고 이윤을 얻어 세금을 납부한다.

사업자의 대부분의 세무신고는 전자로 과세관청에 접수되고, 세무대리인의 업무처리는 전산 회계프로그램으로 진행된다. 국세청은 국세통합전산망으로 전 국민의 소득과 지출을 데이터로 비교 분석하며, 분석 대상 사업자는 소명자료 등 과세자료를 제출해야 한다. 이런 과정에서 세무대리인의 역할은 납세자의 세금 산출뿐만 아니라 그 외 세금 관련 전반적인 사항에 관한 컨설턴트로서도 그 중요성이 강조되고 있다.

Check Box_세무사무소 업무와 일반기업 업무의 차이

세무사무소는 세무대리인으로써 사업자의 업무를 위임받아 국세청에 신고를 대행한다. 세무사무소와 일반기업의 업무는 비슷하지만 각각의 업무는 조금씩 다르다. 아래에서 이 두 업무에 대해 비교해보자.

1. 세무사무소 업무

① 1년 단위의 신고업무를 습득하는 것을 집중적으로 진행한다.
원천징수, 부가가치세, 종합소득세, 법인세 등 신고과정을 1년 단위의 업무를 빠른 시간에 파악할 수 있다.

② 세금관련 업무 중 신고서를 직접 작성해서 국세청에 접수한다.
원천징수이행신고서, 부가가치세신고서, 종합소득세신고서, 법인세신고서 등을 작성하여 우편 또는 전자신고로 접수할 수 있다.

③ 세금신고에 관한 고객관리를 하면서 다양한 회사를 관리할 수 있다.
제조, 도매, 건설, 병원, 학원, 음식점업 등 다양한 사업장을 관리할 수 있다.

④ 회사의 업무를 전표입력에서부터 마지막 세금신고까지 하여 사업자등록을 했었던 관리회사가 번창하여 성장하는 과정을 지켜 볼 수 있다.
사업자의 유형에서 개인사업장, 법인사업장의 설립과정에서 달라지는 사업관리 방법을 파악할 수 있다.

2. 일반기업의 관리 업무

① 일반기업은 ERP를 사용하여 회사의 관리를 편리하게 하고 있다.
ERP를 사용하지 않는 곳은 엑셀 등을 주로 활용하고 있다.

② 기업을 분류하는 기준은 자산규모와 그 밖의 요건과 매출액 등 기준금액을 가지고 대기업과 중견기업 또는 중소기업으로 분류를 하고 법인의 주권을 상장하는 상장법인과 상장하지 않은 비상장법인으로 나누고 있다.

③ 기업은 회사구조에 따라 관리하는 부서가 세분화되어 있으며 세분화된 업무를 기준으로 담당자가 정해진다.

④ 회사특성에 따라 기획, 총무, 인사, 회계, 구매자재관리, 기술, 생산관리, 생산, 영업 및 마케팅 등으로 나누어지며, 본인이 소속된 부서에서 업무를 진행하게 된다.

⑤ 해당부서가 생산관리 부서라면 생산라인의 생산 진도관리, 원자재 및 제품재고 관리 등 전반적인 업무를 진행할 수 있다.

⑥ 해당부서가 인사관리에 해당된다면 직원의 채용, 평가, 급여, 퇴직과 관련된 인사업무를 관리하게 된다.

⑦ 해당부서가 회계 관리에 해당된다면 회사운영에 대한 매출 및 성과지표 수립, 경영실적에 대한 세무사무소보다 훨씬 구체적이고 강도 높은 업무를 진행하게 된다.
기업으로부터 주어진 업무를 관리하고, 부서간의 이동을 통하여 다른 업무도 경험할 수 있어 다양한 영역을 접할 수 있다. 기업의 규모가 작은 회사는 세무사무소와 같이

하나의 부서에서 총괄하여 회사의 모든 업무관리를 하기도 한다.

마지막으로 업무의 성격은 같지만 세무사무소는 세무대행 등 정형화되어있는 부분을 진행하고, 기업은 세분화되어 있는 업무를 담당하는 것이 보편적이다.

1. 주요 연간신고 리스트

세무회계사무소의 특성상 신입직원 혼자 모든 업무를 처리하기에는 어려움이 있다. 경력자의 도움을 받아 세무처리의 과정을 세목별 신고기간에 맞추어 전달받고 일을 습득해 나가야 한다. 여기서는 세무회계사무소의 업무인 연간신고에 대해 알아본다.

주요 연간신고는 원천징수, 개별소비세, 부가가치세, 일용 근로소득, 법인세, 종합소득세, 법인세와 종합소득세 성실신고, 법인세 중간예납, 종합소득세 중간예납, 사업장현황신고, 증권거래세, 양도소득세 등이 있다. 아래의 표는 주요 연간신고 내용과 사업자와의 협조사항을 매월, 매분기, 반기, 연 단위로 정리한 것으로, 책상 앞에 붙여 놓고 참고자료로 활용하기를 바란다. 이들 내용을 충실히 수행하다 보면 세무회계 업무의 두려움과 고민으로부터 조금은 가벼워질 수 있을 것이다.

연간신고목록

(2019.3. 현재)

번호	기간	기한	신고내용	사업자와의 협조사항	비고
1	매월	10일	• 원천징수 신고 및 납부 • 반기별 승인 신청 (6월말, 12월말)	매월 말일까지 직원급여대장 및 일용근로자 노임대장을 팩스 및 메일로 송부	개인(반기) 법인(반기)
2	매월	25일	개별소비세 신고 및 납부	개별소비세 지급대장(전월마감)	개인 법인
3	매분기	25일	• 부가가치세 신고 및 납부 • 수출업 영세율 부가가치세 조기환급 • 시설투자시 조기환급(매월 25일 가능)	• 10일까지 전자세금계산서 발급 마감(전월분) • 10일 이후에 종이 세금계산서를 세무사사무실로 송부 • (개인)수입금액 3억원 이상	개인(반기) 법인(분기)

번호	기간	기한	신고내용	사업자와의 협조사항	비고
			• 1.1.~3.31.(1기 예정), 4.1.~6.30.(1기 확정) [1기] • 7.1.~9.30.(2기 예정), 10.1.~12.31.(2기 확정) [2기]	전자세금계산서발행(2018년 귀속-2019.7.1.부터 발행) • (개인)면세사업자수입금액(과세+면세) 3억원 이상 계산서의무발행(2018년 귀속-2019.7.1.부터 발행) • 법인사업자 의무발행	
4	1~3월	4월 10일	일용근로소득 지급명세서 제출	일용직지급대장 (근로내용확인신고서 근로복지공단에 매월 15일 제출)	개인 법인
	4~6월	7월 10일			
	7~9월	10월 10일			
	10~12월	다음해 1월 10일			
	일용근로소득 비과세 : 1일 급여액(일당) 150,000원까지				
5	매년 3월	10일	직원근로소득세 연말정산 신고	12.31.까지 주민등록등본 및 홈택스 간소화 서비스자료 제출(안경 구입, 기부금 영수증 등)	개인 법인
	근로소득간이지급명세서 반기 제출(2019.1.1. 이후)				
	1~6월	7월 10일	근로소득간이지급명세서 제출	• 상용근로소득, 원천징수 대상 사업소득(3.3%) • 제출내용 : 인적사항, 지급액 등	
	7~12월	다음해 1월 10일			
	폐업 및 휴업(해산) 시 휴업일의 마지막달 다음달 10일까지				
6	매년 3월	31일	법인세 신고 및 납부(12월말 법인)	• 정관에 영업연도 기록됨 • 분납기간 -중소기업 2개월 -일반기업 1개월	법인

번호	기간	기한	신고내용	사업자와의 협조사항	비고
7	매년 5월	31일	종합소득세 신고 및 납부	대표자가 5.31.까지 주소지 관할 세무서로 신고해야 하며, 주민등록등본 제출요망(복식부기 사업자는 사업용계좌 등록)	개인
8	매년 6월	30일	성실신고대상자 종합소득세 신고 및 납부(성실신고확인 사업자 2019년 귀속)(2020년 귀속) 당해수입 15억원 이상 : 광업, 도·소매, 부동산 매매 외(2020년 10억원 이상) 당해수입 7.5억원 이상 : 제조·음식 숙박, 건설 외(2020년 5억원 이상) 당해수입 5억원 이상 : 부동산 임대업, 서비스 외(2020년 3.5억원 이상)	교육비 및 의료비 소득공제서류(교육비 및 의료비 세액공제시 농특세 해당)	개인
9	매년 8월	31일	법인세 중간예납 신고 및 납부(12월말 법인) (회계기간 : 1.1.~6.30.)	• 분납기간 –중소기업 2개월 –일반기업 1개월	법인
10	매년 11월	30일	종합소득세 중간예납 신고 및 납부	분납기간 : 종합소득세 2개월	개인
11	매년 2월	10일	면세사업자 사업장현황신고	면세수입금액 관련서류	개인
12	반기의 말일로 부터	2개월 내	• 증권거래세 신고 및 납부 [반기의 말일로부터 2월내 신고납부] • 국내 주식 양도소득세–반기의 말일로 부터 2월내 (2018.1.1. 이후)	주식매매계약서 등 관련서류	법인
13	양도일 말일로 부터	2개월 내	양도소득세 신고 및 납부 신고 : 자산양도 잔금일(등기일) 말일로부터 2월 이내 예정신고납부	• 양도계약서 및 관련서류 • 취득계약서 및 관련서류 • 취득관련 세금 영수증 • 법무사, 중개사비용 등	개인

(1) 원천징수세액 신고

원천징수세액이란 원천징수대상 소득을 지급하는 자(국가, 법인 및 개인사업자, 비사업자 포함)가 소득 지급시 소득자의 세금을 징수・납부하는 세금이며, 근로소득은 매월 간이세액표에 따라 원천징수한다.

1) 원천징수의무자

원천징수의무자란 국내 거주자나 비거주자, 법인에게 세법에 따른 원천징수대상 소득 또는 수입금액을 지급하는 개인이나 법인을 말한다.

이자소득, 근로소득, 퇴직소득, 기타소득을 지급하는 자가 사업자등록번호 또는 고유번호가 없는 개인인 경우에도 원천징수의무자에 해당되며, 원천징수한 세금을 신고・납부하고 지급명세서를 제출할 의무가 있다.

예시 사업자등록번호가 없는 개인이 법인으로부터 차입하여 이자(비영업대금이익)을 지급하는 경우, 원천징수의무자에 해당되어 법인세(법인의 소득이므로 법인세임)를 원천징수하여 납부한다.

2) 원천징수대상

① 소득세법

- 거주자

  거주자란 국내에 주소를 두거나 1과세기간 동안 183일 이상 거소를 둔 개인을 말한다. 거주자의 이자소득, 배당소득, 사업소득, 근로소득, 연금소득, 기타소득, 퇴직소득은 원천징수대상 소득이다.

- 비거주자

  비거주자란 거주자가 아닌 개인을 말한다. 비거주자의 국내원천소득 중 이자소득, 배당소득, 부동산소득, 선박 등의 임대소득, 사업소득, 인적용역소득, 근로소득, 퇴직소득, 연금소득, 토지 및 건물의 양도소득, 사용료소득, 유가증권 양도소득, 기타소득은 원천징수대상 소득이다.

② 법인세법

- 내국법인

  이자소득, 배당소득(집합투자기구로부터의 이익 중 투자신탁의 이익에 한정)이 해당된다.

- 외국법인

  국내원천소득 중 이자소득, 배당소득, 부동산소득, 선박 등의 임대소득, 사업소득, 인적용역소득, 토지 및 건물의 양도소득, 사용료소득, 유가증권 양도소득, 기타소득은 원천징수대상 소득이다.

③ 농어촌특별세

원천징수대상 소득이 농어촌특별세 과세대상에 해당하는 경우 농어촌특별세를 징수하여 신고・납부한다.

- 이자소득・배당소득

  조세특례제한법에 의해 소득세를 감면받은 경우(농어촌특별세법 제4조 제4호의 감면은 비과세)가 해당된다.

- 근로소득

  중소기업창업투자조합 출자 등 소득공제를 적용받는 근로자와 주택자금차입금 이자세액공제를 적용받는 근로자가 해당된다.

④ 지방소득세 특별징수

원천징수의무자가 소득세, 법인세를 원천징수하는 경우에는 지방소득세를 소득세 등과 동시에 특별징수한다. 서울특별시는 서울시 이택스(etax.seoul.go.kr)에서, 그 외 지방자치단체는 위택스(www.wetax.go.kr)에서 지방소득세 신고납부를 처리할 수 있다.

3) 원천징수 제외 및 배제

① 원천징수 제외대상

소득세(법인세)가 과세되지 아니하거나 면제되는 소득은 원천징수 제외대상 소득에 해당된다. 또한 과세최저한(건별 기타소득금액 5만원 이하 등) 적용 기타소득금액도 이에 해당된다.

② 원천징수 배제 및 소액부징수

원천징수대상 소득을 지급하면서 원천징수를 하지 않았으나 해당 소득자가 그 소득금액을 이미 종합소득 또는 법인세 과세표준에 합산하여 신고하였거나 과세관청에서 소득세 등을 부과징수한 경우에는 원천징수대상 소득에서 배제된다(소득세법 85조 3항).

한편, 소득세 또는 법인세의 원천징수에 있어서 당해 세액이 1,000원 미만인 때에는 원천징수를 하지 않는다. 다만, 거주자에게 지급되는 이자소득의 경우 당해 소득에 대한 원천징수세액이 1,000원 미만이더라도 원천징수를 해야 한다.

일용근로자에게 일당을 일시에 지급하는 경우에는 소득자별 지급액에 대한 원천징수세액 합계액을 기준으로 소액부징수대상 여부를 판단한다.

4) 일용근로자 및 근로소득에 대한 원천징수

① 일용근로자 정의

소득세법상 일용근로자는 근로를 제공한 날 또는 시간에 따라 급여를 계산하는 자 중 근로계약에 따라 동일한 고용주에게 3개월(건설공사는 1년) 이상 계속 고용되어 있지 아니한 자를 말한다(소득세법 시행령 20조). 다만, 4대보험의 경우에는 각 기관별 일용직 기준이 다르다.

일용근로소득의 원천징수세액 계산은 다음과 같다.

일용근로소득 − 비과세소득 = 일용총급여액
일용총급여액 − 근로소득공제(1일 15만원) = 일용근로소득금액
일용근로소득금액 × 세율(6%) = 산출세액
산출세액 − 근로소득세액공제(산출세액의 55%) = 결정세액

일용근로소득에서 1일 15만원을 차감하여 산출한 소득세의 원천징수세액이 1,000원 미만인 경우 소액부징수 대상으로 소득세를 원천징수하지 않는다.

② 일용근로소득지급명세서 제출

일용근로자에게 근로소득을 지급하는 자는 매분기마다 지급명세서를 작성하여 국세청에 제출하여야 한다. 다만, 근로내용확인서를 고용노동부장관에게 제출한 경우에는 지급명세서의 제출의무가 면제된다. 그러나 일용근로자의 범위가 국세청에는 지급명세서 제출대상이지만 고용노동부(근로복지공단)에는 제출대상이 아닌 경우도 있을 수 있으니 관련내역을 참고하여 처리한다.

일용근로소득지급명세서는 일용근로자의 성명, 내/외국인, 전화번호, 주민등록번호, 지급월, 근무월, 근무일수, 총지급액, 비과세소득, 소득세, 지방소득세를 기재하여 신고한다.

일용근로지급명세서를 기한내 미제출하거나 사실과 다르게 기재하여 제출한 경우 해

당 금액에 가산세가 부과되므로 주의하여야 한다.

일용근로소득지급명세서 제출기한

일용급여 지급월	제출기한	일용급여 지급월	제출기한
1~3월 지급분	4월 10일까지	4~6월 지급분	7월 10일까지
7~9월 지급분	10월 10일까지	10~12월 지급분	다음해 1월 10일까지

③ 근로소득에 대한 원천징수

근로소득에 대해서는 고용관계나 이와 유사한 계약에 의하여 근로를 제공하고 지급받는 대가를 매월 간이세액표에 따라 원천징수한다.

한편 원천징수의무자는 근로자별로 해당 과세기간의 근로소득에 대하여 부담해야 할 소득세를 확정하기 위해 연말정산을 하여야 한다.

1년 동안 발생한 근로자의 근로소득에 대해서 회사가 대신 세금을 계산, 신고하여 연말정산한다. 근로소득자는 연말정산에 필요한 소득공제 증빙자료를 제출해야 한다.

계속 근로자는 해당 과세기간의 다음 연도 2월분 근로소득을 지급하는 때에, 중도퇴직하는 근로자는 퇴직하는 달의 근로소득을 지급하는 때에 중도퇴직자 연말정산을 한다.

- 급여 또는 상여 지급시 : 근로소득 간이세액표에 따라 원천징수한다.
- 연말정산 : 연간 근로소득에 근로자가 제출한 소득・세액공제신고서 등에 따라 인적공제, 소득공제, 세액공제 등을 반영하여 근로자가 부담하여야 할 소득세를 확정한다.
- 차감납부 환급세액 : 연말정산에 따라 확정된 소득세에서 매월 원천징수에 의해 납부한 소득세를 차감한 금액이다.

연말정산 결과 원천징수의무자는 원천징수영수증을 근로자에게 발행・교부해야 한다.

연말정산세액 계산구조

단계	결과	계산방법
1단계	총급여액	연간근로소득 - 비과세소득
2단계	근로소득금액	총급여액 - 근로소득공제
3단계	차감소득금액	근로소득금액 - (①+②+③) ① 인적 공제(기본공제, 추가공제) ② 연금보험료 공제(공적연금의 근로자 부담금)

단계	결과	계산방법
		③ 특별소득공제
4단계	과세표준	차감근로소득－그 밖의 소득공제＋소득공제 종합한도 초과액
5단계	산출세액	과세표준×세율
6단계	결정세액	산출세액－세액감면－세액공제
7단계	차감납부・환급세액	결정세액－기납부세액－납부특례세액

5) 원천징수시기

원천징수의무자가 원천징수대상 소득자에게 소득금액 또는 수입금액을 지급하는 때에 원천징수한다. 일정시점까지 지급하지 아니한 경우 원천징수시기 특례가 적용되어 특례 적용시기에 지급한 것으로 보아 원천징수한다(지급시기 의제).

① 근로소득 원천징수 특례 적용

- 1월~11월까지 근로소득을 12월 31일까지 지급하지 않은 경우 : 12월 31일
- 12월분 근로소득을 다음 연도 2월 말일까지 지급하지 않은 경우 : 2월 말일

② 사업소득 원천징수 특례 적용

- 1월~11월 연말정산 사업소득을 12월 31일까지 지급하지 않은 경우 : 12월 31일
- 12월분 연말정산 사업소득을 다음 연도 2월 말일까지 지급하지 않은 경우 : 2월 말일

③ 퇴직소득 원천징수 특례 적용

- 1월~11월 퇴직자의 퇴직소득을 12월 31일까지 지급하지 않은 경우 : 12월 31일
- 12월분 퇴직자의 퇴직소득을 다음 연도 2월 말일까지 지급하지 않은 경우 : 2월 말일

④ 미지급된 잉여금처분에 의한 상여・배당 원천징수시기에 대한 특례

- 처분결정일로부터 3개월이 되는 날(3월 말에 법인의 이익 또는 잉여금처분에 따라 지급할 상여를 처분결정한 경우 : 7월 10일까지 원천징수신고 및 납부)
- 잉여금의 처분이 11.1.~12.31.의 사이에 결정된 경우 : 다음 연도 2월 말일

⑤ 소득처분에 의한 소득(인정배당, 인정상여, 인정기타소득) 원천징수시기에 대한 특례(법인세법 67조)

- 법인세 과세표준을 신고하는 경우 : 그 신고일 또는 수정신고일
- 법인세 과세표준을 결정 또는 경정하는 경우 : 소득금액변동통지서를 받은 날

6) 원천징수세액의 신고 및 납부기한

원천징수의무자가 원천징수한 세액은 원칙적으로 소득 지급일이 속하는 달의 다음달 10일까지 신고납부한다.

다만 원천징수의무자가 근로소득에 대한 반기납부신청을 한 경우에는 소득 지급일 속하는 반기(1월～6월, 7월～12월)의 다음달 10일까지 신고납부한다.

핵심 정리

- 원천징수 : 원천징수대상 소득을 지급하는 자가 소득자의 세금을 징수 납부하는 제도
- 원천징수의무자 : 국내 거주자나 비거주자, 개인, 법인이 원천징수한 세금을 신고납부하고 지급명세서 제출해야 함
- 원천징수대상 세목 : 소득세(거주자, 비거주자), 법인세(내국법인, 외국법인), 농어촌특별세(농어촌특별세 과세대상 해당－이자소득, 배당소득, 근로소득), 지방소득세(소득세, 법인세를 원천징수한 경우 지방소득세를 소득세 등과 동시에 특별징수함)
- 신고 · 납부기한
  - －매월 원천징수대상인 경우 소득 지급일이 속하는 달의 다음달 10일까지 신고납부
  - －반기 원천징수대상인 경우 소득지급일이 속하는 반기(1월～6월, 7～12월)의 다음달 10일까지 신고납부

(2) 개별소비세 신고

1) 개별소비세를 부과하는 물품 및 세율

① 물품에 대해서는 물품가격의 100분의 20

- 투전기, 오락용 사행기구, 그 밖의 오락용품
- 수렵용 총포류

② 물품가격 중 대통령으로 정하는 기준가격을 초과하는 부분에 과세가격의 100분의 20

- 보석(공업용 다이아몬드와 가공하지 아니한 원석은 제외), 진주, 별갑, 산호, 호박 및 상아와 이를 사용한 제품
- 귀금속 제품
- 고급시계
- 고급융단
- 고급가방
- 고급모피와 그 제품(토끼 모피 및 그 제품과 생 모피는 제외)
- 고급가구

③ 자동차에 대해서는 그 물품가격에 해당 세율을 적용

- 배기량이 2000cc를 초과하는 승용자동차와 캠핑용자동차 : 100분의 5
- 배기량이 2000cc 이하인 승용차와 이륜자동차 : 100분의 5
- 전기승용자동차 : 100분의 5

④ 입장행위에 대하여 부과할 장소

- 경마장 : 1명 1회 입장에 대하여 1천원, 장외발매소는 2천원
- 경륜장, 경정장 : 1명 1회 입장에 대하여 400원, 장외매장은 800원
- 투전기를 설치한 장소 : 1명 1회 입장에 대하여 1만원
- 골프장 : 1명 1회 입장에 대하여 1만 2천원
- 카지노 : 1명 1회 입장에 대하여 5만원, 외국인은 1명 1회 입장에 대하여 2천원

⑤ 유흥음식행위에 대하여 부과하는 장소와 그 세율

- 유흥주점, 외국인전용 유흥 음식점, 그밖에 이와 유사한 장소 : 유흥음식요금의 100분의 10

⑥ 영업행위에 대하여 부과하는 장소(과세영업장소)와 그 세율

관광진흥법 제5조 제1항에 따라 허가를 받은 카지노(폐광지역개발지원에관한특별법 제11조에 따라 허가를 받은 카지노를 포함) : 연간 총매출액에 따라 규정되어 있는 세율

2) 개별소비세의 과세시기 및 신고납부기한

개별소비세는 반출, 수입신고, 입장, 유흥음식행위 또는 영업행위를 할 때에 그 행위 당시의 법령에 따라 부과한다(과세시기는 개별소비세법 제4조, 과세표준 신고는 같은 법 제9조를 참조함. 단, 개별소비세법 제3조 제4호의 경우에는 관세법에 따름).

개별소비세가 과세되는 경우 개별소비세에 대하여 교육세가 별도로 부과된다(교육세법 5조).

개별소비세 신고 및 납부기한

대상	과세시기	신고납부기한
과세물품	과세물품을 제조장에서 반출할 때 또는 수입신고를 할 때	매분기 다음달 25일
과세장소 (경마장 등)	과세장소에 입장할 때	매분기 다음달 25일
과세유흥장소 (카바레 등)	유흥음식행위를 할 때	다음달 25일
과세영업장소 (카지노)	과세영업장소의 영업행위를 할 때	다음해 3월 말일

핵심 정리

특정한 물품, 특정한 장소의 입장행위·유흥음식행위·영업행위에 대하여 부과하는 세금(개별소비세법 1조 1항)

① 과세물품 : 매분기 다음달 25일
② 과세장소 : 매분기 다음달 25일
③ 과세유흥장소 : 다음달 25일
④ 과세영업장소 : 다음해 3월 말일

(3) 부가가치세 신고

1) 부가가치세 개요 및 신고납부

부가가치세란 상품(재화)의 거래나 서비스(용역)의 제공과정에서 얻어지는 부가가치(이윤)에 대하여 과세하는 세금이며, 사업자가 납부하는 부가가치세는 매출세액에서 매입세액을 차감하여 계산한다.

부가가치세는 물건 값에 포함되어 있기 때문에 결과적으로는 최종소비자가 부담한다. 최종소비자가 부담한 부가가치세는 사업자가 세무서에 납부해야 한다.

부가가치세 과세대상 사업자는 상품을 판매하거나 서비스를 제공할 때 거래금액에 일정금액(10%)의 부가가치세를 징수하여 납부해야 한다.

부가가치세 세율(1년간의 매출액이 4,800만원 이상인 일반과세자의 경우)은 10%이며, 납부세액 계산구조는 다음과 같다.

매출세액(매출액의 10%)－매입세액＝납부세액

부가가치세는 6개월을 과세기간으로 하여 신고납부하게 되며 각 과세기간을 다시 3개월로 나누어 중간에 예정신고기간을 두고 있다.

부가가치세 신고납부 정리

과세기간	과세 대상기간		신고납부기간	신고대상자
제1기 1.1.~6.30.	예정신고	1.1.~3.31.	4.1.~4.25.	법인사업자
	확정신고	4.1.- 6.30.	7.1. -7.25.	법인, 개인일반사입자
제2기 7.1.~12.31.	예정신고	7.1.~9.30.	10.1.~10.25.	법인사업자
	확정신고	10.1.~12.31.	다음해 1.1.~1.25.	법인, 개인일반사업자

* 일반적인 경우 법인사업자는 1년에 4회, 개인사업자는 2회(예정신고 가능) 신고한다.
* 신고기간 중 휴업 등으로 인하여 사업실적이 전혀 없는 경우에도 반드시 부가가치세 확정신고를 하여야 한다.

2) 부가가치세 예정고지 납부

예정신고 및 납부기한은 총 2기로 나누고 있다. 제1기 예정신고기한은 4.25.까지, 제2기 예정신고기한은 10.25.까지이다. 그러나 예정고지기한은 1기분은 4.10.까지, 2기분은 10.10.까지이다. 각각 4.25.과 10.25.까지 납부하여야 한다.

개인 일반과세자는 직전 과세기간에 대한 납부세액의 50%를 결정하여 고지한다(예정고지세액이 30만원 미만이거나 과세기간 개시일 현재 간이과세자에서 일반과세자로 변경된 경우에는 예정고지를 생략).

직전과세기간에 대한 납부세액에 가감할 금액은 다음과 같다(부가가치세법 48조 3항).

① 신용카드 발행 세액공제, 전자신고 세액공제, 택시 운송사업자 경감 세액공제 차감

② 결정 또는 경정한 내용 반영하여 가감

③ 수정신고, 경정청구 등에 의하여 결정된 내용 반영하여 가감

그러나 특수한 경우에 해당하는 사업자는 예정고지 대상자라 하더라도 예정신고가 가능하다.

부가가치세 예정고지자 중 신고 가능한 사업자는 다음과 같다(부가가치세법 48조 4항, 같은법 시행령 90조 5항).

① 휴업 또는 사업부진 등으로 인하여 각 예정신고기간의 공급가액 또는 납부세액이 직전과세기간의 공급가액 또는 부가가치세법 제48조 제3항에 따른 납부세액의 3분의 1에 미달하는 자

② 각 예정신고기간분에 대하여 부가가치세법 시행령 제107조에 따라 조기환급을 받으려는 자

* 상기 사업자가 예정신고납부한 경우에는 당초의 고지결정은 없는 것으로 한다.
* 예정신고시 예정신고기간 종료일 현재 금거래 계좌 또는 스크랩 등 거래계좌에서 국고에 납부할 부가가치세를 뺀 금액을 신고납부하며 그 산정한 세액이 음수인 경우에는 "0"으로 본다(조세특례제한법 108조의 3 2항).

3) 간이과세자 신고납부

① 간이과세자

간이과세자[1년간 매출액(공급대가) 4,800만원 미만]는 1년을 과세기간으로 하여 부가가치세를 신고납부한다.

- 과세기간 : 1.1. ~ 12.31.
- 신고납부기간 : 다음해 1.1. ~ 1.25.
  - 폐업하는 경우에는 폐업일의 속하는 달의 말일까지 : 다음달 25일
  - 간이과세에서 일반과세로 전환하는 경우에는 간이과세 적용기간이 속하는 달의 말일까지 : 다음달 25일
- 세액계산

납부세액＝(매출액×업종별 부가가치율×10%)－공제세액
공제세액＝세금계산서에 기재된 매입세액×해당 업종의 부가가치율

② 간이과세자 납부세액

직전 과세기간(1.1. ~ 12.31.)에 대한 납부세액의 2분의 1에 해당하는 금액을 결정하

여 고지한다. 직전과세기간에 대한 납부세액에 가감할 금액은 다음과 같다(부가가치세법 66조).

- 신용카드 발행 세액공제, 전자신고 세액공제 차감
- 매입세금계산서 등에 대한 세액공제, 면세 농산물 등 의제매입세액공제 차감
- 결정 또는 경정한 내용 반영하여 가감
- 수정신고, 경정청구 등에 의하여 결정된 내용 반영하여 가감

③ 예정고지자 중 신고 가능한 사업자(부가가치세법 66조 2항, 같은법 시행령 114조 2항)

휴업 또는 사업부진 등으로 인하여 예정 부과기간의 공급대가 또는 납부세액이 직전과세기간의 공급대가 또는 부가가치세법 제66조 제1항에 따른 납부세액의 3분의 1에 미달하는 간이과세자가 해당된다.

예정신고를 할 수 있는 간이과세자가 예정신고를 한 경우에는 예정고지결정은 없었던 것으로 본다(부가가치세법 66조 3항).

예정신고 및 예정고지 납부기한은 7.25.까지이며, 신고기간 중 휴업 등으로 인하여 사업실적이 전혀 없는 경우에도 반드시 부가가치세 신고는 해야 한다.

핵심 정리

- 상품(재화), 서비스(용역)의 제공과정에서 얻어지는 부가가치(이윤)에 대하여 과세하는 세금(물건값에 포함됨)으로 최종 소비자가 부담함.
- 부가가치세 과세대상 사업자는 매출세액(매출액의 10%)에서 매입세액을 공제한 세액을 납부세액으로 납부
- 과세대상 사업자가 세무서에 신고납부
  ① 법인사업자 : 1년에 4회 분기의 다음달 25일까지 신고납부
  ② 개인사업자 : 1년에 2회 반기의 다음달 25일까지 신고납부

(4) 법인세 신고

1) 법인세 납세의무자

국내에 본점이나 주사무소 또는 사업의 실질적 관리장소를 둔 법인(내국법인)은 국내·외에서 발생하는 모든 소득에 대하여 법인세 납세의무가 있다.

외국에 본점 또는 주사무소를 둔 단체(국내에 사업의 실질적 관리장소가 소재하지

아니하는 경우만 해당)로서 대통령령으로 정하는 기준에 해당하는 법인(외국법인)은 국내에서 발생하는 소득 중 법에서 정한 것(국내원천소득)에 한하여 법인세 납세의무가 있다.

법인구분별 납세의무

법인의 종류		각사업연도 소득에 대한 법인세	토지 등 양도소득에 대한 법인세	미환류 소득에 대한 법인세	청산 소득
내국 법인	영리법인	국내외 모든 소득	○	○	○
	비영리 법인	국내외 수익사업에서 발생하는 소득	○	×	×
외국 법인	영리법인	국내원천소득	○	×	×
	비영리 법인	국내원천소득 중 열거된 수익사업에서 발생한 소득	○	×	×
국가·지방자치단체		납세의무 없음			

* 영리법인은 상법에 의하여 영리를 목적으로 설립된 주식회사, 합명회사, 합자회사, 유한회사와 특별법에 의하여 영리를 목적으로 설립된 법인을 말한다.
* 비영리법인은 법인(법인세법에 의한 비영리내국·외국법인)과 법인이 아닌 사단, 재단, 그 밖의 단체로서 국세기본법 제13조 제1항 및 제2항의 규정에 의하여 법인으로 보는 단체를 말한다.

2) 법인세 신고 및 납부

사업연도마다 법인에 귀속되는 소득에 대하여 각 사업연도의 소득에 대한 법인세가 과세된다. 이에 따라 납세의무가 있는 법인은 각 사업연도 종료일이 속하는 달의 말일부터 3개월 이내에 법인세의 과세표준과 세액을 신고하여야 하며, 각 사업연도 소득금액이 없거나 결손금이 있는 경우에도 신고의무가 있다.

법정신고기한과 제출대상 서류

구 분	법정신고기한	제출대상서류
12월 결산법인	3.31.까지	1. 법인세과세표준 및 세액신고서 2. 재무상태표 3. 포괄손익계산서 4. 이익잉여금처분계산서(결손금처리계산서) 5. 세무조정계산서 6. 세무조정계산서 부속서류 및 현금흐름표
3월 결산법인	6.30.까지	
6월 결산법인	9.30.까지	
9월 결산법인	12.31.까지	

단, 신고기한이 공휴일, 토요일인 경우 공휴일, 토요일의 다음날을 신고기한으로 한다. 법인세 신고시에는 법인세 과세표준 및 세액신고서(법인세법 시행규칙 별지서식 1호)에 아래 서류를 첨부해야 한다.

① 기업회계기준을 준용하여 작성한 개별 내국법인의 재무상태표, 포괄손익계산서
② 기업회계기준을 준용하여 작성한 이익잉여금처분(결손금처리)계산서
③ 세무조정계산서(별지서식 3호)
④ 기타 부속서류 및 현금흐름표, 표시통화재무제표・원화재무제표
⑤ 피합병법인 등의 재무상태표, 합병・분할로 승계한 자산・부채 명세서 등

위 ①~③의 서류를 첨부하지 아니하고 신고서를 제출하는 경우에는 신고를 하지 아니한 것으로 보게 되므로 유의해야 한다.

①, ② 및 ④의 현금흐름표의 제출은 국세청 홈택스(www.hometax.go.kr)를 이용하여 기획재정부령이 정하는 표준재무상태표(별지서식 3호의 2), 표준손익계산서 및 표준손익계산서 부속명세서(별지서식 3호의 3)를 제출하는 것으로 갈음할 수 있다.

주식회사의외부감사에관한법률 제4조에 따른 외부감사대상 법인의 경우 전자신고를 통하여 법인세를 신고하는 때에는 그 신고서에 대표자가 서명날인하여 서면으로 납세지 관할 세무서장에게 제출하여야 한다(2013.2.15. 이후 신고하는 분부터 적용).

법인세 세율

	법인세 과세표준	세율	누진공제
영리법인	2억원 이하	10%	–
	2억원 초과~200억원 이하	20%	2천만원
	200억원 초과~3,000억원 이하	22%	4억 2천만원
	3,000억원 초과	25%	94억 2천만원

* 2018.1.1. 이후 개시하는 사업연도부터 적용한다.

3) 성실신고대상자의 법인세 신고

① 성실신고대상 법인

소규모법인 등 일정요건에 해당되는 법인은 성실신고확인제도가 적용되므로 과세표준 및 세액 신고시 세무사 등이 작성한 성실신고확인서를 제출해야 하며, 대상 법인은 다음과 같다(법인세법 60조의 2).

- 소규모법인 요건에 해당하는 법인은 다음 각 호의 요건을 모두 갖춘 내국법인을 말한다.
  - 해당 사업연도의 상시근로자 수가 5인 미만인 법인
  - 지배주주 및 특수관계자 지분합계가 전체의 50%를 초과하는 법인
  - 부동산임대업을 주업으로 하거나, 부동산 등의 권리대여 · 이자 · 배당소득금액 합계가 매출액의 70% 이상인 법인
- 2018.2.13. 이후 성실신고확인대상인 개인사업자가 법인으로 전환 후 3년 이내의 법인

* 단, 주식회사의외부감사에관한법률에 따라 외부감사를 받은 법인은 제외한다.

② 성실신고확인서

- 제출 : 2018.1.1. 이후 개시하는 사업연도분부터 적용한다.
- 미제출 가산세 : 산출세액의 5%가 가산세로 부과된다.
- 기타 : 신고기한 연장(1개월), 성실신고확인비용 세액공제 (60%, 150만원 한도)를 받을 수 있게 된다.

4) 법인세 중간예납신고

법인세 중간예납이란 기업의 조세부담을 분산하고 균형적인 재정수입 확보를 위해 법인세의 일부를 미리 납부하는 제도이다.

① 신고납부기한

각 사업연도 기간이 6개월을 초과하는 법인은 사업연도 개시일로부터 6개월을 중간예납기간으로 하여, 기간이 경과한 날부터 2개월 이내에 신고 및 납부한다.

예시 12월말 법인의 경우 1.1.~6.30.의 중간예납기한은 8.31.이다.

② 중간예납신고 제외대상

- 당해 사업연도 중 신설법인(합병 또는 분할에 의한 신설법인은 제외)
- 중간예납기간에 휴업 등의 사유로 사업수입금액이 없는 법인
- 청산법인
- 국내사업장이 없는 외국법인
- 이자소득만 있는 비영리법인. 다만, 당해 사업연도 중에 이자소득 이외의 수익사업이 최초로 발생한 비영리법인은 중간예납 신고 · 납부 의무가 있다.

- 직전사업연도 법인세액이 없는 유동화 전문회사, 자본시장과금융투자업에관한법률에 따른 투자회사·투자목적회사, 기업구조조정투자회사, 문화산업 전문회사 등
- 각 사업연도의 기간이 6개월 이하인 법인
- 조세특례제한법 제121조의 2에 의해 법인세가 전액 면제되는 외국인 투자기업
- 고등교육법 제3조에 따른 사립학교를 경영하는 학교법인과 산업교육진흥및산학연협력촉진에관한법률에 따른 산학협력단
- 직전사업연도 산출세액 기준 계산금액이 30만원 미만인 중소기업인 내국법인

③ 중간예납세액 계산방법

직전사업연도 법인세를 기준으로 중간예납세액을 계산하여 납부하는 것이 원칙이나, 상반기 영업실적을 중간결산하여 납부할 수도 있다. 다만 직전사업연도에 법인세 산출 세액이 없거나 확정되지 않은 경우 반드시 상반기 실적을 중간결산하여 납부해야 한다.

㉮ 직전연도 실적기준

직전사업연도 납부실적에 의한 계산으로, 직전사업연도 법인세 기준(정상납부) 전년도에 법인세 산출세액이 있는 법인(흑자법인)

직전사업연도 법인세를 기준으로 계산하여 1/2을 납부하는 방법이다.

직전사업연도 실적기준 세액계산

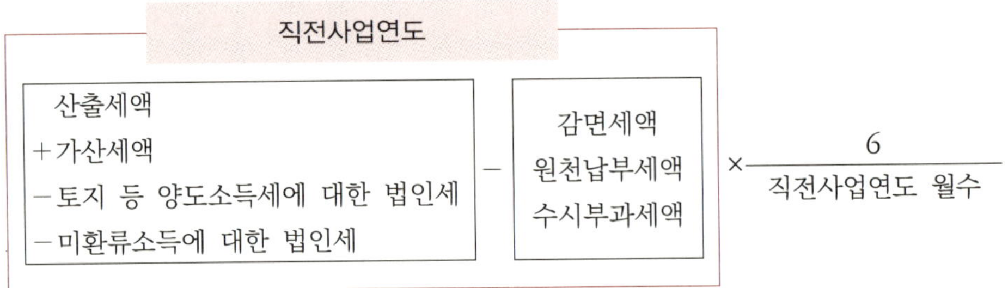

㉯ 가결산 기준

중간예납기간의 실적에 의한 계산으로, 중간결산(자기계산) 기준 전년도에 법인세 산출세액이 없는 법인(적자법인 등)

중간예납기간(1월~6월)의 사업실적을 중간결산하여 납부세액을 계산하는 방법이다.

가결산 기준 세액 계산

중간예납기간(당해연도)

$$\text{과세표준}\ [\text{소득금액}(\text{익금}-\text{손금})-\text{이월결손금}] \times \frac{12}{6} \times \text{세율} \times \frac{6}{12} - \begin{matrix}\text{감면세액}\\ \text{원천납부세액}\\ \text{수시부과세액}\end{matrix}$$

핵심 정리

- 영리법인 : 상법에 의해 영리를 목적으로 설립된 주식회사, 합명회사, 합자회사, 유한회사의 설립등기 후 사업자등록을 신청함.
- 비영리법인 : 주무관청의 허가를 받아 설립된 사단·재단 등 비영리법인 및 법인세법상 법인으로 보는 법인격 없는 단체를 말함.
- 법인세는 기업회계상 수익에서 비용을 제외한 당기순이익을 바탕으로 세법의 규정에 의해 차이나는 익금과 손금을 가감하는 세무조정을 하여 각 사업연도 소득을 계산하여 세액을 산출함.
- 법인세 신고기한 : 각 사업연도 종료일이 속하는 달의 말일부터 3개월 이내에 신고납부함.

(5) 종합소득세 신고

종합소득세는 개인이 지난해 1년간의 경제활동으로 얻은 소득에 대하여 납부하는 세금으로서 모든 과세대상 소득을 합산하여 주소지 관할 세무서에 신고납부한다.

거주자의 소득은 종합소득(이자소득, 배당소득, 사업소득, 근로소득, 연금소득, 기타소득), 퇴직소득, 양도소득으로 구분한다(소득세법 4조).

1) 과세기간

소득세의 과세기간은 1.1.~12.31.까지 1년으로 한다. 거주자가 사망한 경우의 과세기간은 1.1.~사망한 날로 한다. 거주자가 주소 또는 거소를 국외로 이전(이하 출국)하여 비거주자가 되는 경우의 과세기간은 1.1.~출국한 날로 한다(소득세법 5조).

2) 종합소득과세표준 확정신고

해당 과세기간의 종합소득금액이 있는 사람은 그 과세기간의 다음 연도 5.31.(성실신고확인대상 사업자는 6.30.)까지 개인지방소득세의 내용을 함께 기재한 소득세 신고서를 납세지 관할 세무서장에게 신고하고, 납부서를 작성하여 세금을 납부해야 한다.

* 소득세는 사업자가 스스로 본인의 소득을 계산하여 신고·납부하는 세금이므로, 모든 사업자는 종합소득세 확정신고를 하여야 하며, 신고 관련 장부를 기록하여 비치해야한다.

① 종합소득세 확정신고를 해야 하는 경우

- 2인 이상으로부터 받는 근로소득·공적연금소득·퇴직소득 또는 연말정산대상 사업소득이 있는 경우(주된 근무지에서 종된 근무지 소득을 합산하여 연말정산에 의하여 소득세를 납부함으로써 확정신고납부할 세액이 없는 경우는 제외)
- 원천징수의무가 없는 근로소득 또는 퇴직소득이 있는 경우(납세조합이 연말정산에 의하여 소득세를 납부한 자와 비거주연예인 등의 용역제공과 관련된 원천징수절차 특례 규정에 따라 소득세를 납부한 경우 제외)
- 연말정산을 하지 아니한 경우

② 종합소득세 확정신고를 하지 않아도 되는 경우

- 근로소득만 있는 사람으로서 연말정산을 한 경우
- 퇴직소득과 연말정산대상 사업소득만 있는 경우
- 비과세 또는 분리과세되는 소득만 있는 경우
- 연 300만원 이하인 기타소득이 있는 자로서 분리과세를 원하는 경우
- 직전 과세기간의 수입금액이 7,500만원 미만이고, 다른 소득이 없는 보험모집인·방문판매원 및 계약배달 판매원의 사업소득으로서 소속회사에서 연말정산을 한 경우

③ 종합소득과세표준 확정신고의 특례

거주자가 사망한 경우 그 상속인은 상속 개시일이 속하는 달의 말일로부터 6개월이 되는 날(이 기간 중 상속인이 출국하는 경우에는 출국일 전날)까지 사망일이 속하는 과세기간에 대한 그 거주자의 과세표준을 대통령령으로 정하는 바에 따라 신고하여야 한다(소득세법 74조).

3) 간편장부와 복식부기

① 간편장부 대상자

해당 과세기간에 신규로 사업을 시작하였거나, 직전 과세기간의 수입금액(결정 또는 경정으로 증가된 수입금액을 포함)의 합계액이 사업장 업종별 기준금액의 직전과세기간

수입금액 미만에 해당하는 사업자가 대상이다(사업장 업종별 기준금액 참고).

* 전문직사업자는 2007.1.1. 이후 발생하는 소득 분부터 수입금액에 상관없이 복식부기의무가 부여된다.

② 복식부기의무자

간편장부 대상자 이외의 모든 사업자는 재산상태와 손익거래 내용의 변동을 거래시마다 차변과 대변으로 나누어 빠짐없이 기록한 장부를 보관하여야 하며, 이를 기초로 작성된 재무제표를 신고서와 함께 제출해야 한다.

4) 종합소득세 소득금액 계산 및 세율

장부를 비치・기록하고 있는 사업자는 총수입금액에서 필요경비를 공제하여 계산한다. 장부를 비치・기록하지 않은 사업자의 소득금액은 기준경비율 또는 단순경비율을 적용하여 소득금액을 계산한다.

종합소득세 신고를 하지 않는 경우에는 각종 세액공제 및 감면을 받을 수 없으며 신고불이행에 따른 가산세를 부담하게 된다.

종합소득세 세액은 과세표준에 다음의 세율을 적용하여 산출한다.

종합소득세 세율

종합소득세 과세 표준	세율	누진공제
1천 200만원 이하	6%	–
1천 200만원 초과~4천 600만원 이하	15%	1,080,000
4천 600만원 초과~8천 800만원 이하	24%	5,220,000
8천 8백만원 초과~1억5천만원 이하	35%	14,900,000
1억5천만원 초과~3억원 이하	38%	19,400,000
3억원 초과~5억원 이하	40%	25,400,000
5억원 초과	42%	35,400,000

* 2018.1.1. 이후 개시하는 사업연도부터 적용한다.

5) 성실신고대상자의 종합소득세 신고

업종별 수입금액이 일정규모 이상인 사업자는 종합소득세 과세표준을 확정신고할 때에 비치・기록된 장부와 증명서류에 의하여 사업소득금액을 계산하여야 한다. 이후 사업소득금액의 적정성을 세무사 등이 검토하고 작성한 확인서를 납세지 관할 세무서장에게 제출하여야 한다(소득세법 70조의 2).

① 성실신고확인 대상자

성실신고확인대상 사업자는 해당 과세기간의 수입금액이 업종별로 정한 일정규모 이상의 대규모 개인사업자를 대상으로 한다(사업장 업종별 기준금액 참고).

성실신고확인 대상자는 세무사 등 확인자를 선임하여 성실신고확인자 선임신고서를 해당 과세기간의 다음 연도 4.30.까지 납세지 관할 세무서장에게 신고하여야 한다.

선임된 세무사 등은 성실신고확인대상 사업자의 성실신고확인 주요항목 명세서(성실신고확인서) 등을 작성하여 그 과세기간의 다음 연도 6.30.까지 종합소득세과세표준 확정신고시 제출해야 한다.

* 세무사 등 본인이 성실신고확인대상 사업자에 해당하는 경우에는 자신의 사업소득금액의 적정성에 대해 해당 성실신고확인서를 작성하거나 제출할 수 없다.

② 성실신고에 따른 혜택

성실신고확인 사업자에 대해서는 의료비, 교육비의 세액공제규정이 적용된다(조세특례제한법 122조의 3). 농어촌특별세 및 최저한세도 이에 해당된다(아래 참고 조문 외, 관련법 참고 바람).

* 조세특례제한법, 관세법, 지방세법 및 지방세특례제한법에 따라 감면을 받는 소득세, 법인세, 관세, 취득세 또는 등록에 대한 등록면허세 감면세액의 100분의 20(농어촌특별세법 5조 1항 1호)
* 조세특례제한법에 따라 감면받은 이자소득, 배당소득에 대한 소득세 감면세액의 100분의 10

성실신고확인비용에 대한 세액공제는 성실신고확인비용의 60%(120만원 한도*)가 공제된다(조세특례제한법 126조의 6 1항).

* 공동사업자의 경우에는 각 사업자마다 120만원 한도로 공제가능하다.

③ 성실신고확인서 미제출 가산세

성실신고확인서 미제출시에는 가산세가 부과되며, 계산방법은 다음과 같다.

$$\text{종합소득세 산출세액} \times \left(\frac{\text{미제출사업장의 소득금액}}{\text{종합소득금액}}\right) \times 5\%$$

* 성실신고확인대상 사업자는 종합소득세 법정신고기한이 6.30.까지이지만 신고할 당시(6.13.)에 성실신고확인서를 제출하지 않았기 때문에 종합소득세 법정신고기한은 5.31.까지가 되어, 국세기본법상 기한후신고에 해당한다(심사소득2015－53, 2015.11.3.).

6) 종합소득세 중간예납

소득세 중간예납을 고지제로 운영하는 것은 개인 자영업자의 신고에 따른 납세협력비용과 행정비용 등 사회적 비용을 축소하기 위한 취지이다.

그러나 사업실적이 부진하여 일정요건에 해당하면 추계액 신고를 할 수 있게 하여, 고지제의 단점을 보완하고 있다.

① 중간예납기간

종합소득이 있는 사업자는 1.1.~6.30.까지를 중간예납기간으로 하여, 직전과세기간의 종합소득에 대해 납부하였거나 납부하여야 할 세액의 2분의 1에 해당하는 금액을 납부할 세액으로 결정하여 11.30.까지 그 세액을 납부해야 한다. 이 경우 납세지 관할 세무서장은 중간예납세액을 납부하여야 할 사람에게 11.1.~11.15.까지의 기간에 중간예납세액의 납세고지서를 발급하여야 한다.

② 중간예납 대상자와 제외대상자

중간예납 대상자는 종합소득세가 있는 거주자와 종합과세되는 비거주자이다. 그러나 다음에 해당하는 자는 종합소득세 중간예납 납부대상에서 제외된다.

- 2019.1.1. 현재 사업자가 아닌 자로서 2019년도 중 신규로 사업을 개시한 사업자
- 2019.6.30. 이전 휴·폐업자 및 2019.6.30. 이후 폐업자 중 수시자납 또는 수시부과한 경우
- 다음의 소득만이 있는 사업자
  - 이자소득, 배당소득, 근로소득, 연금소득, 기타소득
  - 사업소득 중 속기·타자 등 사무지원 서비스업에서 발생하는 소득
  - 사업소득 중 수시부과 소득
  - 저술가, 화가, 배우, 가수, 영화감독, 연출가, 촬영사, 직업선수, 코치, 심판 등의 소득
  - 독립된 자격으로 보험가입자 모집, 증권매매 권유, 저축 권장 또는 집금 등을 하고 그 실적에 따라 모집수당, 권장수당, 집금수당 등의 소득
  - (후원)방문판매에 따른 판매수당 등의 소득(2018년 귀속분 사업소득 연말정산을 한 경우에 한함)
  - 주택조합 또는 전환정비사업조합의 조합원이 영위하는 공동사업에서 발생하는 소득

- 납세조합이 중간예납기간(2019.1.1.~6.30.)에 해당 조합원의 소득세를 매월 원천징수하여 납부한 경우
- 부동산 매매업자 중 중간예납기간(2019.1.1.~6.30.) 중에 매도한 토지 또는 건물에 대하여 토지 등 매매차익예정신고·납부세액이 중간예납기준액의 2분의 1을 초과하는 경우
- 소액부징수자 중 중간예납세액이 30만원 미만인 경우

③ 중간예납세액의 신고납부

종합소득이 있는 거주자가 중간예납기간의 종료일 현재 그 중간예납기간 종료일까지의 종합소득금액에 대한 소득세액이 중간예납기준액의 100분의 30에 미달하는 경우에는 11.1.~11.30.까지의 기간에 대통령령으로 정하는 바에 따라 중간예납추계액을 중간예납세액으로 하여 납세지 관할 세무서장에게 신고할 수 있다.

중간예납기준액이 없는 거주자가 해당 과세기간의 중간예납기간 중 종합소득이 있는 경우에는 11.1.~11.30.까지의 기간에 대통령령으로 정하는 바에 따라 중간예납추계액을 중간예납세액으로 하여 납세지 관할 세무서장에게 신고하여야 한다.

④ 중간예납기준액

중간예납기준액은 다음 세액의 합계액에서 환급세액(국세기본법 45조의 2에 따라 경정청구에 의한 결정이 있는 경우에는 그 내용이 반영된 금액을 포함)을 공제한 금액으로 한다.

- 직전 과세기간의 중간예납세액
- 소득세법 제76조에 따른 확정신고납부세액
- 소득세법 제85조에 따른 추가납부세액(가산세액 포함)
- 국세기본법 제45조의 3에 따른 기한후신고납부세액(가산세액 포함) 및 같은 법 제46조에 따른 추가자진납부세액(가산세)

핵심 정리

- 종합소득세 신고 : 종합소득(이자소득, 배당소득, 사업소득(부동산임대소득 포함), 근로소득, 연금소득, 기타소득)이 있는 사람이 확정신고시 합산한 종합소득에 대하여 과세기간 1.1.~12.31.까지의 종합소득세와 개인지방소득세를 다음 해 5.1.~5.31.까지 신고납부하는 것을 말한다.

• 신고대상에 따른 신고 방법
① 해당과세기간의 업종별 기준수입금액 이상 신고 방법 : 성실신고확인대상사업자
② 직전연도 업종별 기준수입금액 이상 신고 방법 : 복식부기의무자, 간편장부대상자, 추계과세대상자(단순경비율, 기준경비율)

(6) 사업장현황신고

부가가치세가 면제되는 개인사업자는 직전연도 연간 수입금액 및 사업장현황을 사업장 관할 세무서에 신고하여야 한다.

1) 사업장현황신고 대상자

① 병・의원, 치과, 한의원 등 의료업자
② 예체능계열 학원, 입시학원, 외국어학원 등 학원사업자
③ 법정 도매시장 중도매인 등 농・축・수산물 도・소매업자
④ 가수・모델・배우 등 연예인
⑤ 대부업자, 주택임대사업자, 주택(국민주택규모 이하) 신축판매업자
⑥ 기타 부가가치세가 면제되는 재화 또는 용역을 공급하는 모든 사업자

2) 사업장현황신고 제외 대상

부가가치세 면세사업자 중 소규모 영세사업자 등 아래의 경우에는 납세편의 등을 위하여 사업장현황신고 대상에서 제외하고 있다.
① 납세조합 가입자(납세조합에서 일인별 수입금액명세서를 제출)
② 복권, 담배, 연탄, 우표・인지 등 소매업자
③ 부가가치세 면세대상인 인적용역 제공자(보험모집인 등)

3) 신고기한

연간 수입금액에 대한 사업장현황은 2.10.까지 사업장 관할 세무서에 신고한다. 이때 수입금액검토(부)표, 매출・매입처별 계산서합계표 및 매입처별 세금계산서합계표는 사업장현황신고서와 같이 제출한다.

4) 가산세

① 사업장현황신고 불성실 가산세

의료법에 따른 의료업, 수의사법에 따른 수의업 및 약사법에 따른 약국을 개설하여 약사에 관한 업을 행하는 사업자로서, 사업장현황신고를 하지 아니하거나 신고하여야 할 수입금액에 미달하게 신고한 때에는 그 신고하지 아니한 수입금액 또는 미달하게 신고한 수입금액의 0.5%에 해당하는 금액을 과세기간의 종합소득세 결정세액에 가산한다(소득세법 81조 6항, 같은법 시행령 147조의 3).

② 보고불성실 가산세

복식부기의무자가 매출・매입처별 계산서합계표 및 매입처별 세금계산서합계표를 제출기한 내에 미제출하거나 그 합계표에 기재하여야 할 사항의 전부 또는 일부가 기재되지 아니하거나 사실과 다르게 기재된 경우에는 공급가액의 0.5%(제출기한이 지난 후 1개월 이내에 제출하는 경우에는 공급가액의 0.3%)에 해당하는 금액을 결정세액에 더하여 납부한다(소득세법 81조 3항).

핵심 정리

- 부가가치세가 면제되는 개인사업자는 직전연도 연간 수입금액 및 사업장현황을 다음해 2.10.까지 신고함.
- 병의원 등 의료업자, 학원 등 학원사업자, 농・축・수산물 도・소매업자, 가수 등 연예인, 대부업자 외 기타 부가가치세가 면제되는 재화 또는 용역을 공급하는 모든 사업자가 해당됨.

(7) 증권거래세 신고

1) 증권거래세의 목적

증권거래세는 주권 또는 지분의 양도에 대하여 적정하게 과세함으로써 재정 수입의 원활한 조달에 이바지함을 목적으로 한다(증권거래세법 1조).

2) 증권거래세의 정의

① 주권

상법 또는 특별한 법률에 따라 설립된 법인의 주권을 말하며, 외국법인이 발행한 주권으로서 자본시장과금융투자업에관한법률 제8조의 2 제4항 제1호에 따른 증권시장에 상장된 것을 말한다.

② 지분

상법에 따라 설립된 합명회사 · 합자회사 · 유한책임회사 및 유한회사의 사원 지분을 말한다.

③ 양도

계약상 또는 법률상의 원인에 의하여 유상으로 소유권이 이전되는 것을 말한다.

3) 증권거래세 납세의무자

증권거래세의 납세의무자는 다음과 같다(증권거래세법 3조).

① 다음 중 어느 하나에 해당하는 주권을 계좌 간 대체로 매매, 결제하는 경우에는 자본시장과금융투자업에관한법률 제294조에 따라 설립된 한국예탁결제원
  - 증권시장에서 양도되는 주권
  - 증권시장 밖에서 정하는 방법에 따라 양도되는 주권

② '①' 외에 자본시장과금융투자업에관한법률 제8조 제1항에 따른 금융투자업자를 통하여 주권 등을 양도하는 경우에는 해당 금융투자업자

③ '① 및 ②' 외의 방법으로 주권 등을 양도하는 경우에는 그 주권 등의 양도자. 단, 국내사업장을 가지고 있지 아니한 비거주자 또는 국내사업장을 가지고 있지 아니한 외국법인이 주권 등을 금융투자업자를 통하지 아니하고 양도하는 경우에는 그 주권 등의 양수인을 증권거래세 납세의무자로 한다.

4) 세율

비상장주식에 대한 증권거래세의 세율은 과세표준의 1천분의 5로 한다.

5) 증권거래세 신고납부

비상장주식 기준으로 증권거래세의 납세의무자는 양도일이 속하는 매 반기분의 과세표준과 세액을 반기의 말일부터 2개월 이내에 신고한다.

상반기(1월~6월)에 매도한 경우 2개월 이내, 8.31.까지 신고 · 납부한다.

하반기(7월~12월)에 매도한 경우 2개월 이내, 다음해 2월말까지 신고 · 납부한다.

핵심 정리

- 주권 또는 지분의 양도에 대하여 과세함.
- 비상장주식은 반기의 말일로부터 2개월 이내 신고함.

(8) 양도소득세 신고

양도소득세란 개인이 토지, 건물 등 부동산이나 주식의 양도 또는 분양권과 같은 부동산에 관한 권리를 양도함으로 인하여 발생하는 이익(소득)을 과세대상으로 하여 부과하는 세금을 말한다(소득세법 88조).

양도소득세는 과세대상 부동산 등의 취득일부터 양도일까지 보유기간 동안 발생된 이익(소득)에 대하여 양도시점에서 일시에 과세하게 된다. 부동산 양도로 인하여 소득이 발생하지 않았거나 오히려 손해를 본 경우에는 양도소득세가 과세되지 않으나 신고의 의무는 있다.

1) 과세대상 자산의 범위(소득세법 94조)

① 부동산 : 토지, 건물(무허가, 미등기 건물도 과세대상 포함)

② 부동산에 관한 권리 : 부동산을 취득할 수 있는 권리, 지상권, 전세권, 등기된 부동산임차권

③ 주식 등 : 상장법인의 주식 등으로서 당해 법인의 대주주 양도분과 장외시장 양도주식, 비상장주식

④ 기타자산 : 사업용 고정자산과 함께 양도하는 영업권, 특정시설물 이용권 · 회원권, 특정 주식, 부동산 과다보유 법인 주식 등

⑤ 파생상품 : 자본시장과금융투자업에관한법률 제5조 제2항 제1호 및 제3호에 따른 장내파생상품 중 코스피200 선물 · 옵션, 미니코스피 200 선물 · 옵션

2) 조세정책적 목적으로 비과세하거나 감면되는 양도소득세의 경우

① 비과세되는 경우 : 1세대가 양도일 현재 국내에 1주택을 보유하고 있는 경우로서 2년 이상 보유한 경우에는 양도소득세가 과세되지 않는다(소득세법 89조).

- 양도 당시 실거래가액이 9억원이 초과하는 고가주택은 제외된다.
- 2017.8.3. 이후 취득한 지정지역의 경우 2년의 거주요건이 있다.
- 주택에 딸린 토지가 도시지역 안에 있으면 주택정착 면적의 5배까지, 도시지역 밖에 있으면 10배까지를 양도소득세가 과세되지 않는 1세대1주택의 범위로 본다.

② 감면되는 경우 : 장기임대주택 또는 신축주택의 취득, 공공사업용 토지, 8년 이상된 자경농지 등의 경우 감면요건을 충족한 때에는 양도소득세가 감면된다(소득세법 90조).

③ 그 외 해당 사례별로 비과세 감면규정을 검토한다.

3) 예정신고 · 납부

부동산을 양도한 경우에는 양도일이 속하는 달의 말일부터 2개월 이내에 주소지 관할 세무서에 예정신고 · 납부를 한다.

양도시기는 대금청산일이 원칙이다. 그러나 예외적으로 대금청산일 전 소유권 이전등기를 한 경우에는 등기 접수일이 양도시기가 된다.

예정신고를 하지 않으면 납부할 세액의 20%인 무신고가산세와 1일 0.025%(2019.2.12. 이후)의 납부불성실 가산세가 부과된다.

4) 확정신고

당해 연도에 부동산 등을 여러 건 양도한 경우에는 그 다음해 5.1.~5.31.까지 주소지 관할 세무서에 확정신고를 한다.

1건의 양도소득만 있는 자가 예정신고를 마친 경우에 확정신고는 하지 않아도 된다. 예정신고나 확정신고를 하지 않은 때는 정부에서 결정 · 고지하게 되며, 신고납부를 하지 않은 경우 무신고가산세 20%(또는 40%), 납부불성실가산세 1일 0.025%(2019.2.12. 이후)를 추가 부담하게 된다.

5) 분할납부

납부할 세액이 1천만원을 초과하는 경우 납부할 세액의 일부를 납부기한 경과 후 2개월 이내에 나누어 낼 수 있다.

① 납부할 세액이 2천만원 이하인 경우 : 1천만원을 초과하는 금액

② 납부할 세액이 2천만원을 초과하는 경우 : 납부할 세액의 2분의 1 이하의 금액

핵심 정리

- 양도소득세 : 부동산 등 자산의 양도에 따라 발생한 소득에 과세되는 세금
- 부동산을 양도한 경우 양도소득세 납세의무자는 양도일이 속하는 달의 말일부터 2개월 이내에 주소지 관할 세무서에 양도소득세를 예정신고납부하여야 함.
- 당해 연도에 여러 건 양도한 경우에는 그 다음해 5.1.~5.31.까지 확정신고함.
- 주식 등 : 상장법인의 주식 등으로서 당해 법인의 대주주 양도분과 장외시장 양도주식, 비상장주식, 양도소득세 과세대상임.

(9) 지방소득세 특별징수세액 신고

1) 지방세의 종류

현재 지방세법상 지방세의 종류는 다음과 같다.

① 광역시세 : 서울시・구세 체계와 동일하나, 주민세 재산분, 지방소득세 종업원분은 자치구세이며, 재산세과세 특례분도 구세임

② 도세 : 세목(취득세, 등록면허세, 레저세, 공동시설세, 지역자원시설세, 지방교육세)

③ 시・군세 : 세목(지방세중 도세를 제외한 세목)

서울시 지방세 종류

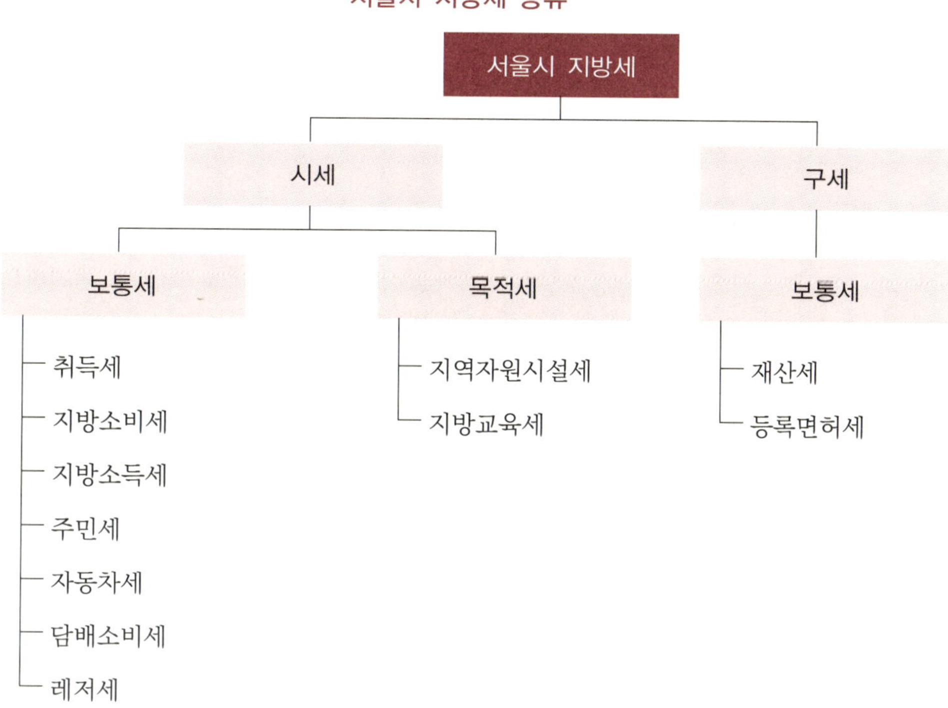

2) 지방소득세 분류

지방세는 지역의 공공서비스를 제공하는데 필요한 재원으로 쓰기 위하여 지방자치단체별로 과세하는 세금이다. 원천징수의무자가 소득세, 법인세를 원천징수한 경우 지방소득세를 소득세 등과 동시에 특별징수한다.

① 개인지방소득세

종합소득(이자, 배당, 사업, 근로, 연금, 기타소득), 퇴직소득, 양도소득, 특별징수 원천징수소득(이자, 배당, 연금, 기타소득, 일용근로자급여)에 대하여 부과되는 세금이다.

② 법인지방소득세

내국법인 및 외국법인의 법인지방소득에 대하여 부과되는 세금이다.

3) 지방소득세 납세의무자

소득세법 및 법인세법에 따른 소득세, 법인세 납세의무자가 해당된다.

4) 지방소득세 과세표준과 세율

지방소득세의 과세표준은 소득세법 및 법인세법상 소득별 과세표준 규정을 준용하여 계산하며, 세율은 소득세와 법인세 세율의 1/10 수준의 독립세율이다.

5) 신고 · 납부

지방소득세의 산출세액에서 지방세특례제한법에서 정한 세액공제 및 세액감면을 적용하여 산출한 세액을 확정신고 및 납부한다.

- 양도소득(예정) : 양도일이 속한 달 말일부터 2개월 이내에 예정신고납부
- 종합소득 · 퇴직소득, 양도소득(확정) : 과세기간(1.1.~12.31.)의 소득을 다음해 5월까지 신고납부
- 법인소득 : 법인의 각 사업연도 종료 후 4개월 이내에 신고납부
- 특별징수 : 특별징수 후 다음 달 10일까지 신고납부

6) 수정신고(지방세기본법 49조)

지방세기본법 또는 지방세관계법에 따른 법정신고기한까지 과세표준 신고서를 제출한 자는 다음 각 호의 어느 하나에 해당할 때에는 지방자치단체의 장이 지방세관계법에 따라 그 지방세의 과세표준과 세액을 결정하거나 경정하여 통지하기 전까지는 과세표준 수정신고서를 제출할 수 있다.

① 과세표준 신고서에 기재된 과세표준 및 세액이 지방세관계법에 따라 신고하여야 할 과세표준 및 세액보다 적을 때

② 과세표준 신고서에 기재된 환급세액이 지방세관계법에 따라 신고하여야 할 환급세액을 초과할 때

③ 그 밖에 특별징수의무자의 정산과정에서 누락 등이 발생하여 그 과세표준 및 세액이 지방세관계법에 따라 신고하여야 할 과세표준 및 세액 등보다 적을 때

- 제1항에 따른 수정신고로 인하여 추가납부세액이 발생한 경우에는 그 수정신고를 한 자는 추가납부세액을 납부한다.
- 과세표준 수정신고서의 기재사항 및 신고절차에 관한 사항은 대통령령으로 정한다.
- 2014년 귀속 이후는 수정신고서를 제출하여야 하며, 지방세법에 따라 신고를 한 내국법인이 국세기본법에 따라 법인세법에 따른 수정신고를 할 때에는 납세지를 관할하는 지방자치단체의 장에게도 해당 내용을 신고한다.

• 지방세법에 따라 수정신고를 하려는 내국법인은 수정신고와 함께 법인세의 수정신고 내용을 증명하는 서류를 관할 지방자치단체장에게 제출한다.

7) 가산세

지방자치단체의 장은 지방세기본법 또는 지방세관계법에 따른 의무를 위반한 자에게 이 법 또는 지방세관계법에서 정하는 바에 따라 가산세를 부과할 수 있다.

가산세는 해당 의무가 규정된 지방세관계법의 해당 지방세의 세목으로 한다.

① 무신고가산세

납부하여야 할 세액×20% (부정행위의 경우 40%)

② 과소(초과환급)신고가산세

과소(초과환급)신고세액×10% (부정행위의 경우 40%)

③ 납부(환급)불성실가산세

과소납부(초과환급)세액×경과기간×2.5/10,000(2019.2.12. 이후)
(경과기간 : 납부기한(환급일) 다음날~부과결정일)

④ 특별징수납부 등 불성실 가산세

특별징수의무자가 징수하여야 할 세액을 납부기한까지 납부하지 아니하거나 과소납부한 경우에는 납부하지 아니한 세액 또는 과소납부한 세액의 100분의 10을 한도로 가산세를 납부한다.

미납세액×3%+[과소·무납부세액×2.5/10,000(2019.2.12. 이후)×경과일수]

8) 가산세의 감면 등(지방세기본법 57조)

지방자치단체의 장은 다음 중 어느 하나에 해당하는 경우에는 지방세기본법 또는 지방세관계법에 따른 해당 가산세액에서 다음의 구분에 따른 금액을 감면한다(2017.12.

26. 개정)

① 법정신고기한이 지난 후 2년 이내에 제49조에 따라 수정신고한 경우(제54조에 따른 가산세만 해당하며, 지방자치단체의 장이 과세표준과 세액을 경정할 것을 미리 알고 과세표준 수정신고서를 제출한 경우는 제외한다)에는 다음의 구분에 따른 금액

- 법정신고기한이 지난 후 6개월 이내에 수정신고한 경우 : 해당 가산세액의 100분의 50에 상당하는 금액
- 법정신고기한이 지난 후 6개월 초과 1년 이내에 수정신고한 경우 : 해당 가산세액의 100분의 20에 상당하는 금액
- 법정신고기한이 지난 후 1년 초과 2년 이내에 수정신고한 경우 : 해당 가산세액의 100분의 10에 상당하는 금액

② 법정신고기한이 지난 후 6개월 이내에 제51조에 따라 기한후신고를 한 경우(제53조에 따른 가산세만 해당하며, 지방자치단체의 장이 과세표준과 세액을 결정할 것을 미리 알고 기한후신고서를 제출한 경우는 제외한다)에는 다음 각 목의 구분에 따른 금액

- 법정신고기한이 지난 후 1개월 이내에 기한후신고를 한 경우 : 해당 가산세액의 100분의 50에 상당하는 금액
- 법정신고기한이 지난 후 1개월 초과 6개월 이내에 기한후신고를 한 경우 : 해당 가산세액의 100분의 20에 상당하는 금액

핵심 정리

지방소득세는 특별징수의무자가 원천징수한 소득세 및 법인세액의 10%에 달하는 지방소득세액을 징수일이 속하는 달의 다음달 10일까지 해당 지방자치단체에 신고납부하는 것임.

① 지방자치단체 : 특별시 · 광역시 · 도 · 시 · 군 · 구(자치구)를 말함.

② 지방세 : 특별시세 · 광역시세 · 도세 및 시세 · 군세 · 자치구세를 말함.

Check Box_법령 관련 기관

법령 제정 과정

법 률	대통령령	총리령·부령
① 입법계획의 수립	① 법령안의 입안	① 법령안의 입안
② 법령안의 입안	② 부패영향평가	② 부패영향평가
③ 부패영향평가	③ 관계기관과의 협의	③ 관계기관과의 협의
④ 관계기관과의 협의	④ 입법예고	④ 입법예고
⑤ 입법예고	⑤ 규제심사	⑤ 규제심사
⑥ 규제심사	⑥ 법제처 심사	⑥ 법제처 심사
⑦ 법제처 심사	⑦ 차관회의·국무회의 심의	⑦ 공포
⑧ 차관회의·국무회의 심의	⑧ 대통령 재가 및 국무총리와 관계 국무위원의 부서	
⑨ 대통령 재가 및 국무총리와 관계 국무위원의 부서	⑨ 공포	
⑩ 국회 제출		
⑪ 국회 심의·의결		
⑫ 공포안 정부 이송		
⑬ 국무회의 상정		
⑭ 공포		

* 출처 : 법제처(www.moleg.go.kr)→법령·해석정보→정부입법→입법과정안내

1. 국가법령정보센터(법제처에서 관리)
법령·조약, 행정규칙, 자치법규, 판례, 행정심판 재결례 및 법령해석 등 모든 법령정보의 검색 서비스로서 법제처에서 관리하고 있다.

2. 국세법령정보시스템(국세청에서 관리)
국세와 관련된 세법령, 심사·심판청구 결정문과 법원판례·질의회신문 등 다양한 세무정보를 무료로 제공하여 납세자가 세법을 이해하고 해석하는데 도움을 주는 사이트다.

2. 연간신고를 위해 거래처에 협조 요청할 사항

보통의 경우 첫 출근 후 전체적인 업무를 파악하기도 전에 사업체를 배정받아 장부입력 외 사업장의 신고업무를 진행하게 된다. 신고과정에서는 민원처리가 즉각적으로 이루어져야 하기 때문에 자신이 담당하게 된 사업자와의 원만한 소통이 중요하다. 따라서 해당 자료를 성실하게 처리하며 거래처와의 신뢰를 쌓아가려는 자세가 중요하다.

- 사업자가 진행하고 있는 모든 기본 자료와 적격증빙서류(세금계산서, 계산서, 신용카드, 현금영수증) 등을 관리하고 기장대행 세무대리인에게 전달하도록 요청한다.
- 업태·종목에 따라 자료정리가 달라지기 때문에 관련 업무는 서로 파악해 놓아야 한다. 예를 들어 전자상거래사업자는 쇼핑몰 수입금액 자료요청, 무역회사는 수출면장 등을 챙겨야 한다[선하증권(B/L)－선적일자, 항공화물운송장(Air Way Bill)－기적일자].
- 관련업무 내용이 변동되었을 경우에 자료를 전달받지 못하여 누락되는 일이 없어야 한다.
- 사업장을 이전하거나 임대차계약 내용이 변동되는 경우에는 그 내용을, 신규로 고정자산을 취득한 경우에는 취득관련 서류(계약서, 대금증빙)를 즉시 고지하도록 요청하여, 해당 사항에 따른 정정신고가 회계처리에 반영될 수 있도록 한다.
- 성실한 장부입력을 위해 신속히 협조할 수 있도록 관련 금융자료를 잘 챙겨야 한다.
- 법정 신고기간 내에 업무를 처리하지 못하면 가산세 등 불이익이 생겨 금전적인 손실이 생길 수 있으니 주의해야 한다.
- 과세관청에서 전달되는 안내문은 반드시 읽고 세무대리인에게 전달하도록 요청해야 한다(국세청 홈택스－My NTS에서도 조회가 가능).
- 매출, 매입 거래시 발생한 금융자료(종이어음, 전자어음, B2B채권, 지급어음 등)

등 각종 자료를 수집해야 하며, 대출 또는 캐피탈 거래시 연간상환 스케줄표를 구비해 놓아야 한다.

- 개인사업자가 신규 또는 변경 발급받은 신용카드는 국세청 홈택스 사업자용카드로 등록(3월, 6월, 9월, 12월)해야 하므로 변경 유무를 항상 확인한다.
- 수출입 관련회사의 경우 세관에서 매입세금계산서가 직접 전송되며 수입원가 내역을 수거하고, 직접수출의 경우에는 세금계산서가 발행되지 않으므로 수출면장 등 관련서류를 받을 수 있도록 한다.

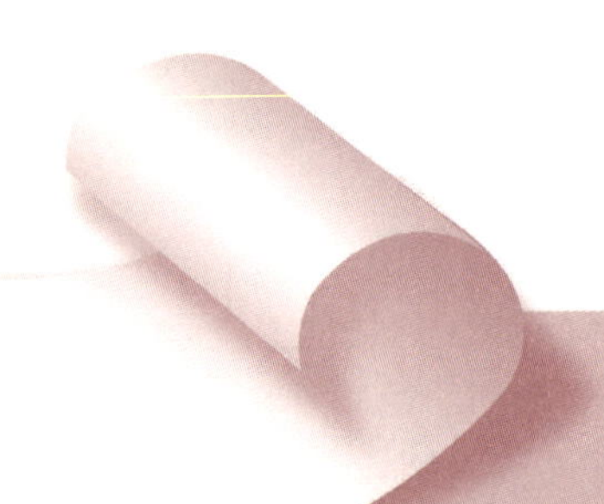

제2절 총괄 업무 파악

총괄 업무를 파악하기 위해서는 법정신고기한에 따라 진행되는 작업들을 정확히 이해해야 하며, 스스로 사업장을 관리해 보아야 한다. 자신만의 방법을 터득하여 사업장별 장부입력 및 마감, 신고관련 업무 중 누락사항이 발생하지 않도록 주의해야 한다.

세목별 신고주기

구 분	신고업무
매월	원천징수, 개별소비세
분기별	부가가치세, 일용근로소득지급명세서
반기	원천징수(신청접수), 증권거래세, 근로소득간이지급명세서
매년	연말정산, 법인세, 법인세 중간예납, 종합소득세, 종합소득세 중간예납, 종합소득세 성실신고, 면세사업자 사업장현황신고
사유발생시	양도소득세, 상속세, 증여세

1. 장부입력 및 마감

(1) 사전검토사항

- 당기 재무제표는 전기 재무제표와 비교하여 작성하므로 전기 세무조정계산서상의 재무제표를 기본으로 당기의 전표를 입력한다. 재무상태표는 다음 연도로 이월되는 계정과목이며 손익계산서와 원가명세서는 당기에 마감하여야 한다.
- 부여받은 사업장의 도매(상품매출), 제조(제조매출), 운송(운송매출), 서비스(기타매

출), 건설(공사수입), 면세사업자 등 각 업종의 특이사항을 파악하고 업태, 종목에 따라 계정과목을 선택하여 반영한다.

- 계속사업자의 장부는 전기 결산서상의 재무제표 전기이월금액을 기초로 하여 장부기록을 시작한다(전기이월금액 확인사항임).
- 신규거래처는 전기이월금액이 없으므로 개인은 개업일, 법인은 법인등기일에 개시재무상태표를 입력하고 업태, 종목에 해당하는 계정과목을 선택해야 한다(기업회계기준의 원칙→계정과목 선택의 원칙).

(2) 업무의 진행 과정

고객관리 과정을 기록하면 하나의 회사를 관리하는 업무는 일정한 순서가 있음을 알 수 있다. 관리회사의 업무 진행과정은 다음과 같다.

① 회계프로그램에 작성 및 입력

- 각종 증빙을 일반전표에 입력한다.
- 관리회사 엑셀 통장거래 내역 등을 프로그램에 업로드 및 전표 입력한다.
- 원천징수자료로 급여 등 각종 신고서 작성을 한다.
- 4대보험, 입사, 퇴사 신고서를 작성 및 접수한다.

② 국세청 홈택스의 사용 방법을 숙지

- 전자세금계산서 등을 스크래핑하고 매입매출장으로 전표처리하고 전송한다.
- 국세청 홈택스에서 관리회사의 민원증명 등 세무대리인이 처리하는 업무를 진행한다.
- 국세청 홈택스에 원천징수 등 각종 신고서를 국세청에 전송하고 접수증을 관리한다.
- 신용카드, 현금영수증을 스크래핑하고 증빙을 일반전표에 전표처리하고 전송한다.
- 그 외 기타 고객관리 업무와 각종 증빙 신용카드 등을 증빙철에 정리한다.

입력사항의 결산을 진행하는 과정은 재무제표의 완성을 위해서 처리하는 업무로 이 과정에서는 전표입력을 가장 많이 한다.

이는 관리회사의 세금신고 산출하는 결산을 하기 위한 과정이다.

① 각종 증빙으로 영수증의 일반경비 정리를 일반전표에 입력 : 1~12월
② 통장을 엑셀다운 또는 업로드된 자료를 일반전표에 입력 : 1~12월
③ 원천징수자료를 급여, 사업소득 등을 일반전표에 입력 : 1~12월
④ 일반전표관련 신용카드자료 등을 일반전표에 입력 : 1~12월

⑤ 부가가치세 관련 세금계산서 매입매출 신용카드를 매입매출전표 입력 : 1~12월
⑥ 그 외 재무제표 계정과목을 검토
⑦ 부가가치세 신고서 등 재무제표 금액의 신고 전송된 관련 자료를 검토

(3) 자료의 입력 및 확인

주요 장부입력업무는 다음과 같다.

① 영수증 정리로 가사 경비를 제외하는데, 예를 들면 사적병원비, 사적학원비 등이 해당된다. 영수증의 신용카드 자료는 국세청 홈택스 자료를 많이 활용하고 있다.

- 법인
  - 법인은 신용카드 발급과 동시에 국세청 홈택스에 법인 신용카드가 자동으로 등록된다.
  - 법인카드를 사적병원비, 사적학원비 등으로 사용하면 바로 조회되고, 그 비용은 사용자에게 소득 처분 대상이 될 수 있다.
- 개인 : 개인사업자는 카드발급, 갱신, 분실하면 국세청 홈택스에 직접 등록을 해야하며, 사업용도 카드와 가사경비 카드를 구분해서 사용해야 한다.

② 일반전표 입력은 간이영수증 등을 업무용승용차 사용자별로 정리 입력을 하며, 업무용 차량 등록을 검토해야 한다.

- 일반 전표에는 국세청 홈택스 신용카드 자료 외에 간이영수증 등을 입력한다.
- 일반 전표에는 적격증빙 여부를 체크하는 과정을 동시에 진행하고, 통장, 인건비 금액 등을 반영한다.

③ 매입매출장의 매출금액 확인으로 부가가치세 신고서상의 매출금액과 매입매출장의 매출금액 일치 여부를 확인한다.

- 매출 관리를 위해서는 부가가치세 신고 집계표를 별도로 작성해서 관리한다.

④ 원천징수이행상황신고서와 계정별원장의 인건비금액을 확인한다(급여, 퇴직금, 잡급, 사업소득, 이자, 배당 등).

- 원천징수 신고 자료와 재무제표의 반영금액을 일치 검토해야 한다.
- 원천징수이행신고 신고 집계표를 작성해서 총 인건비 지급 금액을 확인한다.

  * 프로그램 회계처리에서 일괄전표 입력·추가도 가능함

⑤ 통장 업로드 또는 데이터 연동관리로 전표입력하고, 보통예금, 차입금 등 금융자료의 통장잔액을 결산말일자로 일치시켜야 한다.

- 현재는 통장을 직접 입력하기보다는 통장자료를 업로드하여 프로그램에서 전송

한다.

⑥ 신용카드와 현금영수증은 국세청 자료를 스크래핑 또는 데이터 연동해서 입력할 때 부가가치세 공제대상 구분하여 매입매출전표와 일반전표로 전송한다.

⑦ 거래처원장의 외상매출금, 받을어음, 미수금, 외상매입금, 지급어음, 미지급금, 예수금 등 자산과 부채 계정과목 입력 후 자산, 부채 잔액 확정한다.

- 통장을 업로드하다보면 통장에 상호가 기록이 안 되고 대표자 성명으로 기록되어 있을 수가 있다. 통장의 거래처 코드를 모두 찾아 외상대를 정리하는 이유는 자산, 부채는 차기이월이 되기 때문이다.
- 법인의 경우에는 외상대가 정리되지 않으면 가지급금 발생 대상이 될 수 있기 때문이다.

⑧ 부가가치세예수금과 부가가치세대급금을 대체분개한다.

- 매출세액의 부가가치세예수금과 매입세액의 부가가치세대급금은 납부일 경우는 부가가치세대급금을 매입세액 금액으로 서로 상계 처리하여 부가가치세예수금에 부가가치세 납부세액을 나타내주고, 부가가치세 납부세액의 납부 원단위 차액은 단수차로 처리한다. 부가가치세환급은 매출세액을 상계 처리한다.
- 부가가치세 신고서 확인하면서 세금 납부세액을 정리하는 과정은 부가가치세 신고서를 검토하는 과정이기 때문이다

⑨ 합계잔액시산표 매출금액과 매입・매출장 매출금액 반영 여부와 일치 여부를 확인한다. 이는 고정자산 매각 세금계산서 발행분을 확인하는 과정이다.

⑩ 업태・종목에 따라 처리하는 계정과목 등도 검토해야 한다.

- 수출입 관리회사는 수입시 수입원가 정리가 필요하다.
- 제조회사는 제조원가 구성, 재료비, 노무비, 제조경비의 계정과목을 검토한다.
- 건설회사는 건설원가 구성, 재료비, 노무비, 건설경비의 계정과목을 검토한다.

⑪ 보험료 기간을 적요에 입력, 접대비 신용카드사용 여부에 체크, 세금과공과, 계정과목을 검토, 이자비용은 이자율 원장에 기록하면 세무조정시 참고 자료로 활용된다. 그 외의 계정과목도 검토해야 한다.

⑫ 계정별원장을 마감 정리하는 과정은 전체 계정과목 코드 102～999 입력을 하고 계정별 원장의 내용을 검토하는 과정이다.

- 각 계정과목에 중복금액을 확인하며 누락비용 등을 확인해야 한다.
- 결산부속 명세서의 잔액 명세서와 합계잔액시산표의 잔액 금액을 꼭 일치시켜야 한다.

- 계정과목을 검토하는 이유는 직전연도 비용과 당해연도 비용을 검토함으로써 누락되거나 빠뜨리는 계정과목을 발견할 수 있기 때문이다

⑬ 현금시재 정리 : 현금출납장 잔액을 확인하고, 마이너스가 나지 않아야 한다. 그러나 법인사업자는 시재정리가 필요하지 않을 수도 있다.

개인과 법인의 현금시재 차이점

개 인	• 현금의 흐름을 자유롭게 정리한다. • 개인사업자인 경우에는 결산 마감하고 당기손익이 확정되고 난 경우에 진행하는 마지막 업무이다. • 현금예금조정으로 들어가서 최소, 최대 금액을 입력하고 조정단위금액과 인출금으로 시재정리하고 (F4)전표추가 후 인출금에 남은 잔액을 자본금에 대체하는 전표를 입력한다.
법 인	• 현금의 흐름이 자유롭지 못하며 사용 용도가 불분명한 인출은 가지급금으로 인정이자를 계산하고 상여 처분 대상이 될 수 있다. • 법인은 현금을 임의로 인출해서는 안되고 비용으로 발생하는 경우에만 인출이 가능하다. 법인은 발생한 근거대로 기록을 해야 한다. • 발생주의원칙

⑭ 다음은 결산자료 준비를 위해 마지막 점검을 하는 과정이다.

- 사업자 결산시 주소, 사업장 임대차 변동 확인, 법인은 등기 및 주주변동 여부를 확인한다.
- 선급비용으로 보험료 등 검토하고 세무조정으로 선급비용명세서를 미리 작성한다.
- 세금과공과 계정과목 부인금액 확인하고, 자산취득원가 비용으로 세금납부 금액을 검토하고 자산원가에 반영한다.
- 수입금액조정명세서를 먼저 작성하고 접대비 계정과목 시부인 검토한 뒤 세무조정으로 접대비조정명세서를 먼저 작성한다.
- 재고자산이 있는 사업장에 연말 재고자산 명세서를 요청해야 한다.
- 당해 연도의 합계잔액시산표를 불러오기하여 합계잔액시산표의 고정자산을 클릭하고 고정 자산 취득이 확인되면 감가상각명세서를 작성한다.
- 업무용 승용차별 운행일지를 요청하고 자동차등록증, 보험증권, 리스계약, 렌탈계약서 등 자료를 요청한다.

⑮ 결산자료 입력으로 당기손익을 확인하는 과정이다.

- 결산준비 과정에서 발생한 세무조정사항으로 반영한 다음에는 결산자료입력을

진행한다

- 결산자료 입력하는 과정은 (F4)를 눌러 원가 선택하면,
  - 451 계정과목 코드는 상품매출 원가 선택은 도소매 업종이 해당된다.
  - 455 계정과목 코드는 제품매출 원가 선택은 제조업종이 해당되며 그 외 업종에 맞는 원가 선택을 한다.
  - 결산자료 입력에서 재고자산 금액 기록하고 감가상각비 금액 선택하여 입력한다.
  - 일반적인 방법으로는 감가상각비 반영은 일반전표에서 입력을 한다. 자동반영한 감가상각비 금액이 결산자료 변동 시에는 입력할 때마다 지워지기 때문이다.
  - 결산자료 입력에서 결산 확정한 금액으로 당기손익 확인하고 (F3)전표 추가 후 재무제표에서 당기손익을 꼭 확인한다.

(4) 회계프로그램 결산마감 순서

① 결산자료 입력 후

② 제조(공사)원가 명세서 : 원가금액 확인 후

과목별 ⟶ 제출용 ⟶ 표준용

③ 손익계산서 : 당기손익 확인과 원가 반영금액 확인 후(개인일 경우 손익계산서 과목별 기능모음에서 추가하여 손익계정 반영함)

과목별 ⟶ 제출용 ⟶ 표준용

④ 이익잉여금 처분계산서 : 당기손익 확인→이익잉여금 처분시 전표 추가(배당 등 처분)

⑤ 재무상태표 : 당기 손익 확인 후

과목별 ⟶ 제출용 ⟶ 표준용

⑥ 합계잔액시산표

과목별 ⟶ 제출용

Check Box_결산마감의 오류 찾기

1. 주의사항

- 결산마감한 관리용 재무제표에 선택된 과목별 계정과목과 국세청에 전송되는 표준재무상태표, 표준손익계산서, 표준원가명세서, 표준합계잔액시산표(개인), 이익잉여금처분계산서(법인)의 계정과목이 정확히 반영이 되었는지 검토한다.
- 계정과목의 수정 : [회계]→[재무회계]→[기초데이터]→[기초정보관리]→[계정과목 및 적요등록]→[계정과목 표준코드선택]이 상당히 중요하다(적색 계정과목은 수정이 안 되며, 이름만 바꿀 수 있음).
- 선택된 표준재무제표의 전송자료는 해당 사업장의 국세청 분석 자료의 기본이 된다.
- 전기분 재무제표에 잘못 입력된 경우에 차액이 발생한다(전기이월 자료 수정한다).
- 법인사업자와 개인사업자가 오류가 나서 결산마감이 되지 않는 경우에는 일반관리비(계정과목)만 사용하는 회사가 제조경비 외(계정과목)에 전표 입력금액이 1,000,000원 잘못 입력되었을 때 나타나는 현상이다(원가경비에 반영된 금액을 찾아서 수정해 주어야 한다).

2. 예시

다음과 같이 차액이 나다나시 오류가 발생되는 경우에는 반영금액을 찾아서 수정한다.

① 법인 : 결산자료를 마감하는 과정에서 당기손익 확정 후 결산진행 중에 팝업창이 뜬다.
회계관리→재무회계→결산관리

재무상태표[미처분 이익잉여금]	73,000,000
이익잉여금처분계산서[미처분 이익잉여금]	74,000,000
차　　액	－1,000,000

② 개인 : 결산자료를 마감하는 과정에서 당기손익 확정 후 결산마감 후에 개인조정 탭의 표준재무상태표에 들어가면 '자산총계(73,000,000)와 부채 및 자본총계(74,000,000)가 일치하지 않습니다. 계속 진행하겠습니까?'라고 확인하는 팝업창이 뜬다.
개인조정 탭의 표준합계잔액시산표에 들어가면 '대변합계(75,000,000)와 차변합계(74,000,000)가 일치하지 않습니다. 종료하시겠습니까?'라고 확인하는 팝업창이 뜬다.

2. 연간신고 업무흐름 이해

사업장의 연간 처리업무는 연간신고라는 큰 과정을 준비하기 위한 것으로 각 업무의 성격은 반복적이면서도 각기 다른 신고기간이 있기 때문이다. 관련 업무를 터득할 때마다 정확한 신고 관련 업무내용을 이해하는 것이 제일 중요하다.

다음은 사업장마다 매년 반복적으로 진행되는 업무이다. 이는 장부입력 및 마감의 흐름 안내이며, 입력 순서는 아니다.

① 원천징수신고 입력(4대보험관리)
② 부가가치세신고 입력
③ 일반전표 입력(신용카드 외)
④ 통장 입력
⑤ 자산, 부채 등 잔액 확정 및 계정과목 검토
⑥ 재무제표 결산
⑦ 세무조정 준비 및 세금 산출
⑧ 홈택스 전자신고, 가상계좌가 포함된 고지서 전달

제 2 장
고객사의 특성 파악

사업장의 성격을 구분해 파악하는 것이 중요한 이유는 사업장의 업태 및 업종을 기반으로 소득금액에 따른 세금 신고액과 납부액의 범위를 예측할 수 있기 때문이다. 파악한 기초자료를 회계프로그램에 제대로 입력하면 올바른 데이터가 산출된다.

사업자등록의 경우 법인사업자는 상업등기소에 법인등기를 한 후 등기부등본을 첨부하여 관할세무서에 사업자등록을 해야 하며, 개인사업자의 경우에는 일반과세자인지 간이과세자인지 사업 유형을 판단하여 과세관청에 등록해야 한다. 업체별로 담당자에 따라 관련 자료를 요청하고 처리하는 방법이 다르기 때문에 본인에게 맞는 관리 방법을 찾아야 한다.

▶▶▶▶▶ 제1절

사업자 유형 파악과 회사등록

1. 개인사업자와 법인사업자

(1) 개인사업자

개인사업이란 법인을 설립하지 않고 개인이 직접 경영하는 사업을 말한다. 이러한 사업을 하는 자를 세법상 개인사업자(일반적으로 자영업자라고 함)라고 한다.

1) 일반과세자

연간 매출액이 4,800만원 이상일 때, 국세청 간이과세 배제기준이 정하는 업종 또는 지역에 해당하는 사업자는 일반과세자로 사업자등록을 해야 한다.

2) 간이과세자

연간 매출액(공급대가)이 4,800만원 미만인 사업자로 국세청 간이과세 적용이 배제되는 사업 또는 국세청 간이과세 배제지역에 해당되지 않아야 하며, 해당 사업장 외에 별도의 과세사업장이 없어야 한다.

간이과세자는 납세자가 부담한 부가가치세를 환급받을 수 없다.

일반과세자와 간이과세자 비교

구 분	일반과세자	간이과세자
대상	개인사업자와 법인사업자	개인사업자 중 연간 공급대가가 4,800만원에 미달하는 사업자

구 분	일반과세자	간이과세자
과세기간	제1기 1.1.~6.30. 제2기 7.1.~12.31.	1년 단위 1.1.~12.31.
과세표준	공급가액	공급대가
세율	공급가액×10%	공급대가×10%×업종별 부가가치율
세금계산서 발행	세금계산서 발행 가능	세금계산서 발행 불가
납부세액 계산	매출세액－매입세액	매출액(공급대가)×업종별 부가가치율×세율－(매입세액×업종별 부가가치율)
납부의무 면제	해당 사항 없음	1년의 공급대가가 3,000만원 미만인 경우 납부의무 면제
매입세액공제	매입세액공제(공제되지 아니하는 것으로 특정한 경우 제외)	공제되지 아니하는 것으로 특정한 경우를 제외한 매입세액×업종별 부가가치율
환급	공제대상 매입세액이 매출세액을 초과하는 경우 환급	공제받을 수 있는 매입세액이 매출세액을 초과하더라도 환급받을 수 없음
의제매입세액 공제	모든 업종에 적용(면세농산물 등을 원재료로 제조·가공한 재화 등)	음식점업 및 제조업에 한해 적용(면세농산물 등을 원재료로 제조·가공한 재화 등)
기장의무	기장의무 있음(업종별 기준수입금액을 판단함)	영수증, 세금계산서를 보관하면 기장한 것으로 봄
부가가치세 회계처리	부가가치세 납부세액 필요경비 산입 불가	공급대가(부가가치세 포함금액)가 수입금액이며, 부가가치세 납부세액은 필요경비(세금과공과금 등)에 산입함

* 공급가액이란 부가가치세를 제외한 금액을 말하며, 공급대가란 부가가치세를 포함한 금액이다.

간이과세자의 업종별 부가가치율

업 종	부가가치율
전기, 가스, 증기 및 수도 사업	5%
소매업, 음식점업, 재생용 재료 수입 및 판매업	10%
제조업, 농·임·어업, 숙박업 운수 및 통신업	20%
건설업, 부동산 임대업, 기타 서비스업	30%

(2) 법인사업자

법인사업자란 다수의 사람이 자본을 출자하여 설립한 사업자를 말하며, 출자자인 구성원들의 이해관계가 얽혀 있기 때문에 설립 절차가 까다롭고 임원과 자본금이 필요하며 법인설립등기 후 사업자등록을 신청한다. 세법상 법인은 상법에 의하여 영리를 목적으로 설립된 주식회사, 합명회사, 합자회사, 유한회사와 특별법에 의하여 영리를 목적으로 설립된 법인 및 주무관청의 허가를 받아 설립된 비영리법인, 그리고 법인세법상 법인으로 보는 법인격 없는 단체를 말한다.

개인사업자와 법인사업자 비교

구분	개인사업자	법인사업자	비고
부담 세금	종합소득세, 지방소득세 : 이자, 배당, 사업소득, 근로소득, 연금소득, 기타소득(개인－소득원천설, 열거주의)	법인세, 근로소득세(원천징수분), 배당소득세(원천징수분), 지방소득세(법인－순자산증가설, 포괄주의)	법인의 대표이사는 근로소득세, 배당소득세 해당
설립	• 사업장 준비(임대차계약서, 인허가 확인) • 사업자등록 신청 후 사업개시 • 소자본 창업 가능	• 출자자 및 주주 구성 및 상법상 등기(1인주주 가능) • 최저 자본금 제한 폐지(자본금 소액 설립 가능) • 사업장 준비(임대차계약서, 인허가 확인) • 법인설립 등기 • 사업자등록 신청 후 사업개시	• 법인등기비용 발생 • 법인은 다수인으로부터 자본 조달 가능
장부 기장	• 수입금액에 따라 간편장부 가능 • 대표자 입출금 용이	• 법인 통장을 통해 엄격한 복식부기 기장 • 발생주의 회계에 의함(대표자 입출금시 일부 제한)	
통장 거래 중요성	• 법인에 비해 자유로움 • 업종별 수입금액 이상 사업용 계좌 사용의무	모든 거래는 통장을 통해 거래해야 함(법인 통장은 모든 입출금액 사실화해야 함)	법인의 증빙없는 지출은 대표이사 가지급금(인정이자 계상, 폐업시 상여)
세금 체납	세금 체납액과 부채 발생시 사업주 개인 재산에 대한 압류, 공매 가능(무한책임)	• 주주는 출자한 자본 한도 내 책임(유한책임) • 과점주주(50% 초과) 제2차 납	법인은 주식 및 지분 취득시 과점 주주가 된 때

구분	개인사업자	법인사업자	비고
		세의무 해당, 지분비율만큼 개인 재산에 압류, 공매 가능 • 사업용 고정자산에 대한 취득세 2% 해당	에도 사업용 고정자산 간주취득세 해당(된 날로부터 60일내 자진 신고납부)
외부 감사제	적용되지 않음	4개 요건 중 3개 충족 시 외부감사 대상에서 제외(그 외에도 기준대상 해당 확인)	법인 감사비용 발생
대외 신용도	• 낮은 편 • 일정 규모 이상 성장에 한계 • 중소규모 사업에 안정적임	• 높은 편 • 영업 수행과 관공서 입찰, 금융기관 거래에 유리함	
사업주 본인 급여	급여 비용처리 불가	• 급여 비용처리가 가능(4대보험 등 적용) • 퇴직금 비용처리 가능 • 정관에 의한 임원보수규정 비치	법인 대표이사의 근로소득 비용처리
이중 과세 여부	종합소득세 신고로 종결	• 법인세 과세와 별도로 주주의 배당에 대해 (지방소득세 포함한 배당소득세) • 상여처분시 종합소득세 과세	개인의 경우 이자, 배당 2천만원 이상이면 금융소득 종합과세 해당
세부담 사례 비교	사업소득 과세표준 150,000,000 −35%(14,900,000) 소득세 37,600,000 지방소득세 3,760,000 계 : 41,360,000	법인 과세표준 150,000,000 법인세 (10%)15,000,000 지방소득세 1,500,000 계 : 16,500,000	다음 페이지의 "개인사업자와 법인사업자 세율 비교" 표 참고
폐업	• 사업자등록 폐업신청 • 1.1.~폐업시까지 종합소득세 신고 • 상속폐업~상속개시일 말일로부터 소득세신고 6개월 되는 날	• 사업자등록 폐업 신청(법인 청산소득세 부담) • 청산등기 후 법인격 소멸	법인은 폐업 5년 경과시 해산 간주. 해산 후 3년 경과시 청산종결 간주 후 법인 자동소멸

개인사업자와 법인사업자 세율 비교

개인사업자			법인사업자		
소득세 과세표준	2018년 이후	누진 공제	법인세 과세표준	2018년 이후	누진공제
1천200만원 이하	6%	–	2억원 이하	10%	–
1천200만원 초과 ~4천600만원 이하	15%	1,080,000원	2억원 초과 ~200억원 이하	20%	20,000,000원
4천600만원 초과 ~8천800만원 이하	24%	5,220,000원	200억원 초과 ~3,000억원 이하	22%	420,000,000원
8천 800만원 초과 ~1억5천만원 이하	35%	14,900,000원	3,000억원 초과	25%	9,420,000,000원
1억 5천만원 초과 ~3억원 이하	38%	19,400,000원			
3억원 초과 ~5억원 이하	40%	25,400,000원			
5억원 초과	42%	35,400,000원			

Check Box_법정증빙서류의 중요성

- 법정증빙서류는 개인사업자와 법인사업자 모두 동일하게 적용됨.
- 정규 증빙(적격증빙) 3만원 초과 시 세금계산서, 계산서, 신용카드 전표, 현금영수증 수취 의무, 미수취시 증빙불비 가산세 2% 해당함.
- 법인 대표자가 법인 자금을 사적으로 사용하면 처벌대상이 됨(배임 및 횡령).
- 가지급금은 명칭 여하를 불문하고 법인의 업무와 관련 없는 자금의 대여액을 말함.
- 증빙없이 인출되는 출처가 불분명한 자금은 가지급금으로 간주하고, 대부분의 법인은 설립 후 자본금을 인출하기 때문에 법인 설립시 가장납입하는 경우 세법상 가지급금으로 보게 됨(가지급금은 법인 폐업 후 청산소득에 대한 법인세 문제가 됨).
- 가지급금의 상대방이 특수관계자인 경우 세법상 인정이자(2016.3.7. 이후 4.6% 당좌차월 이율)에 대해 법인세를 과세함.

2. 사업자등록

(1) 사업자등록 신청시 유의사항

- 사업자는 각 사업장별로 사업개시일로부터 20일 이내에 해당 사업장 관할 세무서장(전국세무서에서 신청가능)에게 사업자등록을 신청해야 한다. 다만, 신규사업자는 사업 개시일 이전이라도 사업자등록을 신청할 수 있다(부가가치세법 8조 1항).
- 사업자등록은 사업장 관할 세무서를 직접 방문하거나 세무대리인을 통해 신청할 수 있으며, 사업자 본인의 공인인증서로 국세청 홈택스에서 신청할 수 있다. 사업자등록 신청시 업태·종목 코드를 신중하게 선택해야 한다.
- 사업자등록 신청 이전일지라도 공급시기가 속하는 과세기간이 끝난 후 20일 이내에 등록을 신청한 경우 등록 신청일부터 공급시기가 속하는 과세기간 기산일까지의 매입세액은 공제가 가능하다(대표자 주민등록번호 기재분 포함).
- 법령에 따라 허가가 필요하거나 등록 또는 신고해야 하는 사업의 경우는 관련기관에 신청 또는 등록을 한 후에 사업자등록을 하여야 한다.
- 개인사업자의 필요 서류와 법인사업자의 필요 서류가 서로 다르므로 그에 맞는 서류를 준비한다.
- 사업자등록을 신청함에 있어서 사업장의 사업개시일은 다음의 구분에 따른다(부가가치세법 시행령 6조).
  - 제조업은 제조장별로 재화의 제조를 시작하는 날
  - 광업은 사업장별로 광물의 채취·채광을 시작하는 날
  - 기타의 사업은 재화 또는 용역의 공급을 시작하는 날
  - 다만, 해당 사업이 법령의 개정 등으로 면세사업에서 과세사업으로 전환되는 경우에는 그 과세전환일로 한다.

(2) 국세청 홈택스에서의 사업자등록

- 국세청 홈택스에 가입한 후 주민등록번호로 된 공인인증서를 등록하면 관할 세무서 방문 없이 사업자등록이 가능하다.
- 세무대리인은 수임납세자의 수임등록 및 동의가 된 경우 신청 가능하다.
- 필요 서류를 누락하면 처리가 지연되므로 관련 서류를 빠짐없이 제출한다.
- 사업자등록증 정정 사유가 발생되었을 때 면허대상 관련업종 사업자는 구청에 먼저

허가 또는 등록 정정신청(예를 들면, 인쇄업 : 등록면허세 납부)을 하고, 그 후 홈택스에서 사업자등록 정정신고서를 접수한다.

홈택스 사업자등록 신청 화면

사업자등록신청/정정 등

사업자등록신청/정정 처리단계 안내

01 제출서류 준비 — 스캐너 등을 이용하여 제출서류를 이미지파일로 준비합니다. 스캐너 이용시에는 200dpi 이상, 디지털카메라, 스마트폰카메라 등을 이용시에는 이미지크기 1500*2100 이상이어야 제출이 가능합니다.
제출서류예시 >

02 신청(신고)서 입력 — 신청서 정보를 화면에 입력합니다.

03 제출서류 등록 — 준비된 이미지파일을 등록하여 전송 준비를 합니다.
※ 제출서류를 누락하면 처리가 지연 되므로 구비서류를 빠짐없이 제출하시기 바랍니다.

04 신청내용 확인 및 전송 — 신청서 입력내용과 제출서류를 최종 확인한 후 전송합니다.

아래의 경우는 세무서에 직접 방문하여 신청(정정)하셔야 합니다.
· 확정일지 신청
· 법인의 공동대표 구성원 변동
· 공동사업자 구성원 및 지분율 변경
· 사업자등록신청시 공동사업자 10인 이상
· 임대차내역 입력건수가 100건 이상
· 사업자단위과세 등록신청(정정)

사업자등록정정(개인) 바로가기 > | 공동사업자(대표) 승인하기 바로가기 > | 사업자등록정정(법인) 바로가기 >
사업자등록신청(개인) 바로가기 > | 공동사업자(대표) 저장내역 보기 바로가기 > | 사업자등록신청(법인) 바로가기 >
처리결과조회 바로가기 > | 방문접수처리상태조회 바로가기 >

개인
· 면세포기에 의한 사업자등록 신청
· 면세사업자 과세겸업시 사업자등록 신청
· 세법개정에 의한 면세에서 과세로 전환등록 신청
· 포괄적 양도·양수에 의한 등록

법인
· 법인으로 보는 단체의 승인신청

* 순서 : 제출서류준비 → 신청(신고)서 입력 → 제출서류등록 → 신청내용 확인 및 전송

(3) 사업자등록 신청서류

1) 개인사업자

① 사업자등록 신청서
② 사업허가증사본, 사업등록증 사본 또는 신고필증 사본 중 1부(법령에 따라 허가를 받거나 등록 또는 신고를 하는 사업의 경우 인·허가 등)
③ 임대차계약서 사본(사업장을 임차한 경우) 1부
④ 임차건물을 재임차하는 경우, 전대차계약서 및 건물주의 전대동의서 사본 1부
⑤ 상가건물임대차보호법이 적용되는 경우는 임차한 부분 해당 부분의 도면 1부
⑥ 자금출처명세서(금지금 도·소매 및 과세유흥장소 영업하려는 경우) 1부
⑦ 공동사업자는 동업계약서(지분율이 표시되어 있어야함) 사본 1부
⑧ 대표자 신분증
⑨ 관할 세무서 대리인 방문시 대표자 위임장, 대리인 신분증, 신청인 인감증명서 첨부

⑩ 재외국민 · 외국인은 외국인등록증 사본 혹은 여권 사본, 납세관리인 설정신고서

2) 법인사업자

① 법인설립신고 및 사업자등록 신청서
② 정관 사본 1부(외국법인만 해당)
③ 임대차계약서 사본(사업장을 임차한 경우) 1부(법인 명의로 법인등록번호로 기재하여 임대차계약서 작성)
④ 임차건물을 재임차하는 경우는 전대차계약서 및 건물주의 전대동의서 사본 1부
⑤ 상가건물임대차보호법이 적용되는 경우는 임차한 부분 해당 부분의 도면 1부
⑥ 주주 또는 출자자명세서 1부
⑦ 사업허가 · 등록 · 신고필증 사본(해당 법인만) 또는 설립허가증 사본(비영리법인만 해당) 1부
⑧ 현물출자명세서(현물출자법인의 경우만 해당) 1부
⑨ 자금출처명세서(금지금 도 · 소매 및 과세유흥장소 영업하려는 경우) 1부
⑩ 본점 등의 등기에 관한 서류(외국법인만 해당)1부
⑪ 사업자단위과세 적용 신고자의 종된 사업장 명세서(법인사업자용)(사업자단위 적용 신청한 경우만 해당) 1부
⑫ 법인 인감증명서
⑬ 관할 세무서 대리인 방문시 위임장(법인인감날인), 대리인 신분증 지참
⑭ 법인 지점 사업자등록 신청(미등기)은 본점 법인등기부등본, 지점 임대차계약서와 지점설치 확인 이사회회의록, 허가사업은 사업허가증 사본 및 신고필증 사본 외 관련서류를 첨부하여 법인설립신고 및 사업자등록 신청

Check Box_법인설립 사전검토

1. 법인설립시 필요서류

법인사업자는 법인설립 등기를 먼저 해야 한다(법무사사무소 대행). 법인 설립등기에 필요한 서류는 모두 원본이어야 한다.

① 임원(이사 및 감사) 전원의 인감증명서 1통
② 임원(이사 및 감사) 전원의 주민등록 초본 및 등본 1통
③ 임원(이사 및 감사) 전원의 인감도장
④ 자본금 잔고증명서 1통
⑤ 임대차계약서 사본(사업자등록 신청시 필요함)

2. 법인설립조건

- 법인 상호 결정 : 사전에 등기소에서 미리 법인 상호를 열람하여 확인 후 결정함.
- 본점 소재지 결정 : 본점 주소는 법인 명의의 임대차계약서가 필요함(사업장이 이전되면 이전할 때마다 등기비용이 발생됨).
- 사업의 목적 결정 : 정관에 기재된 사업만 영위할 수 있으므로 향후 계획 중에 있는 사업까지 함께 기재한다면 목적사업 변경등기시 발생하는 비용을 절감할 수 있음.
- 자본금 결정 : 업종에 따른 등록기준 자본금 규모를 검토하고 결정해야 함.
- 임원 결정 : 법인은 1인 주주도 가능하고, 자본금 10억원 미만인 경우에는 1명의 이사만으로 법인 설립이 가능함.

* 법인의 과점주주(50% 초과)가 제2차 납세의무(지분비율만큼)에 해당되면 개인재산에 압류, 공매가 가능하기 때문에 주주 구성원 중 특수관계자가 있는지 검토해야 함.

* 법인등기부등본에 기재된 대표이사의 주소가 변경될 때마다 법인등기부등본 변경등기를 해야 함(미등기시 과태료 대상).

3. 담당 회사의 기초자료 등록

개인사업자와 법인사업자에 따라 회계프로그램에 입력하는 내용과 각각 적용되는 세법규정이 다르므로 처음 회사를 등록할 때에 신중해야 한다.

(1) 회사 등록시 입력 항목 및 유의사항

1) 회계프로그램에 회사 등록하기

회사 등록은 다음의 순서로 진행한다.

재무회계 ──→ 기초데이터 ──→ 기초정보관리 ──→ 회사등록

회계프로그램 입력시 사업장의 기본입력사항은 아래와 같다.

법인사업자와 개인사업자 회계프로그램 입력 항목

번호	법 인	개 인
1	회계연도	회계연도
2	사업자등록번호	사업자등록번호
3	법인등록번호	과세 유형 (0.일반, 1.간이, 3.면세)
4	대표자명	대표자명

번호	법 인	개 인
5	대표자 주민등록번호(대표자 외국인 여부)	거주구분 (0.거주, 비거주)
6	대표자 주민번호	대표자 주민번호
7	사업장 주소	대표자구분, 공동여부(0.부, 1.여)
8	사업장 전화번호	사업장 주소
9	사업장 팩스번호	사업장 전화번호
10	업종코드	사업장 팩스번호
11	업태	업종코드
12	종목	업태
13	사업장세무서	종목
14	지방세법정코드	사업장세무서
15	설립연월일	소득 구분 (30. 부동산, 32. 주택, 40. 사업소득, 외)
16	개업연월일	지방세법정동코드
17	폐업연월일	개업연월일
18	국세환급금계좌	18. 폐업연월일 19. 국세환급금계좌

본지점관리	대표자 추가정보
1. 본지점여부 2. 본점일괄납부	1. 주소 2.전화번호 3. 주소지 세무서
3. 본점코드 4. 사업자단위해당	4. 지방세법정코드 5. 주소지동코드
5. 종사업장번호	〈추가사항〉 1. 중소기업여부 (0. 중소기업, 1. 비중소기업) 2. 지방세소득세신고 그 외 신고관련 추가사항
〈추가사항〉 1. 법인구분 2. 중소기업여부(0. 중소기업, 1. 비중소기업) 3. 종류별구분(1.중소기업 등) 그 외 신고관련 추가사항	

2) 회계프로그램에 회사 등록시 주의해야 하는 항목

회사 등록시 위의 항목들 중 아래에 해당하는 항목은 잘못 입력할 경우 의도하지 않은 결과가 발생할 수 있으므로 주의해야 한다.

회계프로그램 입력시 주의할 항목

번호	구분	법인	개인	비고
1	회계연도	법인상업등기소 설립등기일 1기	사업자등록증 개업일 1기	법인은 회계연도 정관에 기재됨
3	과세유형	–	일반 과세자, 간이과세자, 면세 사업자	간이과세자 : 공급대가로 표기됨
7	공동사업장 여부	–	사업자등록 신청시 동업 계약서 첨부	동업비율에 따라 소득금액 정해짐
10, 11	업종코드	사업자등록 신청시주 업종코드 등록	사업자등록 신청시주 업종코드 등록	주업종이 다를 경우 세무서에 변경함
15	소득구분	–	30. 부동산 32. 주택임대 40. 사업소득	중소기업특별세액감면 업종 판단함
15	설립연월일	법인등기부 등기일	–	법인등기부등본에 등기 설립일
16, 17	개업연월일	사업자등록증상 개업일	사업자등록증상 개업일	개업일과 법인설립일 다를 수 있음
중소기업 여부	음식점 업 (중소기업○, 중소 감면×)	중소기업 여부 정확히 선택	중소기업 여부 정확히 선택	접대비한도 • 일반 : 1천2백만원 • 중소 : 2천4백만원
법인종류별 구분		1. 중소기업 2. 일반	–	중소기업특별세액감면 업종 판단함
지방소득세 신고		법인 회계연도 말 등기부등록 주소지	매년 5.31. 주소지 등록일	과세관청 오류시 가산세 대상
참고사항 : 국세환급금계좌		법인 주거래통장 등록	개인 사업용계좌 등록	신고서에 국세환급금계좌 표기됨

(2) 사업자등록번호 구성

사업자등록번호는 "○○○－○○－○○○○○"의 형태를 이루는 10개의 숫자로 구성되어 있으며 각 부분은 관할 세무서, 사업자의 종류, 사업자 생성의 일련번호를 의미한다. 사업자등록번호의 구성 체계를 이해하면 사업자등록번호만으로도 사업자의 기초적인 정보를 파악할 수 있다.

○○○ - ○○ - ○○○○○
① ② ③

① 세무서 코드

사업자가 최초로 사업자등록을 한 세무서의 고유번호 코드

예시 종로세무서 : 101

② 사업자의 종류

법 인	영리법인	본점 : 81, 86, 87
		지점 : 85
		외국법인지점 : 84
	비영리법인 : 82	
	국가 등 : 83	
개 인	과세 : 01~79	
	면세 : 90~99	

③ 일련 번호

일련번호의 마지막 숫자는 검증 번호로 사업자등록번호가 정확한지 여부를 검증한다(전산프로그램 사용시 사업자등록번호를 잘못 입력하면 오류 발생).

(3) 등록 방법

1) 사업자등록

- 사업자등록증에 나타난 사업자 유형을 확인하거나, 사업자등록번호로 판단을 할 수가 있다.
- 사업자등록시 신청서에 기입한 주업종코드를 기초 회사등록에 입력한다.
- 사업목적 변경으로 인해 주업종이 바뀌게 될 때에는 관할 세무서에 주업종코드 변경 사업자정정신청을 해야 한다.
- 관련 코드를 잘못 입력하면 전혀 다른 결과가 나오기 때문에 회사등록의 절차를 정확히 이해하고 숙지해야 한다.

2) 입력 예시

회사 등록 예시

기준(단순)경비율관리			
업체명 : 주식회사 더퍼스트		업체명 : 영진무역	
업태	도매 및 소매업	업태	제조업
종목	철강	종목	전자제품 외
귀속연도	2018년	귀속연도	2018년
기준경비율코드	514232	기준경비율코드	315001
중분류명	도매 및 상품 중개업	중분류명	전자부품, 컴퓨터, 영상, 음향 및 통신장비 제조업
세분류명	1차 금속제품 및 금속광물도매업	세분류명	전구 및 램프 제조업
세세분류명	1차 금속제품 도매업	세세분류명	전구 및 램프 제조업, 일반용 전기조명장치 제조업 외
기준경비율 (자가율적용여부)	Y	기준경비율 (자가율적용여부)	Y
기준경비율(일반율)	4.2000	기준경비율(일반율)	11.4000
기준경비율(자가율)	4.6000	기준경비율(자가율)	11.8000
단순경비율 (자가율 적용 여부)	Y	단순경비율 (자가율 적용 여부)	Y
단순경비율(일반율)	93.6000	단순경비율(일반율)	91.4000
단순경비율(자가율)	93.3000	단순경비율(자가율)	91.1000
적용범위 및 기준	스텐레스판	적용범위 및 기준	전구, 백열전구, 산업용 전구, 섬광 전구, 살륜램프 외

* 통계청 → 통계분류포털 → 한국표준산업분류 → 자료실 : 사업자 업종분류코드 조회 확인검토

(4) 회계프로그램 입력

회계프로그램에 신규사업자를 등록할 때에는 사업자등록상의 정확한 자료를 입력해 주어야 하고, 사업자등록 정정사항이 발생 될 때에도 변경내용은 정정하여 반영하여야 한다.

1) 입력 예시

다음은 연습목적으로 설정한 가상의 정보이므로 회계프로그램에 직접 입력해 볼 수 있도록 한다.

회사 정보

회사명	① 주식회사더퍼스트	② 영진무역	③ 아영전자주식회사
회계연도	2기 (2019년)	1기 (2019년)	5기 (2019년)
사업자 등록 번호	101－86－67890	606－43－67891	212－86－67892
대표자명	이규현	이영진	윤아영
내ㆍ외국인구분	0.내국인	과세유형(일반과세) 거주구분 (0.거주)	0.내국인
대표자 주민번호	951111－ *******	930430－ *******	930130－ *******
사업장 주소	서울시 종로구 창신1길 2	부산시 사상구 가야대로101	서울시 관악구 신림동1길
업종코드	514232	315001	321000
업태	도매 및 상품중개업	제조업	제조업
종목	스텐레스판	전구/조명장치/광고용 램프외	다이오드트랜지스터및 유사반도체외
사업장세무서	종로	북부산	관악
지방세 법정동코드	종로구청	사상구청	관악구청
설립연월일	2018.06.15.	－	2015.05.01.
개업연월일	2018.07.01.	2019.03.01.	2015.05.01.
종류별구분	중소기업	중소기업	중소기업

[법인1－법인사업자 회사등록] ① 주식회사더퍼스트

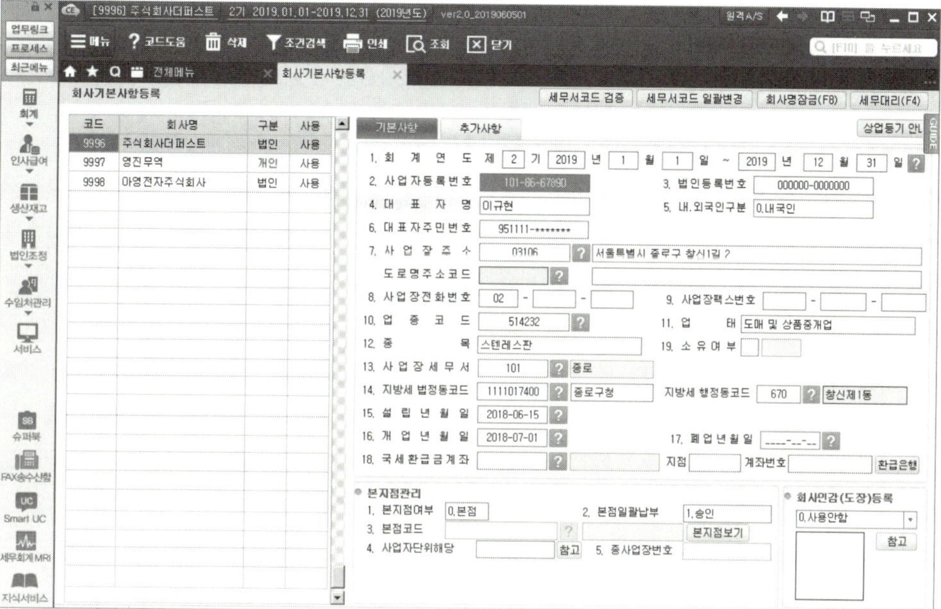

• 정관 사본의 영업연도, 법인등기부등본, 사업자등록 확인 후 업종코드는 관할 세무서 사업자등록 신청시에 접수한 주업종코드를 등록한다.

• 업태・종목과 주업종코드에 변경사항이 있을 경우 사업자등록 정정신고서를 관할 세무서에 접수한다.

[개인1－개인사업자 회사등록] ② 영진무역

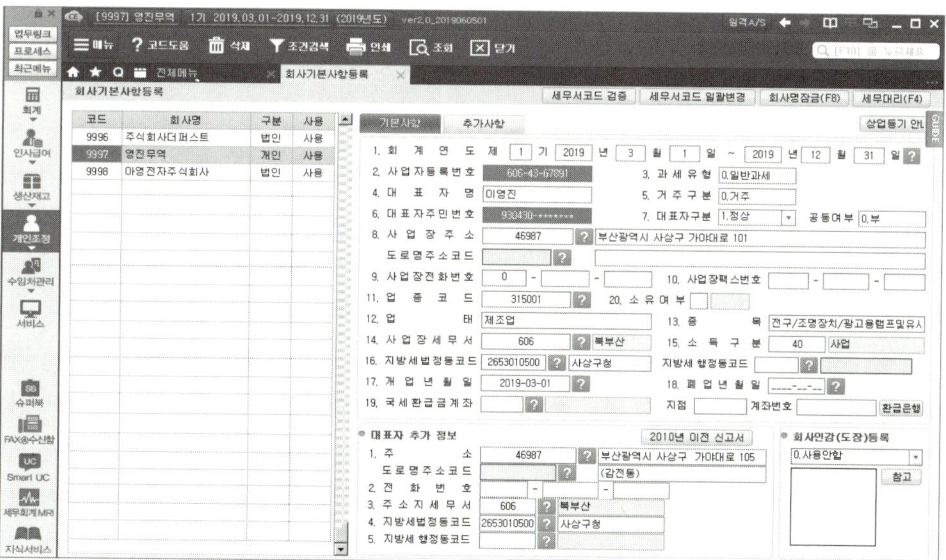

• 관할 세무서 사업자등록 신청시에 접수한 주업종코드를 회사 등록한다.

[법인2－법인사업자 회사등록] ③ 아영전자주식회사

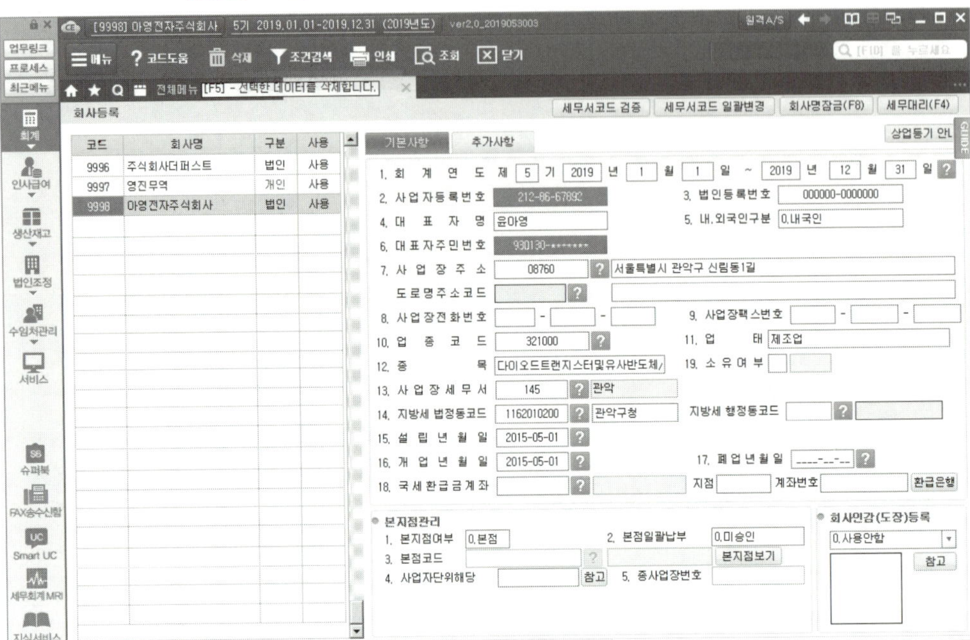

2) 일반과세자와 간이과세자, 면세사업자의 전표 입력 비교

① 매입시 매입 · 매출장전표 입력 분개

	차 변		대 변	
일반과세자[과세]	상품	××××	현금	××××
	부가가치세대급금	××××		
간이과세자[과세]	상품	××××	현금	××××
면세사업자[불공]	통신비 (등)	××××	현금	××××

② 부가가치세 납부시 일반전표 입력 분개

	차 변		대 변	
일반과세자	부가가치세예수금	××××	보통예금	××××
간이과세자	세금과공과	××××	현금	××××
면세사업자	분개없음			

(5) 신용카드 및 현금영수증 가맹의무

1) 신용카드

신용카드 가맹의무가 있는 업종은 사업자등록증을 발급받은 후 정보통신사에 의뢰해 단말기를 의무적으로 설치해야 한다.

2) 현금영수증

① 현금영수증 가맹점 가입

건당 10만원 이상의 재화 또는 용역을 제공하는 업종은 소비자의 요구와 무관하게 현금영수증을 의무적으로 발행해야 하므로 현금영수증 가맹점에 가입해야 한다. 다음과 같은 방법으로 현금영수증 가맹점에 가입할 수 있다.

- 신용카드 단말기 설치로 현금영수증 가맹점 가입
- 현금영수증 인터넷 발급 사이트를 통한 가입
- 국세상담센터(126) ARS전화를 이용한 가입

② 현금영수증 가맹점 가입대상 사업자(소득세법 시행령 210조의 3 1항)

소득세법 시행령 별표 3의 2에 따른 소비자 상대 업종을 경영하는 아래 사업자를 말한다. 다만, 현금영수증 가맹점으로 가입하기 곤란한 경우로서 소득세법 시행규칙 제95조의 4 제1항의 택시운송 사업자, 읍・면지역 소재 소매업자 중 사업규모 등을 고려하여 국세청장이 지정하는 사업자, 법인세법 제117조의 2 제3항 단서에 따라 사실과 다르게 발급한 것으로 보지 아니하는 사업자를 통하여 현금영수증을 발급하는 사업자는 제외한다.

- 직전과세기간의 수입금액(결정・경정에 의한 금액 포함)이 2,400만원 이상인 사업자
- 의료업・수의업・약국을 운영하는 사업자
- 변호사업, 심판변론인업, 변리사업, 법무사업, 공인회계사업, 세무사업, 경영지도사업, 기술지도사업, 감정평가사업, 손해사정인업, 통관업, 기술사업, 건축사업, 도선사업, 측량사업, 공인노무사업, 의사업, 한의사업, 약사업, 한약사업, 수의사업
- 소득세법 시행령 별표 3의 3에 따른 업종을 영위하는 사업자(현금영수증 의무발행업종)
  - 2013.10.1. 이후 공급하는 분부터 적용
  - 현금영수증제도의 현금영수증 의무발급업종(별표 3의 3)을 영위하는 사업자는

직전 과세기간 수입금액의 합계액에 관계없이 모두 현금영수증 가맹점 가입을 의무화한다(소득세법 시행령 210조의 3 1항 4호).

- 현금영수증의 경우 가입대상자가 가입하지 않거나 발급거부 또는 사실과 다르게 발급한 경우 소득세법상 가산세가 부과된다(소득세법 81조 11항).

③ 현금영수증 의무발행 업종

현금영수증 가맹의무자 중 일정한 사업자는 건당 10만원 이상의 재화·용역 공급시 반드시 현금영수증을 발행하여야 한다. 현금영수증을 발급하지 않은 사업장을 신고하면 신고자에게 포상금이 지급되고, 미발급 사업자에게는 발급하지 않은 금액의 20%의 가산세(2019.1.1. 이후)가 부과된다. 만약 거래상대방의 인적사항을 알 수 없거나 발급을 요구하지 않을 경우에도 거래일로부터 5일 이내에 국세청 지정번호(010-000-1234)로 반드시 발급하여야 한다.

현금영수증 의무발행 업종은 다음과 같다.

현금영수증 의무발행 업종(2019.2.12. 개정)

구 분	업 종	
사업서비스업	가. 변호사업	자. 기술지도사업
	나. 공인회계사업	차. 감정평가사업
	다. 세무사업	카. 손해사정인업
	라. 변리사업	타. 통관업
	마. 건축사업	파. 기술사업
	바. 법무사업	하. 삭제
	사. 심판변론인업	거. 측량사업
	아. 경영지도사업	너. 공인노무사업
보건업	가. 종합병원	
	나. 일반병원	
	다. 치과병원	
	라. 한방병원	
	마. 요양병원	
	바. 일반의원(일반과, 내과, 소아청소년과, 일반외과, 정형외과, 신경과, 정신건강의학과, 피부과, 비뇨의학과, 안과, 이비인후과, 산부인과, 방사선과 및 성형외과)	
	사. 기타의원(마취통증의학과, 결핵과, 가정의학과, 재활의학과 등 달리 분류되지 아니한 병과)	

구 분	업 종
	아. 치과의원 자. 한의원 차. 수의업
숙박 및 음식점업	가. 일반유흥 주점업(식품위생법 시행령 제21조 제8호 다목에 따른 단란주점영업을 포함한다) 나. 무도유흥 주점업 다. 일반 및 생활 숙박시설영업 라. 출장 음식 서비스업
교육 서비스업	가. 일반 교습 학원 나. 예술 학원 다. 외국어학원 및 기타 교습학원 라. 운전학원 마. 태권도 및 무술 교육기관 바. 기타 스포츠 교육기관 사. 기타 교육지원 서비스업 아. 청소년 수련시설 운영업(교육목적용으로 한정한다) 자. 기타 기술 및 직업훈련학원(2020.1.1. 이후) 차. 컴퓨터 학원(2020.1.1. 이후) 카. 그 외 기타 분류 안 된 교육기관(2020.1.1. 이후)
그 밖의 업종	가. 골프장 운영업 나. 골프 연습장 운영업 다. 장례식장 및 장의관련 서비스업 라. 예식장업 마. 부동산 중개 및 대리업 바. 부동산 투자 자문업 사. 산후 조리원 아. 시계 및 귀금속 소매업 자. 피부 미용업 차. 손·발톱 관리 미용업 등 기타 미용업 카. 비만 관리 센터 등 기타 신체 관리 서비스업 타. 마사지업(발 마사지업 및 스포츠 마사지업으로 한정한다) 파. 실내건축 및 건축마무리 공사업(도배업만 영위하는 경우는 제외한다) 하. 인물 사진 및 행사용 영상 촬영업 거. 결혼 상담 및 준비 서비스업

구 분	업 종
	너. 의류 임대업 더. 화물자동차운수사업법 시행령 제9조 제1호에 따른 이사화물운송주선사업(포장이사운송업으로 한정한다) 러. 자동차 부품 및 내장품 판매업 머. 자동차 종합 수리업 버. 자동차 전문 수리업 서. 전세버스 운송업 어. 가구 소매업 저. 전기용품 및 조명장치 소매업 처. 의료용 기구 소매업 터. 주방용품 및 가정용 요리, 요업 제품 소매업[거울 및 액자(내용물 없는 것) 소매업, 주방용 유리제품 소매업, 관상용 어항 소매업으로 한정한다] 퍼. 안경 및 렌즈 소매업 허. 운동 및 경기용품 소매업 고. 예술품 및 골동품 소매업 노. 중고자동차 소매업 및 중개업 도. 악기 소매업 로. 자전거 및 기타 운송장비 소매업 모. 체력단련시설 운영업(2020.1.1. 이후) 보. 화장터 운영, 묘지 분양 및 관리업(묘지 분양 및 관리업에 한정한다)(2020.1.1. 이후) 소. 특수여객자동차 운송업(2020.1.1. 이후) 오. 가전제품 소매업(2020.1.1. 이후) 조. 의약품 및 의료용품 소매업(2020.1.1. 이후)

* 업종의 구분은 한국표준산업분류를 기준으로 한다. 다만, 위 표에서 특별히 규정하는 업종의 경우에는 그러하지 아니하다(소득세법 시행령 210조의 3 1항 4호 및 같은조 9항 관련)(소득세법 시행령 별표 3의 3).

▶▶▶▶▶ 제2절

사업장의 업태 · 업종 및 경비율 제도 이해

1. 업태와 업종의 구분

업태는 판매하는 방법에 따른 분류이며 업종은 무엇을 판매하는가에 따른 종목의 분류이다.
사업자는 급변하는 산업구조에 따라 업태·종목을 세분화하고, 시장조사와 기획을 거쳐 선택한 아이템을 통해 이윤을 추구하는 것을 목적으로 한다. 업태의 종목에 따라 이윤 산정방식이 달리 적용되므로 사업장의 업태구분은 사업의 시작과 같다. 업태와 업종을 정하고 있는 한국표준산업분류표에 대해서 알아보기로 한다.

(1) 한국표준산업분류표에 의한 업종코드 Sample

세법상 업종코드는 한국표준산업분류표(통계청고시) 체계에 따른다[개정 분류체계(제10차 기준) 2019.1.1. 이후].

표준산업분류표는 생산적인 경제활동을 일정한 기준과 원칙에 따라 산업활동에 관련된 통계자료의 분석 등 각종 통계목적에 모든 통계작성기관이 통일적으로 사용할 수 있도록 표준화한 것이다.

한국표준산업분류표의 예를 들면 다음과 같다.

한국표준산업분류표와 업종코드

대분류(21)		중분류(77)		소분류(232)		세분류(495)		세세분류(1,196)	
코드	항목명	코드	항목명	코드	항목명	코드	항목명	코드	항목명
C	제조업 (10~34)	10	식료품 제조업	101	도축, 육류 가공 및 저장 처리업	1011	도축업	10111	육류 도축업(그 금류 제외)
F	건설업 (41~42)	41	종합 건설업	411	건물 건설업	4111	주거용 건물 건설업	41111	단독 주택 건설업
G	도매 및 소매업 (45~47)	45	자동차 및 부품 판매업	451	자동차 판매업	4511	자동차 신품 판매업	45110	자동차 신품 판매업
I	숙박 및 음식점업 (55~56)	55	숙박업	551	일반 및 생활숙박시설 운영업	5510	일반 및 생활숙박시설 운영업	55101	호텔업

(2) 업종별 기준경비율 및 단순경비율표상 업종코드 Sample

장부를 작성하지 않은 경우 경비율로 소득을 추계할 때 사용하는 업종별 코드이다.[국세청 홈택스 기준・단순경비율(업종코드), 조회/발급→기타조회에서 조회가능]

경비율표 업종코드

A. 농업, 임업 어업(01~03)
B. 광업(05~08)
C. 제조업(10~34)
D. 전기, 가스, 증기 및 공기 조절 공급업(35)
E. 수도, 하수 및 폐기물 처리, 원료 재생업(36~39)
F. 건설업(41~42)
G. 도매및 소매업(45~47)
H. 운수 및 창고업(49~52)
I. 숙박 및 음식점업(55~56)
J. 정보통신업(58~63)
K. 금융 및 보험업(64~66)
L. 부동산업(68)
M. 전문, 과학 및 기술 서비스업(70~73)

N. 사업시설 관리, 사업 지원 및 임대 서비스업(74~76)
P. 교육 서비스업(85)
Q. 보건업 및 사회복지 서비스업(86~87)
R. 예술, 스포츠 및 여가관련 서비스업(90~91)
S. 협회 및 단체, 수리 및 기타 개인 서비스업(94~96)
T. 가구 내 고용활동 및 달리 분류되지 않은 자가 소비 생산활동(97~98)
U. 국제 및 외국기관(99)

2. 업종별 기준수입금액

사전에 경비율을 산정하면 사업장의 연간 소득금액을 추정할 수 있으며, 세금신고 및 납부 금액의 범위를 예측함으로써 사업장을 효율적으로 관리할 수 있다.

(1) 기준(단순)경비율 제도

기준(단순)경비율 제도란, 장부를 기장하지 않았을 경우 소득금액을 계산하는 제도로 기준경비율 적용대상과 단순경비율 적용대상 사업자로 구분된다. 단순경비율과 기준경비율의 구분은 업종별 수입금액에 따라 적용한다.

1) 업종별 적용

사업은 아이템을 선정하여 자본을 준비하는 과정부터 시작한다고 볼 수 있다. 사업의 종류에 따라 신고하는 방법과 내역이 달라지므로 업종을 결정했다면 사업자등록을 신청할 때에 업종코드를 정확히 적용해야 한다.

예시 관할 세무서에 사업자등록을 무역업으로 하고 영업 개시할 경우
업태는 도매업이며, 종목은 무역이고, 코드는 519111을 적용한다. 아래의 사례처럼 무역업의 단순경비율은 94.0%, 기준 경비율은 9.2%이다.

① 경비율 예시

519. 상품 종합 도매업(일반율 기준)

코드번호	세분류	세세분류	적용범위 및 기준	단순 경비율	기준 경비율
519111	상품 종합 도매업	상품 종합 도매업	• 직수출 –종합상품을 구매하여 직접 수출 • 대행(위탁)수출 –종합상품을 구매하여 수출업자를 통하여 대행(위탁)수출	94.0 (자가율 93[7])	9.2 (자가율 9.6)

② 경비율 구분

- 일반율 : 사업장에 대한 임차료를 지급하는 사업자(타가사업자)에게 적용되는 율
- 자가율 : 사업장에 대한 임차료를 지급하지 않는 사업자(자가사업자)에게 적용되는 율

③ 사업장 구분

- 제조업 : 생산설비를 갖추고 제조행위가 이루어지는 제조장
- 판매업 : 상품의 보관과 인도가 이루어지는 판매장
- 서비스업 : 실제용역의 제공행위가 이루어지는 장소

④ 자가율 제외 업종

농업 · 임업 및 어업(011000~052200), 광업(101000~143200), 전기 · 가스 · 증기 및수도사업(401000~410000), 건설업(451101~453000), 도소매업(522099, 523132, 525200), 운수업(601000~621000, 630301~630302, 630309~630403, 630500, 630701~630909, 641201, 749906), 금융 및 보험업(659201~659900, 659902~672000, 749904), 부동산업 및 임대업(630304, 701101~701700, 703011~713003, 749934, 921404, 930903), 전문 과학기술 및 기술서비스업(730000, 741108) 인적용역(940100~940919), 가구 내 고용활동(950000~950001)

⑤ 자가율 계산 방법

- 기준경비율의 자가율은 일반율에 0.4%를 가산하여 적용한다.

• 단순경비율의 자가율은 일반율에 0.3%를 차감하여 적용한다.

2) 기타사항

임대인과 임차인이 같은 세대 구성원인 경우에는 자가사업자로 본다.

과세기간 중에 타가 → 자가, 자가 → 타가로 전환된 경우, 자가율 적용대상 수입금액은 총수입금액을 자가사업장 사용기간(일수)에 따라 안분계산한 금액으로 한다.

3) 인적용역 제공사업자(94＊＊＊＊)의 단순경비율(기본율 · 초과율) 적용방법

인적용역 제공사업자에 대한 단순경비율은 수입금액 4천만원까지는 기본율을 적용하고, 4천만원을 초과하는 금액에 대해서는 초과율을 적용한다.

인적용역 제공사업자의 경비율 예시

코드 번호	종목		적용 범위 및 기준	단순경비율		기준 경비율
	세분류	세세분류		기본율	초과율	
940909	기타 자영업	기타 자영업	• 컴퓨터 프로그래머, 조율사, 전기 · 가스 검침원 등 달리 분류되지 않은 기타 자영업으로서 독립된 자격으로, 고정보수를 받지 아니하고 그 실적에 따라 수수료를 지급받는 경우 포함 ＊어로장	64.1	49.7	20.2

인적용역제공 기타자영업(940909)의 수입금액 43,000,000원에 대한 소득금액 계산방법은 다음과 같다.

[40,000,000－(40,000,000×64.1%)]＋[3,000,000－(3,000,000×49.7%)]＝15,869,000원

(2) 업종별 기준수입금액 산정

장부기장을 하지 않은 경우 추계의 방법으로 소득금액을 계산한다.

1) 추계에 의한 필요경비 계산 방법

수입금액×경비율=필요경비

2) 단순경비율에 의한 소득금액 계산방법

소득금액=수입금액-(수입금액×단순경비율)

예시 도매 무역업 단순경비율 적용 대상자의 수입금액 30,000,000원일 경우의 단순경비율 : 30,000,000-(30,000,000×94%=28,200,000)=1,800,000원

3) 기준경비율에 의한 소득금액 계산방법

주요경비 매입금액에 따라 소득금액을 산출한다.

소득금액=수입금액-주요경비(매입비용+임자료+인건비)-(수입금액×기준경비율)

(3) 업종별 기준수입금액 종합소득세 신고유형 판정

업종별 기준수입금액에 따라 신고유형이 달라지므로 개인사업자의 소득금액을 산정하는 경비율에 대한 이해가 선행되어야 한다. 이후 장부입력과 경비율이 적용되는 업종의 업종별 기준수입금액을 미리 검토해 놓는다. 종합소득세 신고는 업종별 기준금액으로 추계신고, 간편장부, 복식부기, 외부조정, 성실신고확인대상으로 나뉘고 사업자의 의무사항이 모두 다르게 적용되기 때문이다.

기장의무의 구분 업종별 기준수입금액

업종별	단순경비율 적용대상자	기준경비율 적용대상자	간편장부 대상자	복식부기 의무자	외부 조정	성실신고 확인대상
가. 농업·임업 및 어업, 광업, 도매 및 소매업(상품중개업을 제외한다), 제122조 제1항에 따른 부동산매매업, 그 밖에 '나'군	6천만원 미만자	6천만원 이상자	3억원 미만자	3억원 이상자	6억원 이상	15억원 이상 (2020년 귀속 10억원)

업종별	단순경비율 적용대상자	기준경비율 적용대상자	간편장부 대상자	복식부기 의무자	외부 조정	성실신고 확인대상
및 '다'군에 해당하지 아니하는 사업						
나. 제조업, 숙박 및 음식점업, 전기 · 가스 · 증기 및 수도사업, 하수 · 폐기물처리 · 원료재생 및 환경복원업, 건설업(비주거용 건물 건설업은 제외하고, 주거용 건물 개발 및 공급업을 포함한다), 운수업, 출판 · 영상 · 방송통신 및 정보서비스업, 금융 및 보험업, 상품중개업, 욕탕업	3천 6백만원 미만자	3천 6백만원 이상자	1억 5천만원 미만자	1억 5천만원 이상자	3억원 이상	7.5억원 이상 (2020년 귀속 5억원)
다. 법 제45조 제2항에 따른 부동산 임대업, 부동산관련 서비스업, 임대업(부동산임대업을 제외한다), 전문 · 과학 및 기술서비스업, 사업시설관리 및 사업지원 서비스업, 교육 서비스업, 보건업 및 사회복지 서비스업, 예술 · 스포츠 및 여가관련 서비스업, 협회 및 단체, 수리 및 기타 개인 서비스업, 가구내 고용활동	2천 4백만원 미만자	2천 4백만원 이상자	7천 5백만원 미만자	7천 5백만원 이상자	1억 5천 만원 이상	5억원 이상 (2020년 귀속 3.5억원)

기타사항

복식부기 의무자	1. 사업용계좌 신고 의무 2. 업무용 승용차 사용기록 작성 3. 전자세금계산서 의무 발행(직전연도 수입금액 3억원 이상)
성실신고 대상자	1. 교육비 및 의료비 세액공제 2. 교육비 및 의료비 세액공제로 감면받은 세액은 농어촌특별세 과세대상

개인사업자가 추계신고할 경우에는 업종별 기준수입금액을 적용한다. 개인사업자가 사업장이 2개 이상인 경우에는 겸업자의 업종 수입금액으로 주업종을 판단해야 하며, 전자세금계산서, 계산서 의무발행기준을 검토한다. 종합소득세 기장의무 구분 및 신고유형은 수입금액에 의해 적용되고, 의무사항을 지키지 못하면 가산세 대상이 되기 때문에 검토해야 할 목록을 사업장에 기록하여 관리해야 한다.

1) 추계신고시 무기장 가산세 제외대상

① 당해 연도 신규 사업자

② 직전 연도 수입금액이 4,800만원 이하인 소규모 사업자

* 신규사업자의 사업개시연도의 수입금액이 복식부기의무자 범위에 해당하는 경우에는 기준경비율을 적용하고, 간편장부대상자에 해당하는 단순경비율 적용배율을 2.6배로 한다(무기장 가산세 없음).

2) 겸업자 및 사업장이 2개 이상인 경우의 기준수입금액 계산

주업종의 수입금액+[주업종 외의 업종의 수입금액×(주업종에 대한 기준수입금액/주업종 외의 업종에 대한 기준수입금액)]

3) 기준수입금액에 의한 전자계산서 발행

- 법인사업자 : 전자계산서 의무발행
- 개인사업자 : 전자계산서 의무발급기준 대상자 검토

① 2019.1.1.~6.30. 전자계산서 의무 발행 개인사업자

- 대상 : 전전 사업연도(2017년) 사업장별 총수입금액(과세+면세)이 10억원 이상인 사업자
- 의무발행기간 : 2019.1.1.~2019.6.30.

② 2019.7.1.부터 전자계산서 의무발행 개인사업자

- 대상 : 직전연도(2018년) 사업장별 총수입금액(과세+면세)이 3억원 이상인 사업자
- 의무발행기간 : 2019.7.1.~2020.6.30.

* 2019년도부터 면세 개인사업자의 전자계산서 의무발급대상 수입금액이 3억원으로 낮아졌기 때문에 전자계산서 발급대상 여부를 확인해야 한다.

4) 기준수입금액에 의한 전자세금계산서 발행

• 법인사업자 : 전자세금계산서 의무 발행

• 개인사업자 : 직전연도의 사업장별 재화 및 용역의 공급가액의 합계액이 3억원 이상인 개인사업자는 전자세금계산서 발급의무대상 사업자에 해당됨

- 대상 : 2018년 공급가액 3억원 이상인 개인사업자(2019.5.31. 전자발급의무가 통지됨)
- 의무발행기간 : 2019.7.1.~2020.6.30.

5) 종합소득세 기장의무 구분 및 신고유형 요약

종합소득세 기장의무 구분 및 신고 유형 요약

<table>
<tr><th>기장의무</th><th>기장여부</th><th>대상자</th><th>신고유형</th><th>신고여부</th><th>세액공제 및 가산세</th></tr>
<tr><td rowspan="5">간편장부
대상자</td><td rowspan="2">기장</td><td rowspan="2">간편장부
대상자</td><td>복식부기기장</td><td>○</td><td>기장세액공제
산출세액의 20%
100만원 한도</td></tr>
<tr><td>간편장부기장</td><td>○</td><td></td></tr>
<tr><td rowspan="2">추계</td><td>기준경비율
적용대상자</td><td>기준경비율</td><td>○</td><td>무기장가산세
산출세액의 20%</td></tr>
<tr><td>단순경비율
적용대상자</td><td>단순경비율</td><td>○</td><td>무기장가산세
산출세액의 20%</td></tr>
<tr><td colspan="5">업종별 기준수입금액 : 가. 3억원 미만자
나. 1억5천만원 미만자
다. 7천5백만원 미만자</td></tr>
<tr><td rowspan="5">복식부기
대상자</td><td rowspan="2">기장</td><td rowspan="4">복식부기
대상자</td><td>복식부기기장</td><td>○</td><td></td></tr>
<tr><td>간편장부기장</td><td>×</td><td></td></tr>
<tr><td rowspan="2">추계</td><td>기준경비율</td><td>○</td><td>무신고가산세와
무기장가산세 중
큰 금액</td></tr>
<tr><td>단순경비율</td><td>×</td><td></td></tr>
<tr><td colspan="5">업종별 기준수입금액 : 가. 3억원 이상자
나. 1억5천만원 이상자
다. 7천5백만원 이상자</td></tr>
</table>

기장의무	기장여부	대상자	신고유형	신고여부	세액공제 및 가산세
전문직 사업자	복식부기 대상자이며 간편장부 또는 추계에 의해 신고하는 경우 무신고가산세 (산출세액의 20%와 수입금액의 7/10,000 중 큰금액)가 해당됨				

* 개인사업자 전자세금계산서 발행의무 사업장은 직전연도 수입금액 3억원 이상일 경우 다음해 7.1.부터 의무적용

제3절

업무진행 관리노트 작성

앞서 파악한 사업장의 업태·종목과 현황을 바탕으로 결산에 필요한 자료를 수집하여 장부에 입력한다. 사업장의 총괄관리를 위한 사업장별 관리노트는 아래와 같이 작성한다. 관리노트는 통장, 증빙자료, 카드 등의 내용을 수집하여 입력하고 결산 후 마감한다. 신규사업자는 사업을 개시할 때 사업용계좌를 국세청에 등록해 놓으면 관리가 용이해지며, 특히 일정규모 이상의 개인사업자는 국세청에 사업용계좌를 반드시 등록해야 한다. 개인사업자의 신용카드를 모두 등록하면 부가가치세 및 종합소득세 신고시 활용할 수 있다.

1. 신고일정 관리

관리노트를 작성할 때, 아래의 연간신고 관리사항도 동시에 검토한다. 각종 법정신고 기일을 놓쳐 가산세를 납부하는 일이 없도록 한다. 아래의 관리사항은 엑셀 서식으로 작성하여 관리하면 효율적이다.

각종 신고관련 현황표에 법정 신고기간을 기록한다.

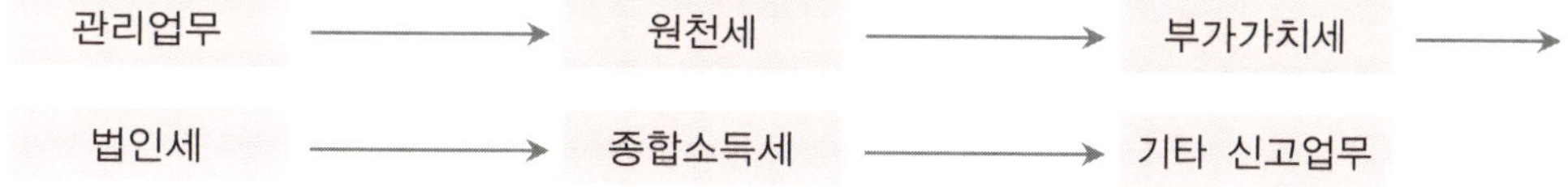

(1) 관리 항목

① 업무진행현황표 기록으로 업체 관리

② 일용근로자 지급명세서 제출 관리

③ 매월 원천징수 신고목록 관리(4대보험 관리)
④ 근로소득간이지급명세서 제출 관리
⑤ 부가가치세 예정신고, 확정신고 목록 관리
⑥ 종합소득세 중간예납신고, 확정신고 목록 관리
⑦ 법인세 중간예납신고, 법인세 확정신고 목록 관리
⑧ 매년 8.31. 법인세 중간예납 신고시 6월말까지 장부입력 관리
⑨ 매년 11.30. 개인사업자 종합소득세 중간예납 신고시 9월말까지 장부입력 관리
⑩ 매년 12월은 건설회사 실질관리 및 기준, 자본금, 면허 등 관리회사 장부입력 관리
⑪ 12월은 면세사업자 사업장현황신고 대비 장부입력 관리
⑫ 매년 상반기는 연말정산 등 중요 신고업무가 많으므로 장부입력 스케줄 관리
⑬ 금융거래로 발생된 재무제표 자료제출 및 신용평가제출 자료준비와 사업장의 경영분석에 안정성분석(부채비율) 등을 검토
⑭ 매년 성실신고대상자의 종합소득세 외형 파악 및 해당 회사 지도 관리

* 결산한 예상 부담세액을 사업자에게 고지하여 해당 상황에 맞는 적격증빙 등의 자료제출 의무를 늘 상기시켜 주어야 한다. 또한 장부 마감을 관리할 때에 사업자가 세액공제 및 세액감면 대상자인지 항상 검토해야 한다.

(2) 일정 관리

기장회사를 담당하게 되면 법인세와 종합소득세 신고를 위한 기장입력 관리를 본인 스스로 해야 한다. 관리회사의 장부입력사항을 법정신고기간 전에 입력하여야만 법인세 및 종합소득세 신고기간에 장부 입력 마감으로 인한 부담이 줄어들 수 있기 때문이다.

연간 일정에 따른 입력사항을 관리하면서 부가가치세 2기 예정신고(9월말) 시점에서는 개인사업자의 종합소득세 성실신고대상(당해수입금액) 여부도 검토하여야 하며, 사업용계좌 통장관리의 중요성과 정확한 매출 매입 관리가 이루어 질수 있도록 안내하며 검토하여야 한다.

일정에 따른 연간 법인세 및 종합소득세 입력관리

구분	입력관리	신고준비
2월 말	• 법인사업자 • 직전연도 12월까지 입력관리	12월말 법인 3월말 법인세신고 준비
4월 말	• 개인사업자 • 직전연도 12월말까지 입력관리	• 5월말 종합소득세신고 준비 • 6월말 종합소득세성실신고 준비

구분	입력관리	신고준비
8월 말	• 법인사업자, 개인사업자 • 당해 연도 6월말까지 입력관리	당해 연도 법인사업자 중간예납 신고 및 납부
11월 말	• 법인사업자, 개인사업자 • 당해연도 9월말까지 입력관리	종합소득세 중간예납신고 및 납부
12월 말	• 건설회사 12월말 : 기준자본금 면허 등 검토(재무비율분석) • 면세사업자 12월말 : 면세사업자 사업장현황신고 준비 • 법인사업자 12월말 : 법인세 신고 준비	• 다음해 1.25. 부가가치세 확정신고 준비 • 다음해 2.10. 면세사업자 사업장현황신고 준비 • 다음해 3.10. 근로소득세 연말정산 신고 준비

2. 업무진행 관리 리스트 작성

관리노트는 연간신고를 위한 항목들을 알아보기 쉽게 정리한 표이기 때문에 통장, 증빙, 카드, 결산에 관한 업무진행현황을 수거한 자료와 그 중 입력한 자료로 구분하여 입력하면 보다 수월하게 업무를 처리할 수 있다.

업무진행 현황 리스트(개인별)

20××. 01. 01.~20××. 12. 31. (업무진행 : 개월)

순번	코드	회사명	업무진행현황										사업용 계좌 검토 (개인)	업무용 승용차	비고 (기장료)
			통장		원천		증빙		카드		결산				
			수거	입력	신고	입력	수거	입력	수거	입력	가결산	마감			
1	101	㈜ 더퍼스트	6	6	6	6	6	6	6	6	6				
2	102	아영전자 ㈜	6	6	6	6	6	6	6	6	6				
3	103	영진무역	6	6	6	6	6	6	6	6	6		OK		

제4절

세무신고를 위한 자료의 요청 및 관리

1. 재무회계 자료 요청 및 관리

- 재무제표 신고를 위한 자료는 사업장별로 발생된 증빙자료를 근거로 하므로 수거하면 된다.
- 법인사업자로부터는 분기별로 부가가치세 신고 안내문을 발송하고, 부가가치세 신고 자료와 함께 통장자료 및 그 외 해당 자료를 수거한다.
- 개인사업자로부터는 반기별로 부가가치세 신고 안내문을 발송하고, 부가가치세 신고 자료와 함께 통장자료(성실사업자 해당) 및 그 외 해당 자료를 수거한다.
- 사업자가 처리해야 하는 세금계산서 발급 마감일이 매월 10일이므로, 10일 이후 마감이 끝나면 사업자별 해당 자료를 수거해야 한다.
- 수거자료는 재무제표 작성을 위한 초석이 된다.
- 계정과목 잔액명세서는 6월말(중간예납), 12월말(결산)을 기준으로 정하고 가결산, 결산 확정 때에만 요청해서 받아 장부 마감해 놓는다.

다음은 사업자의 자료수거를 체계적으로 진행하기 위한 관리 자료이다.

사업자의 분기별 자료 수거 리스트

서류목록	1분기	2분기	3분기	4분기
	1월~3월	4월~6월	7월~9월	10월~12월
외상매입금 잔액(현금입금)				
외상매출금 잔액(카드결제)				
연말 재고자산 잔액(분기말)				
세금계산서 및 계산서(종이)				

서류목록	1분기	2분기	3분기	4분기
	1월~3월	4월~6월	7월~9월	10월~12월
건별 매출 및 전자상거래 매출				
법인신용카드 사용내역서				
차량 및 기계매입 상환내역서				
금융기관 엑셀 및 잔액리스트				
업무용차량 카드 및 비용리스트				
수출입 및 통관정산서				
받을어음 및 지급어음장(전자어음)				
기타증빙 및 참고자료 외				

Check Box_사업자 변경사항에 대한 자료 수거

재무회계 분기별 자료요청을 하면서 사업자 변경사항은 매번 검토해야 한다.

① 임대차 변경시 임대차계약서 사본 : 사업자등록증 변경

② 차량 구입시 차량 매매계약서 사본 및 자동차등록증 : 업무용승용차 운행일지 안내

③ 차량 운용리스 및 금융리스(자가)계약서 사본, 렌트 계약서 사본, 보험증권 사본 : 업무용승용차 운행일지(임직원 전용 보험 가입 확인)

④ 주주 또는 주식 변경시 주식매매계약서 및 주식 이동 후 주주 명부(출자총액의 50% 초과시 과점주주 간주취득세 해당 건물, 토지, 자동차, 건설기계, 골프회원권 등 2달 60일 이내 구청 자진신고 대상－주식 이동시 검토하며, 미신고시 과태료 대상) : 등록자산이 해당됨

⑤ 법인 대표이사 주소 이전시 법인 등기부등본 변경 안내 : 14일 이내 미변경시 과태료 대상(법무사 대행)

⑥ 사업장 330㎡(100평) 이상 매년 7.1.~7.31.까지 재산할 사업소세 자진신고납부(납부대상 과세기준일 7.1.)－과세관청에 자동고지 신청 접수 가능한지 확인하여 자동고지 신청하면 기준면적 변동 없을 때는 고지서를 통보받아 납부할 수도 있다(1㎡당 250원)(지방세법 75조 2항・80조~84조).

⑦ 법인이 수도권과밀억제권 내에 사무소를 설립하면서 부동산을 취득하게 되면 일반적인 세율보다 높은 세율을 부과한다. 법인 중과세 적용요건은 ㉠ 수도권과밀억제권역 내에서 법인을 설립, 지점설치, 전입 ㉡ 설립, 지점설치, 전입이 5년 미만인 경우 ㉢ 수도권과밀억제권역 내에서 부동산을 취득할 경우 ㉣ 중과세배제업종에 해당되지 않을 경우

2. 원천징수신고를 위한 자료 요청 및 관리

원천징수대상 소득을 지급할 때 발생된 원천자료를 사업장별로 요청한다.

급여자료는 매월 요청한다. 원천징수대상 소득은 이자소득, 배당소득, 사업소득, 근로소득, 연금소득, 기타소득, 퇴직소득, 일용근로소득이다.

매월 신고납부하는 경우 다음달 10일까지이고, 반기 신고납부는 1월~6월은 7.10., 7월~12월은 다음 해 1.10.까지이므로 이에 맞춰 신고 자료를 요청해서 수집해야 한다(매월 25일, 매월 31일 급여지급 전에 급여명세서 작성을 요청하는 회사도 있으니 4대보험 자료를 반영해서 작성함).

(1) 원천징수 요청자료

매월 원천징수신고시 필요한 급여자료 정리를 위해 매월 사업장별로 아래의 자료를 요청한다.

1) 자료별 요청사항

① 입사자

- 주민등록등본에 입사일과 급여(비과세 급여)를 기재하여 팩스 또는 메일을 요청한다.
- 외국인근로자는 외국인등록증(체류허가 신청확인서 등)을 복사하여 수집한다.

② 퇴사자

퇴사자 성명, 퇴사일, 퇴사사유, 퇴직금 유무를 작성해서 팩스 또는 메일 요청한다(퇴직사유 확인서는 퇴사사유가 일반퇴직에서 권고사직으로 변경되는 경우 근로복지공단 내용변경시 과태료 대상에 해당되므로 정확한 사유를 전달받아 자격상실처리함).

③ 상용근로자

- 매월 직원 급여대장 및 건강보험과 국민연금 산출 및 부과 내역이 필요하다.
- 매월 급여 변동사항 발생시 변동명세서와 4대보험 보수 변경사항을 체크해야 한다.

④ 일용근로자 및 단시간근로자

- 주민등록증을 복사하여 일용근로대장과 함께 수집한다.
- 외국인근로자는 외국인등록증(체류허가 신청확인서 등)을 복사하여 수집한다.

⑤ 사업소득자 및 기타소득자

프리랜서 계약서 등, 성명과 주민등록번호, 주소, 지급일, 지급명세서 내역이 필요하다.

⑥ 이자소득과 배당소득

이자소득 관련 계약서와 이자소득원천징수영수증, 배당소득 관련된 증빙자료와 기본등록사항을 수집한다.

⑦ 그 외 원천징수 관련 소득

그 외 원천징수 관련 소득자료와 법인 원천징수 관련 소득(사용료소득 외) 등 발생시에 관련 자료 및 계약서 등을 첨부하여 기본등록사항 내용과 함께 발생시에 자료를 수집한다.

2) 자료별 요청시 참고사항

일반적으로 4대보험 관련 업무는 세무회계사무실의 업무가 아니다. 그러나, 거래처가 4대보험 관리를 요청할 경우 세무대리인이 국민건강보험공단의 EDI 가입 후 국민건강보험공단의 EDI 조회가 가능하다.

퇴사자의 경우 퇴직회사의 요청시, 근로복지공단의 퇴사사유에 준하여 거래처의 특성에 맞게 퇴사 사유서 작성을 제안한다.

퇴사사유 예시

구분	퇴사사유		○
자진퇴사	11	개인사정으로 인한 자진퇴사	
	12	사업장 이전, 근로조건변동, 임금체불 등으로 자진퇴사	
회사사정과 근로자 귀책사유에 의한 이직	22	폐업・도산	
	23	경영상 필요 및 회사불황으로 인원감축 등에 의한 퇴사(해고, 권고사직, 명예퇴직 포함)	
	26	근로자의 귀책사유에 의한 징계 해고, 권고사직	
정년 등 기간만료에 의한 이직	31	정년	
	32	계약만료, 공사종료	
기타	41	고용보험 비적용, 이중고용	
	42	이중고용	

* 퇴사사유의 전달・신고 오류로 인해 가산세 및 과태료가 발생되고, 지원금의 반납대상이 된다.

(2) 원천징수 관리 리스트

원천징수는 매월 진행하는 업무이므로 자료 수집하는 과정을 잘 관리해야 한다.

원천징수 월별 관리

서류목록	1월	2월	3월	4월	5월	6월	7월	8월	9월	10월	11월	12월
상용근로자 급여 내역												
일용근로소득												
사업 소득자 및 기타 소득자												

입사신고자료

년 월 입사신고명세서

1	입사신고	성 명		비 고
		주민등록번호		
		입 사 일		
		주 소		
		연 봉		
		월 급		(비과세 현황)
		업 무 부 서		
		4 대 보 험 (부양가족유무)		

퇴사신고자료

년 월 퇴사신고명세서

1	퇴사신고	성 명		비 고
		주민등록번호		
		퇴 사 일		
		사 유		
		퇴 직 금		

매월 급여 변동내역

년 월 급여 변동명세서

번호	성명	연봉	입사일	월지급급여	수습기간/ 근무기간	상세내역 (비과세현황)	지급합계
1							
2							
⋮							

사업소득 지급명세서

년 월 사업소득 지급명세서

번호	이름	주민등록 번호	주소	해당월	지급 월일	금액	사업 소득세 (3%)	지방 소득세 (0.3%)	세금계	차감 지급액	영수인
1						–	–	–	–	–	
2											
⋮											

기타소득 지급명세서

년 월 기타소득 지급명세서

번호	이름	주민등록 번호	주소	해당 월	지급 월일	지급 총액	필요 경비	소득 세	지방 소득 세	세금 계	차감 지급 액	영수 인
1						–	–	–	–	–	–	
2												
⋮												

제 3 장

세무신고를 위한 자료입력과 신고실무

사업장의 업종과 사업의 형태를 이해한 후에는 주어진 자료를 일반전표에 입력하는 방법을 알아야 한다. 신용카드, 인터넷 통장은 업로드 시스템 등으로 일반전표 입력이 많이 간편해진 만큼 회계프로그램에 대한 이해가 필요하다.

원천징수와 부가가치세 등의 법정신고는 확정된 일반전표 또는 매입매출전표를 바탕으로 매월신고, 분기신고, 반기신고를 거쳐 수집된 연간신고 자료에 의해 마감될 수 있다. 가결산을 통하여 예상 부담세액을 사업장에 고지하고 사업장의 변동사항이 누락되지 않도록 한다. 본문에서 제시된 자료는 법인세와 종합소득세의 과세표준 예상액을 산출하는 과정을 보여주기 위한 것으로, 세무조정으로 인한 금액 변동은 있을 수 있다.

법인세신고는 해당 회계연도에 제출한 자료를 근거로 하며, 장부마감은 사업자의 협조에 따라 정확한 자료를 입력할 수 있으므로 기초자료 수집에 충실해야 한다.

▶▶▶▶ 제1절

거래처 등록

1. 매입매출전표입력의 거래처 등록

매입처 및 매출처의 거래처 사업자등록번호를 다르게 입력하면 수정신고서를 작성해야 하므로 정확한 정보를 입력할 수 있도록 유의한다. 국세청 홈택스에서 사업자의 상태 사업자등록번호를 조회할 수 있으니 참고한다. 회계프로그램상 거래처등록에 오류가 발생하면 적색으로 표시된다.

매입매출 거래처 등록방법

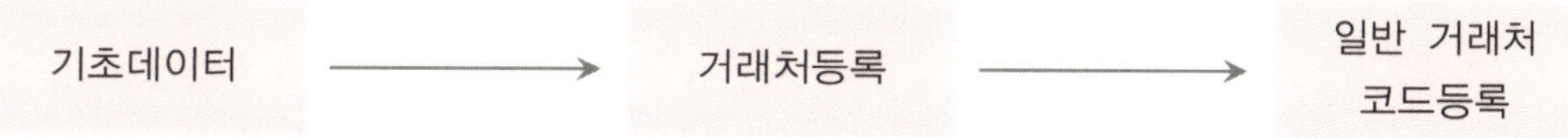

- 매입 · 매출장의 거래처등록은 거래 상대방을 회계프로그램에 등록하는 과정이며, 거래처와의 자료가 일치해야 불부합자료 소명을 하지 않는다.
- 부가가치세 신고서를 작성할 때 매입 · 매출장과 국세청 홈택스의 전자(세금)계산서는 서로 연동되는데, 이때 거래처의 사업자등록번호는 자동 등록된다.
- 매입 · 매출장에는 수거한 종이세금계산서의 공급가액, 세액, 합계를 입력한다.
- 신규사업자의 경우 NTS 사업자등록상태 휴 · 폐업조회를 진행한 후 신규코드로 대표자성명, 업태, 종목을 거래처등록에 입력한다.
- 정확한 신고업무 처리를 위해 거래 상대방의 정보를 기록한다(사업자등록번호, 업종, 대표자 성명).
- 사업자등록 폐업 상태를 조회하는 이유는 폐업사업자와의 거래를 미연에 방지하기 위함이다(폐업사업자와 거래하면 부가가치세 매입세액을 공제받지 못함).
- 사업자등록번호는 매입 · 매출장에서 거래처 등록이 필수 항목이다.

2. 일반전표입력의 거래처 등록

일반전표 거래처 등록방법

일반전표입력 → 코드 ○○○○○ 입력 → 거래처 등록

- 국세청 홈택스에서 신용카드 내역을 업로드할 때, 신용카드의 부가가치세 매입세액 공제대상 거래처와 일반전표 거래처를 분류하여 등록한다. 전표분개하는 과정에서 거래처코드는 매입·매출장에서 세액공제 받은 거래처만 등록한다.
- 일반전표에서 거래처코드는 일반, 금융, 카드로 구분한다.
- 카드의 경우 신용카드번호를 미리 전달 받아 거래처등록 탭을 선택한다. 카드항목에서 카드번호를 입력한 후 카드구분을 카드 종류에 따라 0.회사, 1.개인, 2.회사카드가 국세청에 등록한 사업용카드인 경우, 3.개인카드가 국세청에 등록한 사업용카드인 경우(법인 제외)의 4가지 중 탭을 선택한 후 카드를 정확하게 구분하여 입력한다(휴일·공휴일 카드사용내역은 업무무관경비가 검토되므로 중요함).
- 금융의 경우 금융기관명을 기록하고 통장 계좌번호를 금융에 등록한다.
- 일반전표에서는 자산, 부채, 자본 및 세무조정과 관련된 거래처코드만 등록해 주어야 한다(차기이월되는 계정과목이기 때문임).

▸▸▸▸▸ 제2절

계정과목과 일반전표

1. 계정과목

사업장의 업종에 따라 각 사업장마다 고유목적으로 사용하는 계정과목이 있다. 회계프로그램에서 기본적으로 제공하는 것 이외에도 개별적으로 설정, 추가, 삭제가 가능하므로 사업장의 업종별 계정과목 코드로 선택하여 입력한다.

기초데이터에서 기본적으로 사용하고 있는 모든 계정과목 코드는 검은색으로 표시되고, 세무조정프로그램과의 연계 등으로 인하여 따로 변경하지 않는 계정과목 코드는 적색으로 나타난다.

사업장의 특성에 따라 계정과목을 추가 또는 변경하게 될 때에는 표준재무제표가 국세청 홈택스로 전송이 되어 신고 자료로 활용되므로 표준재무제표항목을 신중하게 검토해서 계정과목을 수정하여 사용한다.

① 상품매출(코드401) – 상품매출원가(코드451) – 판매비 및 일반관리비(코드800번대)
② 제품매출(코드404) – 제품매출원가(코드455) – 제조경비(코드500번대)
③ 공사수입금(코드407) – 건설도급원가(코드452번), 건설도급경비(코드600번대)
④ 임대료수입(코드411) – 판매비및일반관리비(코드800번대)(서비스업도 동일)
⑤ 그외 보관료수입 – 보관매출원가, 운송료수입 – 운송매출원가 등 발생형태에 따른 원가를 구성하는 경우에는 해당 구성하는 원가를 선택하여 반영한다.
⑥ 판매비 및 일반관리비

판매비 및 일반관리비 계정과목은 그 사용 빈도가 높으므로 아래의 내용을 참고하기 바란다(총괄 계정과목은 제4장에서 다룰 것임).

판매비 및 일반관리비 계정과목 정리

계정과목	내 용
복리후생비	판매와 일반 사무업무에 종사하는 종업원에 대한 복리비와 후생비, 식대, 간식대(커피, 음료수), 회식대, 직원피복비(유니폼), 직원연수교육비, 학원비, 직원 경조사비, 건강보험 회사부담분, 고용보험 등**(코드 : 811)**
여비교통비	출장비, 시내외 교통비, 해외 출장비, 출장숙박비 등**(코드 : 812)**
접대비	특정인에게 지급하는 금액으로 거래처 식사접대, 주대접대, 음료접대, 선물대, 경조사비(청첩장등)20만원까지 인정, 카드 사용접대(법인사업자는 카드만 인정)(접대비 기본한도 연간 일반기업 1,200만원, 중소기업 2,400만원~2015.1.1. 이후 개정)**(코드 : 813)**
감가상각비	유형자산에 대한 감가상각액(간접상각법)**(코드 : 818)**
무형자산 상각비	무형자산에 대한 상각액(직접상각법)**(코드 : 840)**
통신비	전화요금, 이동통신 전화요금, 전보, 우표, 엽서, 인터넷 전용회선 요금, 팩스사용료, 각종 정보이용료 등**(코드 : 814)**
수도광열비	수도료, 가스료, 난방유류비, 도시가스요금 등**(코드 : 815)**
전력비	전기요금, 자가 발전기 유류 등**(코드 : 816)**
세금과공과	재산세, 자동차세, 면허세, 인지대, 국민연금 회사부담분, 협회비 및 적십자회비, 법인(개인사업자)균등분 주민세, 법인(개인)재산분 주민세 등(국가나 지방자치단체가 부과하는 국세, 지방세 등의 조세)**(코드 : 817)**
지급임차료	사업용의 토지, 건물, 선박 등을 빌려서 사용하는 대가로 지급하는 비용**(코드 : 819)**
수선비	건물, 비품, 기계, 시설장치, 구축물, 기계장치 등의 수리비 등(그 자산의 가치 경제적 가치를 증가시키지 않은 비용)**(코드 : 820)**
보험료	손해보험료, 보증보험료, 수출보험료, 산재보험, 근재보험, 자동차보험, 건물·비품 등의 화재보험 등(직원부담 건강보험료 반영가능)**(코드 : 821)**
차량유지비	차량유류대, 차량수리비, 주차료, 도로통행료, 차량 검사비, 세차비 등(업무용승용차 관련비용－차량별로기록)**(코드 : 822)**
운반비	상품매출시 발송비, 택배비, 퀵서비스, 운임, 상하차비, 배달비 등(상품 등의 취득과정에서 발생하면 자산의 취득원가 가산)**(코드 : 824)**
교육훈련비	직원 연수·교육비, 학원비 등**(코드 : 825)**
도서인쇄비	도서구입, 정기간행물, 인쇄비, 신문대금, 도장, 고무인 대금, 사진현상, 복사, 명함대금 등**(코드 : 826)**
사무용품비	서식, 문구류 구입대금, 서식양식 구입, 사무집기(소액) 등**(코드 : 829)**

계정과목	내 용
소모품비	청소용품, 소모자재대, 기타(내용연수 1년 미만이고 금액이 소액인 것) 컴퓨터 및 핸드폰 즉시비용(직접상각)**(코드 : 830)**
지급수수료	송금수수료, 신용카드 수수료, 인적용역을 제공받고 지급하는 수수료(변호사, 세무사, 회계사, 법무사 등)**(코드 : 831)**
광고선전비	상품판매를 위하여 지급한 광고비, 선전비, 광고물 제작비, 현수막, 간판(소액) 등(불특정다수에게 제품 등의 판매촉진을 위해 지출하는 비용이며, 금전은 기타소득)**(코드 : 833)**
연구비	신제품 또는 신기술의 연구와 관련한 비용**(코드 : 회사설정계정과목선택)**
경상개발비	신제품 또는 신기술 개발비용 중 개별적인 식별이 불가능하거나 그 지출의 효익이 미래에의 기간까지 미칠 수 없는 경상개발비**(코드 : 823)**
건물관리비	관리비, 청소용역비 등**(코드 : 837)**
보관료	창고사용료 등**(코드 : 832)**
대손상각비	결산시 계상되는 대손예상액과 채권 중 회수가 불가능한 금액으로 일반적 상거래에서 발생한 매출채권에 대한 대손상각비(채권에 대한 소멸시효 검토)**(코드 : 835)**
리스료	사업용의 기계장치, 차량운반구 등 타인으로 리스하여 사용한 비용**(코드 : 회사설정계정과목선택)**
잡비	발생빈도나 금액이 적어서 중요성이 없는 비용, 오물수거비 등(계속적 · 반복적으로 나타나지 않는 비용)**(코드 : 848)**

영업외 수익 및 비용 계정과목 정리

계정과목	내 용
이자비용	캐피탈, 차입금, 사채의 이자 지급액 등(적요에 이자율 기록 요함)**(코드 : 931)**
잡손실	과태료, 벌과금, 범칙금 등(영업활동과 관계없이 발생한 비용)**(코드 : 960)**
잡이익	영업활동과 관계없이 발생한 이익**(코드 : 930)**
이자수익	금전의 대여 및 이용에 대하여 상대방으로부터 일정 이율에 따라 수취하는 금전적 보수, 또는 소유하고 있는 유가증권 중에 채권에 대한 수입이자**(코드 : 901)**

* 업종에 따라 개별로 기초 계정과목 코드를 변경하여 사용이 가능하다. (코드 : 더존 프로그램)
* 업종의 계속적 반복적인 계정과목을 선택하되, 신규코드 사용등록(회사설정계정과목)은 표준코드를 선택하여야 재무제표의 정확한 자료가 국세청에 전송된다.

2. 일반전표

(1) 일반전표 입력

- 전표를 분개하는 과정에서 매입·매출장에서 세액공제를 받은 거래처의 계정과목 코드만 등록한다.
- 일반전표는 국세청에서 사업용신용카드 사용내역을 내려받아 정리한다. 신용카드의 금액 중 부가가치세 매입세액공제 받은 금액과 일반전표에 반영한 금액의 합계가 국세청에서 받은 신용카드 금액과 중복으로 반영되었는지 검토한다.
- 그 외 직원 신용카드, 현금 등 회사비용 지출시에는 직접입력한다.
- 국세청에 접수하면서 보관된 신고서(예 : 원천징수이행상황신고서등)와 재무제표에 반영된 입력전표의 신고금액이 일치하는지 확인한다.

(2) 검토 리스트

급여명세서＝원천징수이행상황신고서
＝근로소득원천징수영수증(근로소득지급명세서)
＝재무제표의 급여 반영금액

① 매월 원천징수자료와 원천징수이행신고서 신고자료의 입력을 확인한다.
② 매입매출전표자료와 부가가치세신고서 신고자료의 입력을 확인한다.
③ 일용근로소득지급명세서 및 근로소득간이지급명세서 제출 현황을 확인한다.
④ 면세사업자 사업장현황신고서 신고자료를 검토한다.
⑤ 주식이동 상황과 증권거래세 신고, 주식양도소득세 신고현황을 확인한다.
⑥ 개별소비세 신고자료와 과세유흥장소 과세표준신고서 신고내용을 검토한다.
⑦ 4대보험(국민건강보험, 국민연금, 고용보험, 산재보험) 신고자료를 검토한다.
⑧ 건설회사의 건설공제조합에 신고된 면허종류와 실질 기준자본금 금액을 검토해야 한다.
⑨ 금융거래로 발생된 재무제표 자료제출(부채비율검토) 및 신용평가 제출자료를 검토해야 한다.

(3) 일반전표의 정리

장부작성에 앞서 사업의 업종에 따라 필요한 자료를 수거하여 준비하는 과정이라고 생각하면 된다.

① 전자세금계산서와 연동한 과세매출과 과세매입 등의 자료, 부가가치세 신고시에 입력한 분개를 검토하여 매입매출전표를 확정한다.

② 통장거래 내역을 수기로 입력하거나 통장자료를 업로드해서 일반전표입력에 반영한 후 이자비용 등 적격증빙수취 의무사항 명세제출 제외자료를 검토한다(16. 금융・보험용역). 통장거래를 입력할 때에는 금융자료를 요청해서 차입금 내역과 맞추어 준다.

* 처음 업무를 배울때는 통장자료를 직접 입력하면 업무파악의 흐름을 볼 수 있어서 좋다.

③ 통장거래자료 입력은 어음장을 요청하여 매출채권과 매입채무 계정과목의 잔액을 정리한다(전자어음 등은 따로 은행에 요청).

④ 사업용 신용카드 사용내역을 수기로 입력하거나 국세청 홈택스에서 내려받아 일반전표입력에 반영한 후 적격증빙 수취의무인 카드 등 사용여부를 확인한다.

⑤ 현금영수증 발행내역을 수기로 입력하거나 국세청 홈택스에서 내려받아 일반전표입력에 반영한 후 적격증빙 수취의무인 카드 등 사용여부에 현금영수증이 체크되어 있는지 확인한다.

⑥ 원천징수신고 자료인 급여 등을 일반전표입력에 반영한다(원천징수신고 자료 중 사업소득입력 자료는 명세서 제출 제외자료의 21.원천징수대상사업소득을 반드시 확인).

⑦ 수입관련 항목은 수입통관명세서 또는 통장 송금내역을 확인하여 수입원가를 정리한다.

⑧ 그 외 경조사비 등 기타 증빙자료와 개인카드 등 사용 자료를 입력한다.

⑨ 사업연도 내에 사업장을 이전하는 경우에는 임대차계약서를 요청해야 하며, 자본금을 증자하는 경우에는 등기관련서류와 주주명부, 법인등기부등본 등의 자료를 요청해서 일반전표에 반영한다(개인사업자가 사업용계좌를 사용하지 않은 지출은 경비로 인정되지 않을 수 있고, 법인사업자의 적격증빙 없는 지출은 가지급금에 해당되므로 주의해야 함).

⑩ 매입・매출장과 일반전표 정리 후에는 재무상태표의 자산, 부채 계정과목의 차기이월 채권・채무잔액명세서를 마감하여 결산부속명세서를 확정한다.

⑪ 업무용승용차 운행기록부를 요청하여 유류비 등의 관련비용을 사용자별로 구분하

고 차량별로 일반전표 입력하여 정리한다.

(4) 입력

- 일반전표를 입력할 때에는 해당 사업장의 회계연도에 정확히 입력하고 있는지 **기장회사 상호와 입력기수 및 입력 회계연도를 수시로 확인**한다. 다른 사업장에 잘못된 정보를 입력할 수도 있기 때문이다.
- 거래 발생에 따라 계정과목마다 고유의 역할이 있기 때문에 계정과목을 신중히 선택한다.
- 3만원을 초과하는 거래는 신용카드, 현금영수증 코드를 입력해야 하고, 법인의 1만원을 초과하는 접대비 거래에 대해서는 법인카드 사용 여부를 반드시 체크한다.
- 법인사업자에 대해서는 일반전표에 직접 입력하거나, 업로드를 하는 경우 가지급금과 가수금 계정은 반드시 사용인별로 관리하고 그에 따라 적요 입력코드(예 : 대표이사 1,4, 상무 2,5, 부장 3,6)를 입력하면 세무조정으로 연계가 가능하다.

1) 사업자 유형 선택

회사로부터 수집한 자료를 바탕으로 법인사업자 또는 개인사업자를 선택한다.

① 사업자가 관할 세무서에 등록한 주업태 · 종목과 업종별코드를 회계프로그램에서 확인한다.

재무회계 → 기초데이터 → 회사등록 → 기본사항

② 재무회계 : 회사 업종에 따라 일반전표를 입력한다(계정과목 회계처리 방법 참고).

- 판매비 및 일반관리비 : 코드 800번대
- 제조 : 코드 500번대
- 건설도급원가 : 코드 600번대
- 건설분양원가 : 코드 700번대

2) 일반전표 입력

법인 또는 개인사업자로부터 수거한 기타 영수증을 일반전표에 입력한다.

① 월(기간) 선택 후 구분에 [1.출금 2.입금 3.차변 4.대변 5.결산차변 6.결산대변] 설정한다. 일반전표 입력시 모든 비용은 적격증빙 수취대상을 판단해야 한다.

② 거래는 [1.신용카드 등, 2.현금영수증 0.부]를 반영한다.

0.부 : 1. 명세서 해당 없음
2. 명세서 제출대상 거래(가산세 대상)
3. 명세서 제출제외대상 내역은 해당구분에 표시

③ 인사급여 탭에서 급여 확인 후 인건비 전표를 입력한다.

④ 일정 규모 이상의 개인사업자는 영수증수취명세서를, 법인사업자는 지출증명서류 수취검토 서식을 제출해야 한다. 적격증명서류의 종류는 세금계산서, 계산서, 신용카드, 현금영수증이 있다.

⑤ 적격증빙 수취 면제대상은 다음과 같다.

- 공급받은 재화 또는 용역의 건당 거래금액이 3만원 이하인 경우
- 사업자가 아닌 자와의 거래
- 재화 또는 용역의 공급으로 보지 아니하는 거래
- 재화 또는 용역의 공급대가로서 정규영수증 수취의무 면제거래

프로그램 전표입력 화면

3만원 초과 거래분 명세서 제출 제외 대상 내역			
구 분		구 분	
(15) 읍,면 지역 소재		(26) 부동산 구입	
(16) 금융, 보험용역		(27) 주택 임대 용역	
(17) 비거주자와의 거래		(28) 택시운송용역	
(18) 농어민과의 거래		(29) 전산발매 통합 관리시스템 가입자와의 거래	
(19) 국가등과의 거래		(30) 항공기 항행 용역	
(20) 비영리 법인과의 거래		(31) 간주 임대료	
(21) 원천징수대상사업소득		(32) 연체이자 지급분	
(22) 사업의 양도		(33) 송금명세서 제출분	
(23) 전기통신, 방송용역		(34) 접대비 필요경비 부인분	
(24) 국외에서의 공급		(35) 유료도로 통행료	
(25) 공매, 경매, 수용			

* 이동 : Tab키
구분선택 : SPACE키, 더블클릭
구분입력 : 음영박스(■)에 직접 숫자 입력
* 사업용계좌 작성 제외대상내용도 포함합니다.

명세서 제출 제외 대상 내역

(15) 거래 상대방이 읍, 면 지역에 있는 간이과세자이면서 신용카드 가맹점이 아닌 경우
(16) 금융/보험용역을 제공받는 경우
  예시 4대보험료, 은행 등 금융회사에 납부하는 이자비용(상환내역 등을 수취하여 보관)
(17) 국내사업장이 없는 비거주자(외국인) 또는 외국법인과 거래한 경우
(18) 농/어민(한국표준산업분류에 의한 농업 중 작물생산업, 축산업, 복합농업, 임업, 또는 어업에 종사하는 자로서 법인을 제외한다)으로부터 재화 또는 용역을 직접 공급받은 경우
(19) 국가/지방자치단체 또는 지방자치단체조합으로부터 재화 또는 용역을 공급받은 경우
  예시 제세공과금(국세, 지방세, 인지세 등)
(20) 비영리 법인과의 거래한 경우
(21) 원천징수대상 사업소득자로부터 용역을 공급받은 경우(원천징수한 경우 해당)
(22) 사업의 양도에 의하여 재화를 공급받은 경우
(23) 전기통신방송용역
  예시 도서, 신문, 잡지 등의 대금 및 전기요금, 통신요금 등
(24) 국외에서 재화 또는 용역을 공급받은 경우(세관장이 세금계산서 또는 계산서를 교부한 경우를 제외함)
(25) 공매, 경매 또는 수용에 의하며 재화를 공급받은 경우
(26) 부동산 구입 : 토지, 주택, 건물을 구입하는 경우로서 거래내용이 확인되는 매매계약서 사본을 법인세 과세표준신고서에 첨부하여 납세지 관할세무서장에게 제출하는 경우
(27) 주택의 임대업을 영위하는 자(법인 제외)로부터 주택임대용역을 공급받는 경우
(28) 택시운송용역을 제공받는 경우
(29) 입장권 등 전산발매통합관리시스템 가입자로부터 용역을 제공받은 경우
  예시 입장권, 승차권, 승선권 등
(30) 항공기의 항행용역을 제공받은 경우
(31) 간주임대료 : 사업자가 부동산임대용역을 제공하고 월정임대료와는 별도로 전세금 또는 임대보증금을 받는 경우에 전세금 등에 일정한 이율을 곱하여 계산한 금액
(32) 연체이자 지급분 : 확정된 대가에 대한 연체이자를 지급받는 경우
(33) 경비 등 송금명세서의 제출 대상의 경우
- 다음을 금융기관 송금하고 송금명세서를 제출한 분
  - 간이과세자에게 지급하는 부동산 임대용역
  - 임가공용역(개인사업자)
  - 간이과세자인 운수업을 영위하는 자에게 지급하는 운송용역
  - 간이과세자로부터 재활용폐자원 등을 공급받는 경우

–광업권, 상표권 등 구입시
–상업서류송달
–공인중개사 수수료 지급시

(34) 접대비 필요경비 부인분 : 경조금 20만, 1만원초과 신용카드 미사용분
예시 상품권 등을 현금으로 구입한 경우

(35) 유료도로 통행료

3) 접대비 입력

① 법인사업자는 1만원 초과 접대비의 경우 반드시 법인카드를 사용하여야 하며, 미사용시 경비가 부인된다.
② 개인사업자 또한 신용카드를 사용해야만 접대비가 인정된다.

4) 계정과목 확인

회계프로그램의 자동 업로드 기능을 활용하여 계정과목을 확인한다.
① 회계프로그램에서 통장에 대한 자동 업로드가 가능하다.
② 관리회사에 요청한 통장자료를 기초데이터에서 업로드하여 일반전표로 전송할 수 있으며, 계정과목의 자산, 부채(외상매출금, 외상매입금, 예수금 등) 계정 이월과목은 거래처 코드를 꼭 입력하여야 한다.
③ 신용카드 업로드하여 일반전표에 전송한다.
- 법인사업자는 카드회사에서 법인카드 발급 즉시 국세청 홈택스에 자동으로 등록된다.
- 개인사업자는 사업용신용카드를 국세청에 직접 등록해야 한다.

④ 신용카드는 관리회사에서 직접 등록할 수 있으며, 세무대리인이 등록하는 경우에는 각 회사의 홈택스 아이디와 비밀번호를 전달받아 로그인 후 신용카드회사, 카드번호를 등록할 수 있다.

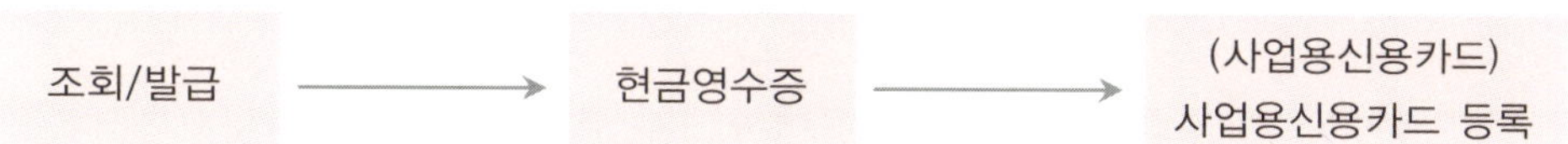

5) 일반전표입력시 분개 예시

적요를 반드시 입력한다.

① 일반영수증-신용카드

(차) 복리후생비	××××	상호기록	(대) 미지급금	××××

② 급여

(차) 급여	××××	[코드]거래처	(대) 미지급금	××××
[일반급여]		국민연금공단코드	예수금	××××
[제조급여]		건강보험공단코드	예수금	××××
[건설급여]		근로복지공단코드	예수금	××××
		관할 세무서코드	예수금	××××
		관할구청코드	예수금	××××

③ 국민연금 납부시-공단 고지금액 확인

- 개인사업자 대표자 국민연금 총금액은 인출처리, 법인사업자 대표이사 회사부담분의 국민연금은 세금과공과 처리한다.
- 개인사업자의 대표자 국민연금 납부액은 소득공제 대상이다.

(차) 예수금	××××(근로자부담분)	국민연금 공단코드	(대) 보통예금	××××
세금과공과	××××(회사부담분)	국민연금 공단코드		

④ 건강보험료 납부시-공단 고지금액 확인

개인사업자 대표자 건강보험료 총금액은 보험료 처리, 법인사업자 대표이사 회사 부담분 건강보험료는 보험료 처리한다.

(차) 예수금	××××(근로자부담분)	건강보험공단코드	(대) 보통예금	××××
보험료 or복리후생비	××××(회사부담분)	건강보험공단코드		

⑤ 고용보험료 납부시-공단 고지금액 확인

개인사업자 대표자와 법인사업자 대표이사 모두 고용보험료 납부대상에 해당되지 않는다.

(차) 예수금	××××(근로자부담분)	근로복지공단코드	(대) 보통예금	××××
보험료 or복리후생비	××××(회사부담분)	근로복지공단코드		

⑥ 산재보험료 납부시−공단 고지금액 확인

개인사업자 대표자와 법인사업자 대표이사 모두 산재보험료 납부대상에 해당되지 않는다.

(차) 보험료 ××××(회사부담분) 근로복지공단코드 (대) 보통예금 ××××

⑦ 통장

차변	금액	거래처	대변	금액	비고
(차) 보통예금	××××	[코드]거래처	(대) 외상매출금	××××	
(차) 외상매입금	××××	[코드]거래처	(대) 보통예금	××××	
(차) 이자비용	××××	[코드]거래처	(대) 보통예금	××××	
(차) 보통예금	××××	[코드]거래처	(대) 받을어음	××××	어음 할인시
매출채권처분손실	××××	[코드]거래처			
(차) 보통예금	××××	[코드]거래처	(대) 이자수익	××××	혼합분개 필수
선납세금	×××× (법인세)	[코드]거래처			은행원천 영수증 요청
선납지방세	×××× (지방소득세)	[코드]거래처			

⑧ 결산 항목

(차) 선급비용 ×××× [코드]거래처 (대) 보험료 ××××

⑨ 일반전표(접대비) 입력

[법인 또는 개인사업자 입력] 일반전표(접대비) 입력

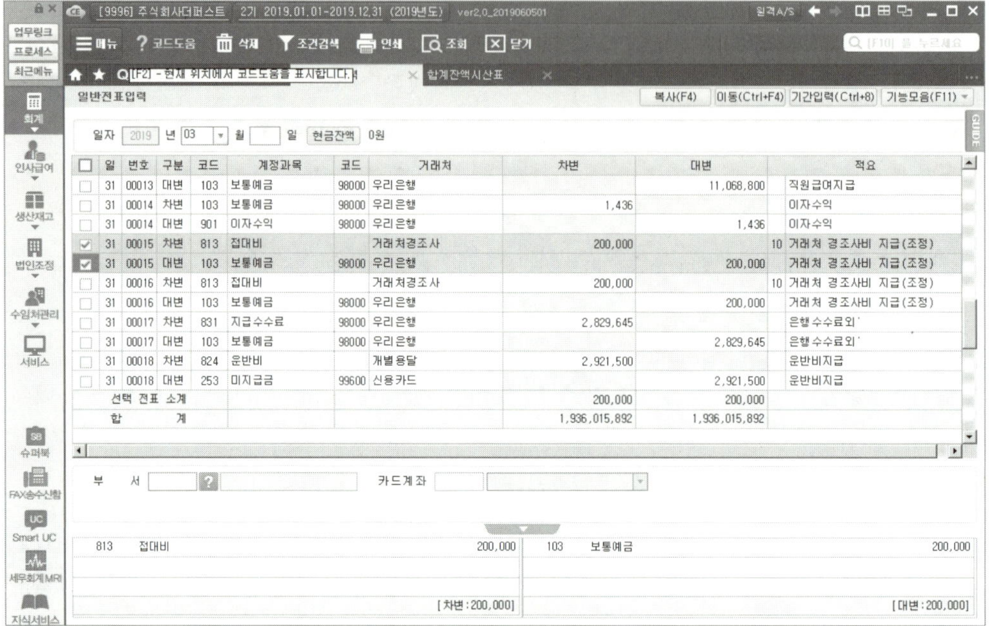

일반전표입력

일자 2019 년 03 월 일 현금잔액 0원

일	번호	구분	코드	계정과목	코드	거래처	차변	대변	적요
31	00013	대변	103	보통예금	98000	우리은행		11,068,800	직원급여지급
31	00014	차변	103	보통예금	98000	우리은행	1,436		이자수익
31	00014	대변	901	이자수익	98000	우리은행		1,436	이자수익
31	00015	차변	813	접대비		거래처경조사	200,000		10 거래처 경조사비 지급(조정)
31	00015	대변	103	보통예금	98000	우리은행		200,000	거래처 경조사비 지급(조정)
31	00016	차변	813	접대비		거래처경조사	200,000		10 거래처 경조사비 지급(조정)
31	00016	대변	103	보통예금	98000	우리은행		200,000	거래처 경조사비 지급(조정)
31	00017	차변	831	지급수수료	98000	우리은행	2,829,645		은행수수료외
31	00017	대변	103	보통예금	98000	우리은행		2,829,645	은행수수료외
31	00018	차변	824	운반비		개별용달	2,921,500		운반비지급
31	00018	대변	253	미지급금	99600	신용카드		2,921,500	운반비지급
선택 전표 소계							200,000	200,000	
합 계							1,936,015,892	1,936,015,892	

813	접대비	200,000	103	보통예금	200,000
		[차변:200,000]			[대변:200,000]

- 회사의 업태·종목에 따라 도매는 일반 800번대 코드, 제조 500번대 코드, 건설도급원가 600번대 코드, 건설분양원가 700번대 코드를 입력한다.
- 일반전표 입력시 모든 비용은 적격증빙 수취 여부를 판단한다. 카드 등 사용여부의 (부) 선택시 1.명세서 해당 없음 2.명세서 제출대상 거래(가산세 대상) 3.명세서 제출 제외대상 중 선택하고, "3." 선택시 내역은 해당구분에 표시한다.
- 위 화면은 주식회사 더퍼스트의 '제5절 법인세, 4. 재무제표, (2) 재무제표와 표준재무제표, 6) 법인세 산출을 위한 분개장'을 일반전표입력 메뉴에서 입력하는 과정을 보여주는 캡쳐이다.

⑩ 업무용승용차의 입력

업무용승용차는 일반전표에 차량별로 관리비용을 입력해야 하기 때문에 미리미리 입력해서 결산 준비를 해야 한다

업무용승용차 차량별로 관련비용을 정리를 해 놓아야 하므로 신용카드를 차량별로 구분해 사용할 수 있도록 사업장에 안내해야 한다. 차량의 계기판을 연초 또는 매월 초, 매월 말 사진을 찍어서 남겨 놓고, 방문일정을 기록해 놓으면 관리와 운행일지를 작성하기에 편리하다.

재무상태표에 차량운반구가 등록이 되어 있으면 업무용차량을 파악하고 관련비용에 대한 정리하는 방법에 대해서 확인한다.

세무조정은 세법 규정 검토하여 적용하고, 업무용승용차의 관련 세무조정순서는 다음과 같이 진행한다.

- 업무용승용차 관련비용의 손금불산입 특례(1차 세무조정)
- 업무용승용차 감가상각비상당액의 손금불산입 특례(2차 세무조정)
- 업무용승용차 처분손실의 손금불산입 특례(3차 세무조정)를 진행한다.

적용대상차량 업무용승용차는 부가가치세법상의 매입세액불공제되는 승용차를 대상으로 한다. 직원 개인 명의의 차량은 포함되지 않으며 해당 관련비용에 대해서 정리를 한다.

㉮ 업무용승용차 정리

업무용승용차 차량별 준비과정	보험	임직원전용보험가입	미가입시 관련비용 전액 손금불산입
	운행일지	사용자별 운행일지	
	관련비용	감가상각비, 임차료, 유류비, 수선비, 보험료, 자동차세, 통행료, 금융리스이자비용 등	

㉯ 거래처 협조사항(차량사용자별 사용대수가 많을 경우)

거래처 전달	1, 법인카드의 차량 사용자별 카드별 발급 요청
	2. 1월~12월 차량비용 전표입력 자료 전달하여 사용자별 비용구분 요청

㉰ 전표입력방법

전표입력	1. 프로그램에 차량별 사용자별로 거래처코드 등록 준비
	2. 전표입력 개별 입력하면서 차량사용자별 입력
	3. 1월~12월 전표 입력후 차량비용현황에서 차량사용자별 일괄 코드 입력

모든 경비가 입력 정리 완료된 뒤에는 프로그램에 정리하여 입력하는 방법에 대해서 확인한다.

더존 회계프로그램 입력 절차는 다음과 같다.

㉮ 업무용승용차 전체 입력 흐름

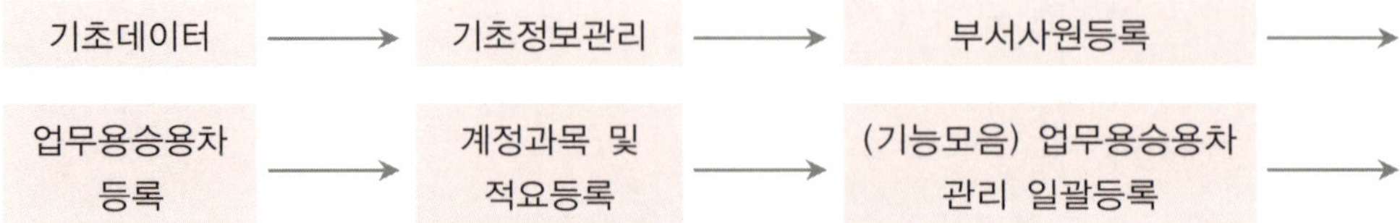

일괄등록외 별도 계정과목 관리항목 32.업무승용차 사용 선택

- 판매비 및 일반관리비, 제조경비, 건설경비 업무용차 여부 "여" 모두 선택
- 업무용승용차 관련비용은 별도 관리계정을 만들어 사용 가능
- 감가상각비, 임차료, 유류비, 수선비, 보험료, 자동차세, 통행료, 금융리스 부채에 대한 이자비용

업무용승용차 계정과목 및 적요등록(일괄)

[9996] 주식회사더퍼스트 2기 2019.01.01-2019.12.31 (2019년도)

계정과목및적요등록

코드	계정과목	구분	사용	과목	관계	관리항목	표준코드	표준재무제표항목
101	현금	일반	○	101		거래처,부서/사원	003	현금및현금성자산
102	당좌예금	예금	○	102		거래처,부서/사원,당조	003	현금및현금성자산
103	보통예금	예금	○	103		거래처,부서/사원	003	현금및현금성자산
104	기타제예금	예금	○	104		거래처,부서/사원	003	현금및현금성자산

질의

■업무승용차 관리항목을 일괄등록합니다.

[관리항목 일괄등록 계정]
- 세금과공과 : 517,617,717,817
- 감가상각비 : 518,618,718,818
- 지급임차료 : 519,619,719,819
- 수선비 : 520,620,720,820
- 보험료 : 521,621,721,821
- 차량유지비 : 522,622,722,822

※신규 회사 등록시에는 자동으로 위의 계정들에 대해 업무용승용차 관리항목 등록 됩니다.

확인 취소

현금적요

No	적요내용	비고

대체적요

No	적요내용	비고
01	물품매출시 일부현금회수	
02	용역매출시 일부현금회수	
03	자산매각시 일부현금회수	
04	물품매입시 일부현금지급	
05	용역매입시 일부현금지급	

㈏ 부서사원 등록

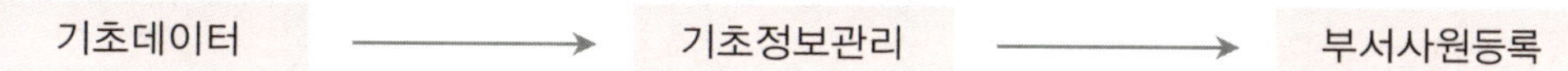

부서사원등록

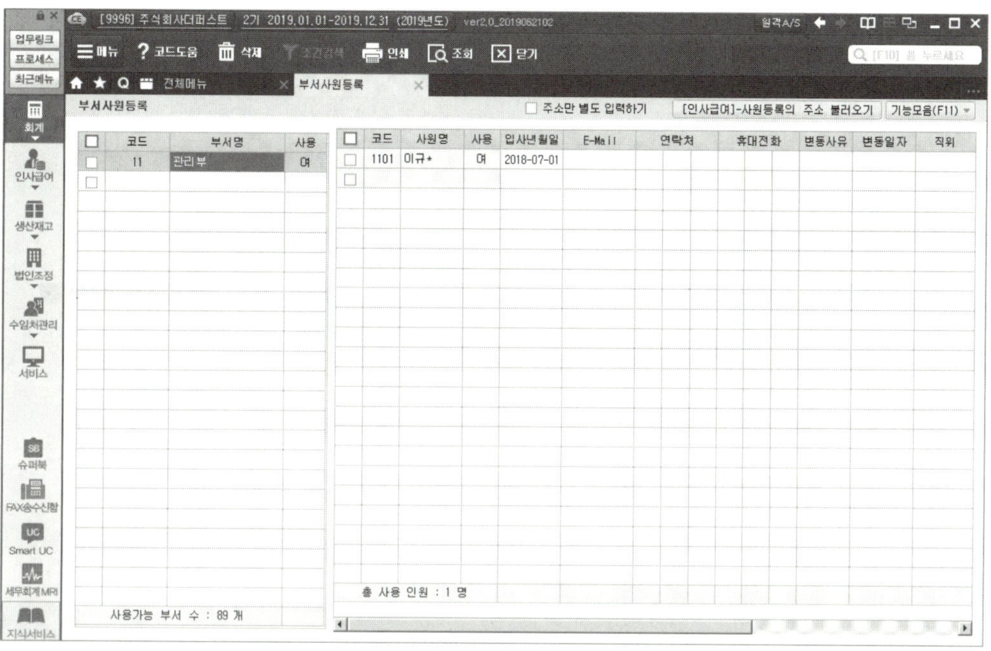

㈐ 업무용승용차 코드별 등록

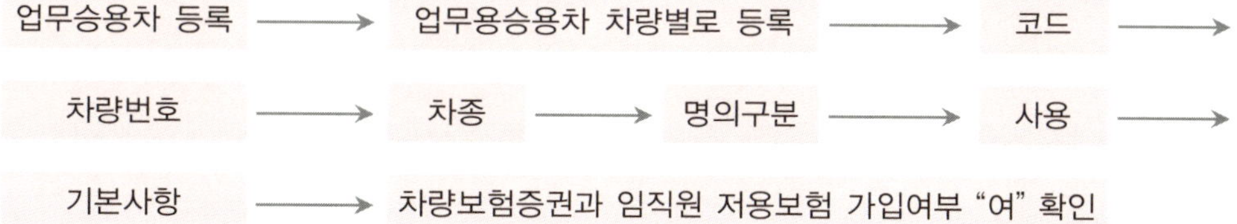

업무용승용차 코드별 등록

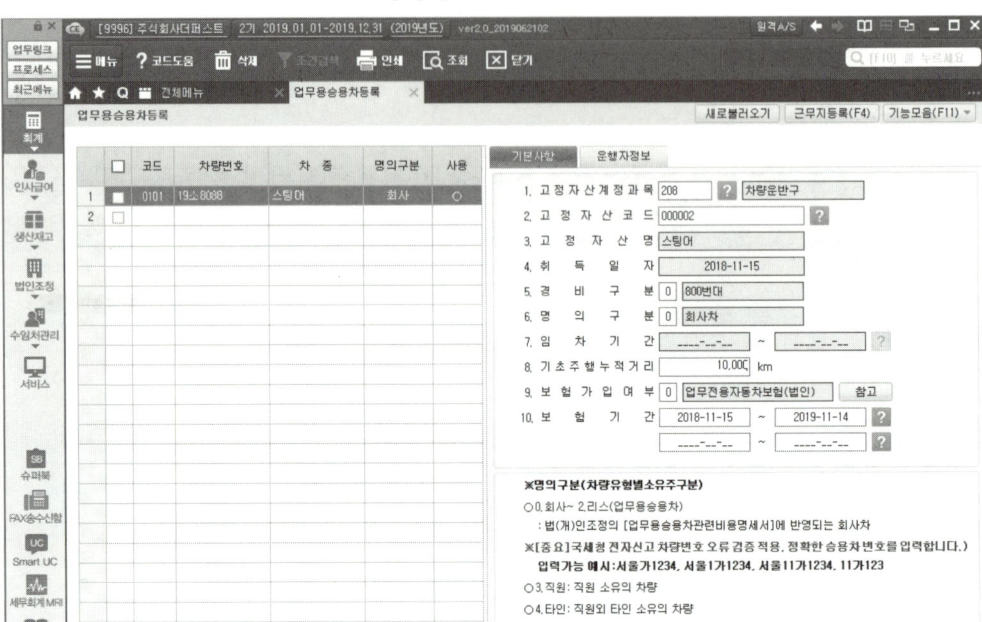

㉣ **업무용승용차 관련비용 매입매출전표 입력 및 일반전표 입력에서 업무용차량 비용 구분으로 개별 입력**

감가상각비, 임차료, 유류비, 수선비, 보험료, 자동차세, 통행료, 금융리스부채에 대한 이자비용, 직원 개인 명의의 차량은 포함되지 않는다. 일반전표입력에서 F3코드를 활성화시켜 F2로 차량선택 후 비용 구분하여 경비별로 입력한다.

매입매출전표 업무용승용차 입력

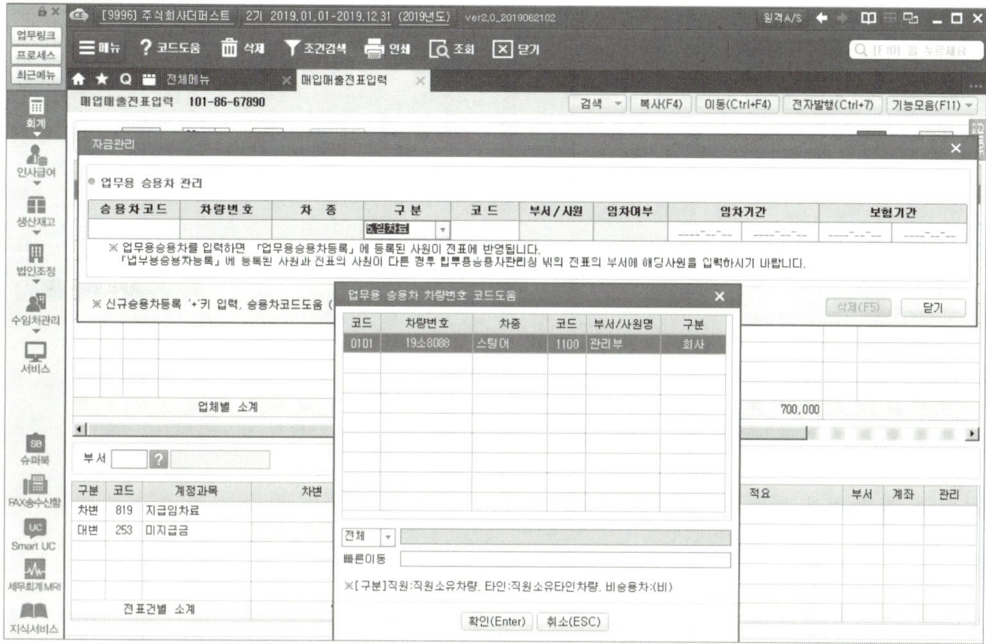

일반전표 업무용승용차 입력

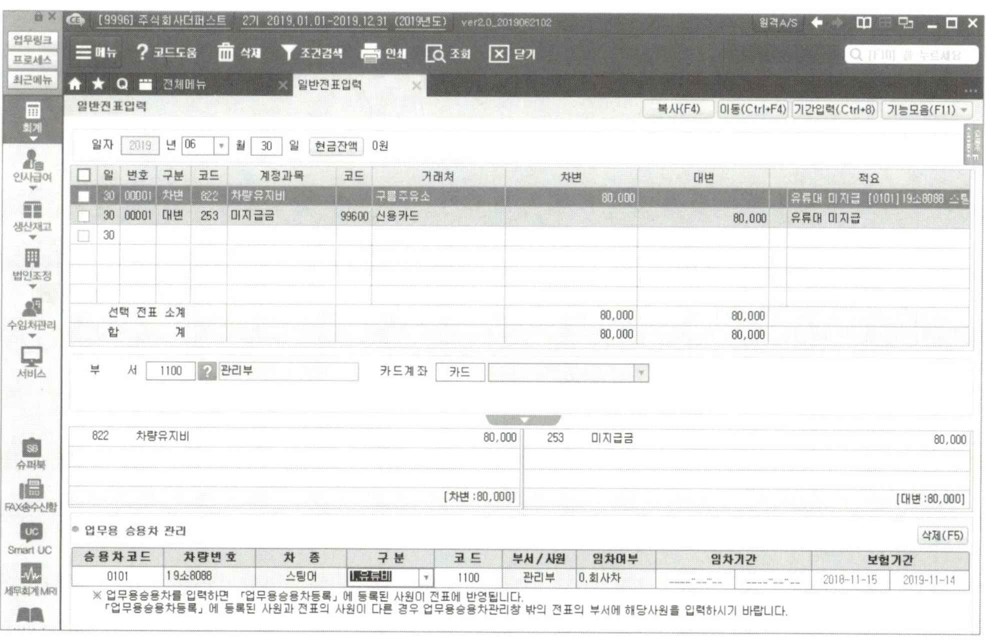

㉱ 업무용승용차 비용현황 및 운행기록부 작성 후 차량별 통계현황(수정작업 가능)

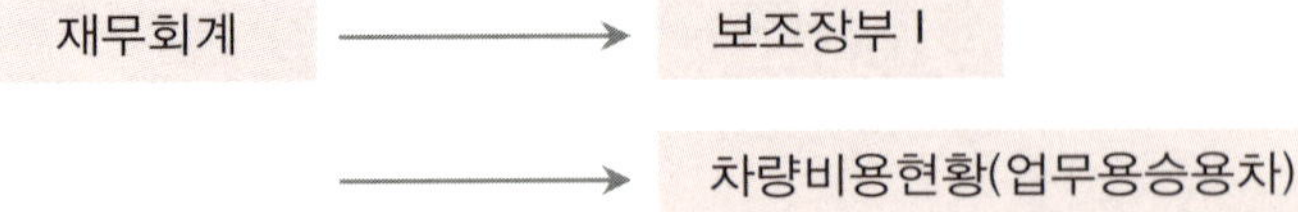

운행기록부(업무용승용차) 작성

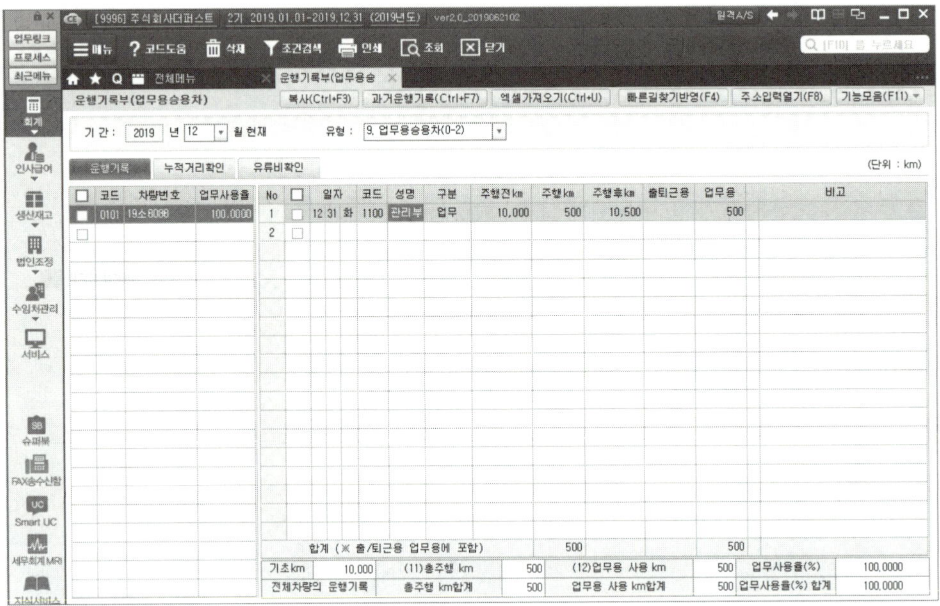

차량비용현황(업무용승용차)

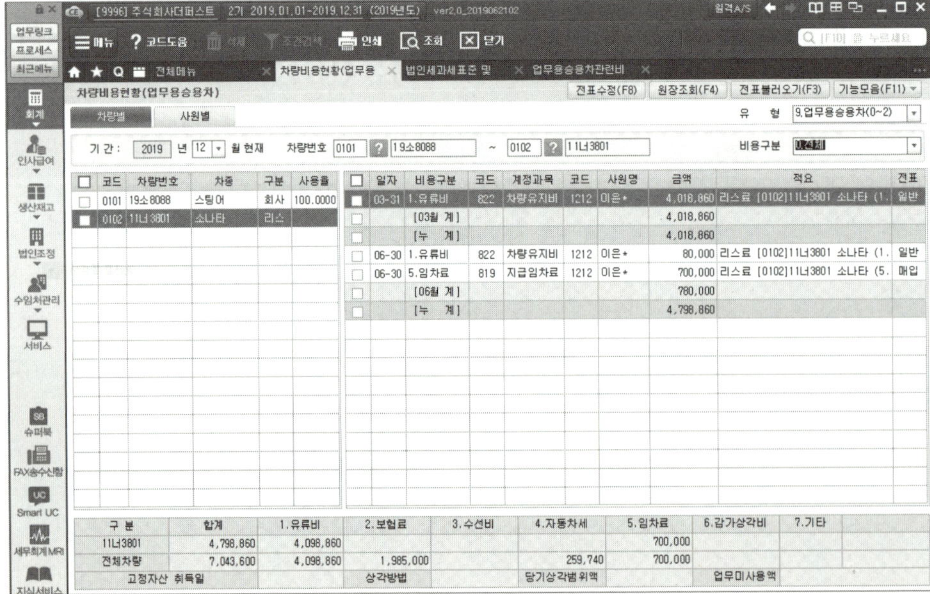

업무용승용차의 입력 후에 과목별 세무조정에 들어가서 불러오기하여 업무용승용차 관련비용 명세서 금액과 업무용승용차 관련비용 계정별 원장금액이 일치하는지 반드시 확인한 후 세무조정을 작성한다.

업무용승용차 관련비용 명세서(세무조정 준비)

[9996] 주식회사더퍼스트 2기 2019.01.01-2019.12.31 (2019년도)

업무용승용차관련비용명세서

	코드	차량번호	차종	임차여부	취득일	양도일(폐기일)	임차기간 시작일	임차기간 종료일	월수	보험가입	운행기록	(5) 총주행거리
1	0101	19소8088	스팅어	자가	2018-11-15				12	0	0	500
2	0102	11너3801	소나타	리스					12	0	X	
3												

업무용 승용차 관련 비용 명세서			금액	합계
업무용 승용차 관련 비용	(11)감가상각비		6,000,000	6,000,000
	(12)임차료			700,000
	(13)감가상각비 상당액			
	(14)유류대			4,098,860
	(15)보험료		1,985,000	1,985,000
	(16)수선비			
	(17)자동차세		259,740	259,740
	(18)기타			
	(19)합계		8,244,740	13,043,600
손금 불산입액 계산	업무용사용액	(24)감가상각비(상당액) [(11또는13)x7]	6,000,000	6,000,000
		(25)관련비용[(19-11) 또는(19-13)X(7)]	2,244,740	7,043,600
		(26)합계[(24)+(25)]	8,244,740	13,043,600
	업무외사용액	(27)감가상각비(상당액) [(11-24)또는(13-24)]		
		(28)관련비용 [(19-11또는19-13)-25]		
		(29)합계[27+28]		
	(30)감가상각비(상당액) 한도초과금액(24-800만원)			
	(31)손불산입합계[29+30]			
	(32)손산입합계[19-31]		8,244,740	13,043,600
한도초과금액 이월명세	(37)전기이월액			
	(38)당기감가상각비(상당액) 한도초과금액			
	(39)감가상각비(상당액) 한도초과금액누계			
	(40)손금추인(산입)액			
	(41)차기이월액[39-40]			

1. (19)합계= (11)+(12)임차료+(14)+(15)+(16)+(17)+(18)[국세청지침]
2. 처분손실 및 한도초과금액의 이월명세가 있는 경우에는 56.처분일은 반드시 입력되어야 합니다.
3. 7,24,25 는 직접 계산하여 입력하실 수 있습니다.(변경되는 금액을 확인후 입력하시기 바랍니다.)
※ 당해년도에 리스차량을 자가로 취득한 경우 월수,7,24,25,30,51,58는 직접입력요망.(차량번호동일)

※[중요]차량번호 국세청 검증사항 (정확한 차번호 입력요망)
(예시)서울가1234, 서울1가1234, 서울11가1234, 11가1234

차량 사용자에 따라 임원, 직원 등 배당, 상여, 기타 등 처분대상이 될 수도 있기 때문에 사용자의 정확한 정리가 필요하다.

세무사랑Pro ▸▸▸ 업무용승용차의 입력

세무사랑의 회계프로그램 입력 절차는 다음과 같다.

㉮ 업무용승용차 전체 입력 흐름

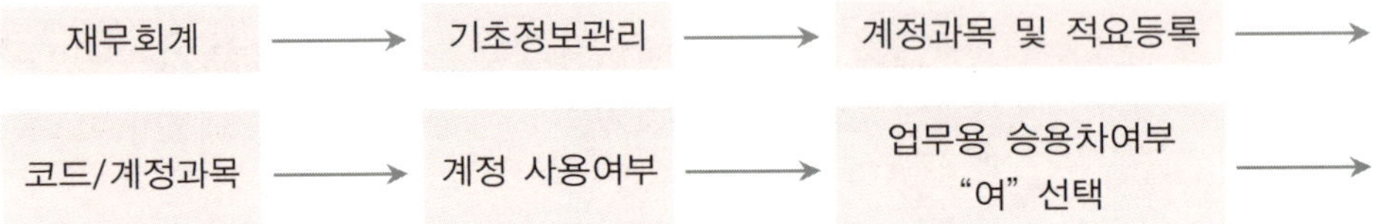

- 판매비 및 일반 관리비, 제조 경비, 건설 경비 업무용차 여부 "여" 모두 선택
- 업무용승용차 관련비용 : 별도 관리계정을 만들어 사용해도 됨
- 감가상각비, 임차료, 유류비, 수선비, 보험료, 자동차세, 통행료, 금융리스 부채에 대한 이자비용

업무용승용차 계정과목 및 적요등록(일괄)

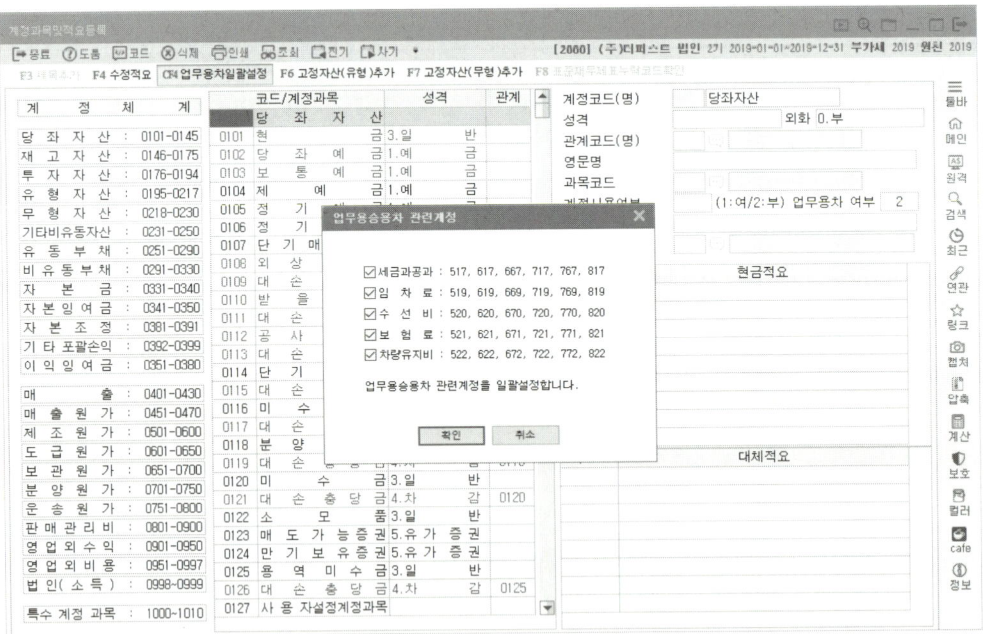

㉯ 업무용승용차 코드별 등록

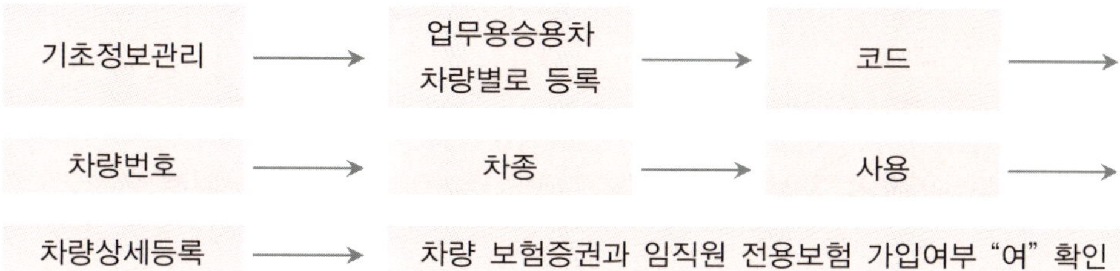

차량번호 및 차량상세 등록

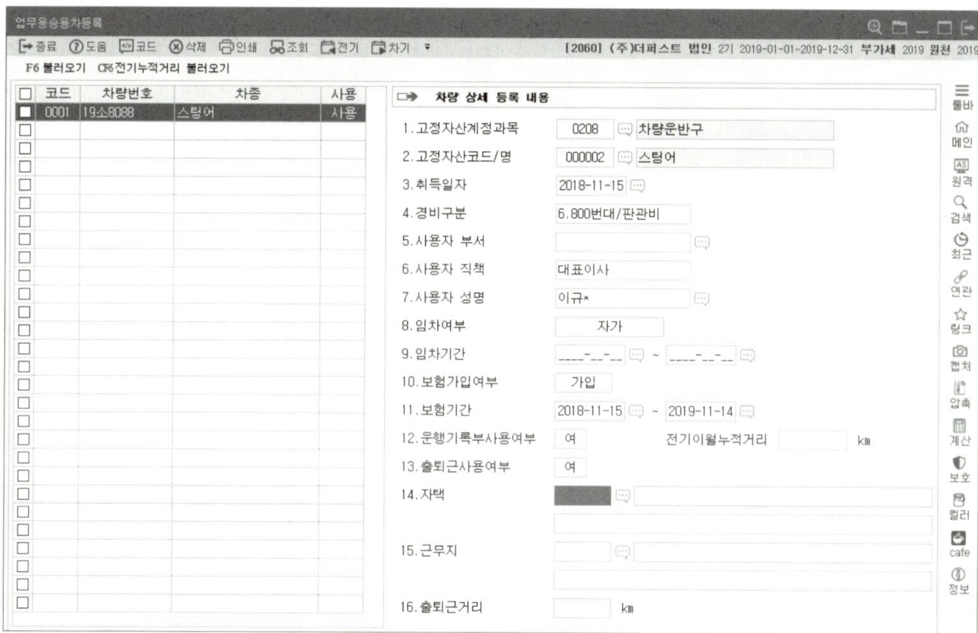

㉰ 부서사원등록

기초정보관리 ⟶ 부서 · 사원 등

부서 · 사원등록

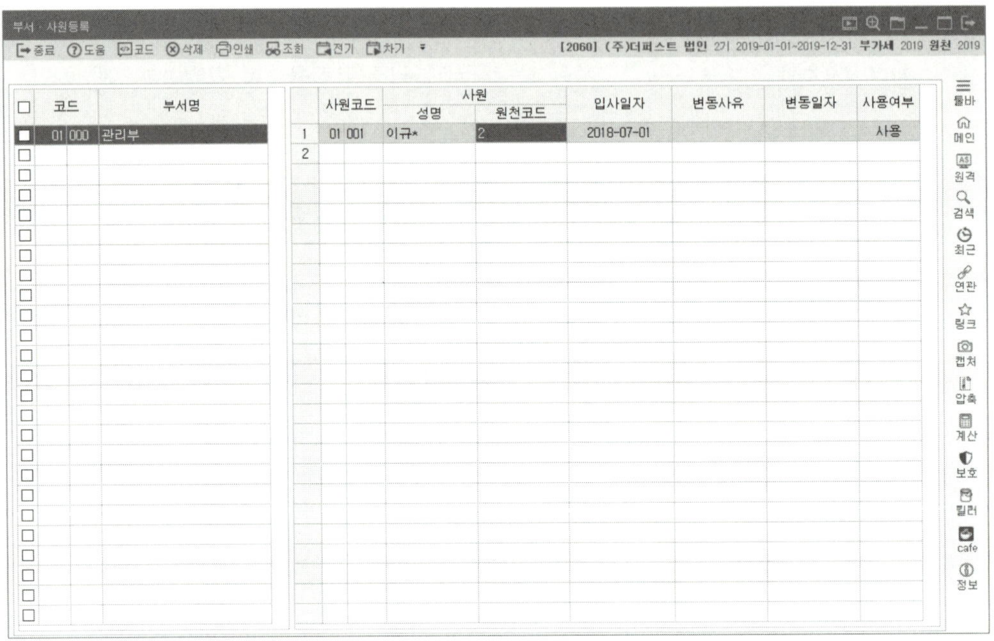

㉱ 업무용승용차 관련비용 매입매출전표 입력 및 일반전표 입력에서 업무용차량 비용 구분으로 개별 입력함

감가상각비, 임차료, 유류비, 수선비, 보험료, 자동차세, 통행료, 금융리스부채에 대한 이자비용, 직원 개인 명의의 차량은 포함되지 않는다. 일반전표에서 입력한다.

매입매출전표 업무용승용차 입력

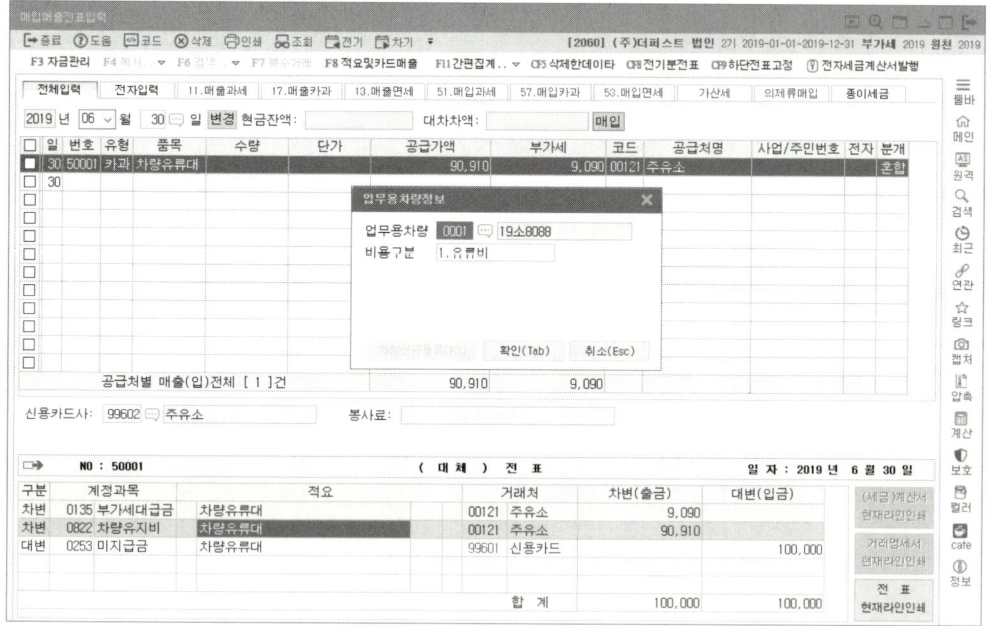

일반전표 업무용승용차 입력

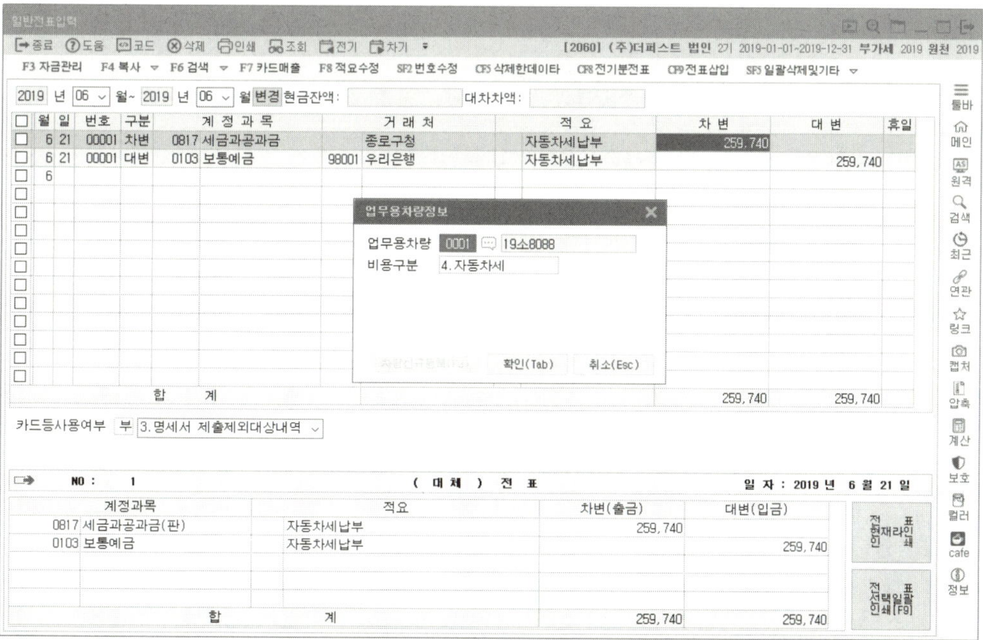

㉮ 지원되는 회계프로그램에서 일괄 작업 기능을 활용하는 방법

재무회계 ⟶ 장부관리 I ⟶ 업무용승용차 비용 현황 일괄작업 가능

회계프로그램에서 일괄 작업 기능을 활용하는 방법으로 작업이 가능하기 때문에 업무용승용차는 비용정리가 모두 되면 한꺼번에 진행하는 방법도 좋은 방법이다.

업무용승용차 일괄작업 비용현황

업무용승용차비용현황

종료 도움 코드 삭제 인쇄 조회 전기 차기 [2060] (주)더퍼스트 법인 2기 2019-01-01~2019-12-31 부가세 2019 원천 2019

F4 일괄작업

관련비용현황 | 관련비용내역 | 관련비용합계

기 간 2019 년 1 월 1 일 ~ 2019 년 12 월 31 일 임차구분 0.전체 구분 0.계정별합계

코드	계정과목	차량코드	차량번호	합계	유류비	보험료	수선비	자동차세	기타	임차료
0817	세금과공과금	0001	19소8088	259,740				259,740		
	[소 계]			259,740				259,740		
0818	감가상각비	0001	19소8088	6,000,000					6,000,000	
	[소 계]			6,000,000					6,000,000	
0821	보험료	0001	19소8088	1,336,630		1,336,630				
	[소 계]			1,336,630		1,336,630				
0822	차량유지비	0001	19소8088	1,244,270	1,064,270				180,000	
	[소 계]			1,244,270	1,064,270				180,000	
	[합 계]			8,840,640	1,064,270	1,336,630		259,740	6,180,000	

툴바 메인 원격 검색 최근 연관 링크 캡처 압축 계산 보호 컬러 cafe 정보

㉥ 업무용승용차 일괄등록 방법

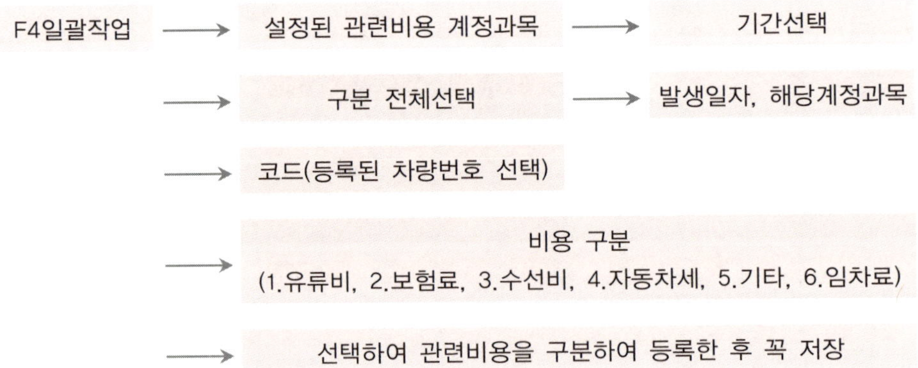

업무용승용차의 입력 후에 과목별 세무조정에 들어가서 불러오기하여 업무용승용차 관련비용 명세서 금액과 업무용승용차 관련비용 계정별 원장금액이 일치하는지 반드시 확인한 후 세무조정을 작성한다.

차량 사용자에 따라 임원, 직원 등 배당, 상여, 기타 등 처분대상이 될 수도 있기 때문에 사용자의 정확한 정리가 필요하다.

제3절

원천징수

본격적인 원천징수 관련 신고업무를 진행하기에 앞서 소득자의 기초자료를 입수하여 입력해야 한다. 입사신고 자료, 퇴사신고 자료, 매월 급여 변동내역, 사업소득 지급명세서, 기타소득 지급명세서, 퇴직사유 확인서 등 관련서류는 항상 정확한 자료를 서식으로 전달받아 요청한 내용을 반영한다.

1. 원천징수대상 소득 및 신고납부기간

(1) 원천징수대상 소득의 종류

1) 근로소득

근로를 제공함으로써 받는 봉급·급료·보수·세비·임금·상여·수당 또는 이와 유사한 급여 등은 명칭이나 형식 여하에 불문하고 근로소득에 해당한다(소득세법 20조). 원천징수세액은 인적공제를 반영한 근로소득간이세액표상의 금액으로 한다.

2) 퇴직소득

임직원이 퇴직시 해당 과세기간에 발생한 공적연금 관련법에 따라 받는 일시금, 사용자 부담금을 기초로 하여 현실적인 퇴직을 원인으로 지급받는 소득 등이다(소득세법 22조). 임원 퇴직소득금액은 정관에 따라 규정된 임원보수규정에 의한다.

3) 이자소득

해당 과세기간에 발생한 소득으로서 금전 사용에 따른 대가로서의 성격을 가지며, 국내 및 국외에서 받는 예금의 이자, 비영업대금의 이익 등을 말한다(소득세법 16조).

4) 배당소득

해당 과세기간에 발생한 내국법인으로부터 받는 이익이나 잉여금의 배당 또는 분배금, 법인으로 보는 단체로부터 받는 배당금 또는 분배금, 의제배당, 법인세법에 따라 배당으로 처분된 금액 등을 말한다(소득세법 17조).

5) 사업소득

해당 과세기간에 발생한 농업, 광업, 제조업, 전기, 가스 증기 및 수도 사업, 하수·폐기물처리, 원료재생 및 환경 복원업, 건설업, 도매 및 소매업, 운수업, 숙박 및 음식점업, 출판, 영상, 방송통신 및 정보서비스업, 금융 및 보험업, 부동산업 및 임대업, 전문, 과학 및 기술서비스업, 사업시설관리 및 사업지원서비스업, 교육 서비스업, 보건업 및 사회복지서비스업, 예술, 스포츠 및 여가관련서비스업, 협회 및 단체, 수리 및 기타 개인서비스업, 가구 내 고용활동에서 발생하는 소득, 복식부기의무자의 사업용 유형고정자산 양도소득 및 기타 위와 유사한 소득으로서 영리를 목적으로 자기의 계산과 책임하에 계속적·반복적으로 행하는 활동을 통하여 얻는 소득을 말한다(소득세법 19조).

6) 기타소득

이자소득, 배당소득, 사업소득, 근로소득, 연금소득, 퇴직소득 및 양도소득 외의 소득으로서 다음과 같다(소득세법 21조).

① 상금, 현상금, 포상금, 보로금 또는 이에 준하는 금품
② 복권, 경품권, 그 밖의 추첨권에 당첨되어 받는 금품
③ 저작자 또는 실연자·음반제작자·방송사업자 외의 자가 저작권 또는 저작인접권의 양도 또는 사용의 대가로 받는 금품
④ 자산 또는 권리의 양도·대여 또는 사용의 대가로 받는 금품
⑤ 광업권, 어업권, 산업재산권·산업정보, 산업상비밀, 상표권·영업권 등 그밖에 이와 유사한 자산이나 권리를 양도하거나 대여하고 그 대가로 받는 금품
⑥ 물품(유가증권) 또는 장소를 일시적으로 대여하고 사용료로서 받는 금품
⑦ 공익사업 관련 지상권·지역권 대여 소득
⑧ 계약의 위약 또는 해약으로 인하여 받는 소득(위약금, 배상금, 부당이득 반환 시 지급받는 이자)

⑨ 문예 · 학술 · 미술 · 음악 또는 사진에 속하는 창작품(원고료, 저작권 사용료인 인세, 미술 · 음악 또는 사진에 속하는 창작품에 대하여 받는 대가)

⑩ 재산권에 관한 알선 수수료, 다음의 인적용역을 일시적으로 제공하고 받는 대가

- 고용관계 없이 다수인에게 강연을 하고 강연료 등 대가를 받는 용역
- 라디오, 텔레비전방송 등을 통하여 제공하는 해설 · 계몽 · 심사 등의 용역
- 변호사, 공인회계사, 세무사, 건축사, 측량사, 변리사 그 밖에 전문적 지식 또는 특별한 기능을 가진 자가 그 지식 또는 기능을 활용하여 보수 또는 그 밖의 대가를 받고 제공하는 용역
- 그 밖에 고용관계 없이 수당 또는 이와 유사한 성질의 대가를 받고 제공하는 용역

⑪ 기타소득의 범위 및 필요경비율 조정

기타소득의 범위

현 행	개 정	비 고
• 필요경비율 80% 적용대상 기타소득 • 필요경비율 : Max[실제 소요비용, 수입금액×80%]	기타소득 범위 및 필요경비율 조정	
• 공익법인이 주무관청의 승인을 받거나, 순위 경쟁 대회에서 시상하는 상금과 부상 • 주택입주 지체상금	(현행 80% 유지)	
지역권 · 지상권의 설정 · 대여 소득	공익사업과 관련 없는 지역권 · 지상권설정 · 대여소득은 사업소득으로 과세	사업소득과세
• 공익사업과 관련된 지상권 등의 설정 · 대여소득 • 무형자산의 양도 · 대여소득 • 광업권, 어업권, 상표권, 영업권 등 • 원고료, 인세 등 • 일시적 강연료, 자문료 등	(현행) 80%→ (2018.4.~12.) 70% (2019년 이후) 60%	속산율 (80%)→4.4% (70%)→6.6% (60%)→8.8%

• 소액부징수 : 기타소득금액이 건별로 5만원 이하인 경우에는 소득세를 과세하지 않는다.
1회 지급 기타소득 비과세금액 (80%) 250,000(필요경비 200,000) 소득금액 50,000
1회 지급 기타소득 비과세금액 (70%) 166,666(필요경비 116,666) 소득금액 50,000

1회 지급 기타소득 비과세금액 (60%) 125,000(필요경비 75,000) 소득금액 50,000

- 과세방식 : 소득금액이 연간 300만원 이하인 경우 납세자의 선택에 따라 종합과세하거나 분리과세 할 수 있다.
  ① 무조건 분리과세 기타소득 : 복권당첨금, 서화·골동품의 양도소득 등
  ② 당연 종합과세 기타소득 : 분리과세 기타소득을 제외한 기타소득금액이 연300만원을 초과하는 경우, 계약의 위약 또는 해약으로 인하여 받는 위약금과 배상금, 뇌물, 알선수재 및 배임수재에 의하여 받는 금품에 해당됨
- 기타소득의 수입시기 : 그 대금을 청산한 날, 자산을 인도한 날 또는 사용·수익일 중 빠른 날, 다만, 그 대금을 청산하기 전에 자산을 인도 또는 사용·수익하였으나 대금이 확정되지 아니한 경우에는 그 대금 지급일로 한다(소득세법 시행령 50조).

7) 연금소득

과세대상 연금소득과 비과세 연금소득으로 구분되며, 분리과세대상 소득을 제외한 총연금 금액에서 연금소득공제액을 적용한 금액으로 연금소득공제액은 900만원을 한도로 한다.

(2) 소득별 신고납부기간

1) 매월신고

원천징수한 소득세는 그 징수일이 속하는 달의 다음 달 10일까지 매월 신고납부하여야 한다(제출대상 서류 : 원천징수이행상황신고서).

2) 반기신고

- 사업자의 편의를 위해서 금융 및 보험업을 제외한, 상시고용인원이 20인 이하인 사업자는 신청(승인)에 의하여 반기별로 신고납부가 가능하다.
- 반기별 신고납부는 6월과 12월에 신청할 수 있으며, 6월에 신청(승인)하면 7월부터 적용가능하고, 12월에 신청(승인)하면 다음해 1월부터 적용이 가능하다. 신청방법은 서면으로 신청하는 방법, 국세청 홈택스를 이용해서 신고하는 방법이 있다.
- 원천징수한 소득세는 징수일이 속하는 반기 1월~6월분은 7.10.까지, 소득세를 징수일이 속하는 반기 7월~12월분은 다음해 1.10.까지 신고납부한다(제출대상 서류 : 원천징수이행상황신고서).

• 각 사업연도의 소득에 대한 법인세의 과세표준을 신고하거나 법인세의 과세표준을 결정 또는 경정할 때 익금에 산입한 금액은 그 귀속자 등에게 상여 · 배당 · 기타사외유출 · 사내유보 등에 따라 처분한다(법인세법 67조). 반기신고 대상사업자의 경우에도 위의 경우에는 매월 신고를 해야 한다.

3) 연말정산

법정신고기한은 다음 연도 2월분 급여를 지급할 때이다. 국세청 연말정산간소화서비스(www.hometax.go.kr)에서 소득공제자료를 PDF 저장(또는 출력)하고 자료를 준비하여 메일 또는 팩스로 세무회계사무소에 보내도록 요청한다.

Check Box_연말정산 자료준비 안내문

국세청 연말정산간소화서비스에서 소득공제자료를 PDF저장(또는 출력)하여 메일로 전달받아 근로소득자 연말정산을 진행한다. 사업장에 따라 근로소득 인원이 많이 있는 곳은 시간이 걸리므로 잘 챙겨야 한다.

[주 소] ○○세무회계사무소

[전 화] [팩 스] [이메일]

문서번호 : TAX190102－1 발 신 : ○○세무회계사무소

수 신 : 회계담당자님 날 짜 : 2019.01.02.

전체 페이지 수 : 1 매 (표지포함)

제 목 : 연말정산 자료준비 안내

귀사의 일익번창하심을 기원합니다.

2018년 귀속 근로소득 연말정산관련 준비서류를 안내드리오니 협조 부탁드립니다.

〈연말정산 관련서류 출력 및 작성방법〉

1. 연말정산간소화서비스에서 소득공제자료 PDF저장(또는 출력)
   연말정산에 필요한 각종 소득공제증빙자료를 2019년 01월 15일~20일까지 인터넷 홈페이지 국세청 연말정산간소화 서비스(www.hometax.go.kr)에서 조회·출력할 수 있습니다(공인인증서 필요, 부양가족의 영수증을 조회하기 위해서는 사전에 해당 가족의 동의 필요).
   ※비회원로그인(성명, 주민번호기재)－공인인증서－연말정산간소화(소득·세액공제조회/발급)－한번에 내려받기－PDF로 다운로드 또는 출력－연말정산 간소화 서비스에서 조회되지 않는 건은 개별적으로 관할기관에 서류요청(안경 구입비, 교복 구입비, 기부금영수증 등)
2. 공문과 함께 보내드리는 '소득공제신고서', '신용카드 등 소득공제 신청서' 작성('신용카드 등 소득공제 신청서'는 1번만 작성해 주시길 바랍니다.－서식다운)
3. 주민등록등본 또는 가족관계증명서(신규입사자, 주소변경자)
4. 의료비 공제대상자 : 총급여 3% 초과자(보험사에 실손보험료 수령액 요청하여 첨부)
5. 2018년도 중도입사자의 경우 종전근무지 원천징수영수증(누락시 본인이 직접 5월에 추가적으로 신고하여야 합니다.)
   ※ 국세청 PDF파일은 월별 출력하여 주시기 바랍니다(입사일부터 사용한 내역 인정됨).
6. 1.~5.의 자료를 메일( ) 또는 우편으로 보내주시기 바라며, 가급적이면 1월 31일까지 준비하여 주시면 감사하겠습니다.

○○세무회계사무소 (직인생략)

4) 지급명세서 제출

- 근로소득, 퇴직소득, 사업소득의 지급명세서 제출기한 : 다음 연도 3.10.까지
- 일용근로소득의 지급명세서 제출기한 : 1/4분기는 4월 10일, 2/4분기는 7월 10일, 3/4분기는 10월 10일, 4/4분기는 다음해 1월 10일까지
- 이자소득, 배당소득, 연금소득, 기타소득 지급명세서 제출기한 : 다음 연도 2월 말일까지

5) 근로소득간이지급명세서 반기 제출

- 상용근로소득, 원천징수 대상 사업소득(3.3%)에 대하여 인적사항, 지급액 등 제출기한 : 1월~6월 지급분 다음달 7월 10일까지, 7월~12월 지급분 다음해 1월 10일까지
- 폐업 및 휴업(해산) 시 휴업일의 마지막달 다음달 10일까지 제출

2. 원천징수세율

(1) 개인납세자에 대한 세율

원천징수의무자가 소득을 지급하며 소득세를 원천징수할 때 적용하는 세율로 개인납세자에 대한 각 소득별 세율은 다음과 같다.

① 이자소득에 대해서는 다음의 규정하는 세율
- 비영업대금의 이익 : 100분의 25
- 그 밖의 이자소득 : 100분의 14

② 배당소득에 대해서는 다음에 규정하는 세율
- 소득세법 제17조 제1항 제8호에 따른 출자공동사업자의 배당소득 : 100분의 25
- 그 밖의 배당소득 : 100분의 14

③ 원천징수대상 사업소득 : 100분의 3(봉사료 100분의 5)

④ 근로소득 : 기본세율
- 일용근로자의 근로소득 : 100분의 6

⑤ 공적연금소득 : 기본세율

⑥ 기타소득에 대해서는 다음의 세율

- 소득세법 제14조 제3항 제8호 라목 및 마목에 해당하는 소득금액이 3억원을 초과하는 경우 그 초과분 : 100분의 30
- 소득세법 제21조 제1항 제18호 및 제21호에 따른 기타소득 : 100분의 15
- 그 밖의 기타소득 : 100분의 20

⑦ 퇴직소득 : 기본세율

⑧ 대통령령으로 정하는 봉사료 : 100분의 5

(2) 법인납세자에 대한 세율

원천징수의무자가 소득을 지급하며 소득세를 원천징수할 때 적용하는 세율로 내국법인에 대한 각 소득별 세율은 다음과 같다.

① 이자소득에 대해서는 다음에 규정하는 세율

- 비영업대금의 이익 : 100분의 25
- 그 밖의 이자소득 : 100분의 14

② 배당소득에 대해서는 다음의 세율

- 투자신탁이익 : 100분의 14

3. 소득자료의 입력과 신고

인사급여 ⟶ 근로/연말 ⟶ 퇴직/사업/기타 ⟶ 사회보험

급여대장 등 지급자료 요청 및 입력절차는 다음과 같다.

① 사업자에게 매월 말일 전까지 급여대장을 요청한다.

② 근로소득, 퇴직소득, 이자소득, 배당소득, 사업소득, 기타소득의 매월 지급금액을 확인하고 프로그램에 반영한다.

③ 일용직근로소득 지급명세서를 요청하며, 일용근로확인서를 매월 15일에 근로복지공단에 제출한다.

④ 직원 신규입사시 주민등록등본과 신입직원의 근로계약상 급여 확정금액을 요청한다(주민등록증 복사가능).

⑤ 4대보험 가입시 급여 비과세금액을 확인하고 국민건강보험공단에 가입한다.

⑥ 직원 퇴사시엔 자진퇴사, 권고사직 등 퇴직 사유를 기재한 자료를 요청한 후 4대보

험 자격상실 처리한다(권고사직은 실업급여 해당).

⑦ 회계프로그램에 사원을 등록한 후 인사급여에 매월 발생된 자료를 입력한다.

⑧ 원천징수이행상황신고서에 반영하여 마감하고 국세청에 전송한다.

⑨ 원천징수이행상황신고서의 지급금액과 지급명세서의 금액은 일치해야 한다(지급명세서 제출 금액이 상이할 경우 관할 세무서 연락이 올 수도 있음).

⑩ 일반전표에 반영한 인건비(급여 등) 계정금액과 국세청에 접수한 금액은 일치해야 한다(지급명세서 미제출시 미제출가산세 해당).

⑪ 총괄 원천징수집계표를 별도로 기록하여 관리하면 신고누락을 방지할 수 있다.

⑫ 귀속 월과 지급 월이 다른 경우에는 연말정산시 2월 귀속, 2월 지급의 연말정산 이행상황신고서를 추가 전송해야 한다.

⑬ 원천징수이행신고서를 작성하여 매월 급여총액으로 주민세 종업원분(종업원할 사업소세) 면세 기준금액(1억3천5백만원)을 판단하여 신고 해당시 다음달 10일까지 신고한다.

4. 4대보험

(1) 국민연금

1) 국민연금 가입대상자

가입대상은 국내에 거주하는 18세 이상 60세 미만의 국민이며, 국민연금 적용사업장에 종사하는 경우 사업장가입자가 되며, 그 외의 경우에는 지역가입자가 된다.

사업장에 고용된 날부터 1개월 이상 근로하고, 1개월 간 근로일수가 8일 이상 또는 근로시간이 월 60시간 이상인 일용근로자는 사업장에 고용된 날부터 사업장가입자가 된다(1개월의 기준은 매월 1일이 아닌 입사일로부터 1개월을 기준으로 계산).

2) 사업장가입자의 가입과 상실

① 가입대상

당연적용사업장은 그 사업장의 근로자 수를 기준으로 1인 이상의 근로자를 사용하는 모든 사업장은 의무가입 대상이다. 일용 근로자의 근무 시간이 1주 15시간 미만, 1개월 8일 미만 또는 1개월 60시간 미만 단시간근로자인 경우에는 국민연금 가입대상에서 제외된다(단, 8일 미만 1개월 60시간 미만인 단시간근로자를 한달 이상 계속해서 근무시키는 경우에는 국민연금을 부과할 수도 있음). 국민연금법 시행령 제2조에 따라 건설일용근로자(적용 2018.8.1. 시행)도 동일하게 적용된다.

② 신고기한

- 당연적용사업장 : 당연적용사업장에 해당된 날이 속하는 달의 다음 달 15일까지
- 사업장가입자 : 해당 사실이 발생한 날이 속하는 달의 다음 달 15일까지

③ 취득시기

국민연금 적용 사업장의 근로자로 사용된 때, 국민연금 적용 사업장의 사용자가 된 때, 사업장이 당연적용사업장에 해당된 때

④ 상실시기

사망한 때, 국적을 상실하거나 국외에 이주한 때, 사용관계가 종료(퇴직)된 때, 60세에 도달한 때, 국민연금 가입대상에서 제외된 때

3) 사업장가입자의 기준소득월액 결정 방법

① 자격취득 및 납부 재개시 기준소득월액

사용자가 근로자에게 지급하기로 약정하였던 금액으로 결정하며, 입사(복직) 당시 지급이 예측 가능한 모든 근로소득을 포함하여 사용자가 공단에 신고한 소득으로 결정한다.

② 가입기간 중의 기준소득월액

전년도 중 당해 사업장에서 얻은 소득 총액을 근무일수로 나눈 금액의 30배에 해당하는 금액으로 결정하되 전년도의 소득을 당해연도 7월부터 다음 연도 6월까지 적용한다.

(2) 건강보험

1) 건강보험 가입대상자

사업장가입 적용대상은 상시 1인 이상의 근로자를 고용하는 사업장에 고용된 근로자(연령제한 없음)이며, 비상근 근로자 또는 1개월 소정 근로시간이 60시간 미만인 단시간근로자와 1개월 미만의 기간 동안 고용되는 일용근로자는 가입 대상에서 제외된다.

건설일용근로자의 경우에는 사업장관리지침 개정을 통해 국민연금과 동일하게 2018.8.1.부터 월 8일 이상 근무한 경우 직장가입대상이다(적용 2018.8.1. 시행).

직장가입자가 장기요양보험에서 제외된 경우 그 직장가입자의 피부양자도 장기요양보험에서 제외된다. 근로자가 없는 사업장은 적용대상이 아니며, 법인사업장은 대표자 1인만 있어도 의무가입대상이다(무보수 법인대표자는 정관, 이사회회의록 등을 제출).

2) 가입자격 상실

① 자격(변동)상실시기

- 사망한 때
- 국적을 상실한 때
- 사용관계가 종료된 때
- 사업장이 폐업 도산된 때
- 의료급여대상자가 된 때
- 국가유공자예우및지원등에관한법률에 의하여 의료보호를 받게 되어 건강보험적용 배제 신청을 한 때

② 노인장기요양보험 자격상실일

신청한 날, 다만 자격취득 신고일로부터 14일 이내에 외국인 근로자 장기요양보험 가입제외 신청서를 공단에 제출한 경우에는 자격취득일

- 장기요양보험만 가입 제외되며, 건강보험 가입은 계속 유지된다.
- 가입제외된 자는 직장가입자 및 피부양자 유지기간 동안은 장기요양보험을 재가입할 수 없다.

③ 가입제외 절차

가입제외 신청서를 국민건강보험공단(각지사)에 제출

3) 기한 및 납부

① 신고기한

사유발생일로부터 14일까지 신고서를 제출

② 납부

직장가입자의 보험료는 매월 가입자에게 지급되는 월급에서 미리 공제(근로자본인부담분 50%)하여 사용자가 납부하며, 보수를 제외한 종합소득에 대한 소득월액보험료(본인 전액 부담)는 개인이 납부한다(2018.7.1. 이후 기준금액 3,400만원, 단계적으로 축소될 예정으로 2020년까지 3,400만원, 2023년까지 2,700만원, 그 후에는 2,000만원으로 축소 변경될 예정).

4) 국민건강보험공단이 4대 사회보험료 징수업무 통합수행

국민건강보험공단, 국민연금공단, 근로복지공단에서 각각 수행하였던 건강보험, 국민연금, 고용보험, 산재보험의 업무 중 유사・중복성이 높은 보험료 징수업무(고지, 수납, 체납)를 국민건강보험공단이 통합하여 운영한다.

(3) 고용보험

1) 고용보험 대상자

근로자를 사용하는 모든 사업장은 고용보험 당연적용 사업장이며 모든 근로자에게 고용보험 가입이 적용되나 65세 이후에 새로이 고용된 자(고용안정 또는 직업능력 개발사업은 적용, 실업급여는 적용 제외)는 제외된다.

2) 신고 기한

- 성립/가입신청서 접수 일반사업(계속사업) : 근로자를 고용한 날로부터 14일 이내
- 성립/가입신청서 접수 건설업 : 공사착공일로부터 14일 이내
- 고용보험 피보험자격 : 사유발생한 날이 속하는 달의 다음달 15일까지

3) 과태료 부과기준(고용보험법 시행령 별표3)

과태료의 부과기준(146조 관련)은 다음과 같다.

① 일반기준

위반행위의 횟수에 따른 과태료의 부과기준은 최근 1년간 같은 행위로 과태료를 부과받은 경우에 적용한다. 이 경우 위반횟수는 위반행위에 대하여 과태료 처분을 한 날과

다시 같은 위반사항을 적발한 날을 각각 기준으로 하여 계산한다.

② 개별기준(위반행위일)

- 신고하지 아니한 행위(법정신고기한을 넘겨 신고한 지연신고 포함)의 성립일은 법정신고기한의 다음 날
- 거짓으로 신고한 행위의 행위일은 거짓으로 신고한 날

위반행위일 기준(2016.1.1. 이후)

위반행위	근거 법조문	1차위반 과태료 금액	2차위반 과태료 금액	3차위반 과태료 금액
신고를 하지 않은 경우(기간 내에 신고를 하지 않은 경우를 포함)	법 제118조 제1항 제1호	피보험자 1명당 3만원. 다만, 과태료 금액의 합산액은 100만원을 초과할 수 없다.	피보험자 1명당 3만원. 다만, 과태료 금액의 합산액은 100만원을 초과할 수 없다.	피보험자 1명당 3만원. 다만, 과태료 금액의 합산액은 100만원을 초과할 수 없다.
거짓으로 신고한 경우	법 제118조 제1항 제1호	피보험자 1명당 5만원. 다만, 과태료 금액의 합산액은 100만원을 초과할 수 없다.	피보험자 1명당 8만원. 다만, 과태료 금액의 합산액은 200만원을 초과할 수 없다.	피보험자 1명당 10만원. 다만, 과태료 금액의 합산액은 300만원을 초과할 수 없다.

위반행위의 종류

미신고	• 취득 등의 신고를 고용보험법 시행령 제7조에 정해진 법정신고기한내에 하지 않은 경우 • 법정신고기한을 넘겨 신고한 지연신고도 미신고에 포함
거짓신고	신고내용이 사실과 다른 경우

③ 지연신고

신고하였으나 법정기한을 경과하여 신고한 지연신고에 대한 과태료 부과는 사업장 규모 및 지연신고 기간에 따라 아래와 같이 순차적으로 확대하여 부과기준을 적용(2011년~현재)한다.

- 2014년부터 5인 미만 사업장의 6개월 미만 지연신고건에 대하여 즉시 과태료 부과 예정이었으나, 사업주들의 부담 등을 고려하여 적용을 유예
- 5인 미만 사업장에 대해서는 별도 지침 시달전까지 현행과 같이 6개월 이상 지연건

에 대해서만 즉시 부과

- 5인(5억원) 이상 사업장에 대해서는 현행대로 법정신고기한으로부터 1개월 이상 지연신고한 경우 즉시 과태료 부과
- 상시근로자 수 : 위반행위가 발생한 날의 전월 말일 피보험자 수

* 단, 미신고 및 지연신고의 경우 누락되어 있던 피보험자 수를 합산한다.
* 건설현장은 고용보험시스템의 사업장 정보상의 공사금액 기준이다.

(4) 산재보험

적용제외 사유는 없다. 사업주가 산재보험료 전액을 의무적으로 부담한다.

산재보험료율은 매년 6.30. 현재, 과거 3년간의 보수총액에 대한 보험급여 총액의 비율을 기초로 재해 발생의 위험성에 따라 분류된 업종별 보험료율을 세분화하여(보통 매년 12.31.경 고시) 적용한다.

1) 산재보험료율 적용

보험료율 적용의 기본원칙은 다음 기준으로 한다.

① 하나의 적용사업장에 대하여는 하나의 보험료율을 적용한다.

② 하나의 사업장 안에서 보험료율이 다른 2종 이상의 사업이 행해지는 경우 다음 순서에 따라 주된 사업을 결정하여 적용한다.

- 근로자 수가 많은 사업
- 근로자 수가 같거나 그 수를 파악할 수 없는 경우에는 보수총액이 많은 사업
- 상기 방법에 의하여 주된 사업을 결정할 수 없는 경우에는 매출액이 많은 제품을 제조하거나 서비스를 제공하는 사업

2) 업종별 산재보험료율

업종별 산재보험료율은 다음과 같다.

2019년도 업종별 산재보험료율표

(단위 : 천분율)

사업종류	보험료율	
	2018 (출퇴근재해 1.5% 포함)	2019 (출퇴근재해 1.5% 포함)
1. 광업		
100 석탄광업 및 채석업	282.5	226.5
101 금속 및 비금속광업	–	–
102 채석업	–	–
103 석회석·금속·비금속광업 및 기타광업	72.5	58.5
105 기타 광업	–	–
2. 제조업		
200 식료품제조업	20.5	17.5
201 담배제조업	–	–
202 섬유 및 섬유제품 제조업	14.5	12.5
232 섬유/섬유제품제조업(을)	21.5	–
204 목재 및 종이제품 제조업	43.5	21.5
205 펄프·지류제조업	25.5	–
206 출판·인쇄·제본 또는 인쇄물가공업	12.5	11.5
209 화학 및 고무제품 제조업	17.5	14.5
210 의약품·화장품 향료·담배 제조업	9.5	8.5
238 코크스, 연탄 및 석유정제품제조업	12.5	10.5
212 고무제품 제조업	22.5	–
214 유리·도자기·시멘트 제조업	16.5	14.5
215 도자기·기타요업제품·시멘트제조업	27.5	–
216 시멘트 제조업	–	–
218 기계기구, 비금속광물 및 금속제품 제조업	20.5	14.5
219 금속제련업	12.5	11.5
220 금속재료품 제조업	–	–
222 도금업	18.5	–
223 기계기구제조업	–	–

사업종류	보험료율	
	2018 (출퇴근재해 1.5% 포함)	2019 (출퇴근재해 1.5% 포함)
224 전기기계기구, 전자제품 및 정밀기구 제조업	8.5	7.5
225 전자제품 제조업	–	–
226 선박건조 및 수리업	27.5	25.5
227 수송용기계기구제조업 · 자동차 및 모터사이클 수리업	17.5	–
235 자동차 및 모터사이클 수리업	–	–
228 계량기 · 광학기계 · 기타 정밀기구 제조업	–	–
229 수제품 및 기타제품 제조업	16.5	13.5
230 기타제조업	28.5	–
3. 전기 · 가스 · 증기 및 수도사업		
300 전기 · 가스 · 증기 및 수도사업	10.5	9.5
4. 건설업		
400. 건설업	40.5	37.5
5. 운수 · 창고 및 통신업		
500 철도 · 궤도 · 삭도 · 항공운수업	10.5	9.5
501 육상 및 수상운수업	21.5	19.5
511 소형화물운수업 및 택배업 · 퀵서비스업	–	–
503 화물자동차운수업	–	–
504 수상운수업, 항만하역 및 화물취급사업	29.5	–
506 항공운수업	–	–
508 창고 및 운수관련 서비스업	10.5	9.5
509 창고업	14.5	–
510 통신업	12.5	10.5
6. 임업		
600 임업	91.5	73.5
7. 어업		
700 어업 및 양식어업, 어업관련 서비스업	36.5	29.5
701 양식어업 및 어업관련 서비스업	–	–

사업종류	보험료율	
	2018 (출퇴근재해 1.5% 포함)	2019 (출퇴근재해 1.5% 포함)
8. 농업		
800 농업	26.5	21.5
9. 기타의 사업		
901 건물종합관리, 위생 및 유사서비스업	17.5	14.5
902 위생 및 유사서비스업	31.5	–
905 기타의 각종사업	11.5	10.5
907 전문기술서비스업	8.5	7.5
908 보건 및 사회복지사업	8.5	7.5
909 교육서비스업	8.5	7.5
910 도・소매 및 소비자용품 수리업	10.5	9.5
911 부동산업 및 임대업	9.5	8.5
912 오락・문화 및 운동관련 사업	11.5	9.5
913 국가 및 지방자치단체의 사업	10.5	10.5
914 사업서비스업	10.5	9.5
0. 금융 및 보험업		
000 금융 및 보험업	8.5	7.5
– 해외파견자 보험요율		
해외파견자	17.5 (출퇴근재해 1.5% 포함)	16.5/1,000
– 주한미군		
주한미군	7	–
– 임금채권부담금		
임금채권부담금	0.6	–
– 석면피해구제분담금		
석면피해구제분담금	0.03	–

* 출처 : 근로복지공단 → 가입・납부서비스 → 신고 및 납부 → 보험료율

- 위 표는 산재보험료 사업별 보험료율 및 부담하는 사업의 종류, 2018년 · 2019년 보험료율의 정보를 제공하는 표이다.
- 계산예시 : 사업의 종류 4. 건설업 37.5/1,000×100＝3.75%

(5) 외국인 근로자 4대보험 가입과 상실

1) 국민연금

우리나라에 거주하고 있는 18세 이상 60세 미만의 외국인이 국민연금에 가입된 사업장에 근무하면 사업장가입자가 되고, 그 외의 외국인은 지역가입자에 해당된다.

① 국민연금 대상 외국인

외국인 근로자는 국적과 비자에 따라 상이하나, 국민연금 의무가입대상이다. 국민연금 가입제외국(22개국)은 다음과 같으며, 이는 정부 협정에 따라 변경될 수 있다.

> 베트남, 미얀마, 방글라데시, 네팔, 사우디아라비아, 싱가포르, 이란, 파키스탄, 캄보디아, 남아프리카공화국, 동티모르, 몰디브, 벨로루시, 아르메니아, 이디오피아, 이집트, 통가, 피지, 그루지야, 스와질랜드, 나이지리아, 말레이시아

체류자격에 따른 국민연금 가입 제외대상은 문화예술(D－1), 유학(D－2), 산업연수(D－3), 일반연수(D－4), 종교(D－6), 방문동거(F－1), 동반(F－3), 기타(G－1)가 해당된다.

② 반환일시금

외국인 가입자가 연금급여를 받을 수 있는 요건에 해당하면 노령연금, 장애연금, 유족연금 등 급여혜택을 받을 수 있다.

외국인에 대해서는 원칙적으로 반환일시금이 지급되지 않으나 본국으로 출국하거나 사망한 경우 또는 60세에 도달한 때에 그동안 납부한 보험료에 일정 이자를 가산한 금액이 일시금으로 지급된다.

- 그 외국인의 본국이 대한민국 국민에게 국민연금 반환일시금과 유사한 수준의 일시금을 지급하는 경우
- 대한민국과 외국인의 본국 간에 체결한 사회보장협정에 반환일시금 지급에 관한 규정이 있는 경우
- 한국 체류 자격이 E－8(연수취업), E－9(비전문취업), H－2(방문취업)에 해당하는

외국인 근로자의 경우

국민연금 반환일시금 지급 대상국(45개국, 2019.5.1. 기준)

태국, 필리핀, 말레이시아, 인도네시아, 스리랑카, 카자흐스탄, 홍콩, 벨리즈, 그레나다, 세인트빈센트그라나딘, 짐바브웨, 카메룬, 가나, 바누아투, 버뮤다, 수단, 엘살바도르, 요르단, 케냐, 트리니다드토바고, 부탄, 콜롬비아, 우간다, 튀니지, 스위스, 터키, 인도(이상 27개국, 상호주의에 따른 반환일시금 지급)독일, 미국, 캐나다, 헝가리, 프랑스, 호주, 체코, 벨기에, 폴란드, 슬로바키아, 불가리아, 루마니아, 오스트리아, 인도, 터키, 스위스, 브라질, 페루(이상 18개국, 사회보장협정에 의한 반환일시금 지급)

* E-8, E-9, H-2의 체류자격에 해당하는 경우에는 국적에 관계없이 지급

출처 : 국민연금 관리공단 → 연금정보 → 외국인에 대한 연금급여

2) 건강보험

외국인 근로자는 건강보험 의무가입 대상자이다. 다만, 고용허가제로 국내기업에 근무하고 있는 외국인근로자가 노인장기요양보험 가입을 원하지 않을 경우, '외국인근로자 장기요양보험 가입 제외 신청서'를 공단에 제출해야 적용이 제외된다. 가입제외 대상은 국민건강보험법 93조에 따라 직장가입자가 된 외국인 중 다음과 같다.

① 외국인 근로자의 고용 등에 관한 법률에 따른 외국인 근로자
② 출입국관리법 10조에 따라 산업연수활동을 할 수 있는 체류자격을 가지고 지정된 사업체에서 연수하고 있는 외국인
③ 직장가입자인 외국인 근로자 중 D-3(산업연수생), E-9(비전문취업), H-2(방문취업) 외국인 근로자의 체류자격에 해당 되는 자(그 외 체류자격 이외의 직장가입자 외국인 및 재외국민, 지역가입자는 신청대상이 아님)
④ 장기요양보험가입만 제외되며, 건강보험 자격은 계속 유지
⑤ 장기요양보험가입 제외된 자는 직장을 바꾸어도 장기요양보험가입은 계속 제외

3) 고용보험

외국인 근로자는 고용보험 임의가입 대상자로 가입여부를 선택할 수 있으나 D-1~D-6 비자 및 D~10 비자의 외국인 근로자는 가입이 불가능하다.

외국인의 체류자격별 고용보험 적용

체류자격	고용보험 적용여부	체류자격	고용보험 적용여부
1. 외 교(A-1)	×	19. 교 수(E-1)	○(임의)
2. 공 무(A-2)	×	20. 회화지도(E-2))	○(임의)
3. 협 정(A-3)	×	21. 연 구(E-3)	○(임의)
4. 사증면제(B-1)	×	22. 기술지도(E-4)	○(임의)
5. 관광통과(B-2)	×	23. 전문직업(E-5)	○(임의)
6. 일시취재(C-1)	×	24. 예술흥행(E-6)	○(임의)
7. 단기상용(C-2)	삭제(2011.11.1.)	25. 특정활동(E-7)	○(임의)
8. 단기종합(C-3)	×	25의3. 비전문취업(E-9)	○(임의)
9. 단기취업(C-4)	○(임의)	25의4. 선원취업(E-10)	○(임의)
10. 문화예술(D-1)	×	26. 방문동거(F-1)	×
11. 유 학(D-2)	×	27. 거 주(F-2)	○(강제)
12. 산업연수(D-3)	×	28. 동 반(F-3)	×
13. 일반연수(D-4)	×	28의2. 재외동포(F-4)	○(임의)
14. 취 재(D-5)	×	28의3. 영주(F-5)	○(강제)
15. 종 교(D-6)	×	28의4. 결혼이민(F-6)	○(강제)
16. 주 재(D-7)	○(상호주의)	29. 기 타(G-1)	×
17. 기업투자(D-8)	○(상호주의)	30. 관광취업(H-1)	×
18. 무역경영(D-9)	○(상호주의)	31. 방문취업(H-2)	○(임의)
18-2. 구직(D-10)	×		

4) 산재보험

외국인 근로자는 산재보험 의무가입 대상이다.

(6) 4대보험 제도 정리

4대사회보험 관련업무의 편의성과 효율성을 위해 4대보험의 자격신고 업무는 4대사회보험연계센터에서 담당하고 4대보험료의 징수관련 업무는 국민건강보험공단에서 담당한다.

① 4대보험 가입대상

근로자가 1인 이상 있는 모든 사업장은 의무적으로 4대보험 가입신고를 해야 한다.

② 국민연금 제도

국민연금은 노후소득 보장을 위해 국가에서 시행하는 사회보장 제도이다. 소득이 있을 때 매월 꾸준히 보험료를 납부했다가 나이가 들어 생업에 종사할 수 없어졌을 때나 예기치 못한 사고나 질병으로 장애를 입거나 사망하였을 때 매월 연금을 지급하여 기본적인 생활을 유지할 수 있도록 돕는 소득보장제도이다.

㉮ 납부 및 수령

만 60세가 되기 직전까지 납부, 만 61세부터 연금을 수령(출생연도별로 61세~65세부터 수령)하며, 본인의 국민연금 가입기관과 가입 중 평균소득액에 따라 연금 수령액이 달라진다.

㉯ 특징

모든 국민이 가입대상으로 강제성이 있다.

㉰ 국민연금의 확대

2003.7.1.부터 5인 미만의 영세사업장, 근로자 1인 이상 법인, 전문직종 사업장을 포괄함은 물론, 임시・일용직과 시간제 근로자의 가입자격 인정으로 보편적 노후소득보장 제도로 확대되었다.

③ 국민건강보험 제도

질병이나 부상으로 인해 발생한 고액의 진료비로 가계에 과도한 부담이 되는 것을 방지하기 위하여, 국민들이 평소에 보험료를 내고 보험자인 국민건강보험공단이 이를 관리, 운영하다가 필요시 보험급여를 제공함으로써 국민 상호간 위험을 분담하고 필요한 의료서비스를 받을 수 있도록 하는 사회보장제도이다.

④ 고용보험제도

실업의 예방, 고용의 촉진 및 근로자의 직업능력의 개발, 향상은 물론 근로자의 생활에 필요한 급여를 지급하여 실직근로자의 생활안정 및 재취업을 지원하는 사회보험제도이다.

* 관련법규 : 고용보험법, 고용보험및산업재해보상보험의보험료징수등에관한법률

⑤ 산재보험 제도

근로자의 업무상의 재해를 신속하고 공정하게 치료 및 보상하고, 재해 근로자의 사회복귀를 촉진하며, 사업주에게는 재해에 따른 일시적인 경제적 부담을 덜어 주기 위해 국가에서 관장하는 사회보험 제도이다.

* 관련법규 : 산업재해보상보험법, 고용보험및산업재해보상보험의보험료징수등에관한법률

(7) 4대보험자료 입력시 유의사항

다음은 4대보험의 관리를 위한 4대보험 요율표이므로 참고한다.

4대 보험 가입시 보험요율표

2019년 4대보험 요율표	근로자 부담금	회사 부담금	합계
국민연금	4.50%	4.50%	9%
건강보험 (장기요양보험)	3.23% (건강보험료의 8.51%)	3.23% (건강보험료의 8.51%)	6.46% (건강보험료의 8.51%)
고용보험	0.65%	0.9%(0.65%+0.25%)	1.55%(150미만 기업)
산재보험	–	1%(업종에 따른 요율)	1%(업종에 따른 요율)
합계	8.6548%	9.9048%	18.5597%(대략 18%)

* 법 개정으로 인한 4대보험료율 변경 사항은 수시로 확인해야 함.

① 주민등록등본상 동거가족인 대표자 가족은 직원으로 등록해도 고용보험, 산재보험 가입대상에서 제외된다.

② 개인사업자는 직원이 없을 경우 4대보험 가입의무에 해당되지 않는다.

③ 직원 1명 채용시 4대보험에 가입해야 하며, 대표자 보수 기준하한은 직원 보수 최상위 급여 기준이다.

④ 종합소득세 확정신고와 소득금액을 건강보험공단에 신고한 후 기준금액이 확정된다.

⑤ 4대보험 가입되는 사업장만 사업장의 소득금액 신고대상이다.

⑥ 4대보험 사업장 가입을 위해서는 사업장가입신고서가 필요하며, 사업장가입자 자격취득신고서 작성 후 국민건강보험공단에 제출한다.

⑦ 법인사업자 대표이사의 정관규정에 의한 급여는 법인설립등기일부터 책정된다(법인사업자 급여가 지급이 안 될 때에는 대표이사 무보수기간 작성 후 국민건강보험

공단 제출). 법인사업자의 사업장 가입을 위해서는 사업장가입신고서가 필요하며, 대표이사는 고용보험, 산재보험 가입대상이 아니므로 사업장가입자자격취득신고서 작성시 참고한다.

(8) 세무대리인의 4대보험 EDI

1) 건강보험 EDI 서비스

건강보험 업무, 건강검진, 보험료 산정 등에 관한 업무처리를 웹서비스로 제공

① 필요서류

건강보험 EDI 업무대행 위임장(법인은 법인 인감이 날인된 위임장이 필요)

[별지 제6호 서식]

건강보험 EDI 업무대행 위임장

업무대행기관	사업장관리번호		기 관 명	
	소 재 지	(전화번호 :)		
	대 표 자		주민번호	– ******
위임사업장	사업장관리번호 (단위사업장기호)		사업장명	
	소 재 지	(전화번호 :)		
	대 표 자		주민 번호	– ******
	사업자등록번호			
위임	업 무 범 위	공단 웹 EDI 서비스 업무		
작성방법		– 주민번호 : 생년월일+성별까지 기재		

민법 제114조(대리행위의 효력)의 규정에 의하여 위와 같이 건강보험 EDI 업무대행 대리인 위임을 신청합니다.

년 월 일

위 임 자 (서명 또는 인)

국민건강보험공단 ○○○○지사장 귀하

② 신청방법

건강보험 EDI 홈페이지 로그인(금융인증서) → 전체 서식 → 패스워드 → 대리인증 → 신고/신청 → 업무대행 위임 → 사업장 관리 번호 입력 → 대표자 성명 입력 → 대표자 주민등록번호 입력 → 탭(Tab)누르고 → 위임사업장 등록 → 위임장 파일(건강보험 EDI업무대행 위임장 스캔한 자료) 첨부하고 신고 누르기

2) 국민연금 EDI 서비스

국민연금 보험료 산정 등에 관한 업무처리를 웹서비스로 제공

① 필요서류

국민연금 웹 EDI 업무대행기관 지정신청서

[별지 제1호 서식]

국민연금 웹 EDI 업무대행기관 지정 신청서

접수번호		접수일		처리기간	즉시
업무대행기관	사업장관리번호		사업장 명칭		
	소 재 지				
	사업자등록번호		법인등록번호		
	전화번호	유선전화	이동전화	FAX번호	

사용자(대표자)	성 명		생년월일	
	전화번호			

국민연금 웹 EDI 업무대행서비스 처리기준에 따라 "업무대행기관" 지정을 신청합니다.

* 첨부서류 : 사업자등록, 자격증 및 정부나 협회 등에서 발행한 등록증, 증명서등

업무대행기관으로서 업무수행과 관련하여 담당자에 대한 정기적인 개인정보 교육 및 보안서약서 징구 등 개인정보 보호를 위한 조치를 취하고, 사업장 및 담당자의 고의·과실로 인한 부당한 개인정보 사용 및 유출로 인하여 발생되는 모든 민·형사상 책임을 질 것을 확인합니다.

확인자(사용자) (서명 또는 인)

년 월 일

신청인(사용자) (서명 또는 인)

국민연금공단 ○○○○ 지사장 귀하

210mm×297mm[일반용지 60g/㎡(재활용품)]

[별지 제2호 서식]

국민연금 웹 EDI 업무대행기관 해지 신청서

접수번호		접수일		처리기간	즉시

업무대행 기관	사업장관리번호		사업장 명칭	
	소 재 지			

사용자 (대표자)	성 명		생년월일	
	전화번호			

국민연금 웹 EDI 업무대행서비스 처리기준에 따라 지정된 업무대행기관의 해지를 신청합니다.

년 월 일

신청인(사용자) (서명 또는 인)

국민연금공단 ○○○○ 지사장 귀하

210mm×297mm[일반용지 60g/㎡(재활용품)]

[별지 제4호 서식]

국민연금 웹 EDI 업무대행 신청서

<table>
<tr><td>접수번호</td><td></td><td>접수일</td><td></td><td>처리기간</td><td>즉시</td></tr>
</table>

<table>
<tr><td rowspan="5">업무
대행
기관</td><td>사업장관리번호</td><td></td><td>사업장 명칭</td><td></td></tr>
<tr><td>소 재 지</td><td colspan="3"></td></tr>
<tr><td>사업자등록번호</td><td></td><td>법인등록번호</td><td></td></tr>
<tr><td rowspan="2">사용자</td><td>성 명</td><td colspan="2">생년월일</td></tr>
<tr><td></td><td colspan="2"></td></tr>
</table>

<table>
<tr><td rowspan="5">위탁
사업장</td><td>사업장관리번호</td><td></td><td>사업장 명칭</td><td></td></tr>
<tr><td>소 재 지</td><td colspan="3"></td></tr>
<tr><td>사업자등록번호</td><td></td><td>법인등록번호</td><td></td></tr>
<tr><td rowspan="2">사용자</td><td>성 명</td><td colspan="2">생년월일</td></tr>
<tr><td></td><td colspan="2"></td></tr>
</table>

<table>
<tr><td>업무위탁
범위</td><td>▪ 자격의 취득 및 상실 신고 ▪ 내용변경 신고
▪ 기준소득월액 변경 등 신고 ▪ 신고서 처리결과 및 보험료결정내역 확인
※ 증명서 발급에 관한 사항은 업무대행 범위에 포함되지 않음</td></tr>
</table>

위탁사업장은 민법 제114조 규정에 따라 국민연금 웹 EDI 업무대행을 위탁하고, 업무대행기관은 대행기관으로서 제반 업무처리에 따른 법적 책임을 부담하며, 각 신청인은 개인정보의 부적정 사용을 방지하기 위한 조치를 취하고 불법 유출 등으로 발생하는 손해배상 등에 대하여 연대하여 책임질 것을 서약하며 업무대행을 신청합니다.

년 월 일

신청인(업무대행기관 사용자) (서명 또는 인)

신청인(업무대행 위탁사업장 사용자) (서명 또는 인)

국민연금공단 ○○○○ 지사장 귀하

수수료 없음

210mm×297mm[일반용지 60g/㎡(재활용품)]

[별지 제5호 서식]

국민연금 웹 EDI 업무대행 해지 신청서

접수번호		접수일		처리기간	즉시

<table>
<tr><td rowspan="2">업무
대행기관</td><td>사업장관리번호</td><td></td><td>사업장 명칭</td><td></td></tr>
<tr><td>소 재 지</td><td colspan="3"></td></tr>
<tr><td rowspan="2">위탁
사업장</td><td>사업장관리번호</td><td></td><td>사업장 명칭</td><td></td></tr>
<tr><td>소 재 지</td><td colspan="3"></td></tr>
</table>

국민연금 웹 EDI 업무대행서비스 처리기준에 따라 국민연금 웹 EDI 업무대행의 해지를 신청합니다.

년 월 일

신청인(업무대행기관 또는 위탁사업장 사용자) (서명 또는 인)

국민연금공단 ○○○○ 지사장 귀하

수수료 없음

210mm×297mm[일반용지 60g/㎡(재활용품)]

[별지 제7호 서식]

보 안 서 약 서

○ 소속

– 업무대행기관 사업장관리번호 :

– 업무대행기관명 :

○ 서약자

– 성 명 :

– 생년월일 :

위 서약자 본인은 직무상 알게 된 개인정보를 누설 또는 권한 없이 처리하거나 타인의 이용에 제공하는 등 부당한 목적을 위하여 사용하지 않을 것이며, 개인정보 유출로 발생하는 모든 민・형사상 책임을 질 것을 서약합니다.

20 . . .

위 서약자 : (서명 또는 날인)

② 신청방법

세무회계사무소 사업장 주소 관할 국민연금공단에 업무대행 위임장을 팩스로 접수한다.

3) 보험사무대행기관 인가절차

① 근로복지공단에 인가신청서를 접수한다. → 대행기관(세무회계사무소) 관할지사
② 대행기관으로 인가를 받으면 지원금 계좌와 세무회계사무소의 공인인증서(은행용)를 근로복지공단에 등록한다.
③ 수임사업장에 대한 4대보험 신고에 대한 토탈서비스를 전산으로 접수 가능하며, 사업장의 모든 정보가 조회된다. 단, 인가를 받지 않으면 E공단프로그램에서 전자팩스만 이용 가능하며 토탈서비스를 통한 신고접수가 불가능하다.

5. 회계프로그램 입력

(1) 회계프로그램 입력 및 서식 작성시 유의사항

원천세 신고는 매월 진행하는 업무이기 때문에 월마다 소득 지급금액 자료를 요청하여 회계프로그램에 입력해야 하므로 메뉴 목록에 대한 부분을 정리했다. 서식을 작성하는 중에는 수시로 마감 저장하여 자료가 변동되지 않도록 한다.

회계프로그램 원천세 메뉴 목록

상위 목록	중위 목록	하위 목록
인사급여 → 근로/연말	인사관리	사원등록
	근로소득관리	• 급여자료입력 • 급여일괄입력 • 일용직 사원등록 • 일용직 급여자료입력 • 일용직 급여일괄입력 • 일용근로소득지급명세
	세무신고관리	• 원천징수이행상황신고서 • 소득세납부서 • 지방소득세특별징수납부서

상위 목록	중위 목록	하위 목록
	연말정산관리 I	• 연말정산 근로소득원천징수영수증 • 소득자별 근로소득원천징수부
	연말정산관리 II	• 연말정산현황 • 국세청 연말정산 간소화입력 • 원천징수세액 반기별납부 승인신청서
	전자신고	• 원천징수 전자신고 • 지방소득세특별징수전자신고 • 일용직전자(전산매체)신고
인사급여 → 퇴직/사업/기타	퇴직소득관리 사업소득관리 기타소득관리	• 퇴직소득(퇴직금) • 사업소득 • 기타소득
	전자신고	• 연말정산 전자(전산매체)신고 • 법인지방소득세 이자배당 전자신고
	간이지급명세서	• 근로소득간이지급명세서 • 사업소득간이지급명세서 등 • 간이지급명세서 전자신고
인사급여 → 사회보험	사회보험관리	• 사회보험 • 4대보험위탁/보수총액신고서

* 사원등록→급여자료입력(연말정산), 일용직급여자료입력, 퇴직소득자료입력, 사업소득자료 입력(사업소득 연말정산), 기타소득자료 입력, 이자배당소득자료 입력→원천징수이행상황신고서→소득세납부서, 지방소득세납부서→원천징수전자신고 접수증 출력하여 보관(가상계좌는 홈택스 전송 후 출력 가능함)

• 연말정산 데이터에 반영되기 때문에 원천징수 기본자료가 정확히 입력되어야 하며, 이를 바탕으로 근로소득세를 오차없이 신고납부할 수 있다. 주민등록번호가 잘못 입력되었으면 국세청 전송이 불가능하다.

• 근로자가 외국인인 경우에는 거주국 코드와 출입국관리소에서 체류자격 발급일자가 기록된 등록증 사본을 반드시 비치해 놓는다(외국인은 연락이 두절되는 경우가 종종 있으므로 처음 입사했을 때 사본을 해놓아야 함).

[입사자 예시자료] 입사자 사원등록 예시 자료

2019년 1월 1일 입사 신고 명세서

		성명	최고야	비고
1	입사신고	주민등록번호	930430 – *******	
		입사일	2019.01.01.	
		주소	주소 정확히	
		연봉	24,000,000(퇴직금별도)	비과세유무
		업무부서	관리부서	
		4대보험 (부양가족유무)	부양가족 무	세대주구분(세대원)

주민등록등본(가족관계증명서, 주민등록증 외) 요청하여 서류를 챙긴다.

[인사급여1] 입사자 사원등록

- 입사일과 주민등록번호 등 자료를 정확히 입력한다.
- 4대보험료는 비과세 소득을 차감한 금액을 기록한다.
- 부양가족 명세에 부양가족을 등록하고 세대주 구분(세대주, 세대원)을 정확히 입력한다.
- 4대보험료에 변동이 있을 경우, 기준 소득월액을 반드시 변경해야 한다.
- 입사일이 2일 이후인 경우 당월 국민연금은 부과하지 않으나 건강보험료는 정산에

반영된다.

(2) 원천세 비과세 항목

생산직 근로자 등(일용직 근로자 포함)의 월20만원 비과세(4대보험 비과세 해당)는 연장・야간・휴일근로수당 지급시 월정액급여 210만원 이하(2019년), 전년도 총 급여 2,500만원 이하로 수령하는 자에 대해서만 해당되므로 전년도 총급여와 생산직 여부를 확인한다(연간 240만원 한도 비과세, 소득세법 시행령 제17조 제1호의 생산직 근로자가 받는 야간근로수당 등의 범위 참고).

소득세법 시행규칙 [별표 2] (2019.3.20. 개정)

생산직 및 관련직의 범위(9조 1항 관련)

직종			한국표준 직업분류번호
연번	대분류	중분류 또는 세분류	
1	서비스 종사자	돌봄 서비스직(2019.3)	4211
2	기능원 및 관련 기능 종사자	식품가공 관련 기능직	71
		섬유・의복 및 가죽 관련 기능직	72
		목재・가구・악기 및 간판 관련 기능직	73
		금속 성형 관련 기능직	74
		운송 및 기계 관련 기능직	75
		전기 및 전자 관련 기능직	76
		정보 통신 및 방송장비 관련 기능직	77
		건설 및 채굴 관련 기능직	78
		기타 기능 관련직	79
3	장치・기계 조작 및 조립 종사자	식품가공 관련 기계 조작직	81
		섬유 및 신발 관련 기계 조작직	82
		화학 관련 기계 조작직	83
		금속 및 비금속 관련 기계 조작직	84
		기계 제조 및 관련 기계 조작직	85
		전기 및 전자 관련 기계 조작직	86
		운전 및 운송 관련직	87
		상하수도 및 재활용 처리 관련 기계 조작직	88
		목재・인쇄 및 기타 기계 조작직	89

직종			한국표준 직업분류번호
연번	대분류	중분류 또는 세분류	
4	단순노무 종사자	건설 및 광업 관련 단순 노무직	91
		운송 관련 단순 노무직	92
		제조 관련 단순 노무직	93
		청소 및 경비 관련 단순 노무직	94

비고 : 위 표의 한국표준직업분류번호는 통계청 고시 제2017－191호(2017.7.3.) 한국표준직업분류에 따른 분류번호로서 2단위 분류번호(71, 72, 73, 74, 75, 76, 77, 78, 79, 81, 82, 83, 84, 85, 86, 87, 88, 89, 91, 92, 93 및 94)는 중분류 직종, 4단위 분류번호(4211)는 세분류 직종의 분류번호임.

소득세법 시행규칙 [별표 2의 2] (2019.3.20. 개정)

생산직 및 관련직의 범위(9조 3항 관련)

직종			한국표준 직업분류번호
연번	대분류	중분류·소분류 또는 세분류	
1	서비스 종사자	미용 관련 서비스직(2019.03)	422
		숙박시설 서비스직(2019.03)	4322
		조리 및 음식 서비스직	44
2	판매 종사자	매장 판매 종사자	521
		단말기 및 통신 서비스 판매원	5311
		온라인 쇼핑 판매원	5312
3	단순노무 종사자	음식 관련 단순 종사자	952
		판매 관련 단순 종사자	953
		농림·어업 관련 단순 종사자	991
		계기·자판기 및 주차관리 종사자	992
		기타 서비스 관련 단순 종사자	999

비고 : 위 표의 한국표준직업분류번호는 통계청 고시 제2017－191호(2017.7.3.) 한국표준직업분류에 따른 분류번호로서 2단위 분류번호(44)는 중분류 직종, 3단위 분류번호(422, 521, 952, 953, 991, 992, 999)는 소분류 직종, 4단위 분류번호(4322, 5311, 5312)는 세분류 직종의 분류번호임.

근로자가 사내급식 등의 식사를 제공받지 않는 경우의 식대로 월10만원 이내의 금액은 비과세 근로소득에 해당된다.

근로자가 2개 이상의 회사에 근무하면서 식대 및 6세 이하 자녀 보육수당을 각 회사로부터 매월 중복으로 지급받는 경우에는 소득세법 제12조 제4호 나목 및 다목 규정에 의하여 각목의 사유별로 합계액 월 10만원 이내의 금액에 대하여 소득세를 비과세한다(서면1팀－1334, 2005.11.3.).

차량운전보조금 20만원에 대해서는 본인소유의 차로 회사업무에 사용하였을 경우에는 비과세이고, 단순 출퇴근만 하였을 때는 비과세에 해당되지 않는다(자동차관리법 제3조 제1항에 따른 이륜자동차도 비과세 해당).

(3) 원천징수 프로그램 입력

[인사급여2－1] 급여자료입력 공제등록

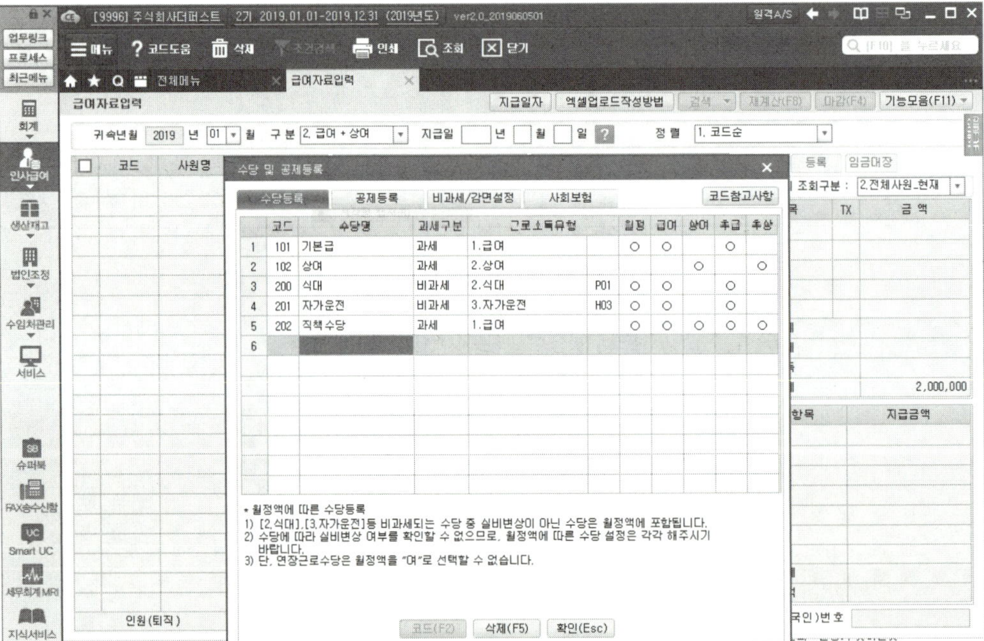

• 기능모음에 수당공제 변동사항이 있을시 수당/공제등록을 변경해야 한다.

[인사급여2－2] 급여자료입력

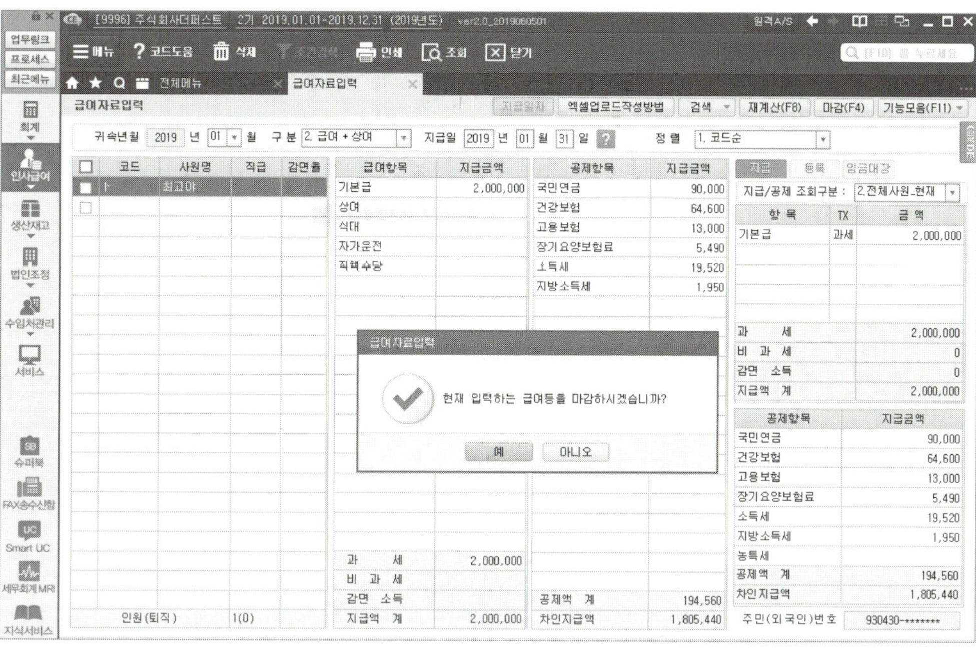

• 급여는 비과세 급여를 차감한 금액을 입력한다.
• 지급일자는 급여 지급일에 따라 변경하고 마감한다.

[인사급여3] 원천징수 이행상황 1월분 신고서

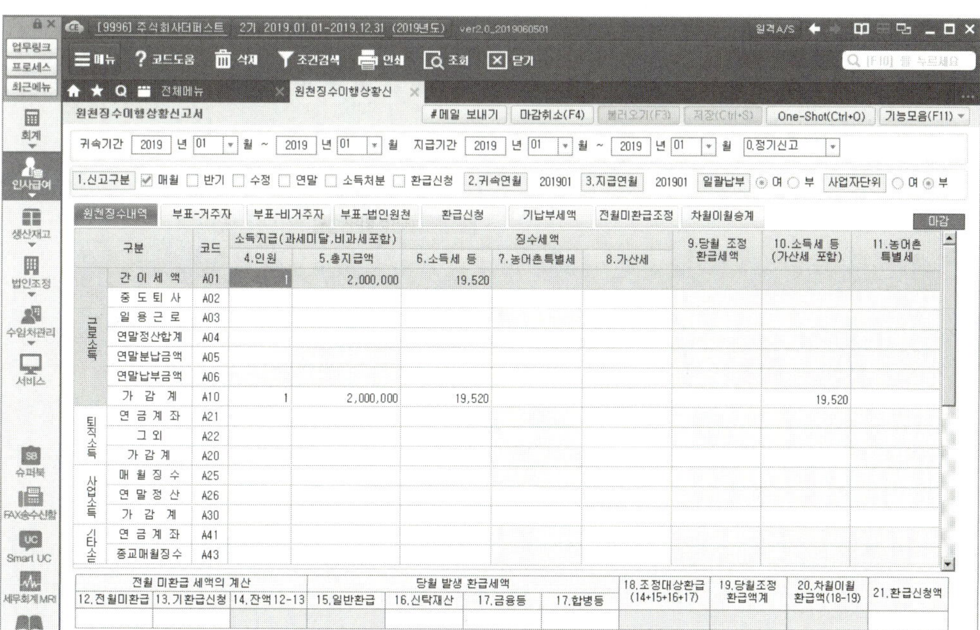

• 당사에서 지급한 간이세액(A01) 소득지급금액은 중도퇴사(A02)와 연말정산(A04)

를 합산한 금액이다(A01＝A02＋A04).

- 중도퇴사할 경우 퇴직사유는 회사에서 팩스 또는 메일로 받아 4대보험 상실처리하고(권고사직은 실업급여 신청대상임) 마감한다.

[퇴사자 예시자료] 사원 퇴자일 등록 예시 자료

2019년 11월 30일 퇴사 신고 명세서

				비고
1	퇴사신고	성명	최고야	비고
		주민등록번호	930430－*******	
		퇴사일	2019.11.30.	
		사유	자진퇴사 (실업급여 해당유무 꼭 파악)	퇴사신청서 비치
		퇴직금	없음	

[인사급여4] 사원 퇴사일 등록

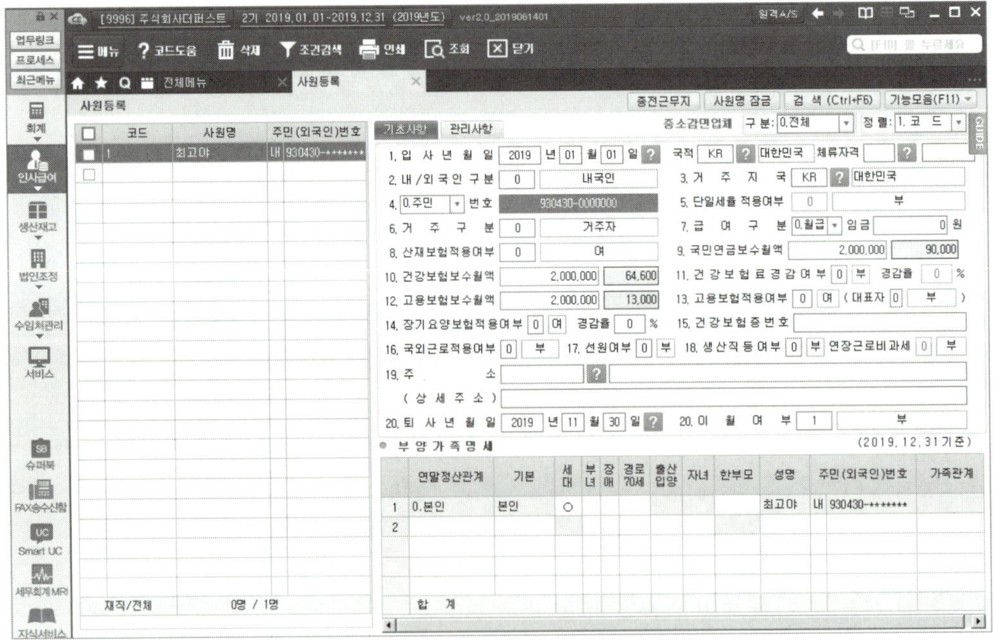

- 퇴사시에는 퇴사 사유와 퇴직시 급여 및 퇴직급여 해당 유무를 체크하여 기록한다.
- 퇴직금은 계속근로기간이 1년 이상이고, 4주간을 평균하여 1주의 소정 근로시간이 15시간 이상 근로한 근로자가 퇴직하는 경우에 계속 근로기간 1년에 대해 30일분 이상의 평균 임금을 지급한다.
- 위의 예시는 매월 급여가 2,000,000원인 사원이 2019.1.1.~2019.11.30.의 근무를 마치고 퇴사한 경우를 나타낸 것이다.

[인사급여5] 중도퇴사 정산(연말정산추가자료 입력)

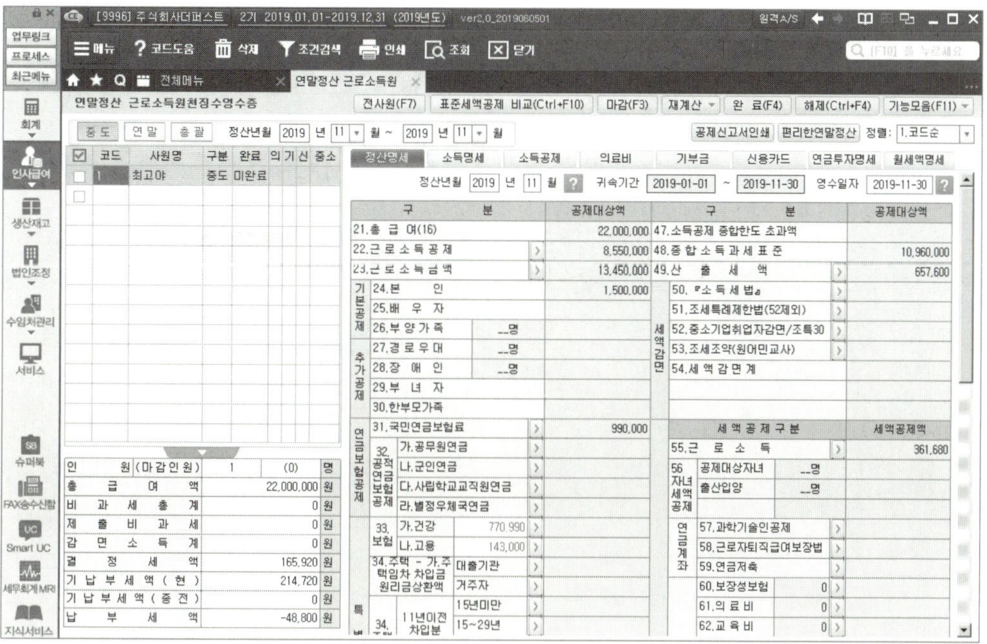

- 2019.11.30.에 중도 퇴사한 경우 사원등록에서 2019.11.30.로 퇴사일을 기록하고 [연말정산관리 I]→[연말정산 근로소득원천징수영수증]→[중도]에서 정산연월을 11월로하여 중도퇴사 연말정산 근로소득원천징수 영수증을 작성한다.
- 퇴직자의 퇴사연월일은 정산(지급)연월일에 해당되는 달의 원천징수이행신고서에 반영되는 달이므로 참고한다.
- 총 급여액 정산한 금액을 확인한다(1월~11월 총 급여 22,000,000원).
- 매월급여명세서를 작성해야만 연말정산자료에서 불러올 수 있으니 1월~11월까지 매월급여를 입력해 준다(불러오기→급여+상여→데이터 복사→예, 저장→마감).

[인사급여6] 원천징수 이행상황 신고서(11월분 중도퇴사)

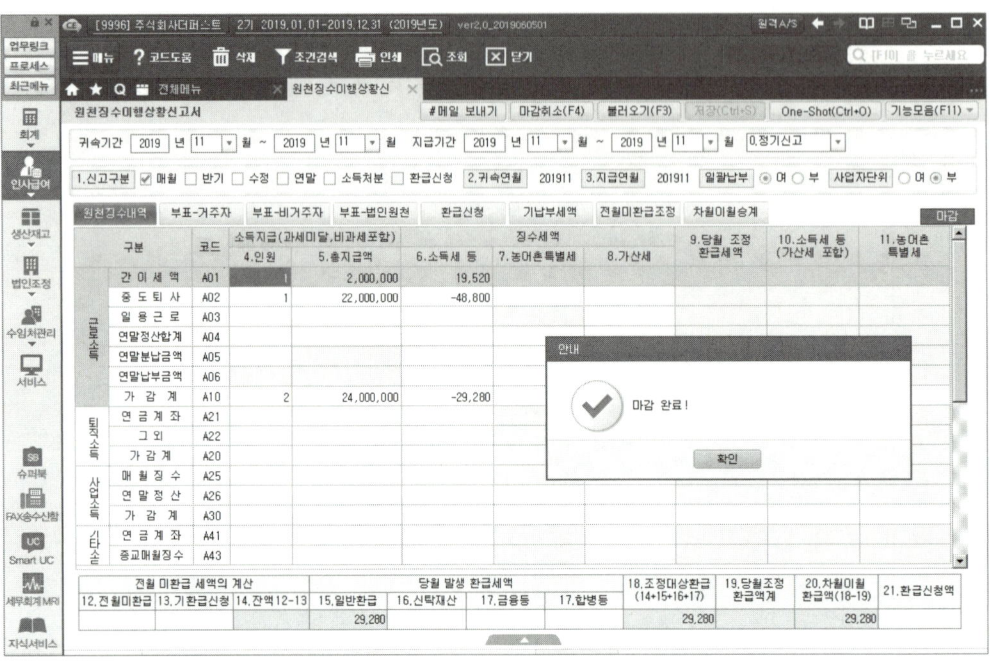

- 퇴직자의 정산(지급)연월일에 해당되는 달의 원천징수 이행신고서에 정산한 총 급여액은 중도퇴사(A02)에 기록된 금액과 일치해야 한다.
- 중도퇴사의 총지급 급여 금액을 22,000,000원 확인해 준다.

6. 마감 및 신고

(1) 마 감

원천징수이행상황신고서의 신고금액 마감 후 다음 절차에 따라 신고파일을 제작한다.

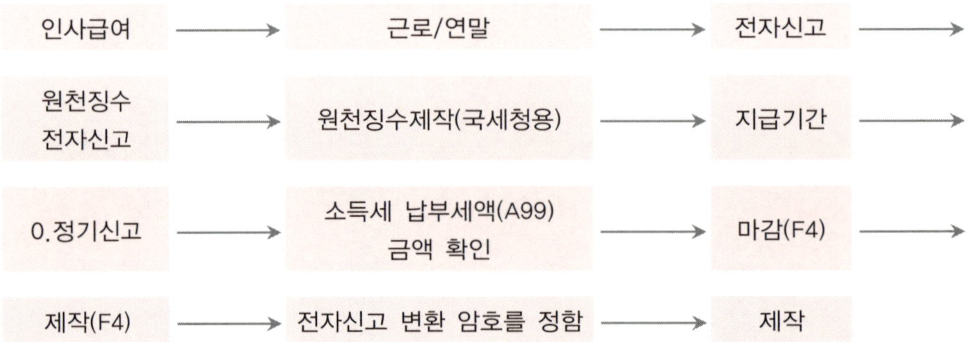

제작하는 과정에서 잘못된 부분은 자동으로 검토가 되고, 국세청 홈택스에서 변환하는 과정에서도 잘못된 부분은 변환에러가 확인된다.

원천징수이행상황신고서(매월, 반기) 집계관리에 소득세 신고금액을 기록한다.

(2) 신 고

① 원천세 변환순서

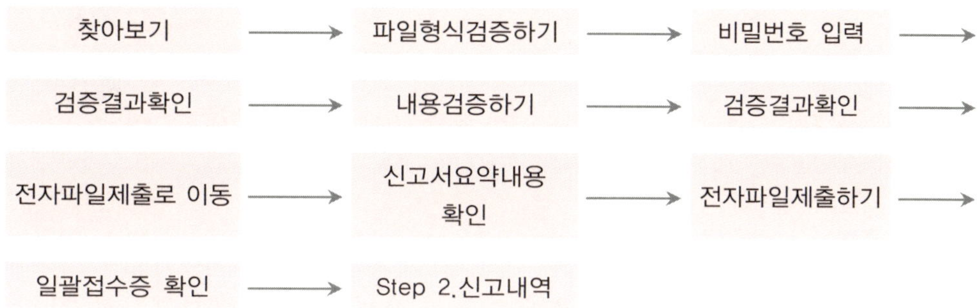

* [파일형식검증하기] 클릭했을 때 암호입력 팝업창이 나타나지 않는 경우 홈택스 하단 [통합설치프로그램]→ 선택 탭에서 '파일복호화(NTS-CRYPTO)'를 다운로드한 후 실행한다.

② [Step 2. 신고내역]에서 접수한 금액 원천징수이행 신고 집계관리와 일치하는지 접수증 확인 후 출력해서 가상계좌가 반영된 납부서를 지방소득세 납부서와 함께 사업장에 전달

원천징수 전자신고 제작

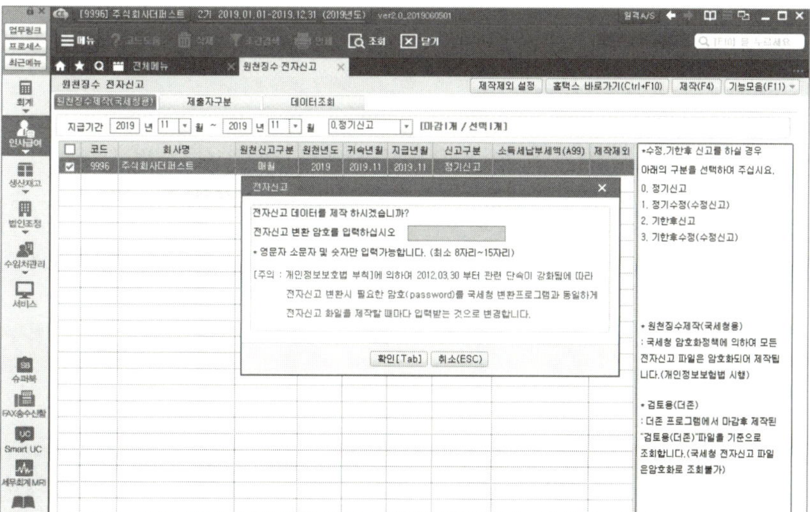

• 소득세 납부세액을 검토하면서 제작한다.

원천세 전자파일 변환

• 위 화면은 국세청 홈택스에서 원천세 전자파일 변환하는 과정으로 정상변환에 체크 되어야만 전송이 가능하다.

(3) 수정신고

매월 진행하는 과정에서 급여 지급금액이 변경되거나 누락되었을 경우에는 수정신고를 해야 한다. 변경된 급여명세서를 수정 작성하고, 납부할 소득세가 늘어난 경우에는 서식에 맞게 가산세를 계산해서 납부한다.

법인세, 종합소득세 신고기한이 지난 뒤 직전연도 원천징수 수정신고는 법인세, 종합소득세 수정신고도 같이 처리해야 하므로 신중을 기한다.

1) 수정신고 가산세

수정신고는 정기신고내용을 수정해야 할 사유가 발생했을 때에 하는 것이다. 기한후 신고는 정기신고 없이 기한이 지나서 신고하는 경우이다.

- 수정신고 가산세가 있는 경우 : 납부할 소득세가 늘어난 경우
- 수정신고 가산세가 없는 경우 : 납부할 소득세의 변동이 없는 경우
- 수정신고 가산세

(납부세액×3%)+(납부세액×0.025%×일수)

2) 수정신고 회계프로그램 입력

① 수정 작성된 해당 월 변경된 급여명세서의 금액으로, 원천징수이행신고서에 정기신고분은 마감을 풀지 않고 1. 정기수정신고, 2. 기한후신고, 3. 기한 후 수정신고를 선택한다.

② 수정차수가 뜨면 수정 회수를 선택하고 수정신고서를 진행하면 당초분은 적색, 수정분은 밑에 검은색 두 줄로 표시된다.

③ 수정신고로 인한 납부 및 환급은 원천징수이행신고서에 반영하고 정기신고와 같은 방법으로 제작하고 국세청 홈택스에 접수한다.

④ 신고서 마감을 한다.

3) 수정신고 예시

다음은 수정신고의 예시화면이다. 수정신고서 작성시 ① 신고구분에서 □매월, □반기, □수정, □연말, □소득처분 □환급신청 중 수정사유를 체크하여 작성 후 마감한다.

수정신고시 당월조정환급세액 입력 안내

당초신고분 근로소득 가감계란(A10)의 소득세가 음수(-)일 경우에는 수정신고분 **당월조정환급세액란**을 반드시 확인하여 입력하시기 바라며, 아래 예시를 참고하시기 바랍니다.

(사례1)

① 신고구분						[ ]원천징수이행상황신고서 [ ]원천징수세액환급신청서	② 귀속연월	2018년 2월
매월	반기	수정	연말	소득처분	환급신청		③ 지급연월	2018년 2월

❶ 원천징수 명세 및 납부세액 (단위: 원)

소득자 소득구분			코드	원천징수명세					⑨ 당월 조정 환급세액	납부세액	
				소득지급 (과세미달, 일부비과세 포함)		징수세액				⑩ 소득세 등 (가산세 포함)	⑪ 농어촌특별세
				④ 인원	⑤ 총지급액	⑥ 소득세 등	⑦ 농어촌특별세	⑧ 가산세			
개인 거주자·비거주자	근로소득	간이세액	A01	8 8	22,230,000 22,230,000	1,198,170 1,198,170					
		중도퇴사	A02								
		일용근로	A03								
		연말정산 합계	A04	8 8	323,231,250 323,231,250	-3,901,030 -3,701,030		0 18,600			
		연말정산 분납신청	A05								
		연말정산 납부금액	A06			-3,901,030 -3,701,030		0 18,600			
		가감계	A10	16 16	345,461,250 345,461,250	-2,702,860 -2,502,860		0 18,600	0 **-200,000**	0 218,600	

(사례2)

① 신고구분						[ ]원천징수이행상황신고서 [ ]원천징수세액환급신청서	② 귀속연월	2018년 2월
매월	반기	수정	연말	소득처분	환급신청		③ 지급연월	2018년 2월

❶ 원천징수 명세 및 납부세액 (단위: 원)

소득자 소득구분			코드	원천징수명세					⑨ 당월 조정 환급세액	납부세액	
				소득지급 (과세미달, 일부비과세 포함)		징수세액				⑩ 소득세 등 (가산세 포함)	⑪ 농어촌특별세
				④ 인원	⑤ 총지급액	⑥ 소득세 등	⑦ 농어촌특별세	⑧ 가산세			
개인 거주자·비거주자	근로소득	간이세액	A01	10 10	2,000,000 2,000,000	20,000 20,000					
		중도퇴사	A02								
		일용근로	A03								
		연말정산 합계	A04	10 10	20,000,000 20,000,000	-90,000 -10,000		0 100			
		연말정산 분납신청	A05								
		연말정산 납부금액	A06			-90,000 -10,000		0 100			
		가감계	A10	10 10	22,000,000 22,000,000	-70,000 10,000		0 100	0 **-70,000**	0 80,100	

* 출처 : 국세청 홈택스

(4) 가산세

일반 전표에서 통장 입력하는 과정에서 원천징수 누락금액이 빈번하게 발견되므로 원천징수집계 관리 등으로 기록을 해 놓으면 누락금액으로 인한 수정신고가 줄어든다.

과소신고 등 가산세는 소득자로 하여금 성실한 과세표준의 신고의무를 지우고 이를 확보하기 위하여 그 의무이행을 게을리하였을 때 가해지는 제재이고, 납부불성실 등 가산세는 성실한 세금의 납부의무를 지우고 이를 확보하기 위하여 그 의무이행을 게을리하였을 때 가해지는 제재로서, 두 가산세는 그 목적을 달리하므로 연말정산 수정신고시 납부불성실 및 신고불성실에 따른 가산세를 모두 부담하게 된다(가산세 출처 : 국세청 홈택스 2017.12.20.).

1) 원천징수납부 등 불성실 가산세(국세기본법 47조의 5 1항)

원천징수의무자가 징수하여 납부할 세액을 세법에 따른 납부기한까지 납부하지 아니하거나 과소납부하여 수정신고하는 경우에는 미납부세액 또는 과소납부세액의 100분의 10에 상당하는 금액을 한도로 다음의 ㉮와 ㉯의 금액을 합한 금액을 가산세로 한다.

㉮ 과소납부세액×3%
㉯ 과소납부세액×경과일수×2.5/10,000

* 경과일수 : 납부기한의 다음 날부터 자진납부일까지의 기간

2) 과소신고·초과환급신고 가산세(국세기본법 47조의 3)

근로자가 법정신고기한까지 세법에 따른 국세의 과세표준 신고를 한 경우로서 과소신고하거나 초과환급 신고한 경우에는 다음의 가산세를 부담한다.

① 일반과소신고·초과환급신고 가산세

(과소신고한 납부세액+초과신고한 환급세액)×10%

② 부정과소신고·초과환급신고 가산세

(과소신고한 납부세액+초과신고한 환급세액)×40%

부정과소신고·초과환급신고 가산세 적용기준(가산세 중과 40%)

부정행위의 유형(조세범처벌법 제3조 제6항)

조세범칙조사를 통하지 않더라도 조세의 부과와 징수를 불가능하게 하거나 현저히 곤란하게 하는 위계 그 밖에 부정한 적극적 행위를 함으로써 국세를 포탈하거나 환급·공제받는 것을 말함.

예시 거짓 증빙 또는 거짓 문서의 작성 및 수취 : 기부금 부당공제(허위·과다 기부금영수증 수취)

3) 납부불성실 · 환급불성실 가산세(국세기본법 47조의 4 1항)

납세의무자(근로자 등)가 납부기한까지 국세의 납부를 하지 아니하거나 과소납부하거나 초과 환급받아 수정신고하는 경우 다음의 ㉮와 ㉯의 금액을 합한 금액을 가산세로 한다.

> ㉮ 과소납부세액×경과일수×2.5/10,000(납부기한의 다음 날부터 자진납부일까지의 기간)
> ㉯ 초과환급세액×경과일수×2.5/10,000(환급받은 날 다음 날부터 자진납부일까지의 기간)

원천징수납부 등 불성실가산세가 부과되는 경우에는 납부불성실 · 환급불성실 가산세를 적용하지 아니한다(국세기본법 47조의 4 4항).

2011.12.31. 이전 원천징수납부 불성실 가산세 계산방법은 다음과 같다.

> Max [무납부 또는 미달납부한 세액×미납일수×3/10,000 (10% 한도)
> 무납부 또는 미달납부한 세액×5%

4) 지급명세서 관련 가산세(소득세법 81조 1항)

지급명세서를 제출하여야 할 자가 해당 지급명세서를 그 기한 내에 제출하지 아니한 경우 또는 제출된 지급명세서가 불분명한 경우에 해당하거나 제출된 지급명세서에 기재된 지급금액이 사실과 다른 경우에는 그 제출하지 아니한 경우의 지급금액 또는 불분명하거나 사실과 다른 분의 지급금액의 100분의 1에 상당하는 금액 [5천만원(중소기업이 아닌 기업 1억원) 한도. 다만, 고의적으로 위반한 경우에는 한도 규정을 적용하지 않음]을 결정세액에 더한다.

'지급명세서가 불분명한 경우'란 다음과 같다.

① 제출된 지급명세서에 지급자 또는 소득자의 주소 · 성명 · 납세번호(주민등록번호로 갈음하는 경우에는 주민등록번호)나 사업자등록번호 · 소득의 종류 · 소득의 귀속연도 또는 지급액을 기재하지 아니하였거나 잘못 기재하여 지급사실을 확인할 수 없는 경우

② 제출된 지급명세서 및 이자 · 배당소득 지급명세서에 유가증권 표준코드를 적지 아니하였거나 잘못 적어 유가증권의 발행자를 확인할 수 없는 경우

③ 제출된 지급명세서에 이연퇴직소득세를 적지 아니하였거나 잘못 적은 경우 (단, 지급 후에 그 지급받은 자의 소재가 불명된 것이 확인된 금액은 불분명한 금액에

포함하지 아니하는 것으로 함)

가산세액

사 유 \ 원천징수의무자		개인(소득세법 81조 1항)	법인(법인세법 76조 7항)
미제출		제출하지 아니한 분의 지급금액의 100분의 1	
제출	불분명한 경우와 사실과 다른 제출	불분명 또는 사실과 다른 금액의 100분의 1	
지연제출		3개월 이내에 제출하는 경우 지급금액의 100분의 0.5	

(5) 가산세 감면

① 과소신고 · 초과환급신고 가산세 부담 경감(국세기본법 48조 2항)

종합소득 확정신고기한(5.31.)이 지나서 다음의 기간 내에 수정신고하는 경우 신고불성실 가산세에 대해 감면을 적용받을 수 있다.

기간별 가산세 감면비율

구 분	감면 비율
법정신고기한이 지난 후 6개월 이내 수정신고	50%
법정신고기한이 지난 후 6개월 초과 1년 이내에 수정신고한 경우	20%
법정신고기한이 지난 후 1년 초과 2년 이내에 수정신고한 경우	10%

납부불성실 가산세에 대해서는 가산세 감면이 적용되지 않는다. 다만, 관할 세무서장으로부터 과세자료 해명통지(수정신고 안내 등)를 받고 과세표준수정신고서를 제출한 경우에는 가산세 감면을 적용받을 수 없다.

Check Box_원천징수 집계관리

국세청 홈택스의 사용방법을 잘 터득하고, 각 세목별 사업장 신고접수 현황과 고지서 전달 집계관리를 표로 관리해야 한다. 원천징수신고 관련된 업무의 집계를 위한 회사별 집계 관리 및 지급명세서를 마지막에 정리해 보았다.

거래 상대방이 다수일 경우, 원천징수 신고와 관련된 업무를 회사별로 집계할 표와 지급명세서는 그들을 효율적으로 관리하는데 도움이 될 것이다.

1. 원천징수이행상황 연간신고금액의 집계관리

모든 신고를 집계관리해야 하는 이유는 거래처에 각종 세금 납부서를 빠짐없이 전달하고 신고접수를 하지 않아 발생하는 가산세를 미연에 방지하기 위해서이다. 국세청 접수관련 세목은 집계관리에 거래처 명단을 기록하고 신규 또는 폐업사항을 관리할 수 있다.

집계표는 매월 국세청에 신고 접수한 금액과 회계장부상 금액 일치 여부를 확인할 때에 용이하다.

원천징수 이행상황신고 연간 집계표

회사명 : ㈜ △△ (개업일 :) (신고일 :)

월	근로소득						중도퇴사				일용근로			
	인원	급여	비과세	급여총계	소득세	주민세	인원	지급액	소득세	주민세	인원	일용급여	소득세	주민세
1														
⋮														
6														
소계	–	–	–	–	–	–					–	–		–
7														
⋮														
12														
소계	–	–	–	–	–	–					–	–		–
합계	–	–	–	–	–	–					–	–	–	–
20××년 급여 합계				–	–	–								
(−) 중도 퇴직자							지급조서 1−12							
(+) 중도 입사자							원천징수							
(=) 연말 정산	원천이행 신고서 20××년						차가감납부							

월	퇴직소득				사업소득				기타소득, 배당소득			
	인원	퇴직급여	소득세	주민세	인원	금액	소득세	주민세	인원	금액	소득세	주민세
1												
⋮												
6												
소계									–	–	–	–
7												
⋮												
12												
소계									–	–	–	–
합계									–	–	–	–

㈜ △△ 대표이사

2. 원천징수이행상황신고서(매월, 반기) 집계관리

매월 또는 반기에 신고하는 원천징수이행상황신고서의 국세청 홈택스 전자접수 집계관리이며, 일용근로소득 지급명세서(일용근로확인서) 등 전자접수증 마감 거래처 수와 원천징수이행상황신고서의 마감 거래처 수는 항상 일치하여야 한다.

원천징수이행상황신고서(매월, 반기) 집계관리(일용근로명세서)

메일 : 비번 : 20××.××.10

번호	회사명	일용 접수	일용직금액	신고 구분	전자신고	급여	소득세	주민세	기타	비고
1	㈜ △△	×	–	매월	1				계좌, 부가	
2	㈜ △△	×	–	반기	2				계좌, 부가	

* 국내 주식 양도일이 속하는 반기의 말일부터 2개월 이내 신고내용을 비고란에 기록관리(2018.1.1. 이후 양도분부터 적용)

3. 근로소득 및 사업소득 간이지급명세서 집계관리

20XX년 월 근로소득 및 사업소득 간이지급명세서

메일 : 비번 : 20××.××.10

번호	회사명	신고 구분	전자 신고	인원	근로소득 간이지급 명세서	전자신고	인원	사업소득 간이지급명세서	기타	비고
1		매월							계좌, 부가	
2		반기							계좌, 부가	

4. 연말정산 등(연간) 지급명세서 집계관리

원천징수이행상황신고서에 기입한 원천징수금액과 연말정산 등 지급명세서를 마감한 금액이 일치하도록 관리한다.

지급명세서 집계관리

(날짜 : . .)

번호	회사명	근로 소득	금액	결정 세액	퇴직 소득	금액	사업 소득	금액	기타 소득	금액	배당 소득	금액	기부금	의료비	인정 이자
1		1						—	×			—	0	0	
2									×				0	0	

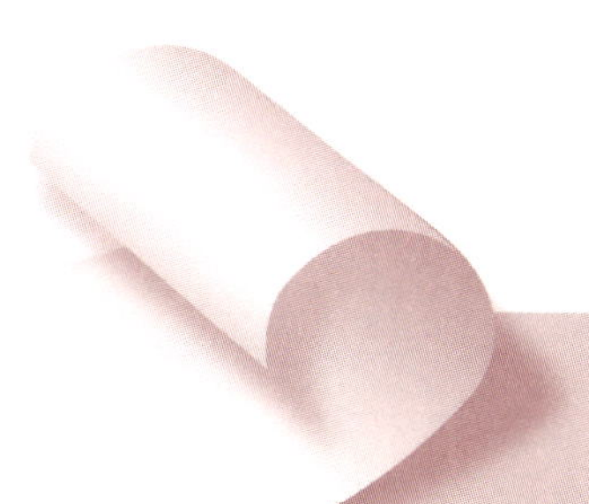

제4절 부가가치세

1. 신고 전 준비

(1) 업체별 신고안내문 발송

세금계산서를 마감한 후 본격적으로 부가가치세 신고업무가 시작된다. 따라서 신고 전에 자료를 수집하는 것부터 부가가치세 업무로 볼 수 있으며, 이를 위해선 메일 또는 팩스로 거래처에 안내문을 전송해야 한다. 부가가치세 분기마감기간 내에 사업장의 변동사항 발생시에는 관련서류를 전달 받을 수 있도록 요청한다(예 : 자본증자시 증자관련 서류 등). 전자세금계산서 발급시기 종료 전 분기별로 2일까지 자료준비 안내문을 보낸다.

Check Box_부가가치세 신고서류 준비안내문

[주 소]
[전 화] [팩 스] [이메일]
○○세무회계사무소

문서번호 : TAX190402－2
수 신 : 회계담당자님
전체 페이지 수 : 1 매 (표지포함)

발 신 : ○○세무회계사무소
날 짜 : 2019.04.02.

제 목 : 부가가치세 신고서류 준비안내

1. 귀사의 일익번창하심을 기원합니다.

2. 4월은 부가가치세 예정신고의 달입니다. 업무에 바쁘시더라도 부가가치세 자료를 꼼꼼히 챙겨주시고, 자료가 누락되어 불이익을 당하는 일이 발생되지 않도록 하여 주시면 감사하겠습니다.

2019년 1월~3월 부가가치세 준비서류			비고	체크
1		매입, 매출 종이(세금)계산서		
2	(1)	수출관련서류(수출신고필증,내국신용장,구매확인서,임가공계약서)	영세율, 수출	
	(2)	수입세금계산서&수입면장 및 대금명세서		
3		신용카드 매입세액공제 전표(자재, 경유, 운반비 등)		
4		부동산(신규,변경) 임대차계약서		
5		차량 및 기계매입시(차량등록증, 보험증권, 캐피탈계약서)		
6		업무용승용차 운행기록부(차량별 카드비용 구분)		
기 타 증 빙 서 류				
7	(1)	일반신용카드전표, 현금영수증, 간이영수증 등	홈택스 등록카드 제외	
	(2)	카드명세서청구서(카드사용내역서)		
	(3)	통장거래내역서 엑셀파일 메일첨부	법인, 성실만	

※ 전자세금계산서 및 전자계산서는 세무회계사무소에서 직접 국세청에 확인하므로 별도 종이로 인쇄할 필요가 없습니다.

※ 적격증빙(세금계산서,계산서,신용카드,현금영수증) 미수취시에는 2010년부터 3만원 초과금액(접대비1만원)은 증빙불비가산세(거래금액의 2%)에 해당됩니다.

위 서류를 챙기어 첨부유무 표시하셔서 4월 12일까지 메일로 보내시거나 세무회계사무소로 방문요청 또는 택배(등기) 보내주시기 바랍니다.

○○세무회계사무소(직인생략)

(2) 입력사항 및 신고시 첨부서류 검토

부가가치세 준비 안내문 전송 후 부가가치세 매입・매출장에 입력한 내용에 누락사항이나 오류가 있는지 검토하고 부가가치세 신고서를 마감한다(부가가치세 신고서 작성 항목은 해당하는 경우에만 제출).

① 예정고지세액 확인, 예정고지 미달금액 30만원 미만 해당 여부 확인(확정시 검토)

② 예정신고 전월 미환급세액 확인(확정시 검토)

③ 신용카드세액공제 연간 한도금액 검토(개인사업자 10억 초과 신용카드공제 적용 제외)

④ 대손세액공제(변제)신고서 및 관련증빙서류 첨부(확정시 검토)

- 금융결제원(회원가입)U－note 사이트에서 부도전자어음 보유확인서 첨부 또는 종이 받을어음은 은행 부도방 날인된 어음
- 첨부서류 제출

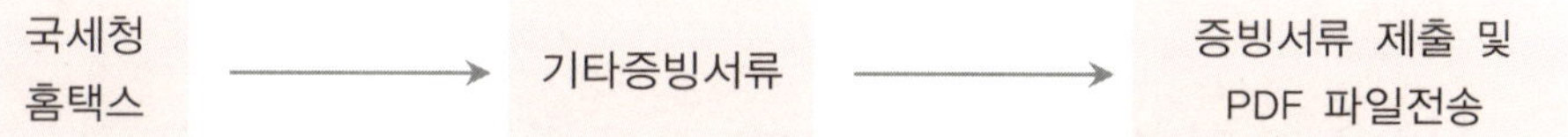

⑤ 사업양도신고서 서류 첨부

⑥ 신용카드매출전표 발행 금액 등 집계표(국세청에서 현금영수증 가맹점 매출 출력)

⑦ 신용카드매출전표 등 수령명세서(카드 매입세액공제, 현금영수증 수취자료)

⑧ 부가가치세 전자상거래 매출내역 (배달－배달통, 요기요, 전자상거래－11번가, 지마켓, 티몬 등)

⑨ 영세율 등 첨부서류(외국환매입증명서, 외화획득명세서 외)

⑩ 매입・매출 세금계산서합계표(국세청 전자세금계산서합계표 조회 후 검토)

⑪ 매입・매출 계산서합계표(국세청 전자계산서합계표 조회 후 검토)

⑫ 부동산임대공급가액명세서(보증금 변동시 임대차계약서 미제출 가산세 대상)

⑬ 간이과세 전환시 재고품 및 감가상각자산 신고서(과세사업전환 감가상각자산 신고서 제출)

⑭ 건물 등 감가상각자산 취득명세서

⑮ 의제매입세액공제 신고서

⑯ 매입세액불공제 신고서(승용자동차 구입유지관리는 매입세액 불공제)

⑰ 과세・면세매출 겸영사업자 공통매입세액 안분계산

- 감가상각자산은 매입세액의 재계산 확정신고시 반영함.

• 면세사업용 감가상각자산의 과세사업 전환시 매입세액공제

⑱ 현금매출명세서(예식장업, 부동산중개업, 보건업(병 · 의원), 전문직종사자, 변호사, 관세사, 세무사업 등)

⑲ 주사업장 총괄납부 사업장별 부가가치세 과세표준 및 납부세액 신고 명세서

⑳ 사업자등록증(폐업시 세무서에 제출)
폐업시 잔존재화(재고자산, 고정자산)는 자기에게 공급하는 것으로 보며, 폐업시 과세(고정자산 : 건물 10년, 기타의 자산 2년 미경과시 매입세액 계산함.)

㉑ 매입자 납부특례 기납부세액 조회(금, 고철, 구리스크랩 등)
조회 : 매입자납부특례 국고입금예정세액 기납부세액 조회, 전용계좌 거래내역 매입 · 매출 조회

㉒ 매입세금계산서 검토 : 자산 취득금액 확인(건물, 차량, 기계장치, 비품 등)

㉓ 매출세금계산서 검토 : 자산 매각금액 확인(차량, 건물 등)

㉔ 그 밖의 필요한 증빙서류

2. 사업자 유형별 신고납부기간 확인

(1) 법인사업자

법인사업자의 부가가치세는 6개월을 과세기간으로 제1기와 제2기로 나뉘어 있고 다시 중간에 3개월로 나누어 중간에 예정신고기간을 두고 있다. 일반적인 경우 법인사업자는 1년에 4회를 신고납부한다.

법인사업자의 과세 및 신고납부기간

과세기간	과세기간		신고납부기간	신고대상자
제1기 1.1.~6.30.	예정신고	1.1.~3.31.	4.1.~4.25.	법인사업자
	확정신고	4.1.~6.30.	7.1.~7.25.	
제2기 7.1.~12.31.	예정신고	7.1.~9.30.	10.1.~10.25.	
	확정신고	10.1.~12.31.	다음해 1.1.~1.25.	

(2) 개인사업자

개인사업자의 부가가치세는 6개월을 과세기간으로 제1기와 제2기로 나뉘어 있고 예

정고지가 원칙이나 납세자가 원하면 중간에 3개월로 나누어 시설투자 조기환급, 영세율 조기환급, 사업부진 등에 따른 예정신고를 할 수 있다. 일반적인 경우 개인사업자는 2회를 신고납부한다(예정고지세액이 30만원 미만이면 예정고지 안함).

개인사업자의 과세 및 신고납부기간

과세기간	과세기간		신고납부기간	신고대상
제1기 1.1.~6.30.	예정신고	1.1.~3.31.	4.1.~4.25.	예정고지 원칙, 예정신고 가능
	확정신고	4.1.~6.30.	7.1.~7.25.	(예정고지분 차감) 개인사업자
제2기 7.1.~12.31.	예정신고	7.1.~9.30.	10.1.~10.25.	예정고지 원칙, 예정신고 가능
	확정신고	10.1.~12.31.	다음해 1.1.~1.25.	(예정고지분 차감) 개인사업자
간이과세자	• 직전연도 재화와 용역 공급대가의 합계액이 4,800만원 미만 사업자 간이과세 예정고지일은 7.25.이며, 징수금액이 30만원 미만은 예정고지 안함 • 해당 과세기간에 대한 공급대가의 합계액이 3,000만원 미만은 납부의무를 면제함(공급대가의 합계액은 12개월 환산한 금액 기준) • 간이과세자 포기 과세기간 : 해당 과세기간 개시일~포기신고일이 속하는 달의 말일 • 간이과세자 포기 후 일반과세자 과세기간 : 포기신고일이 속하는 달의 다음달 1일~그 과세기간의 종료일			

(3) 부가가치세 신고특례

1) 대상사업자

신고기간 중 휴업 등으로 인하여 사업실적이 전혀 없는 경우에도 반드시 부가가치세 확정신고를 해야 한다.

① 신규사업자 : 사업 개시일~그 날이 속하는 과세기간 종료일로부터 다음 달 25일

② 폐업사업자 : 해당 과세기간 개시일~폐업일이 속하는 달의 말일로부터 다음 달 25일

2) 조기환급(부가가치세법 시행령 107조)

① 관할 세무서장은 사업자가 부가가치세법 제59조 제2항 제2호에 따른 영세율을 적용받는 경우, 사업설비 신설 · 취득 · 확장 또는 증축하는 경우, 재무구조개선계획을 이행중인 경우에 따른 환급세액을 각 예정신고 기간별로 예정신고 기한이 지난 후 15일 이내에 예정신고한 사업자에게 환급하여야 한다(일반환급은 30일 이내에 환급임).

② 조기환급이 적용되는 사업자가 예정신고기간 중 또는 과세기간 최종 3개월 중 매월 또는 매2월에 조기환급기간이 끝난 날부터 25일 이내에 조기환급 신고한다.

> **예시**
> - 1월(2월)분만을 신고하는 경우 : 조기환급 신고기한 2.25.(3.25.)까지
> - 1월~2월분을 같이 신고하는 경우 : 조기환급 신고기한 3.25.까지
>   2월에 사업설비투자로 조기환급이 발생하는 사업자는 1월~2월분을 함께 신고해야 한다.
> - 예정고지(1월~3월) 대상자가 5월에 시설투자로 4월~5월분을 조기환급 신고하는 경우
>   - 조기환급 대상 : 반드시 4~5월분 매출 · 매입을 함께 신고해야 한다.
>   - 조기환급 신고기한 : 6.25.까지
>   - 7월 확정신고 : 1월~3월, 6월분을 확정신고한다.
>   - 예정고지분에 대해서는 기납부세액으로 확정신고시 공제한다.

- 예정신고 또는 확정신고 기간별로 신고하거나, 최소 매월 단위로 해당사유 발생시 언제든지 신고 가능함
- 해당되는 월의 매출과 매입 등 전체에 대해 부가가치세 신고를 해야 하고, 사업설비 투자건 등에 대해서만 신고를 하면 안된다.

③ 조기환급 신고할 때에는 영세율 등 조기 환급신고서에 해당 과세표준에 대한 매출 · 매입처별 세금계산서합계표를 첨부하여 제출하여야 한다. 다만, 사업설비를 신설 · 취득 · 확장 또는 증축함으로써 조기 환급을 받고자 하는 경우에는 건물 등 감가상각자산 취득명세서 또는 재무구조개선계획서를 그 신고서에 첨부하여야 한다(통장사본-입금내역, 공사일 경우 계약서 등).

④ 조기환급 신고에 따라 매출 · 매입처별 세금계산서합계표를 제출한 경우에는 조기환급 신고기간의 매출 · 매입처별 세금계산서합계표를 제출한 것으로 본다.

⑤ 월별 조기환급 신고시 매출 등이 누락된 경우 예정 · 확정신고 기한이 경과하기

전에는 세금계산서합계표 미제출・신고불성실 가산세 및 영세율과세표준 신고불성실 가산세는 부과되지 아니하며, 초과환급받은 경우에 한하여 환급불성실 가산세가 부과된다(징세과－186, 2014.2.12.).

3. 자료 입력과 신고

(1) 부가가치세 신고시 첨부서류 목록

1) 일반과세자

일반과세자 부가가치세 확정신고서를 첨부하며, 다음의 항목은 해당하는 경우에만 제출한다.

① 매출처별 세금계산서합계표
② 매입처별 세금계산서합계표
③ 영세율 매출명세서 및 첨부서류(영세율 해당자)
④ 대손세액공제 신고서
⑤ 공제받지 못할 매입세액 명세서 및 계산근거
⑥ 매출처별 계산서합계표
⑦ 매입처별 계산서합계표
⑧ 신용카드매출전표 등 수령명세서
⑨ 전자화폐결제 명세서(전산작성분 첨부가능)
⑩ 부동산임대공급가액 명세서(부동산 임대시)
⑪ 건물관리 명세서(부동산관리업)
⑫ 사업장현황 명세서(음식, 숙박업자 및 그 밖의 서비스업자)
⑬ 현금매출 명세서(전문직, 예식장, 부동산중개업, 보건업 등)
⑭ 동물 진료용역 매출명세서(동물 진료용역 제공시)
⑮ 사업양도 신고서(사업양도시)
⑯ 주사업장 총괄납부를 하는 경우 사업장별 부가가치세과세표준 및 납부세액(환급세액) 신고명세서
⑰ 사업자단위과세를 적용받는 사업자의 경우에는 사업자단위과세의 사업장별 부가가치세과세표준 및 납부세액(환급세액) 신고명세서
⑱ 건물 등 감가상각자산 취득명세서(건물, 기계장치 등을 취득하는 경우)

⑲ 의제매입세액공제 신고서
⑳ 재활용폐자원 및 중고자동차 매입세액공제 신고서
㉑ 그 밖의 필요한 증빙서류

2) 간이과세자

간이과세자 부가가치세 신고서를 첨부하며, 다음 항목에 해당하는 경우에만 제출한다.

① 매입처별 세금계산서합계표
② 매입자발행 세금계산서합계표
③ 영세율 첨부서류(영세율 해당자)
④ 부동산 임대공급가액 명세서(부동산임대 시)
⑤ 사업장현황 명세서(음식, 숙박, 기타 서비스 사업자가 확정신고시)
⑥ 의제매입세액공제 신고서
⑦ 그 밖에 부가가치세법 시행규칙 제74조에 따른 해당 서류

신고서식 제출 대상사업자

제출대상사업자	신고서식
예식장업, 부동산중개업, 보건업(병원과 의원), 변호사업, 심판변론인업, 법무사업, 공인회계사업, 세무사업, 경영지도사업, 기술지도사업, 건축사업, 도선사업, 측량사업, 공인노무사업, 의사업, 한의사업, 약사업, 한약사업, 수의사업과 그 밖에 이와 유사한 사업서비스업	현금매출명세서
동물 진료용역을 제공하는 경우	동물 진료용역 매출명세서
법 제46조 제1항에 따라 신용카드매출전표 등을 발행한 사업자의 경우	신용카드매출전표 등 발행금액 집계표
영세율 매출이 있는 경우	• 영세율 매출명세서 • 내국신용장 · 구매확인서 전자발급명세서 • 영세율 첨부서류
대손세액공제를 받으려 하거나 대손세액을 매입세액에 더하려는 사업자	대손세액공제(변제) 신고서
법 제39조에 따라 공제받지 못할 세액이 있는 경우	공제받지 못할 매입세액 명세서 및 계산근거

제출대상사업자	신고서식
법 제46조 제1항에 따라 전자적 결제수단으로 매출하여 공제받는 경우	전자화폐 결제명세서
법 제46조 제3항에 따라 매입세액을 공제받는 경우	신용카드매출전표 등 수령명세서
부동산임대업자의 경우	• 부동산 임대공급가액 명세서 • 임대차계약서 사본(임대차계약을 갱신한 경우)
부동산관리업을 경영하는 사업자의 경우(주거용 건물관리는 제외)	건물관리명세서
음식, 숙박업자 및 그 밖의 서비스업자의 경우	사업장현황명세서
건물・기계장치 등을 취득하는 경우	건물 등 감가상각자산 취득명세서
의제매입세액이 있는 경우	의제매입세액공제 신고서
재활용폐자원 매입세액이 있는 경우	재활용폐자원 및 중고자동차매입세액공제 신고서
사업을 양도하는 경우	사업양도신고서
주사업장 총괄납부사업자의 경우	사업장별 부가가치세과세표준 및 납부세액(환급세액) 신고명세서
사업자단위 과세 사업자의 경우	사업자단위과세의 사업장별 부가가치세 과세표준 및 납부세액(환급세액)신고명세서
면세 매출이 있는 경우	매출처별 계산서합계표
면세 매입이 있는 경우	매입처별 계산서합계표
환급신고 등 그 밖의 설명이 필요한 경우	그 밖의 필요한 증빙서류

(2) 매입매출 자료의 입력

1) 매입매출전표 입력

부가가치세신고서는 입력을 위해 필요한 서류와 업태・종목에 따른 첨부서류가 다양하므로 거래처의 상당한 협조가 요구되는 신고서이다. 부가가치세 회계프로그램 작성은 기본적인 부분만 안내했으니 각 업태・종목에 해당하는 부속서류 중 영세율첨부서류 등 해당서식을 작성하면 된다(회계프로그램의 사용방법은 해당 신고서식의 특징에 따라 정확히 적용해야 한다).

회계프로그램 부가가치세 목록

상위 목록	중위 목록	하위 목록
국세청홈택스 → 조회/발급	전자(세금)계산서	• 목록조회(월/분기별목록조회) • 합계표및통계조회(전자(세금)계산서합계표 조회 및 부가세 신고용합계표 조회) • 부가가치세 예정고지세액조회(개인사업자만 해당) • 부가가치세 매입자납부특례조회 • 신용카드, 현금영수증 조회
회계→자동전표	기타자동전표처리	• 국세청전자세금계산서검증 및 … • 전자세금계산서 내려받기 및 … • 국세청 사업용(복지)신용카드
재무회계	전표관리	• 매입매출전표입력 • 빠른부가가치세입력
부가가치세	주요신고서류	• 부가가치세신고서 • 세금계산서합계표 • 신용카드수령금액합계표 • 신용카드매출전표발행집계표 • 계산서합계표 • 부가가치세납부서 • 부가가치세전자신고
	첨부서류	• 매입세액불공제내역 • 건물등감가상각자산취득명세서 • 대손세액공제신고서 • 사업장별부가세납부환급신고명세 • 사업자단위과세사업장별부가세
	영세율수출관련서류	• 수출실적명세서 • 영세율첨부서류제출명세서 • 내국신용장, 구매확인전자발급 • 외화획득명세서 • 외국인관광객면세판매 및 … • 외국인물품(외교관면세)판매 • 재화 · 용역공급기록표 • 영세율 매출명세

상위 목록	중위 목록	하위 목록
		• 그 외 영세율관련서류
	업종별첨부서류	• 부동산임대공급가액명세서 • 건물관리명세서 • 의제매입세액공제신고서 • 재활용폐자원세액공제신고서 • 구리스크랩등매입세액공제신고서 • 현금매출명세서 • 동물진료용역매출명세서
	기타신고서류	• 일반/간이과세전환재고품등신고 • 과세사업전환감가상각자산신고서 • 매입자발행세금계산서합계표 • 과세유흥장소과세표준신고서 • 사업용계좌개설신고서 • 사업양도신고서
부가가치세 마감 확인	–	• 국세청홈택스 세금계산서 검토 • 국세청홈택스 계산서 검토 • 부가가치세예정고지금액확인 • 신용카드 매출 검토 • 현금영수증 매출 검토 • 고정자산취득여부 검토 • 영세율첨부서류 확인 • 부가가치세신고도움서비스확인

- 국세청 홈택스 자료 다운입력(세금계산서, 계산서, 신용카드 등)→종이세금계산서 입력, 등록되지 않은 신용카드 입력→매입·매출장 거래처와 확인 작업→부가가치세 첨부서류 작성→사업장과 비교 후 확인 ok 후 부속서류 마감→부가율 검토→부가가치세신고서 마감 후 접수증 출력 보관→부가가치세 가상계좌 납부서 출력 후 사업장에 전달
- 국세청 홈택스에서 부가가치세 신고시에만 지원되는 부가가치세 신고용 합계표 조회 후 과세기간 종료일 다음달 12일부터 전송된 세금계산서 및 계산서 합계를 꼭 확인할 것
- 신용카드매출은 통신기, 단말기 회사와 국세청 신용카드, 현금영수증 자료 조회 후 비교하고 부가가치세 신고자료의 매출금액은 회사에 꼭 확인할 것

2) 입력 절차

① 분개유형 · 기본계정을 설정하는 방법

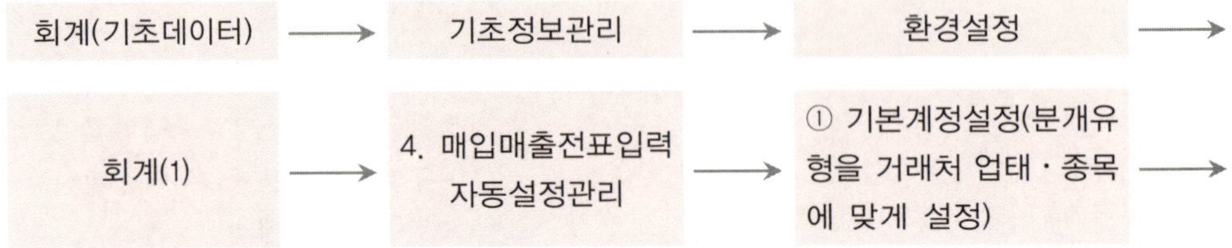

② 신용카드 기본계정설정

다음은 입력회사가 제조, 도매 회사일 경우 분개유형 설정방법이다.

- 매출 : 404 제품 매출 또는 401 상품매출
- 매출채권 : 108 외상매출금 또는 101 현금
- 매입 : 153 원재료 또는 146 상품
- 매입채무 : 251 외상매입금 또는 101 현금

② 분개유형 설정 후 전표입력 과정

업태 · 종목에 해당하는 분개유형 설정 → 재무회계 → 매입매출전표 입력

③ 국세청 홈페이지에서 세무대리인의 공인인증서로 스크랩핑 진행

④ 매출거래 유형과 분개내용 검토 후 전표전송(F7)

매출 유형은 다음과 같다.

11 : 과세, 12 : 영세, 13 : 면세, 14 : 건별, 15 : 종합, 16 : 수출, 17 : 카과, 18 : 카면, 19 : 카영, 20 : 면건, 21 : 전자, 22 : 현과, 23 : 현면, 24 : 현영

매출거래 유형과 내용

매출 유형	내용
12. 영세	• 내국신용장, 구매확인서, 세금계산서 발행한 영세율 거래 • 영세율 첨부서류 목록 세무서 제출
14. 건별	• 소매 매출거래 발생금액

매출 유형	내용
	• 현금영수증 의무발행 업종은 10만원 이상의 거래 금액에 대해서는 현금영수증을 의무로 발행해야 함
16. 수출	• 기타 영세율 적용 대상거래, 직수출, 대행수출시 선택 • 직접 수출면장은 관세청 사이트에서 확인 가능 • 수출실적 명세서 작성 : 수출 신고일은 배는 B/L에 선적일, 항공기는 항공화물운송장 (AWB : Air way bill에 기적일임)→on board 날짜

⑤ 매입거래 유형과 분개내용 검토 후 전표전송(F7)

매입 유형은 다음과 같다.

> 51 : 과세, 52 : 영세, 53 : 면세, 54 : 불공, 55 : 수입, 57 : 카과, 58 : 카면, 59 : 카영, 60 : 면건, 61 : 현과, 62 : 현면

매입거래 유형과 내용

매입 유형	내용
51. 과세	매입 중 유형자산, 무형자산, 차량 운반구, 기계장치, 비품, 특허권, 영업권 등, 건물 등 감가상각자산 취득명세서를 제출함
54. 불공	〈불공제 사유〉 • 토지의 자본적지출 관련 • 사업과 관련없는 지출 • 면세사업과 관련된 분 • 등록전 매입세액 • 납부(환급)세액 재계산분 • 금거래계좌 미사용 매입세액 • 필요적 기재사항 누락 • 비영업용 소형승용차 구입 및 유지 • 공통매입세액 안분계산분 • 대손처분받은 세액 • 접대비관련 매입세액 • 금 · 구리 스크랩 거래계좌 미사용 매입세액

3) 자료입력시 유의사항

- 매입장 · 매출장을 검토하여 고정자산 매입 · 매각 여부를 검토한다.
- 전자상거래 등 수수료 매입자료 확인 후 매출 전자상거래금액을 반영한다(카카오, 요기요, 배달의 민족, 배달통 등 수수료 매입세금계산서 확인 후 매출 반영).
- 관세사수수료는 수입 및 수출면장 등 수출관련 매출금액이 반영되었는지 검토한다.
- 부동산 중개수수료, 법무사 수수료는 자산취득내용 및 자본금증자의 변동이 있는지 확인한다.

* 부가가치세신고서 마감 완료 후 매입매출 회계프로그램 입력은 수정신고서 작성할 때 외엔 절대 수정하지 않는다(매입매출전표입력 분개는 수정가능함).

4) 부가가치세 일반입력 분개 예시

다음은 신고자료 일반입력 분개 예시이다(적요 입력 필수).

① 부가가치세예수금과 부가가치세대급금 상계처리 분개

(차) 부가가치세예수금	××××	(대) 부가가치세대급금	××××

② 부가가치세 납부시 분개

(차) 부가가치세예수금	××××	(대) 보통예금	××××

③ 가산세를 납부하는 경우 분개

(차) 잡손실	××××	(대) 보통예금	××××

④ 부가가치세 신고시 신용카드 매출발행 공제세액 분개

(차) 부가가치세예수금	××××	(대) 잡이익	××××

⑤ 부가가치세 대손세액공제 신청 후 분개

부도어음에 대한 대손상각시 비망계정 1,000원을 남겨 사후관리한다.

(차)부가가치세예수금	××××	(대) 부도어음	××××
대손상각비	××××		
대손충당금	××××		

⑥ 의제매입세액 공제대상 원재료(상품) 매입시 분개

(차) 부가가치세대급금	××××	(대) 원재료(상품)	××××

⑦ 부동산 간주임대료 분개－부가가치세 신고서 세액확인 후

(차) 세금과공과	××××	(대) 부가가치세예수금	××××

⑧ 국세청에 부가가치세 신고서 직접 전송시 전자신고 세액공제 분개

(차) 부가가치세예수금	××××	(대) 잡이익	××××

⑨ 공통매입세액 중 과세사업분의 처리 분개(사무실 업무비용 등이 해당됨)

(차) 지급임차료	××××	(대) 부가가치세대급금	××××

⑩ 재활용 매입세액의 처리 분개－재활용 폐자원 취급하는 사업자

(차) 상품	××××	(대) 부가가치세대급금	××××

⑪ 고정자산 매입시 취·등록세 처리 분개[일반전표입력에서 처리함－차량]

(차) 차량운반구	××××	(대) 보통예금	××××

⑫ 고정자산 매각시－반드시 감가상각비 명세서 확인 후 전표 분개

매입매출전표입력에서 직접 처리한다.

개인사업자 중 복식부기의무자의 사업용 유형 고정자산(부동산 제외)매각금액 수입금액도 포함한다(2018.1.1. 이후).

(차) 감가상각 누계액	××××	(대) 부가가치세예수금	××××
유형자산 처분손실	××××	유형자산 처분이익	××××
보통예금	××××	차량운반구	××××

⑬ 간이과세자의 부가가치세 납부세액 처리

(차) 세금과공과	××××	(대) 부가가치세예수금	××××

• 공제받지 못할 매입세액은 매입·매출장에서 즉시 불공제로 입력하여 각 계정과목의 원가에 산입

• 부가가치세 예정고지세액과 부가가치세 예정신고 미환급세액도 상계처리[부가가치세신고서와 합계잔액시산표의 부가가치세대급금과 부가가치세예수금 잔액으로 부가가치세 납부(환급)금액의 정리 과정임]

5) 부가가치세 예시자료

부가가치세 신고를 위한 예시 자료를 따라 가며 부가가치세 신고서를 작성해 본다.

매입매출장

회사명 : 주식회사더퍼스트 (단위 : 원)

일자	유형	품명	계정코드	계정과목	차변	대변	거래처명
03/31	카과	소모품비	253	미지급금		1,000,000	신용카드
(매입)		소모품비	830	소모품비(판)	909,091		영인장갑(주)
		소모품비	135	부가세대급금	90,909		영인장갑(주)
03/31	카과	소모품비	253	미지급금		4,720,980	신용카드
(매입)		소모품비	830	소모품비(판)	4,291,800		(주)알파문구
		소모품비	135	부가세대급금	429,180		(주)알파문구
03/31	과세	스텐레스판	401	상품매출		900,000,000	동일철강
(매출)	(전자)	스텐레스판	255	부가세예수금		90,000,000	동일철강
		스텐레스판	108	외상매출금	990,000,000		동일철강
03/31	과세	임차료	819	지급임차료(판)	3,600,000		빌딩
(매입)	(전자)	임차료	135	부가세대급금	360,000		빌딩
		임차료	253	미지급금		3,960,000	빌딩
03/31	과세	스텐레스판	146	상품	797,000,000		남원철강
(매입)	(전자)	스텐레스판	135	부가세대급금	79,700,000		남원철강
		스텐레스판	251	외상매입금		876,700,000	남원철강
합 계					1,876,380,980	1,876,380,980	

[매입매출전표입력1] 환경등록

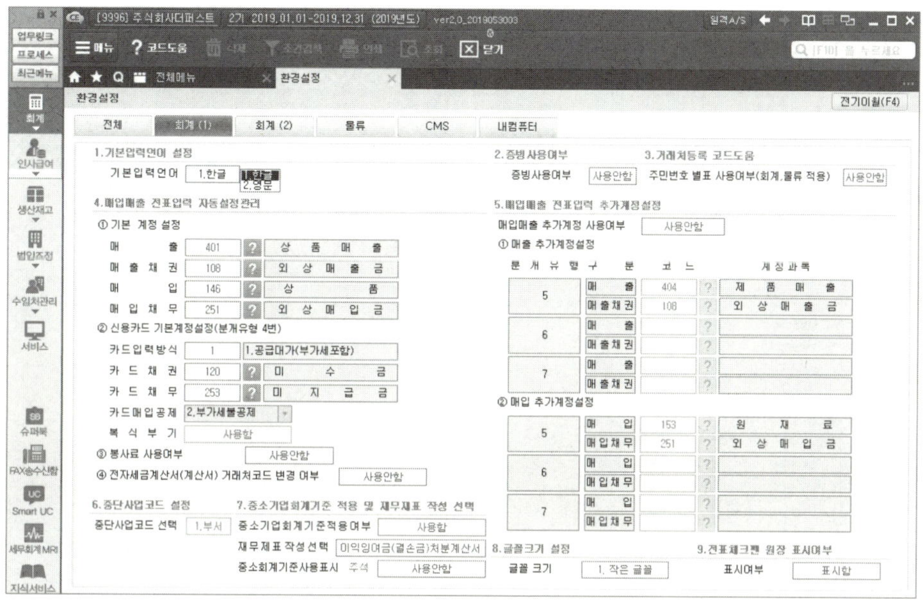

- [기초데이터]→[환경설정]에서 업태 · 종목에 맞는 분개유형 설정한다(도매→상품매출) (제조→제품매출) (건설→공사수입금) (부동산임대→임대료수입).
- 매출채권, 매입채무는 현금 또는 외상매출금, 외상매입금 계정으로 설정한다.

[매입매출전표입력2] 매입매출전표입력

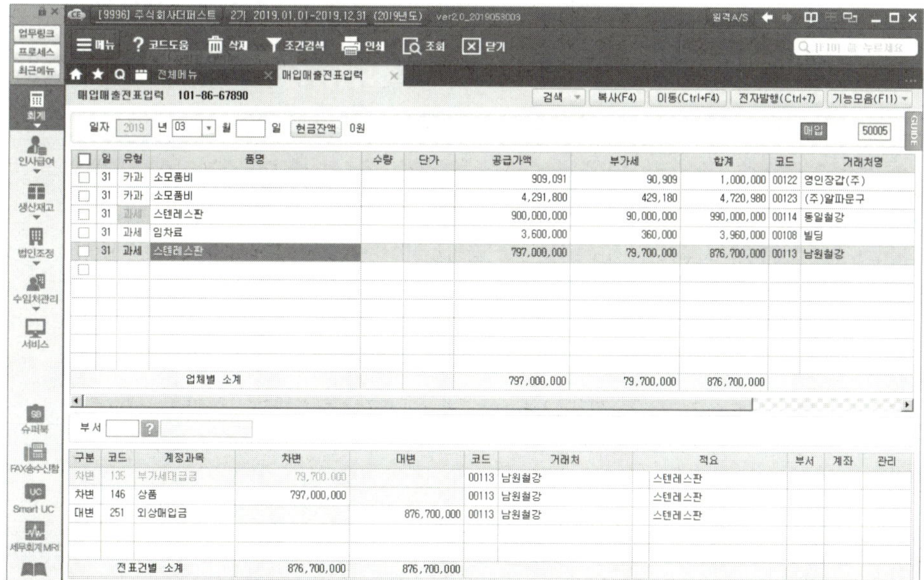

- 매출/매입 부가가치세 유형에 따라 선택한다.
- 54.불공은 불공제 사유를 해당사유에 따라 선택한다.

[매입매출전표입력3] 매출 세금계산서합계표

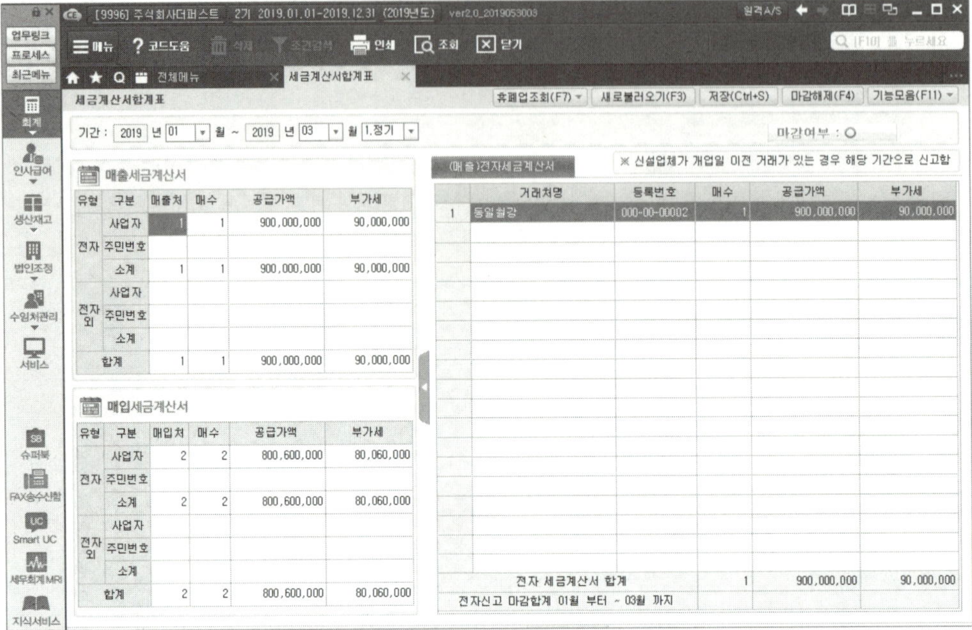

• 종이 세금계산서 발행분 확인하고 마감한다.

[매입매출전표입력4] 매입 세금계산서합계표

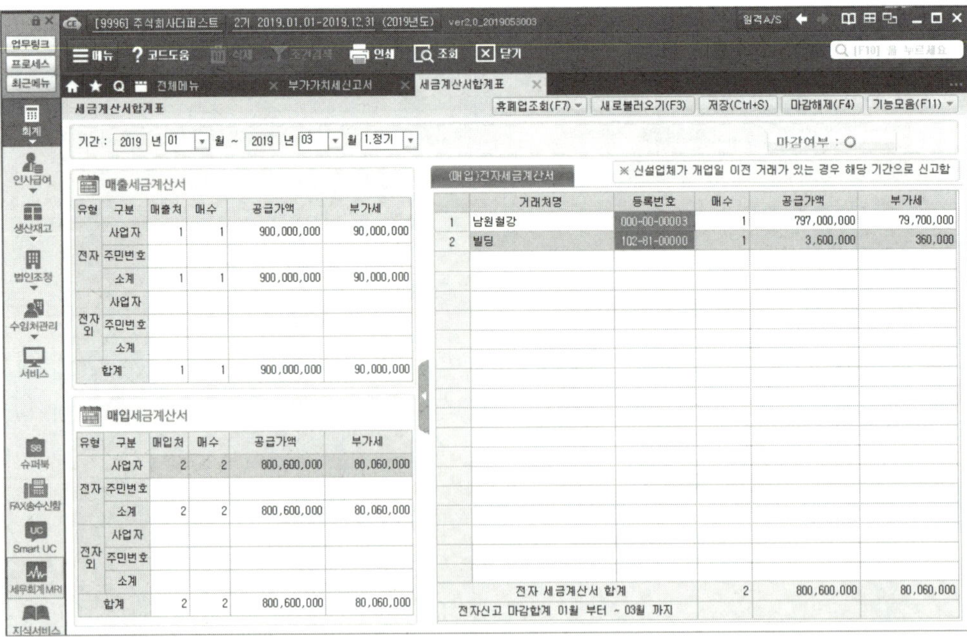

• 종이 세금계산서 수취분 확인하고 마감한다(적색으로 표시된 사업자등록번호는 수정 대상).

[매입매출전표입력5] 신용카드매출전표 등 수령명세서(갑), (을)

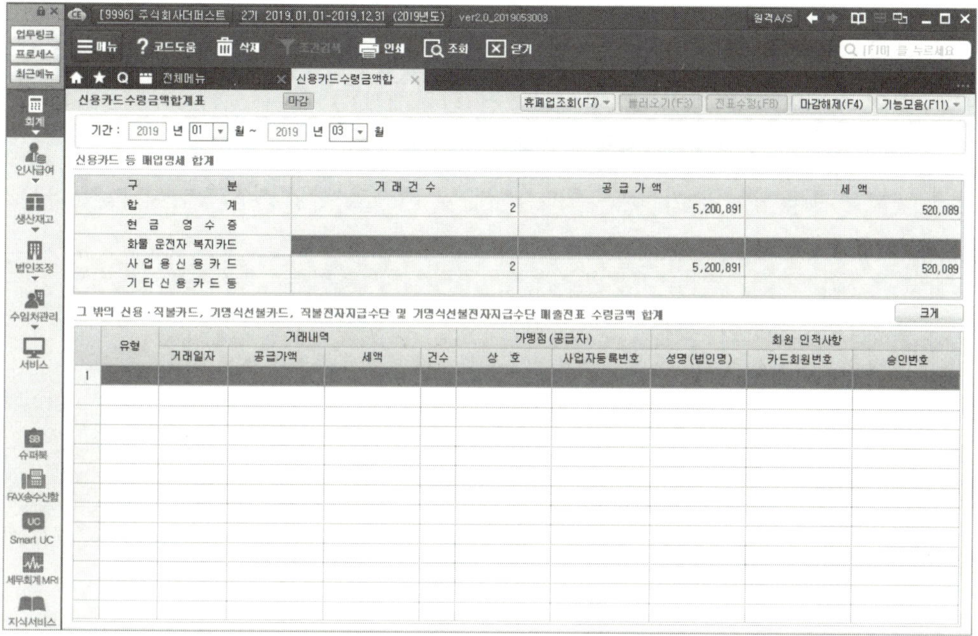

• 사업용신용카드 수취분 외 매입세액공제는 매입·매출장에서 직접 입력하여 마감한다.

(3) 공통매입세액의 입력

과세매출, 면세매출 세금계산서 자료를 분리(거래 건별)하여 정리하고, 매입 또한 과세사업, 면세사업, 공통매입 자료의 분리(거래 건별)를 정확하게 구분 정리해 놓아야 한다.

1) 공통매입세액의 안분(부가가치세법 40조)

사업자가 과세사업과 면세사업 등을 겸영하는 경우에 과세사업과 면세사업 등에 관련된 매입세액의 계산은 실지귀속에 따라 하되, 실지귀속을 구분할 수 없는 매입세액(공통매입세액)은 총공급가액에 대한 면세공급가액의 비율 등 세법이 정하는 기준(매입세액 안분기준)을 적용 후 안분하여 계산한다.

일반적인 경우 공통매입세액 안분계산 산식

면세사업 관련된 매입세액 = 공통매입세액 × (해당과세기간 면세공급가액/해당과세기간 총공급가액)

2) 안분계산하지 않는 경우

① 해당 과세기간 총공급가액 중 면세공급가액이 5/100 미만인 경우(단, 공통매입세액이 500만원 이상인 경우는 무조건 안분계산)
② 해당 과세기간 중의 공통매입세액이 5만원 미만인 경우
③ 재화를 공급하는 날이 속하는 과세기간에 신규로 사업을 시작하여 직전 과세기간이 없는 경우

3) 공통매입세액의 정산

예정신고시에는 예정신고기간의 총공급가액에 대한 면세공급가액의 비율로 안분계산하고, 이를 확정신고할 때 예정, 확정 공급가액을 합하여 정산한다.

* 예정신고시에 면세공급가액 비율이 5% 이상인 것으로 공통매입세액 안분계산하였으나, 확정신고시 과세기간에 대한 면세공급가액 비율이 5% 미만이 된 경우, 당초신고시 불공제한 공통매입세액은 납부세액에서 공제하거나 경정청구를 통하여 환급받을 수 있다.

4) 건설회사의 공통매입세액 산정방식 예시

① 정리과정

건설회사의 사례를 들어 공통매입세액을 안분하기 위해 미리 챙겨야 할 사항을 정리해 보자(매입 매출금액 등은 현장별로 현장명이 모두 표기되어야 함).

- 면세현장 매출에 관련된 직접 투입되는 면세 직접관련 금액은 매입・매출장에서 매입금액을 별도로 정리한다(면세사업 등 관련 공제받지 못할 매입세액 해당).
- 총공통매입세액 관련・사무실 관련 매입금액을 매입・매출장에서 별도로 정리한다.
- 과세현장 매출금액과 면세현장 매출금액에 공통으로 투입되는 공통현장 과세・면세관련 매입금액을 매입・매출장에서 별도로 정리한다.
- 과세현장 매출금액에 해당하는 과세현장 매입금액을 매입・매출장에서 별도로 정리한다.

② 산정방식

위 내용에 대한 이해를 돕기 위해 제시된 아래의 자료를 직접 대입해 보자(건설회사 과세・면세 겸영사업).

- 과세・면세 공통 현장

  과세매출 공급가액 200,000,000　　　세액 20,000,000

면세매출 공급가액 80,000,000

－과세・면세 공통 현장관련 매입 공급가액 121,000,000 세액 12,100,000

• 과세현장만 해당

과세매출 공급가액 190,000,000 세액 19,000,000

－과세현장만 해당되는 매입 공급가액 80,000,000 세액 8,000,000

• 면세현장만 해당

면세매출 공급가액 30,000,000

－면세현장만 관련되는 직접 투입되는 면세관련 매입공급가액 14,000,000 세액 1,400,000

• 총과세매출

공급가액 390,000,000 세액 39,000,000

• 총면세매출

공급가액 110,000,000

• 총공통매입세액의 사무실 관련 매입

공급가액 15,000,000 세액 1,500,000

• 총 매입

공급가액 230,000,000 세액 23,000,000

• 부가가치세 납부세액 계산(매출세액－매입세액＋공제받지 못할 매입세액＝부가가치세 납부세액)

부가가치세 계산	매출공급가액	390,000,000	세액	39,000,000
	－매입공급가액	－230,000,000	세액	－23,000,000
	＋공제받지 못할 매입세액	＋51,871,420	세액	＋5,187,142
	차가감납부할 세액			21,187,142
	면세공급가액	110,000,000		

안분계산 자료정리1

매출부문 중－면세·과세 공통			
예정	공급가액	세액	비　고
	200,000,000	20,000,000	세금계산서
	80,000,000		계산서
계	280,000,000	20,000,000	소　계
확정	공급가액	세액	비　고
			세금계산서
			계산서
계			소　계
정산	공급가액	세액	비　고
			세금계산서
			계산서
계			소　계

안분계산 자료정리2

매출부문 중－과세매출			
예정	공급가액	세액	비　고
	190,000,000	19,000,000	세금계산서
확정	공급가액	세액	비　고
			세금계산서
정산	공급가액	세액	비　고
			세금계산서

안분계산 자료정리3

면세관련 매입세액(불공)			
예정	면세매출	면세관련 매입가액	면세관련 매입세액
	30,000,000	14,000,000	1,400,000
확정	면세매출	면세관련 매입가액	면세관련 매입세액
정산	면세매출	면세관련 매입가액	면세관련 매입세액

안분계산 자료정리4

총매출부문			
예정	공급가액	세액	비　　고
	390,000,000	39,000,000	세금계산서
	110,000,000		계산서
계	500,000,000	39,000,000	①+②+③
확정	공급가액	세액	비　　고
			세금계산서
			계산서
계			①+②+③
정산	공급가액	세액	비　　고
			세금계산서
			계산서
계			①+②+③

안분계산 자료정리5

매입부문 – 안분대상금액(공통매입)			
예정	매입가액	세액	비　　고
	15,000,000	1,500,000	사무실공통
	121,000,000	12,100,000	과세, 면세공통현장
계	136,000,000	13,600,000	소　계
확정	매입가액	세액	비　　고
			사무실공통
			과세, 면세공통현장
계			소　계
정산	매입가액	세액	비　　고
			사무실공통
			과세, 면세공통현장
계			소　계

안분계산 자료정리6

매출부문 중－과세매출 관련 매입금액 (공제)			
예정	과세관련매입가액	과세관련매입세액	비 고
	80,000,000	8,000,000	세금계산서
확정	과세관련매입가액	과세관련매입세액	비 고
			세금계산서
정산	과세관련매입가액	과세관련매입세액	비 고
			세금계산서

공통매입세액 안분계산－예정 · 확정(1기, 2기 예정 · 확정, 정산)

구분	항목	공통세액	×	공급가액	비고	불공제 매입세액
예정	사무실 공통 매입세액공제	1,500,000	×	110,000,000	(총면세 매출공급가액)	예정불공제 매입세액(1)
		(사무실 공통세액)		500,000,000	(총매출 공급가액)	330,000
확정	사무실 공통 매입세액공제		×		(총면세 매출공급가액)	확정불공제 매입세액(1)
		(사무실 공통세액)			(총매출 공급가액)	
정산	사무실 공통 매입세액공제		×		(총면세 매출공급가액)	정산불공제 매입세액(1)
		(사무실 공통세액)			(총매출 공급가액)	

구분	항목	공통세액	×	공급가액	비고	불공제 매입세액
예정	과세 · 면세현장 공통매입 세액공제	12,100,000	×	80,000,000	(면세매출 공급가액)	예정불공제 매입세액(2)
		(과＋면세,현장공통세액)		280,000,000	(과＋면세매출공급가액)	3,457,142
확정	과세 · 면세현장 공통매입 세액공제		×		(면세매출 공급가액)	확정불공제 매입세액(2)
		(과＋면세,현장공통세액)			(과＋면세매출공급가액)	

정산	과세·면세현장 공통매입 세액공제	×	(면세매출 공급가액)	정산불공제 매입세액(2)
		(과+면세,현장공통세액)	(과+면세매출공급가액)	

- 공통매입안분계산 = 공통매입세액(1) + (2) = 3,787,142
- 1기예정 공통불공제매입세액 = 3,787,142
- 총공통불공제매입세액 + 면세관련 매입세액 불공 = 3,787,142 + 1,400,000 = 5,187,142

(4) 자료입력 마감 및 신고

사업장에서 자체적으로 매입과 매출을 관리하고 부가가치세 부담세액을 미리 확인한다면 신고자료의 누락으로 인한 가산세를 부담하지 않을 수 있다.

매입·매출장을 부가가치세 신고 전에 사업장에 전달해서 확인받은 후 신고 마감하면 부가가치세 수정신고를 방지할 수 있다.

재화(물건)나 용역(서비스) 거래로 발생되는 자료를 신고서에 누락 없이 반영하기 위해서는 업태·종목에 맞는 수취자료의 목록을 함께 확인한다(예 : 전자상거래 회사의 요기요 매출 발생 있음).

[매입매출전표입력6] 매입매출장 검토

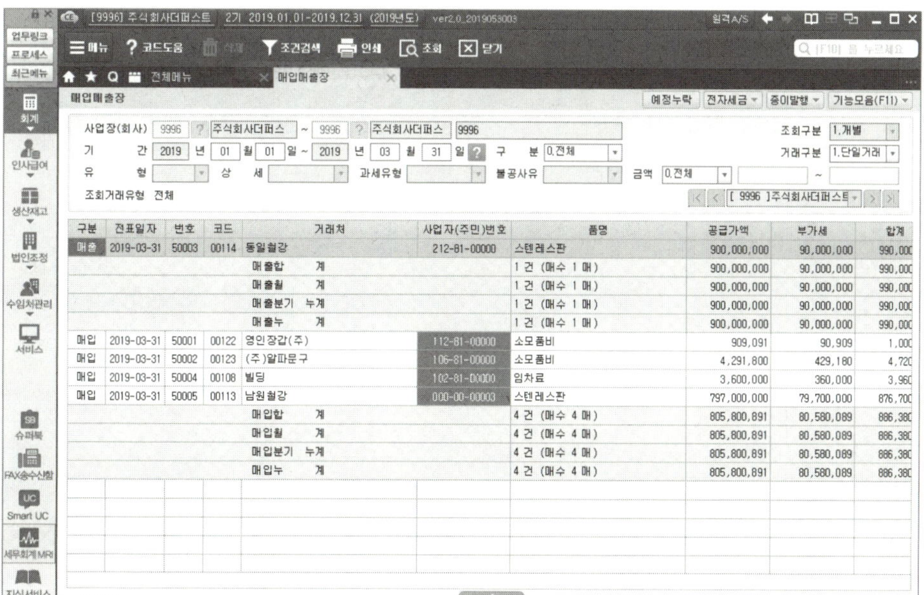

구분	전표일자	번호	코드	거래처	사업자(주민)번호	품명	공급가액	부가세	합계
매출	2019-03-31	50003	00114	동일철강	212-81-00000	스텐레스판	900,000,000	90,000,000	990,00
				매출합 계		1 건 (매수 1 매)	900,000,000	90,000,000	990,00
				매출월 계		1 건 (매수 1 매)	900,000,000	90,000,000	990,00
				매출분기 누계		1 건 (매수 1 매)	900,000,000	90,000,000	990,00
				매출누 계		1 건 (매수 1 매)	900,000,000	90,000,000	990,00
매입	2019-03-31	50001	00122	영인장갑(주)	112-81-00000	소모품비	909,091	90,909	1,00
매입	2019-03-31	50002	00123	(주)알파문구	106-81-00000	소모품비	4,291,800	429,180	4,72
매입	2019-03-31	50004	00108	빌딩	102-81-00000	임차료	3,600,000	360,000	3,96
매입	2019-03-31	50005	00113	남원철강	000-00-00003	스텐레스판	797,000,000	79,700,000	876,70
				매입합 계		4 건 (매수 4 매)	805,800,891	80,580,089	886,38
				매입월 계		4 건 (매수 4 매)	805,800,891	80,580,089	886,38
				매입분기 누계		4 건 (매수 4 매)	805,800,891	80,580,089	886,38
				매입누 계		4 건 (매수 4 매)	805,800,891	80,580,089	886,38

• 매입 · 매출장을 부가가치세 신고 전에 사업장에 전달해서 확인 또는 부가가치세 신고서를 전달하여 매입 매출 거래금액을 검토할 수 있도록 해야 한다.

[매입매출전표입력7] 부가가치세신고서

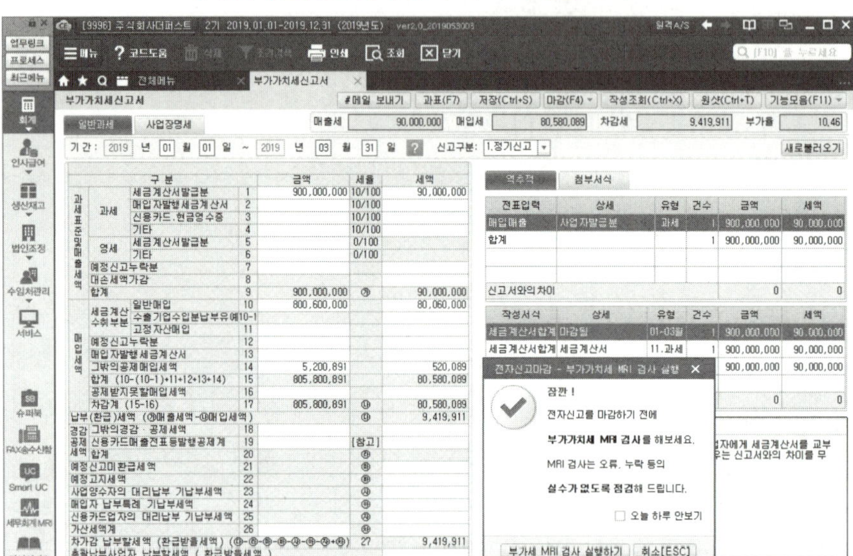

• 부가가치세신고서를 작성하여 마감하고 국세청 변환에러 여부를 확인한다.
• 부가가치세신고서를 국세청에 전송 후 가상계좌가 포함된 부가가치세납부서를 출력하여 사업장에 보낸다.
• 그 외 부가가치세 관련 해당 서식은 각각 마감한다.

부가가치세 전자신고 제작

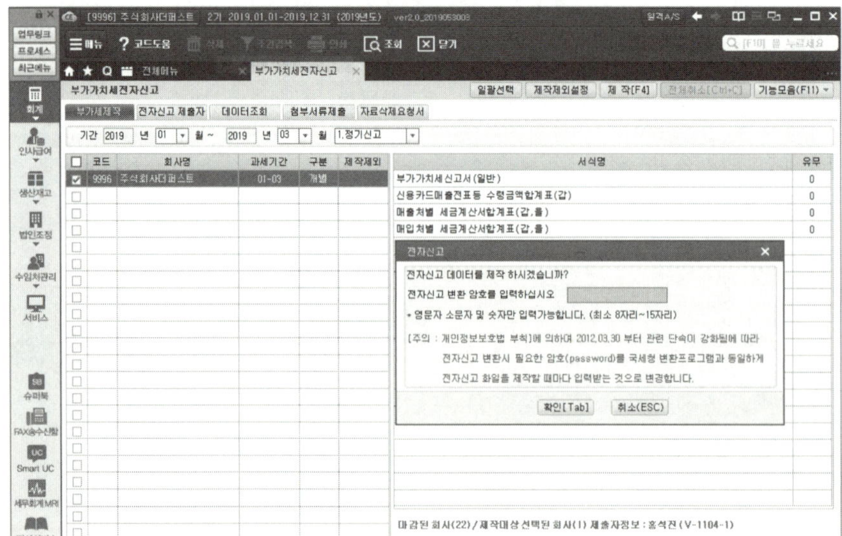

- 부가가치세 마감 후에 제작하는 과정에서 반영 서식을 확인하고 제작한다.
- 부가가치세 국세청 홈택스에서 전자파일이 정상적으로 변환되어야 전송이 가능하다.

부가가치세 전자파일 변환

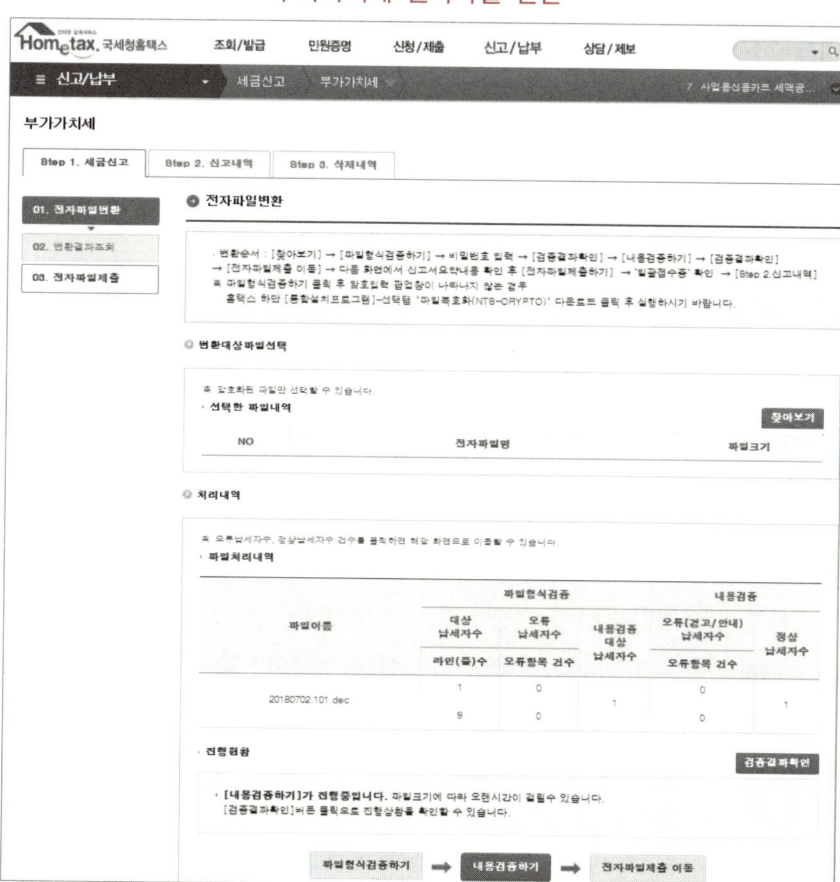

- 파일형식검증하기 클릭 후 암호입력 팝업창이 나타나지 않는 경우 홈택스 하단의 [통합설치프로그램]에서 “파일복호화(NTS－CRYPTO)” 파일을 다운로드한 후 실행 한다.
- [Step 2. 신고내역]에서 접수한 금액이 부가가치세 신고 집계관리와 일치하는지 확인하고 접수증과 가상계좌에 반영된 금액을 출력하여 부가가치세 납부서를 사업장에 전달한다.
- 부가가치세 신고는 업종에 따라서 추가로 [첨부자료]→[기타/증빙서류]→[증빙 제출서류]→[제출대상 신고목록 업체]를 조회하여 수출(영세율첨부서류) 등의 자료를 확인하고, 스캔 후 PDF로 변환하여 제출서류를 첨부하여 전송한다.

4. 수정신고

- 부가가치세 수정신고와 관련된 자료는 재무회계 매입매출전표에 입력하는데, 해당 사항 발생시에만 입력이 가능하므로 참고한다.
- 법인세, 종합소득세 신고기한이 지난 후의 직전연도 부가가치세 수정신고는 법인세, 종합소득세 수정신고도 같이 처리해야 하므로 신중을 기한다.
- 부가가치세 신고에서 마감된 자료는 수정신고서 작성 외엔 변경하지 않는다.
- 정기분 마감 자료를 당초 부가가치세 신고자료와 일치시킨 후 세금계산서에서 '2. 수정'에 체크하고 수정차수를 선택한다.
- 해당 세금계산서합계표로 들어가 보면 당초분은 적색으로, 수정신고분은 검은색으로 표시된다.
- 수정신고 금액이 잘 반영되었는지 검토하고 저장한 후 '2. 기한후신고', '3.수정신고' 중 해당사항을 선택하고 제작한 뒤 국세청 홈택스에서 신고서를 전송한다(우편접수가능).
- 부가가치세 수정신고서를 작성할 때, 부가가치세 납부세액을 먼저 산출한 후 가산세 감면 해당여부를 확인하여 부가가치세 신고서에 반영한다.
- 부가가치세 수정신고서상 세금추가분이 발생되었을 경우에는 과세표준수정 및 추가납부계산서(부가가치세)를 작성하면서 수정신고사유를 기록하고, 부가가치세 신고서의 부가가치세 납부금액을 확인한다.
- 부가가치세가 환급(은행 계좌번호 필히 기록)되었을 경우에는 과세표준 및 세액 경정청구서(부가가치세)를 작성하고, 경정청구 환급금액이 부가가치세 신고서상의 금액과 일치하는지 확인 후 마감하고 수정신고서를 전송한다. 결정(경정)청구 이유도 기록해야 한다.
- 부가가치세 수정신고시에 환급이 발생하면 환급금 사유에 해당하는 자료를 세무서에서 요청할 수도 있으니 누락분 세금계산서와 환급관련 계약서 또는 금융기관 이체확인증을 준비해야 한다.
- 부가가치세 수정신고 자료 : 부가가치세 수정신고서, 과세표준수정 및 추가납부계산서(부가가치세) 또는 과세표준 및 세액경정청구서(부가가치세), 매출・매입세금계산서합계표, 매출・매입 세금계산서, 수정사유 관련증빙(예 : 수출면장, 계약서, 금융기관이체확인증 등)

부가가치세 수정신고서

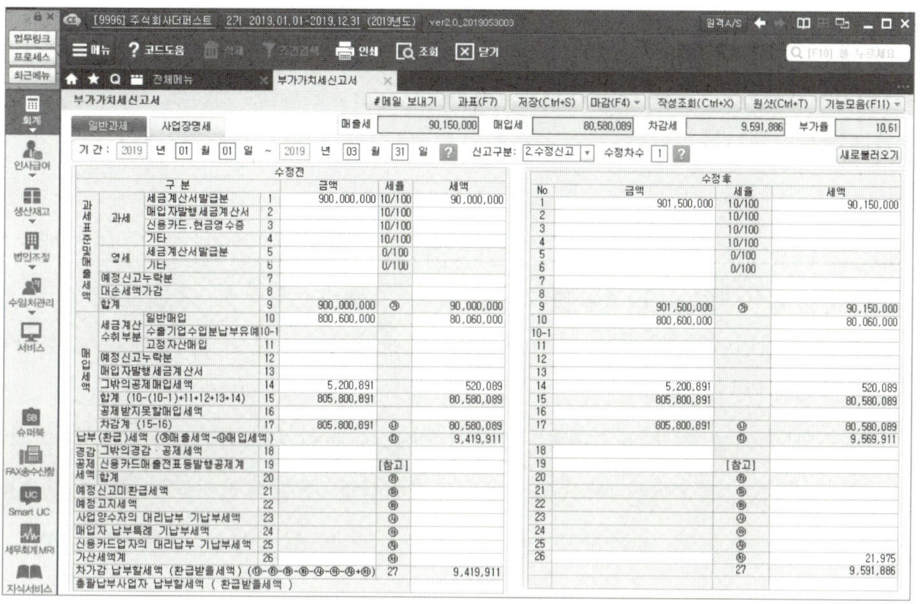

부가가치세신고서

매출세 90,150,000 매입세 80,580,089 차감세 9,591,886 부가율 10.61

기간: 2019 년 01 월 01 일 ~ 2019 년 03 월 31 일 신고구분: 2.수정신고 수정차수 1

구분			No	수정전 금액	수정전 세율	수정전 세액	수정후 금액	수정후 세율	수정후 세액
과세표준및매출세액	과세	세금계산서발급분	1	900,000,000	10/100	90,000,000	901,500,000	10/100	90,150,000
		매입자발행세금계산서	2		10/100			10/100	
		신용카드.현금영수증	3		10/100			10/100	
		기타	4		10/100			10/100	
	영세	세금계산서발급분	5		0/100			0/100	
		기타	6		0/100			0/100	
	예정신고누락분		7						
	대손세액가감		8						
	합계		9	900,000,000	㉮	90,000,000	901,500,000	㉮	90,150,000
매입세액	세금계산 수취부분	일반매입	10	800,600,000		80,060,000	800,600,000		80,060,000
		수출기업수입분납부유예	10-1						
		고정자산매입	11						
	예정신고누락분		12						
	매입자발행세금계산서		13						
	그밖의공제매입세액		14	5,200,891		520,089	5,200,891		520,089
	합계 (10-(10-1)+11+12+13+14)		15	805,800,891		80,580,089	805,800,891		80,580,089
	공제받지못할매입세액		16						
	차감계 (15-16)		17	805,800,891	㉯	80,580,089	805,800,891	㉯	80,580,089
납부(환급)세액 (㉮매출세액-㉯매입세액)					㉰	9,419,911		㉰	9,569,911
경감공제세액	그밖의경감·공제세액		18						
	신용카드매출전표등발행공제계		19		[참고]			[참고]	
	합계		20		㉱			㉱	
예정신고미환급세액			21		㉲			㉲	
예정고지세액			22		㉳			㉳	
사업양수자의 대리납부 기납부세액			23		㉴			㉴	
매입자 납부특례 기납부세액			24		㉵			㉵	
신용카드업자의 대리납부 기납부세액			25		㉶			㉶	
가산세액계			26		㉷			㉷	21,975
차가감 납부할세액(환급받을세액)(㉰-㉱-㉲-㉳-㉴-㉵-㉶+㉷)			27			9,419,911		27	9,591,886
총괄납부사업자 납부할세액(환급받을세액)									

- 2019.3.31.에 공급가액 1,500,000원 세액 150,000원인 종이 매출세금계산서를 누락했을 경우 수정하는 신고서이며, 세금계산서합계표도 마감해야 한다.
  (수정신고 사항을 보여주기 위한 자료로 본문 결산 내용에는 반영하지 않음)
- 부가가치세 수정신고서, 과세표준수정 및 추가납부계산서(부가가치세)를 부가가치세 수정신고와 함께 제출한다.
- 부가가치세 신고자료 누락으로 인한 수정신고는 관련서류를 첨부하여 수정신고서를 작성한다.

과세표준수정신고서 및 추가자진납부계산서(부가가치세)

과표수정 및 추가납부계산서(부가세)

기간: 2019 년 01 월 ~ 2019 년 03 월 수정차수: 1

신고내용

7. 법정신고일	2019-04-25	8. 최초신고일	2019-04-25
9. 수정신고사유			

구분	최초신고	수정신고
11. 과세표준	900,000,000	901,500,000
12. 산출세액	90,000,000	90,150,000
13. 가산세액		21,975
14. 공제 및 감면 세액	80,580,089	80,580,089
15. 납부할세액	9,419,911	9,591,886
16. 기납부세액		
17. 자진납부세액	9,419,911	9,591,886
18. 추가 자진 납부 세액		171,975

• 과세표준수정신고서 및 추가자진납부계산서의 추가납부세액은 부가가치세 수정신고서의 납부세액과 일치한다.

5. 가산세

가산세는 다음과 같은 특징을 가지며(국세기본법 47조), 부가가치세 가산세는 국세기본법과 부가가치세법상의 가산세를 적용한다(전자세금계산서 가산세도 함께 참고)

① 정부는 세법에서 규정한 의무를 위반한 자에게 이 법 또는 세법에서 정하는 바에 따라 가산세를 부과할 수 있다.

② 가산세는 해당 의무가 규정된 세법의 해당 국세의 세목으로 한다. 다만, 해당 국세를 감면하는 경우에는 가산세는 그 감면대상에 포함시키지 아니하는 것으로 한다.

③ 가산세는 납부할 세액에 가산하거나 환급받을 세액에서 공제한다.

(1) 부가가치세 가산세

1) 부가가치세 가산세의 종류와 세액

부가가치세 가산세를 정리하면 다음과 같다. 특히 부가가치세의 가산세 중 부정행위로 인한 무신고인 경우에는 최고 40%의 가산세를 부담하게 되므로 부가가치세 신고와 관련된 서류를 보관할 때에는 주의해야 한다.

부가가치세 가산세 종류(2019년, 국세기본법 및 부가가치세법 가산세)

종 류	사 유	가산세액 계산
(1) 미등록 및 타인명의 등록 가산세	사업개시일부터 20일 이내에 사업자등록을 하지 않은 경우나 타인명의로 등록한 경우	공급가액×1%
(2) 세금계산서(전자세금계산서 포함) 지연발급* * 공급시기가 속하는 과세기간에 대한 확정신고 기한까지 발급		공급가액×1%
(3) 세금계산서의 필요적 기재사항 부실기재 가산세		공급가액×1%
(4) 세금계산서(전자세금계산서 포함) 미발급 가산세 * 전자세금계산서 의무발급자가 전자 외로 발급한 경우 공급가액의 1%		공급가액×2%
(5) 가공세금계산서 발급(수취) 가산세, 자료상에 대한 가산세		공급가액×3%
(6) 위장세금계산서 발급(수취) 가산세		공급가액×2%

종 류	사 유		가산세액 계산
(7) 세금계산서등의 공급가액 과다기재 발급(수취) 가산세			공급가액×2%
(8) 경정기관 확인 신용카드 매출전표 등 가산세	경정기관의 확인을 거쳐 신용카드 등의 매입세액을 공제받는 경우		공급가액×1%
(9) 매출처별 세금계산서 합계표 불성실 가산세	① 미제출·부실기재		공급가액×0.5%
	② 지연제출		공급가액×0.3%
(10) 매입처별세금계산서합계표 불성실 가산세	① 매입세금계산서 지연수취		공급가액×0.5%
	② 합계표의 미제출·부실기재로 경정시 세금계산서 등에 의하여 매입세액 공제받는 경우		
	③ 합계표의 공급가액을 과다기재하여 매입세액 공제 받은 경우		
(11) 신고불성실 가산세	① 무신고	부당 무신고	해당세액×40%
		일반 무신고	해당세액×20%
	② 과소신고	부당 과소신고	해당세액×40%
		일반 과소신고	해당세액×10%
	③ 초과환급신고	부당 초과환급	해당세액×40%
		일반 초과환급	해당세액×10%
(12) 납부불성실 가산세	① 미달납부(초과환급 받은) 세액		미달납부(초과환급)세액×(2.5/10,000)×일수(2019.2.11까지는 3/10.000)
(13) 현금매출명세서 가산세	① 현금매출명세서 미제출 가산세		미제출 또는 부실기재금액×1%
	② 부동산임대공급가액명세서 미제출 가산세		
(14) 영세율과세표준신고 불성실 가산세	① 과세표준의 무신고·과소신고		공급가액×0.5%
	② 영세율첨부서류 미제출		
(15) 매입자납부특례 거래계좌 미사용에 대한 가산세	① 거래계좌 미사용		제품가액×10%
	② 거래계좌 지연입금		지연입금 세액×(2.5/10,000)×일수
(16) 대리납부 불성실 가산세	대리납부의 불이행		미납세액×3%+미납세액×(3/10,000)×일수[한도 : 10%]

종 류		사 유	가산세액 계산
(17) 전자세금계산서 발급명세 지연전송 가산세	법인	전자세금계산서 발급의무사업자가 전자세금계산서 발급일의 다음날(토요일 또는 공휴일인 경우 그 다음날)이 경과한 후 공급시기가 속하는 과세기간 말의 다음달 11일까지 발급명세를 전송한 경우	공급가액×0.3% (2019.1.1. 이후)
	개인 (의무발급자)		
(18) 전자세금계산서 발급명세 미전송 가산세	법인	전자세금계산서 발급의무사업자가 전자세금계산서 발급일의 다음날(토요일 또는 공휴일인 경우 그 다음날)이 경과한 후 공급시기가 속하는 과세기간 말의 다음 달 11일까지 발급명세를 미전송한 경우	공급가액×0.5% (2019.1.1. 이후)
	개인 (의무발급자)		

2) 가산세의 중복적용 배제

- (1) 적용분 (2), (3), (8), (9), (17), (18) 배제
- (2), (3), (8), (17), (18) 적용분 (9) 배제
- (4), (5), (6), (7) 적용분 (1), (9), (10) 배제
- (2), (4) 적용분 (3), (17), (18) 배제
- (3) 적용분 (17), (18) 배제
- (6)(위장발급) 적용분 (4)(미발급) 배제

＊출처 : 국세청 → 성실신고지원 항목별 가산세

(2) 가산세의 감면(국세기본법 48조 가산세 감면 등)

1) 법정신고기한이 지난 후 수정 신고한 경우 가산세 감면

① 법정신고기한 후 6개월 이내 수정신고하는 경우 : 가산세액의 50% 감면
② 법정신고기한 후 6개월 초과 1년 이내 수정신고하는 경우 : 가산세액의 20% 감면
③ 법정신고기한 후 1년 초과 2년 이내 수정신고하는 경우 : 가산세액의 10% 감면

2) 법정신고기한이 지난 후 기한후 신고를 한 경우 가산세 감면

무신고자가 법정신고기한 경과후 기한후신고하는 경우에는 무신고 가산세를 감면하며, 과세표준과 세액을 결정할 것을 미리 알고 기한후 과세표준신고서를 제출하는 경우

에는 제외한다.

① 법정신고기한 후 1개월 이내에 기한후신고를 한 경우 : 가산세액의 50% 감면
② 법정신고기한 후 1개월 초과 6개월 이내에 기한후신고를 한 경우 : 가산세액의 20% 감면

3) 기타의 가산세 감면

① 납부불성실 가산세는 감면되지 않음.
② 각 세법상 제출, 신고, 가입, 등록, 개설과 관련된 가산세는 해당기한으로부터 1개월 이내에 제출하는 경우 해당 가산세의 50% 감면

4) 가산세 감면 제외 사유(국세기본법 시행령 29조)

과세관청이 과세표준과 세액을 경정할 것을 미리 알고 수정신고 또는 기한후신고를 하는 경우로서 다음에 해당하는 경우에는 가산세를 감면하지 아니한다.

① 해당 국세에 관하여 세무공무원이 조사에 착수한 것을 알고 과세표준수정신고서 또는 기한후 과세표준신고서를 제출한 경우
② 해당 국세에 관하여 관할 세무서장으로부터 과세자료 해명 통보를 받고 과세표준수정신고서를 제출한 경우

Check Box_부가가치세 신고 집계관리

부가가치세 자료준비 안내문을 보냄과 동시에 부가가치세 신고대상 사업장 명단을 정리한다. 명단을 작성하며 국세청 홈택스에서 지원되는 부가가치세 고지금액과 신용카드매출, 현금영수증매출 금액, 철 스크랩 등 납부 금액은 미리 확인하여 출력물로 인쇄해 놓는다. 부가가치세 변환에러를 체크한 다음 신고거래처의 신고마감한 금액과 신고접수한 접수증 금액을 일치시킨다. 부가가치세 신고서를 전송한 후 전용계좌가 기록된 부가가치세 납부서를 사업장에 전달해야 한다.

부가가치세 신고 집계표

20××년 ×기 확정 부가가치세 신고 집계관리

메일 : 비번 : (홈택스아이디 :) 20××. 07. 25

번호	회사명	매출 공급가액	매입 공급가액	중간예납및 2기예정금액외	납부 세액	전자 신고	사업자등록 번호
1							
2							

번호	주민 등록 번호	비고	부가율	계산서		신용카드 매출	현금 영수증	통장 엑셀	신용 카드 매입
				매출	매입				
1									
2									

제5절
법인세

1. 신고 전 준비

(1) 신고 준비 안내문 발송

회계연도 내에 수집한 자료들은 각종 신고의 근거자료가 된다. 신고 준비 안내문을 전송하는 일은 법인세 신고기간의 시작을 사업장에 알림으로써 자료 준비에 협조를 요청하는 것이다.

결산은 장부를 마무리하며 한해의 사업실적을 평가할 수 있는 객관적인 자료를 산출하는 과정이다. 결산에 필요한 자료는 사업장에 요청해야 하며, 기업회계기준에 의하여 작성한 재무제표상의 당기순손익으로 결산마감하고 법인세 산출을 위한 세무조정을 준비한다.

Check Box_법인세 신고서류 준비안내문(12월말 결산법인)

[주 소]
[전 화] [팩 스] [이메일] ○○세무회계사무소

문서번호 : TAX190102 - 1
수 신 : 회계담당자님
전체 페이지 수 : 1 매 (표지포함)

발 신 : ○○세무회계사무소
날 짜 : 2019.01.02.

제 목 : 2018년 귀속 법인세 신고서류 준비 안내

1. 귀사의 일익 번창하심을 기원합니다.
2. 2018년 귀속 3월 법인세 결산시 필요서류

		서 류 명	첨부유무
(1)		법인등기부등본 12월말 현재	
		주주명부12월말 현재(2018년 자본금변동 여부 체크) -가산세 대상	
		사무실 임대차계약서 사본	
(2)		업무용승용차 관련 서류	
		차량(자가, 리스, 렌트)계약서 및 차량등록증	
		임직원보험전용 보험증권	
		운행기록부	
		업무용차량 사용자별 카드 구분 및 비용정리	
		증 빙 서 류	
(3)		12월말 예금, 적금 명세서	
		12월말 재고 명세서	
		12월말 채권 채무 잔액명세서(외상대)	
		1-12월 은행이자 원천영수증, 어음장(받을어음,지급어음)	
		건설회사 출자좌수 증명원 및 배당내역조회	

* 적격증빙(세금계산서,계산서,신용카드,현금영수증) 미수취시에 2010년부터 3만원 초과 금액(접대비 1만원)은 증빙불비가산세(거래금액의 2%)가 해당됩니다.

위 서류를 챙기어 첨부유무에 표시하셔서 1월 12일까지
세무회계사무소로 보내주시기 바랍니다.

○○세무회계사무소(직인생략)

(2) 가결산 및 예상세액 산출

법인사업자는 부가가치세 신고의 마감자료와 함께 원천징수 신고금액 및 신용카드 자료를 반영하여 법인세 예상액과 경비 지출현황을 분기별로 가결산하여 상담한다. 12월 말 회사 결산마감을 3월에만 진행하면 수입과 지출 발생시점이 모두 지난 뒤이기 때문에 적격증빙을 수취하기가 어려워지기 때문이다.

1) 법인세 예상세액 산출 예시

• 회사명 : 주식회사 더퍼스트
• 산출시기 : 20××년 법인세 예상 세액

* 불명확한 거래는 가지급금의 원인이 되므로 법인 통장 관리를 철저히 한다.

법인세 가결산 활용자료

<table>
<tr><td rowspan="4">매 출</td><td>1월~3월</td><td>210,000,000</td><td rowspan="4">총 매출</td><td rowspan="4">900,000,000</td></tr>
<tr><td>4월~6월</td><td>220,000,000</td></tr>
<tr><td>7월~9월</td><td>230,000,000</td></tr>
<tr><td>10월~12월</td><td>240,000,000</td></tr>
<tr><td rowspan="4">매 입</td><td>1월~3월</td><td>187,900,000</td><td rowspan="4">총 매입</td><td rowspan="4">800,600,000</td></tr>
<tr><td>4월~6월</td><td>196,900,000</td></tr>
<tr><td>7월~9월</td><td>205,900,000</td></tr>
<tr><td>10월~12월</td><td>209,900,000</td></tr>
<tr><td rowspan="4">인건비</td><td>1월~3월</td><td>3,000,000</td><td rowspan="4">총 인건비</td><td rowspan="4">12,000,000</td></tr>
<tr><td>4월~6월</td><td>3,000,000</td></tr>
<tr><td>7월~9월</td><td>3,000,000</td></tr>
<tr><td>10월~12월</td><td>3,000,000</td></tr>
<tr><td rowspan="4">신용카드
일반경비
현금영수증
(감가상각비)</td><td>1월~3월</td><td>9,900,031</td><td rowspan="4">신용카드
일반경비
현금영수증
(감가상각비)</td><td rowspan="4">42,520,015</td></tr>
<tr><td>4월~6월</td><td>8,446,040</td></tr>
<tr><td>7월~9월</td><td>8,363,149</td></tr>
<tr><td>10월~12월</td><td>15,810,795</td></tr>
<tr><td colspan="3">기초재고+</td><td colspan="2"></td></tr>
<tr><td colspan="3">고정자산 취득 (매입 자료에서)−</td><td colspan="2"></td></tr>
</table>

기말재고−	
총 예상손익	44,879,985
세무조정 ±	5,120,015
각 사업 연도 소득금액	50,000,000
산 출 세 액	5,000,000
(수도권 · 수도권외 소기업 감면) 중소기업 특별세액 감면	499,985
차 감 세 액	4,500,015

※ 고정자산 매입은 매입원가로 반영 안 됨−감가상각비로 계상됨

	법인세과세표준	세율	누진공제
법인세율	2억원 이하	10%	−
	2억원 초과~200억원 이하	20%	20,000,000
	200억원 초과~3,000억원 이하	22%	420,000,000
	3,000억원 초과	25%	9,420,000,000

1. 부가가치율 검토 바람

법인 직전사업연도 20억원 이상 법인지출증명서류 제출(2017.1.1 이후)	예상 법인세	4,500,015
거래금액 3만원 초과시 적격증빙(세금계산서, 계산서, 신용카드, 현금영수증) 수취 바람	예상 법인 지방세	500,000
	총 예상 세액	5,000,015

2) 참고사항

- 법인세 예상금액을 분기별로 관리하기 위한 자료이며, 반영된 금액은 추정금액이다.
- 법인세 예상세액 산출은 사업자 [주식회사 더퍼스트]의 연간 사업내용을 반영한 금액이다. 이는 ① 법인사업자 회사등록 ② 일반전표 입력 ③ 원천징수 입력 ④ 매입매출 전표 입력 ⑤ 부가가치세 신고서 마감 후 법인세 예상세액을 산출하고 ⑥ 결산 법인 세무조정을 진행하기 전 업체와 상담 자료를 활용하기 위한 자료이다. 법인 세무조정 후 법인세 납부세액 및 지방소득세 납부세액은 예상세액 금액과 차이가 있을 수 있다.
- 12월말 결산법인의 법인 지방소득세는 각 사업연도 종료일이 속하는 달 말일부터 4월 이내에 관할 지방자치단체에 신고납부한다. 12월말 결산법인은 법인의 사업연도 종료일인 12월말 현재 그 사업장 등기부등본상의 관할 소재지로 신고한다(지방세법 시행령 87조 1항).

(3) 결산내역

결산 준비자료를 반영하여 결산마감을 하면 준비된 세무조정 자료를 통해 법인세 총 부담세액 산출이 가능하다.

결산방법은 다음과 같다.

① 법인세 준비자료 안내문의 서류요청
- 현금, 예금 · 적금 기말잔액명세서
- 기말 재고명세서
- 채권 채무 기말잔액명세서

② 부가가치세 신고금액과 합계잔액시산표상 매출액의 일치여부 확인
③ 감가상각명세서에 감가상각비 금액의 결정
④ 비용 항목 중 선급비용명세서 금액 계산
⑤ 합계잔액시산표와 결산부속명세서 잔액 일치여부 확인
⑥ 원천징수신고와 급여의 계정과목 금액의 일치여부 확인
⑦ 퇴직급여충당금 설정금액 확인
⑧ 감가상각비명세서와 합계잔액시산표의 감가상각 반영금액 일치여부 확인
⑨ 매출원가를 계산하는 회사는 원가명세서상 비용 금액 확인
⑩ 접대비 계정과목은 접대비조정명세서 부인금액 확인
⑪ 세무조정대상 계정과목(잡손실등) 확인
⑫ 가지급금 계정과목 인정이자 계상하기(지급이자의 손금불산입 검토)
⑬ 비교식 재무제표 검토하고, 전기 재무제표 금액 확인하기
⑭ 대손금과 대손충당금 설정금액 확인
⑮ 계정별원장의 102~999 계정과목 코드 전체 계정별원장 금액 검토하기
⑯ 재무제표의 재무비율분석 검토하기
⑰ 국세청 홈택스 법인세 신고도움서비스 자료 출력하기
⑱ 그 외 세무조정 리스트 검토하기
⑲ 총괄 결산 입력 내용 검토

회사명	업무진행현황							수거자료등	전달사항	업무용 승용차	비고 (재무비율)
	부가가치세	원천	신용카드	통장	증빙	결산					
	입력	입력	입력	입력	입력	가결산	마감				
㈜	12	12	12	12	12	12					

2. 결산 및 세무조정

(1) 법인세 세무조정

세무조정은 법인세를 산정하는 목적으로 일반적으로 공정 · 타당하다고 인정되는 기업회계기준에 의하여 작성한 재무제표상의 당기순손익을 기초로 하여 세법의 규정에 따라 익금과 손금을 조정하여 과세소득을 산출하는 절차를 말하며, 결산조정과 신고조정으로 구분된다.

1) 결산조정

법인의 장부에 반드시 계상해야만 세법상 손금으로 인정받을 수 있는 세무조정이다(장부에 반영안하면 인정받을 수 없음). ① 감가상각비 ② 대손충당금 ③ 퇴직급여충당금 ④ 법인세법상 준비금 ⑤ 법인세법상 자산의 평가손 등 일정한 손금 항목이 해당된다.

2) 신고조정

법인의 장부에 계상하지 않고 결산을 마친 후 법인세 과세표준 신고과정에서 세무조정계산서에만 반영하여 세무회계상 인정받을 수 있는 세무조정이다.

결산서에 반영하지 않았거나, 과소 · 과대 계상된 경우에 반드시 신고조정을 해야 하는 익금, 손금 항목이다.

예시 주식회사 더퍼스트의 법인세 소득금액 조정에서 결산조정 항목인 감가상각비 금액 3,000,000원을 결산반영했고 신고조정 항목인 범칙금 등 120,000원 법인세 등 5,000,015원은 신고조정 반영했다.

(2) 기업회계와 세무회계의 차이

1) 기업회계

기업경영의 성과인 손익계산과 재정 상태를 일정한 방법에 의하여 계산, 기록하는 회계를 말한다. 재무제표의 이용자가 기업 실체에 관하여 올바른 판단을 하도록 회계원칙에 따라 처리하고 관련된 정보를 파악하여 적정한 보고를 하는 것을 기본 목적으로 한다(재무제표－기업회계기준). 회계장부란 주요부(전표 또는 분개장, 총계정원장)와 보조부

[보조원장(매입매출처원장, 받을어음 대장 등), 현금출납장, 보통예금장 등]에 기록하는 서류를 말한다.

2) 세무회계

세무조정이란 기업회계기준에 따라서 측정된 재무회계상 기업의 이익(경영성과)을 기초로 세법의 규정에 따라 과세소득을 측정하는 과정을 말한다.

(3) 법인세 결산준비

모든 과정에서 당기순손익을 반드시 확인한다.

① 법인세 신고도움 서비스를 반드시 조회한다.

국세청홈택스 ⟶ 세무대리인 ⟶ 법인세 신고도움 서비스

② 직전연도 재무상태표, 손익계산서, 원가명세서, 이익잉여금 처분계산서는 전년도 결산서에서 전기 재무제표 전기이월 금액을 반드시 확인 한다. 신규사업자는 비교재무제표가 없고 출력시 당기분 선택해 출력한다.

③ 부가가치세 신고서 신고금액과 매입·매출장 수입금액 일치하는지 확인한다.

④ 원천징수이행신고와 장부상 급여, 퇴직급여, 일용근로소득, 기타소득, 사업소득 등의 장부상 반영금액을 검토하고, 지급명세서 제출금액도 확인한다(회사성격에 따라 일반관리비 급여, 제조급여 등을 구분함).

⑤ 현금시재를 정리한 후 현금출납장(1.1.~12.31.)을 조회해서 현금출납장에 마이너스 잔액이 있는지 확인한다(법인사업자 – 발생주의 회계에 의한 자금일보 등을 관리하는 회사는 현금흐름을 관리하기 때문에 현금시재를 정리할 필요가 없음).

⑥ 계정별원장에 102~999 계정과목 코드를 띄워놓고 전체 계정별원장에 잘못 입력된 자료나 중복된 금액이 있는지 검토하고, 매월 반영될 경비(임차료, 통신비, 전기요금 등)도 확인한다.

⑦ 재고여부와 세금과공과 부인대상, 접대비 시부인 여부를 확인해야 하고, 감가상각계산과 선납세금, 선급비용(보험료 등)을 계산해야 하며, 무형자산을 상각한다.

⑧ 결산자료 입력원가 설정에서 상품매출원가(451), 제품매출원가(455), 도급공사매출원가(452) 등을 선택한다.

⑨ 사업의 업종과 업태·종목에 따라 재고자산이 투입되는 회사는 원가를 설정해야 하지만 원가가 따로 투입되지 않는 회사는 원가를 설정할 필요가 없다.

⑩ 장부상 법인세중간예납 결산 후 감가상각 상각월수가 반기결산 내용연수(6)으로 반영되어 있는 부분을 연말결산(내용연수12)으로 변경하여 감가상각금액을 계산한다(자산취득 : 취득일~12월). 감가상각비 중 일반관리비, 제조경비 등을 구분한다.

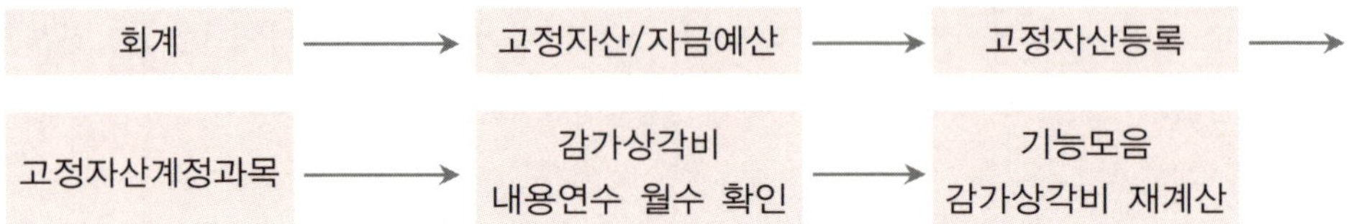

(4) 법인세 결산 및 세무조정 준비

① 회계관리 결산자료입력 후 전표추가하여 당기순손익을 확인한다. 손익의 확정 후 다음의 순서로 읽는다.

과목별 → 제출용 → 표준용

② 이익잉여금처분계산서(잉여금 처분일 기록, 배당금 처분)에 전표추가(F3)하여 당기순손익을 확인한다.

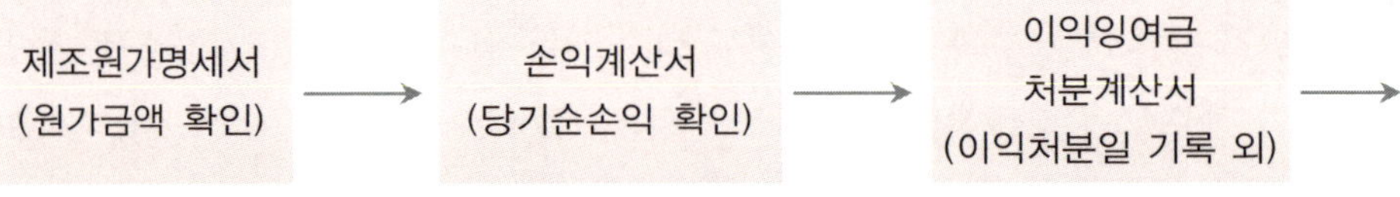

재무상태표(당기순손익 확인)

③ 재무상태표 결산완료 후 합계잔액시산표를 완료해야 하며, 다음의 순서로 읽는다.

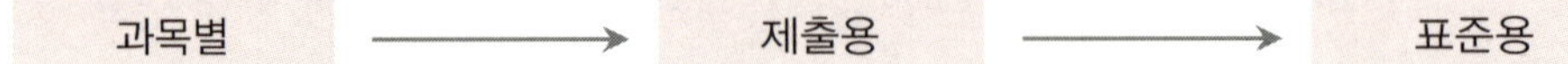

④ 회계관리 : 재무회계에서 영수증 수취명세서 불러오기를 하여 명세서 제출대상에 금액이 있으면 적격증빙 수취여부 확인하고 가산세 대상금액을 확인한다.

* 법인 회사등록 기본사항을 검토하고 세무조정시에 결산재무제표 금액이 변동되면 결산자료 입력, 당기순손익 확인, 제조원가명세서, 손익계산서, 이익잉여금처분계산서, 재무상태표는 새로 들어갈 때 꼭 불러오기 저장 확인한다.

1) 법인 세무조정시 주의사항

업무처리방법에 의해 신고서식의 작성이 이루어지며, 모든 서식은 관리회사의 세무조정사항 해당시 반영하면 되나, 단독으로 처리되는 계정은 미리 작성할 수 있다.

① 법인 주주총회의 잉여금 처분일을 검토한다.

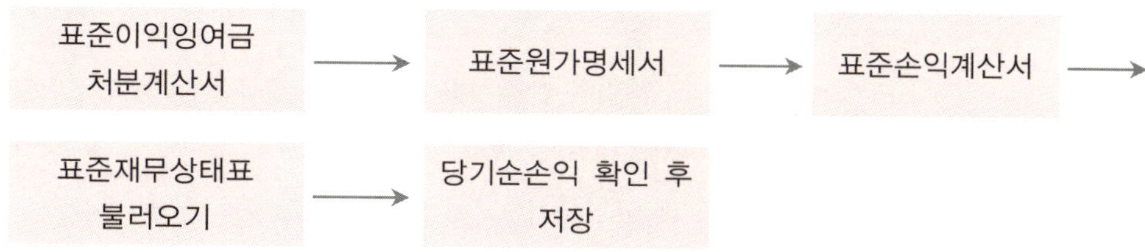

② 재무제표에서 부채비율 등 확인한다(금융자료제출 및 신용평가자료 요청 때문에 파악해야 함).

③ 건설회사의 경우 면허종류와 실질기준자본금 금액을 검토해야 한다. 건설공제조합에 자본금 규모가 미달되면 공사 입찰이 불가하며, 면허취소와 벌금이 나오므로 면허취득 종류와 자본금액에 따라 실질자본금이 면허기준금액 이상 있어야 하기 때문이다.

④ 지출증명서류 검토표(신고 부속서류 탭)를 불러오기하여 차이를 확인한다[별지 제77호 서식]. 영수증 수취명세서의 11.명세서제출 제외대상 금액과 12.명세서제출 대상 금액이 표기된다(명세서 제출제외 대상금액은 별도로 일반전표에서 관리하여 표기하도록 한다).

⑤ 중소기업 판단

업태·종목에 따라 사업장의 중소기업 유무를 먼저 파악한다. 회계프로그램 회사등록 추가사항에서 중소기업 여부를 확인한다.

- 중소기업 : 중소기업 선택(중소기업은 접대비 한도 24,000,000원, 중소기업특별세액감면대상 등 세액감면·공제 혜택)
- 비중소기업 : 일반 선택(일반기업은 접대비 한도 12,000,000원이 반영됨)
- 중소기업 범위 : 업종기준, 규모기준, 졸업기준, 독립성기준으로 판단한다.
- 중소기업 업종기준 : 조세특례제한법 시행령 제29조 제3항에 따른 소비성 서비스업을 주된 사업으로 영위하지 아니하면 모두 중소기업에 해당된다.

Check Box_세법상 중소기업

중소기업이란 조세특례제한법 시행령 제2조에서 규정하고 있는 요건을 모두 갖춘 기업을 말한다. 세법에 별도의 규정이 없으면 조세특례제한법상의 중소기업을 말하나, 예외적으로 중소기업기본법상(중소기본법 시행령 3조)의 중소기업을 기준으로 판단하는 경우도 있다(중소기업 판단시 업종은 통계법 제22조에 따라 통계청장이 고시하는 한국표준산업분류에 따름).

＊통계청→통계분류포털→한국표준산업분류→자료실 : 사업자 업종분류코드 조회하여 한국표준산업분류표 상의 업종분류를 확인하여 적용한다.

세법상 중소기업 기준

중소기업	세법상 중소기업(조세특례제한법 시행령 2조)
매출액 계산	당해 사업연도 매출액을 기준으로 하며, 창업 · 분할 · 합병의 경우 연간 환산매출액 기준
규모기준	당기 사업연도 기준으로 업종별 당기매출액으로 판단(매출액이 업종별로 중소기업기본법 시행령 별표1에 따른 규모기준 이내일 것)
업종기준	소비성서비스업을 주된사업으로 영위하지 않아야 함(업종 제약 있음, 조세특례제한법 시행령 2조 1항 4호)
졸업기준	당기 사업연도 종료일 자산총액 5천억원 이상으로 판단
독립성기준	실질적인 독립성이 중소기업기본법 시행령 제3조 제1항 제2호의 독립성 기준에 적합할 것

중소기업에 대한 특별세액감면 적용 검토

감면대상 업종	조세특례제한법 제7조 및 조세특례제한법 시행령 제6조의 감면업종
감면율	중소기업 특별세액 감면율을 적용
소기업 규모 기준	주된 업종별 평균매출액등은 중소기업기본법 시행령 별표3을 준용하여 산정한 규모기준 이내인 기업으로 평균매출액등의 매출액(조세특례제한법 시행령 6조 5항)

2) 계정과목별 세무조정시 주의사항

① 자산 및 부채

- 해당 자산 · 부채 계정과목은 어떠한 일이 있어도 거래처 코드를 꼭 기록한다.
- 부속명세서 작성 : 자산 · 부채 계정과목 잔액 입력시 거래처 코드가 없는 계정과목명세서 선택은 '1번', 거래처 코드가 있는 계정과목명세서 선택은 '3번'을 선택하여 결산부속명세서를 마감한다(재무제표 차기이월 계정과목 마감임).
- 일반전표에서 자산 · 부채 계정과목에 코드가 설정되지 않으면 합계잔액시산표와 부속명세서 간 잔액의 차액이 발생한다.

② 가지급금(주주임원종업원 단기채권, 대여금) 및 가수금(주주임원종업원 단기채무, 차입금)

법인 회사를 관리하게 되면, 가지급금은 업무 진행 중에 항상 관심을 가져야 하는 계정과목이다. 계정과목의 모든 계정잔액을 정리하고 난 후 합계잔액시산표를 살펴보면 가지급금 계정과목과, 가수금 계정과목이 발생되었는지 먼저 확인을 한다.

합계잔액시산표에서 가수금 계정과목만 있다면 가지급금 인정이자 계상은 해당 없으면 가수금은 부채계정으로 자금이 입금된 내용이다.

가지급금은 명칭 여하에 관계없이 특수관계자에 자금대여액(금융기관의 경우 주된 수익사업으로 볼 수 없는 자금대여액을 포함)을 말하므로 특수관계자 이외의 자에 대한 자금대여는 가지급금에 해당되지 않아 세무상 규제대상에서 제외된다.

가지급금에 대한 설명은 제3절 알쏭달송 세금신고의 확실한 정리 가지급금, 가수금편을 참고하기 바란다.

인명별 코드를 반드시 기록한다. 대표이사는 1, 4번, 임원은 2, 5번, 기타 가지급자는 3, 6번 적요 코드 반드시 설정한다(전기 재무상태표도 가지급금 · 가수금 인명 반영).

계정코드 가지급금134 가수금257 : 가지급금, 가수금은 일시적인 가계정이다.

가지급금 대상 업체의 합계잔액시산표에서 체크하는 계정과목

차 변	계정과목	대 변
가지급금등은 각각 인별로 코드를 걸어줌 ① 제89조 제3항 제2호에 따라 당좌대출이자율로 계산 ② 원칙 : 가중평균이자율로 계산 ③ 제89조 제3항 제1호에 따라 당좌대출이자율로 적용 ④ 제89조 제3항 제1호의 2에 따라 당좌대출이자율로 적용 1. 전기이월 인명별로 코드 걸어줘야함(적요란 대표이사 1/4, 이사 2/5, 감사 3/6). 2. 가지급금은 인별로 코드를 걸어줌	단기대여금 가지급금 주임종단기채권 (특수관계자 및 업무무관가지급금 인정이자 계산대상임)	• 원칙은 가중평균이자율이나, 당좌대출이자율 선택가능함(당좌대출이자율 선택시 3년간 의무 적용 후 다시 당좌대출, 가중평균 검토). • 특수관계자간 금전대차거래시 당좌대출이자율을 연 4.6%로 선택하고, 가중평균차입이자율은 대여자의 대여시점의 가중평균차입이자율을 함. • 당좌대출이율 : 2016.3.7. 이후 4.6%

차 변	계정과목	대 변
	가수금 주임종단기채무	가수금등은 각각 인별로 코드를 걸어줌
1. 금융기관에 차입금 상환표 요청 2. 금융기관에 상환한 이자율표 요청	단기차입금 장기차입금	1. 거래처별로 일자별차입금, 상환액 입력, 이자율 입력 2. 마이너스대출통장의 경우 각 일자별 거래내역을 이자율별로 모두 입력함. 3. 특수관계자로부터의 차입금은 제외 4. 차입금이 없는 경우에는 당좌대출 이자율로 적용함. 5. 가중평균이자율과 당좌대출이자율중 선택 6. 단기차입금은 지급이자가 발생됨.
1. 법이 정한 이율보다 낮게 약정한 경우는 세무조정사항에서 세무조정으로 소득처분이 나타날 수 있음. 2. 미수이자의 경우 사업연도 종료일부터 1년이 되는 날까지 회수하지 아니하면 1년이 되는 날이 속하는 날 귀속자 상여처분함.	이자수익 (특수관계자및 업무무관가지급금 이자수익계상함)	1. 세무조정시 회사계상은 장부에 이자수익 반영함. 2. 일반적인 가지급금 인정이자는 상여처분대상, 대여금등에 대하여 상환기간과 약정이자율 정해 회사와 채권채무 약정서가 작성된 수입이자 허용(금전소비대차 약정서 비치)
이자비용은 이자율을 적요란에 입력해줌 1. 세무조정시 이자비용 손금불산입 대상임 2. 지급이자 중 선급이자제외 미지급이자 포함 3. 운용리스료, 매출채권 할인액 등 제외함	이자비용 (가지급금인정이자 특수관계자 대여는 이자비용 부인함)	

Check Box_가지급금 인정이자 입력하는 방법

이자율별 차입금 적수계산	이자비용을 연이율과 이자비용 원장금액을 확인하며 입력한다.
이자율별 차입금 잔액계산	• 거래처 코드를 이용하면 원장에서 불러오기가 된다. • 거래처 일자 차입금 상환액 이자율을 차입금 원장 확인하며 기록한다(가중평균이자율 및 당좌대출이자율 적용시 참고 자료임).
가지급금 가수금 적수 계산	• 가지급금에 원장금액을 항상 확인한다. • 직책 성명을 입력한다(거래처등록에 인명별로 코드를 만든다). • 가중평균이자율 적용 안 할 경우에는 – 직책성명0, 1 : 법정당좌대출이자율로 계산 선택 (약정이 있는 당좌대출) – 가지급금 원장금액 불러오고 가지급금 원장의 금액을 인명별로 기록한다
가지급금 가수금 적수 계산	• 가수금에 원장금액을 항상 확인한다. • 가수금 원장 인명별로 코드를 불러온다.
인정이자 계상	1. 가지급금, 가수금 입력(인명별로 거래처 코드 등록하여 회계 데이타를 이용하여 입력) 2. 차입금 입력(가중평균이자율 적용 시) 3. 인정이자계산(을)지에 가지급금, 가수금 적수 입력한다. 4. 인정이자조정(갑)지에 인정이자율 선택하고 세무조정한다(가지급금, 가수금 적수 금액 꼭 확인).
인정이자 처리 방법	• 인정이자를 장부상 이자수익을 반영했으면 회사계상으로 금액을 입력한다(미수수익/이자수익). • 인정이자 상여처분은 세무조정으로 소득금액조정합계표에 상여처분하고 근로소득원천영수증 수정신고 세무신고일은 다음달 10일까지 한다.
이자비용 손금불산입	• 업무무관 지급이자조정갑, 을에서 가지급금, 가수금 불러오기 하여 적수를 확인한다. • 손금불산입이자를 소득금액조정합계표에서 기타사외유출 처분한다.
법인 및 개인이자 지급시기	금전소비대차 약정서에 약정한 날 이자지급일(금융권이 아닌 경우 비영업대금이자 원천징수 25%) 법인–개인 지방소득세 2015.1.1. 과세
금융권	이자가 발생한 날 원천징수 이자 14%(2015.1.1. 이후 지방소득세 과세)

더존 회계프로그램의 입력 방법은 아래와 같다.

예시 자료에 의해 흐름을 따라가 본다(가지급금만 발생한 세무조정 흐름임을 참고 바람).

2019.1.5.	대표이사 17,000,000원 가지급금 발생 차) 가지급금 17,000,000원 대) 보통예금 17,000,000원
2019.1.8.	이자비용지급 328,977원(중소기업진흥공단) 이자율 3.1%
2019.1.16.	이자비용지급 722,012원(우리은행)이자율 2.545% (이자비용 계 1,050,989원)

㉮ 일반전표입력의 가지급금 발생전표

- 가지급금이 있다면 전기분재무제표에서 전기이월을 인명별로 코드를 걸어주고, 가지급금이 있다면 금전소비대차 약정서를 비치해야 한다.
- 일반전표에서 가지급금(가수금) 1월~12월 조회하여 적요란에 인명별로 걸어준다(적요란에 번호를 꼭 사용해야 하며 대표이사 1/4, 이사 2/5, 감사 3/6).

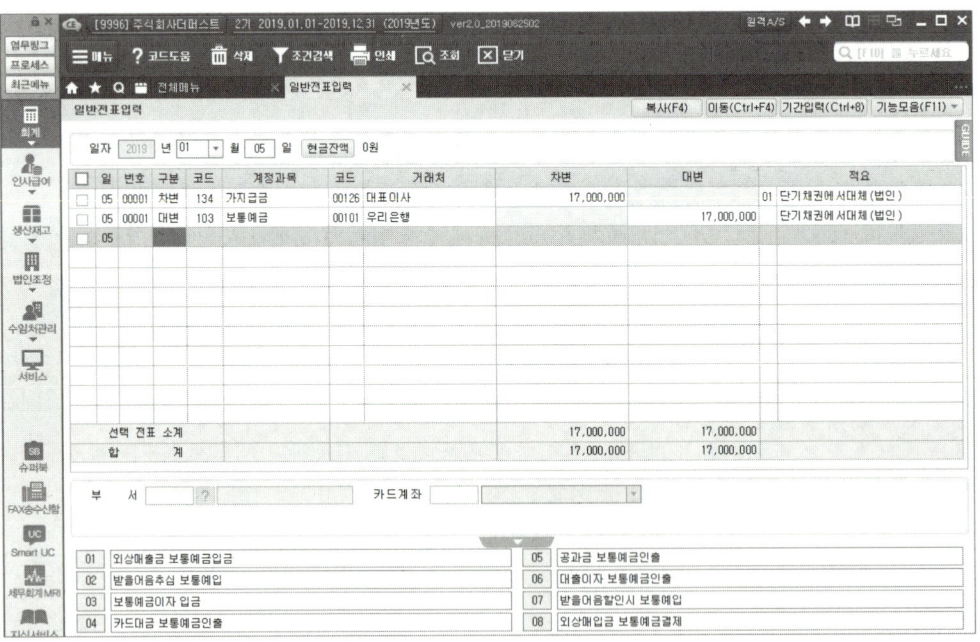

㉯ 일반전표입력의 이자비용

일반전표 입력에서 이자비용 검색해서 이자율을 기록해 준다. 모든 이자비용은 이자율을 기록해줘야 하는데, 결산 준비시에 미리 은행에 요청해서 이자지급 내역을 받아놔야 한다.

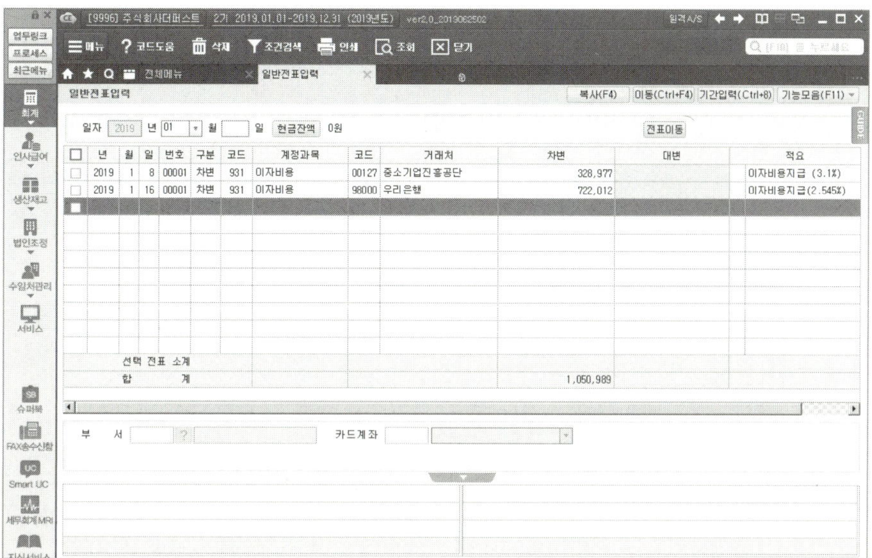

㉰ **가지급금등의인정이자조정(갑, 을) : 1. 가지급금. 가수금 입력**

가지급금 인정이자 계산하는 간단한 당좌대출이자율을 선택한 가지급금 인정이자의 순서를 확인한다(당좌대출이자율을 선택 시에는 3년간 의무적으로 적용).

- 가지급금과 가수금 입력으로 직책 성명 기록하고 0.1 : 법정당좌대출이자율로 계산, 약정(6.9%) 당좌대출이자율로 계산 중 선택 → 회계 데이터를 불러오기하여 계정원장을 확인한다.
- 차입금 입력(가중평균이자율 계산시 사용) : 해당 시에 반영한다.

(합계잔액시산표의 가지급금금액과 일치 꼭 확인) → 3. 인정이자계산 : (을)지 확인

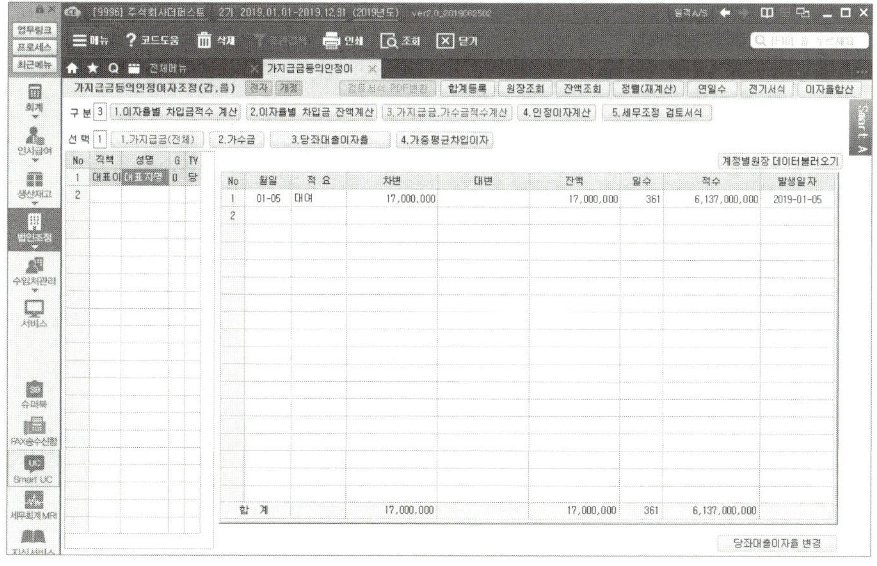

㉣ **가지급금등인정이자조정(갑, 을) : 3. 가지급금. 가수금적수계산**

가지급금과 가수금의 적수 계산된 금액을 불러오기 하여 적수 금액을 확인하는데 가지급금원장의 잔액을 12월말 잔액을 재무제표의 금액과 일치시켜 준다.

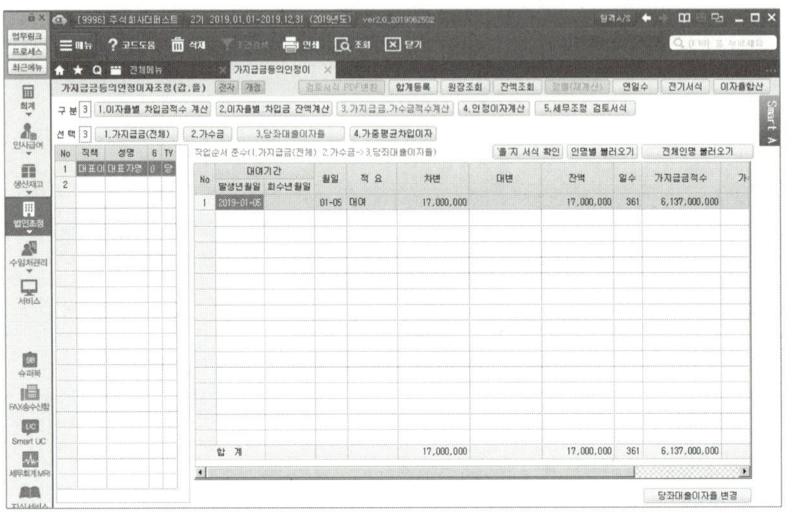

㉤ **가지급금등의인정이자조정(갑, 을) : 4. 인정이자계산**

- 가지급금 17,000,000원을 인정이자 계산한 금액을 회사계상액으로 반영하면 F3 조정등록 발생 세무조정이 안 된다.
- 조정등록이 발생 안 된 회사계상액은 (차변) 미수수익 773,430 / (대변) 이자수익 773,430 전표발행을 해야 한다(미수수익은 꼭 회수해야함).
- F3 조정등록에서 상여처분은 가지급금 인정이자 해당자에게 상여처분하고 연말정산 수정신고를 해야 한다(당좌대출이자율을 계속 적용시 최초 선택한 사업연도 입력).

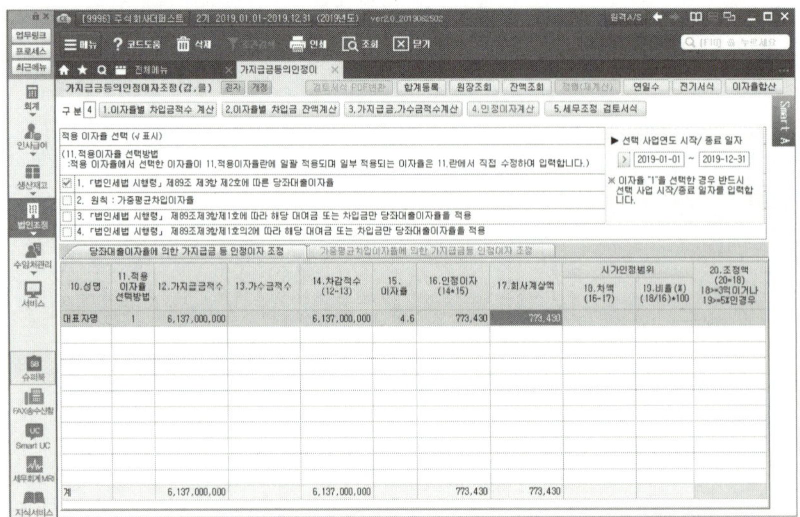

㉶ 업무무관 지급이자조정명세서(갑, 을) : 3. 가지급금 등의 적수

가지급금 인정이자가 발생하였으므로 업무무관부동산에 관련한 차입금이자조정명세서 작성한다.

- 적수입력(을) 가지급금과 가수금에 반영된 금액을 불러오기하고 가지급금잔액과 적수금액을 가지급금인정이자의 금액과 꼭 일치시켜준다.
- 순서에 맞는 적수 계산을 검토한다.
  업무무관부동산 2.업무무관동산 3.가지급금 4.가수금 5.그 밖의 가지급금인정이자 조정명세서의 적수가 맞는지 확인한다.

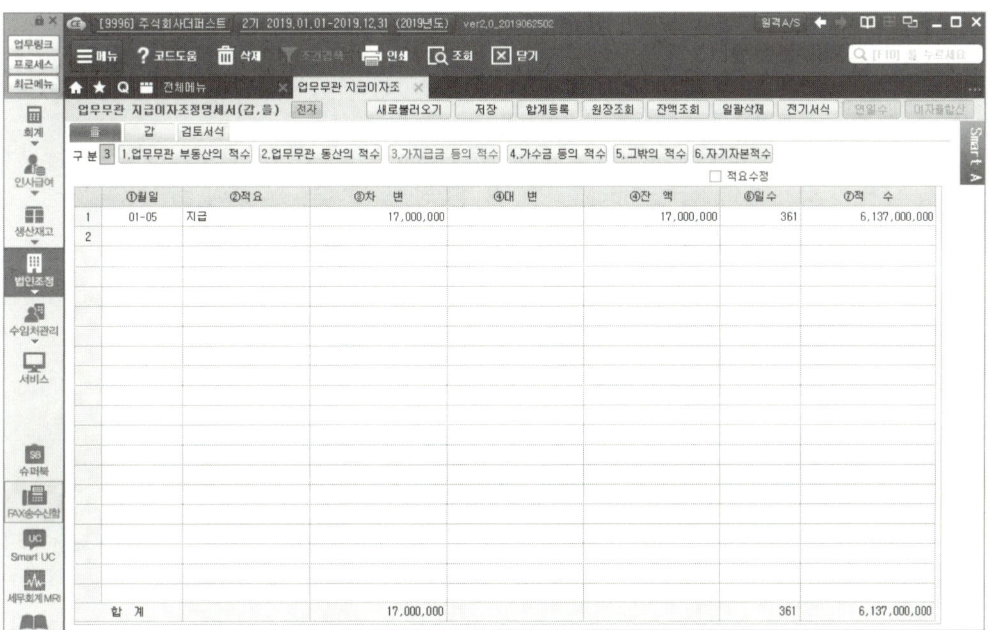

㉷ 업무무관 지급이자조정명세서(갑, 을) : 2. 지급이자 손금불산입(갑)

- 지급이자 손금불산입(갑) 이자비용 원장에 반영된 이자비용 1,050,989원을 일치시킨다.
- 업무무관부동산 등에 관련한 차입금 손금불산입 지급이자 F3 조정등록하고 세무조정을 기타사외유출 소득처분 진행한다.

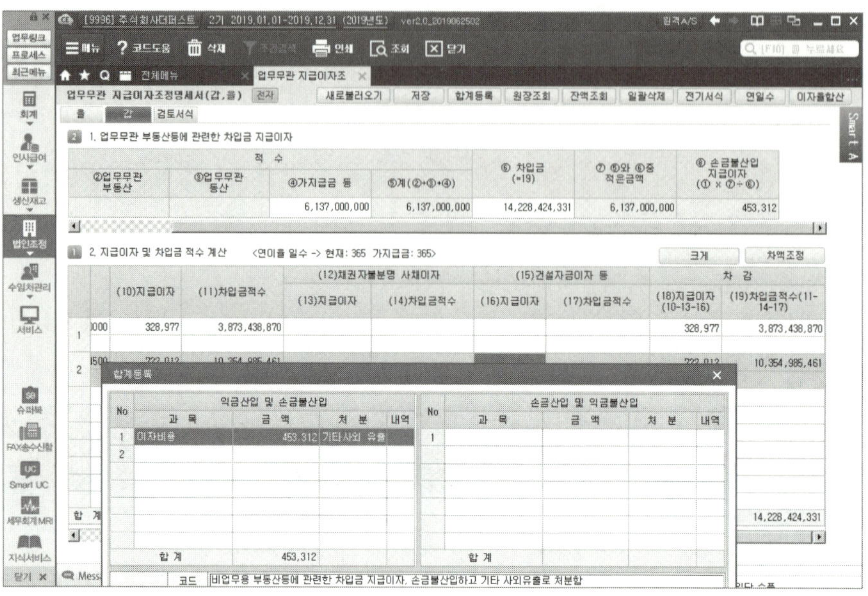

㉵ **소득금액조정합계표, 명세서**

- 소득금액조정합계표및명세서 이자비용 손금불산입 반영한 소득처분된 453,312원 금액을 검토한다.
- 당좌대출이자율 적용하는 가지급금 인정이자에 대한 과정을 정리 했다.
- 가지급금 계정과목은 회사의 재무제표를 검토할 때 합계잔액시산표에 기록된 가지급금 관련 계정과목 발생 유무를 먼저 확인한다.
- 가지급금이 발생되면 이자비용 계정과목의 기록이 되어있는지 확인한 다음 가지급금의 세무조정을 위한 자료 요청을 해야 한다.

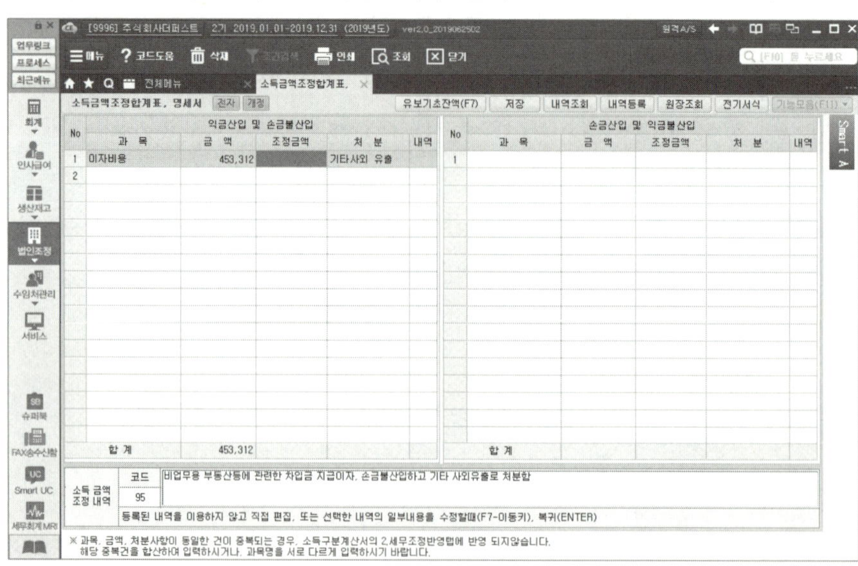

세무사랑Pro ▸▸▸ 가지급금 인정이자 입력

세무사랑의 회계프로그램의 입력 방법은 아래와 같다.

예시 자료에 의해 흐름을 따라가 본다(가지급금만 발생한 세무조정 흐름임을 참고).

2019.1.5.	대표이사 17,000,000원 가지급금 발생 차) 가지급금 17,000,000원 대) 보통예금 17,000,000원
2019.1.8.	이자비용지급 328,977원(중소기업진흥공단) 이자율 3.1%
2019.1.16.	이자비용지급 722,012원(우리은행)이자율 2.545% (이자비용계 1,050,989원)

㉮ **일반전표입력의 가지급금 발생전표**

- 가지급금이 있다면 전기분재무제표에서 전기이월을 인명별로 코드를 걸어주고, 가지급금이 있다면 금전소비대차 약정서를 비치해야 한다.
- 일반전표에서 가지급금(가수금) 1월~12월 조회하여 적요란에 인명별로 걸어준다(적요란에 번호를 꼭 사용해야 하며 대표이사 1/4, 이사 2/5, 감사 3/6).

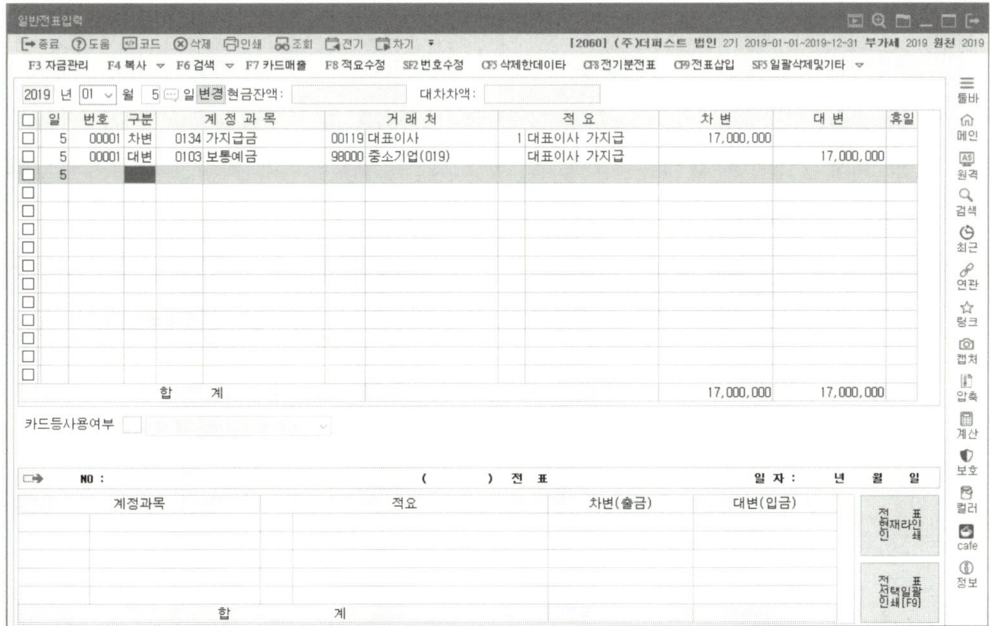

㉯ **일반전표입력의 이자비용**

일반전표 입력에서 이자비용 검색해서 이자율을 기록해 준다. 모든 이자비용은 이자율을 기록해줘야 하는데, 결산 준비시에 미리 은행에 요청해서 이자지급 내역을 받아놔야 한다.

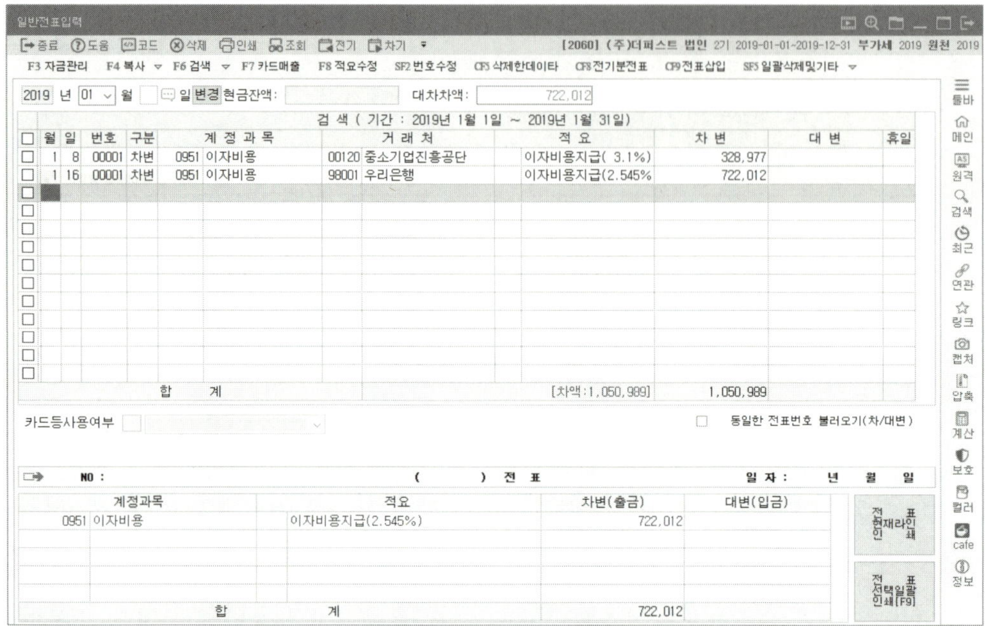

㉰ **가지급금등의 인정이자 조정명세서 : 1. 가지급금, 가수금 입력**

가지급금 인정이자 계산하는 간단한 당좌대출이자율을 선택한 가지급금 인정이자의 순서를 확인한다(당좌대출이자율을 선택 시에는 3년간 의무적으로 적용).

- 가지급금과 가수금 입력으로 직책 성명 기록하고 0.1 : 법정당좌대출이자율로 계산, 약정(6.9%) 당좌대출이자율로 계산 중 선택 → 회계 데이터를 불러오기하여 계정원장을 확인한다.
- 차입금 입력(가중평균이자율 계산시 사용)하고 해당 시에 반영한다.
  (합계잔액시산표의 가지급금금액과 일치 꼭 확인) → 3. 인정이자계산 : (을)지 확인

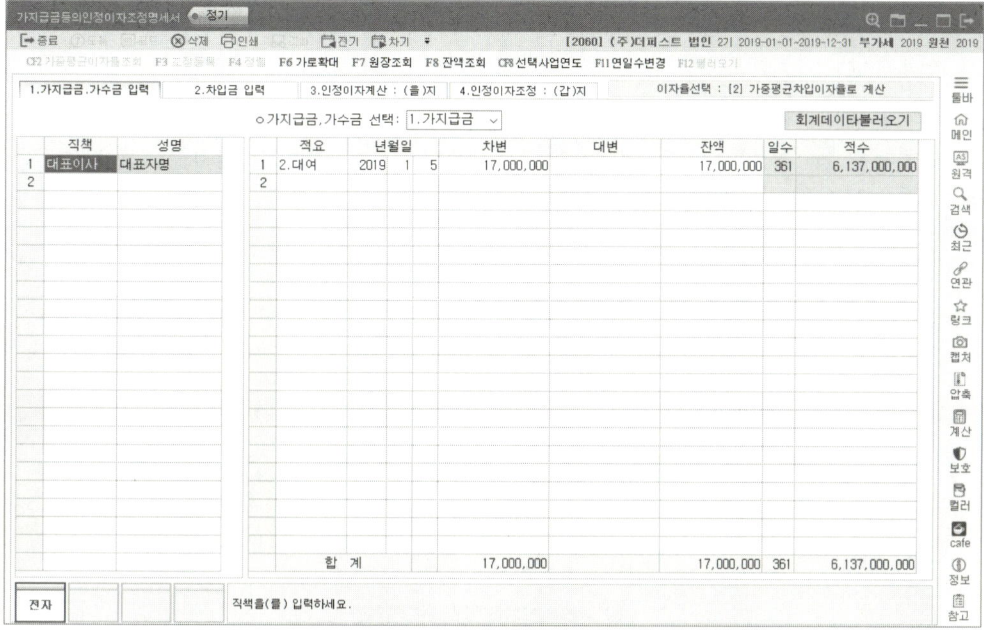

㉣ 가지급금등인정이자조정명세서 : 3.인정이자계산 (을)지

가지급금과 가수금의 적수 계산된 금액을 불러오기 하여 적수 금액을 확인하는데 가지급금원장의 잔액을 12월말 잔액을 재무제표의 금액과 일치시켜 준다.

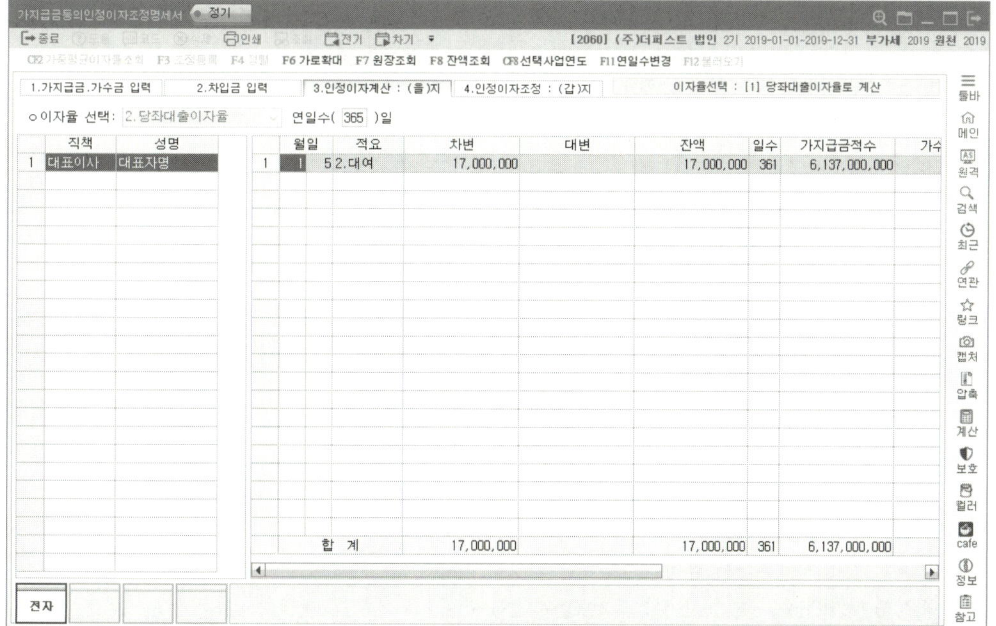

㉲ **가지급금등의 인정이자 조정명세서 : 4.인정이자조정 (갑)지**

- 가지급금 17,000,000원을 인정이자 계산한 금액을 회사계상액으로 반영하면 F3 조정등록 발생 세무조정이 안 된다.
- 조정등록이 발생 안 된 회사계상액은 (차변) 미수수익 773,430 / (대변) 이자수익 773,430 전표발행을 해야 한다(미수수익은 꼭 회수해야 함).
- F3 조정등록에서 상여처분은 가지급금 인정이자 해당자에게 상여처분하고 연말정산 수정신고를 해야 한다(당좌대출이자율을 계속 적용시 최초 선택한 사업연도 입력).

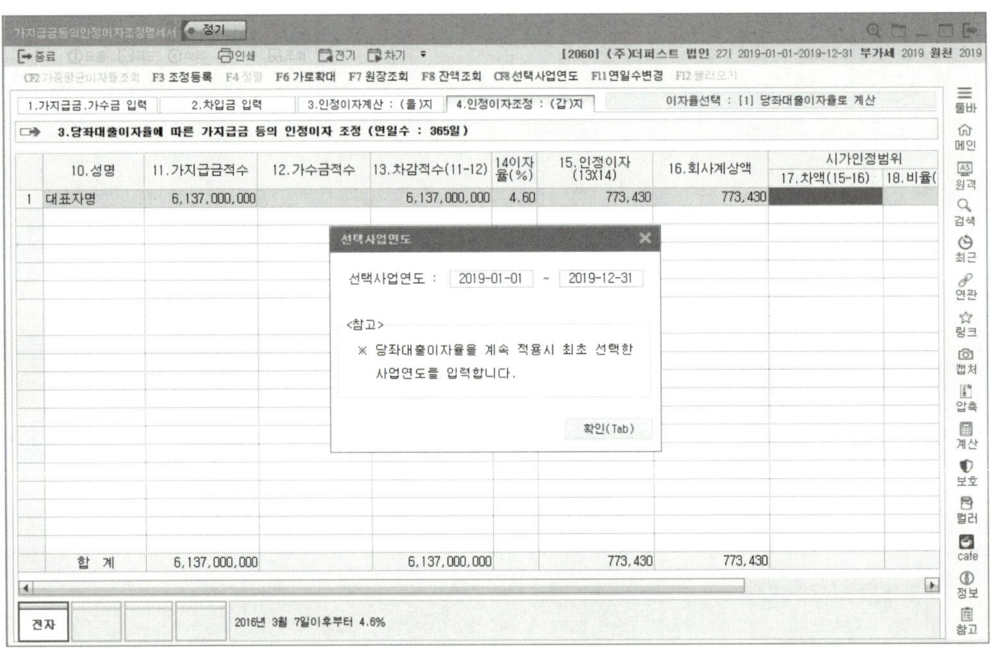

㉳ **업무무관부동산 등에 관련한 차입금이자 조정명세서 : 1.적수입력(을)**

가지급금 인정이자가 발생하였으므로 업무무관부동산에 관련한 차입금이자조정명세서를 작성한다.

- 적수입력(을) 가지급금과 가수금에 반영된 금액을 불러오기하고 가지급금잔액과 적수금액을 가지급금인정이자의 금액과 꼭 일치 시켜준다.
- 순서에 맞는 적수 계산을 검토한다.

  업무무관부동산 2.업무무관동산 3.가지급금 4.가수금 5.그 밖의 가지급금인정이자 조정명세서의 적수가 맞는지 확인한다.

㉶ 업무무관부동산 등에 관련한 차입금이자 조정명세서 : 2.지급이자손금불산입(갑)

- 지급이자 손금불산입(갑) 이자비용 원장에 반영된 이자비용 1,050,989원을 일치시킨다.
- 업무무관부동산 등에 관련한 차입금 손금불산입 지급이자 F3 조정등록하고 세무조정을 기타사외유출 소득처분을 진행한다.

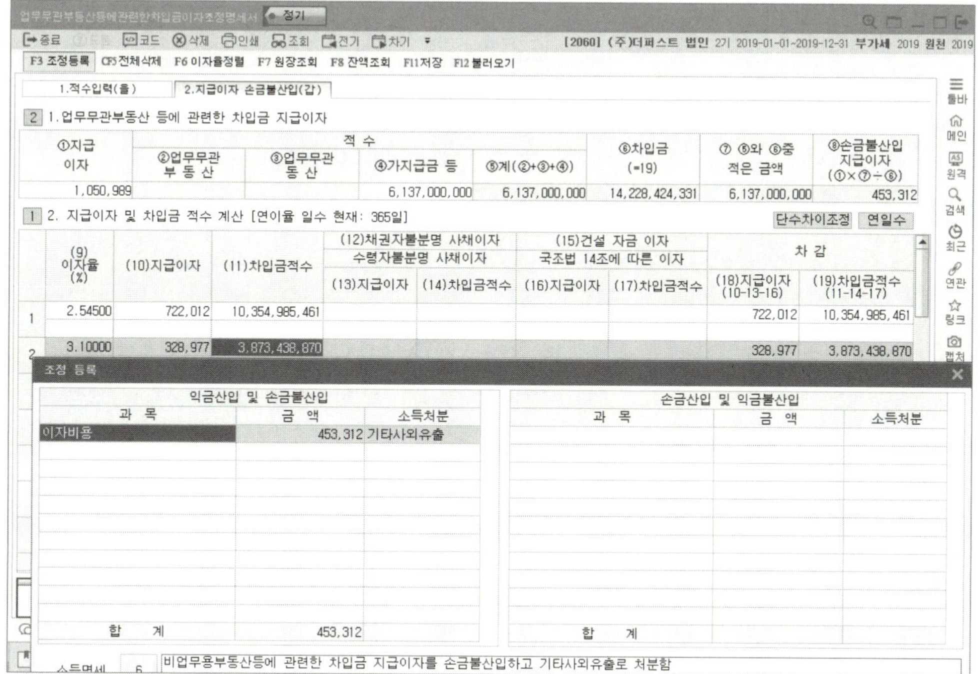

㉵ 소득금액조정합계표 및 명세서

- 소득금액조정합계표및명세서 이자비용 손금불산입 반영한 소득처분된 453,312원 금액을 검토한다.
- 당좌대출이자율 적용하는 가지급금 인정이자에 대한 과정을 정리한다.
- 가지급금 계정과목은 회사의 재무제표를 검토할 때 합계잔액시산표에 기록된 가지급금 관련 계정과목의 발생 유무를 먼저 확인한다.
- 가지급금이 발생되면 이자비용 계정과목이 기록이 되어있는지 확인한 다음 가지급금의 세무조정을 위한 자료 요청을 해야 한다.

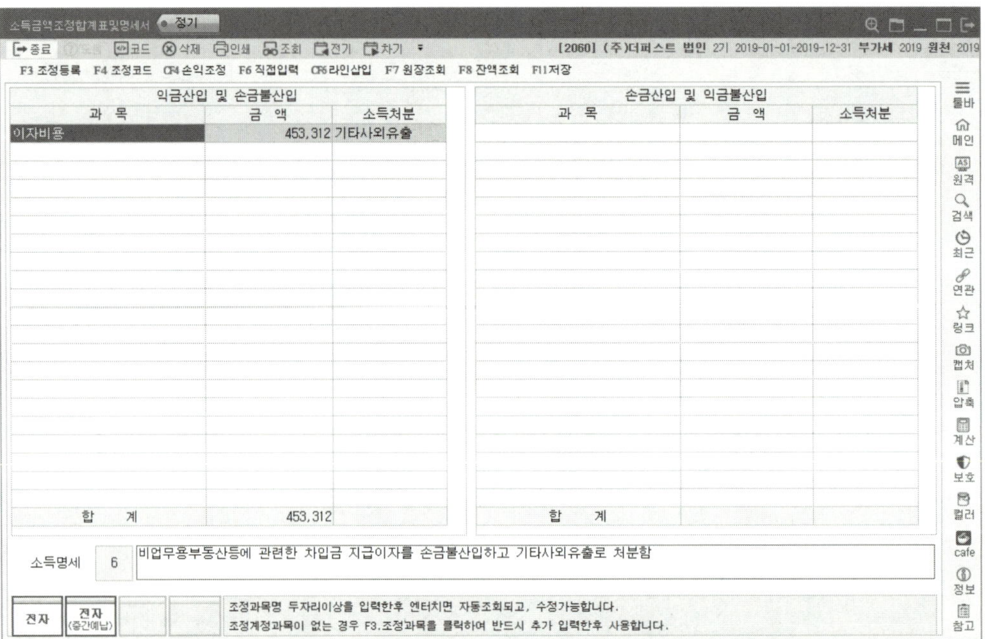

③ 접대비

접대비 입력시 법인카드 사용 1번 또는 경조사비 10번 코드(타 프로그램 경조사비 6번)가 반영되어 있는지 확인한다.

④ 세금과공과

국가나 지방자치단체에 납부한 세금만 반영하고 가산금, 가산세, 범칙금, 과태료는 잡손실로 처리한다.

⑤ 잡손실

가산금, 가산세, 범칙금, 과태료 등 원장을 검토하여 세무조정상 손금불산입 금액을 확인한다.

(5) 법인세 세무조정 안내리스트

1) 표준재무제표 및 수입금액조정 안내

사업장에 연락하여 잉여금 처분일 확인한다(잉여금처분 결의 등 관련서류가 누락될 수도 있고 12월 사업연도 종료일은 다음 해 주주총회 결의일임). 표준재무제표를 불러오기 한다.

표준 이익잉여금에서 처분일 검토 ⟶ 표준원가명세서 ⟶ 표준손익계산서 ⟶ 표준재무상태표 불러오기 후 저장

① 수입금액조정명세서[별지 제16호 서식]

매출금액(기업회계상)과 수입금액(법인세법상)의 차이 원인을 분석하여 세무조정(소득처분)을 진행한다.

② 조정후수입금액명세서[별지 제17호 서식]

부가가치세 신고 과세표준 수입금액과 장부상 매출수입금액 조회 후 매출을 검토해서 수입금액 제외 내용을 검토하고, 간주임대료 등을 확인한다.

③ 수입배당금액 명세서[별지 제16호의 2 서식]

법인주주가 다른 내국법인에 출자한 주식의 지분비율에 따라 받는 배당소득의 이중과

세방지를 위하여 배당금액을 각 사업연도의 소득금액 계산에 있어서 익금불산입(기타)한다.

④ 임대보증금 등의 간주익금조정명세서[별지 제18호 서식]

부동산임대업이 주업인 영리내국법인 중 차입금 과다법인이 해당된다.

⑤ 중소기업기준 검토표[별지 제51호 서식]

매출 및 업종 검토 후 중소기업 해당 여부를 확인하여 저장한다(중소기업특별세액감면 및 접대비조정명세서와 관련있음).

2) 과목별 세무조정 안내

장부상 결산에 반영하여 확정된 자료를 가지고 과목별로 소득금액조정합계표에 세무조정 내역을 반영한다.

① 선급비용명세서[소득세법 시행규칙 별지 제66호 서식]

- 보험료, 지급수수료 등 선급비용 계상 후 결산반영 또는 세무조정 중 선택한다.
- 세무조정 선택시 유보처분하고 자본금과 적립금 조정명세서(을)를 작성한다.

예시 결산조정 전표입력분개) 선급비용 ×××× / 보험료 ××××

② 접대비조정명세서[별지 제23호 서식 갑, 을]

- 사업과 관련하여 특정인에게 접대비, 교제비, 사례금, 기타 어떠한 명목이든 관계없이 이와 유사한 성질의 비용으로 업무에 관련하여 지출한 비용을 말한다.
- 특수관계인에 대한 매출이 있는 경우 특수관계인간 거래금액에 수입금액을 기록한다(기준 접대비 한도 축소됨).
- 업무무관, 증빙불비 접대비는 손금불산입한다(상여 등 귀속자에 소득처분해야 함).
- 법인지출증명서류의 미수취는 손금불산입한다(신용카드 1만원 초과하는 금액의 접대비는 기타사외유출로 처리함).
- 접대비 손금산입 한도 초과액 손금불산입(기타사외유출)
- 접대비는 당기에 건설 중인 자산 등으로 자산에 계상된 경우에도 손비이다. 이 경우 접대비와 합산하여 시부인계산한다.
- 접대비의 세무조정 여부 검토 후 손금불산입 금액을 소득금액조정합계표[별지 제15호 서식]에 반영한다.

③ 대손충당금 및 대손금조정명세서[별지 제34호 서식]

- 채권 잔액 장부가액의 1%와 대손실적율에 따른 대손추산액으로 대손충당금을 설정하고, 법인세법상의 대손사유를 판단하여 대손금에 반영한다.
- 자본금과적립금조정명세서(을)[별지 제50호 서식 (을)] 서식의 전기세무조정 유보소득계산금액 기말잔액을 확인하고 조정사항 검토 후 소득금액 조정에 해당될 경우 소득금액조정합계표[별지 제15호 서식]에 반영하여 세무조정한다.

④ 퇴직급여충당금[별지 제32호 서식]과 퇴직연금부담금[별지 제33호 서식]

- 결산 말일에 직원이 퇴사할 경우 발생하는 퇴직금이나 퇴직급여충당부채를 설정할 경우의 퇴직금을 세무조정한다.
- DB형(확정급여형퇴직연금)은 세무조정하고, DC형(퇴직급여 기여형)과 IRP퇴직연금은 바로 당기비용 처리한다.
- DB형은 손금불산입한 회계연도에 세무조정해야 당기비용으로 인정받을 수 있다(그 해에 못하면 경정청구대상임).
- 자본금과적립금조정명세서(을)[별지 제50호 서식 (을)] 서식의 전기세무조정 유보소득계산금액 기말잔액을 확인하고 조정사항 검토 후 소득금액 조정대상에 해당될 경우 소득금액조정합계표[별지 제15호 서식]에 반영하여 세무조정한다.

⑤ 재고자산평가조정명세서[별지 제39호 서식]

- 원가법과 저가법 중 선택하며 원칙은 원가법이다
- 최초사업연도 법인은 재고자산평가방법을 신고할 수 있다(1기 법인세 신고시 평가방법 신고). [별지 제64호 서식]
- 계속법인은 재고평가방법 변경신고시 당해 연도 9월말까지 변경신고하여 후년에 변경방법으로 적용받을 수 있다. 법인이 재고자산 평가방법을 신고하지 않은 경우 선입선출법을 적용한다.
- 저가법을 선택했을 경우에는 평가손실을 반영할 수 있어 대기업(외감 법인)은 대체로 평가방법을 저가법으로 세무서에 신고한다.

⑥ 세금과공과명세서[소득세법 시행규칙 별지 제67호 서식]

벌과금 등은 손금불산입으로 세무조정하여 세금과공과명세서에 작성하고 소득금액조정합계표[별지 제15호 서식]에 기록한다.

⑦ 잡손실(세무조정 부인금액 확인함)

가산금, 가산세, 범칙금, 과태료 등은 손금불산입 세무조정하여 소득금액조정합계표[별지 제15호 서식]에 기록한다,

⑧ 가지급금 등의 인정이자 조정명세서(갑), (을)[별지 제19호 서식 (갑), (을)]

- 법인이 특수관계인에게 업무와 직접적인 관련없는 자금을 대여한 경우에 장부상 명칭과는 관계없이 가지급금에 계상된 금액은 세무조정해야 한다.
- 가지급금의 인정이자를 계산할 때 원칙은 가중평균이자율이나, 당좌대출이자율을 선택하면 3년동안 의무적으로 당좌대출이자율을 적용해야 한다(3년 후 다시 판단함).
- 대여금 약정서를 비치해야 하며, 상여처분이 되지 않는다.

  * 당좌대출이자율 : 2016.3.7. 이후 4.6%

- 결산조정 반영시 이자수익을 반영하고 세무조정시 특수관계자 대여는 인정이자 상여등 처분이고 법인간 대여는 기타사외유출로 처분함.

  예시 결산 반영 분개) 미수수익 ×××× / 이자수익 ××××

- 상여처분, 인정이자가 생길 경우 세무조정사항을 소득금액조정합계표[별지 제15호 서식]에 등록한다.→ 상여처분, 귀속자에게 근로소득원천징수영수증 수정해서 신고해야 한다(12월말 결산법인의 반기사업자도 4.10.까지 원천징수하여 신고납부해야함).
- 장부상 차입금이 있고 이자비용이 있는 회사는 이자비용을 가지급금 인정이자 세무조정 등록시에 이자비용 금액과 이자율을 입력한다.

⑨ 업무무관부동산등에 관련한 차입금이자 조정명세서(갑), (을)[별지 제26호 서식 (갑), (을)]

- 가지급금 인정이자 계상대상인 회사는 차입금과 이자비용이 장부상 계정과목에 반영되어 있는지 확인한다(원장 입력시 이자비용의 이율을 표기하면 세무조정시 반영이 용이함).
- 차입금을 불러오기 하여 이자비용(이자율)을 입력했을 때 이자비용 부인금액이 발생 될 경우 세무조정사항을 소득금액조정합계표[별지 제15호 서식]에 조정등록하여 기타사외유출 처분한다.

⑩ 소득구분계산서[별지 제48호 서식]

- 해당 사업연도에 감면되는 사업과 그 밖의 사업을 겸영하는 법인은 해당 사업 또는 소득에 대하여는 구분경리하여야 한다.
- 중소기업특별세액감면을 받는 회사는 소득구분계산서를 반드시 작성해서 이자수익, 유형자산 처분이익 등 감면대상이 아닌 금액을 확정해 놓는다.
- 소득구분명세서 작성시 세무조정 금액을 확정해 놓은 뒤에 법인세 과세표준 및 세액조정계산서[별지 제3호 서식]에 저장・반영해주는 것이 순서다.
- 세무조정사항(소득금액조정합계표 및 명세서)도 반영이 되어야 하기 때문이다.

⑪ 업무용승용차 관련비용명세서[별지 제29호 서식]

- 차량별로 운행비율에 따라 차량사용자가 감사, 임원, 직원 등 배당, 상여, 기타소득 세무조정사항을 소득금액조정합계표[별지 제15호 서식]에 반영하고, 기타사외유출로 처분한다.
- 임직원전용보험 가입 여부를 확인하고 미가입시는 그 귀속자에게 상여처분한다(화물차, 경차 외 매입세액공제받은 차량은 제외됨).

⑫ 유형자산감가상각 조정명세서[별지 제20호 서식(1), (2)] 및 감가상각비 조정명세서합계표[별지 제20호 서식(4)]

- 법인이 소유하고 있는 고정자산을 사용하거나 해당 기간의 경과에 따라 가치가 감소되는 현상을 감가라 하며 체계적이고 합리적인 계산범법으로 당기비용에 반영하는 절차를 감가상각이라 한다.
- 기업회계는 체계적이고 합리적인 계산방법에 의해 감가상각비를 당기비용으로 인식하여야 한다.
- 법인세법에서는 체계적이고 합리적인 계산방법에 의해 해당 사업연도에 장부상 손금으로 계상한 경우에만 손금으로 인정하고 있다.
- 세무조정 결과 손금산입 한도초과분은 소득금액조정합계표[별지 제15호 서식]에 반영・유보 처분하고, 자본금과적립금조정명세서(을)[별지 제50호 서식 (을)]에 세무조정을 반영하여 개별 자산별로 유보 관리한다.
- 유보 처분된 해당자산(비품 등)은 처분시에 유보가 사라진다.
- 감가상각 등록시 업종별 해당자산은 업종별 내용연수를 적용한다.

예시 숙박 및 음식점 : 업종별자산의 기준 내용연수 8년

* 중소기업 감면을 받은 업체는 감가상각 자산의 미상각시 감가상각의제에 해당된다(의제시 신고조

정으로 감가상각하고 유보 처분함, 법인세법 시행령 30조).

- 최초사업연도 법인은 감가상각방법을 신고할 수 있다(1기 법인세신고시 상각방법, 내용연수 신고) [별지 제63호 서식].
  (법인이 적용할 내용연수를 신고하지 아니하거나 승인을 얻지 아니하는 경우에는 기준내용연수에 의하여 감가상각범위액을 계산함)

⑬ 주식등변동상황명세서[별지 제54호 서식]

사업연도 중 주주 변동 여부를 꼭 확인하고, 증권거래세 및 주식 양도소득세 신고를 완료했는지 검토한다(변동시 마감－미제출시 미제출 등 주식 등의 액면가액의 1% 가산세 부과, 2018년 이후부터).

⑭ (화폐성외화자산등 특별계정) 평가방법 신고서[별지 제63호의 4 서식]

- 금융회사 등 이외의 법인의 화폐성 외화자산, 부채 및 환위험 회피목적으로 보유하는 통화선도 등은 신고한 방법으로 평가한다.
- 평가하지 않는 방법 : 취득일 또는 발행일의 매매기준율 등으로 평가하는 방법(평가방법을 신고하기 이전에 적용하는 방법임)
- 평가방법신고서 제출시 선택 : 사업연도 종료일 현재의 매매기준율 등으로 평가하는 방법(미제출시 평가 등 계상금액은 세무조정 유보 처분함).
- 적용환율은 사업연도 종료일에 고시된 환율을 적용한다(기준환율, 재정환율).
- 금융회사 등 이외의 법인은 신고한 평가방법을 적용한 사업연도를 포함하여 5개 사업연도가 지난 후 다른 방법으로 신고를 하여 변경된 평가방법을 적용할 수 있다. (2011년 신설－2016년에 평가방법 변경 가능)
- 평가방법 제출시 외화평가차손, 외화평가차익 등은 세법에서 손금 또는 익금으로 인정되므로 세무조정사항이 발생하지 않는다.
- 평가방법신고서 미제출시 세법은 평가를 인정하지 않으므로 세무조정사항을 소득금액조정합계표[별지 제15호 서식]에 유보 처분하며 자본금과적립금조정명세서(을)[별지 제50호 서식 (을)]에 유보금액을 반영하여 작성한다.
- 외화채권 및 채무의 원화장부상 금액 중 상환받거나 상환하는 원화금액에서 발생되는 외환차익, 외환차손은 해당 사업연도의 손금 또는 익금에 산입한다.

⑮ 기부금조정명세서[별지 제21호 서식]

- 특수관계인 외의 자에게 법인의 사업과 직접 관계없이 무상으로 지출하는 금전・물

품 등 재산적 증여하는 가액을 기부금이라 한다.

• 기부금은 장부상 반영하며, 신고서 맨 마지막에 작성한다(각 사업연도 소득금액이 변동될 우려가 있음).

⑯ 공제 감면 탭에서 감면과 공제는 해당되는 세액감면신청서, 세액공제신청서 서식을 반드시 반영

㉮ **제출 서식**

• 15-1 공제감면세액 세액계산서(2)[별지 제8호 서식 부표2]

* 중소기업특별세액감면 해당 업체는 소득구분을 해 주어야 한다.

• 15-2 공제감면세액 및 추가납부세액합계표(갑), (을)[별지 제8호 서식 (갑), (을)]

• 15-3 세액감면(면제)신청서[조세특례제한법 시행규칙 별지 제2호 서식]

㉯ **중소기업특별세액감면(조세특례제한법 7조) 주의사항**

• 조세특례제한법 제7조 및 같은법 시행령 제6조의 중소기업으로 법에 열거된 감면대상 업종에 한하여 적용된다(열거된 중소기업감면 업종은 반드시 검토해야 함).

• 창업중소기업, 벤처기업 세액감면 등의 다른 세액감면과는 중복공제할 수 없다.

• 세액공제 중 어음제도개선 세액공제, 연구인력개발비 세액공제, 전자신고 세액공제와 중복공제 가능하나 그 외의 세액공제(고용창출 등의 각종 투자세액공제와 사회보험료 세액공제)와는 중복공제할 수 없다(2018년귀속부터는 고용증대 세액공제, 사회보험료 세액공제와 중복적용 가능함).

• 감가상각비를 계상할 자산이 있는 경우에는 무조건 세법상 한도액까지 감가상각하여야 한다(감가상각의제).

• 농어촌특별세가 해당되지 않는다.

• 최저한세 적용대상이다.

• 2018년 귀속분부터는 감면한도 1억원이 적용되며, 전년대비 고용인원이 감소시에는 1억원에서 감소한 상시근로자 1인당 500만원씩 차감하여 공제한도를 축소한다.

• 중소기업특별세액감면은 종합소득세 또는 법인세 무신고자 및 기한후신고자에 대해서는 적용되지 않는다.

⑰ 연구인력개발비 세액공제(조세특례제한법 10조)

㉮ **대상금액**

• 2010년 개시하는 사업연도부터 업종제약 없이 지출된 연구인력개발비

– 기초연구진흥및기술개발지원에관한법률 시행령 제16조 제1항 및 제2항에 따라 미래창조과학부장관의 인정을 받은 기업부설연구소 또는 연구개발전담부서
– 문화산업진흥기본법 제17조의 3에 따라 인정받은 기업부설창작연구소 또는 기업창작전담부서로서 문화체육관광부장관의 추천을 받아 기획재정부장관이 문화산업의 연구개발활동 여부를 고려하여 고시하는 연구소 또는 전담부서
– 전담부서 등으로서 신성장동력산업 연구개발업무 및 원천기술 연구개발업무만을 수행하는 전담부서 등

- 연구전담부서 직원의 인건비
- 연구업무에 종사하는 연구전담요원, 연구보조원, 연구관리직원(2016년부터 제외)의 인건비
- 연구개발서비스업에 종사하는 전담요원의 인건비(주주임원으로서 지배주주이거나 10% 이상의 지분을 가진 자와 그와 특수관계자 제외)

  * 인건비 중 퇴직금, 퇴직급여충당금 전입액, 연월차수당, 여비교통비, 복리후생비, 외부에서 위탁받은 연구용역을 수행하는 연구원의 인건비를 제외한다.

㉯ 연구개발의 범위

- 과학적, 기술적 진전을 이루기 위한 활동으로서 다음의 것은 연구개발의 범위에서 제외
  – 일반적인 관리 및 지원업무
  – 위탁 받아서 행하는 연구활동
  – 시장조사와 판촉활동 및 일상적인 품질시험(일상적인 품질테스트 등)
  – 경영과 사업효율성을 조사, 분석하는 업무
  – 반복적인 정보수집 및 특허권 보호 등 법률 및 행정업무
- 신청서 및 명세서를 미제출하는 경우 적용하지 않음
- 당해 연도 연구개발비를 지출하였으나 법인세 납부할 세액이 없는 법인이 법인세 신고시 명세서를 제출하지 아니하고 지연제출 하는 경우에도 이월공제 기간 내에는 이월공제가 가능함

㉰ 주의사항

- 다른 세액공제, 세액감면과 중복해서 공제 가능하다.
- 수도권 배제규정이 없으며, 농어촌특별세가 해당되지 않는다.
- 중소기업의 연구인력개발비 세액공제는 최저한세가 적용되지 않는다.
- 공제받지 못한 대부분의 세액공제는 5년간 이월공제되나, 2016년 이후 발생된 창

업초기(설립일로부터 5년 이내)의 중소기업에 대하여는 연구인력개발비 세액공제가 10년간 이월된다.

• 과세관청에 사후에 관련 자료 요청을 하면 연구활동 내용을 증명해야 한다.

* 2010년 이후 귀속부터는 국고보조금에 해당하는 조세특례제한법 제10조의 2에 의한 연구개발 출연금 등을 받아 연구개발비로 지출시 그 비용은 연구인력개발비 세액공제대상에서 제외된다. 또한 2013년 이후 귀속분부터는 정부로부터 출연받은 모든 연구개발출연금은 세액공제 대상금액에서 제외된다.

㉣ **제출서식**

• 세액공제신청서[조세특례제한법 시행규칙 별지 제1호 서식]
• 일반연구 및 인력개발비 명세서[조세특례제한법 시행규칙 별지 제3호 서식 (1) 및 별지 제3호 서식 부표(1)]
• 공제감면세액 및 추가납부세액합계표(갑), (을)[별지 제8호 서식 (갑), (을)]
• 세액공제조정명세서(3)[별지 제8호 서식 부표3] : 당기 공제대상 세액은 최근연도 순서로 기록한다.

㉤ **R&D 연구인력 개발비 세액공제 세법 개정**

• R&D 활동 검증자료 확대
  – 세액공제 신청서, R&D비용 명세서 외 증빙자료 양식 없음
  – 연구계획서 · 보고서(전체 R&D), 연구노트(신성장 R&D) 등 작성 · 보관하며 양식은 시행규칙에 위임(개정 2020.1.1. 이후 과세연도부터)
  – R&D비용 세액공제 신청시 연구계획서 · 보고서 함께 제출(개정 2020.1.1. 이후 과세연도부터)

⑱ 소득금액조정합계표 및 과목별 소득금액명세서[별지 제15호 서식]

소득처분의 익금산입(손금불산입)과 손금산입(익금불산입) 사항을 요약, 집계한 것으로 각 항목별 내용, 금액, 소득처분 및 코드를 명시한 표이다.

⑲ 원천납부세액명세서(갑), (을)[별지 제10호 서식 (갑), (을)]

금융기관등 사업자등록번호가 기록되지 않을 경우 에러가 생긴다.

⑳ 법인세 과세표준 및 세액조정계산서[별지 제3호 서식]

• 기부금 한도초과액 및 기부금 한도초과이월액 손금산입은 소득금액을 기준으로 계산되고 소득금액조정합계표에 기재하지 않고 법인세 과세표준 및 세액조정계산서

에 반영한다.

- 법인세중간예납신고서를 확인하고 법인세중간예납세액을 정확히 확인하여 신고서에 반영한다.
- 법인세 분납시 분납금액을 확정하며 분납할 세액을 기록할 때 차감납부세액을 1원이라도 크게 기록한다.

㉑ 최저한세조정명세서[별지 제4호 서식]

- 소득에 대해 각종 조세감면을 받는 경우 중복적으로 적용받지 않고 최소한의 세금을 납부하도록 하고 있으며, 최저한세 규정으로 감면을 규제하고 있는 제도를 말한다.
- 중소기업특별세액감면을 받은 경우 법인세 과세표준 및 세액신고서를 불러오기하여 저장 후 최저한세조정명세서 반영 후 저장한다.

㉒ 법인세 과세표준 및 세액신고서[별지 제1호 서식]

법인세신고서 작성시 이익잉여금 처분일은 해당 신고연도가 되어야 하고 주식 변동시에는 꼭 "여"가 되어야 한다(마감).

㉓ 신고서식 종류

- 전산조직운영명세서
- 조정반지정신청서
- 주요계정조정명세서(갑), (을)[별지 제47호 서식 (갑), (을)]
  '갑'지에 상여, 배당 등 소득처분금액이 반영되므로 불러오기하여 저장 후 금액을 확인한다.
- 특수관계자간 거래명세서(갑), (을)[별지 제52호 서식 (갑), (을)]
- 소득자료(인정상여, 인정배당, 기타소득)명세서[별지 제55호 서식]
  소득금액조정합계표에 처분된 인정상여, 인정배당, 기타소득 처분은 인명별로 작성하여 원천징수 수정신고를 접수한다.
- 가산세액계산서[별지 제9호 서식]

㉔ 자본금과 적립금 조정명세서(갑), (을)[별지 제50호 서식 (갑), (을)]

- 자본금이 재무상태표의 자본금과 일치하는지 꼭 확인한다(결손보전 등의 사유로 사용할 수가 있기 때문에 이월이익잉여금 중 기한이 경과된 금액을 지우지 말고 꼭 기록해 놓아야 함).

- 법인세액조정계산서에 마이너스 소득금액은 이월결손금 발생 및 증감 내역에 기록해놓는다(이월결손금 2008년 귀속분 발생부터 10년 이월).
- 자본금과 적립금 조정명세서(을)[별지 제50호 서식 (을)]
  유보사항이 꼭 반영되어야 하므로 모두 세무조정 후 불러오기 하고 기초사항은 직전연도 결산서를 보고 반영한다(유보는 계정과목별로 품목을 기록하여 관리함). 유보는 증가하면 다음 회계연도 이후에 감소사유 발생시 반드시 소득처분을 해 주어야 유보가 사라진다.
- 법인 지출증명서류합계표[별지 제77호 서식]
  법인의 직전사업연도 수입금액이 20억원 이상인 경우 의무제출해야 하며, 해당 각 사업연도의 법인사업자 영수증 3만원초과 적격증빙(세금계산서, 계산서, 신용카드, 현금영수증) 수취자료를 기록・작성한다.

㉕ 법인세등

법인세등은 소득금액조정합계표[별지 제15호 서식]에 손금불산입 조정등록한다(기타사외유출처분).

분개)	법인세등	××××	선납세금	××××
	법인세등	××××	미지급법인세	××××
	법인세등	××××	미지급지방소득세	××××

법인세 세금납부가 발생된 회사는 장부반영 분개로 반영한 다음 다시 이익잉여금 처분하고 처음 순서로 다시 돌아가서 재무제표 확정하고, 법인조정에 다시 이익잉여금 처분계산서, 표준원가명세서, 표준손익계산서, 표준재무상태표 불러오기 후 저장한다.

㉖ 세무조정계산서 표지 외 선택

세무조정계산서 일괄출력 및 결산부속서류 일괄출력 탭에서 해당 서식 선택 후 일괄출력한다.

㉗ 전자신고

- 법인세 과세표준 및 세액신고서[별지 제1호 서식] 불러오기－마감
- 국세청 전송 전 오류가 프로그램에서 체크되지 않는 부분이 발생하므로 고지서 전달 전 변환에러 체크를 꼭 한다.
- 마감시에 꼭 [주식변동 여, 부]를 검토하고 마감진행한다(법인세신고서 전송 후 홈택스에서 법인세납부서 가상계좌고지서를 출력하여 납부서를 사업장에 전달).

㉘ 법인세 분납

가산세 및 감면분 추가납부세액은 분납대상이 아니며, 3월 말까지 법인세 신고시 납부해야 한다.

- 분납기한
  - 납부기한이 경과한 날부터 중소기업은 2월 이내
  - 납부기한이 경과한 날부터 일반기업은 1월 이내

  * 개인사업자 분납기간은 일반기업, 중소기업 2개월임
- 분납금액
  - 납부세액 2천만 원 이하인 때 : 1천만 원을 초과하는 금액
  - 납부세액 2천만 원 초과하는 때 : 납부세액의 50% 이하인 금액

㉙ 법인지방소득세(이자, 배당소득) 특별징수의무

지방세 특별징수의무자가 원천징수하는 경우에 처리해야 할 업무는 다음과 같다.

- 지방세법 제103조의 29 제2항에 따른 특별징수의무자는 같은 조 제3항에 따라 징수한 특별징수세액을 납부하여야 한다.
- 특별징수의무자는 납세의무자별로 법인지방소득세 특별징수명세서를 특별징수일이 속하는 해의 다음 해 3.31.까지 특별징수의무자 소재지 관할 지방자치단체의 장에게 제출하여야 한다. 이 경우 특별징수의무자 소재지 관할 지방자치단체의 장은 특별징수의무자의 소재지와 납세의무자의 사업장 소재지가 다른 경우 납세의무자의 사업장 소재지 관할 지방자치단체의 장에게 해당 법인지방소득세 특별징수명세서를 통보하여야 한다.
- 특별징수의무자는 지방세법 제103조의 29 제2항에 따른 법인지방소득세 특별징수명세서를 다음 각 호의 어느 하나에 해당하는 방법으로 제출하여야 한다.
  - 출력하거나 디스켓 등 전자적 정보저장매체에 저장하여 인편 또는 우편으로 제출
  - 지방세기본법 제2조 제1항 제28호에 따른 지방세정보통신망으로 제출
- 특별징수의무자는 납세의무자로부터 법인지방소득세를 특별징수한 경우에는 그 납세의무자에게 법인지방소득세 특별징수영수증을 발급하여야 한다. 다만, 법인세법 제73조에 따른 원천징수의무자가 같은 법 제74조에 따른 원천징수영수증을 발급할 때 법인지방소득세 특별징수액과 그 납세지 정보를 포함하여 발급하는 경우에는 해당 법인지방소득세 특별징수영수증을 발급한 것으로 본다.
- 지방세법 시행령 제100조의 19 제4항에도 불구하고 법인세법 제73조에 따른 이

자소득금액 또는 배당소득금액이 계좌별로 1년간 1백만원 이하로 발생한 경우에는 법인지방소득세 특별징수영수증을 발급하지 아니할 수 있다. 다만, 납세의무자가 법인지방소득세 특별징수영수증의 발급을 요구하는 경우에는 이를 발급하여야 한다.

- 제출자료 : 내국법인 및 외국법인(국내원천)의 이자, 배당소득을 특별징수한 내역
- 제출서식 : 지방세법 시행규칙 별지 제42호의 4 서식
- 근거 : 지방세법 시행령 제100조의 19(특별징수의무)
- 제출기간 : 다음 해 3월 31일까지

㉚ 법인지방소득세의 신고납부

- 신고기한 : 사업연도 종료일부터 4월 이내(12월말 법인은 4월 말까지 신고)
- 12월말 법인등기부등록 주소지 관할 지방자치단체에 신고납부
- 사업장이 하나의 지방자치단체 (시 · 군 · 구)가 아닌 2개 이상의 지방자치단체에 있는 경우에는 지방세 안분신고서를 접수한다.
- 소득금액이 없거나 결손금이 있는 법인도 반드시 신고한다.
- 법인지방소득세신고서 작성시 기납부세액을 확인한다.
- 법인지방소득세 과세표준 및 세액신고서[지방세법 시행규칙 별지 제43호 서식]
- 법인지방소득세 과세표준 및 세액조정계산서[지방세법 시행규칙 별지 제43호의 2 서식]

Check Box_당기 법인세등 미지급법인세 설정방법

1. 설정 방법

결산확정 마감 후 세무조정 반영사항이 모두 확정된 상태인 경우에만 당기 법인세 미지급세금 설정이 가능하다.

① 소득금액조정합계표 및 명세서(익금산입, 손금산입) – 세무조정사항을 확정한다.

- 중간예납법인세 손금불산입으로 선납세금 세무조정사항을 1차 반영한다.
- 법인세중간예납 납부세액 분개 : 법인세등 1,000,000 / 선납세금 1,000,000
- 잡손실 중 세무조정사항 반영 : 잡손실 손금불산입 120,000원

[1차]

② 법인세 과세표준 및 세액조정 계산서와 법인세 과세표준 및 세액신고서 '새로 불러오기' 한다.

③ 자본금과 적립금 조정명세서[별지 제50호 서식]의 '갑'과 '을'을 작성하고, 이월결손금 확인 후 반영한다.

④ 기부금조정명세서[별지 제21호 서식]에서 기부금 세무조정을 한다.

⑤ 소득구분계산서를 작성한다(세무조정에서 법인세등 해당 없음 선택).

⑥ 중소기업특별세액감면 등을 업종에 따라 감면세액을 계산하고 서식에 반영하여 법인세 납부금액을 확정한다.

⑦ 최저한세조정계산서를 '새로불러오기'한 후 감면 후 세액과 최저한세 조정후 세액을 확인하고 저장한다.

⑧ 법인세 과세표준 및 세액조정계산서를 확인하며 당기 법인세등을 설정한다(법인세 추가 분개).

〈당기 법인세등 분개〉

법인세등	4,000,015	미지급세금	3,500,015
		(거래처코드 세무서거래처 등록)	
		미지급세금	500,000
		(거래처코드 지방 관할구청 등록)	

법인세등 결산반영 후 결산마감 순서에 의해 재무제표 외 [과목별] – [제출용] – [표준용] 순으로 당기순이익을 확정하고 법인조정의 이익잉여금처분계산서 – 표준원가명세서 – 표준손익계산서 – 표준재무상태표 '새로 불러오기' 저장한다.

⑨ 소득금액조정합계표 및 명세서의 법인세등 5,000,015을 수정하고 저장한다.

[1차] 법인세등 1,000,000 [2차] 법인세등 4,000,015

[2차]

⑩ 법인세 및 세액조정계산서와 법인세 및 세액신고서 '새로불러오기' 저장하면 1차 차감납부할 세액의 합계와 세금에 변동은 없다.

⑪ 최저한세조정계산서 '새로불러오기'한 후 감면 후 세액과 최저한세 세액을 확인하고 저장한다.

⑫ 자본금과 적립금 조정명세서 [별지 제50호 서식] '갑' '을'의 변동사항을 수정한다.

⑬ 법인세 과세표준 및 세액신고서 '새로 불러오기'하여 주식이동여부를 확인하고 마감한다.

⑭ 마감 후 법인세 납부서 전달 전 국세청 변환에러를 체크한다.

* 아래는 결산서상 당기순손익에서 공제감면세액을 반영한 후에 차감납부할세액계가 변동 없이 [1차], [2차] 세무조정이 완료되는 것을 보여주는 표이다.

미지급 법인세 설정 요약표

[1차] 세무조정

법인세 과세표준 및 세액조정계산서

결산서상당기순손익	48,880,000
익금산입	1,120,000
손금산입	

[2차] 세무조정

법인세 과세표준 및 세액조정계산서

결산서상당기순손익	44,879,985
익금산입	5,120,015
손금산입	

차가감소득금액	50,000,000
각사업연도소득금액	50,000,000
과세표준	50,000,000
세율	10%
산출세액	5,000,000
합계	5,000,000
산출세액	5,000,000
최저한세 적용대상 공제감면 세액	499,985
차감세액	4,500,015
중간예납세액	1,000,000
합계	1,000,000
차감납부할세액계	3,500,015

차가감소득금액	50,000,000
각사업연도소득금액	50,000,000
과세표준	50,000,000
세율	10%
산출세액	5,000,000
합계	5,000,000
산출세액	5,000,000
최저한세 적용대상 공제감면 세액	499,985
차감세액	4,500,015
중간예납세액	1,000,000
합계	1,000,000
차감납부할세액계	3,500,015

2. 설명

[1차] 세무조정과 [2차] 세무조정은 법인세등만 반영되어 결산서상 당기순손익하고 익금산입 및 손금산입 반영 금액만 다르게 산출되어 있는 부분을 보인다. [1차] 세무조정시에 모든 세무조정사항 및 각종 감면 및 세액공제 금액이 정확히 산정되도록 하는 부분이 여기서 가장 중요한 포인트다.

당기 미지급법인세 설정 후 초과 및 미달 금액은 자본금과 적립금 조정명세서(갑) 손익미계상 법인세등 8, 9, 10번 ④증가 ⑤기말 잔액에 표기한 금액을 초과 '−' 미달 '+' 기록해준다.

Check Box_중소기업특별세액감면

중소기업특별세액감면율(조세특례제한법 7조)

지역	수도권		수도권 외	
중, 소 구분	소기업	중기업	소기업	중기업
업종	도매, 소매, 의료업 (그 외 해당 업종)	지식 기반 산업 (그 외)	도매, 소매, 의료업 (그 외 해당 업종)	도매, 소매, 의료업 (그 외 해당 업종)
2017년	10% (20%)	10% (0%)	10% (30%)	5% (15%)

Check Box_업종별 소기업 규모 기준

2016년 이후 업종별 소기업 규모기준(중소기업기본법 시행령 별표3)

업 종	매출액
제조업 중, 음료, 식료품, 가죽, 코크스, 화학물질, 의료용 물질, 의복 등, 금고가공제품제조업, 전기・가스・수도 사업 등	120억 원
제조업 중 담배, 섬유제품, 목재 및 나무 제품, 인쇄및기록매체복제업 등, 농업, 광업, 건설업, 운수 및 창고업, 금융 및 보험업 등	80억 원
도매 및 소매업, 방송통신 및 정보 서비스 업	50억 원
전문, 과학 및 기술 서비스, 예술, 스포츠 및 여가관련서비스업 등	30억 원
숙박 및 음식점업, 교육 서비스, 보건업 및 사회복지 서비스, 산업용 기계 및 장비수리업 등	10억 원

* 업종별 소기업 규모 기준은 업종을 자세히 별도로 검토해야 한다.

3. 법인세 세무조정 회계프로그램 입력

(1) 기초자료 제시

이하에서는 법인세 세무조정을 회계프로그램에 직접 입력해 보면서 쉽게 따라 할 수 있도록 정리했다. 실무에서의 재무회계 결산, 세무조정 및 조정계산서 작성, 세무조정사항 입력, 계정마감 및 재무제표 작성, 법인세 신고서 및 부속서류 작성은 때에 따라 동시에 또는 임의로 진행되기 때문에 편의상 정해 놓은 아래의 순서는 업무상 처리방법에 의해 신고서식을 작성하도록 한다.

모든 서식을 작성할 때에 불러오기와 저장은 필수적인 과정이며, 수정사항이 있을 경우 반드시 확인 후 저장한다. 목록에 따라 세무조정에 반영해야 하는 서식은 누락 없이 작성한다.

당기분 자료를 입력하기에 앞서 기초데이터의 전기이월내역, 전기재무상태표, 전기분 손익계산서, 전기분이익잉여금처분계산서를 전기재무제표에 대차차액 없이 당기순손익을 확인해 가며 반영해 놓아야 한다.

1) 자료이용방법

다음 회계프로그램의 법인세 목록 세무조정을 참고하여 작성하면 전체가 보이며, 반영서식은 진하게 처리했다. 법인세 산출 분개장의 1.매입 · 매출장, 2.일반전표 분개장의 순서로 전표를 입력한다.

회계프로그램 법인세 목록

상위 목록	중위 목록	하위 목록
회계→재무회계	전표관리	• **일반전표입력**
	결산재무제표	• **결산자료입력** • **합계잔액시산표** • **재무상태표(대차대조표)** • **손익계산서** • 제조원가명세서 • **이익잉여금처분계산서** • 결산부속명세서
법인조정→기초사항검토	표준재무제표	• **표준재무상태표** • **표준손익계산서** • 표준원가명세서 • 이익잉여금처분계산서
	수입금액조정	• **수입금액조정명세서** • **조정후 수입금액명세서**
	신고부속/기타서식	• **자본금과적립금조정명세서(갑, 을)** • **중소기업기준검토표**
법인조정→소득금액/특별/감가	과목별 세무조정 I	• **접대비등조정명세서(갑, 을)** • **세금과공과금명세서** • 선급비용명세서
	감가상각비 조정	• **감가상각비조정명세서합계표** • **미상각분감가상각조정명세**
	소득 및 과세표준계산	• **소득금액조정합계표 및 명세서** • 소득구분계산서
법인조정→세액계산신고/조특	세액계산및신고서/ 납부서	• **법인세과세표준및세액신고서** • **법인세과세표준및세액조정계산서** • 최저한세조정계산서 • 원천납부세액명세서(갑, 을)

상위 목록	중위 목록	하위 목록
		• 법인세납부서
	공제감면추납세액	• **공제감면세액합계표(갑, 을)** • **공제감면세액계산서(2)**
	조특법서식 I	• 세액공제신청서 • 세액감면신청서
법인조정→전자신고/일괄출력	전산/전산매체신고	• 법인세 전자신고 • 법인지방소득세 전자신고

- 법인사업자의 반영서식에 따라 순서는 달라질 수 있고, 법인세 납부세액 관련 서식으로만 작성되어 있다.
- 결산부속명세서 계정과목 자산, 부채, 자본 계정 잔액은 세무조정 시작 전에 합계잔액시산표 잔액과 결산부속명세서 잔액을 일치시켜 결산부속명세서를 작성한다.
- 모든 서식에서 세무조정사항 반영금액은 장부상 재무제표 금액과 확인 후 불러오기 저장한다.

2) 입력 자료 안내

자료 1

참고 번호	순서	안 내	
①	일반 전표	(차) 법인세등 1,000,000 (대) 선납세금 1,000,000 장부상 반영	
②－1, ②－2	일반 전표	(차) 감가상각비 3,000,000 (대) 차량운반구 감가상각누계액 3,000,000 장부상 반영 (감가상각비 금액은 일반전표입력에서 반영되어 있음－고정자산 등록 캡쳐 첨부함)	
③	1	장부상 결산자료 입력 기말 상품 재고액 반영 당기순이익 확인 후 코드 상품매출원가 451원가설정 코드를 반영함	48,880,000
④	2	(제조원가)손익계산서 당기 당기순이익 확인 및 전기자료확인 후, 과목별 → 제출용 → 표준용 으로 읽기	48,880,000
⑤	3	이익잉여금처분계산서 배당금, 이익준비금 처분, 당기순이익 확인 후 전표추가(F3)(처분예정일은 회사에 따라 다름)	48,880,000
⑥	4	재무상태표 당기 당기순이익 확인 후 전기자료 확인후 과목별 → 제출용 → 표준용으로 읽기	48,880,000

참고번호	순서	안 내	
⑦	5	합계잔액시산표 손익처분 확인하고 합계 및 잔액 금액 검토 후 과목별 → 제출용으로 읽기(미처분이익잉여금 58,826,250원 확인)	
⑧-1, ⑧-2, ⑧-3	6	표준이익잉여금처분계산서 배당금 이익준비금처분 확인 표준손익계산서 표준 계정과목 검토 후 당기순이익 확인 표준대차대조표 표준 계정과목 검토 후 당기순이익 확인 모든서식은 습관적으로 꼭 새로불러오기 저장.	48,880,000
⑨	7	수입금액조정명세서 결산서상 수입금액 불러오기	900,000,000
⑩	8	조정후수입금액조정명세서 부가가치세 과세표준과 수입금액 차액 검토	900,000,000
⑪	9	중소기업기준검토표 중소기업 판단	
⑫	10	접대비조정명세서(을), 특수관계인간 거래금액 확인하고 접대비 금액 검토 후 접대비 부인액(신용카드등 미사용등) 합계등록 세무조정등록(거래처경조사비지급 코드10번)	9,459,231
⑬	11	접대비조정명세서(갑), 접대비 한도초과금액 합계등록 세무조정등록	
⑭	12	세금과공과금액 확인 후 손금불산입금액 합계등록 세무조정등록	977,500
	13	원천납부세액 해당시 명세서(원천법인세 선납세금 장부상금액 확인)	
⑮	14	미상각자산 감가상각비조정명세서 (고정자산등록에서 차량운반구를 입력하면 불러오는 서식임)	3,000,000
⑯	15	감가상각비조정명세서합계표	3,000,000
⑰	16	소득금액조정합계표 작성	1,120,000
		(선납법인세등은 조정하기 전 결산 장부를 보고 소득금액조정합계표에 미리 작성해 놓아야 함)	
		-법칙금 등 / 손금불산입 / 120,000	
		-선납 법인세등 / 손금불산입 / 1,000,000	50,000,000
		-과목별 세무조정 외 작성(세무조정시 발생된 계정과목외에 계정과목은 모두 찾아서 직접 입력하면 됨)	
⑱	17	법인세 과세표준 및 세액조정명세서	50,000,000
		-기납부세액 반영, 원천 납부세액 반영	1,000,000
	18	기부금조정명세서(기부금 한도초과액 및 이월액 손금산입 확인)	
⑲	19	자본금과 적립금 조정명세서(이월 결손금 확인)	

참고 번호	순서	안 내	
⑳	20	법인세 과세표준 및 세액신고서	50,000,000
		-산출세액 확인	5,000,000
	21	소득구분계산서(소득구분계산서 서식 작성 후 감면소득 검토해서 작성해야 함-직접 차감함)소득구분에서 감면대상 아닌 이자수익금1,436(50,000,000-1,436=49,998,564)	
㉑	22	공제감면세액세액계산서(2)	499,985
㉒-1	23	공제감면세액합계표(갑)(을)	499,985
㉒-2	24	세액감면신청서	499,985
㉓	25	법인세 과세표준 및 세액조정계산서	3,500,015
㉔	26	법인세 과세표준 및 세액신고서	3,500,015
㉕	27	최저한세조정계산서	3,500,000
		-기납부세액	1,000,000
		-차가감납부할 세액	3,500,015
		-지방소득세	500,000

자료 2

참고 번호	순서	안 내			
검토 사항		[자료 1]의 입력을 마친 후 [자료 2]의 정정된 서식을 마감해 가며 공제감면금액 미지급세금 반영한 후 다음 순서로 변동된 서식 최종 검토해서 세무조정서식 보면서 반영된 금액은 확인 후 반드시 다시 저장			
①	28	당기 법인세등 장부 반영 (차) 법인세등 4,000,015 / (대)미지급세금 4,000,015			
②③ ④⑤ ⑥	29	• 결산자료 입력마감 → (제조원가)손익계산서 → 이익잉여금처분계산서 → 재무상태표 → 합계잔액시산표 • 장부상 결산자료 입력마감(반영 후 결산마감 후 불러오기 저장은 꼭꼭 반드시 함) • 모든 서식 습관적으로 과목별 → 제출용 → 표준용 읽어주기			44,879,985
⑦⑧ ⑨	30	표준이익잉여금처분계산서 → 표준손익계산서 → 표준대차대조표 모든 서식은 습관적으로 새로불러오기 저장			44,879,985
⑩	31	소득금액조정합계표 작성			5,120,015
		-범칙금 등	손금불산입	120,000	

참고번호	순서	안 내			
		－선납법인세등	손금불산입	5,000,015	
⑪	32	법인세 과세표준 및 세액조정명세서			50,000,000
⑫	33	법인세 과세표준 및 세액신고서			
⑬	34	자본금과 적립금 조정명세서			
⑭	35	최저한세조정계산서			
		－산출세액			5,000,000
		－기납부세액			1,000,000
		－차가감납부할 세액			3,500,015
		－지방소득세			500,000
		－납부세액 계			4,000,015

* 주의 : 마감시 주주변동 여부 체크 요함(법인세 과세표준 및 세액신고서 최종마감).
* 국세청 전송 전 오류가 프로그램에서 체크되지 않는 부분이 발생하므로 고지서 및 납부서 전달 전 반드시 변환에러를 체크 후 전송하고 가상계좌 기록된 고지서 및 납부서를 전달함.

(2) 입력

1) 자료 1

① 일반전표입력

12.31. (차) 법인세등 1,000,000 (대) 선납세금 1,000,000

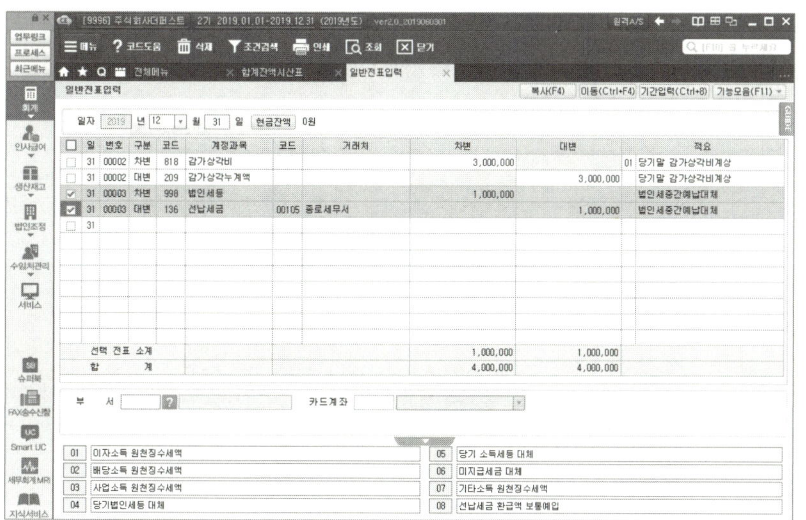

②-1 일반전표입력

12.31. (차) 감가상각비 3,000,000 (대) 차량운반구 감가상각누계액 3,000,000

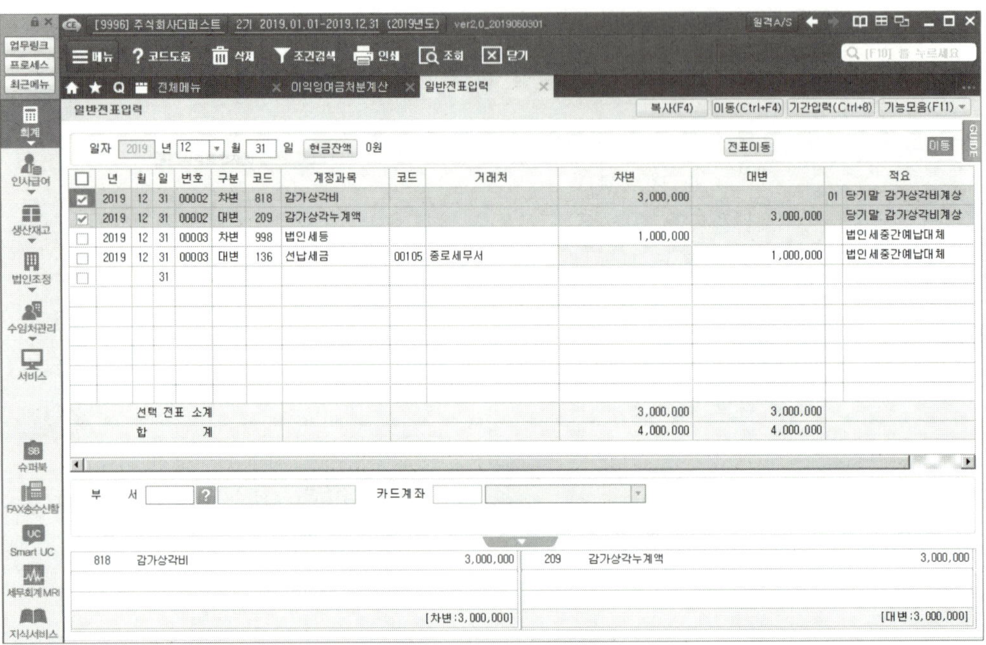

②-2 고정자산등록 방법

고정자산 등록을 입력하면 세무조정에서 불러오기가 된다(모닝, 정액법).

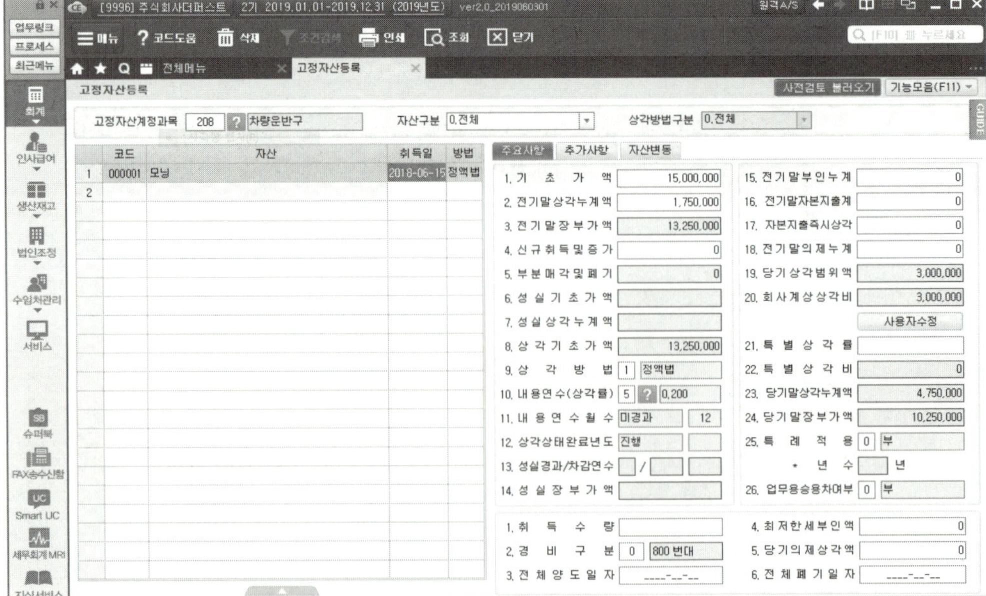

③ 결산자료입력

• (차) 감가상각비 3,000,000 (대) 차량운반구 감가상각누계액 3,000,000
 일반전표입력에서 입력하고 결산자료 입력에서 반영하면 중복으로 반영된다.

• 당기순이익 48,880,000 확인 후 전표추가(F3)한다.

• 코드 상품매출원가 451원가설정 코드를 반영한다.

* 기말상품재고액을 결산에 반영한다. 감가상각비를 결산자료 입력에서 반영하지 않는 이유는 중소기업 감면이 있을 경우 결산자료 입력 정정사항이 발생하기 때문이다.

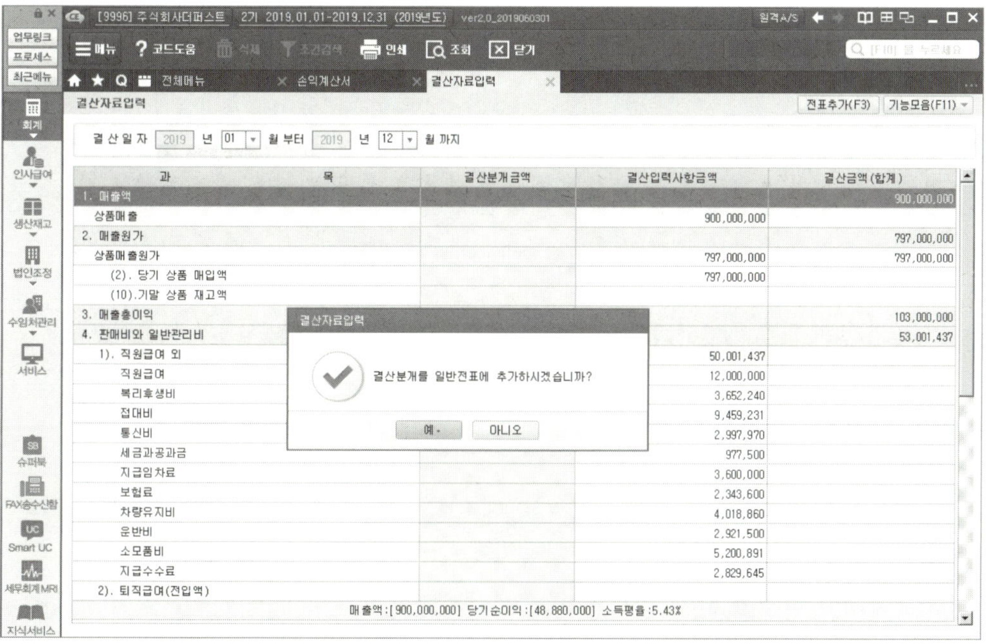

④ 손익계산서

손익계산서 당기순이익 48,880,000 확인 후 [과목별]－[제출용]－[표준용]을 읽는다.

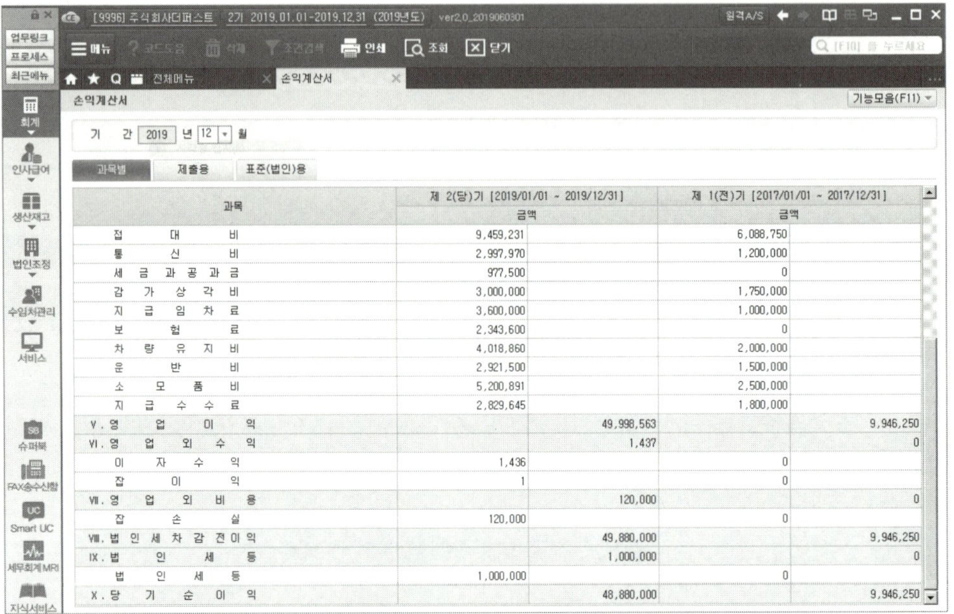

손익계산서

기 간 2019 년 12 월

과목별 | 제출용 | 표준(법인)용

과목	제 2(당)기 [2019/01/01 ~ 2019/12/31] 금액		제 1(전)기 [2017/01/01 ~ 2017/12/31] 금액	
접대비	9,459,231		6,088,750	
통신비	2,997,970		1,200,000	
세금과공과금	977,500		0	
감가상각비	3,000,000		1,750,000	
지급임차료	3,600,000		1,000,000	
보험료	2,343,600		0	
차량유지비	4,018,860		2,000,000	
운반비	2,921,500		1,500,000	
소모품비	5,200,891		2,500,000	
지급수수료	2,829,645		1,800,000	
Ⅴ. 영업이익		49,998,563		9,946,250
Ⅵ. 영업외수익		1,437		0
이자수익	1,436		0	
잡이익	1		0	
Ⅶ. 영업외비용		120,000		0
잡손실	120,000		0	
Ⅷ. 법인세차감전이익		49,880,000		9,946,250
Ⅸ. 법인세등		1,000,000		0
법인세등	1,000,000		0	
Ⅹ. 당기순이익		48,880,000		9,946,250

⑤ 이익잉여금처분계산서

당기순이익 48,880,000 확인 후 전표추가(F3)하며, 당기 처분예정일은 관리회사에 따라 다르다.

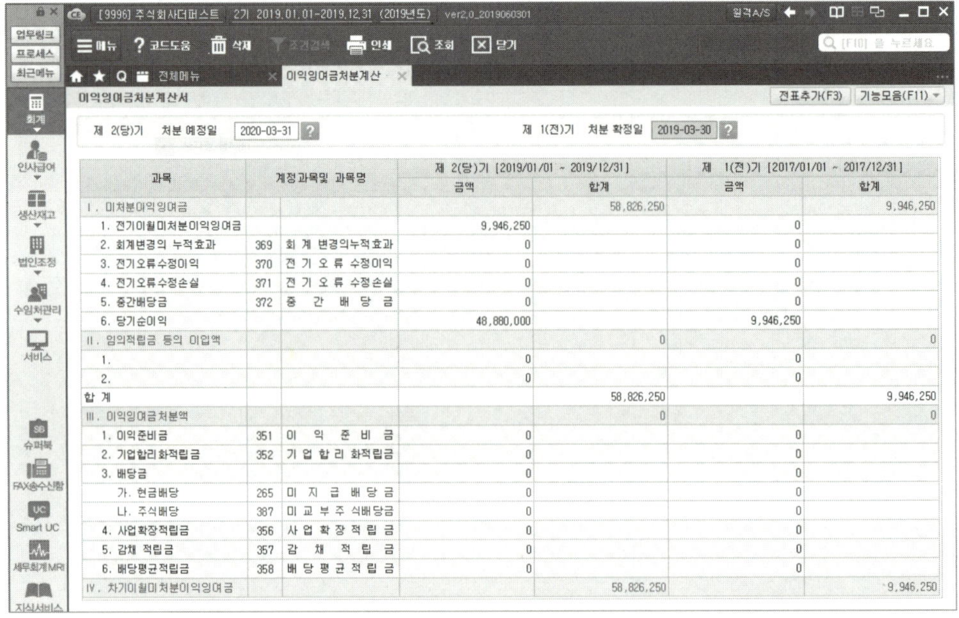

이익잉여금처분계산서

제 2(당)기 처분 예정일 2020-03-31 제 1(전)기 처분 확정일 2019-03-30

과목	계정과목및 과목명		제 2(당)기 [2019/01/01 ~ 2019/12/31] 금액	합계	제 1(전)기 [2017/01/01 ~ 2017/12/31] 금액	합계
Ⅰ. 미처분이익잉여금				58,826,250		9,946,250
1. 전기이월미처분이익잉여금			9,946,250		0	
2. 회계변경의 누적효과	369	회계변경의누적효과	0		0	
3. 전기오류수정이익	370	전기오류수정이익	0		0	
4. 전기오류수정손실	371	전기오류수정손실	0		0	
5. 중간배당금	372	중간배당금	0		0	
6. 당기순이익			48,880,000		9,946,250	
Ⅱ. 임의적립금 등의 이입액				0		0
1.			0		0	
2.			0		0	
합계				58,826,250		9,946,250
Ⅲ. 이익잉여금처분액				0		0
1. 이익준비금	351	이익준비금	0		0	
2. 기업합리화적립금	352	기업합리화적립금	0		0	
3. 배당금			0		0	
가. 현금배당	265	미지급배당금	0		0	
나. 주식배당	387	미교부주식배당금	0		0	
4. 사업확장적립금	356	사업확장적립금	0		0	
5. 감채 적립금	357	감채적립금	0		0	
6. 배당평균적립금	358	배당평균적립금	0		0	
Ⅳ. 차기이월미처분이익잉여금				58,826,250		9,946,250

⑥ 재무상태표

당기순이익 48,880,000 확인 후 [과목별] – [제출용] – [표준용]을 읽는다.

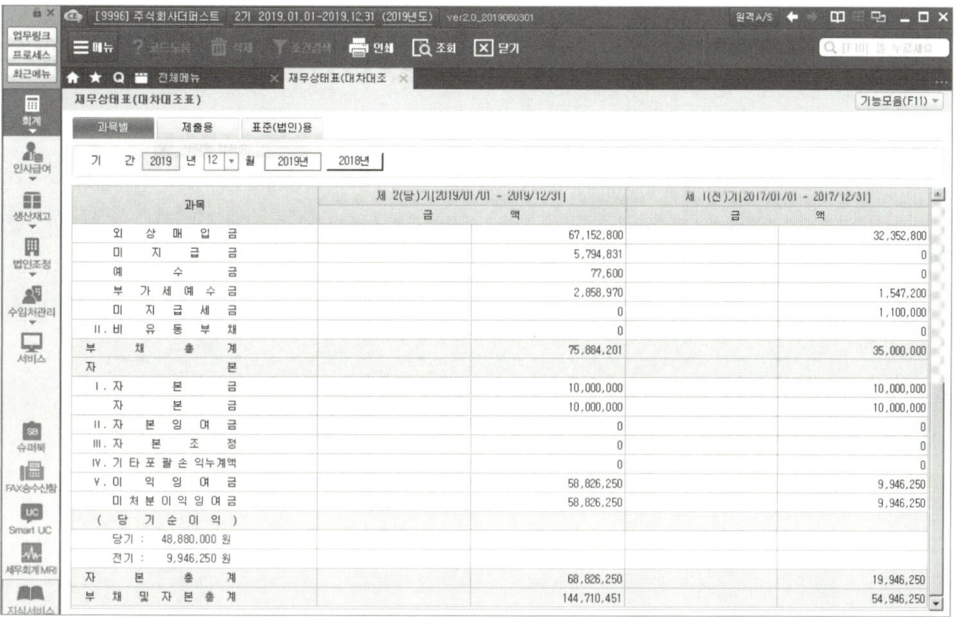

재무상태표(대차대조표)

과목별 | 제출용 | 표준(법인)용

기간 2019 년 12 월 2019년 2018년

과목	제 2(당)기[2019/01/01 ~ 2019/12/31] 금액		제 1(전)기[2017/01/01 ~ 2017/12/31] 금액	
외상매입금		67,152,800		32,352,800
미지급금		5,794,831		0
예수금		77,600		0
부가세예수금		2,858,970		1,547,200
미지급세금		0		1,100,000
II. 비유동부채		0		0
부채총계		75,884,201		35,000,000
자본				
I. 자본금		10,000,000		10,000,000
자본금		10,000,000		10,000,000
II. 자본잉여금		0		0
III. 자본조정		0		0
IV. 기타포괄손익누계액		0		0
V. 이익잉여금		58,826,250		9,946,250
미처분이익잉여금		58,826,250		9,946,250
(당기순이익)				
당기 : 48,880,000 원				
전기 : 9,946,250 원				
자본총계		68,826,250		19,946,250
부채및자본총계		144,710,451		54,946,250

⑦ 합계잔액시산표

합계잔액시산표 손익계정으로 대체금액 확인 후 미처분이익잉여금 58,826,250을 확인 후 [과목별] – [제출용]을 읽는다.

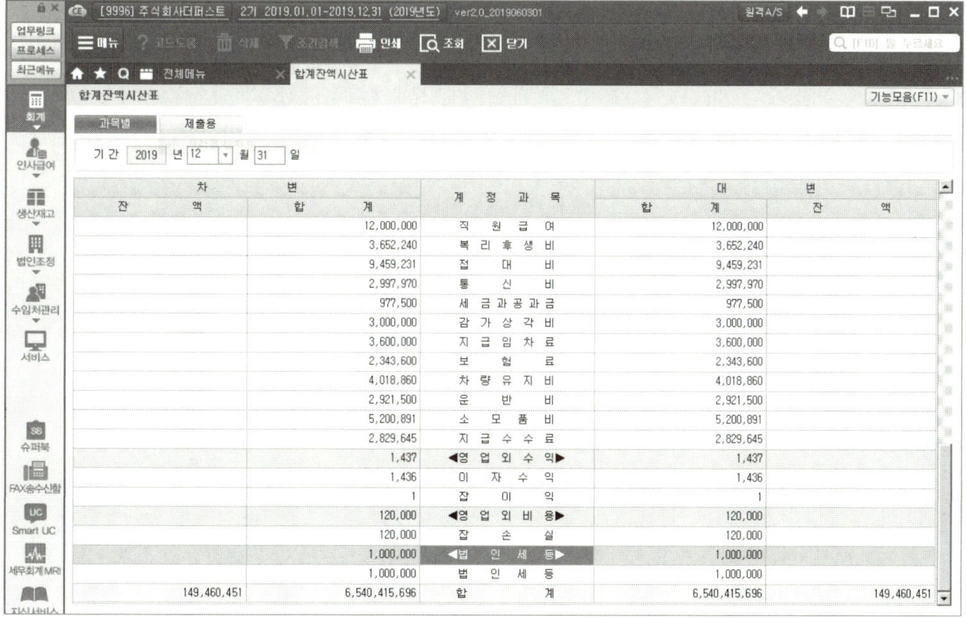

합계잔액시산표

과목별 | 제출용

기간 2019 년 12 월 31 일

차변 잔액	차변 합계	계정과목	대변 합계	대변 잔액
	12,000,000	직원급여	12,000,000	
	3,652,240	복리후생비	3,652,240	
	9,459,231	접대비	9,459,231	
	2,997,970	통신비	2,997,970	
	977,500	세금과공과금	977,500	
	3,000,000	감가상각비	3,000,000	
	3,600,000	지급임차료	3,600,000	
	2,343,600	보험료	2,343,600	
	4,018,860	차량유지비	4,018,860	
	2,921,500	운반비	2,921,500	
	5,200,891	소모품비	5,200,891	
	2,829,645	지급수수료	2,829,645	
	1,437	◀영업외수익▶	1,437	
	1,436	이자수익	1,436	
	1	잡이익	1	
	120,000	◀영업외비용▶	120,000	
	120,000	잡손실	120,000	
	1,000,000	◀법인세등▶	1,000,000	
	1,000,000	법인세등	1,000,000	
149,460,451	6,540,415,696	합계	6,540,415,696	149,460,451

⑧−1 표준이익잉여금처분계산서

- 표준이익잉여금 처분계산서에서는 이 탭에 들어올 때마다 새로 불러오기하여 저장한다.
- 표준이익잉여금 처분계산서 당기순이익 48,880,000 확인 후 처분일을 확인한다.
- 이익잉여금 처분시 배당, 이익준비금이 반드시 반영되어야 한다.

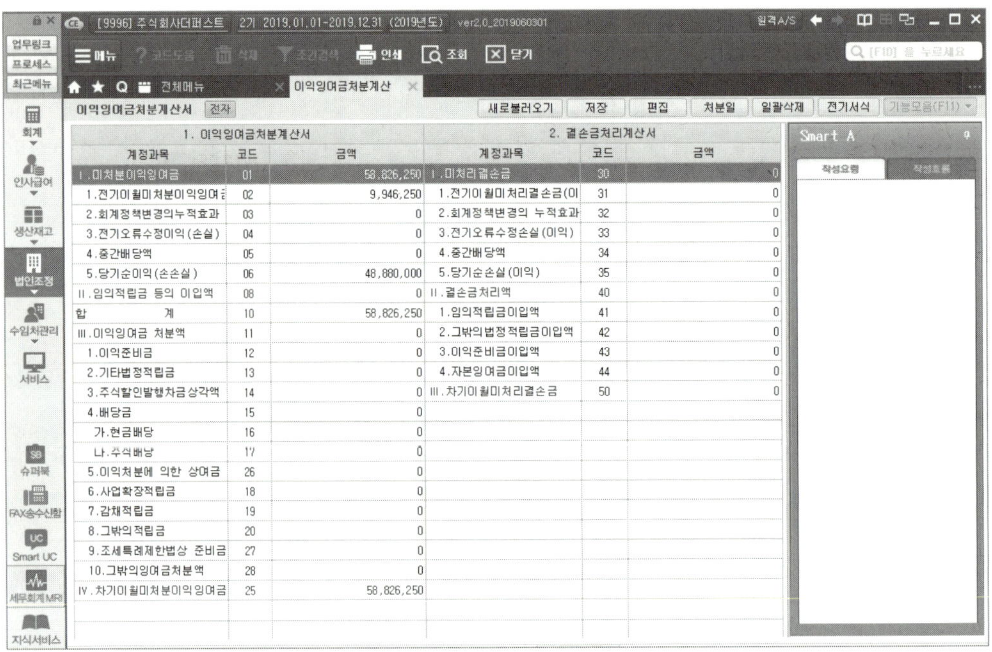

이익잉여금처분계산서

1. 이익잉여금처분계산서			2. 결손금처리계산서		
계정과목	코드	금액	계정과목	코드	금액
Ⅰ.미처분이익잉여금	01	58,826,250	Ⅰ.미처리결손금	30	0
1.전기이월미처분이익잉여금	02	9,946,250	1.전기이월미처리결손금(이	31	0
2.회계정책변경의누적효과	03	0	2.회계정책변경의 누적효과	32	0
3.전기오류수정이익(손실)	04	0	3.전기오류수정손실(이익)	33	0
4.중간배당액	05	0	4.중간배당액	34	0
5.당기순이익(손손실)	06	48,880,000	5.당기순손실(이익)	35	0
Ⅱ.임의적립금 등의 이입액	08	0	Ⅱ.결손금처리액	40	0
합 계	10	58,826,250	1.임의적립금이입액	41	0
Ⅲ.이익잉여금 처분액	11	0	2.그밖의법정적립금이입액	42	0
1.이익준비금	12	0	3.이익준비금이입액	43	0
2.기타법정적립금	13	0	4.자본잉여금이입액	44	0
3.주식할인발행차금상각액	14	0	Ⅲ.차기이월미처리결손금	50	0
4.배당금	15	0			
가.현금배당	16	0			
나.주식배당	17	0			
5.이익처분에 의한 상여금	26	0			
6.사업확장적립금	18	0			
7.감채적립금	19	0			
8.그밖의적립금	20	0			
9.조세특례제한법상 준비금	27	0			
10.그밖의잉여금처분액	28	0			
Ⅳ.차기이월미처분이익잉여금	25	58,826,250			

⑧−2 표준손익계산서

- 표준손익계산서에선 이 탭에 들어올 때마다 새로 불러오기하여 저장한다.
- 법인세등 1,000,000 합계등록 세무조정 등록하여 소득금액조정합계표에 세무조정을 반영한다.
- 당기순이익 48,880,000을 확인한다.
- 표준손익계산서에서 매출액, 기타비용 항목 및 기타 계정과목이 잘 반영되는지 검토한다.

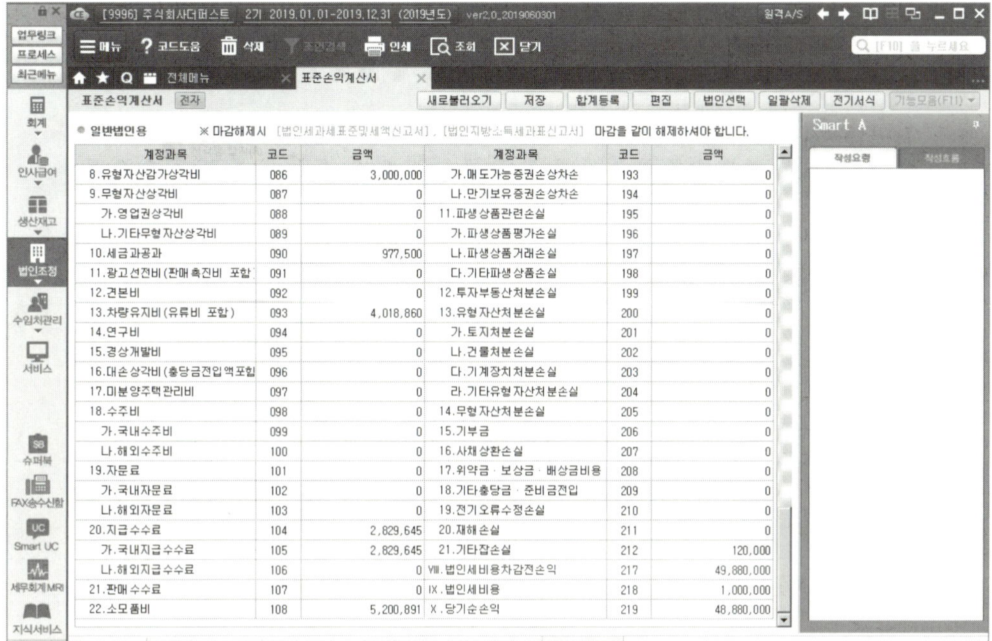

계정과목	코드	금액	계정과목	코드	금액
8.유형자산감가상각비	086	3,000,000	가.매도가능증권손상차손	193	0
9.무형자산상각비	087	0	나.만기보유증권손상차손	194	0
가.영업권상각비	088	0	11.파생상품관련손실	195	0
나.기타무형자산상각비	089	0	가.파생상품평가손실	196	0
10.세금과공과	090	977,500	나.파생상품거래손실	197	0
11.광고선전비(판매촉진비 포함	091	0	다.기타파생상품손실	198	0
12.견본비	092	0	12.투자부동산처분손실	199	0
13.차량유지비(유류비 포함)	093	4,018,860	13.유형자산처분손실	200	0
14.연구비	094	0	가.토지처분손실	201	0
15.경상개발비	095	0	나.건물처분손실	202	0
16.대손상각비(충당금전입액포함	096	0	다.기계장치처분손실	203	0
17.미분양주택관리비	097	0	라.기타유형자산처분손실	204	0
18.수주비	098	0	14.무형자산처분손실	205	0
가.국내수주비	099	0	15.기부금	206	0
나.해외수주비	100	0	16.사채상환손실	207	0
19.자문료	101	0	17.위약금·보상금·배상금비용	208	0
가.국내자문료	102	0	18.기타충당금·준비금전입	209	0
나.해외자문료	103	0	19.전기오류수정손실	210	0
20.지급수수료	104	2,829,645	20.재해손실	211	0
가.국내지급수수료	105	2,829,645	21.기타잡손실	212	120,000
나.해외지급수수료	106	0	Ⅷ.법인세비용차감전손익	217	49,880,000
21.판매수수료	107	0	Ⅸ.법인세비용	218	1,000,000
22.소모품비	108	5,200,891	Ⅹ.당기순손익	219	48,880,000

⑧-3 표준대차대조표

- 표준대차대조표에선 이 탭에 들어올 때마다 새로 불러오기하여 저장한다.
- 표준대차대조표에 이익잉여금 58,826,250 금액 확인 후 종료한다.
- 표준대차대조표에 자산·부채 금액이 계정과목에 잘 반영되었는지 검토한다.

차변잔액	차변합계	계정과목	코드	대변합계	대변잔액
0	0	1. 주식할인발행차금	349	0	0
0	0	2. 감자차손	350	0	0
0	0	3. 자기주식	351	0	0
0	0	4. 미교부주식배당금	352	0	0
0	0	5. 자기주식처분손실	353	0	0
0	0	6. 부의지분법자본변동	354	0	0
0	0	7. 주식매수선택권	355	0	0
0	0	8.	356	0	0
0	0	Ⅵ. 기타포괄손익누계액	361	0	0
0	0	1. 매도가능증권평가손익	362	0	0
0	0	2. 해외사업환산손익	363	0	0
0	0	3. 지분법자본변동	364	0	0
0	0	4. 파생상품평가이익	365	0	0
0	0	5. 재평가잉여금	366	0	0
0	0	6.	367	0	0
0	0	Ⅶ.이익잉여금	372	58,826,250	58,826,250
0	0	1. 이익준비금	373	0	0
0	0	2. 재무구조개선적립금	374	0	0
0	0	3. 「조세특례제한법상」 준비금	375	0	0
0	0	4.	376	0	0
0	0	5. 미처분이익잉여금(미처리결손금)	381	58,826,250	58,826,250
0	0	자본총계 (Ⅲ+~Ⅶ)	382	68,826,250	68,826,250
0	967,148,610	부채와 자본총계	383	1,111,859,061	144,710,451

⑨ 수입금액조정명세서

수입금액조정명세서에서 매출조회하여 장부상 금액과 조정 반영한 금액을 확인한다.

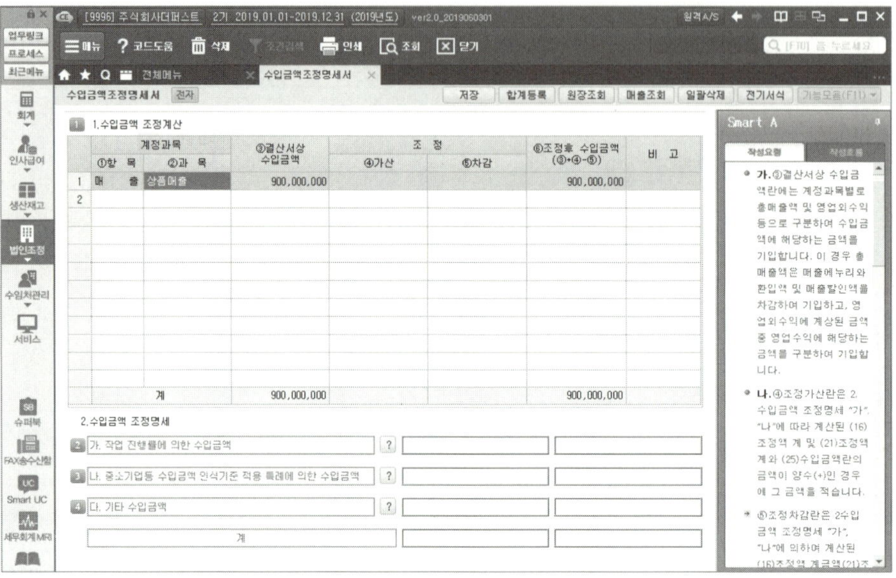

⑩ 조정후수입금액명세서

- 조정후수입금액명세서는 장부상 수입금액과 부가가치세 신고서 내역에서 ⑬의 차액을 확인하는 서식이다. 수입금액과의 차액내역은 차액내역코드가 반드시 표기되어야 한다.
- 부가가치세 신고서의 자료는 분기별로 마감해야 한다.

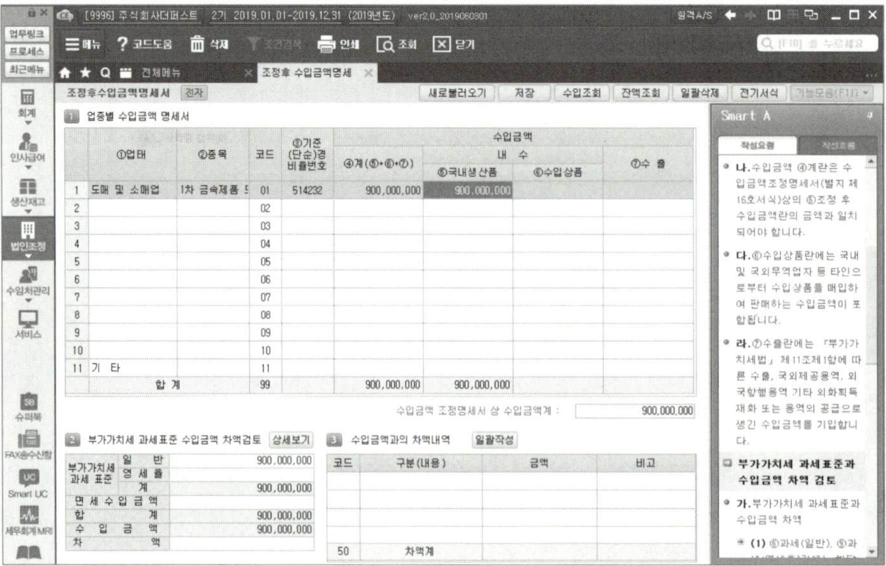

⑪ 중소기업기준검토표

- 중소기업의 범위는 업종기준, 규모기준, 졸업기준, 독립성기준으로 판단한다.
- 소기업 범위는 중소기업기본법 시행령 별표3을 준용한 규모이내의 기업으로 매출액을 기준으로 판단한다.

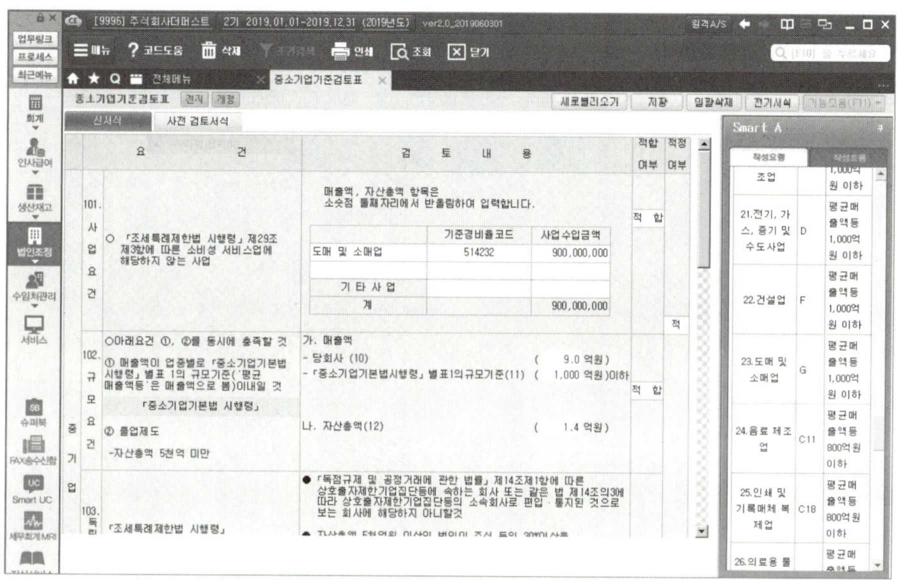

⑫ 접대비조정명세서(을)

접대비 중 신용카드 중복 체크 후 새로 불러오기하여 저장한다. 장부상 접대비 금액을 검토하고, 특수관계인간의 거래금액, 매출금액을 반영한다(거래처경조사비 지급 코드10번).

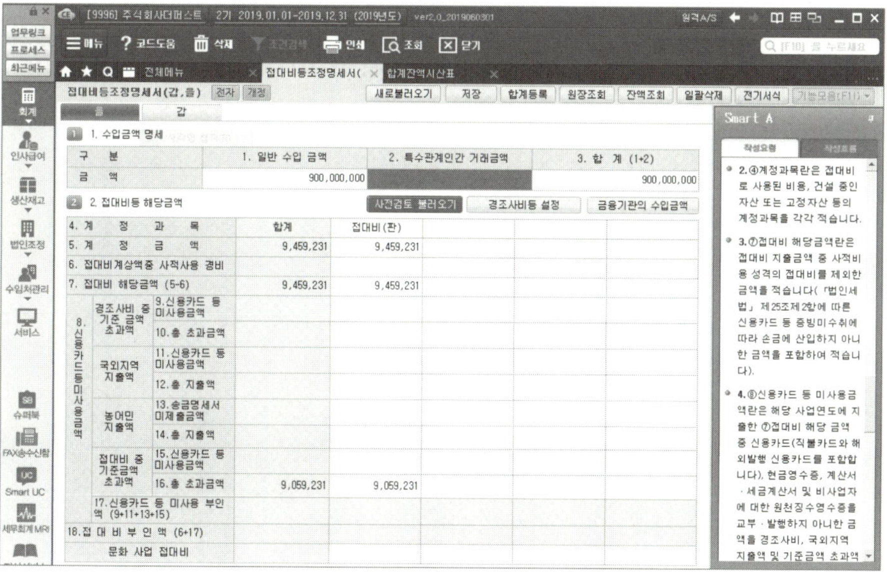

⑬ 접대비조정명세서(갑)

접대비 한도초과액을 계산하는 서식으로 새로 불러오기하여 저장한다.

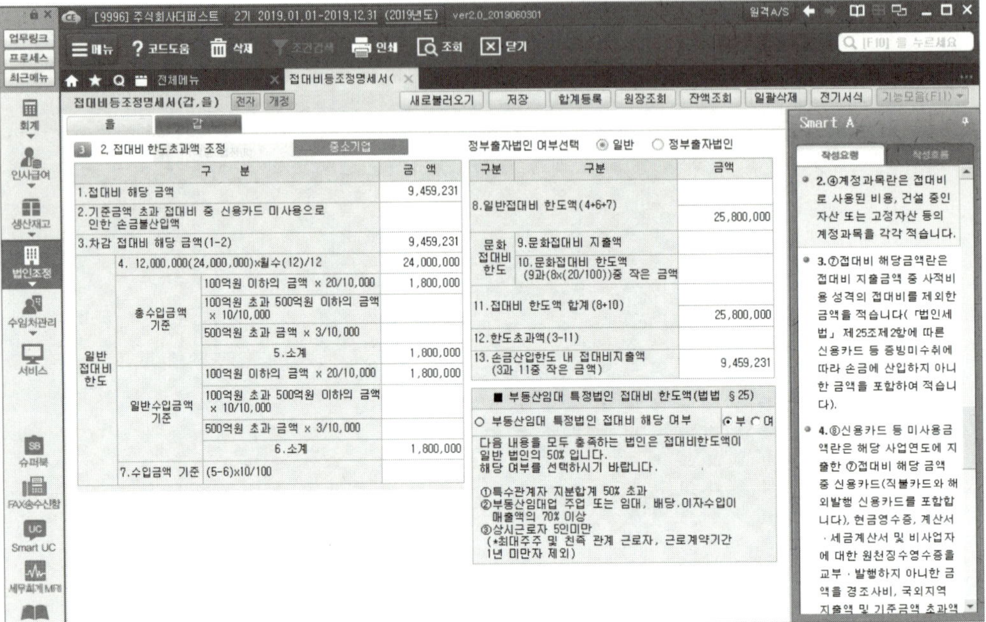

⑭ 세금과공과금명세서

과태료 등 손금불산입 세무조정사항을 반영한다(합계등록, 세무조정등록).

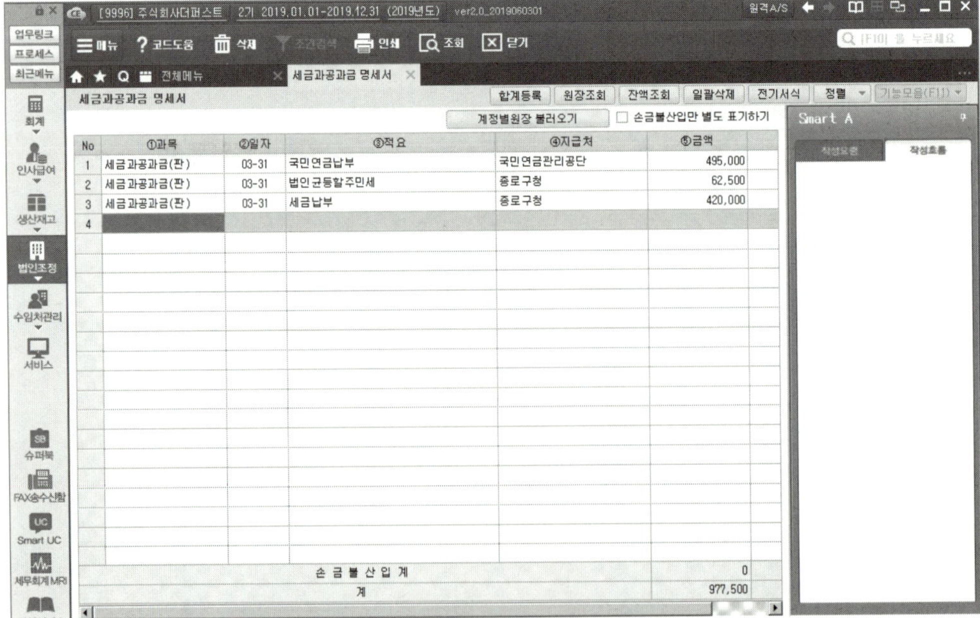

⑮ 미상각자산 감가상각비 조정명세서

미상각자산 감가상각비 조정명세서에서 ⑲당기상각범위액, ⑳회사계상상각액 한도초과액을 검토, 의제상각에 반영된 금액을 확인하고 유보발생시 세무조정 금액을 검토한다.

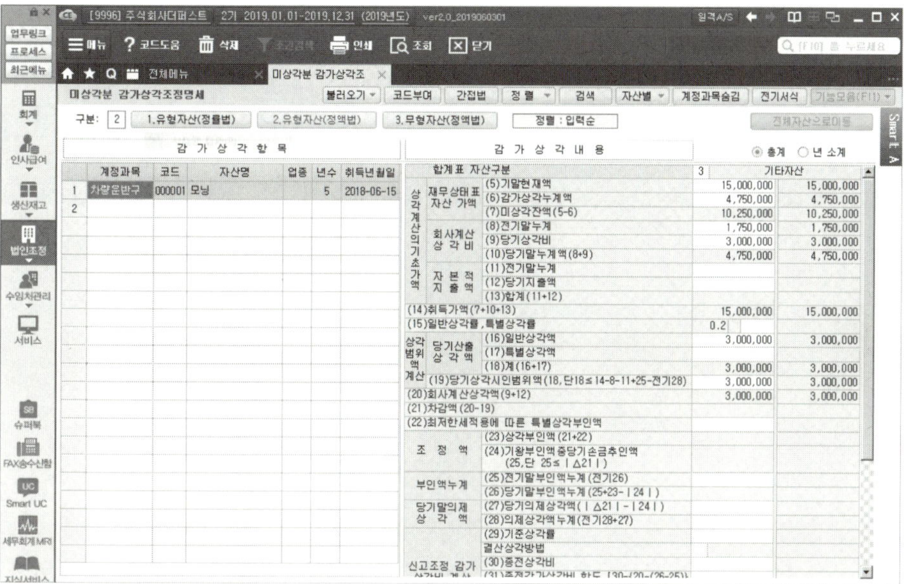

⑯ 감가상각비조정합계표

재무제표상 회사 손금계상금액의 감가상각비 금액을 검토하고 새로불러오기 저장하고 세무조정발생시 합계등록 세무조정등록한다.

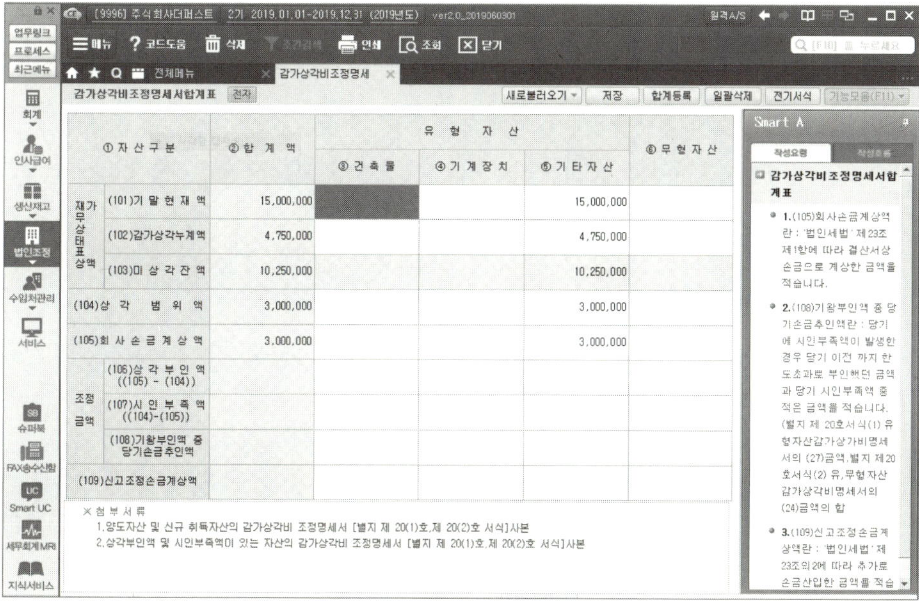

⑰ 소득금액조정합계표 및 명세서

- 잡손실, 과태료 등 손금불산입 금액과 법인세 등에 대해 손금불산입을 세무조정한다.
- 세무조정시 발생된 계정과목 외의 계정과목은 모두 찾아서 직접 입력한다.

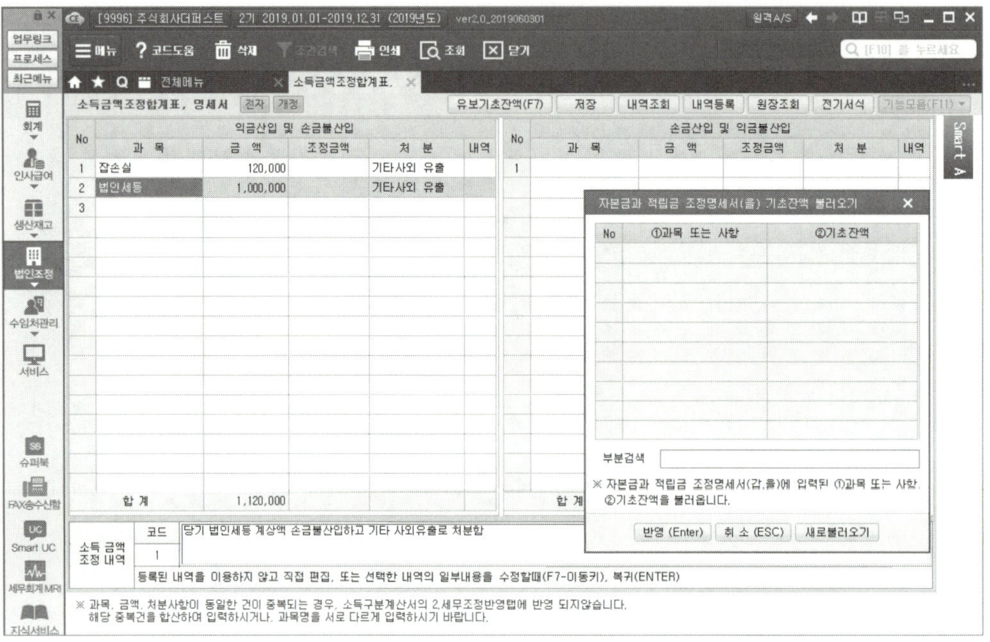

⑱ 법인세과세표준 및 세액조정계산서

- 법인세 과세표준 및 세액조정계산서를 새로 불러오기하여 저장한다. [1차] 세무조정 사항을 모두 확정한 후, 반영된 금액과 이월결손금액을 확인하여 반영한다.
- 기납부세액, 중간예납세액, 원천납부세액을 반영한다.
- 원천납부세액 명세서는 미리 작성하면 24번 원천납부금액을 불러온다(금융기관 등 사업자등록번호가 기록되지 않으면 에러가 발생함).

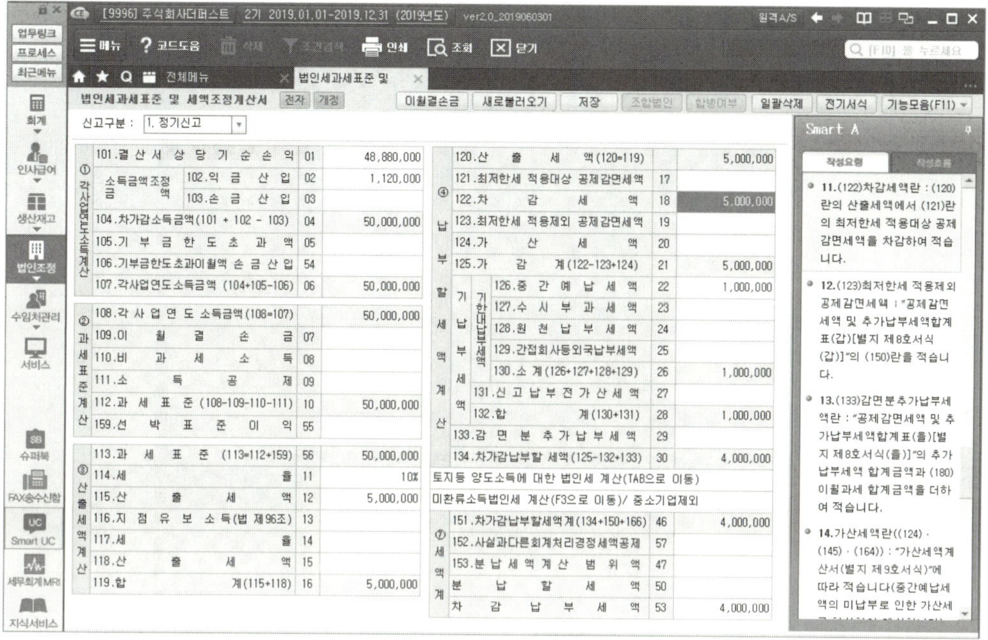

⑲ 자본금과 적립금 조정명세서

- 재무상태표 자본금 금액과 이익잉여금처분계산서 금액을 확인하여 자본금과 적립금 조정명세서를 작성한다.
- 자본금과 적립금조정명세서 이월결손금 유무를 확인하여 당기 공제금액을 검토한다.

  ① 이월결손금은 발생한 사업연도부터 10년간 이월공제된다.

  ② 중소기업은 각 사업연도 소득금액의 100%가 이월공제 한도이다.

  ③ 중소기업 외의 내국법인은 각 사업연도 소득금액의 70%(2018년 귀속), 60%(2019년 귀속)가 이월공제 한도이다.

  ④ 중소기업은 결손금 소급공제신청서를 제출하여 직전사업연도에 납부한 법인세를 환급받을 수 있다.

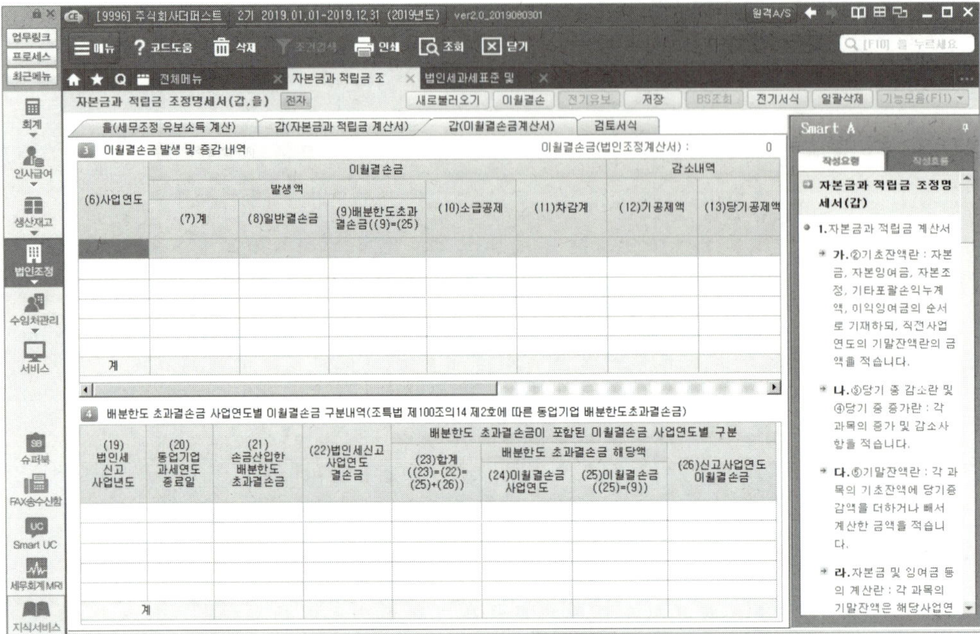

⑳ 법인세 과세표준 및 세액신고서

법인세 과세표준 및 세액신고서는 새로 불러오기, 저장하여 중소기업특별세액감면 전 산출세액 5,000,000을 확인한다.

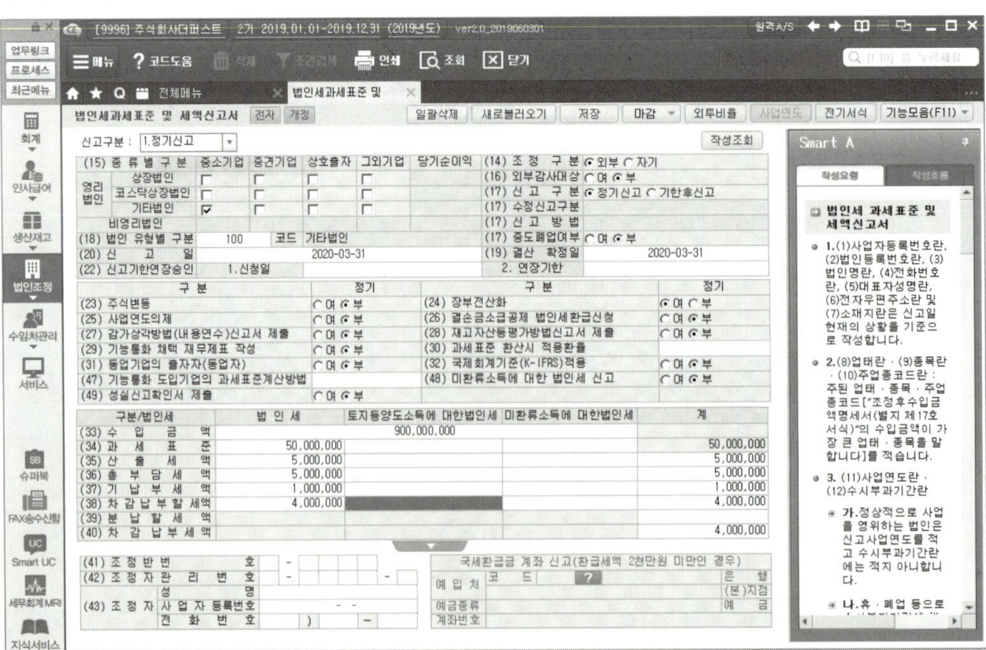

㉑ 공제감면세액계산서(2)

- 감면소득에 대한 소득구분계산서 작성 후 감면소득금액에 대한 감면대상 세액은 499,985원이다.
- 소득구분에서 감면대상이 아닌 이자수익금액은 1,436원이다(50,000,000－1,436＝49,998,564).
- 소득구분계산서 작성 후 감면소득을 검토해서 작성해야 한다(본문은 생략).

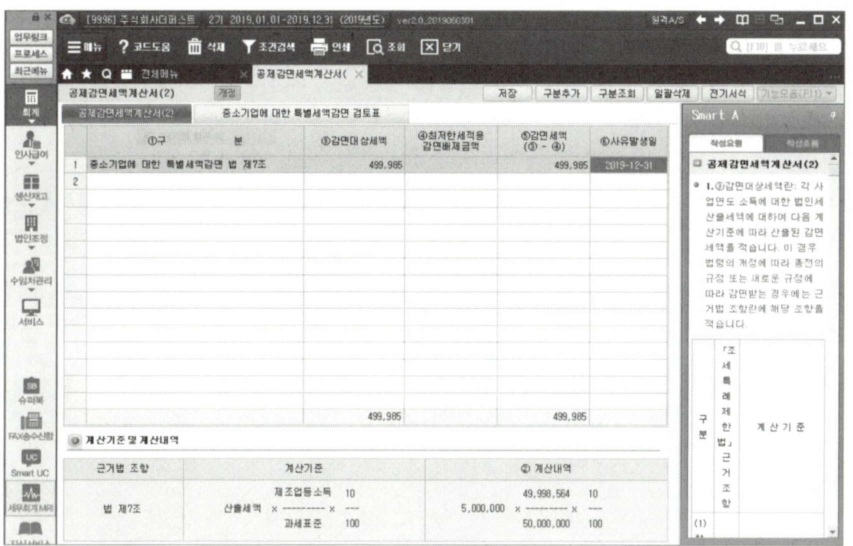

㉒－1 공제감면세액 합계표(갑, 을)

공제감면세액 및 추가납부세액합계표상 감면세액 499,985원을 확인한다.

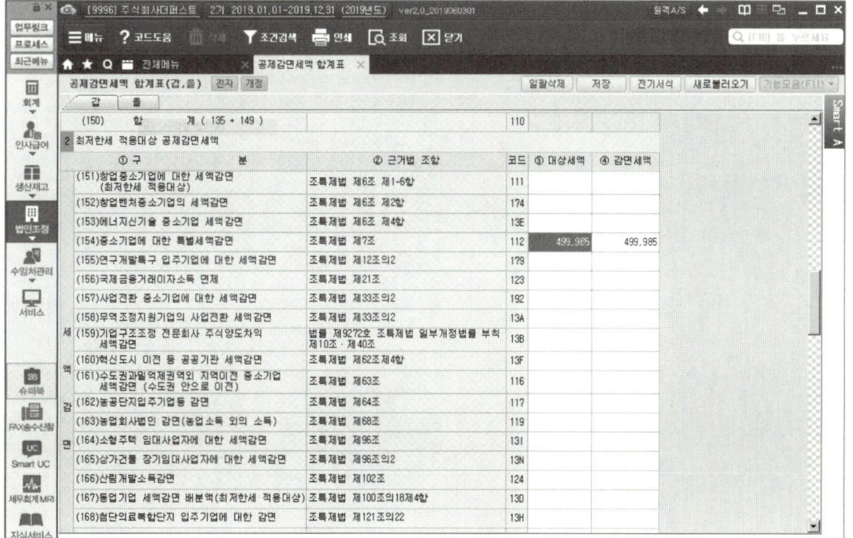

㉒-2 세액감면신청서

세액감면신청서상 감면세액 499,985원을 확인하고 작성한다.

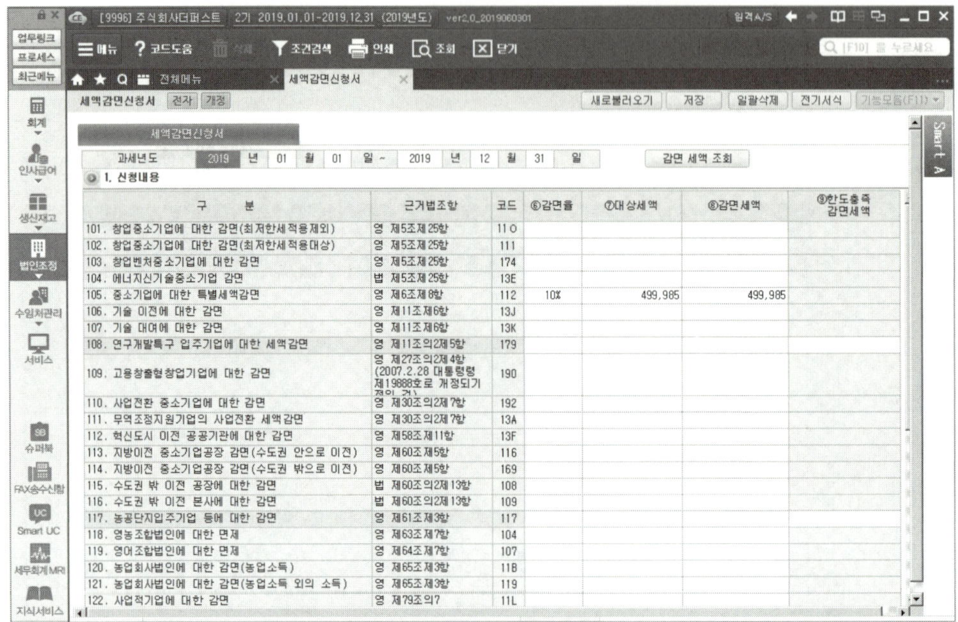

㉓ 법인세 과세표준 및 세액조정계산서

중소기업특별세액감면 금액 499,985원을 새로불러오기 후 저장하고, 결산서상 당기순이익과 법인세 납부세액을 확인 후 저장한다.

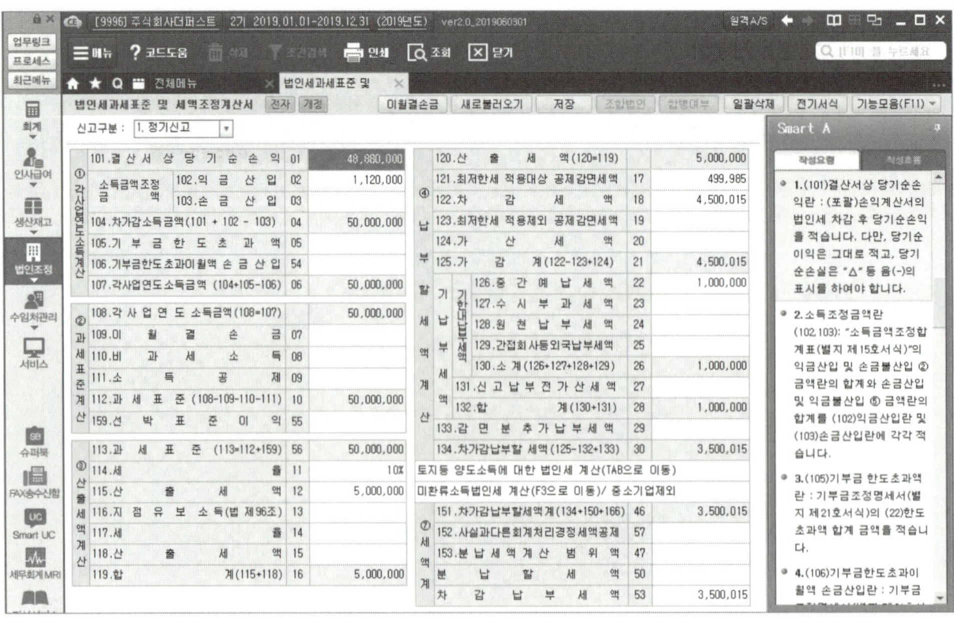

㉔ 법인세 과세표준 및 세액신고서

법인세 과세표준 및 세액조정계산서 금액을 새로불러오기 저장하고, 결산서상 당기순이익과 법인세 납부세액을 확인 후 저장한다.

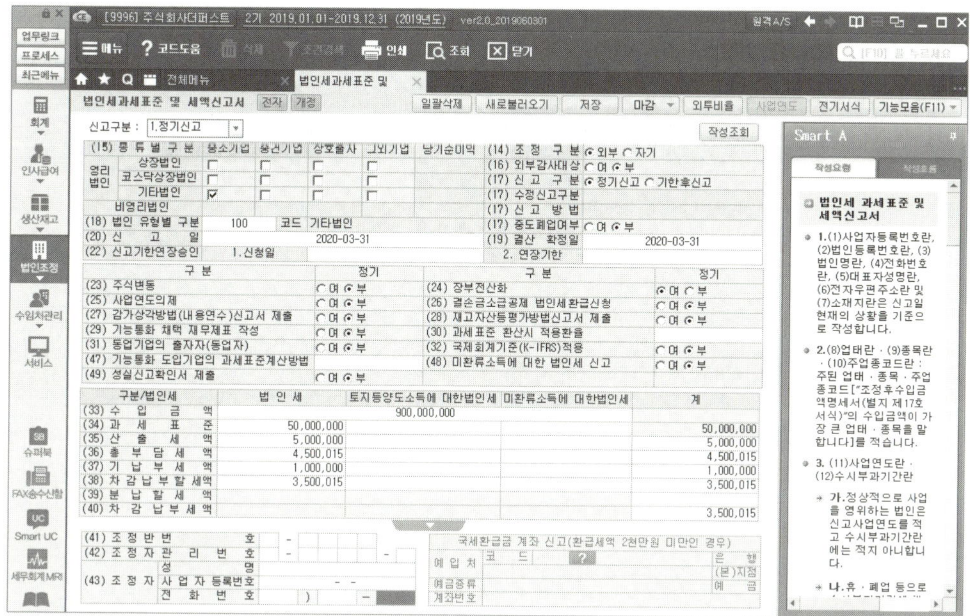

구분/법인세	법 인 세	토지등양도소득에 대한법인세	미환류소득에 대한법인세	계
(33) 수 입 금 액		900,000,000		
(34) 과 세 표 준	50,000,000			50,000,000
(35) 산 출 세 액	5,000,000			5,000,000
(36) 총 부 담 세 액	4,500,015			4,500,015
(37) 기 납 부 세 액	1,000,000			1,000,000
(38) 차 감 납 부 할 세액	3,500,015			3,500,015
(39) 분 납 할 세 액				
(40) 차 감 납 부 세 액				3,500,015

㉕ 최저한세 조정계산서

새로불러오기하여 저장하고, 감면금액 499,985원을 반영한다.

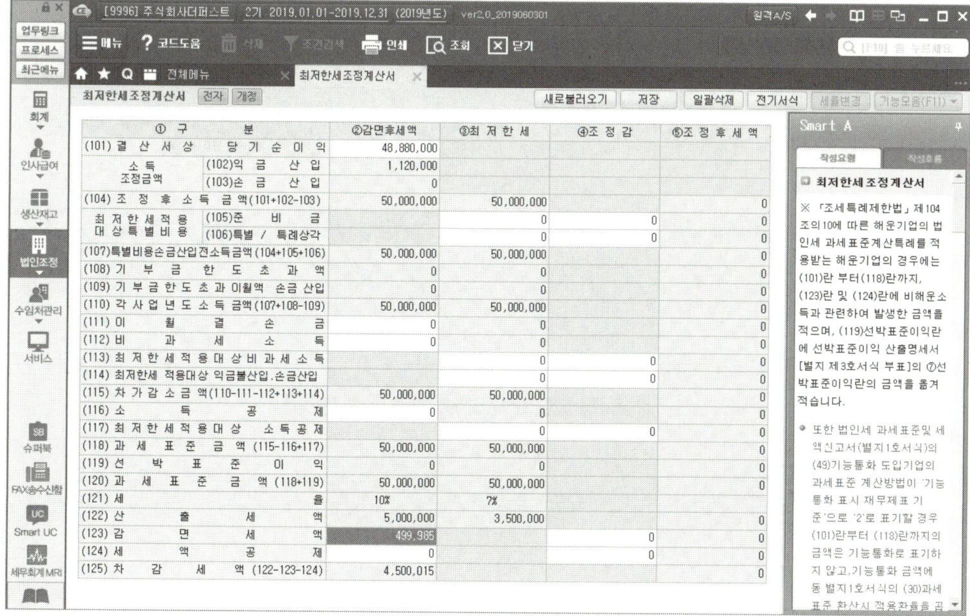

① 구 분		②감면후세액	③최 저 한 세	④조 정 감	⑤조 정 후 세 액
(101) 결 산 서 상 당 기 순 이 익		48,880,000			
소 득 조정금액	(102)익 금 산 입	1,120,000			
	(103)손 금 산 입	0			
(104) 조 정 후 소 득 금 액(101+102-103)		50,000,000	50,000,000		0
최 저 한 세 적 용 대 상 특 별 비 용	(105)준 비 금		0	0	0
	(106)특별 / 특례상각		0	0	0
(107)특별비용손금산입전소득금액(104+105+106)		50,000,000	50,000,000		0
(108) 기 부 금 한 도 초 과 액		0	0		0
(109) 기 부 금 한 도 초 과 이월액 손금 산입		0	0		0
(110) 각 사 업 년 도 소 득 금액(107+108-109)		50,000,000	50,000,000		0
(111) 이 월 결 손 금		0	0		0
(112) 비 과 세 소 득		0	0		0
(113) 최 저 한 세 적 용 대 상 비 과 세 소 득			0	0	0
(114) 최저한세 적용대상 익금불산입.손금산입			0	0	0
(115) 차 가 감 소 금 액(110-111-112+113+114)		50,000,000	50,000,000		0
(116) 소 득 공 제		0	0		0
(117) 최 저 한 세 적 용 대 상 소 득 공 제			0	0	0
(118) 과 세 표 준 금 액 (115-116+117)		50,000,000	50,000,000		0
(119) 선 박 표 준 이 익		0	0		0
(120) 과 세 표 준 금 액 (118+119)		50,000,000	50,000,000		0
(121) 세 율		10%	7%		0
(122) 산 출 세 액		5,000,000	3,500,000		0
(123) 감 면 세 액		499,985		0	0
(124) 세 액 공 제		0		0	0
(125) 차 감 세 액 (122-123-124)		4,500,015			0

2) 자료 2

① 일반전표입력

12.31. (차) 법인세등 4,000,015　　(대) 미지급세금 3,500,015(종로세무서) "코드 미지급세금 500,000 (종로구청)"을 설정한다.

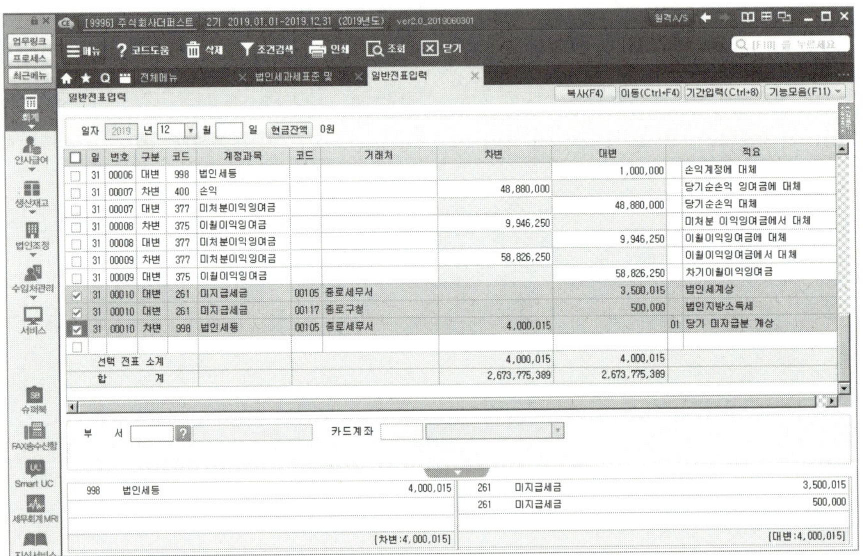

② 결산자료입력

• 법인세등 미지급세금 반영 후 결산분개 당기순이익 44,879,985원을 확인한다.

• 매출원가 451 설정하고 확인(Tab)하고 결산분개를 일반전표에 전표추가(F3)한다.

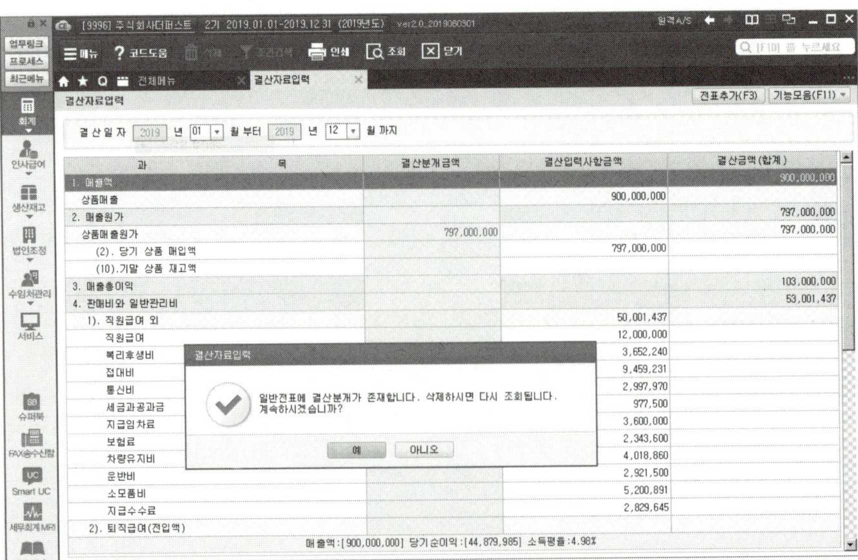

③ 손익계산서

장부상 결산자료 입력, 재무제표 마감 후 당기순이익 44,879,985원을 확인한다. [과목별] – [제출용] – [표준용]을 읽는다.

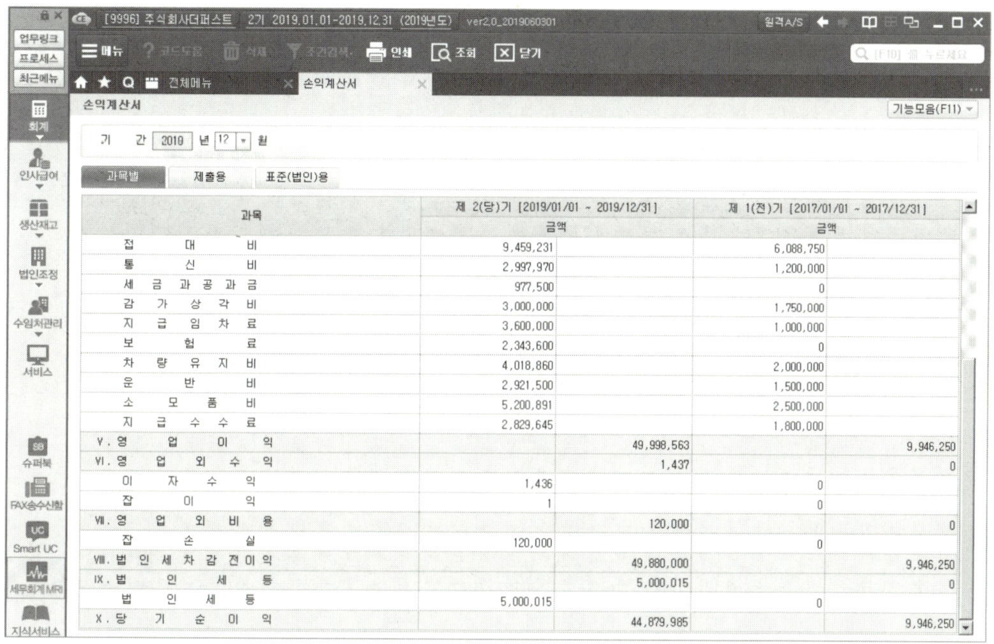

과목	제 2(당)기 [2019/01/01 ~ 2019/12/31] 금액		제 1(전)기 [2017/01/01 ~ 2017/12/31] 금액	
접대비	9,459,231		6,088,750	
통신비	2,997,970		1,200,000	
세금과공과금	977,500		0	
감가상각비	3,000,000		1,750,000	
지급임차료	3,600,000		1,000,000	
보험료	2,343,600		0	
차량유지비	4,018,860		2,000,000	
운반비	2,921,500		1,500,000	
소모품비	5,200,891		2,500,000	
지급수수료	2,829,645		1,800,000	
Ⅴ. 영업이익		49,998,563		9,946,250
Ⅵ. 영업외수익		1,437		0
이자수익	1,436		0	
잡이익	1		0	
Ⅶ. 영업외비용		120,000		0
잡손실	120,000		0	
Ⅷ. 법인세차감전이익		49,880,000		9,946,250
Ⅸ. 법인세등		5,000,015		0
법인세등	5,000,015		0	
Ⅹ. 당기순이익		44,879,985		9,946,250

④ 이익잉여금처분계산서

- 장부상 결산자료 입력 재무제표 마감 후 당기순이익 44,879,985을 확인한다.
- "저장된 데이터를 불러오시겠습니까?"에 "아니오"를 선택한다.
- 전표추가(F3) : 전기 처분확정일 작성, 당기 처분예정일 작성하고 이미 일반전표에 대체분개가 존재한다. 기존 대체분개를 삭제하고 다시 추가하시겠습니까?"에 "예"를 선택한다.
- 당기처분예정일은 관리회사에 따라 다르다.

* 참고사항 : 배당금, 이익 준비금 등 이익잉여금 처분은 현재 탭에서 진행한다(새로 불러오기하면 삭제되니 주의해야 함).

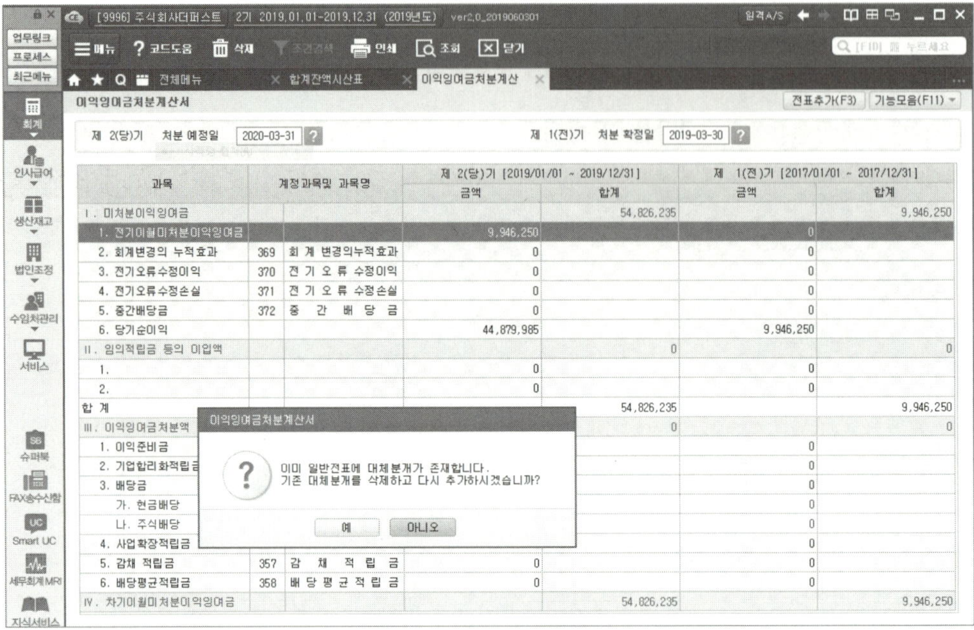

⑤ 재무상태표

장부상 결산자료 마감, 재무제표 마감, 당기순이익 44,879,985원을 확인한다. [과목별]-[제출용]-[표준용]을 읽는다.

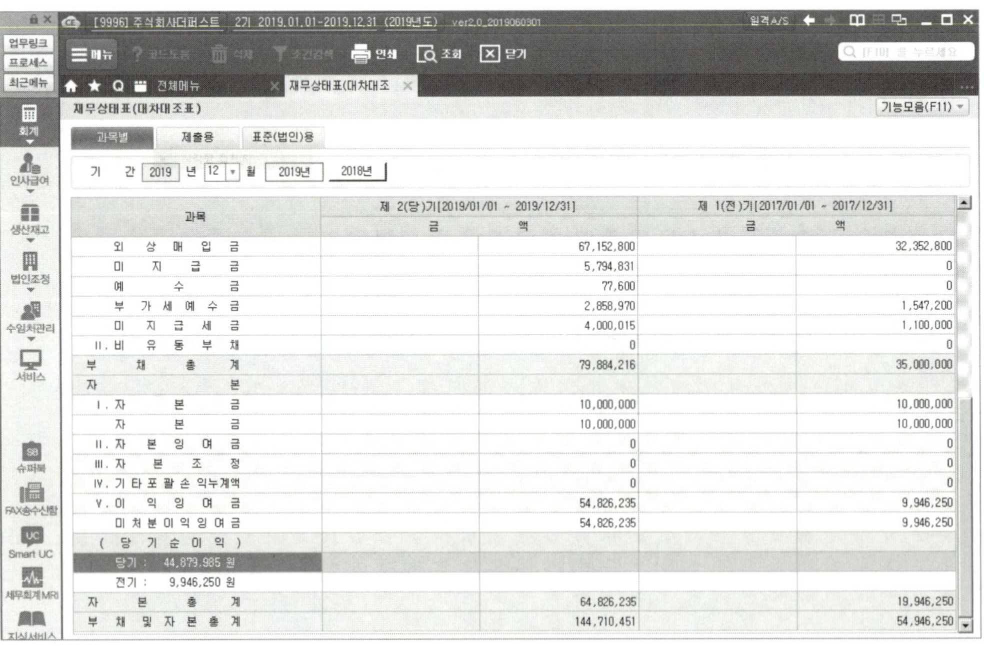

⑥ 합계잔액시산표

장부상 결산자료와 재무제표를 마감한 후, 법인세등 총 금액 5,000,015원을 확인한다.

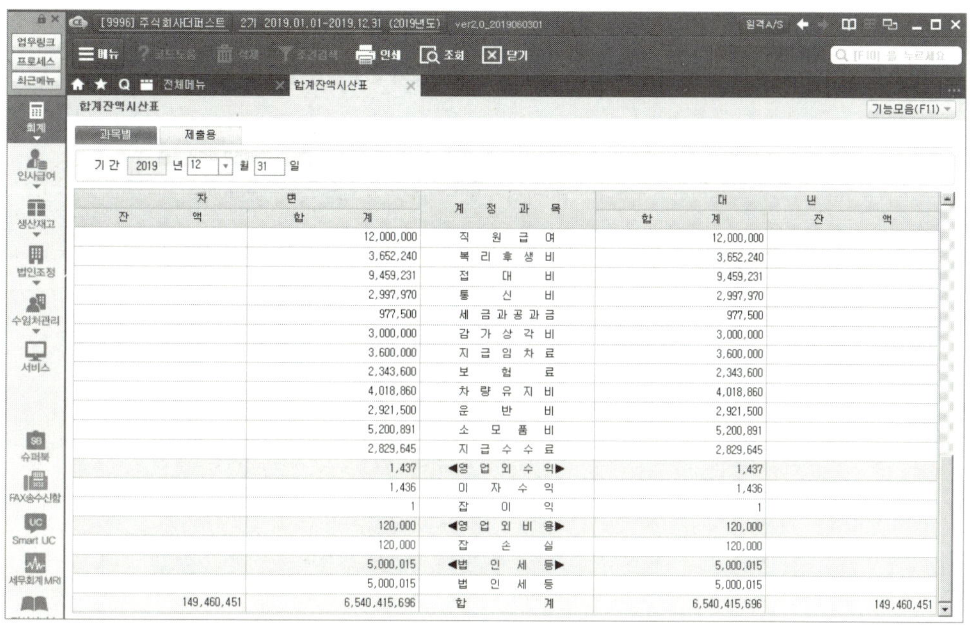

합계잔액시산표

기간 2019 년 12 월 31 일

차변 잔액	차변 합계	계정과목	대변 합계	대변 잔액
	12,000,000	직원급여	12,000,000	
	3,652,240	복리후생비	3,652,240	
	9,459,231	접대비	9,459,231	
	2,997,970	통신비	2,997,970	
	977,500	세금과공과금	977,500	
	3,000,000	감가상각비	3,000,000	
	3,600,000	지급임차료	3,600,000	
	2,343,600	보험료	2,343,600	
	4,018,860	차량유지비	4,018,860	
	2,921,500	운반비	2,921,500	
	5,200,891	소모품비	5,200,891	
	2,829,645	지급수수료	2,829,645	
	1,437	◀영업외수익▶	1,437	
	1,436	이자수익	1,436	
	1	잡이익	1	
	120,000	◀영업외비용▶	120,000	
	120,000	잡손실	120,000	
	5,000,015	◀법인세등▶	5,000,015	
	5,000,015	법인세등	5,000,015	
149,460,451	6,540,415,696	합계	6,540,415,696	149,460,451

⑦ 표준이익잉여금처분계산서

- 새로불러오기하여 표준이익잉여금처분계산서 44,879,985원을 반영한다.
- 배당금 등 이익잉여금처분 발생시 처분금액을 확인하고 저장한다.

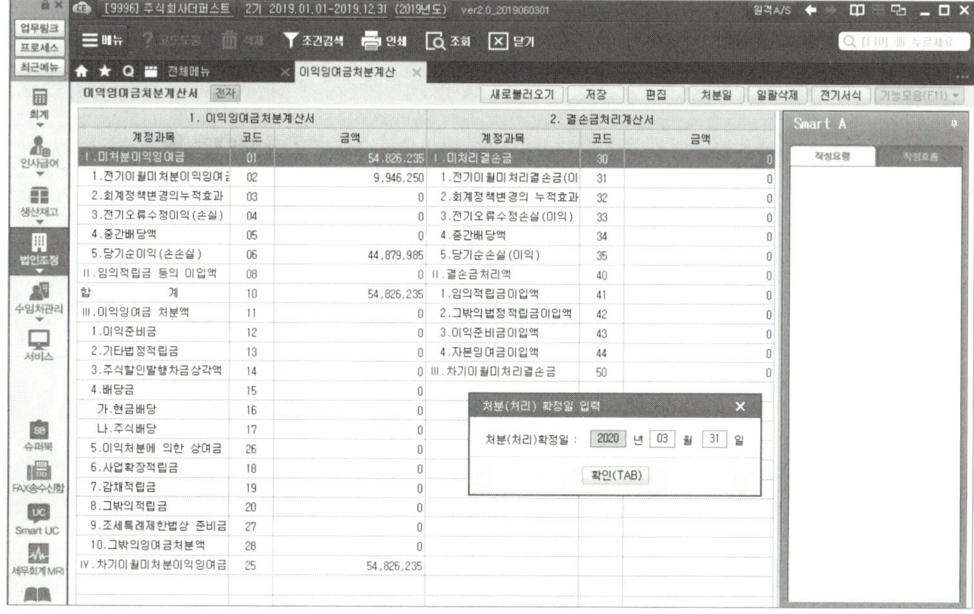

이익잉여금처분계산서

1. 이익잉여금처분계산서 계정과목	코드	금액	2. 결손금처리계산서 계정과목	코드	금액
Ⅰ.미처분이익잉여금	01	54,826,235	Ⅰ.미처리결손금	30	0
1.전기이월미처분이익잉여금	02	9,946,250	1.전기이월미처리결손금(이	31	0
2.회계정책변경의누적효과	03	0	2.회계정책변경의 누적효과	32	0
3.전기오류수정이익(손실)	04	0	3.전기오류수정손실(이익)	33	0
4.중간배당액	05	0	4.중간배당액	34	0
5.당기순이익(손손실)	06	44,879,985	5.당기순손실(이익)	35	0
Ⅱ.임의적립금 등의 이입액	08	0	Ⅱ.결손금처리액	40	0
합계	10	54,826,235	1.임의적립금이입액	41	0
Ⅲ.이익잉여금 처분액	11	0	2.그밖의법정적립금이입액	42	0
1.이익준비금	12	0	3.이익준비금이입액	43	0
2.기타법정적립금	13	0	4.자본잉여금이입액	44	0
3.주식할인발행차금상각액	14	0	Ⅲ.차기이월미처리결손금	50	0
4.배당금	15	0			
가.현금배당	16	0			
나.주식배당	17	0			
5.이익처분에 의한 상여금	26	0			
6.사업확장적립금	18	0			
7.감채적립금	19	0			
8.그밖의적립금	20	0			
9.조세특례제한법상 준비금	27	0			
10.그밖의잉여금처분액	28	0			
Ⅳ.차기이월미처분이익잉여금	25	54,826,235			

처분(처리) 확정일 입력

처분(처리)확정일 : 2020 년 03 월 31 일

확인(TAB)

⑧ 표준손익계산서

- 새로불러오기 후 표준손익계산서 44,879,985원 반영금액을 확인한다.
- 세무조정등록 변경된 법인세등 5,000,015원으로 소득금액조정합계표에 정정하여 반영해 놓고 저장한다.

계정과목	코드	금액	계정과목	코드	금액
8.유형자산감가상각비	086	3,000,000	가.매도가능증권손상차손	193	0
9.무형자산상각비	087	0	나.만기보유증권손상차손	194	0
가.영업권상각비	088	0	11.파생상품관련손실	195	0
나.기타무형자산상각비	089	0	가.파생상품평가손실	196	0
10.세금과공과	090	977,500	나.파생상품거래손실	197	0
11.광고선전비(판매촉진비 포함	091	0	다.기타파생상품손실	198	0
12.견본비	092	0	12.투자부동산처분손실	199	0
13.차량유지비(유류비 포함)	093	4,018,860	13.유형자산처분손실	200	0
14.연구비	094	0	가.토지처분손실	201	0
15.경상개발비	095	0	나.건물처분손실	202	0
16.대손상각비(충당금전입액포함	096	0	다.기계장치처분손실	203	0
17.미분양주택관리비	097	0	라.기타유형자산처분손실	204	0
18.수주비	098	0	14.무형자산처분손실	205	0
가.국내수주비	099	0	15.기부금	206	0
나.해외수주비	100	0	16.사채상환손실	207	0
19.자문료	101	0	17.위약금 · 보상금 · 배상금비용	208	0
가.국내자문료	102	0	18.기타충당금 · 준비금전입	209	0
나.해외자문료	103	0	19.전기오류수정손실	210	0
20.지급수수료	104	2,829,645	20.재해손실	211	0
가.국내지급수수료	105	2,829,645	21.기타잡손실	212	120,000
나.해외지급수수료	106	0	Ⅷ.법인세비용차감전손익	217	49,880,000
21.판매수수료	107	0	Ⅸ.법인세비용	218	5,000,015
22.소모품비	108	5,200,891	Ⅹ.당기순손익	219	44,879,985

⑨ 표준대차대조표

표준대차대조표에서 미처분이익잉여금 54,826,235원을 확인한다.

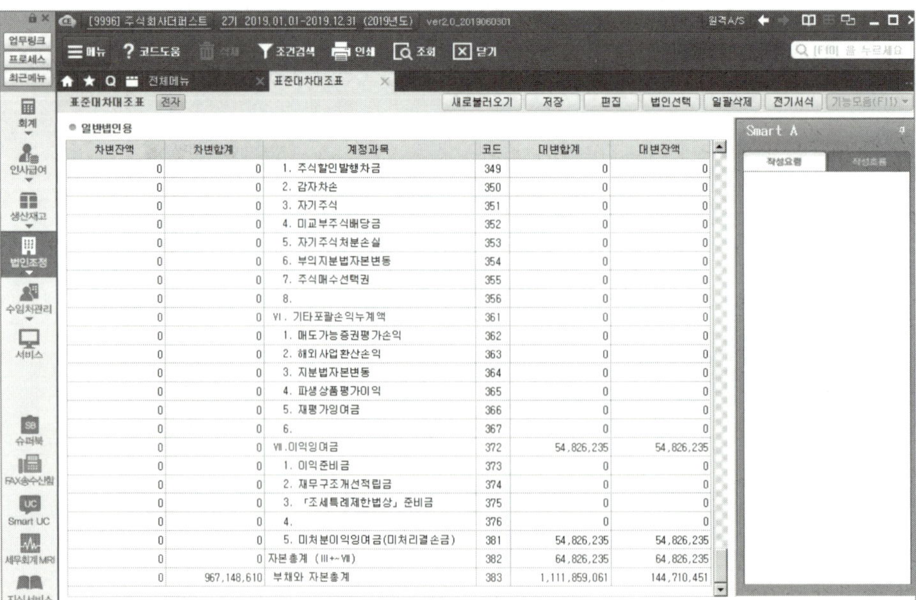

차변잔액	차변합계	계정과목	코드	대변합계	대변잔액
0	0	1. 주식할인발행차금	349	0	0
0	0	2. 감자차손	350	0	0
0	0	3. 자기주식	351	0	0
0	0	4. 미교부주식배당금	352	0	0
0	0	5. 자기주식처분손실	353	0	0
0	0	6. 부의지분법자본변동	354	0	0
0	0	7. 주식매수선택권	355	0	0
0	0	8.	356	0	0
0	0	Ⅵ. 기타포괄손익누계액	361	0	0
0	0	1. 매도가능증권평가손익	362	0	0
0	0	2. 해외사업환산손익	363	0	0
0	0	3. 지분법자본변동	364	0	0
0	0	4. 파생상품평가이익	365	0	0
0	0	5. 재평가잉여금	366	0	0
0	0	6.	367	0	0
0	0	Ⅶ.이익잉여금	372	54,826,235	54,826,235
0	0	1. 이익준비금	373	0	0
0	0	2. 재무구조개선적립금	374	0	0
0	0	3. 「조세특례제한법상」 준비금	375	0	0
0	0	4.	376	0	0
0	0	5. 미처분이익잉여금(미처리결손금)	381	54,826,235	54,826,235
0	0	자본총계 (Ⅲ+~Ⅶ)	382	64,826,235	64,826,235
0	967,148,610	부채와 자본총계	383	1,111,859,061	144,710,451

⑩ 소득금액조정합계표 및 명세서

법인세등 미지급세금 반영 후 정정금액 법인세 등 5,000,015원 변경한다.

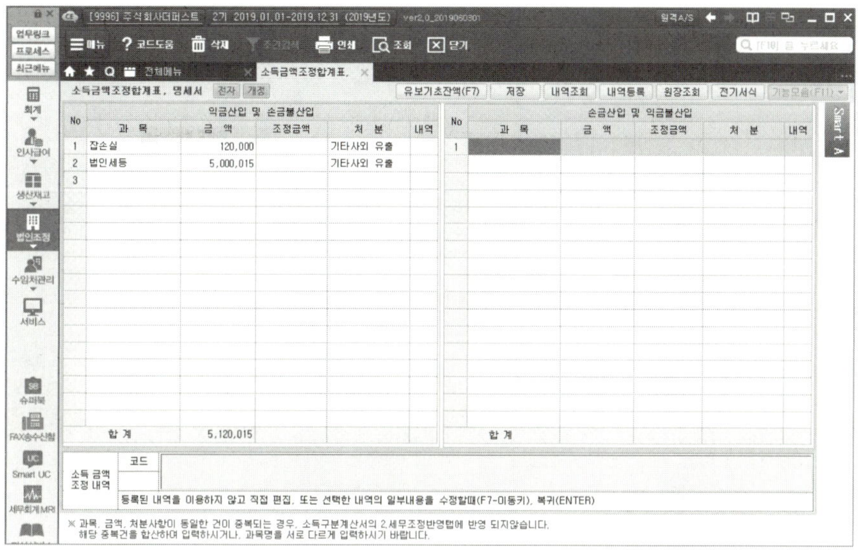

소득금액조정합계표, 명세서

익금산입 및 손금불산입

No	과 목	금 액	조정금액	처 분	내역
1	잡손실	120,000		기타사외 유출	
2	법인세등	5,000,015		기타사외 유출	
3					
	합 계	5,120,015			

손금산입 및 익금불산입

No	과 목	금 액	조정금액	처 분	내역
1					
	합 계				

※ 과목, 금액, 처분사항이 동일한 건이 중복되는 경우, 소득구분계산서의 2.세무조정반영법에 반영 되지않습니다.
해당 중복건을 합산하여 입력하시거나, 과목명을 서로 다르게 입력하시기 바랍니다.

⑪ 법인세 과세표준 및 세액조정계산서

- 새로불러오기 하여 결산서상 당기순이익 44,879,985원을 확인한다.
- 법인세등 정정 후 법인세 납부세액 3,500,015원이다.
- 최종 분납할 세액 반영 탭(1천만원 초과 및 2천만원 초과시 적용임.)
- 소득금액조정명세서 5,120,015원만 변경되고 차감할 납부세액은 변동이 없으면 저장한다.

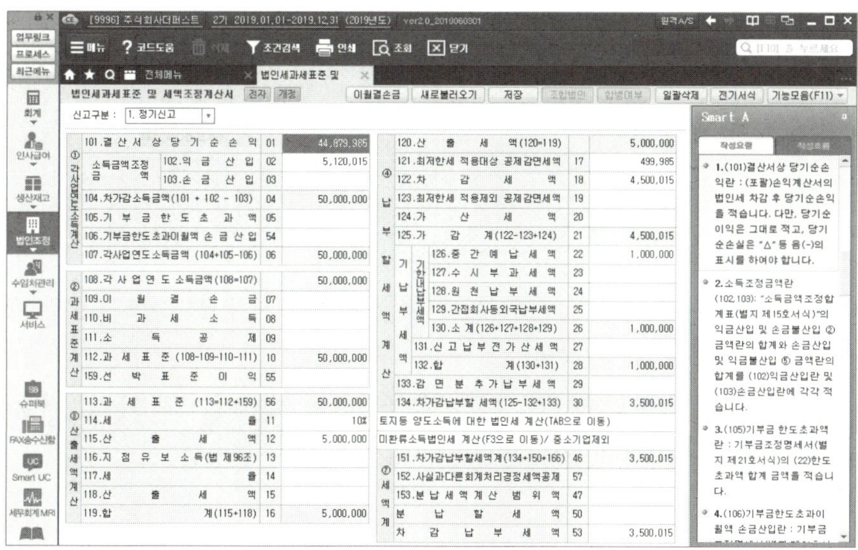

법인세과세표준 및 세액조정계산서

항목	코드	금액
101.결산서상 당기순손익	01	44,879,985
102.익금산입	02	5,120,015
103.손금산입	03	
104.차가감소득금액(101+102-103)	04	50,000,000
105.기부금한도초과액	05	
106.기부금한도초과이월액 손금산입	54	
107.각사업연도소득금액(104+105-106)	06	50,000,000
108.각사업연도소득금액(108=107)		50,000,000
109.이월결손금	07	
110.비과세소득	08	
111.소득공제	09	
112.과세표준(108-109-110-111)	10	50,000,000
159.선박표준이익	55	
113.과세표준(113=112+159)	56	50,000,000
114.세율	11	10%
115.산출세액	12	5,000,000
116.지점유보소득(법 제96조)	13	
117.세율	14	
118.산출세액	15	
119.합계(115+118)	16	5,000,000

항목	코드	금액
120.산출세액(120=119)		5,000,000
121.최저한세 적용대상 공제감면세액	17	499,985
122.차감세액	18	4,500,015
123.최저한세 적용제외 공제감면세액	19	
124.가산세액	20	
125.가감계(122-123+124)	21	4,500,015
126.중간예납세액	22	1,000,000
127.수시부과세액	23	
128.원천납부세액	24	
129.간접회사등외국납부세액	25	
130.소계(126+127+128+129)	26	1,000,000
131.신고납부전가산세액	27	
132.합계(130+131)	28	1,000,000
133.감면분추가납부세액	29	
134.차가감납부할 세액(125-132+133)	30	3,500,015
토지등 양도소득에 대한 법인세 계산(TAB으로 이동)		
미환류소득법인세 계산(F3으로 이동)/ 중소기업제외		
151.차가감납부할세액계(134+150+166)	46	3,500,015
152.사실과다른회계처리경정세액공제	57	
153.분납세액계산 범위액	47	
분납할세액	50	
차감납부세액	53	3,500,015

⑫ 법인세 과세표준 및 세액신고서

- 법인세등 정정 후 법인세 납부세액 3,500,015원을 확인한다.
- 주주변동 여부를 확인하고, 분납금액을 확인한다.
- 자본금과 적립금 조정명세서, 최저한세조정명세서를 최종검토 후 마감하고 국세청 변환에러를 확인한다.

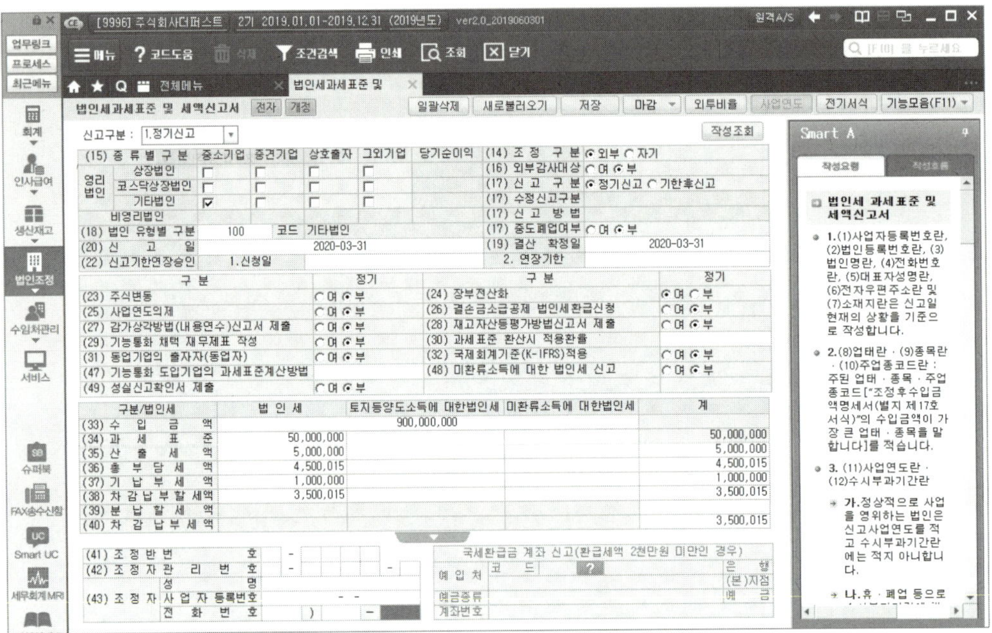

⑬ 자본금과 적립금 조정명세서

- 이익잉여금 당기 증가가 당기순이익 44,879,985원 반영 금액인지 확인한다.
- BS조회(재무상태표 금액 조회)하여 자본금, 이익잉여금 금액을 일치시킨다.
- 이월결손금 발생금액은 법인세 과세표준 및 세액조정계산서 각 사업연도 소득금액 108번 금액을 1.이월결손금 발생의 (6)사업연도에 기록한다.
- 갑(자본금과적립금계산서)은 새로불러오기하여 기초잔액을 직전연도 자본금과 적립금 기말잔액을 그대로 옮겨 입력한다.
- 이익잉여금은 이익잉여금 처분계산서의 차기이월 미처분이익잉여금과 재무상태표의 ⑤기말잔액을 일치시킨다.
- 이 서식은 재무상태표 자본계정을 세무조정하는 서식이며 자본금과 적립금 조정명세서 을(세무조정 유소소득 작성)은 유보소득을 관리하는 서식이다.

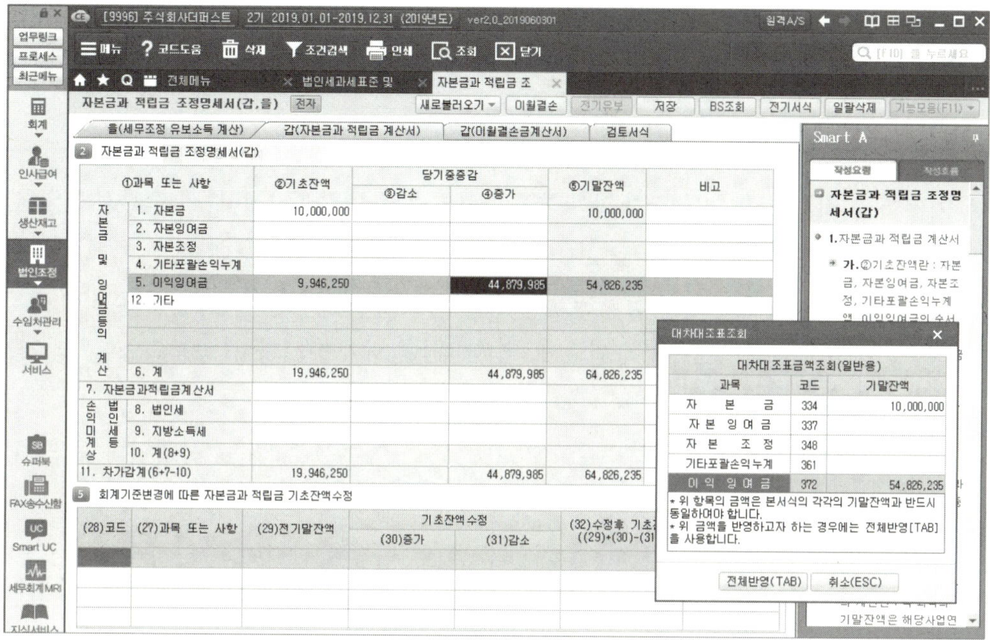

자본금과 적립금 조정명세서(갑)

①과목 또는 사항	②기초잔액	③감소	④증가	⑤기말잔액	비고
1. 자본금	10,000,000			10,000,000	
2. 자본잉여금					
3. 자본조정					
4. 기타포괄손익누계					
5. 이익잉여금	9,946,250		44,879,985	54,826,235	
12. 기타					
6. 계	19,946,250		44,879,985	64,826,235	
7. 자본금과적립금계산서					
8. 법인세					
9. 지방소득세					
10. 계(8+9)					
11. 차가감계(6+7-10)	19,946,250		44,879,985	64,826,235	

대차대조표금액조회(일반용)

과목	코드	기말잔액
자본금	334	10,000,000
자본잉여금	337	
자본조정	348	
기타포괄손익누계	361	
이익잉여금	372	54,826,235

* 위 항목의 금액은 본서식의 각각의 기말잔액과 반드시 동일하여야 합니다.
* 위 금액을 반영하고자 하는 경우에는 전체반영[TAB]을 사용합니다.

⑭ 최저한세조정계산서

- 새로불러오기하여 결산서상 당기순이익 44,879,985원 반영을 확인한다.
- 중소기업특별세액감면 499,985원을 반영 후 저장한다.

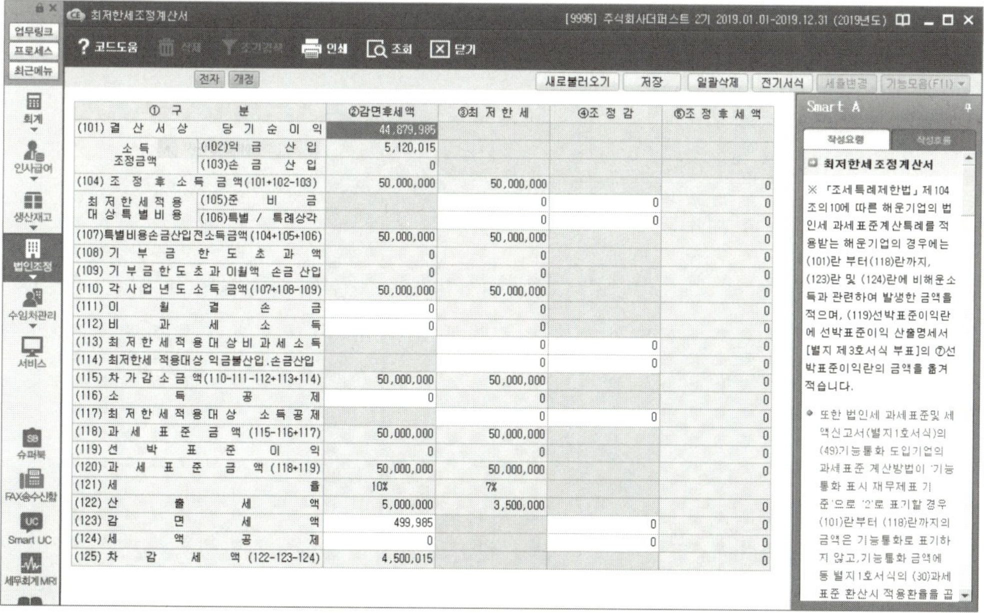

①구분	②감면후세액	③최저한세	④조정감	⑤조정후세액
(101) 결산서상 당기순이익	44,879,985			
소득조정금액 (102)익금산입	5,120,015			
소득조정금액 (103)손금산입	0			
(104) 조정후소득금액(101+102-103)	50,000,000	50,000,000		0
최저한세적용대상특별비용 (105)준비금		0	0	0
최저한세적용대상특별비용 (106)특별/특례상각		0	0	0
(107)특별비용손금산입전소득금액(104+105+106)	50,000,000	50,000,000		0
(108) 기부금한도초과액	0	0		0
(109) 기부금한도초과이월액 손금산입	0	0		0
(110) 각사업년도소득금액(107+108-109)	50,000,000	50,000,000		0
(111) 이월결손금	0	0		0
(112) 비과세소득	0	0		0
(113) 최저한세적용대상비과세소득		0	0	0
(114) 최저한세 적용대상 익금불산입.손금산입		0	0	0
(115) 차가감소금액(110-111-112+113+114)	50,000,000	50,000,000		0
(116) 소득공제	0	0		0
(117) 최저한세적용대상소득공제		0	0	0
(118) 과세표준금액(115-116+117)	50,000,000	50,000,000		0
(119) 선박표준이익	0	0		0
(120) 과세표준금액(118+119)	50,000,000	50,000,000		0
(121) 세율	10%	7%		
(122) 산출세액	5,000,000	3,500,000		0
(123) 감면세액	499,985		0	0
(124) 세액공제	0		0	0
(125) 차감세액(122-123-124)	4,500,015			0

4. 재무제표

(1) 재무제표의 의의와 종류

기업의 일정 기간의 경영성과와 일정 시점의 재무상태를 작성하는 재무상의 보고서를 말하며, 결산보고서 또는 회계보고서라 한다. 재무제표는 재무상태표, 손익계산서, 이익잉여금처분계산서(또는 결손금처리계산서), 현금흐름표, 자본변동표 및 주석으로 구성되며, 주식회사는 외부회계감사제도가 적용되므로 외부회계감사 기준금액을 잘 검토해야 한다. 또한 한국의 회계기준 체계에 대해서 알아보자.

외부회계감사 대상은 다음과 같다(2019.11.1. 이후 시작되는 사업연도부터 적용).

① 주식회사

4개 요건(자산 120억원 미만, 매출액 100억원 미만, 부채 70억원 미만, 종업원 수 100인 미만) 중 3개 충족시 외부감사 대상에서 제외

② 유한회사

- 원칙상 "모든 회사"는 외부감사 대상이며, 주식회사의 4가지 요건에 "사원 수 50인 미만" 기준을 추가하여 총 5개 요건 중 3개 이상을 충족하면 예외를 인정
- 법 시행일(2019.11.1.) 이후 주식회사에서 유한회사로 변경한 경우에는 5년간 주식회사와 동일한 기준을 적용

③ 대규모 회사

자산 또는 매출액 500억원 이상인 경우에는 모두 외부감사 대상

한국의 회계기준 체계는 다음과 같이 적용한다. 기업의 경영활동에 따른 경영성과와 재무상태를 파악하는 회계기준 체계는 기업회계의 회계정보가 필요하며 다음과 같은 회계기준을 근거로 한다.

한국의 회계기준 체계 3Tier

회계기준	적용대상	외부감사	관련법령
1. 한국채택국제회계기준	주권상장법인 및 금융회사	의무	주식회사의 외부감사에 관한 법률
2. 일반기업회계기준	외부감사대상 주식회사		
3. 중소기업회계기준	외부감사 대상 이외의 주식회사	면제	상법

* 출처 : 한국회계기준원(KAI)

비영리조직회계기준은 제정 중이다. 이는 비영리조직의 회계투명성 제고가 필요하다는 사회적 인식에 대한 대응과 근거 법령의 법제화 등을 고려하여 제정 추진회계기준체계일 것이다.

(2) 재무제표와 표준재무제표

법인세 세무조정을 완료하고 당기법인세등 세무조정 반영 내용을 일반전표에 반영한 후의 재무제표를 기초로 하여 작성한 법인세 과세표준 및 세액신고서를 전자신고(정기분) 전송한다. 국세청에는 법인세 세무조정 신고서식과 표준재무제표로 신고접수된다. 다음은 위의 자료로 마감된 결산보고서이므로 직접 작성한 것과 비교해 보면 된다.

1) 재무상태표

제2기 2019년 12월 31일 현재
제1기 2018년 12월 31일 현재

회사명 : 주식회사더퍼스트 (단위 : 원)

과 목	제2(당)기		제1(전)기	
	금 액		금 액	
자 산				
Ⅰ. 유동자산		124,460,451		31,696,250
① 당 좌 자 산		124,460,451		31,696,250
보 통 예 금		38,660,451		7,803,750
외 상 매 출 금		85,800,000		23,892,500
② 재 고 자 산				
Ⅱ. 비유동자산		20,250,000		23,250,000
① 투 자 자 산				
② 유 형 자 산		10,250,000		13,250,000
챠 량 운 반 구	15,000,000		15,000,000	
감 가 상 각 누 계 액	4,750,000	10,250,000	1,750,000	13,250,000
③ 무 형 자 산				
④ 기 타 비 유 동 자 산		10,000,000		10,000,000
임 차 보 증 금		10,000,000		10,000,000
자 산 총 계		144,710,451		54,946,250

과 목	제2(당)기		제1(전)기	
	금 액		금 액	
부 채				
Ⅰ. 유동부채		79,884,216		35,000,000
외 상 매 입 금		67,152,800		32,352,800
미 지 급 금		5,794,831		
예 수 금		77,600		
부 가 가 치 세 예 수 금		2,858,970		1,547,200
미 지 급 세 금		4,000,015		1,100,000
Ⅱ. 비유동부채				
부 채 총 계		79,884,216		35,000,000
자 본				
Ⅰ. 자본금		10,000,000		10,000,000
자 본 금		10,000,000		10,000,000
Ⅱ. 자본잉여금				
Ⅲ. 자본조정				
Ⅳ. 기타포괄손익누계액				
Ⅴ. 이익잉여금		54,826,235		9,946,250
미 처 분 이 익 잉 여 금		54,826,235		9,946,250
(당 기 순 이 익)				
당기 : 44,879,985				
전기 : 9,946,250				
자 본 총 계		64,826,235		19,946,250
부 채 와 자 본 총 계		144,710,451		54,946,250

2) 손익계산서

제2(당)기 2019년01월01일부터 2019년12월31일까지
제1(전)기 2018년06월15일부터 2018년12월31일까지

회사명 : 주식회사더퍼스트 (단위 : 원)

과 목	제2(당)기		제1(전)기	
	금 액		금 액	
Ⅰ. 매출액		900,000,000		300,000,000
상 품 매 출	900,000,000		300,000,000	
Ⅱ. 매출원가		797,000,000		267,215,000
상 품 매 출 원 가		797,000,000		267,215,000
기 초 상 품 재 고 액				
당 기 상 품 매 입 액	797,000,000		267,215,000	
기 말 상 품 재 고 액				
Ⅲ. 매출총이익		103,000,000		32,785,000
Ⅳ. 판매비와관리비		53,001,437		22,838,750
급 여	12,000,000		4,000,000	
복 리 후 생 비	3,652,240		1,000000	
접 대 비	9,459,231		6,088,750	
통 신 비	2,997,970		1,200,000	
세 금 과 공 과	977,950			
감 가 상 각 비	3,000,000		1,750,000	
임 차 료	3,600,000		1,000,000	
보 험 료	2,343,600			
차 량 유 지 비	4,018,860		2,000,000	
운 반 비	2,921,500		1,500,000	
소 모 품 비	5,200,891		2,500,000	
지 급 수 수 료	2,829,645		1,800,000	
Ⅴ. 영업이익		499,998,563		9,946,250
Ⅵ. 영업외수익		1,437		
이 자 수 익	1,436			
잡 이 익	1			
Ⅶ. 영업외비용		120,000		

과 목	제2(당)기		제1(전)기	
	금 액		금 액	
잡 손 실	120,000			
Ⅷ. 법인세차감전이익		49,880,000		9,946,250
Ⅸ. 법인세등		5,000,015		
법 인 세 등	5,000,015			
Ⅹ. 당기순이익		44,879,985		9,946,250

3) 이익잉여금처분계산서

제2(당)기 2019년 01월01일부터 2019년 12월31일까지   제1(전)기 2018년 06월 15일부터 2018년 12월 31일까지

처분예정일 2020년 03월 31일   처분확정일 2019년 03월 29일

과 목	제2(당)기		제1(전)기	
	금 액		금 액	
Ⅰ. 미처분이익잉여금		54,826,235		9,946,250
1. 전기이월미처분이익잉여금	9,946,250			
2. 회계변경의누적효과				
3. 전기오류수정이익				
4. 전기오류수정손실				
5. 중간배당금				
6. 당기순이익	44,879,985		9,946,250	
Ⅱ. 임의적립금등의이입액				
1.				
2.				
합계		54,826,235		9,946,250
Ⅲ. 이익잉여금처분액				
1. 이익준비금				
2. 재무구조개선적립금				
3. 주식할인발행차금상각액				
4. 배당금				
가. 현금배당				

과 목	제2(당)기		제1(전)기	
	금 액		금 액	
나. 주식배당				
5. 사업확장적립금				
6. 감채적립금				
7. 배당평균적리금				
Ⅳ. 차기이월미처분이익잉여금		54,826,235		9,946,250

4) 합계잔액시산표

2019년 12월 31일 현재

회사명 : 주식회사더퍼스트 (단위 : 원)

차 변		계정과목	대 변	
잔 액	합 계		합 계	잔 액
124,460,451	2,828,370,275	1. 유동자산	2,703,909,824	
124,460,451	2,031,370,275	〈 당 좌 자 산 〉	1,906,909,824	
38,660,451	935,897,686	보 통 예 금	897,237,235	
85,800,000	1,013,892,500	외 상 매 출 금	928,092,500	
	80,580,089	부가가치세대급금	80,580,089	
	1,000,000	선 납 세 금	1,000,000	
	797,000,000	〈 재 고 자 산 〉	797,000,000	
	797,000,000	상 품	797,000,000	
25,000,000	25,000,000	2. 비유동자산	4,750,000	4,750,000
15,000,000	15,000,000	〈 유 형 자 산 〉	4,750,000	4,750,000
15,000,000	15,000,000	차 량 운 반 구		
		감가상각누계액	4,750,000	4,750,000
10,000,000	10,000,000	〈기타비유동자산〉		
10,000,000	10,000,000	임 차 보 증 금		
	967,148,610	3. 유동부채	1,047,032,826	79,884,216
	841,900,000	외 상 매 입 금	909,052,800	67,152,800
	34,606,780	미 지 급 금	40,401,611	5,794,831
	853,600	예 수 금	931,200	77,600

차변		계정과목	대변	
잔 액	합 계		합 계	잔 액
	88,688,230	부가가치세예수금	91,547,200	2,858,970
	1,100,000	미 지 급 세 금	5,100,015	4,000,015
		4. 자본금	10,000,000	10,000,000
		자 본 금	10,000,000	10,000,000
	64,772,485	5. 이익잉여금	119,598,720	54,826,235
	9,946,250	이월이익잉여금	64,772,485	54,826,235
	54,826,235	미처분이익잉여금	54,826,235	
	900.001,437	6. 손익	900,001,437	
	900,001,437	손 익	900,001,437	
	900,000,000	7. 매출	900,000,000	
	900,000,000	상 품 매 출	900,000,000	
	797,000,000	8. 매출원가	797,000,000	
	797,000,000	상품매출원가	797,000,000	
	53,001,437	9.판매비및일관리비	53,001,437	
	12,000,000	급 여	12,000,000	
	3,652,240	복 리 후 생 비	3,652,240	
	9,459,231	접 대 비	9,459,231	
	2,997,970	통 신 비	2,997,970	
	977,500	세 금 과 공 과	977,500	
	3,000,000	감 가 상 각 비	3,000,000	
	3,600,000	임 차 료	3,600,000	
	2,343,600	보 험 료	2,343,600	
	4,018,860	차 량 유 지 비	4,018,860	
	2,921,500	운 반 비	2,921,500	
	5,200,891	소 모 품 비	5,200,891	
	2,829,645	지 급 수 수 료	2,829,645	
	1,437	10. 영업외수익	1,437	
	1,436	이 자 수 익	1,436	
	1	잡 이 익	1	
	120,000	11. 영업외비용	120,000	

차 변		계정과목	대 변	
잔 액	합 계		합 계	잔 액
	120,000	잡 손 실	120,000	
	5,000,015	12. 법인(소득)세등	5,000,015	
	5,000,015	법 인 세 비 용	5,000,015	
149,460,451	6,540,415,696	합 계	6,540,415,696	149,460,451

5) 결산부속명세서

① 보통예금명세서

회사명 : 주식회사더퍼스트 (단위 : 원)

계정과목	적요	금액	비고
보통예금	우리은행	38,660,451	
합 계		38,660,451	

② 외상매출금명세서

회사명 : 주식회사더퍼스트 (단위 : 원)

계정과목	적 요	금 액	비 고
동일철강	외상대	85,800,000	
합 계		85,800,000	

③ 차량운반구명세서

회사명 : 주식회사더퍼스트 (단위 : 원)

계정과목	적 요	금 액	비 고
차량운반구	모닝	15,000,000	
합 계		15,000,000	

④ 임차보증금명세서

회사명 : 주식회사더퍼스트 (단위 : 원)

계정과목	적 요	금 액	비 고
임차보증금	사무실보증금	10,000,000	
합 계		10,000,000	

⑤ 외상매입금명세서

회사명 : 주식회사더퍼스트 (단위 : 원)

계정과목	적 요	금 액	비 고
외상매입금	남원철강	67,152,800	
합 계		67,152,800	

⑥ 미지급금명세서

회사명 : 주식회사더퍼스트 (단위 : 원)

계정과목	적 요	금 액	비 고
미지급금	신용카드	5,794,831	
합 계		5,794,831	

⑦ 예수금명세서

회사명 : 주식회사더퍼스트 (단위 : 원)

계정과목	적 요	금 액	비 고
예수금	국민연금관리공단	45,000	
예수금	국민건강보험공단	32,600	
합 계		77,600	

⑧ 부가가치세예수금명세서

회사명 : 주식회사더퍼스트 (단위 : 원)

계정과목	적 요	금 액	비 고
부가가치세예수금	부가가치세예수금	2,858,970	
합 계		2,858,970	

⑨ 미지급세금명세서

회사명 : 주식회사더퍼스트 (단위 : 원)

계정과목	적 요	금 액	비 고
미지급세금	미지급법인세	3,500,015	
미지급세금	미지급지방소득세	500,000	
합 계		4,000,015	

⑩ 자본금명세서

회사명 : 주식회사더퍼스트 (단위 : 원)

계정과목	적 요	금 액	비 고
자본금	자본금	10,000,000	
합 계		10,000,000	

6) 법인세 산출을 위한 준비과정

다음은 법인세 세무조정 본문에 반영된 금액의 기초자료이다. 본문의 부가가치세신고자료에 의한 매입·매출장 자료는 법인세무조정과 연계되어 있으며, 기초데이터에서 전기이월I ① 전기분재무상태표, ② 전기분손익계산서, ③ 전기분이익잉여금처분계산서를 입력하고 ④ 세무조정전 전기분합계잔액시산표의 금액 검토는 당기분 일반전표 분개장을 입력후에 확인 가능하며, ⑤ 당기분 매입·매출장은 부가가치세 신고자료에서 입력완료하면 ⑥ 당기분 일반전표 분개장을 입력한다.

매입·매출장을 먼저입력하면서 거래처코드 등록을 하고, 일반전표에서는 자산, 부채 및 세무조정과 관련되는 거래처코드만 등록을 한다.

① 전기분 재무상태표

회사명 : 주식회사더퍼스트 (단위 : 원)

코드	계정과목	차변	대변
103	보통예금	7,803,750	
108	외상매출금	23,892,500	
208	차량운반구	15,000,000	
209	감가상각누계액		1,750,000
251	외상매입금		32,352,800

코드	계정과목	차변	대변
255	부가세예수금		1,547,200
261	미지급세금		1,100,000
331	자본금		10,000,000
375	이월이익잉여금		9,946,250
962	임차보증금	10,000,000	
합 계		56,696,250	56,696,250

② 전기분 손익계산서

회사명 : 주식회사더퍼스트 (단위 : 원)

코드	계정과목명	금액
401	상품매출	300,000,000
451	상품매출원가	267,215,000
802	직원급여	4,000,000
811	복리후생비	1,000,000
813	접대비	6,088,750
814	통신비	1,200,000
818	감가상각비	1,750,000
819	지급임차료	1,000,000
822	차량유지비	2,000,000
824	운반비	1,500,000
830	소모품비	2,500,000
831	지급수수료	1,800,000
당기순이익		9,946,250

③ 전기분 이익잉여금처분계산서

회사명 : 주식회사더퍼스트 (단위 : 원)

과목	금액	
Ⅰ.미처분이익잉여금		9,946,250
1.전기이월미처분이익잉여금		
2.회계변경의누적효과		

과목	금액	
3.전기오류수정이익		
4.전기오류수정손실		
5.중간배당금		
6.당기순이익	9,946,250	
Ⅱ.임의적립금등의이입액		
1		
2		
Ⅲ. 이익잉여금처분액		
1.이익준비금		
2.기업합리화적립금		
3.배당금		
가.현금배당		
나.주식배당		
4.사업확장적립금		
5.감채적립금		
6.배당평균적립금		
Ⅳ.차기이월미처분이익잉여금		9,946,250

④ 전기분 합계잔액시산표

2019년 12월 31일 현재

회사명 : 주식회사더퍼스트 (단위 : 원)

차 변		계 정 과 목	대 변	
잔 액	합 계		합 계	잔 액
922,460,451	2,828,370,275	유동자산	1,905,909,824	
125,460,451	2,031,370,275	〈당좌자산〉	1,905,909,824	
38,660,451	935,897,686	보통예금	897,237,235	
85,800,000	1,013,892,500	외상매출금	928,092,500	
	80,580,089	부가세대급금	80,580,089	
1,000,000	1,000,000	선납세금		
797,000,000	797,000,000	〈재고자산〉		
797,000,000	797,000,000	상품		

차 변		계 정 과 목	대 변	
잔 액	합 계		합 계	잔 액
25,000,000	25,000,000	비유동자산	4,750,000	4,750,000
15,000,000	15,000,000	〈유형자산〉	4,750,000	4,750,000
15,000,000	15,000,000	차량운반구		
		감가상각누계액	4,750,000	4,750,000
10,000,000	10,000,000	〈기타비유동자산〉		
10,000,000	10,000,000	임차보증금		
	967,148,610	유동부채	1,043,032,811	75,884,201
	841,900,000	외상매입금	909,052,800	67,152,800
	34,606,780	미지급금	40,401,611	5,794,831
	853,600	예수금	931,200	77,600
	88,688,230	부가세예수금	91,547,200	2,858,970
	1,100,000	미지급세금	1,100,000	
		자본금	10,000,000	10,000,000
		자본금	10,000,000	10,000,000
		이익잉여금	9,946,250	9,946,250
		이월이익잉여금	9,946,250	9,946,250
		매출	900,000,000	900,000,000
		상품매출	900,000,000	900,000,000
53,001,437	53,001,437	판매관리비		
12,000,000	12,000,000	직원급여		
3,652,240	3,652,240	복리후생비		
9,459,231	9,459,231	접대비		
2,997,970	2,997,970	통신비		
977,500	977,500	세금과공과금		
3,000,000	3,000,000	감가상각비		
3,600,000	3,600,000	지급임차료		
2,343,600	2,343,600	보험료		
4,018,860	4,018,860	차량유지비		
2,921,500	2,921,500	운반비		
5,200,891	5,200,891	소모품비		

차 변		계 정 과 목	대 변	
잔 액	합 계		합 계	잔 액
2,829,645	2,829,645	지급수수료		
		영업외수익	1,437	1,437
		이자수익	1,436	1,436
		잡이익	1	1
120,000	120,000	영업외비용		
120,000	120,000	잡손실		
1,000,581,888	3,873,640,322	합 계	3,873,640,322	1,000,581,888

⑤ 당기분 매입 · 매출장

당기분을 입력하기 전에 기초데이터에서 전기이월내역, 전기재무상태표, 전기분손익계산서, 전기분 이익잉여금처분계산서를 전기재무제표에 대차차액 없이 당기순손익을 확인해 가며 반영해 놓는다(부가가치세 신고자료에서 입력 완료함).

다음은 주식회사더퍼스트의 법인 세무조정을 위해 작성한 매입 · 매출장이다

* 전자세금계산서 매입과세(51), 전자세금계산서 매출과세(11), 신용카드 카과(57)

매입 · 매출장

회사명 : 주식회사더퍼스트 (단위 : 원)

일자	유형	품명	계정코드	계정과목	차변	대변	거래처명
03/31	카과	소모품비	253	미지급금		1,000,000	신용카드
(매입)		소모품비	830	소모품비(판)	909,091		영인 장갑㈜
		소모품비	135	부가세대급금	90,909		영인 장갑㈜
03/31	카과	소모품비	253	미지급금		4,720,980	신용카드
(매입)		소모품비	830	소모품비(판)	4,291,800		㈜알파 문구
		소모품비	135	부가세대급금	429,180		㈜알파 문구
03/31	과세	스텐레스판	401	상품매출		900,000,000	동일철강

일자	유형	품명	계정코드	계정과목	차변	대변	거래처명
(매출)	(전자)	스텐레스판	255	부가세예수금		90,000,000	동일철강
		스텐레스판	108	외상매출금	990,000,000		동일철강
03/31	과세	임차료	819	지급임차료(판)	3,600,000		빌딩
(매입)	(전자)	임차료	135	부가세대급금	360,000		빌딩
		임차료	253	미지급금		3,960,000	빌딩
03/31	과세	스텐레스판	146	상품	797,000,000		남원철강
(매입)	(전자)	스텐레스판	135	부가세대급금	79,700,000		남원철강
		스텐레스판	251	외상매입금		876,700,000	남원철강
합 계					1,876,380,980	1,876,380,980	

⑥ 당기분 일반전표 분개장

- 주식회사더퍼스트의 법인 세무조정을 위해 작성한 연습용 일반전표 분개장이다.
- 당기분을 입력하기 전에 기초데이터에서 전기이월내역, 전기재무상태표, 전기분손익계산서, 전기분이익잉여금처분계산서를 전기재무제표에 대차차액 없이 당기순손익 확인해 가며 반영해 놓는다.
- 일반전표 분개장과 매입・매출장을 입력한 후에는 합계잔액시산표에 들어가서 대차 차액 뜨는지 총합계금액이 본문과 일치하는지 확인하고 세무조정 준비를 한다.
- 일반전표 분개장에 감가상각비 3,000,000원이 반영되어 있으니 세무조정 전의 당기순이익은 48,880,000원으로 반드시 일치시켜 놓고 세무조정 준비를 한다.
- 일반전표 분개장과 매입・매출장을 입력했다면 부가가치세신고서를 마감한 자료를 확인한다.

일반전표 분개장

회사명 : 주식회사더퍼스트 (단위 : 원)

일자	구분	계정코드	계정과목	거래처명	차변	대변	적요
01/25	차변	255	부가세예수금	종로세무서	1,547,200		부가세납부
	대변	103	보통예금	우리은행		1,547,200	종로세무서

일자	구분	계정코드	계정과목	거래처명	차변	대변	적요
03/31	차변	802	직원급여(판)	직원급여	12,000,000		직원급여 지급
	대변	254	예수금	건강보험공단		391,200	건강보험료 예수
	대변	254	예수금	국민언금공단		540,000	국민연금예수
	대변	253	미지급금	직원급여		11,068,800	직원급여 지급
03/10	차변	254	예수금	국민연금관리공단	495,000		국민연금납부
	차변	817	세금과공과금(판)	국민연금관리공단	495,000		국민연금납부
	대변	103	보통예금	우리은행		990,000	국민연금납부
03/31	차변 카드1번입력	813	접대비(판)	통삼겹살	9,059,231		거래처접대비/신용카드(법인)
	대변	253	미지급금	신용카드		9,059,231	신용카드등사용일반접대비
03/10	차변	254	예수금	건강보험관리공단	358,600		건강보험료 납부
	차변	821	보험료(판)	건강보험관리공단	358,600		건강보험료 납부
	대변	103	보통예금	우리은행		717,200	건강보험료 납부
03/31	차변	814	통신비(판)	케이티	2,997,970		전화요금납부
	대변	103	보통예금	우리은행		2,997,970	전화요금납부
03/31	차변	822	차량유지비(판)	동호주유소	4,018,860		유류대지급
	대변	253	미지급금	신용카드		4,018,860	유류대지급
03/31	차변	811	복리후생비(판)	전주비빔밥	3,652,240		직원식대지급

일자	구분	계정 코드	계정 과목	거래 처명	차변	대변	적요
	대변	253	미지급금	신용카드		3,652,240	직원식대지급
03/31	차변	251	외상 매입금	남원철강	841,900,000		남원철강
	대변	103	보통예금	우리은행		841,900,000	남원철강
	차변	821	보험료 (판)	손해보험	1,985,000		자동차보험료 납부(기간)
	대변	103	보통예금	우리은행		1,985,000	자동차보험료 납부
03/31	차변	253	미지급금	빌딩	3,960,000		임차료지급
	대변	103	보통예금	우리은행		3,960,000	임차료지급
03/31	차변	253	미지급금	신용카드	19,577,980		신용카드결재
	대변	103	보통예금	우리은행		19,577,980	신용카드결재
03/31	차변	103	보통예금	우리은행	928,092,500		동일철강
	대변	108	외상 매출금	동일철강		928,092,500	동일철강
03/31	차변	253	미지급금	직원급여	11,068,800		직원급여지급
	대변	103	보통예금	우리은행		11,068,800	직원급여지급
03/31	차변	103	보통예금	우리은행	1,436		이자수익
	대변	901	이자수익	우리은행		1,436	이자수익
03/31	차변 / 코드10번	813	접대비 (판)	거래처 경조사	200,000		거래처 경조사비 지급(조정)
	차변 / 코드10번	813	접대비 (판)	거래처 경조사	200,000		거래처 경조사비 지급(조정)
	대변	103	보통예금	우리은행		200,000	일반경조사비
	대변	103	보통예금	우리은행		200,000	일반경조사비
03/31	차변	831	지급수수료(판)	우리은행	2,829,645		은행 수수료외
	대변	103	보통예금	우리은행		2,829,645	은행 수수료외
03/31	차변	824	운반비(판)	개별용달	2,921,500		운반비지급

일자	구분	계정 코드	계정 과목	거래 처명	차변	대변	적요
	대변	253	미지급금	신용카드		2,921,500	운반비지급
03/31	차변	960	잡손실	경찰청	120,000		과태료 등
	대변	103	보통예금	우리은행		120,000	과태료 등
03/31	차변	136	선납세금	종로 세무서	1,000,000		법인세 중간예납
	대변	103	보통예금	우리은행		1,000,000	법인세 중간예납
03/31	차변	817	세금과공과금(판)	종로구청	420,000		세금납부
	대변	103	보통예금	우리은행		420,000	세금납부
03/31	차변	255	부가세 예수금		80,580,089		부가세대급금과 상계
	대변	135	부가세 대급금			80,580,089	부가세예수금과 상계
04/25	차변	255	부가세 예수금	종로 세무서	6,560,941		부가세납부
	대변	103	보통예금	우리은행		6,560,940	부가세납부
	대변	930	잡이익	단수차		1	단수차
04/30	차변	261	미지급 세금	종로구청	100,000		지방소득세 납부
	대변	103	보통예금	우리은행		100,000	지방소득세 납부
08/31	차변	817	세금과공과금(판)	종로구청	62,500		법인균등할 주민세
	대변	103	보통예금	우리은행		62,500	법인균등할 주민세
08/31	차변	136	선납세금	종로 세무서	1,000,000		법인세 중간예납
	대변	103	보통예금	우리은행		1,000,000	법인세 중간예납
12/31	차변	818	감가상각비(판)		3,000,000		당기말 감가상각비계상

일자	구분	계정코드	계정과목	거래처명	차변	대변	적요
	대변	209	감가상각누계액			3,000,000	당기감각상각누계액설정
일반전표분개장 계					1,940,563,092	1,940,563,092	
매입매출장 계					1,876,380,980	1,876,380,980	
전기분재무상태표 계					56,696,250	56,696,250	
계					3,873,640,322	3,873,640,322	

(3) 타회사에서 확정된 재무제표

다음과 같이 사용하는 회계프로그램이 달라 결산 마감된 데이터를 연동할 수 없는 경우에는 타회사에서 확정된 재무제표를 사용할 수 있다.

① 자체적으로 회계프로그램 장부를 마감하는 법인사업자의 세무조정을 해야 하는 경우

② 다른 세무회계사무소에서 마감한 자료로 당사에서 회계프로그램에 업로드할 수 없는 장부를 받아야 하는 경우 등

1) 세무조정 안내

- 입력방법
  기초데이터 → 전기이월 I → ① 전기분재무상태표 → ② 전기분손익계산서 → ③ 전기분이익잉여금처분계산서 → ④ 일반전표입력(11.30. 전기분재무상태표 마이너스로 입력하며 대차 차액 뜨지 않게 전표번호가 같게 입력함) → ⑤ 분개장의 금액을 12월 1일로 합계금액으로 전표번호가 같게 입력하고 표시된 금액은 손익대체 분개된 전표는 삭제하고 이월이익잉여금 전표금액을 수정하여 손익 대체분개되기 전의 합계잔액시산표를 완성한다.
- 전표가 입력완료되었다면 결산자료 입력부터 결산마감을 진행하여 재무제표를 완성하고 세무조정을 시작하면 된다.
- 결산마감을 풀어서 다시 진행하는 이유는 풀지 않고 합계잔액시산표를 그대로 사용한다면 당기손익을 프로그램에서 읽지 못하여 재무제표 금액이 보이지 않기 때문이고, 다른 방법으로는 결산 대체전표를 찾아서 수기로 프로그램이 인식하도록 결산

대체전표를 결차 결대로 수정해야 한다.

- 분개장을 입력할 때 삭제분을 포함하여 모두 입력하고 대차 차액 없이 합계금액 차변 6,542,611,946 대변 6,542,611,946을 일치하게 한다.
- 합계잔액시산표를 맞춘 후 결산대체분개를 삭제하지 않으면 재무제표의 당기순이익금액이 당기손익으로 인식되지 않기 때문에 삭제 표시되어 있는 전표는 모두 지운다.
- 이월이익잉여금의 금액 64,772,485을 9,946,250으로 수정하여 합계잔액시산표를 입력하여 놓고 결산자료 입력에서부터 재무제표상 당기손익을 확정지어 세무조정을 준비한다.

2) 예시 자료

- 법인사업자 자료를 재무제표 장부에 반영하는 방법[개인사업자와 약간 다른 부분은 법인은 이익잉여금 변동을 시켜주고, 개인은 자본금(인출금)에서 전기자료를 보며 조정해야 함]
- 결산부속명세서 계정과목 중 자산, 부채, 자본 계정의 잔액은 세무조정 시작 전에 합계잔액시산표 잔액과 결산부속명세서 잔액금액을 일치시켜 결산부속명세서를 작성한다.
- 모든 서식의 세무조정사항 반영금액은 장부상 재무제표 금액과 확인 후 불러오기, 저장한다.

예시 자료 안내

참고번호	방 법	내 용
①	전기분 재무상태표	차변의 자산 54,946,350원과 대변의 부채 및 자본 54,946,250원을 차액이 나지 않게 입력한다.
②	전기분 손익계산서	1. 매출 300,000,000원 2. 매출원가 267,215,000원 3. 매출총이익 32,785,000원 4. 판매비와관리비 22,838,750원 5. 영업이익 9,946,250원을 입력 후 당기순이익 9,946,250 금액을 확인한다.
③	전기분이익잉여금처분계산서	당기순이익 9,946,250원 금액을 확인한다(미처분이익잉여금 금액 검토).

참고번호	방 법	내 용
④	11월 일반전표 입력방법	날짜는 임의 선택이 가능하다. 11.30. 전기분 재무상태표 자산금액－58,892,500원, 부채 및 자본－58,892,500원을 입력한다. 감가상각비 3,946,250원으로 인하여 전기 재무상태표와 다르게 표시된다. 전표번호는 모두 동일하게 1번으로 일치시킨다. 이는 비교식 재무제표를 만들려면 당기에서 전기이월 전표입력이 반영되어 있으면 안되기 때문이다.
⑤ ⑥ ⑦	12월 (분개장) 일반전표 입력방법	12.1.을 같은 번호로 합계잔액시산표를 보고 차변 대변 합계금액을 입력한 후 차액이 나지 않게 한다(31일은 결산대체 분개가 반영되어서 1일을 선택함). 주의할 점은 이월이익잉여금(결손금)은 전기이월이익잉여금(결손금)으로 수정 입력해 주어야 차변 대변 차액이 생기지 않는다. 이는 합계잔액시산표에 당기손익이 반영되어 있기 때문이다.
⑧	합계잔액 시산표	결산자료 입력 전 합계잔액시산표이며 손익계정 대체하기 전으로 만들어 놓는다. 세무조정사항 계정과목 세금과공과, 잡손실, 접대비, 법인세등은 필요한 계정과목 원장을 요청해서 세무조정에 직접 편집하여 입력하면 된다.
⑨	결산자료 입력	결산자료 입력추가 → 손익계산서 → 이익잉여금처분계산서 → 재무상태표 순서로 읽는다. 재고파악을 하고, 당기감가상각비를 반영하고 당기순이익 44,879,985원 확인 후 F3 전표 처리 추가한다.
⑩	손익계산서	과목별 → 제출용 → 표준용 순서로 읽는다. 손익계산서 금액의 당기순이익 44,879,985원 확인한다(전기당기순이익 검토).
⑪	이익잉여금 처분계산서	당기순이익 44,879,985원 확인한다. 전기의 당기순이익 금액 확인후 전표추가(F3) 잉여금처분 및 손익계정 대체한다(처분예정일은 관리회사에 따라 다름).
⑫	재무상태표	당기순이익 44,879,985원 확인한다(전기재무상태표 당기순이익 검토). 과목별 → 제출용 → 표준용 순서로 읽는다.
⑬	합계잔액 시산표	결산재무제표 확정 마감하고 손익대체분개 적용금액 확인후 [과목별] → [제출용]순서로 읽는다. 합계잔액시산표 잔액과 재무상태표금액의 결산부속명세서 자산·부채 자본금계정 잔액은 일치하게 작성해야 한다. * 주의 : 입력시 차변 대변 차액이 발생하니 계정과목 금액을 확인하면서 진행하면 된다.

3) 타회사에서 확정된 재무제표 세무조정 회계프로그램 입력

① 전기분 재무상태표

전기분 재무상태표 예시자료

2018년

회사명 : 아영전자주식회사 (단위 : 원)

코드	계정과목	차변	대변
103	보통예금	10,000,000	
108	외상매출금	23,892,500	
208	차량운반구	15,000,000	
209	감가상각누계액		3,946,250
251	외상매입금		32,352,800
255	부가세예수금		1,547,200
261	미지급세금		1,100,000
331	자본금		10,000,000
375	이월이익잉여금		9,946,250
962	임차보증금	10,000,000	
합 계		58,892,500	58,892,500

차변의 자산 54,946,350원과 대변의 부채 및 자본 54,946,250원을 차액이 나지 않도록 전기 재무상태를 정확히 입력한다.

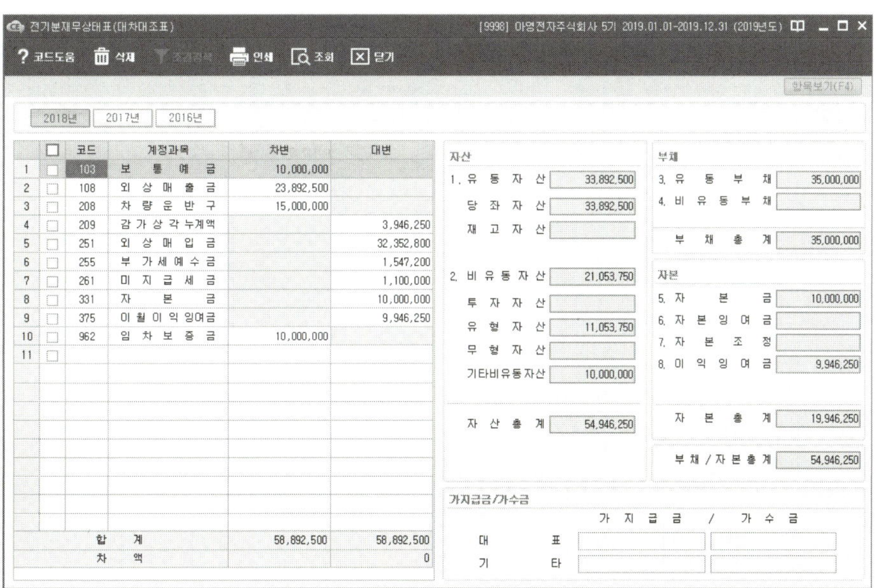

전기분재무상태표(대차대조표) [9998] 아영전자주식회사 5기 2019.01.01-2019.12.31 (2019년도)

코드도움 삭제 조건검색 인쇄 조회 닫기 항목보기(F4)

2018년 2017년 2016년

	코드	계정과목	차변	대변
1	103	보통예금	10,000,000	
2	108	외상매출금	23,892,500	
3	208	차량운반구	15,000,000	
4	209	감가상각누계액		3,946,250
5	251	외상매입금		32,352,800
6	255	부가세예수금		1,547,200
7	261	미지급세금		1,100,000
8	331	자본금		10,000,000
9	375	이월이익잉여금		9,946,250
10	962	임차보증금	10,000,000	
11				
		합 계	58,892,500	58,892,500
		차 액		0

자산	
1. 유동자산	33,892,500
당좌자산	33,892,500
재고자산	
2. 비유동자산	21,053,750
투자자산	
유형자산	11,053,750
무형자산	
기타비유동자산	10,000,000
자산총계	54,946,250

부채	
3. 유동부채	35,000,000
4. 비유동부채	
부채총계	35,000,000
자본	
5. 자본금	10,000,000
6. 자본잉여금	
7. 자본조정	
8. 이익잉여금	9,946,250
자본총계	19,946,250
부채/자본총계	54,946,250

가지급금/가수금

	가지급금	가수금
대표		
기타		

② 전기분 손익계산서

전기분 손익계산서 예시자료

2018년

회사명 : 아영전자주식회사 (단위 : 원)

코드	계정과목명	금액
401	상품매출	300,000,000
451	상품매출원가	267,215,000
802	직원급여	4,000,000
811	복리후생비	1,000,000
813	접대비	3,892,500
814	통신비	1,200,000
818	감가상각비	3,946,250
819	지급임차료	1,000,000
822	차량유지비	2,000,000
824	운반비	1,500,000
830	소모품비	2,500,000
831	지급수수료	1,800,000
당기순이익		9,946,250

1. 매출 300,000,000원 2. 매출원가 267,215,000원 3. 매출총이익 32,785,000원 4. 판매비와관리비 22,838,750원 5. 영업이익 9,946,250원을 입력 후 당기순이익 9,946,250 금액을 확인한다. 전기 손익계산서를 정확히 입력한다.

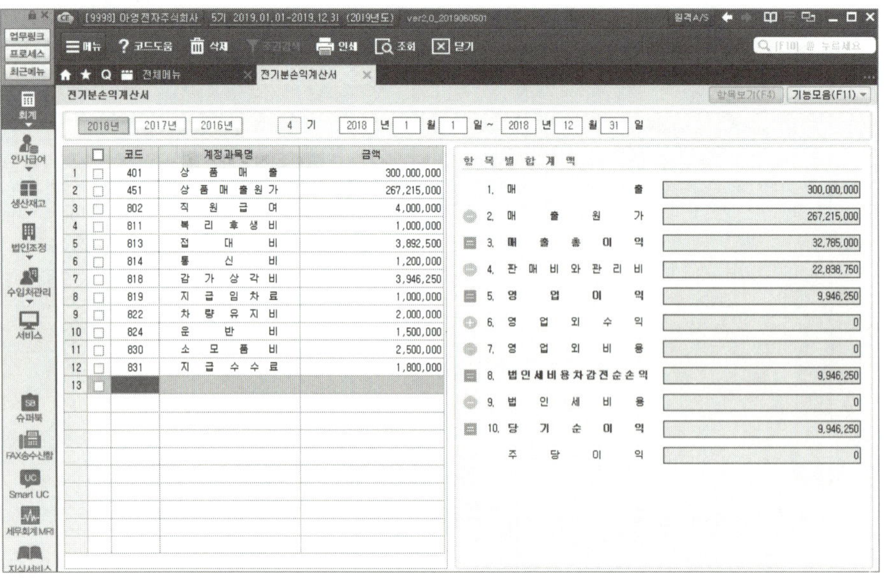

③ 전기분 이익잉여금처분계산서

전기분 이익잉여금처분계산서 예시자료

2018년

회사명 : 아영전자주식회사 (단위 : 원)

과 목		금 액
Ⅰ.미처분이익잉여금		9,946,250
1.전기이월미처분이익잉여금		
2.회계변경의누적효과		
3.전기오류수정이익		
4.전기오류수정손실		
5.중간배당금		
6.당기순이익	9,946,250	
Ⅱ.임의적립금등의이입액		
1		
2		
Ⅲ. 이익잉여금처분액		
1.이익준비금		
2.기업합리화적립금		
3.배당금		
가.현금배당		
나.주식배당		
4.사업확장적립금		
5.감채적립금		
6.배당평균적립금		
Ⅳ.차기이월미처분이익잉여금		9,946,250

• 당기순이익 9,946,250원 금액을 확인한다(미처분이익잉여금 금액 검토).

• 전기분 잉여금처분계산서를 입력한다.

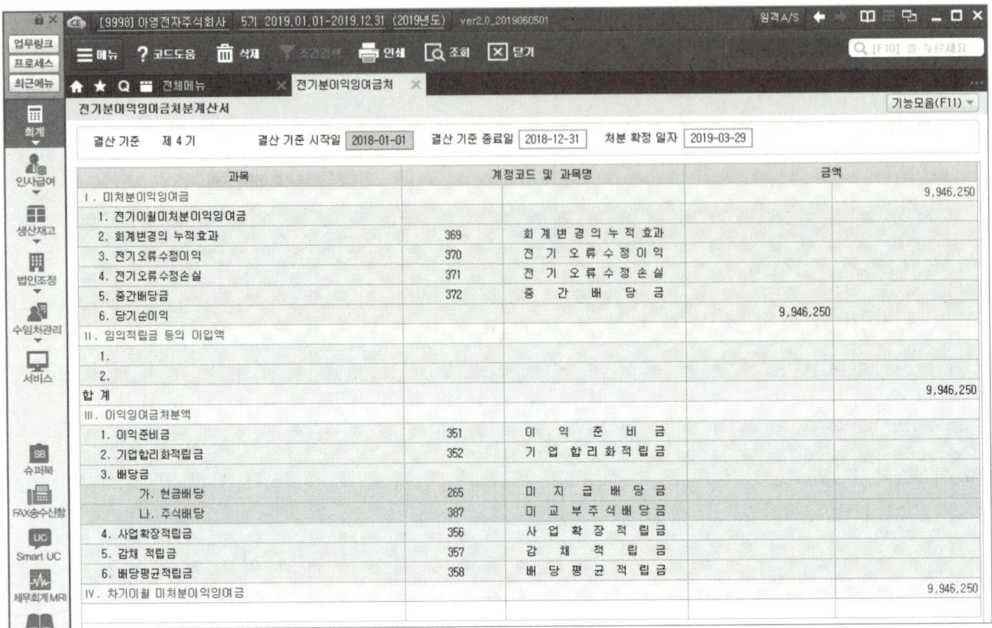

④ 일반전표입력

전기분 11월 30일 재무상태표 예시자료

2019년

회사명 : 아영전자주식회사 (단위 : 원)

코드	계정과목	차변	대변
103	보통예금	−10,000,000	
108	외상매출금	−23,892,500	
208	차량운반구	−15,000,000	
209	감가상각누계액		−3,946,250
251	외상매입금		−32,352,800
255	부가세예수금		−1,547,200
261	미지급세금		−1,100,000
331	자본금		−10,000,000
375	이월이익잉여금		−9,946,250
962	임차보증금	−10,000,000	
합 계		−58,892,500	−58,892,500

• 11월 일반전표 입력방법(날짜는 임의 선택 가능) : 11.30. 전기분 재무상태표 자산

금액－58,892,500원과 부채 및 자본－58,892,500원을 입력한다. 감가상각비 3,946,250원으로 인하여 전기 재무상태표와 다르게 표시된다. 전표번호는 모두 동일하게 1번으로 일치시킨다.

- 이유 : 비교식 재무제표를 만들려면 당기에서 전기이월 전표입력이 반영되어 있으면 안된다. 11.30.자로 전기 재무상태표를 △로 입력한다.
- 전표번호를 모두 일치시킨다.

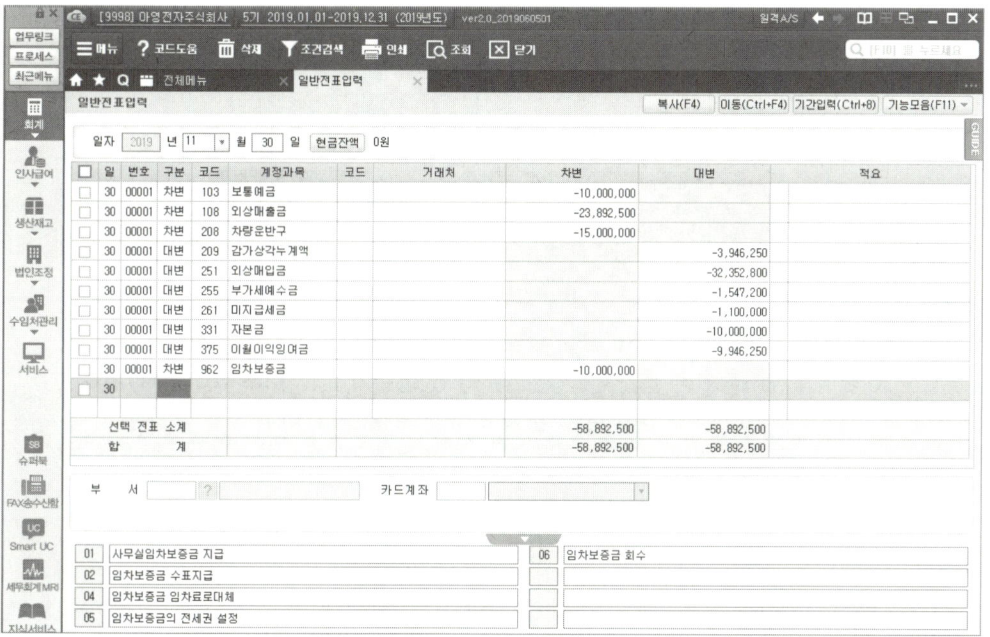

⑤ 아영전자주식회사 제5기 2019.1.1.～2019.12.31.

- 12월 일반전표입력에 합계잔액시산표로 합계금액으로 입력한다.
- 전표번호는 같은 번호로 입력한다.
- 1일로 입력하면 결산마감자료 추가 전표는 31일로 자동 반영된다.
- 분개장을 입력할 때 삭제분을 포함하여 모두 입력하고 대차 차액 없이 합계금액 차변 6,542,611,946 대변 6,542,611,946을 일치하게 한다.
- 합계잔액시산표를 맞춘 후 결산 대체분개를 삭제하지 않으면 재무제표의 당기순이익금액이 당기손익으로 인식되지 않기 때문에 삭제 표시되어 있는 전표는 모두 지운다.
- 이월이익잉여금의 금액 64,772,485을 9,946,250으로 수정하여 합계잔액시산표를 입력하여 놓고 결산자료입력에서부터 재무제표 당기손익을 확정지어 세무조정을

준비한다.

분개장

일자	번호	구분	계정과목	금액		적요
				차변	대변	
12/1	00001	차변	보통예금	938,093,936		
12/1	00001	대변	보통예금		897,237,235	
12/1	00001	차변	외상매출금	1,013,892,500		
12/1	00001	대변	외상매출금		928,092,500	
12/1	00001	차변	부가가치세대급금	80,580,089		
12/1	00001	대변	부가가치세대급금		80,580,089	
12/1	00001	차변	선납세금	1,000,000		
12/1	00001	대변	선납세금		1,000,000	
12/1	00001	차변	상품	797,000,00		
12/1	00001	대변	상품		797,000,000	삭제
12/1	00001	차변	차량운반구	15,000,000		
12/1	00001	대변	감가상각누계액		8,931,491	
12/1	00001	차변	임차보증금	10,000,000		
12/1	00001	차변	외상매입금	841,900,000		
12/1	00001	대변	외상매입금		909,052,800	
12/1	00001	차변	미지급금	34,606,780		
12/1	00001	대변	미지급금		38,416,370	
12/1	00001	차변	예수금	853,600		
12/1	00001	대변	예수금		931,200	
12/1	00001	차변	부가가치세예수금	88,688,230		
12/1	00001	대변	부가가치세예수금		91,547,200	
12/1	00001	차변	미지급세금	1,100,000		
12/1	00001	대변	미지급세금		5,100,015	
12/1	00001	대변	자본금		10,000,000	
12/1	00001	차변	이월이익잉여금	9,946,250	(전기이익임)	삭제
12/1	00001	대변	이월이익잉여금		64,772,485 (9,946,250)	(수정)
12/1	00001	차변	미처분이익잉여금	54,826,235		삭제

일자	번호	구분	계정과목	금액		적요
				차변	대변	
12/1	00001	대변	미처분이익잉여금		54,826,235	삭제
12/1	00001	차변	손익	900,001,437		삭제
12/1	00001	대변	손익		900,001,437	삭제
12/1	00001	차변	상품매출	900,000,000		삭제
12/1	00001	대변	상품매출		900,000,000	
12/1	00001	차변	상품매출원가	797,000,000		삭제
12/1	00001	대변	상품매출원가		797,000,000	삭제
12/1	00001	차변	급여	12,000,000		
12/1	00001	대변	급여		12,000,000	삭제
12/1	00001	차변	복리후생비	3,652,240		
12/1	00001	대변	복리후생비		3,652,240	삭제
12/1	00001	차변	접대비	7,473,990		
12/1	00001	대변	접대비		7,473,990	삭제
12/1	00001	차변	통신비	2,997,970		
12/1	00001	대변	통신비		2,997,970	삭제
12/1	00001	차변	세금과공과	1,097,500		
12/1	00001	대변	세금과공과		1,097,500	삭제
12/1	00001	차변	감가상각비	4,985,241		
12/1	00001	대변	감가상각비		4,985,241	삭제
12/1	00001	차변	지급임차료	3,600,000		
12/1	00001	대변	지급임차료		3,600,000	삭제
12/1	00001	차변	보험료	2,343,600		
12/1	00001	대변	보험료		2,343,600	삭제
12/1	00001	차변	차량유지비	4,018,860		
12/1	00001	대변	차량유지비		4,018,860	삭제
12/1	00001	차변	운반비	2,921,500		
12/1	00001	대변	운반비		2,921,500	삭제
12/1	00001	차변	소모품비	5,200,891		
12/1	00001	대변	소모품비		5,200,891	삭제
12/1	00001	차변	지급수수료	2,829,645		

일자	번호	구분	계정과목	금 액		적요
				차변	대변	
12/1	00001	대변	지 급 수 수 료		2,829,645	삭제
12/1	00001	차변	이 자 수 익	1,436		삭제
12/1	00001	대변	이 자 수 익		1,436	
12/1	00001	차변	잡 이 익	1		삭제
12/1	00001	대변	잡 이 익		1	
12/1	00001	차변	법 인 세 등	5,000,015		
12/1	00001	대변	법 인 세 등		5,000,015	삭제
합계				6,542,611,946	6,542,611,946	

- 합계잔액시산표 합계금액을 차변과 대변에 입력해 준다(대차 차액 없도록 함).
- 입력일을 1일자로 입력하며 전표번호를 모두 일치시킨다(결산 대체시 오류방지).
- 총 합계를 합계잔액시산표와 일치시킨 후 결산분개로 손익계정에 대체된 분개 전표는 찾아서 삭제한다(삭제는 한 줄씩 선택하여 지운다. 잘못 지우면 번호가 같아 모두 지워짐).
- 손익계정 대체분 지우고 나면 대차 차액이 당기순손익 만큼 나면 이월이익잉여금을 전기 이월이익잉여금액으로 수정하면 대차 합계가 일치된다.
- 손익계정을 삭제하는 이유는 결산자료입력에서 결산은 전표추가로 세무조정 시작이기 때문이다(손익계정을 지우지 않고 당기순손익을 산정하려고 하면 재무제표가 당기순손익 인식을 하지 않기 때문임).

⑥ 삭제 전 일반전표입력

- 12/1을 같은 번호로 합계잔액시산표를 보고 차변 대변 합계금액을 입력한 후 차액이 나지 않게 한다(31일은 결산대체 분개가 반영되어서 1일을 선택함).
- 이월이익잉여금(결손금)은 전기이월이익잉여금(결손금)을 9,946,250으로 수정입력해 주어야 차변 대변 차액이 생기지 않는다. 합계잔액시산표에 당기손익이 반영되어 있기 때문이다.

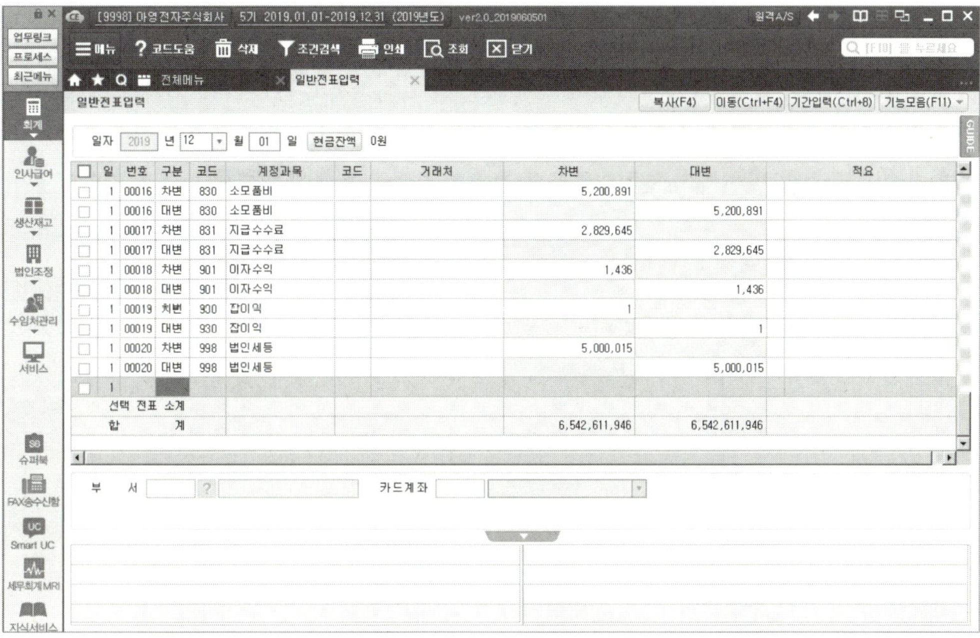

일자 2019 년 12 월 01 일 현금잔액 0원

일	번호	구분	코드	계정과목	코드	거래처	차변	대변	적요
1	00016	차변	830	소모품비			5,200,891		
1	00016	대변	830	소모품비				5,200,891	
1	00017	차변	831	지급수수료			2,829,645		
1	00017	대변	831	지급수수료				2,829,645	
1	00018	차변	901	이자수익			1,436		
1	00018	대변	901	이자수익				1,436	
1	00019	차변	930	잡이익			1		
1	00019	대변	930	잡이익				1	
1	00020	차변	998	법인세등			5,000,015		
1	00020	대변	998	법인세등				5,000,015	
1									
선택 전표 소계									
합 계							6,542,611,946	6,542,611,946	

⑦ 삭제 후 일반전표입력

- 12월(분개장)금액으로 일반전표 입력을 완성시킨다.
- 전표번호를 모두 일치시킨다.

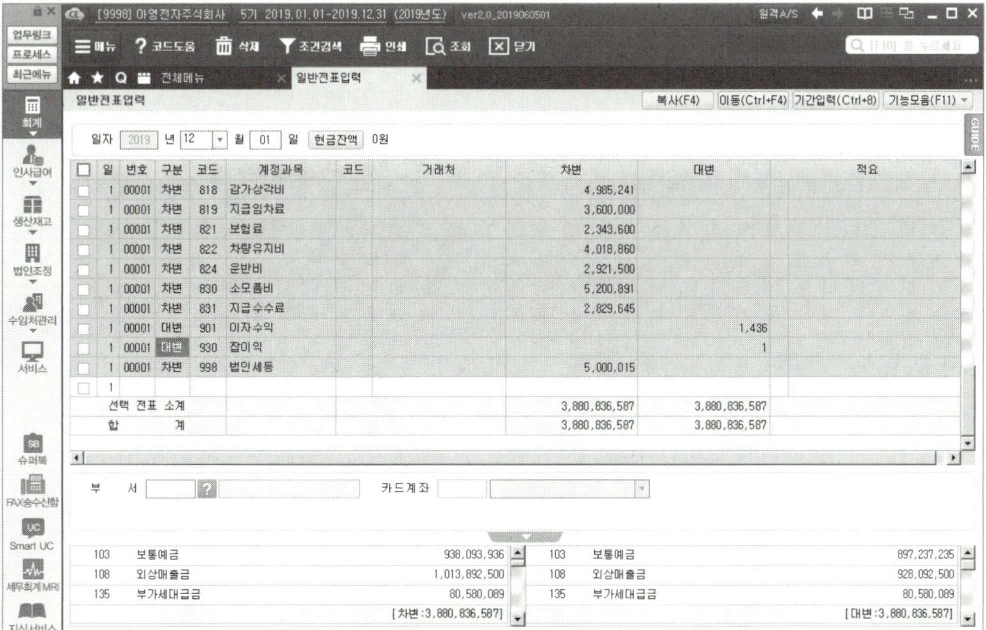

일자 2019 년 12 월 01 일 현금잔액 0원

일	번호	구분	코드	계정과목	코드	거래처	차변	대변	적요
1	00001	차변	818	감가상각비			4,985,241		
1	00001	차변	819	지급임차료			3,600,000		
1	00001	차변	821	보험료			2,343,600		
1	00001	차변	822	차량유지비			4,018,860		
1	00001	차변	824	운반비			2,921,500		
1	00001	차변	830	소모품비			5,200,891		
1	00001	차변	831	지급수수료			2,829,645		
1	00001	대변	901	이자수익				1,436	
1	00001	대변	930	잡이익				1	
1	00001	차변	998	법인세등			5,000,015		
1									
선택 전표 소계							3,880,836,587	3,880,836,587	
합 계							3,880,836,587	3,880,836,587	

코드	계정과목	금액	코드	계정과목	금액
103	보통예금	938,093,936	103	보통예금	897,237,235
108	외상매출금	1,013,892,500	108	외상매출금	928,092,500
135	부가세대급금	80,580,089	135	부가세대급금	80,580,089
		[차변:3,880,836,587]			[대변:3,880,836,587]

⑧ 합계잔액시산표

결산자료 입력 전 합계잔액시산표이며 손익계정으로 대체하기 전 상태로 만들어 놓는다. 세무조정사항 계정과목, 세금과공과, 잡손실, 접대비, 법인세등은 필요한 계정과목 원장을 요청해서 법인세무조정에 직접 편집하여 입력하면 된다.

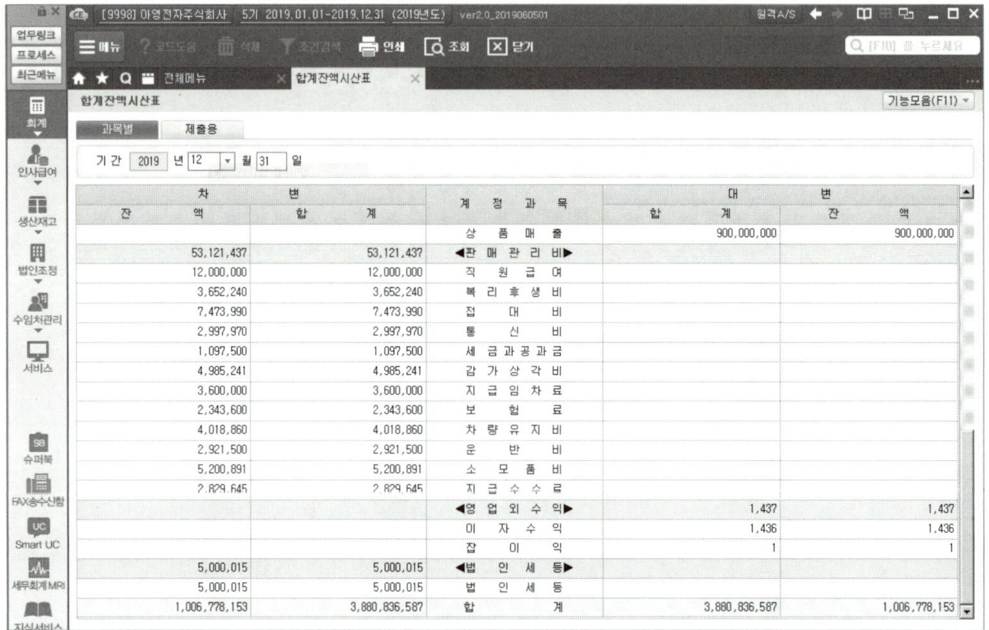

차변 잔액	차변 합계	계정과목	대변 합계	대변 잔액
		상 품 매 출	900,000,000	900,000,000
53,121,437	53,121,437	◀판 매 관 리 비▶		
12,000,000	12,000,000	직 원 급 여		
3,652,240	3,652,240	복 리 후 생 비		
7,473,990	7,473,990	접 대 비		
2,997,970	2,997,970	통 신 비		
1,097,500	1,097,500	세 금 과 공 과 금		
4,985,241	4,985,241	감 가 상 각 비		
3,600,000	3,600,000	지 급 임 차 료		
2,343,600	2,343,600	보 험 료		
4,018,860	4,018,860	차 량 유 지 비		
2,921,500	2,921,500	운 반 비		
5,200,891	5,200,891	소 모 품 비		
2,829,645	2,829,645	지 급 수 수 료		
		◀영 업 외 수 익▶	1,437	1,437
		이 자 수 익	1,436	1,436
		잡 이 익	1	1
5,000,015	5,000,015	◀법 인 세 등▶		
5,000,015	5,000,015	법 인 세 등		
1,006,778,153	3,880,836,587	합 계	3,880,836,587	1,006,778,153

⑨ 결산자료입력

- 결산자료를 입력한다(결산자료 입력추가→손익계산서→이익잉여금처분계산서→재무상태표 순서로 읽기).
- 재고파악 후 당기감가상각비 반영하고 당기순이익 44,879,985원을 확인 후 전표추가(F3) 처리한다. 결산자료 입력시 당기순이익을 확인한다.

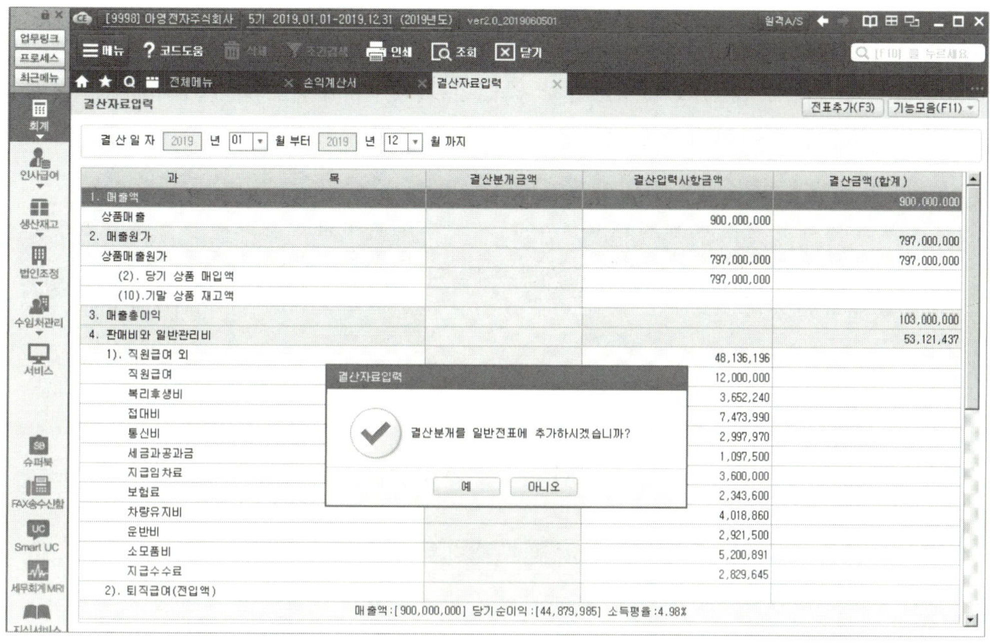

⑩ 손익계산서

손익계산서([과목별]→[제출용]→[표준용] 순서로 읽기) 금액의 당기순이익 44,879,985원을 확인한다(전기당기순이익 검토).

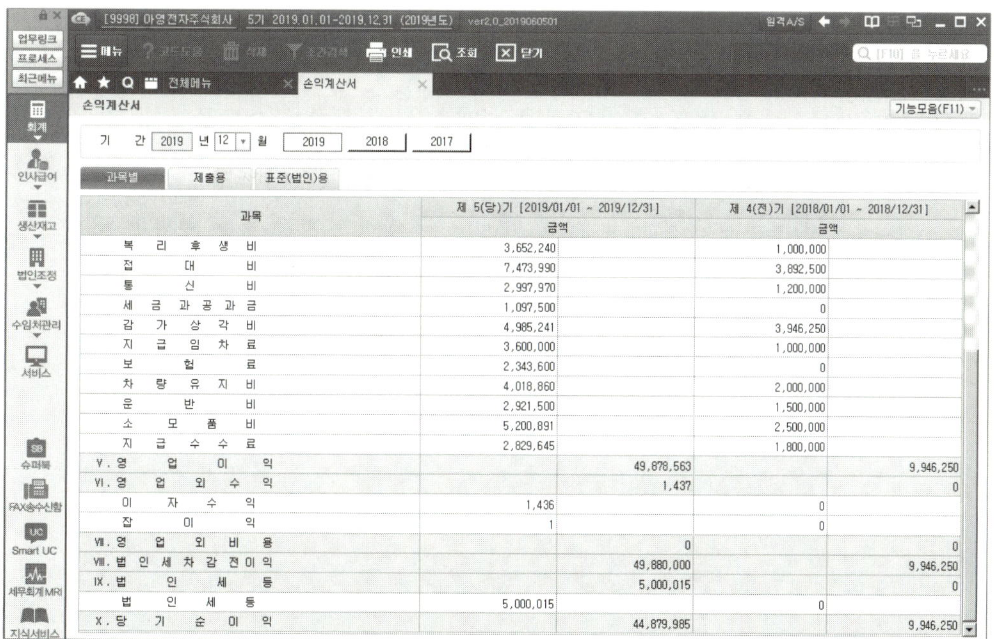

⑪ 이익잉여금처분계산서

- 당기 당기순이익 44,879,985원을 확인한다. 전기 당기순이익 금액 확인 후 전표추가(F3)하여 이익잉여금 처분 및 손익계정 대체를 한다.
- 당기 처분예정일은 관리회사에 규정에 따라 다르다.

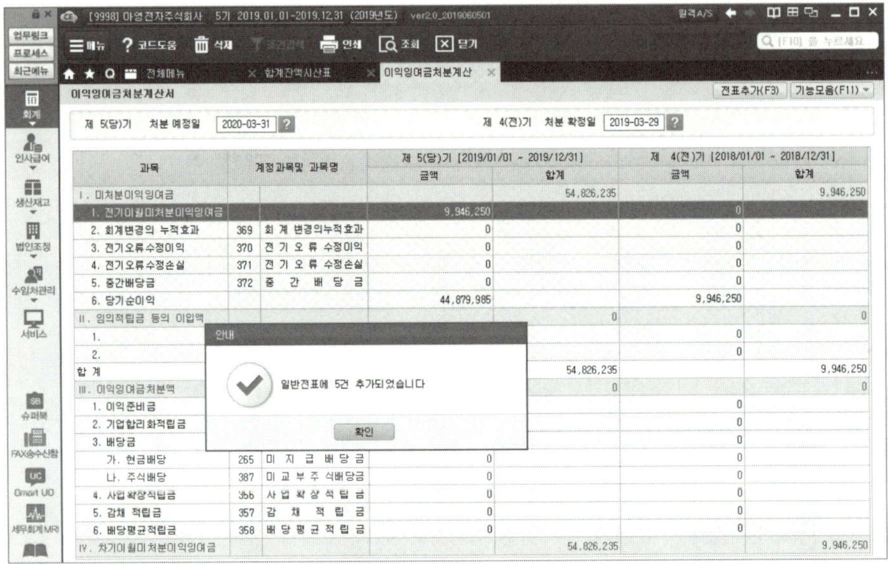

이익잉여금처분계산서

제 5(당)기 처분 예정일 2020-03-31 / 제 4(전)기 처분 확정일 2019-03-29

과목	계정과목및 과목명		제 5(당)기 [2019/01/01 ~ 2019/12/31] 금액	합계	제 4(전)기 [2018/01/01 ~ 2018/12/31] 금액	합계
Ⅰ. 미처분이익잉여금				54,826,235		9,946,250
1. 전기이월미처분이익잉여금			9,946,250		0	
2. 회계변경의 누적효과	369	회계변경의누적효과	0		0	
3. 전기오류수정이익	370	전기오류수정이익	0		0	
4. 전기오류수정손실	371	전기오류수정손실	0		0	
5. 중간배당금	372	중간배당금	0		0	
6. 당기순이익			44,879,985		9,946,250	
Ⅱ. 임의적립금 등의 이입액				0		0
1.					0	
2.					0	
합계				54,826,235		9,946,250
Ⅲ. 이익잉여금처분액				0		0
1. 이익준비금					0	
2. 기업합리화적립금					0	
3. 배당금					0	
가. 현금배당	265	미지급배당금	0		0	
나. 주식배당	387	미교부주식배당금	0		0	
4. 사업확장적립금	356	사업확장적립금	0		0	
5. 감채적립금	357	감채적립금	0		0	
6. 배당평균적립금	358	배당평균적립금	0		0	
Ⅳ. 차기이월미처분이익잉여금				54,826,235		9,946,250

안내: 일반전표에 5건 추가되었습니다 [확인]

⑫ 재무상태표

- 당기순이익 44,879,985원을 확인한다.
- 전기 재무상태표 검토 후 [과목별]→[제출용]→[표준용]순으로 읽는다.

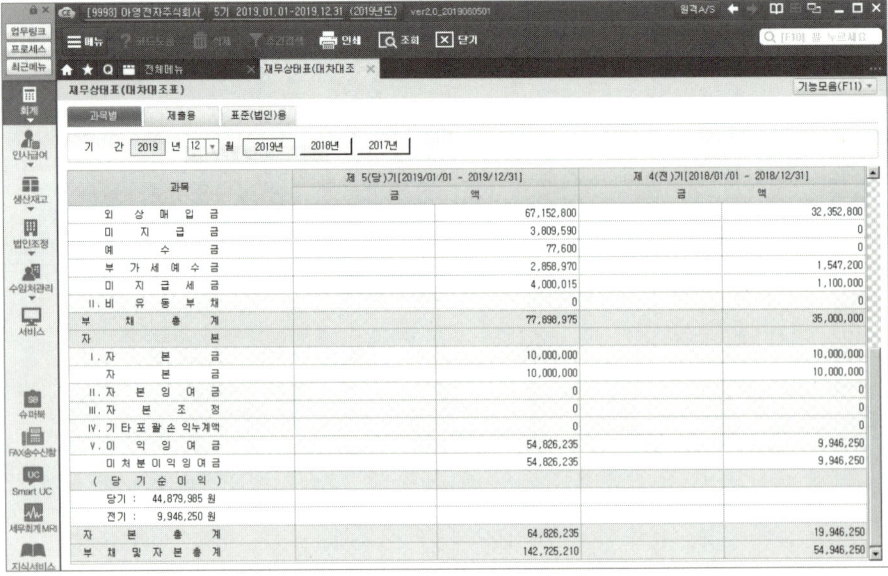

재무상태표(대차대조표)

과목별 / 제출용 / 표준(법인)용

기간 2019 년 12 월 / 2019년 / 2018년 / 2017년

과목	제 5(당)기[2019/01/01 ~ 2019/12/31] 금액		제 4(전)기[2018/01/01 ~ 2018/12/31] 금액	
외상매입금		67,152,800		32,352,800
미지급금		3,809,590		0
예수금		77,600		0
부가세예수금		2,858,970		1,547,200
미지급세금		4,000,015		1,100,000
Ⅱ. 비유동부채		0		0
부채총계		77,898,975		35,000,000
자본				
Ⅰ. 자본금		10,000,000		10,000,000
자본금		10,000,000		10,000,000
Ⅱ. 자본잉여금		0		0
Ⅲ. 자본조정		0		0
Ⅳ. 기타포괄손익누계액		0		0
Ⅴ. 이익잉여금		54,826,235		9,946,250
미처분이익잉여금		54,826,235		9,946,250
(당기순이익)				
당기 : 44,879,985 원				
전기 : 9,946,250 원				
자본총계		64,826,235		19,946,250
부채및자본총계		142,725,210		54,946,250

⑬ 합계잔액시산표

• 결산 재무제표를 확정 마감하고 손익 대체분개 적용 금액 확인 후 [과목별] → [제출용] 순서로 읽는다.

• 합계잔액시산표 잔액과 재무상태표 금액, 결산부속명세서의 자산, 부채, 자본금 계정과목 잔액을 일치시킨 후 세무조정을 진행한다.

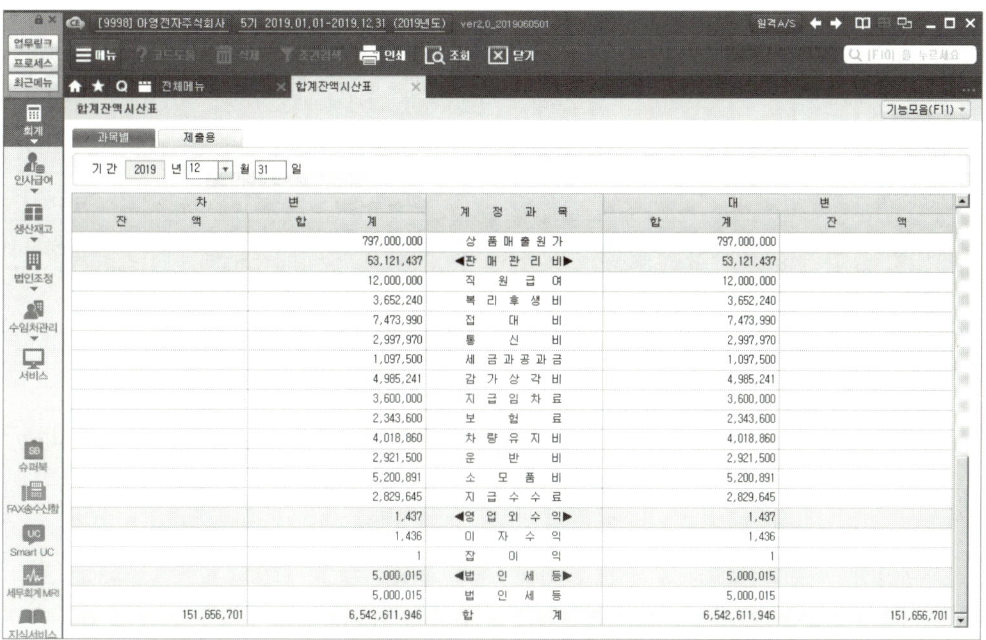

합계잔액시산표

기 간 2019 년 12 월 31 일

차변 잔액	차변 합계	계정과목	대변 합계	대변 잔액
	797,000,000	상품매출원가	797,000,000	
	53,121,437	◀판 매 관 리 비▶	53,121,437	
	12,000,000	직 원 급 여	12,000,000	
	3,652,240	복 리 후 생 비	3,652,240	
	7,473,990	접 대 비	7,473,990	
	2,997,970	통 신 비	2,997,970	
	1,097,500	세금과공과금	1,097,500	
	4,985,241	감 가 상 각 비	4,985,241	
	3,600,000	지 급 임 차 료	3,600,000	
	2,343,600	보 험 료	2,343,600	
	4,018,860	차 량 유 지 비	4,018,860	
	2,921,500	운 반 비	2,921,500	
	5,200,891	소 모 품 비	5,200,891	
	2,829,645	지 급 수 수 료	2,829,645	
	1,437	◀영 업 외 수 익▶	1,437	
	1,436	이 자 수 익	1,436	
	1	잡 이 익	1	
	5,000,015	◀법 인 세 등▶	5,000,015	
	5,000,015	법 인 세 등	5,000,015	
151,656,701	6,542,611,946	합 계	6,542,611,946	151,656,701

4) 타회사에서 확정된 재무제표

타회사에서 확정된 재무제표를 사용 중인 회계프로그램에 심은 다음 법인세 세무조정을 마감한다. 이후 변환에러를 체크하고 전자신고(정기분) 시스템에 전송하면 국세청에 접수된다. 다음은 마감된 결산보고서 1. 재무상태표 2. 손익계산서 3. 이익잉여금처분계산서 4. 합계잔액시산표를 정리했다.

① 재무상태표

제5기 2019년 12월 31일 현재
제4기 2018년 12월 31일 현재

회사명 : 아영전자주식회사 (단위 : 원)

과목	제5(당)기 금액		제4(전)기 금액	
자 산	0	0	0	0
Ⅰ. 유동자산	0	126,656,701	0	33,892,500
① 당좌자산	0	126,656,701	0	33,892,500
보 통 예 금	0	40,856,701	0	10,000,000
외 상 매 출 금	0	85,800,000	0	23,892,500
② 재고자산	0	0	0	0
Ⅱ. 비유동자산	0	16,068,509	0	21,053,750
① 투자자산	0	0	0	0
② 유형자산	0	6,068,509	0	11,053,750
차 량 운 반 구	15,000,000	0	15,000,000	0
감 가 상 각 누 계 액	8,931,491	6,068,509	3,946,250	11,053,750
③ 무형자산	0	0	0	0
④ 기타비유동자산	0	10,000,000	0	10,000,000
임 차 보 증 금	0	10,000,000	0	10,000,000
자 산 총 계	0	142,725,210	0	54,946,250
부 채	0	0	0	0
Ⅰ. 유동부채	0	77,898,975	0	35,000,000
외 상 매 입 금	0	67,152,800	0	32,352,800
미 지 급 금	0	3,809,590	0	0
예 수 금	0	77,600	0	0
부 가 가 치 세 예 수 금	0	2,858,970	0	1,547,200
미 지 급 세 금	0	4,000,015	0	1,100,000
Ⅱ. 비유동부채	0	0	0	0
부 채 총 계	0	77,898,975	0	35,000,000
자 본	0	0	0	0
Ⅰ. 자본금	0	10,000,000	0	10,000,000

과목	제5(당)기		제4(전)기	
	금 액		금 액	
자 본 금	0	10,000,000	0	10,000,000
Ⅱ. 자본잉여금	0	0	0	0
Ⅲ. 자본조정	0	0	0	0
Ⅳ. 기타포괄손익누계액	0	0	0	0
Ⅴ. 이익잉여금	0	54,826,235	0	9,946,250
미처분이익잉여금	0	54,826,235	0	9,946,250
(당 기 순 이 익)	0	0	0	0
당기 : 44,879,985	0	0	0	0
전기 : 9,946,250	0	0	0	0
자 본 총 계	0	64,826,235	0	19,946,250
부 채 와 자 본 총 계	0	142,725,210	0	54,946,250

② 손익계산서

제5기 2019년1월1일~2019년12월31일

제4기 2018년1월1일~2018년12월31일

회사명 : 아영전자주식회사 (단위 : 원)

과목	제5(당)기		제4(전)기	
	금 액		금 액	
Ⅰ. 매출액	0	900,000,000	0	300,000,000
상 품 매 출	900,000,000	0	300,000,000	0
Ⅱ. 매출원가	0	797,000,000	0	267,215,000
상 품 매 출 원 가	0	797,000,000	0	267,215,000
기 초 상 품 재 고 액	0	0	0	0
당 기 상 품 매 입 액	797,000,000	0	267,215,000	0
기 말 상 품 재 고 액	0	0	0	0
Ⅲ. 매출총이익	0	103,000,000	0	32,785,000
Ⅳ. 판매비와관리비	0	53,121,437	0	22,838,750
급 여	12,000,000	0	4,000,000	0
복 리 후 생 비	3,652,240	0	1,000,000	0
접 대 비	7,473,990	0	3,892,500	0

과목	제5(당)기		제4(전)기	
	금 액		금 액	
통 신 비	2,997,970	0	1,200,000	0
세 금 과 공 과	1,097,500	0	0	0
감 가 상 각 비	4,985,241	0	3,946,250	0
임 차 료	3,600,000	0	1,000,000	0
보 험 료	2,343,600	0	0	0
차 량 유 지 비	4,018,860	0	2,000,000	0
운 반 비	2,921,500	0	1,500,000	0
소 모 품 비	5,200,891	0	2,500,000	0
지 급 수 수 료	2,829,645	0	1,800,000	0
Ⅴ. 영업이익	0	49,878,563	0	9,946,250
Ⅵ. 영업외수익	0	1,437	0	0
이 자 수 익	1,436	0	0	0
잡 이 익	1	0	0	0
Ⅶ. 영업외비용	0	0	0	0
Ⅷ. 법인세차감전이익	0	49,880,000	0	9,946,250
Ⅸ. 법인세등	0	5,000,015	0	0
법 인 세 등	5,000,015	0	0	0
Ⅹ. 당기순이익	0	44,879,985	0	9,946,250

③ 이익잉여금처분계산서

제5(당)기 2019년 01월01일부터 2019년 12월31일까지 / 제4(전)기 2018년 01월01일부터 2018년 12월31일까지

처분예정일 2020년 03월 31일까지 / 처분확정일 2019년 03월 29일까지

회사명 : 아영전자주식회사 (단위 : 원)

과목	계정과목	제5기(당기)		제4기(전기)	
		금 액		금 액	
I.미처분이익잉여금		0	54,826,235	0	9,946,250
1.전기이월미처분 이익잉여금		9,946,250	0	0	0

과목	계정과목	제5기(당기)		제4기(전기)	
		금 액		금 액	
2.회계변경의누적효과	회계변경의 누적효과	0	0	0	0
3.전기오류수정이익	전기오류 수정이익	0	0	0	0
4.전기오류수정손실	전기오류 수정손실	0	0	0	0
5.중간배당금	중간배당금	0	0	0	0
6.당기순이익		44,879,985	0	9,946,250	0
Ⅱ.임의적립금등의이입액		0	0	0	0
1.		0	0	0	0
2.		0	0	0	0
합 계		0	54,826,235	0	9,946,250
Ⅲ.이익잉여금처분액		0	0	0	0
1.이익준비금	이익준비금	0	0	0	0
2.재무구조개선적립금	재무구조 개선적립금	0	0	0	0
3.주식할인발행차금상각액	주식할인 발행차금	0	0	0	0
4.배당금		0	0	0	0
가.현금배당	미지급 배당금	0	0	0	0
주당배당금(률)	보통주	0	0	0	0
	우선주	0	0	0	0
나.주식배당	미교부주식 배당금	0	0	0	0
주당배당금(률)	보통주	0	0	0	0
	우선주	0	0	0	0
5.사업확장적립금	사업확장 적립금	0	0	0	0
6.감채적립금	감채적립금	0	0	0	0

과목	계정과목	제5기(당기)		제4기(전기)	
		금 액		금 액	
7.배당평균적립금	배당평균 적립금	0	0	0	0
Ⅳ.차기이월미처분 이익잉여금		0	54,826,235	0	9,946,250

④ 합계잔액시산표

2019년 12월 31일 현재

회사명 : 아영전자주식회사 (단위 : 원)

차변		계정과목	대변	
잔액	합계		합계	잔액
126,656,701	2,830,566,525	1. 유동자산	2,703,909,824	0
126,656,701	2,033,566,525	〈 당 좌 자 산 〉	1,906,909,824	0
40,856,701	938,093,936	보 통 예 금	897,237,235	0
85,800,000	1,013,892,500	외 상 매 출 금	928,092,500	0
0	80,580,089	부가가치세대급금	80,580,089	0
0	1,000,000	선 납 세 금	1,000,000	0
0	797,000,000	〈 재 고 자 산 〉	797,000,000	0
0	797,000,000	상 품	797,000,000	0
25,000,000	25,000,000	2. 비유동자산	8,931,491	8,931,491
15,000,000	15,000,000	〈 유 형 자 산 〉	8,931,491	8,931,491
15,000,000	15,000,000	차 량 운 반 구	0	0
0	0	감가상각누계액	8,931,491	8,931,491
10,000,000	10,000,000	〈기타비유동자산〉	0	0
10,000,000	10,000,000	임 차 보 증 금	0	0
0	967,148,610	3. 유동부채	1,045,047,585	77,898,975
0	841,900,000	외 상 매 입 금	909,052,800	67,152,800
0	34,606,780	미 지 급 금	38,416,370	3,809,590
0	853,600	예 수 금	931,200	77,600
0	88,688,230	부가가치세예수금	91,547,200	2,858,970
0	1,100,000	미 지 급 세 금	5,100,015	4,000,015

차변		계정과목	대변	
잔액	합계		합계	잔액
0	0	4. 자본금	10,000,000	10,000,000
0	0	자 본 금	10,000,000	10,000,000
0	64,772,485	5. 이익잉여금	119,598,720	54,826,235
0	9,946,250	이월이익잉여금	64,772,485	54,826,235
0	54,826,235	미처분이익잉여금	54,826,235	0
0	900,001,437	6. 손익	900,001,437	0
0	900,001,437	손 익	900,001,437	0
0	900,000,000	7. 매출	900,000,000	0
0	900,000,000	상 품 매 출	900,000,000	0
0	797,000,000	8. 매출원가	797,000,000	0
0	797,000,000	상 품 매 출 원 가	797,000,000	0
0	53,121,437	9. 판매비및일반관리비	53,121,437	0
0	12,000,000	급 여	12,000,000	0
0	3,652,240	복 리 후 생 비	3,652,240	0
0	7,473,990	접 대 비	7,473,990	0
0	2,997,970	통 신 비	2,997,970	0
0	1,097,500	세 금 과 공 과	1,097,500	0
0	4,985,241	감 가 상 각 비	4,985,241	0
0	3,600,000	임 차 료	3,600,000	0
0	2,343,600	보 험 료	2,343,600	0
0	4,018,860	차 량 유 지 비	4,018,860	0
0	2,921,500	운 반 비	2,921,500	0
0	5,200,891	소 모 품 비	5,200,891	0
0	2,829,645	지 급 수 수 료	2,829,645	0
0	1,437	10. 영업외수익	1,437	0
0	1,436	이 자 수 익	1,436	0
0	1	잡 이 익	1	0
0	5,000,015	11. 법인(소득)세등	5,000,015	0
0	5,000,015	법 인 세 등	5,000,015	0
151,656,701	6,542,611,946	합 계	6,542,611,946	151,656,701

5. 신고방법 및 절차

(1) 법인세 마감한 자료 제작하는 방법

전자신고/일괄출력→ 법인세 전자신고 제작→ 제작구분 선택→ 정기신고→ 법인세 마감한 서식명 검토(업종에 맞는 해당서류 반영되었는지 확인)→ 제작→ 전자신고 변환 순으로 진행한다.

제작하는 과정에서 잘못된 부분은 제작과정에서 오류 검토가 되고, 국세청 홈택스에서 변환하는 과정에서도 잘못된 부분은 변환에러가 체크된다. 법인세 신고 집계관리에 법인세 신고자료 금액을 기록한다.

(2) 국세청 홈택스로 법인세 변환하는 방법

변환순서는 다음과 같다. [찾아보기]→ [파일형식검증하기]→ [비밀번호 입력]→ [검증결과확인]→ [내용검증하기]→ [검증결과확인]→ [전자파일제출 이동]→ 다음 화면에서 신고서 요약내용 확인 후 [전자파일제출하기]→ '일괄접수증' 확인→ [Step 2.신고내역]

- 파일형식검증하기 클릭 후 암호입력 팝업창이 나타나지 않는 경우 홈택스 하단의 [통합설치프로그램]－선택탭 '파일복호화(NTS－CRYPTO)' 다운로드 클릭 후 실행한다.
- Step 2. 신고내역에서 접수한 금액 법인세 신고 집계관리의 금액과 주식이동상황 제출여부 확인 체크하고 접수증 확인출력해서 가상계좌 반영된 금액 출력하여 법인세 납부서를 사업장에 전달한다.
- 법인세 신고마감 전송 후 12월말 법인은 4월말까지 법인지방소득세 과세표준 및 세액신고서를 마감하고 관할 지방자치단체에 전자신고하고 지방소득세 납부서를 사업장에 전달한다.

① 법인세 전자신고 제작

- 법인세 신고마감한 후 제작하면서 전송되는 서식을 확인하고 제작한다.
- 전자신고 마감은 국세청에서 부여한 사업자등록번호만 마감하며, 전자신고는 정기신고 때 지원된다.

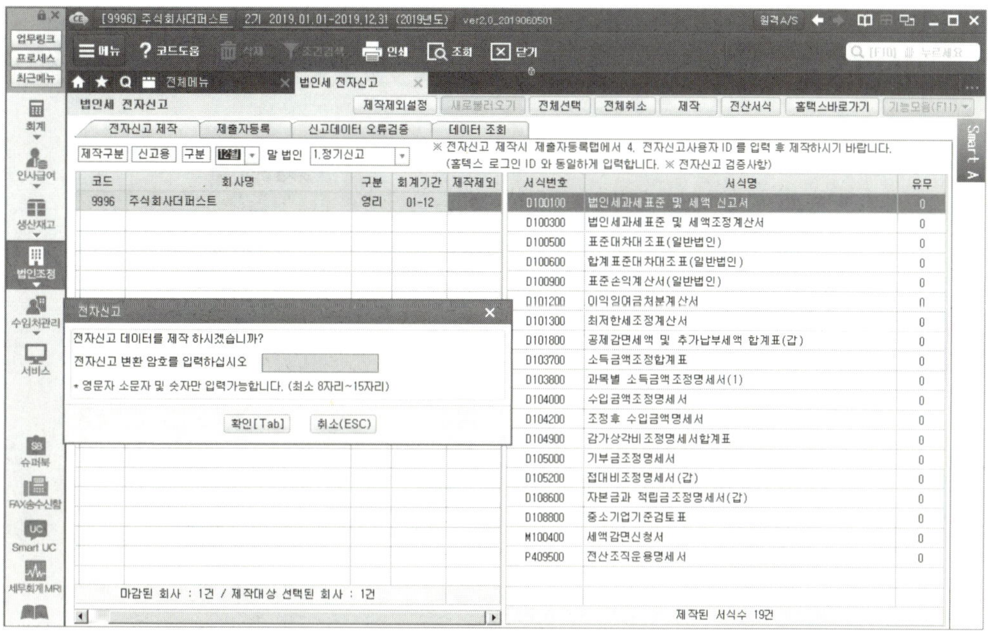

② 법인세 전자파일 변환

제작한 법인세 신고자료를 법인세 홈택스에서 전자신고 검증결과 확인하고 오류체크한 다음 전송하며 Step 2. 신고내역에서 접수증을 확인하고 가상계좌를 출력하여 사업장에 전달한다.

6. 중간예납신고

법인세 중간예납의 직전사업연도 계산기준 해당 법인은 다음과 같다(법인세법 63조 1항).

① 직전사업연도 법인세를 기준으로 1/2을 납부하는 방법(직전사업연도 법인세 기준 ×6/직전사업연도 월수)으로 계산하여 분납할 세액 해당 여부를 판단해서 신고한다.

② 수입금액은 해당 중간예납기간의 수입금액을 입력한다.

③ 직전사업연도에 사업자등록한 신규사업자는 직전사업연도 월수 기록을 정확히 작성해 주어야 한다. 이는 직전사업연도 월수 입력을 잘못하면 법인세 중간예납 산출금액이 달라져 가산세가 해당되기 때문이다(직전사업연도 월수 입력을 놓쳐서 가산세를 부담하는 경우가 종종 있기 때문임).

④ 첨부서식 : 법인세 중간예납 신고납부계산서

- 적자 법인 등은 상반기 실적에 의해 중간결산하여 신고하며, 자기계산기준 해당 법인은 결산마감하고 해당서식을 반영하여 중간예납신고한다(법인세법 63조).
- 자기계산기준 신고는 결산마감해서 세무조정하고, 전자신고의 경우에는 표준재무상태표, 표준손익계산서, 세무조정계산서 그 외 첨부서류를 입력하고 분납할 세액 해당 여부 판단해서 신고한다.

법인세 자기계산기준 해당 서식

서식	근거
법인세 중간예납 신고납부계산서	법인세법 시행규칙 별지58호
법인세 과세표준 및 세액조정계산서	법인세법 시행규칙 별지3호
소득금액조정합계표	법인세법 시행규칙 별지15호
표준재무상태표(일반법인용)	법인세법 시행규칙 별지3호의 2(1)
표준재무상태표(금융・보험・증권업 법인용)	법인세법 시행규칙 별지3호의 2(3)
표준손익계산서(일반법인용)	법인세법 시행규칙 별지3호의 3(1)
표준손익계산서(금융・보험・증권업 법인용)	법인세법 시행규칙 별지3호의 3(2)
부속명세서(원가명세서)	법인세법 시행규칙 별지3호의 3(3)
가산세액계산서	법인세법 시행규칙 별지9호
최저한세조정계산서	법인세법 시행규칙 별지4호
원천납부세액명세서(갑)	법인세법 시행규칙 별지10호(갑)
원천납부세액명세서(을)	법인세법 시행규칙 별지10호(을)
재해손실세액공제신청서	법인세법 시행규칙 별지65호
세액공제신청서	조세특례제한법 시행규칙 별지1호
세액감면(면제)신청서	조세특례제한법 시행규칙 별지2호
성실중소법인 법인세 중간예납 신고납부계산서	법인세법 시행규칙 별지58호
선박표준이익 산출명세서	법인세법 시행규칙 별지3호 부표

7. 수정신고

- 과세표준신고서를 법정신고기한까지 제출한 자가 다음 중 어느 하나에 해당할 때에는 각 세법에 따라 해당 국세의 과세표준과 세액을 결정 또는 경정하여 통지하기 전으로서 국세기본법 제26조의 2 제1항에 따른 기간이 끝나기 전까지 과세표준수정신고서를 제출할 수 있다(국세기본법 45조 1항).
  ① 과세표준신고서에 기재된 과세표준 및 세액이 세법에 따라 신고하여야 할 과세표준 및 세액에 미치지 못할 때
  ② 과세표준신고서에 기재된 결손금액 또는 환급세액이 세법에 따라 신고하여야 할 결손금액이나 환급세액을 초과할 때
  ③ 위 '①, ②' 외에 원천징수의무자의 정산 과정에서의 누락, 세무조정 과정에서의 누락 등 일정한 사유로 불완전한 신고를 하였을 때
- 과세표준수정신고서의 기재사항 및 신고절차에 관한 사항은 법이 정한 기준에 따라 진행한다.
- 법정신고기한 내에 과세표준과 세액을 신고한 자만이 수정신고서를 제출할 수 있다. 따라서 법정신고기한 내에 과세표준 및 세액을 신고하지 아니한 자는 수정신고서를 제출할 수 없다.
- 법인의 수정신고는 개인사업자와 달리 법인세 수정신고시 세무조정사항에 대해서 소득의 귀속자와 소득의 종류를 확정시키는 소득처분을 해야 한다.
- 법인세 법정신고기한이 지난 뒤 원천징수수정신고, 부가가치세수정신고를 했다면, 법인세수정신고도 같이 진행하여야 한다.
- 법인세수정신고서를 작성할 때 법인세 수정납부세액 산출을 먼저 진행하고 가산세 감면 해당 여부를 체크하여 법인세수정신고서에 반영한다.
- 서식은 법인세과세표준 및 세액신고서, 법인세과세표준 및 세액조정계산서, 소득금액조정합계표 및 명세서, 과세표준수정 및 추가납부계산서(법인세), 과세표준 및 세액경정청구서(법인세) 그 외 해당 서식을 첨부한다.
- 재무제표는 법인세 과세표준 및 세액신고서를 국세청에 전송한 자료만 외부에서 인정되므로, 법정신고기간에 제출된 재무제표만 사용가능하다. 건설회사의 기준실질자본금, 금융기관 등에 사용하는 자료로써 재무상황을 분석할 때 기본이 되는 중요한 자료이나 재무제표는 수정을 할 수 없으므로 마감시에 신중을 기해야 한다.
- 법인지방소득세 수정신고는 지방자치단체의 결정·경정 통지 전까지 가능하다.

2014년 이후 사업연도 귀속분부터는 법인세수정신고시 법인지방소득세도 지방 자치단체에 수정신고접수해야 가산세 부담이 최소화되므로 법인세수정신고시에는 법인지방소득세 수정신고도 함께 접수해야 한다.

8. 가산세

세법에서 규정한 의무를 위반한 경우에는 가산세가 부과되니 법인세 신고가 잘 진행될 수 있도록 자료 준비를 철저히 해야 한다. 또한 법인세수정신고를 하게 되면 상여처분 등 소득귀속자에게 소득처분이 되고 근로소득원천징수영수증 및 종합소득세 수정신고 외 신고서 접수시 가산세가 부담되므로 주의해야 한다.

법인세 가산세는 국세기본법상의 가산세 및 법인세법상의 가산세를 적용한다.

법인세 가산세 요약표(2019년)

<table>
<tr><th>종 류</th><th colspan="2">가산세액</th></tr>
<tr><td rowspan="2">무신고가산세
* 무기장 가산세와 중복되는 경우 그 중 큰 금액 적용</td><td>부정행위로 인한 무신고</td><td>MAX ① 무신고납부세액×40%(국제거래 60%)
② 수입금액×0.14%</td></tr>
<tr><td>일반적인 무신고</td><td>MAX ① 무신고납부세액×20%
② 수입금액×0.07%</td></tr>
<tr><td>무기장가산세
* 토지등양도소득, 미환류소득에 대한 법인세 제외</td><td>장부 비치, 기장의무 불이행</td><td>MAX ① 산출세액×20%
② 수입금액×0.07%</td></tr>
<tr><td rowspan="2">과소신고 가산세
* 무기장 가산세와 중복되는 경우 그 중 큰 금액 적용</td><td>부정행위로 인한 과소신고</td><td>MAX ① 과소신고납부세액×40%(국제거래 60%)
② 부정과소신고 수입금액×0.14%+(과소신고 납부세액−부정과소신고납부세액)×10%</td></tr>
<tr><td>일반 과소신고</td><td>일반과소신고납부세액×10%</td></tr>
<tr><td>납부, 환급불성실 가산세</td><td colspan="2">미납·미달납부세액(초과환급세액)×미납기간×2.5/10,000
[미납기간 : 납부기한(환급받은 날) 다음날~자진납부일]</td></tr>
<tr><td>원천징수납부불성실가산세</td><td colspan="2">[①+②](미납·미달납부세액×10% 한도)
① 미납·미달납부세액×미납기간×2.5/10,000
② 미납·미달납부세액×3%</td></tr>
<tr><td>지출증명미수취(허위수취)가산세</td><td colspan="2">법정증빙서류를 수취하지 않은 금액 또는 사실과 다른 증빙 수취금액×2%</td></tr>
</table>

종 류	가산세액
주식등변동상황명세서 제출불성실가산세	미제출, 누락제출, 불분명 주식 등의 액면금액 또는 출자가액×1% (제출기한 경과 1월내 제출시 0.5%)
주주 등 명세서 제출 불성실가산세	미제출, 누락제출, 불분명 주식 등의 액면금액 또는 출자가액×0.5% (제출기한 경과 1월내 제출시 0.25%)
지급명세서제출불성실가산세	미제출, 누락제출, 불분명 제출금액×1%(제출기한 경과 3월내 제출시 0.5%)
계산서 교부 불성실가산세 * 지출증명미수취 가산세가 부과되는 부분은 제외	미발급, 가공·위장수수 : 공급가액의 2%(그 외 공급가액의 1%) * 다만, 종이계산서를 발급한 경우는 1%
전자계산서 발급명세 제출 불성실가산세 ※ 2016.1.1. 이후 공급분부터 적용	• 지연전송 공급가액의 0.5% (2016.12.31. 이전까지는 0.1%) • 미전송 공급가액의 1% (2016.12.31. 이전까지는 0.3%)
계산서합계표제출불성실가산세	매입·매출처별 계산서합계표 미제출, 불분명 공급가액×0.5% (제출기한 경과 1월내 제출시 0.25%)
세금계산서합계표제출불성실가산세	매입처별 세금계산서합계표 미제출, 불분명 공급가액×0.5%(면세법인) (제출기한 경과 1월내 제출시 0.25%)
기부금영수증 불성실가산세	사실과 다르게 기재 : 사실과 다르게 발급한 금액×2% 발급명세 미작성·미보관 : 미작성·미보관 금액×0.2%
신용카드매출전표 발급 불성실	발급거부 및 사실과 다르게 발급한 금액×5%(건별 계산금액5천원 미만은 5천원)
현금영수증 가입 및 발급 불성실	• 미가입 : 미가입한 사업연도 수입금액×1%×미가맹기간/해당 사업연도 일수 • 발급불성실 : 발급거부 및 사실과 다르게 발급한 금액×5%(건별 계산금액 5천원 미만은 5천원)
특정외국법인의 유보소득계산명세서 제출 불성실 가산세	계산명세서 미제출 또는 제출한 명세서의 전부 또는 일부를 적지 않는 등 불분명한 경우 배당가능한 유보소득금액의 0.5%

종 류	가산세액
법인의 현금영수증 등 허위수취가산세	허위로 현금영수증・신용카드매출전표를 수취한 금액 2%(재화 또는 용역을 공급받지 아니하고 현금영수증 등 수취한 경우, 2019.1.1. 이후)

* 출처 : 국세청 → 성실신고지원 항목별 가산세

Check Box_법인세 신고 집계관리

법인세 신고접수한 금액과 전송한 접수증의 금액 일치 여부를 확인한다. 법인세를 신고전송한 후 가상계좌가 기록된 법인세 납부서를 사업장에 전달하는 관리도 함께 한다.

국세청 홈택스의 사용방법을 잘 터득하고, 관리를 못해서 전자신고 또는 납부서 전달을 누락시키는 일이 발생 될 수 있으므로 거래처 명단 집계관리가 중요하다. 이 때 법인세 신고 리스트에 주식변동여부 체크하여 주식등변동상황명세서 미제출 가산세를 납부하는 일이 없도록 주의하여야 한다.

20××년 귀속 법인세 신고 집계관리

메일 :

국세청 법인세 신고 안내자료 출력, 경영분석표 출력

비번 :

20××.03.31.

번호	법인설립일	회사명	20××년 매출	20××년 매출	법인세 과세표준 및 산출세액	법인세 기납부 및 원천징수세액
1				–	–	
2				–		

번호	법인세 납부 세액	주주변동 여부 (20××년)	법인지방 소득세 (산출세액)	이자배당 특별징수 제출 (법인 원천만 해당) 3.31.–관할구청	관할 구청	조정료 (공급 가액)	비고	총 제본 부수
1		무	–		강남구청			2부
2		20×× 유			부천 원미구청			2부

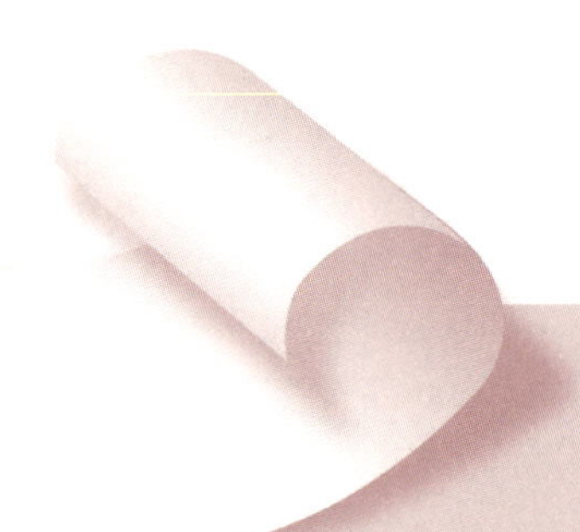

제6절 종합소득세

1. 신고 전 준비

해당 과세연도에 각종 신고시 제출한 근거 자료와 수집자료를 기본으로 정리한다. 종합소득세 신고를 위한 서류 및 자료준비 안내문 메일 또는 팩스 전송한다. 국세청의 종합소득세 신고 안내 도움서비스를 활용하여 분석내용을 확인하고 종합소득세 신고준비 안내를 한다.

사업자의 금융정보이용으로 인해서 국세청 신고자료 재무제표를 빈번하게 요청하고 있으므로 연간의 사업활동 내용이 잘 반영될 수 있도록 한다.

Check Box_종합소득세 신고서류 준비안내문

[주　소]
[전　화]　　　　　　　　[팩　스]　　　　　　　　[이메일]　　　　○○세무회계사무소

문서번호 : TAX190423－1　　　　　발　　신 : ○○세무회계사무소
수　　신 : 사 장 님　　　　　　　날　　짜 : 2019.04.23.
전체 페이지 수 : 1매 (표지포함)

제　　목 : 2018년 귀속 종합소득세 신고서류 준비안내(5월초 자택으로 통보됨)

1. 귀사의 일익 발전하심을 기원드립니다.
2. 필요서류 목록 (＊는 꼭 첨부해야 할 서류)

		서　류　명	비고
(1)		근로소득, 금융소득, 타 소득 유무확인	원천영수증
	①	직전연도 사업 및 부동산수입금액과 신고내용	
＊	②	금융이자 내역서 (은행別)－이자소득 및 배당소득(2천만원초과금액)	금융통보
＊	③	기타소득, 자유직업소득 원천징수영수증	
	④	기타 타 소득 여부 확인 및 확인서류	
	⑤	판매장려금 명세서, 보상금등내역서, 일자리안정자금 등	
	⑥	양도소득세 신고자료(주식, 부동산), 임대차계약서	
(2)		소득공제 받을 서류	
＊	①	소득세신고안내문 (세무서통보서) (통보서에 국민연금보험료 또는 개인연금저축, 연금저축, 노란우산공제 표기되어 버리지 마세요)	제출
	②	호적등본 및 주민등록등본 (2018.05.31 현재 이사 유무 및 예정확인, 소득공제해당표시) ＊지방세 관할구청 위반시에는 가산세 대상입니다.	
	③	기부금 영수증 (직계비속, 배우자 기부금 포함)	
	④	장애인 증명서	
(3)		업무용승용차 필요서류	
＊	①	자동차등록증－자가, 렌트, 리스 등	
＊	②	업무용승용차 운행기록부(미작성시 차량관련 모든 비용 부인됨)	천만원한도
(4)		2018년－추가증빙자료 신용카드사용내역서	
		－지방세 세목별 과세증명원 (민원24발급가능)	
		－금융기관대출, 이자내역서, 사장님 핸드폰사용내역	
＊		－외상매출금, 외상매입금 잔액 내역서(2018.12.31. 기준)	꼭 제출

위 서류를 챙기어 05월 03일까지 세무회계사무소로 보내주시기 바랍니다(Fax 송부하셔도 됩니다).

2. 신고대상에 따른 구분

(1) 성실신고확인대상 사업자

성실신고확인대상사업자는 해당 과세기간의 수입금액 합계액이 기준금액 이상인 사업자이며, 종합소득세 확정신고 안내(s유형 : 성실신고확인대상자)로 사업자 주소지로 우편통보받는다.

1) 성실신고확인서

① 성실신고확인 세무사 등의 선임신고

세무사 등을 선임하여 4.30.까지 신고한다.

② 성실신고확인서의 제출

종합소득세 과세표준 확정신고를 할 때 성실신고확인서를 6.30.까지 제출한다.

③ 보정요구

관할 세무서장은 제출된 성실신고확인서에 미비한 사항 또는 오류가 있을 때에는 보정을 요구할 수 있다.

2) 성실신고확인에 대한 지원제도

① 성실신고확인비용에 대한 세액공제

- 최저한세가 적용되지 않는다.
- 5년간 이월공제된다.
- 세액감면과 중복적용이 가능하다.
- 농어촌특별세가 비과세된다.
- 부동산임대업소득에서도 공제된다.

② 성실신고확인사업자의 의료비・교육비 세액공제

- 최저한세가 적용된다.
- 농어촌특별세가 과세된다.
- 이월공제가 적용되지 아니한다.

3) 성실신고확인의무 위반에 대한 제재

① 사업자에 대한 가산세 부과

성실신고확인대상사업자가 신고하지 않은 경우 성실신고확인서 미제출가산세가 부과된다. 이 경우 무신고가산세가 성실신고확인서 미제출가산세와 무기장가산세가 더불어 동시에 적용될 때에는 각각 그 중 큰 금액에 해당하는 가산세만을 적용하고 가산세액이 같을 때에는 무신고가산세만 적용한다.

② 사업자에 대한 세무조사

성실신고확인대상사업자가 '성실신고확인서' 제출 등의 납세협력의무를 이행하지 아니한 경우 세무조사대상으로 선정될 수 있다.

③ 성실신고확인자에 대한 제재

추후 세무조사 등을 통해 성실신고확인 세무사 등이 확인을 제대로 하지 못한 사실이 밝혀지는 경우 세무사 등이 징계를 받게 된다.

4) 성실신고확인서 작성방법(세무조정은 개인세무조정 안내 참고)

성실신고확인대상 사업자에게 도장을 날인한 성실신고확인서를 받아서 세무회계사무소에 보관하고 국세청 홈택스에 성실신고확인자 선임신고서를 접수한다. 성실신고확인서는 사업장의 업무특성에 맞추어 작성하면 된다.

① 일반전표에서 3만원 초과 증빙을 검토한다.
② 영수증수취명세서 확인한다.
③ 주요항목명세서에서 성실신고확인결과를 재무제표 마감 전에 검토한다.
④ 재무제표 결산마감을 한다.
⑤ 개인 세무조정을 한다.
⑥ 성실신고확인 결과 주요항목명세서를 작성한다.
⑦ 종합소득세 과세표준 확정신고를 마감한다.

5) 성실신고확인 결과 주요항목명세서

① 사업장 현황
② 주요 사업내역 현황

③ 수입금액 검토
④ 필요경비에 대한 적격증빙 수취여부 등 검토
⑤ 3만원 초과 거래에 대해 적격증빙이 없는 비용의 명세
⑥ 배우자 및 직계존비속 등과의 거래 검토
⑦ 차량운영현황(업무용에 한함)
⑧ 사업용계좌별 잔액현황

6) 주의사항

- 사업장의 기본사항은 과세기간 종료일 현재 기준으로 작성한다(과세기간 중 폐업자는 폐업일 기준으로 작성).
- 재무제표의 결산을 진행할 때에 사업장의 현황을 상세히 알고 있어야만 성실신고확인결과 주요 명세서를 작성할 수 있으므로 사업용계좌 사용의무사항에 매출누락 등이 발생되지 않도록 잘 안내한다.
- 성실신고확인결과 특이사항 기술서를 사업 업종에 따라 작성한다.
- 농어촌특별세 신고서 작성방법은 성실신고확인대상 사업자의 의료비・교육비 세액을 공제받은 금액을 회계프로그램에 직접 입력해야 금액이 반영된다(작성서식은 ① 세액공제액 조정명세서, ② 농특세감면 감면세액 합계표, ③ 종합소득세신고서의 3세액공제명세서에 모두 직접 입력해야 함).
- 성실신고 종합소득세 세무조정을 마감하고 변환에러 체크한 신고서를 홈택스에 전송 후 가상계좌가 기록된 종합소득세 납부서와 가상계좌가 기록된 지방소득세 납부서를 사업장에 전달한다. 의료비・교육비 세액공제 받은 사업자는 농어촌특별세가 기록된 납부서도 같이 사업장에 전달한다.

(2) 복식부기의무자

1) 복식부기의무자 안내

종합소득세 확정신고 안내문(s유형 : 성실신고확인대상자 등)은 사업자주소지에서 통보받고 있다, 또한 국세청에서 홈택스를 통해서도 종합소득세 신고 안내 정보에, 최근 3년간 신고상황 분석, 최근 3년간 신고소득률, 판관비율 분석(주사업장 기준), 사업용신용카드 사용현황 분석, 소득세 개별분석자료(사전 성실신고지원 안내 대상자), 업종별 유의사항 등 여러 정보가 제공되니 확인 후 신고한다(세무서에서 도착한 우편물은 빠짐

없이 전달받아야 한다).

복식부기장부는 회사의 재산 상태와 그 손익거래의 내용을 빠짐없이 이중으로 기록하여 계산하는 부기형식의 장부를 말한다(소득세법 시행령 208조).

수입금액이 업종별 복식부기 기준금액 이상에 해당하는 자는 복식부기의무가 있으므로 해당되면 복식부기로 장부를 기장하여 종합소득세 신고한다.

2) 사업용계좌의 신고

- 복식부기의무자는 복식부기의무가 적용되는 과세기간의 개시일로부터 6개월 이내에 사업용계좌를 신고해야 한다.

  예시 2018년 수입금액 기준으로 2019년 복식부기의무자일 경우 신고기간은 2019년 6월 말이다.

- 전문직 등의 사업자인 경우에는 수입금액 규모에 관계없이 복식부기의무자이므로 시작한 연도의 다음해 6월까지 신고해야 한다.
- 사업용계좌는 사업장별로 신고하여야 한다. 이 경우 1개의 계좌를 2 이상의 사업장에 대한 사업용계좌로 신고할 수 있다.
- 사업장이 없는 프리랜서 인적용역 사업자의 경우 주민등록번호에 의한 사업용계좌를 신고해야 한다.
- 사업용계좌는 사업장별로 2개 이상 신고할 수 있다.
- 사업용계좌의 변경 및 추가시에는 종합소득세 확정신고기한까지 즉, 일반사업자는 5.31.까지 성실신고확인대상자는 6.30.까지 변경 및 추가신고를 해야 한다.
- 직접세무서를 방문하는 방법과 인터넷으로 신고하는 방법이 있다.
- 사업과 관련된 거래대금을 결제하거나 결제받는 때, 신용카드 등의 거래대금, 인건비 및 임차료를 지급하거나 지급받는 때 등의 사유에는 사업용계좌를 사용해야 한다.
- 사업과 관련된 사업용계좌와 개인 용도의 통장은 구분관리를 해야 한다.
- 사업용계좌를 미사용하거나 미신고할 경우 다음의 가산세를 부과한다.

① 사업용계좌 미사용 가산세

미사용 금액×0.2%

② 사업용계좌 미신고 가산세

Max[해당 과세기간의 수입금액×미신고기간×0.2%,
사용대상 금액의 합계액(거래대금, 인건비, 임차료 등)×0.2%]

3) 복식부기의무자의 업무용승용차 관련비용 손금불산입 특례(업무용승용차 세무조정 안내 참고)

- 운행기록부 등을 작성한다.
- 2017.1.1. 이후 취득하는 업무용승용자동차는 의무적으로 감가상각해야 한다(상각방법 : 정액법으로 하며, 내용연수는 5년임).
- 업무용승용차 관련비용은 월할계산한다.

4) 복식부기의무자 작성방법(세무조정은 개인세무조정 안내 참고)

복식부기의무자의 사전검토사항을 확인했다면, 종합소득세 신고서류 준비안내문을 사업장에 메일 또는 팩스로 전송하고, 재무제표 결산마감과 세무조정을 시작한다.

세무조정을 마감하고 변환에러를 확인한 신고서를 홈택스에 전송한 후 가상계좌가 기록된 종합소득세 납부서와 가상계좌가 기록된 지방소득세 납부서를 사업장에 전달한다.

5) 복식부기의무자의 추계신고

복식부기 의무자가 추계신고를 한 경우에는 신고를 하지 않은 것으로 간주하여 가산세를 적용한다

① 신고불성실가산세

Max[무신고납부세액×20%, 수입금액×0.07%]

② 무기장가산세

산출세액×(무기장 소득금액/종합소득금액)×20%

* 단, 무기장가산세와 무신고 또는 신고불성실가산세가 동시에 해당될 경우에는 그 중 큰 금액을 기준으로 계산하며, 가산세액이 같을 경우에는 무신고가산세를 적용한다.

(3) 간편장부대상자

당해 연도에 사업을 신규로 시작하였거나 직전연도 수입금액이 간편장부 대상자 기준에 해당하면 간편장부로 종합소득세를 신고한다.

간편장부는 ① 매출액 등 수입에 관한 사항 ② 경비지출에 관한 사항 ③ 고정자산의 증감에 관한 사항 ④ 기타 참고사항 (소득세법 시행령 208조의 9)와 같은 사항을 기재할 수 있는 장부를 말한다.

1) 장부기장

- 간편장부대상자는 간편장부와 복식부기 중 선택하여 작성할 수 있다.
- 장부기장을 했을 경우 감가상각비, 대손충당금, 퇴직급여충당금 필요경비를 인정받을 수 있다.
- 장부기장했을 때 결손이 발생한 경우 10년간 소득금액에서 이월결손금 공제를 받을 수 있다.
- 간편장부대상자는 사업용계좌를 세무서에 신고할 의무가 없다.
- 간편장부대상자가 복식부기로 신고할 경우 산출세액의 20%가 공제된다(기장세액공제). 기장세액 공제액은 다음과 같으며, 한도는 100만원이다.

종합소득세산출세액×(사업소득금액 합계액/종합소득금액)×20%

- 장부기장을 안하면 무기장가산세 20%가 해당되며, 무기장 가산세액은 다음과 같다.

산출세액×(무기장 소득금액/종합소득금액)×20%

- 간편장부대상자 중 ① 해당연도에 신규로 사업을 개시 한 사업자 ② 직전연도의 수입금액이 4,800만원 미만인 사업자 ③ 연말정산한 사업소득만 있는 사람은 무기장 가산세가 적용되지 않는다.

2) 재무회계 간편장부 작성방법

① 종합소득세 신고안내 통지서의 수입금액 및 업종코드를 확인하고 회계프로그램에서 회사등록 업종코드와 재무제표의 수입금액이 일치하는지 검토한다.

② 통지서의 주소지와 세무서 주소지를 확인하고, 회계프로그램상 회사등록 메뉴의 대표자 주소지가 일치하는지 확인한다.

③ 재무회계 결산재무제표 마감과 손익결정은 회사의 신용카드 입력 등 신고전송한 자료 원천세신고, 부가가치세 신고 등 입력한 자료를 검토하고 마감 진행한다.

④ 영수증수취명세서를 검토하고 저장한다.

⑤ 당기손익이 확정되면 회사의 업태 · 종목에 따라 (제조원가명세서) → (손익계산서) → (재무상태표) → (합계잔액시산표)를 [과목별] → [제출용] → [표준용]순으로 읽고 당기손익을 확정한다.

3) 간편장부대상자의 개인조정

아래의 내용을 모두 검토한 후 마감하고, 변환에러를 체크하여 신고서를 홈택스에 전송한다. 가상계좌가 기록된 종합소득세 납부서와 지방소득세 납부서를 사업장에 전달한다.

① (표준재무상태표) → (표준손익계산서) → (표준원가명세서) → (표준합계잔액시산표)를 불러오기 → 저장

처음 조회하거나 수정할 때 표준재무제표에서 항상 불러오기 → 저장해야 하는데, 불러오기를 하지 않으면 재무회계에 수정되어 반영된 금액이 표준재무제표에서 정정되지 않기 때문에 무심코 지나칠 수가 있으므로 주의하여야 한다.

② (간편장부/기준경비율) → (총수입금액 필요경비명세서)

소득구분코드 등 순서대로 모두 읽어주고 재무회계에서 결정한 당기손익과 반영한 금액이 일치하는지 확인하고 저장한다.

③ (간편장부/기준경비율) → (간편장부 소득금액계산서).

- 소득구분 코드등 순서대로 모두 읽어주고 총수입금액 [11. 장부상수입금액 12. 수입금액에서 제외할 금액 13. 수입금액에 가산할 금액 14. 세무조정후 수입금액(11－12＋13)] 확정하고, 필요경비 [15. 장부상 필요경비 16. 필요경비에서 제외할 금액 17. 필요경비에 가산할 금액 18. 세무조정후 필요경비(15－16＋17)] 세무조정하고 19. 차가감소득금액 20. 기부금 한도초과액 21. 기부금이월액 중 필요경비산입액 22. 해당연도소득금액 으로 재무회계에서 마감한 당기손익을 확정한다.
- 간편장부 소득금액계산서에서 세무조정을 반영하기 때문에 재무제표 당기손익 확정시에 세무조정사항, 과태료 외 총수입금액 가산 금액 등 검토해서 진행해야 한다.

④ (소득공제신고서)

직전연도 부양가족 변동 유무를 체크하고, 특별세액공제 국민연금기록은 (주)현근

무지에서 종합소득세신고 안내의 국민연금공제금액을 기록하고, 그 외 해당되는 공제사항을 기록하고 저장한다.

⑤ 종합소득세신고서 → 신고유형(3.간편장부) → 기장의무(2.간편) → 소득구분코드 → 신고유형(20.간편) → 기장의무(2.간편장부) → 회사코드선택(기장회사코드선택) → 소득공제반영 → 이월결손, 원천징수(원천징수의무자 사업자등록번호 소득세만 기록하고 지방소득세는 기록하지 않음) → 기납부세액 중간예납기록 → 중소기업특별세액감면등 검토 후 작성 → 환급인 경우 국세환급금 계좌를 기록한다.

(4) 추계과세대상자(단순경비율, 기준경비율 적용)

매출이 일정규모 이하의 영세사업자 또는 장부를 기장하기 어렵다고 판단되는 사업자는 경비율로 소득금액을 산정하여 종합소득세를 신고한다. 추계신고는 세법에서 정한 경비율로 소득금액을 산정하게 되는데, 단순경비율과 기준경비율의 두가지 방법이 있다. (직전연도 수입금액으로 기장의무의 구분, 업종별 기준수입금액 판단 참조) 아래의 내용을 모두 검토한 후 마감하고 변환에러를 체크하여 신고서를 홈택스에 전송한다. 가상계좌가 기록된 종합소득세 납부서와 지방소득세 납부서를 사업장에 전달한다.

1) 단순경비율

① 단순경비율 적용대상자

소득금액=수입금액−(수입금액×단순경비율)

② 작성방법

- 단일소득 : 단순경비율 적용대상 종합소득세 신고자는 주민등록 주소지로 [별지 제40호 서식] (2019년 귀속) 종합소득세 및 지방소득세의 과세표준 확정신고와 납부계산서에 납부세액이 모두 단순경비율로 계산된 신고서가 통보된다.
- 총수입금액과 소득공제 내역에 변동사항이 없고 환급일 경우에는 환급금 계좌신고를 기록하고, 사인하여 주소지 관할 세무서로 전자신고하거나 우편발송하면 종합소득세신고가 완료된다.
- 소득공제 내역에 변동이 있으면 다시 작성하여 종합소득세 신고서를 전자신고 또는 우편 접수한다.

2) 기준경비율

① 기준경비율 적용대상자

소득금액=수입금액-주요경비(매입비용+임차료+인건비)-(수입금액×기준경비율)

② 기준경비율 작성방법

- 직전연도 총수입금액으로 기장의무를 판단하고 추계소득금액계산서(기준경비율)에서 단순경비율-적용기준(1.일반율, 2.자가율선택), 기획재정부령으로 정한 배율(1.간편장부대상자 (2.6배) 2.복식부기의무자(3.2배) 중에서 선택하여 소득금액을 확정한다.
- 소득공제신고서는 직전연도의 부양가족 변동유무를 확인하고 작성한다.
- (2019년 귀속) 종합소득세·농어촌특별세·지방소득세 과세표준확정신고 및 납부계산서의 신고유형, 기장의무, 신고구분 등을 잘 판단하여 신고서를 작성 후 마감하여 진자신고 또는 우편 접수한다.

  * 개정세법 : (감가상각의제) 추계신고·결정·경정한 경우에는 감가상각의제대상에 추가된다(2018.2.13.이 속하는 과세기간 또는 사업연도 분부터 적용). 추계할 경우 다음 해에 의제로 감가상각 처리한다.

3. 가결산 및 예상세액 산출

(1) 가결산 및 예상세액 분석

개인사업자는 부가가치세신고 마감과 함께 원천징수 신고금액 및 신용카드자료 등을 확인하여 종합소득세 예상액과 경비 지출현황을 분기별로 가결산하여 회사와 상담한다. 결산마감을 12월말 자료로 5월에만 진행하면 수입과 지출 발생시점이 모두 지난 후이기 때문이다. 복식부기의무자는 사업용계좌 등록, 현금영수증 의무가맹, 전자세금계산서 발행을 검토한다.

1) 예시 자료

2019.3.1.에 개업한 신규 사업자의 2019년 종합소득세 예상세액은 다음과 같다.

종합소득세 가결산 활용자료

* 복식부기사업자 : 사업용계좌 사용 철저히 (회사명 : 영진무역) (부가가치세별도)

매 출	1월~6월	360,000,000	총 매출	900,000,000
	7월~12월	540,000,000		
매 입	1월~6월	300,648,700	총 매입	751,621,750
	7월~12월	450,973,050		
인건비	1월~6월	16,120,000	총 인건비	40,300,000
	7월~12월	24,180,000		
신용카드 (일반, 현금영수증, 감가상각비)	1월~6월	22,679,300	신용카드 (일반, 현금영수증, 감가상각비)	56,578,250
	7월~12월	33,898,950		
기초재고+				
고정자산 취득 (매입 자료에서)−				
기말재고−				
세무조정 ±				
총 예상 손익				51,500,000
소득공제				1,500,000
과세표준 24% (누진공제 5,220,000)				50,000,000
산출세액				6,780,000
(수도권·수도권외 소기업 제조업 등 감면) 중소기업특별세액 감면				2,034,000
신규사업자 복식부기로 기장				1,000,000
표준세액공제				70,000
결정세액				3,676,000

※ 고정자산 매입은 매입원가로 반영 안 됨−감가상각비로 계상됨

	종합소득세 과세 표준	세율	누진공제
종합소득세 세율	1천 200만원 이하	6%	−
	1천 200만원 초과~4천 600만원 이하	15%	1,080,000
	4천 600만원 초과~8천 800만원 이하	24%	5,220,000
	8천 8백만원 초과~1억5천만원 이하	35%	14,900,000
	1억5천만원 초과~3억원 이하	38%	19,400,000
	3억원 초과~5억원 이하	40%	25,400,000
	5억원초과	42%	35,400,000

종합소득세	3,676,000
지방소득세	367,600
총 납부할 세액	4,043,600

제출 서류는 다음과 같다.

① 기타 각종 추가 영수증 외
② 건강보험공단이 발급하는 대표자의 지역건강보험료
③ 차입금이자(사업 관련)
④ 핸드폰 요금, 차량보험증권, 신용카드 추가자료
⑤ 매년 5.31. 현재의 주민등록등본(성실신고확인대상 사업자는 6.30. 현재)

2) 주의사항

- 세액산출시 기본소득공제 및 부양가족 공제는 반영해야 한다.
- 소득금액에 따라 건강보험료가 추가로 부과될 수 있다.
- 부가가치율을 반드시 검토한다.
- 사업자는 주소지 관할 세무서에 종합소득세를 신고 및 납부해야 하며, 관할 지방자치단체에 지방소득세를 신고 및 납부해야 한다.
- 종합소득세 예상세액 산출은 사업자 영진무역의 연간 사업내용을 추정한 금액이다.
- ① 개인사업자 회사등록 ② 종합소득세 세무조정 흐름 추정금액으로 마감 결산 후 종합소득세 세무조정을 진행하기 전 종합소득세 예상납부세액과 지방소득세 납부세액을 파악하고 업체와 상담자료로 활용하기 위한 자료지만, 최종 종합소득세 마감시의 납부세액은 예상세액 금액과 차이가 있을 수 있다.
- 종합소득세 예상금액을 분기별로 관리하기 위한 자료이며, 반영된 금액은 추정 금액이다.

(2) 결산분석

본 과정은 법인사업자에게도 동일하게 적용되며, 개인사업자의 각종신고내용에 부합하는 결산분석표를 작성하고 적격증빙수취의무 등 결산분석을 분기별로 진행하고, 자료업무협조가 잘 이루어질 수 있도록 한다.

결산분석 검토표

(20××. 01. 01. ~ 20××. 12. 31.)　상호 :

구 분		20××년	20××년	1기 예정	1기 확정	2기 예정	2기 확정
기장의무구분 / 유형							
과세표준	수입금액				—	—	
	수입금액 제외분						
	면세 및 수입금액 기산						
총수입금액		—	—	—	—	—	—
부가율		0.00%	0.00%	0.00%	0.00%	0.00%	0.00%
주요경비	일반매입				—		
	고정자산 매입				—		
	인건비				—	—	—
	유형자산 처분이익						
	유형자산 처분손실						
	대손상각비						
	감가상각비						
	기타경비						
	합계	—	—	—	—	—	—
소득금액(과세표준)		—	—	—	—		
소득율		0.00%	0.00%				
소득공제							
과세표준			—	—			
세율							
산출세액			—	—			
세액감면				—			
결정세액							
중간예납							
납부세액							
지방소득세			—	—	—		—
세금총계							
* 단순경비율 : %		단순경비율	단순소득율				
(업종코드 :)		0%	0%				

번호	내용분석 및 특이사항
1	
2	
3	
4	
5	

(3) 결산내역

장부를 마무리하는 작업인 결산은 한 해의 사업실적을 객관적으로 평가할 수 있는 자료를 산출하는 과정이며, 기업회계기준에 의하여 작성한 재무제표상의 당기순손익을 기초로 한다. 결산 준비를 위해서는 결산시 준비서류 요청을 해야 한다.

결산마감과 함께 세무조정 자료가 준비되어야 종합소득세 결정세액의 산출이 가능하게 된다.

① 종합소득세 준비자료 안내문의 발송
② 현금, 예금·적금 기말잔액명세서
③ 기말재고명세서
④ 채권·채무 기말잔액명세서
⑤ 부가가치세 신고금액과 합계잔액시산표상 매출액의 일치 여부 확인
⑥ 감가상각명세서 금액의 결정
⑦ 비용항목 중 선급비용명세서 금액 계산
⑧ 합계잔액시산표와 결산부속명세서 잔액 일치여부 확인
⑨ 원천징수신고와 급여 외 계정과목 금액의 일치여부 확인
⑩ 퇴직급여충당금 설정금액 확인
⑪ 감가상각비명세서와 합계잔액시산표의 감가상각 반영금액 일치여부 확인
⑫ 매출원가를 계산하는 회사는 원가명세서 관련 전체 계정과목 금액 확인
⑬ 접대비 계정과목 접대비조정명세서 부인금액 확인
⑭ 비용항목 중 가산세 등 세무조정금액 확인
⑮ 지급이자의 필요경비불산입 검토하기(초과 인출금에 대한 지급이자)
⑯ 비교식 재무제표를 검토하고, 전기재무제표 금액 확인하기
⑰ 대손금과 대손충당금 설정금액 확인
⑱ 계정별원장의 102~999 계정과목코드의 전체 계정과목금액 검토하기
⑲ 재무제표의 재무비율분석 검토하기
⑳ 국세청 홈택스 종합소득세 신고도움서비스 자료 출력하기(종합소득대상자의 일괄자료에서 합산소득지급명세서가 출력되므로 활용)

* 홈택스 안내 내용 : 사업, 연말정산사업, 근로, 연금, 기타소득 지급명세서를 소득유무 표시기준에 상관없이 일괄조회하시려면 클릭하세요.

㉑ 그 외 세무조정리스트 검토하기
㉒ 총괄 결산 입력 내용 검토

회사명	업무진행현황							수거자료등	전달사항	업무용승용차	비고(재무비율)
	부가가치세	원천징수	신용카드	통장	증빙	결산					
	입력	입력	입력	입력	입력	가결산	마감				
㈜	12	12	12	12	12	12					

4. 결산 및 세무조정

(1) 소득의 의의

1) 목적

소득세법은 개인의 소득에 대하여 소득의 성격과 납세자의 부담능력 등에 따라 적정하게 과세함으로써 조세부담의 형평을 도모하고 재정수입의 원활한 조달에 이바지함을 목적으로 한다(소득세법 1조).

2) 소득의 범위

법률에서 과세대상이 되는 소득을 제한적으로 열거하는 방식으로서 우리나라 소득세법은 원칙적으로 열거주의 방식을 채택하고 있다.

3) 소득의 종합과 누진세율

소득세는 원칙적으로 개인에게 귀속되는 모든 소득을 종합하여 그 크기에 따라 점차 높은 누진세율을 적용한다.

종합소득은 소득세법에 따라 과세되는 모든 소득에서 퇴직소득 및 양도소득을 제외한 소득으로 이자소득(종합과세대상), 배당소득(종합과세대상), 사업소득(부동산 임대소득, 사업소득), 근로소득, 연금소득, 기타소득을 합산한 것을 말한다.

4) 분리과세

종합하여 과세하는 소득 중 특정소득에 대하여는 다른 소득과 합산하지 아니하고 기간별 또는 귀속자별로 구분하여 소득을 지급하는 자가 원천징수하는 방법으로 과세한다. 이 때 원천징수를 통하여 납세의무가 완납적으로 종결되는 소득을 분리과세소득이라 한다. 현행 소득세법상 분리과세 이자소득, 분리과세 배당소득, 일용근로자의 급여, 분리과세 연금소득, 분리과세 기타소득이 분리과세소득에 해당된다.

(2) 종합소득세 세무조정 안내리스트

1) 결산마감

개인 결산마감은 법인 결산마감과 동일한 순서로 진행한다.

개인사업자는 회사등록에서 업종별코드를 세무서통보 업종별코드와 일치하는지 확인한 후 수입금액으로 '사업장 업종별 기준금액'을 검토한다.

국세청홈택스 → 기타조회 → 기준(단순)경비율 조회 가능

종합소득세 신고도움 서비스를 반드시 조회한다.

국세청홈택스 → 세무대리인 → 종합소득세 신고도움 서비스

- 종합소득대상자의 일괄자료에서 합산소득 지급명세서가 출력되므로 이를 활용한다.
- 계정별원장에서 102－999 계정과목코드를 조회하여 계정과목 금액을 검토한다.
- 재무제표에서 부채비율 및 자본금 감소 여부 등을 확인한다(금융자료 제출 및 신용평가자료 요청 때문에 파악해야 함).
- 원천징수이행상황신고서에 해당 연도 회사의 성격에 따라 일반관리비 급여, 제조급여, 건설급여를 나누어서 입력한다.
- 건물, 사무실 집기, 차량운반구, 기계장치 등 자산의 감가상각비를 제조경비(건설경비)와 일반관리비로 구분하여 입력한다(입력 후엔 합계잔액시산표를 띄워놓고 감가상각비명세서와 각 자산계정 및 감가상각누계액 반영금액을 반드시 확인해야 함).
- 중소기업특별세액감면을 받는 회사는 반드시 감가상각비를 결산에 반영한다(세액감면대상 금액과 당기 감가상각비 계상금액을 비교하여 장부상 반영 검토).
- 소득공제신고서 작성시 부양가족의 해당 연도 소득발생 유무를 꼭 확인한다.

2) 개인 세무조정 안내

업무처리방법에 의해 신고서식을 작성하고, 모든 서식은 관리회사의 세무조정사항 해당시 반영하면 되나, 단독으로 처리되는 계정은 미리 작성할 수 있다.

- 개인 세무조정흐름 → 표준재무제표 외 → 총수입금액조정명세서 → 소득금액 조정

합계표 → 소득공제신고서 → 종합소득세 과세표준 확정신고서와 과목별 세무조정 및 신고 부속서류 외(전산조직운용명세서, 조정반지정신청서)

- 마감 후에 재무회계에서 당기순이익이 변경되면 개인조정에서 꼭 표준재무상태표 등 새로불러오기 후 저장한다.

① 직전연도 손익계산서, 재무상태표, 제조원가명세서

직전연도 손익계산서, 재무상태표, 제조원가명세서를 당해 연도의 재무제표와 비교해야 하며, 신규사업자는 비교재무제표가 없으므로 출력시 당기분을 선택해서 출력한다(직전연도와 통신비, 이자비용, 대표자 4대보험료 등을 해당 계정과목과 비교하여 누락없이 반영).

국세청홈택스 ⟶ 세무대리인 ⟶ 4대보험료 조회

- 직전연도 소득율을 검토하고 소득금액을 확정한다. 실제 결손 발생시엔 적격증빙 판단하며 사업자가 금융거래차입금 등을 이용하는지 확인해야 한다.
- K유형은 소득율을 적정하게 검토한다.
- 손익계산서에서 기능모음 전표를 추가하여 손익계정으로 대체한다.

② 계정별 계정과목 잔액 정리 및 작성

외상매출금, 외상매입금 잔액을 정리하고 예수금, 은행차입금 등의 자산, 부채 계정별 계정과목의 12월말 잔액을 작성한다.

③ 현금출납장

현금시재를 정리한 후 현금출납장(1.1.~12.31.)을 조회해서 현금출납장에 마이너스 잔액 있는지 확인한다. 이자비용을 이자율 원장에 기록한다.

현금시재는 다음과 같이 정리한다.

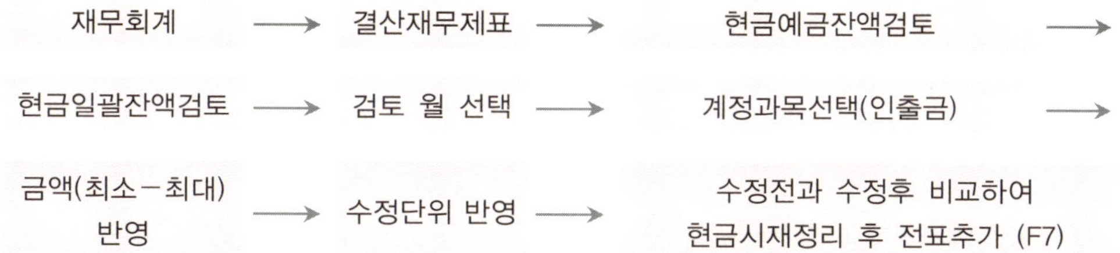

현금시재 정리후 현금출납장에서 기간을 반영하고 현금시재 잔액을 확인한다. 현금시재 정리 후 인출금 잔액을 '0'으로 계산하여 인출금 계정과목 잔액을 자본금과 대체분개

한다.

④ 총수입금액 조정명세서(국고보조금, 판매장려금, 보상금 등 발생유무 확인)

- 세무서 통보 수입금액이 장부상 일치하는지 꼭 확인한다,
- 조정 후 총수입금액 명세서 : 부가가치세 과세표준과 총수입금액을 비교하여 차액이 발생하면 간주임대료 등이 포함되어 있는지 확인한다.

⑤ 부동산(주택 제외) 임대보증금 등의 총수입금액 조정명세서(1)(2)(3)

사업자가 부동산을 임대하면 임대보증금에 대한 간주임대료는 기업회계상 매출 또는 익금에 해당되지 않으므로 간주임대료수입에서 건축비 상당액 또는 임대보증금에서 발생된 수입이자 또는 배당금을 제외하고 총수입금액을 계산하여 반영한다(임대보증금 등 적수계산 및 건설비 상당액의 계산을 하면 됨).

⑥ 접대비조정명세서(1)(2)

복수 기장 사업장의 기본한도액 재계산에 총수입금액을 사업장별로 표기하여 접대비 한도 초과여부를 반영한다.

* 참고 : 개인사업자의 복수기장 사업장의 접대비 한도액 계산

- 복수사업장의 기준한도 재계산－2개 이상의 사업장이 있는 경우(추계결정 및 공동사업장 제외) 접대비 한도액 계산시 1,200만원(중소기업은 2,400만원)은 1인 사업자가 적용받는 금액으로서 전체 사업장의 수입금액에서 당해 사업장의 수입금액이 차지하는 비율로 사업장별로 안분계산하여야 한다(소득세법 시행령 85조 1항).
- 개인조정 → 과목별세무조정 → 접대비조정명세서(1,2) → 2.접대비조정(2) → F4 복수사업장 재계산 → 당해 사업장을 제외한 타 사업장의 총수입금액의 합계(수입금액 기록하면 ④번 수입금액 한도금액이 변동됨)

⑦ 업무용승용차 관련비용 명세서

복식부기의무자에 해당하는 사업자는 세무조정에 적용 반영한다(2017.1.1. 시행).

⑧ 조세특례제한법상 세액공제 및 세액감면 해당 사업자는 세무조정 반영

중소기업에 대한 특별세액감면 신청시 소득구분계산서를 작성한다.

⑨ 지급이자조정명세서(1)(2)

- 개인의 경우 건설자금이자, 가사 관련 지급이자, 초과인출금 지급이자 필요경비 불

산입 제도가 있다.

- 차입금 적수가 사업용 자산가액의 적수를 초과하는 경우 그 차액은 가사 관련 초과 인출금으로 관련 차입금 지급이자는 필요경비 불산입하고 기타사외유출 처분한다.
- 자본금이 마이너스인 경우에 차입금과 이자비용의 장부상 금액을 확인한다.

> • 초과인출금 = 부채의 합계액 − 사업용 자산의 합계액
>
> • 초과인출금에 대한 지급이자 = 지급이자 × $\frac{\text{해당 과세기간 중 초과인출금의 적수}}{\text{해당 과세기간 중 차입금의 적수}}$

⑩ 기부금명세서 및 조정명세서(필요경비)

- 사업소득자 기부금은 장부에 반영한다(추계사업자는 기부금 필요경비 인정을 받을 수 없다).
- 근로소득이 있는 사업자의 경우 기부금은 연말정산시 세액공제가 가능하다.

⑪ 소득금액조정합계표 및 명세서

잡손실 계정과목의 과태료, 벌금, 가산금 등은 손금불산입하여 세무조정에 반영한다.

⑫ 유보소득조정명세서

세무조정시 소득처분 사항에서 유보처분된 금액을 작성・관리하며, 유보의 증가는 유보의 감소로 반영되어야 유보가 소멸된다.

⑬ 조정계산서

- 기부금한도초과액, 기부금이월액 중 필요경비산입액을 적용 반영한다.
- 타 세무대리인의 세무조정계산서가 있을 때는 타 세무대리인을 등록해야 한다.

⑭ 소득구분계산서

⑮ 공동사업자 소득분배명세서

⑯ 간편장부대상자, 기준경비율대상자

- 총수입금액 및 필요경비 명세서
- 간편장부 소득금액 계산서
- 주요경비 지출명세서(기준경비율)

• 추계소득금액 계산서(기준경비율)

⑰ 기장세액공제신청서

⑱ 세액공제신청서

⑲ 세액감면신청서

⑳ 연구및인력개발비발생명세서

㉑ 감면세액조정명세서

㉒ 유형고정자산 감가상각비조정명세서

㉓ 감가상각비조정명세서합계표

㉔ 대손충당금 및 대손금조정명세서

㉕ 퇴직급여충당금조정명세서

㉖ 퇴직연금부담금조정명세서

㉗ 재고자산평가조정명세서

㉘ 영수증수취명세서

㉙ 전산조직운용명세서

㉚ 중소기업기준검토표

㉛ 제세공과금조정명세서

㉜ 선급비용조정명세서

㉝ 조정반지정신청서

㉞ 최저한세조정명세서

㉟ 영업외수익의 이자수익 계정과목 금액 확인

개인은 금융소득종합과세에 합산하기 때문에 세무조정에서 총수입금액불산입해야 한다.

㊱ 마감 후에 재무회계에서 당기순이익 변경 후 개인조정에서 꼭 표준재무상태표 등 새로 불러오기 저장

㊲ 연금계좌세액공제 작성

㊳ 근로소득세액공제 재계산

근로소득세액공제는 종합소득세 신고서 작성시 근로소득과 합산할 때 재계산한다.

㊴ 기장세액공제신청서 작성

간편장부대상자가 복식부기에 따라 재무상태표, 손익계산서, 합계잔액 시산표 및 조정계산서로 제출한 경우 기장소득에 대한 산출세액의 20%(100만원 한도)를 세액공제하므로 기장세액공제신청서 대상 여부를 판단하여 작성한다.

㊵ 소득 · 세액공제신고서 작성

신고일(5.31.) 현재 주민등록상의 주소지를 확인한다.

- 주민등록등본을 요청하여 작성하고 주소 이전시 회사등록에서도 수정한다.
- 부양가족 인적사항을 정확히 기록하고, 타사업장 소득 합산시 근로소득원천영수증을 요청하여 소득공제 · 세액공제 등 연말정산시 반영했던 금액으로 정확히 기록해주어야 한다. 세무대리 수임업체는 근로소득 원천영수증을 국세청 홈택스에서 조회가 가능하다.

㊶ 종합소득세 과세표준 확정신고 및 납부계산서

신고유형, 기장의무 선택이 매우 중요하므로 정확히 기록하고, 11 : 비영업이자(금융소득), 21 : 배당 가산하는 배당, 30 : 부동산소득, 40 : 사업소득, 51 : 근로소득, 60 : 기타소득, 66 : 연금소득을 정확히 선택하고 이월결손금 공제 해당 금액을 적용하고, 소득공제명세서 불러오기 후 세액감면명세서 · 세액공제명세서 등을 반영하여 작성 · 완료 · 마감한다.

㊷ 세무조정계산서 표지 외 선택 후

세무조정 계산서 일괄출력 및 결산 부속서류 일괄 출력 탭에서 해당서식 선택 후 일괄 출력한다.

㊸ 종합소득세 납부서와 개인지방소득세 납부서 전달

개인지방소득세 신고납부기간은 종합소득세 신고납부기간이며 종합소득세 납부서와 개인지방소득세 납부서가 같이 사업장에 전달되어야 한다.

㊹ 성실신고확인사업자

성실신고확인사업자로서 선임신고서를 접수한 사업자의 경우에는 종합소득세 신고시 성실신고확인서와 함께 종합소득세 신고서를 마감하며, 교육비 및 의료비 세액공제대상 사업자는 농어촌특별세를 납부해야 한다.

㊺ 국세청 변환에러 체크

마감 후 종합소득세 납부서를 전달하기 전 국세청 변환에러 체크하고, 신고서 전송 후 가상계좌가 기록된 납부서를 사업장에 전달한다.

종합소득세 확정신고서에 분할납부금액을 기재하고, 납부기한 경과 후 2개월 이내에 분할납부한다.

- 1천만원 초과 2천만원 이하 : 1천만원 초과금액
- 2천만원 초과 : 납부세액 50% 이하의 금액

5. 종합소득세 세무조정 회계프로그램 입력

(1) 기초자료 제시

이하에서는 종합소득세 세무조정을 회계프로그램에 직접 입력해 보면서 쉽게 따라할 수 있도록 정리했다. 실무에서의 재무회계 결산, 세무조정 및 조정계산서 작성, 세무조정사항 입력, 계정마감 및 재무제표 작성, 종합소득세 신고서 및 부속서류 작성은 때에 따라 동시에 또는 임의로 진행되기 때문에 편의상 정해 놓은 아래의 순서를 반드시 따를 필요는 없다.

모든 서식을 작성할 때에 불러오기와 저장은 필수적인 과정이며, 수정사항이 있을 경우 반드시 확인 후 저장한다. 목록에 따라 세무조정에 반영해야 하는 서식은 누락 없이 작성한다.

당기분 자료를 입력하기에 앞서 영진무역 재무제표의 5)결산부속명세서 다음에 작성된, 6)종합소득세 산출 분개장을 보고 전표입력을 한다. 전표입력 후 합계잔액시산표에 차변 대변 차액이 뜨는지 검토하고, 집합손익계정으로 대체전의 합계잔액시산표를 맞추어 놓고 세무조정 준비를 한다.

1) 방법 및 내용 안내

회계프로그램 종합소득세 메뉴 목록으로 세무조정을 참고하여 작성하면 전체적인 흐름을 알 수 있으며, 반영서식은 진하게 처리했다.

아래는 손익 대체전의 합계잔액시산표 작성을 완료한 후 종합소득세 메뉴 목록에 대한 부분을 정리하였다.

회계프로그램 종합소득세 목록

상위 목록	중위 목록	하위 목록
회계→재무회계	전표관리	• 일반전표입력
	결산장부	• 영수증수취명세서
	결산재무제표	• **결산자료입력** • **합계잔액시산표** • **재무상태표** • **손익계산서** • **제조원가명세서** • 결산부속명세서 • 현금예금잔액검토
개인조정→기초입력	표준재무제표	• **표준재무상태표** • **표준손익계산서** • **표준원가명세서** • **표준합계잔액시산표**
	수입금액조정	• **총수입금액조정명세서** • **조정후 수입금액명세서** • 부동산 임대수입금액(1,2,3)
개인조정→소득금액계산	소득 및 과세표준계산 I	• **소득금액조정합계표 및 명세서** • 유보소득조정명세서 • **조정계산서**

상위 목록	중위 목록	하위 목록
	소득 및 과세표준계산 II	• 소득구분계산서 • 기부금명세서및조정(필요경비) • 공동사업자 소득분배명세서
	감가상각비 조정	• **미상각분 감가상각조정명세** • **감가상각비조정명세서합계표**
	과목별 세무조정 I	• **접대비조정명세서(1,2)** • 지급이자조정명세서 • 제세공과금조정명세서 • 선급비용명세서
	업무용승용차관련 비용 조정	• 고정자산등록 • 업무용 승용차 등록 • 업무용 승용차관련 비용명세서 • 미상각분 감가상각 조정명세 • 양도자산 감가상각 조정명세
개인조정→세액계산 및 신고	종합소득세신고서	• **종합소득세신고서** • **소득공제신고서** • **최저한세조정명세서** • 확정신고납부서
	조특법서식	• **세액감면신청서** • **세액공제신청서**
	간편/기준경비율	• **기장세액공제신청서**
개인조정→전자신고/출력/백업	전자/전산매체신고	• 전자신고

- 개인사업자의 반영 서식에 따라 순서는 달라질 수 있고, 종합소득세 납부세액 관련 서식만 작성한다(성실신고확인대상 사업자에 대한 성실신고확인은 다루지 않음).
- 결산부속명세서 작성대상이 되는 자산, 부채, 자본 계정 잔액은 세무조정 시작 전에 합계잔액시산표 잔액과 결산부속명세서 잔액금액을 일치시켜 결산부속명세서를 작성한다.
- 모든 서식의 세무조정사항 반영금액은 장부상 재무제표 금액과 확인 후 **불러오기, 저장**한다.
- 매출원가 결산 대체전표를 수기입력할 때는 결차 결대로 대체전표 입력한다.
- 신규회사이기 때문에 전기이월 자료는 없고, 당기분 재무제표만 완성된다.

2) 입력자료 안내

자료1

참고번호	안 내
(차) 감가상각비 2,500,000 (대) 차량운반구감가상각누계액 2,500,000 장부상 반영함. 세무조정사항을 체크하여 벌칙금 등 120,000원은 소득금액합계표에 세무조정 반영함. 제세공과금 조정명세서 작성 안함(필요경비불산입 세무조정 없음).	
①	회계기간(3월－12월) 반영후, 결산자료 입력 기말재고금액 반영 후(제품매출원가455 원가경비(500번대)－원가설정(455 사용여부 여) 제조원가 796,054,305원과 당기순이익 51,380,000원 확인 후 전표추가(F3)한다.
②	제조원가명세서(참고 : 인쇄시 당기분만 인쇄) • 제조원가 796,054,305원을 확인한다. ([과목별] → [제출용] → [표준용] 읽기)
③	손익계산서(참고 : 인쇄시 당기분만 인쇄) • 당기순이익 51,380,000원을 확인한다. ([과목별] → [제출용] → [표준용] 읽기) F5 전표추가 손익계정 대체한다.
④	재무상태표(참고 : 인쇄시 당기분만 인쇄) • 당기순이익 51,380,000원을 확인한다. ([과목별] → [제출용] → [표준용] 읽기)
⑤	합계잔액시산표 • 손익계정 대체분개를 확인한다. ([과목별] → [제출용] → [표준용] 읽기)
⑥	표준합계잔액시산표 • 개인세무조정시 재무제표 변경할 때는 항상 새로불러오기, 저장한다. • 전체적인 내용을 검토한다(당기순손익 51,380,000원 확인).
⑦	표준원가명세서 • 개인세무조정시 재무제표 변경할 때는 항상 새로불러오기, 저장한다. • 내용 중 기타 계정의 금액과 전체적인 내용 검토한다(제조원가금액 796,054,305원 확인).
⑧	표준손익계산서 • 개인세무조정시 재무제표 변경할 때는 항상 새로불러오기, 저장한다. • 내용 중 기타 계정의 금액과 전체적인 내용을 검토한다(당기순이익 51,380,000원 확인)
⑨	표준대차대조표 • 개인세무조정시 재무제표 변경할 때는 항상 새로불러오기, 저장한다. • 전체적인 내용을 검토한다(당기순손익 51,380,000원 확인).

참고 번호	안 내
⑩	총수입금액조정명세서 • 장부상 매출금액을 조회하여 저장한다.
⑪	조정 후 총수입금액명세서 • 총수입금액 불러오기하여 부가가치세 과세신고금액 일치 여부 확인 후 차액 검토하여 저장한다(국고보조금, 판매장려금, 보상금등 발생유무 확인).
⑫	접대비명세서(1,2)(1) • 접대비 신용카드 사용금액 및 미사용금액을 확인하여 세무조정 반영하고, 장부상 금액을 검토한다(9,459,230원은 신용카드 사용 "여"로 입력함).
⑬	접대비명세서(1,2)(2) (복수사업장은 타사업장의 수입금액으로 접대비 한도금액이 재계산됨) • 수입금액과 서식④ 중소기업 여부를 확인하고 접대비 금액을 검토한다. • 복수사업장 재계산(F7)에 당해 사업장을 제외한 타사업장의 총수입금액 합계를 기록한다.
⑭	미상각분 감가상각조정명세서(고정자산등록) • 장부상 감가상각비 금액 및 회사계상상각액, 세무조정금액을 검토한다. • 합계잔액시산표에 감가상각누계액을 검토한다.
⑮	감가상각비조정명세서합계표
⑯	소득금액조정합계표 및 명세서
⑰	조정계산서(세무대리인을 등록하며, 복수사업장은 타세무대리인을 등록한다.) • 세무조정사항 반영 후 기부금한도초과액을 검토하고 기부금명세서 및 조정명세서 서식을 작성한다.
⑱	소득공제신고서 • 주민등록등본상 5.31. 현재 주소지를 확인하고, 부양가족을 등록하며 연금 등 특별세액공제명세서를 작성한다. 지방소득세는 5.31. 주소지 관할 자치단체에 신고납부한다.
⑲	종합소득세신고서(소득금액) • 신고유형은 직전연도 수입금액으로 판단하며(사업장 업종별 기준금액 참고) 대리구분 선택한다. 기장의무는 직전연도 수입금액(사업장 업종별 기준금액 참고)으로 판단하고, 신규사업자는 간편장부대상자에 해당이고(전문직사업자는 복식부기의무자에 해당) 외부조정대상자는 조정반지정신청서를 첨부한다. 종합소득세신고 통보안내문에 총수입금액, 주업종코드와 신고안내자료 및 타소득 검토 후 신고서를 마감한다.

참고 번호	안 내
⑳	종합소득세신고서(결손공제및준비금) • 이월결손금 확인 후 부동산소득30, 사업소득40에 반영, 검토하여 작성한다. • 부동산 임대소득 이월결손금은 부동산 임대소득에서만 공제적용된다.
㉑	종합소득세신고서(소득공제등) • 소득공제신고서에서 불러오기하고 인적사항, 소득공제, 특별공제, 반영을 검토한다. 근로소득합산소득자는 연말정산에 반영한 공제내역을 누락없이 반영한다.
㉒	종합소득세신고서(종합소득세액계산) • 산출세액을 확정하고, 세액공제, 세액감면 검토하고 기납부세액명세서를 작성한다.
㉓	기장세액공제신청서 • 간편장부대상자가 복식부기에 따라 기장하여 소득금액을 계산하고 재무제표 조정계산서 등(소득세법 근거서류 제출)을 신고한 경우 기장세액공제를 신청한다.
㉔-1 ㉔-2	감면세액조정명세서 및 세액감면신청서 • 중소기업특별세액감면 지역구분(수도권, 수도권 외), 업종구분(도·소매, 의료업, 그 외 해당업종), 중기업, 소기업 규모기준을 판단하여 세액감면을 적용한다. 제조업 : 수도권 소기업 20%, 제조업 : 수도권 외 소기업 30% • 소득구분계산서를 작성한다. 제조업 등 소득(감면대상 소득)과 기타소득(과세소득)이 함께 있는 경우
㉕	종합소득세신고서(종합소득세액계산) • 세액공제, 세액감면 해당금액을 반영하고 저장한다.
㉖	최저한세조정명세서 • 최저한세 해당금액에 감면세액으로 반영하고 최저한세 초과금액을 검토하여 조정감 적용한다.
㉗	유보소득조정명세서 • 세무조정사항의 소득처분 유형으로 유보(또는 △유보)는 기업회계와 세무회계 일시적 차이를 나타낸다. 소득금액조정합계표의 유보사항이다. • 유보는 증가하면 다음 회계연도 이후에 감소사유 발생시에 꼭 소득처분을 해주어야 유보가 사라진다. * 주의 : 마감시 사업자 주소 변동 체크 필요(지방소득세 신고 후 납부서와 같이 전달함) (5.31. 대표자 주소지 지방소득세 신고납부함. 서울지역 및 경기지역 오류시 가산세 대상임)

* 국세청 전송 전 오류가 프로그램에서 체크 안되는 부분이 발생되므로 고지서 전달 전 반드시 변환에러 체크한다.

(2) 입력

① 결산자료입력

결산자료입력에서 제품매출원가455 원가경비(500번대) 원가설정(455 사용여부 여) 선택한 다음 기말재고금액 반영 후 당기순이익 51,380,000원, 제조원가 796,054,305원을 확인 후 전표추가(F3) 한다.

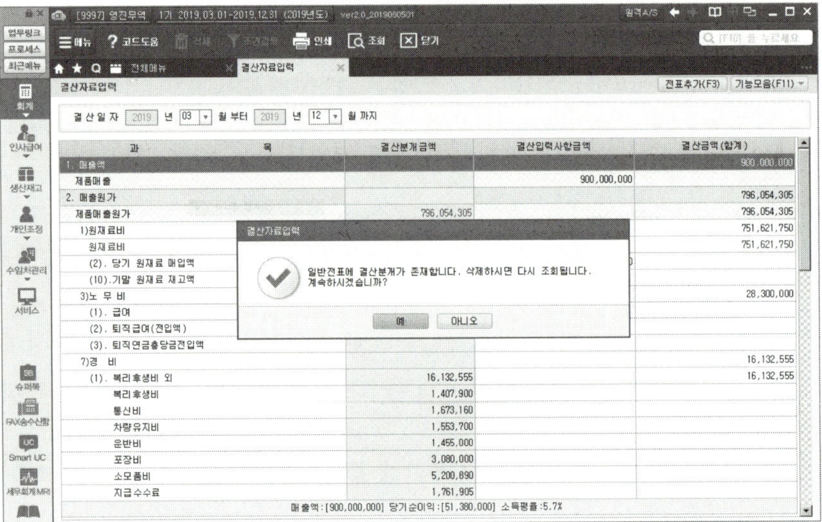

② 제조원가명세서

- 제조원가 796,054,305원 확인한다. [과목별]－[제출용]－[표준용]순으로 읽는다.
- 신규사업자는 당기분만 인쇄한다.

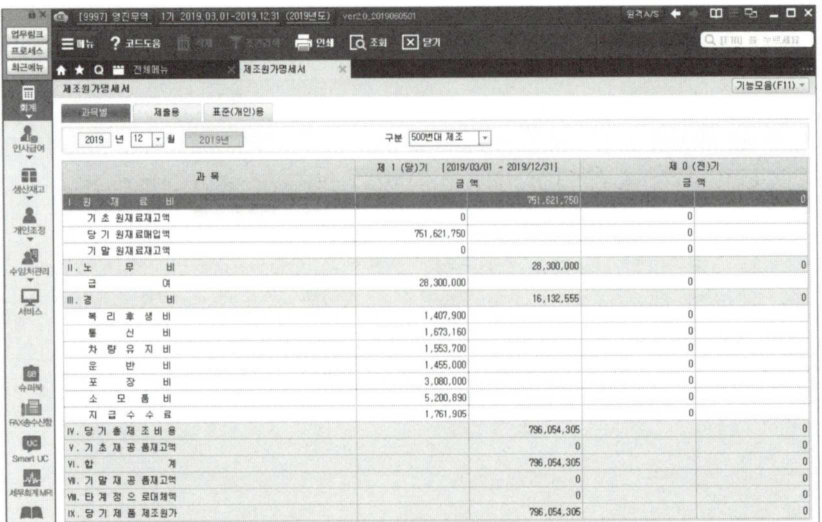

③ 손익계산서

- 당기순이익 51,380,000원 확인한다. [과목별]－[제출용]－[표준용]순으로 읽는다.
- 기능모음에서 추가 손익계정 대체한다.
- 신규사업자는 당기분만 인쇄한다.

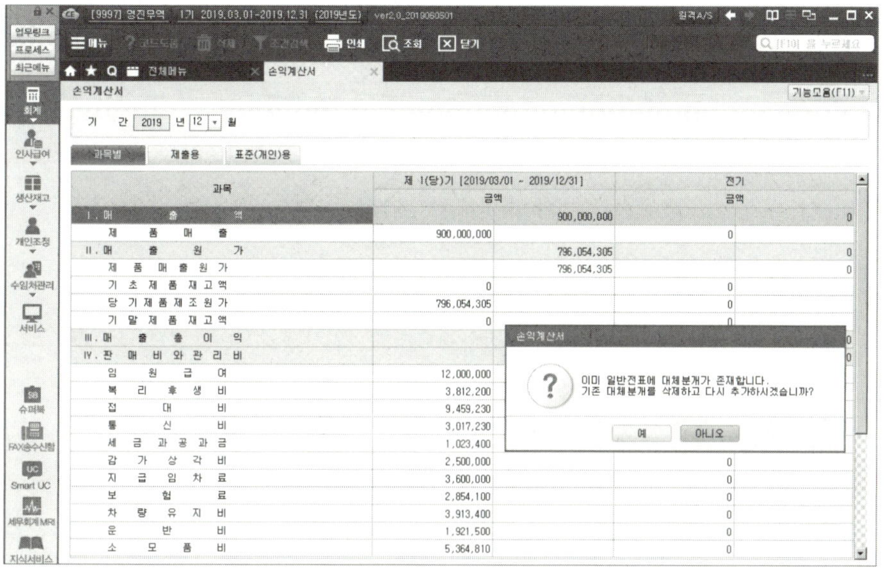

과목	제 1(당)기 [2019/03/01 ~ 2019/12/31] 금액		전기 금액	
Ⅰ. 매 출 액		900,000,000		0
제 품 매 출	900,000,000		0	
Ⅱ. 매 출 원 가		796,054,305		0
제 품 매 출 원 가		796,054,305		0
기 초 제 품 재 고 액	0		0	
당 기 제 품 제 조 원 가	796,054,305		0	
기 말 제 품 재 고 액	0		0	
Ⅲ. 매 출 총 이 익				0
Ⅳ. 판 매 비 와 관 리 비				0
임 원 급 여	12,000,000			
복 리 후 생 비	3,812,200			
접 대 비	9,459,230			
통 신 비	3,017,230			
세 금 과 공 과 금	1,023,400			
감 가 상 각 비	2,500,000		0	
지 급 임 차 료	3,600,000		0	
보 험 료	2,854,100		0	
차 량 유 지 비	3,913,400		0	
운 반 비	1,921,500		0	
소 모 품 비	5,364,810		0	

④ 재무상태표

- 당기순이익 51,380,000 확인한다. [과목별]－[제출용]－[표준용]순으로 읽는다.
- 신규사업자는 당기분만 인쇄한다.

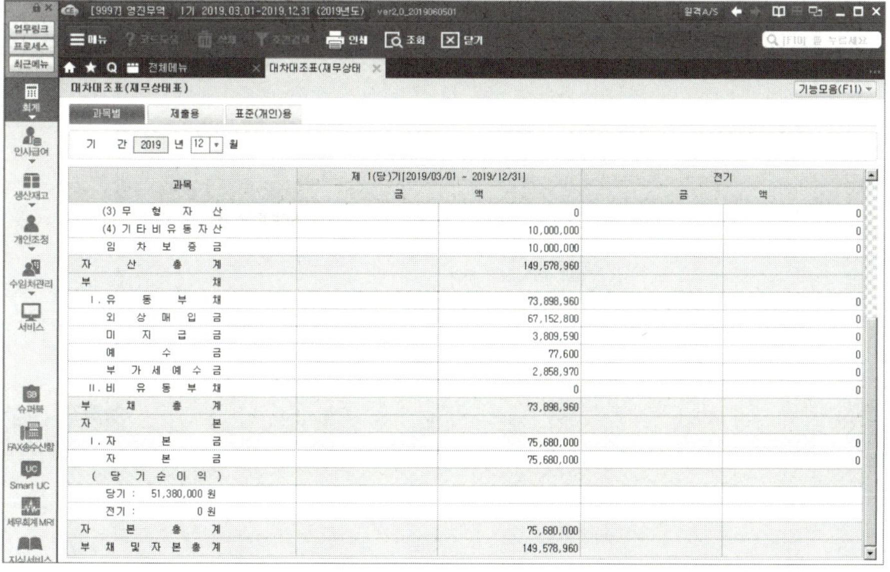

과목	제 1(당)기[2019/03/01 ~ 2019/12/31] 금	액	전기 금	액
(3) 무 형 자 산		0		0
(4) 기 타 비 유 동 자 산		10,000,000		0
임 차 보 증 금		10,000,000		0
자 산 총 계		149,578,960		
부 채				
Ⅰ. 유 동 부 채		73,898,960		0
외 상 매 입 금		67,152,800		0
미 지 급 금		3,809,590		0
예 수 금		77,600		0
부 가 세 예 수 금		2,858,970		0
Ⅱ. 비 유 동 부 채		0		0
부 채 총 계		73,898,960		
자 본				
Ⅰ. 자 본 금		75,680,000		0
자 본 금		75,680,000		0
(당 기 순 이 익)				
당기 : 51,380,000 원				
전기 : 0 원				
자 본 총 계		75,680,000		
부 채 및 자 본 총 계		149,578,960		

⑤ 합계잔액시산표

손익계산서에서 기능모음 → 추가하여 손익계정에 대체분개 완료된 합계잔액시산표이며, [과목별] - [제출용] - [표준용]순으로 읽는다.

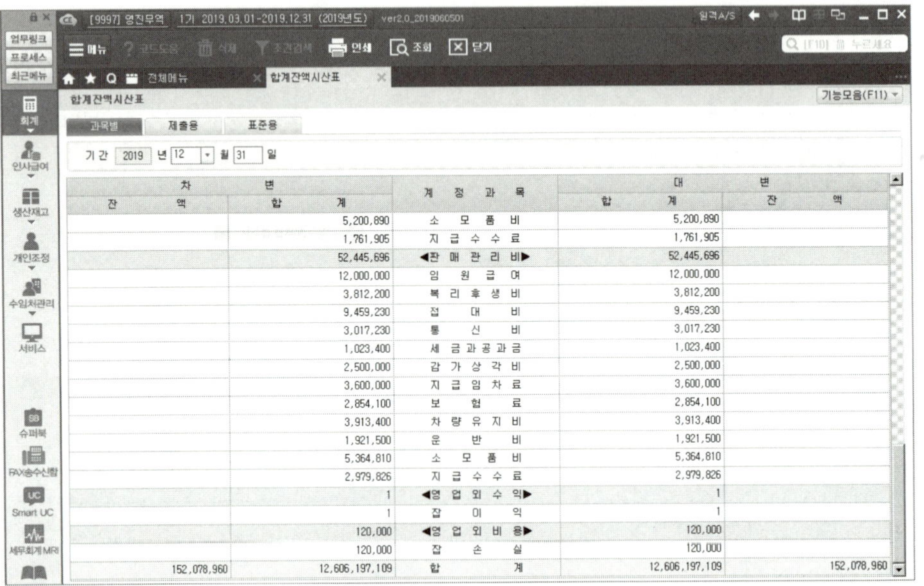

차변 잔액	차변 합계	계정과목	대변 합계	대변 잔액
	5,200,890	소모품비	5,200,890	
	1,761,905	지급수수료	1,761,905	
	52,445,696	◀판매관리비▶	52,445,696	
	12,000,000	임원급여	12,000,000	
	3,812,200	복리후생비	3,812,200	
	9,459,230	접대비	9,459,230	
	3,017,230	통신비	3,017,230	
	1,023,400	세금과공과금	1,023,400	
	2,500,000	감가상각비	2,500,000	
	3,600,000	지급임차료	3,600,000	
	2,854,100	보험료	2,854,100	
	3,913,400	차량유지비	3,913,400	
	1,921,500	운반비	1,921,500	
	5,364,810	소모품비	5,364,810	
	2,979,826	지급수수료	2,979,826	
	1	◀영업외수익▶	1	
	1	잡이익	1	
	120,000	◀영업외비용▶	120,000	
	120,000	잡손실	120,000	
152,078,960	12,606,197,109	합계	12,606,197,109	152,078,960

⑥ 표준합계잔액시산표

- 개인세무조정시 재무제표 변경할 때는 항상 새로불러오기하여 저장한다.
- 전체적인 내용을 검토한다(당기순손익 51,380,000원).

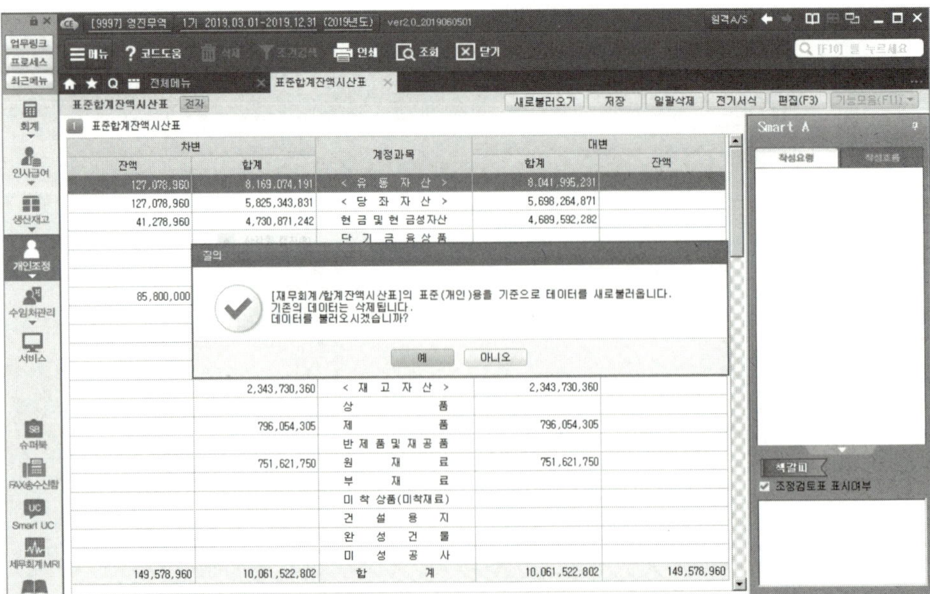

차변 잔액	차변 합계	계정과목	대변 합계	대변 잔액
127,078,960	8,169,074,191	< 유 동 자 산 >	8,041,995,231	
127,078,960	5,825,343,831	< 당 좌 자 산 >	5,698,264,871	
41,278,960	4,730,871,242	현금 및 현금성자산	4,689,592,282	
		단 기 금 융 상 품		
85,800,000				
	2,343,730,360	< 재 고 자 산 >	2,343,730,360	
		상품		
	796,054,305	제품	796,054,305	
		반제품 및 재공품		
	751,621,750	원재료	751,621,750	
		부재료		
		미착상품(미착재료)		
		건설용지		
		완성건물		
		미성공사		
149,578,960	10,061,522,802	합계	10,061,522,802	149,578,960

⑦ 표준원가명세서

• 개인세무조정시 재무제표 변경할 때는 항상 새로불러오기하여 저장한다.

• 제조원가 금액 796,054,305원 확인 후, 기타계정의 금액과 전체적인 내용을 검토한다.

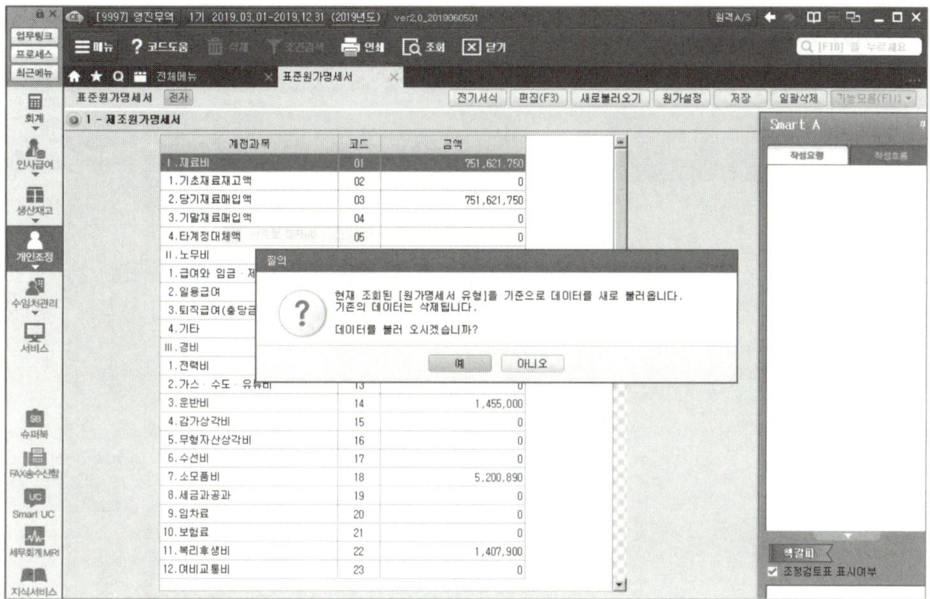

⑧ 표준손익계산서

• 개인세무조정시 재무제표 변경할 때는 항상 새로불러오기하여 저장한다.

• 당기순이익 51,380,000원 확인 후, 기타계정의 금액과 전체적인 내용을 검토한다.

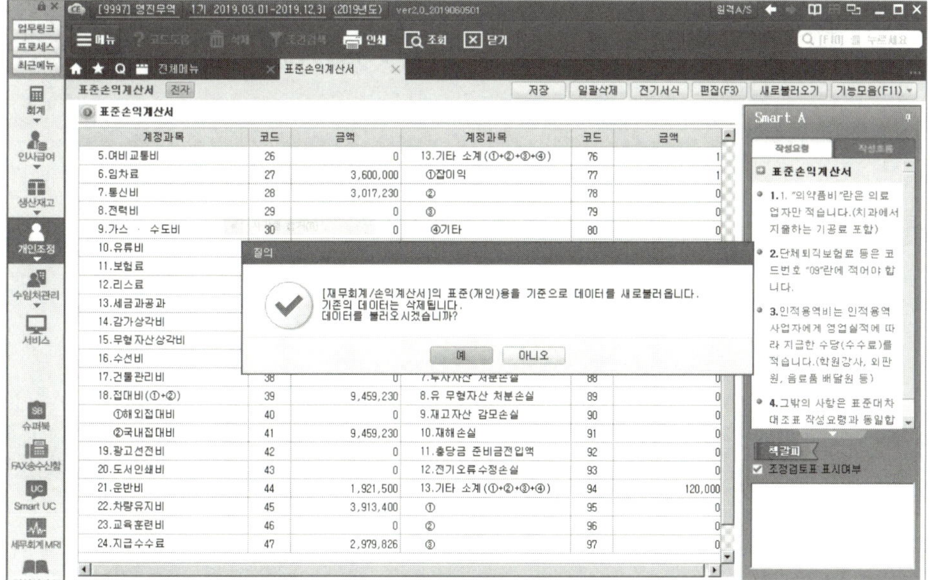

⑨ 표준대차대조표

- 개인세무조정시 재무제표 변경할 때는 항상 새로불러오기하여 저장한다.
- 당기순이익 51,380,000원과 전체적인 내용을 검토한다.

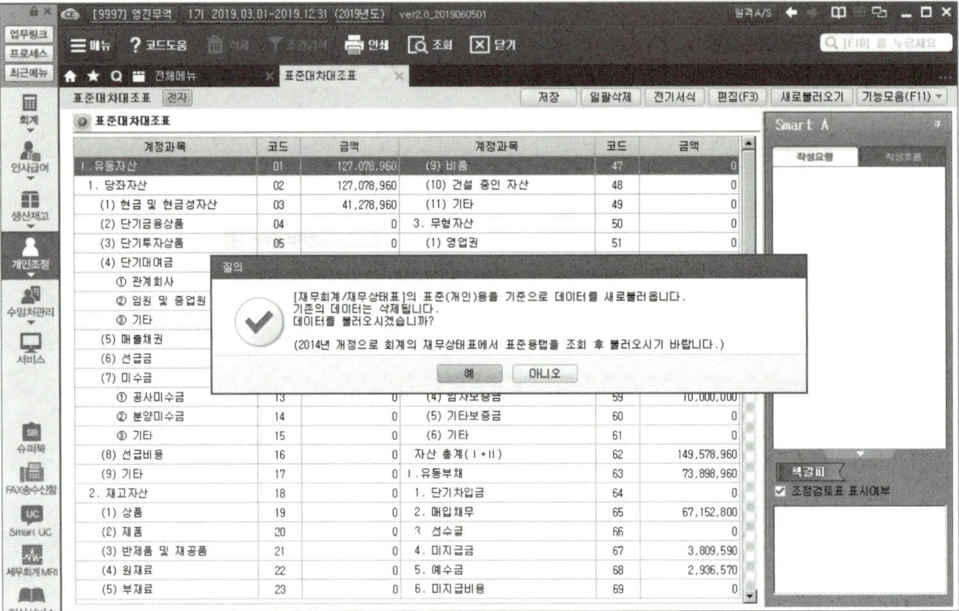

⑩ 총수입금액조정명세서

장부상 매출금액을 조회하여 저장한다.

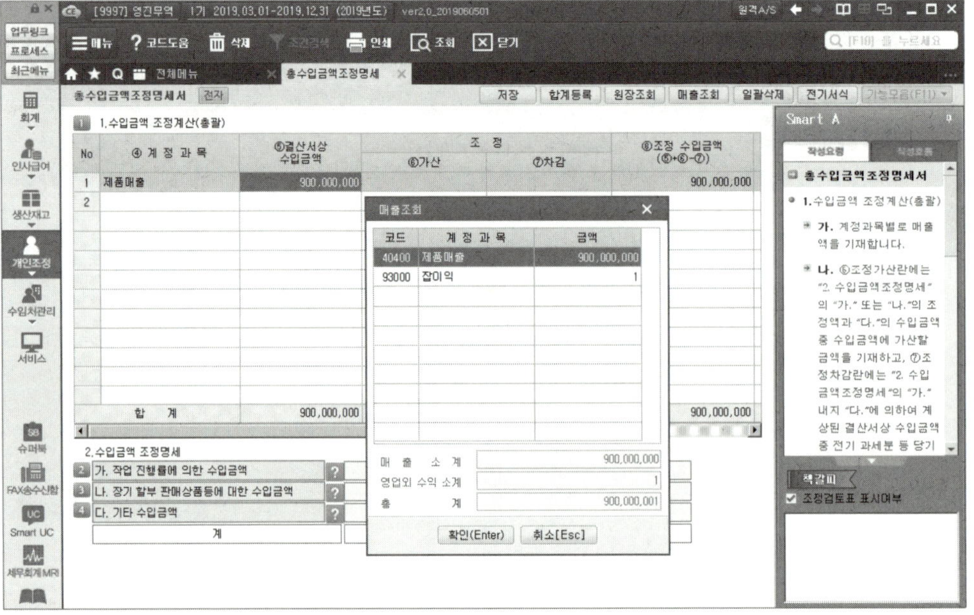

⑪ 조정후총수입금액명세서

- 총수입금액 불러오기하여 부가가치세 신고금액과 일치 여부 확인 후 차액을 검토한 후 저장한다(국고보조금, 판매장려금, 보상금 등 발생 유무 확인).
- 부가가치세신고서를 마감하지 않았기 때문에 매출은 과세매출에 해당되므로 조정후수입금액명세서는 직접 입력하여 저장한다.

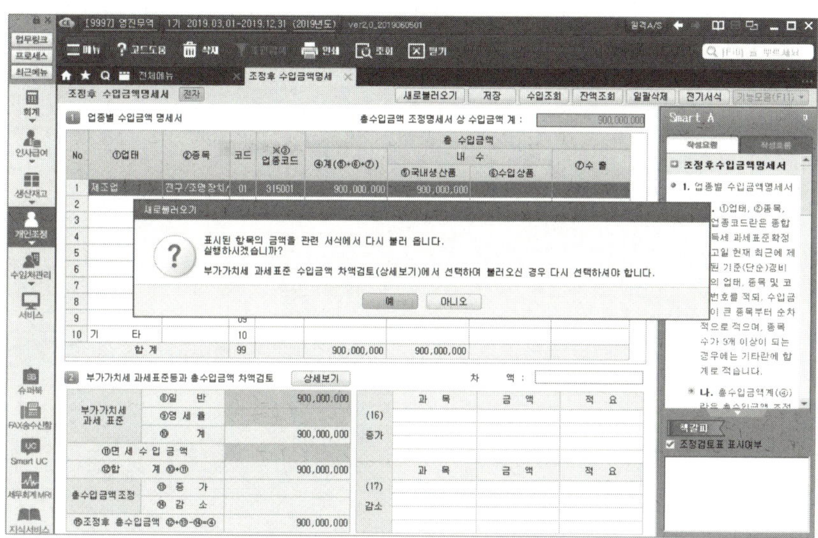

⑫ 접대비조정명세서(1, 2) 중 (1)

- 접대비 신용카드 사용금액 및 미사용금액을 확인하여 세무조정을 반영하고 장부상 금액을 검토한다.
- 신용카드 사용 '여'로 입력한다.

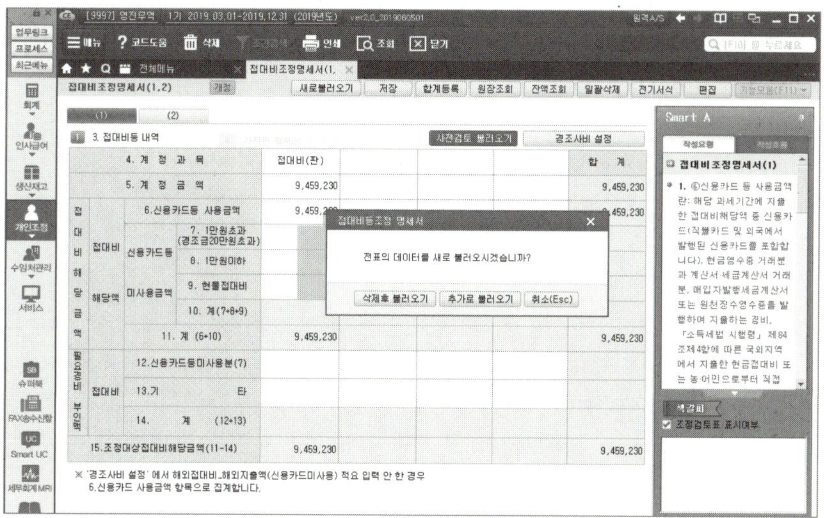

⑬ 접대비조정명세서(1, 2) 중 (2)

- 수입금액과 서식 ④ 중소기업 여부를 확인하고 접대비 금액을 검토한다.
- 복수사업장 재계산(F7)에 당해 사업장을 제외한 타사업장의 총수입금액 합계를 기록한다(복수사업장은 수입금액으로 접대비 한도금액이 재계산됨).

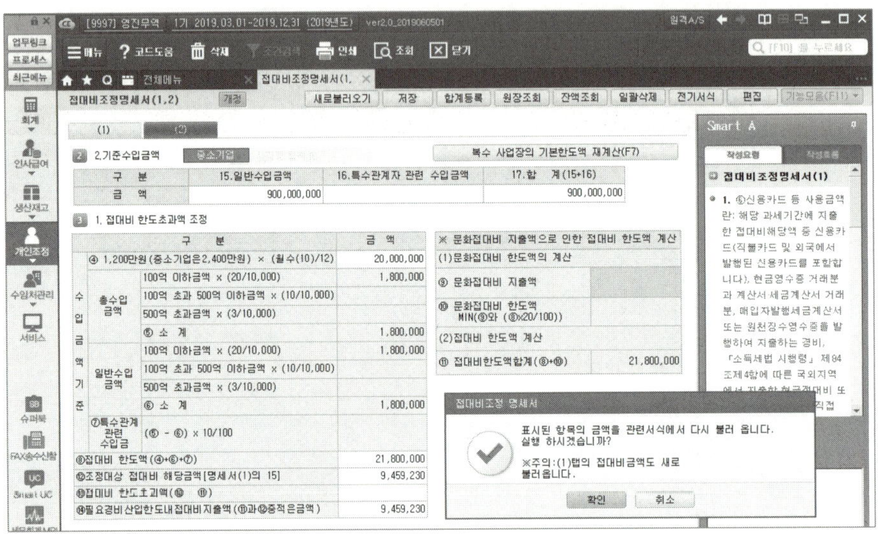

⑭ 미상각분 감가상각조정명세서 및 고정자산등록

- [재무회계]→[고정자산 및 감가상각]→[고정자산등록]→[자산계정과목(차량운반구)] 등록방법이다. (2019.03.01. 스파크 15,000,000원 취득)
- 승용자동차는 9.상각방법에서 1.정액법으로 수정하여 입력한다.

- 장부상 감가상각비 금액 및 회사계상상각액과 세무조정금액을 검토한다.
- 합계잔액시산표에서 감가상각누계금액 검토한다.

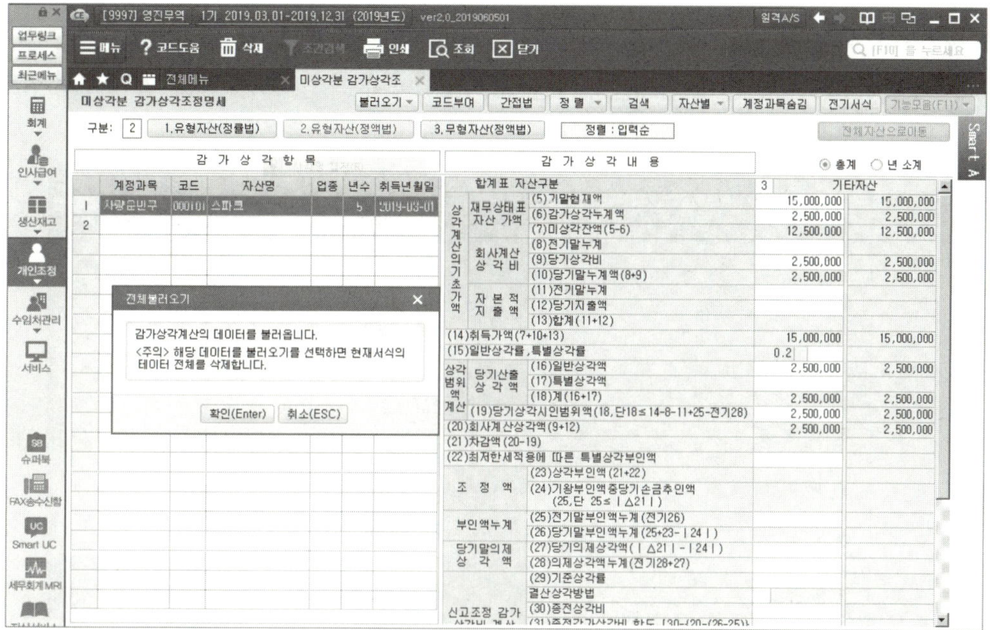

⑮ 감가상각비조정명세서합계표

감가상각비 회사 손금계상액과 장부상 금액을 검토하고, 세무조정 발생시 합계등록으로 세무조정계산서를 작성한다.

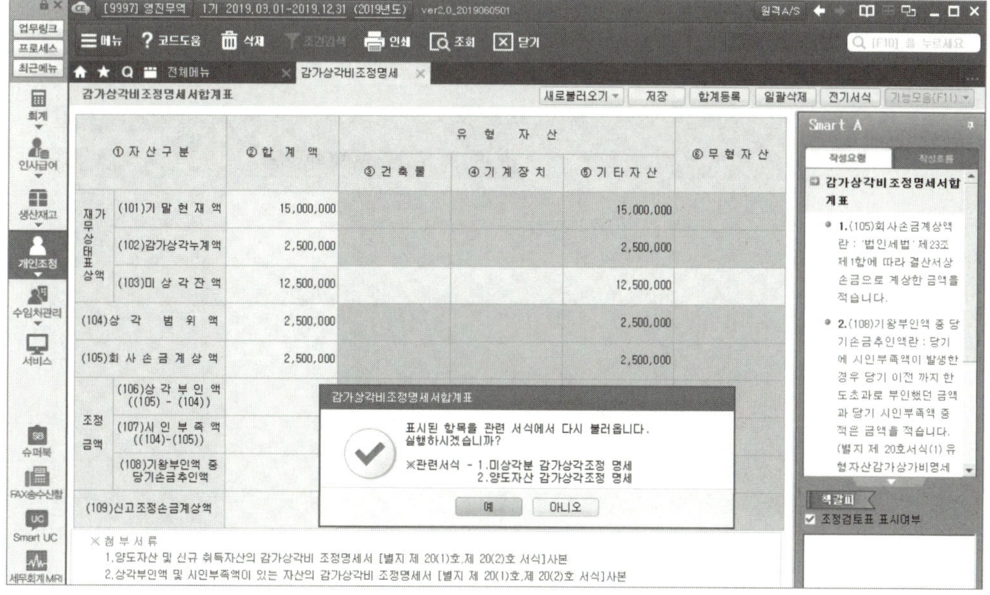

⑯ 소득금액조정합계표 및 명세서

- 벌과금 등의 잡손실 계정은 소득금액조정합계표 및 명세서 세무조정을 반영하여 먼저 작성해 놓고 세무조정사항을 검토하여 반영한다.
- 소득금액조정합계표의 처분내역을 조회(F3)하여 작성 또는 직접 입력하는 방식으로 작성한다.

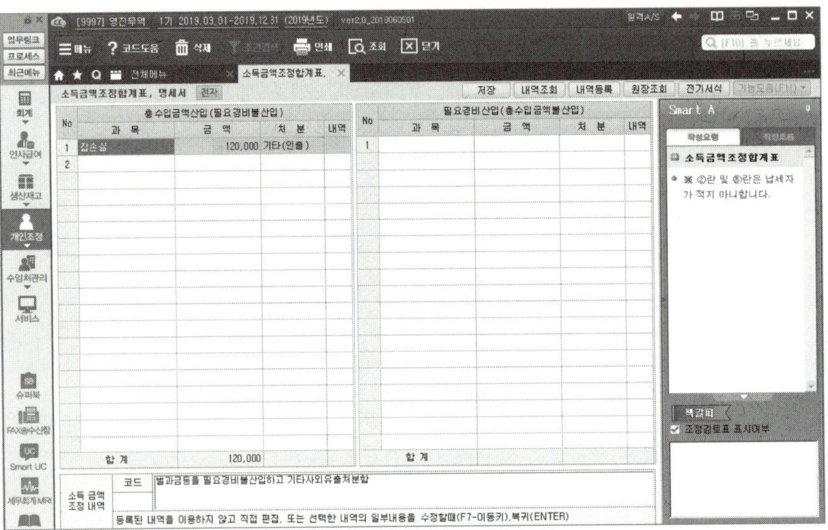

⑰ 조정계산서

- 세무조정사항 반영 후 기부금 한도초과액을 검토하고 기부금명세서 및 조정명세서 서식을 작성한다
- 복수사업장 합산신고시 타세무대리인을 등록한다.

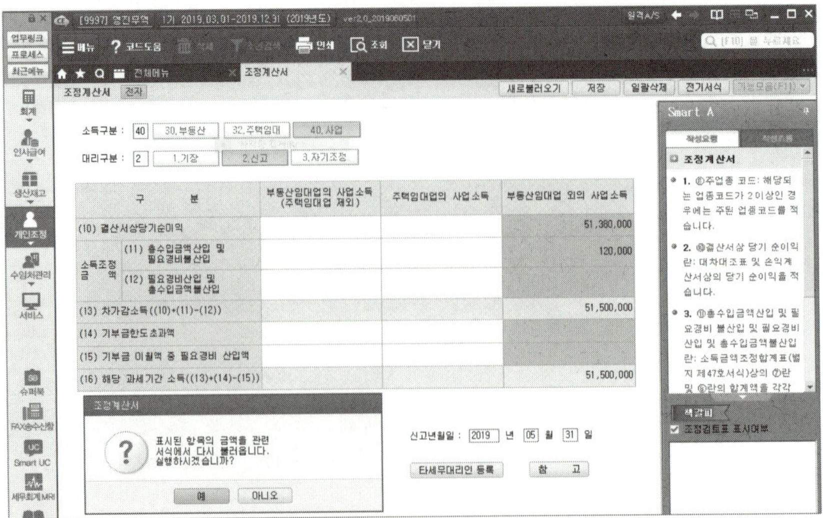

⑱ 소득공제신고서

- 5.31. 발행 주민등록등본상 주소지를 확인하고 부양가족 등록 후 연금 등 특별세액 공제 내역을 작성한다.
- 지방소득세는 5.31. 주소지 관할 세무서에 신고납부한다.

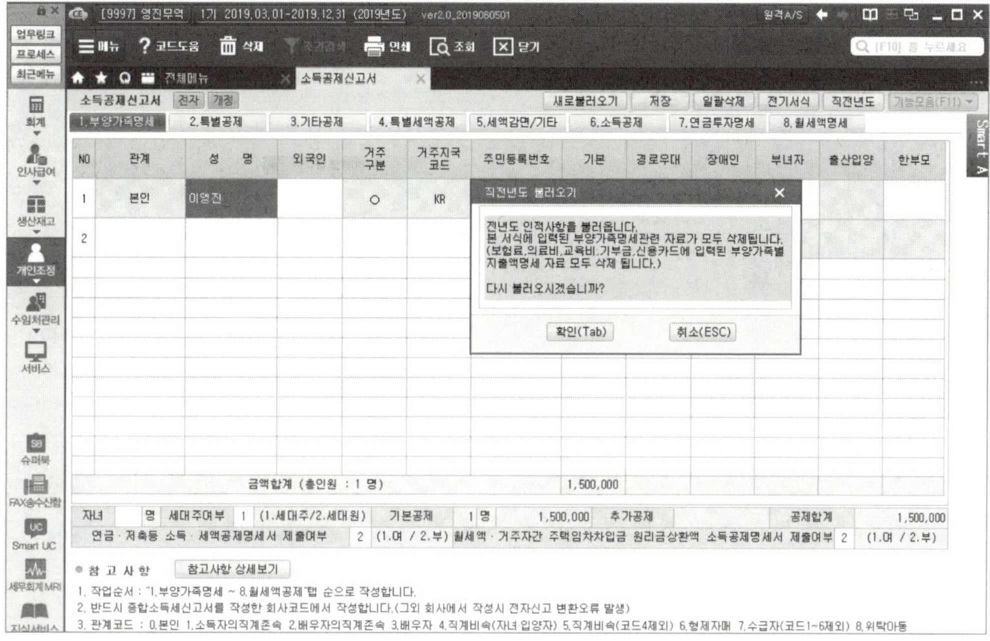

⑲ 종합소득세신고서(소득금액)

- 신고유형은 직전연도 수입금액으로 판단하며(사업장 업종별 기준금액 참고) 대리구분 선택한다.
- 기장의무는 직전연도 수입금액(사업장 업종별 기준금액 참고)으로 판단하고[신규사업자는 간편장부대상자에 해당(전문직 사업자는 복식부기 의무자에 해당)] 외부조정대상자는 조정반지정신청서를 첨부한다.
- 종합소득세신고통보 안내문에 총수입금액, 주업종코드와 신고안내자료 및 타소득 검토 후 신고서를 마감한다.

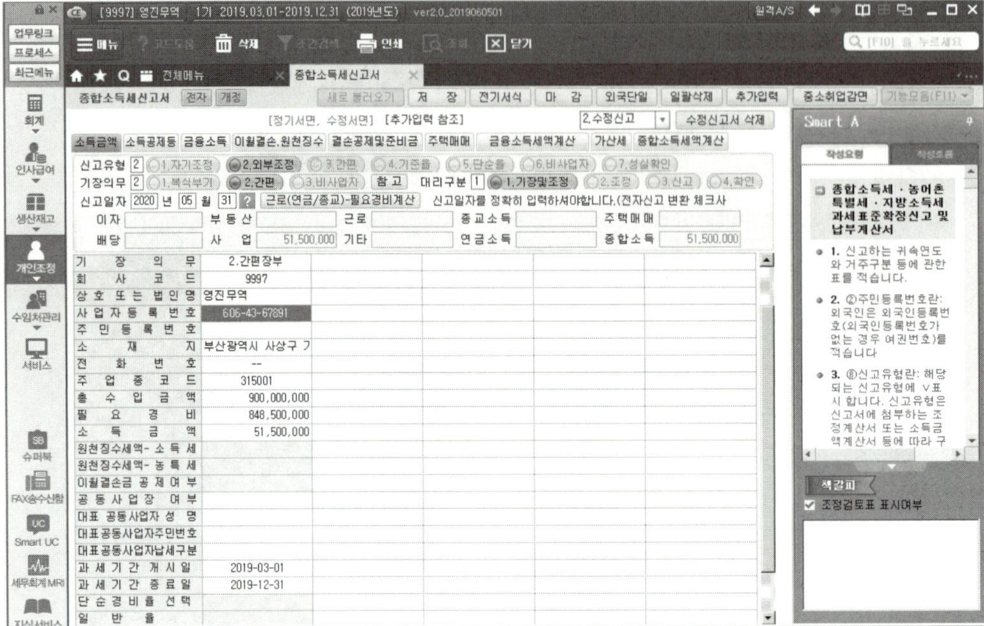

⑳ 종합소득세신고서(결손공제및준비금)

- 이월결손금 확인 후 부동산소득 30, 사업소득 40에 반영되었는지 검토하여 작성한다.
- 부동산 임대소득의 이월결손금은 부동산 임대소득에서만 이월결손금 공제가 적용된다.

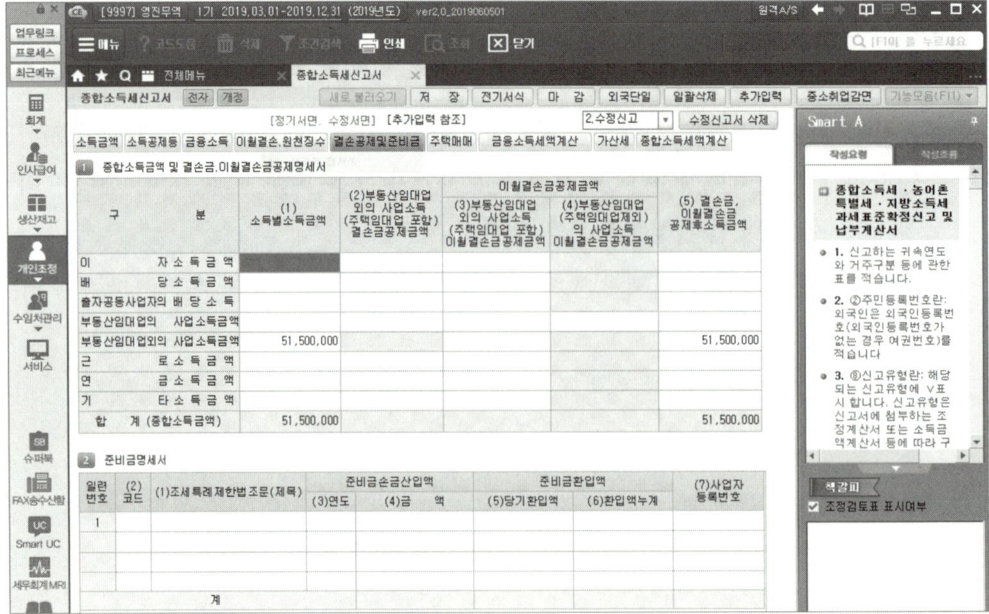

㉑ 종합소득세신고서(소득공제등)

- 소득공제신고서에서 불러오기하고 인적사항, 소득공제, 특별공제 반영 여부를 검토한다.
- 근로소득합산소득자는 연말정산에 반영한 공제내역을 누락 없이 반영한다.

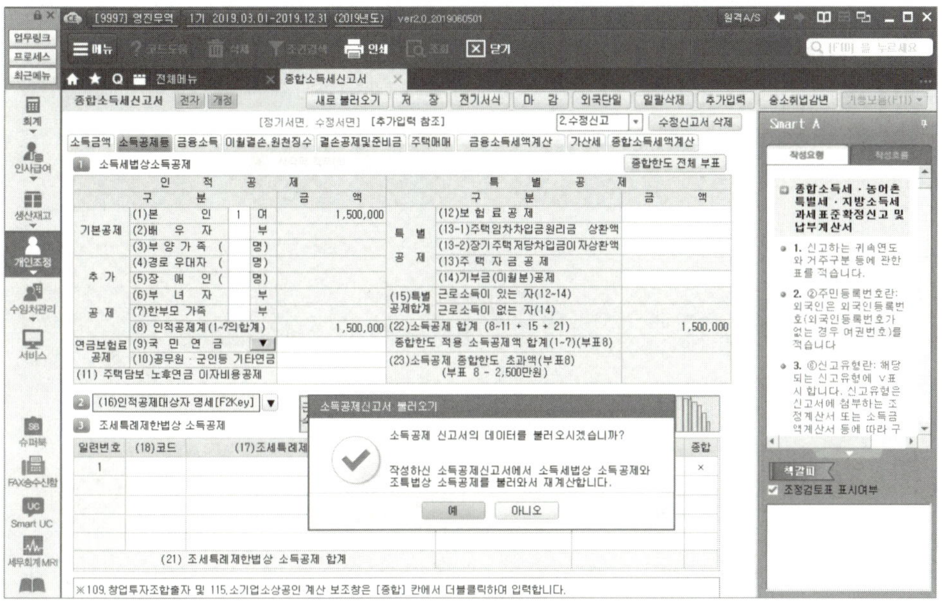

㉒ 종합소득세신고서(종합소득세액계산)

산출세액을 확정하고 세액공제, 세액감면 검토 후 기납부세액명세서를 반영해 놓는다.

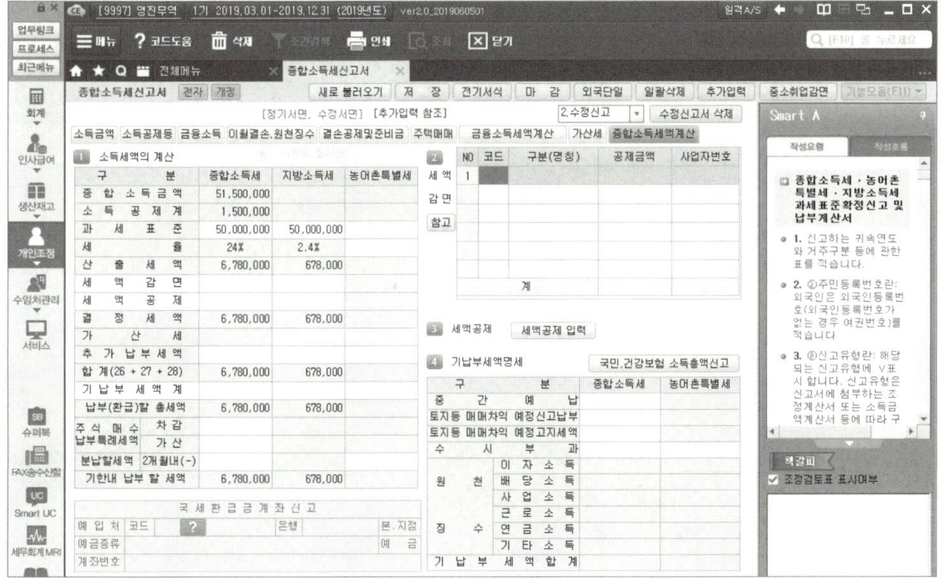

㉓ 기장세액공제신청서

간편장부대상자가 복식부기에 따라 기장하여 소득금액을 계산하고 재무제표 및 조정계산서 등(소득세법 근거서류제출)을 신고한 경우 기장세액공제를 신청한다.

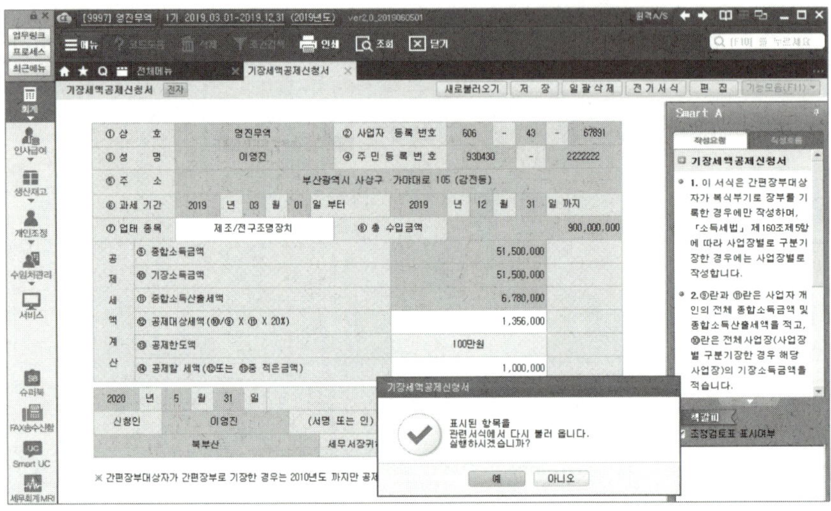

㉔-1 감면세액조정명세서

- 중소기업특별세액감면의 지역구분, 업종구분(도·소매, 의료업, 그 외 해당업종), 중·소기업 규모기준을 판단하여 세액감면을 적용한다.
- 제조업 : 수도권 소기업 20%, 수도권 외 소기업 30%
- 제조업 등 소득(감면대상소득)과 기타의 소득(과세소득)이 함께 있는 경우에는 소득구분계산서를 작성한다.

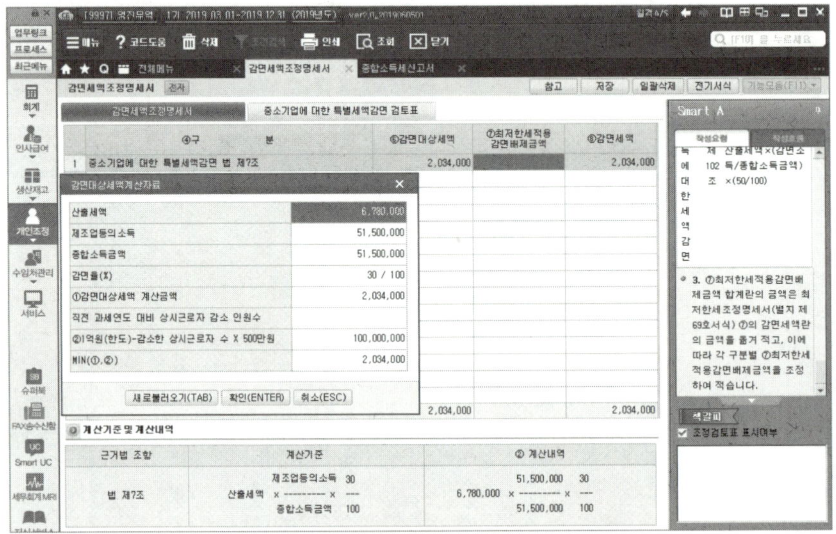

㉔-2 세액감면신청서

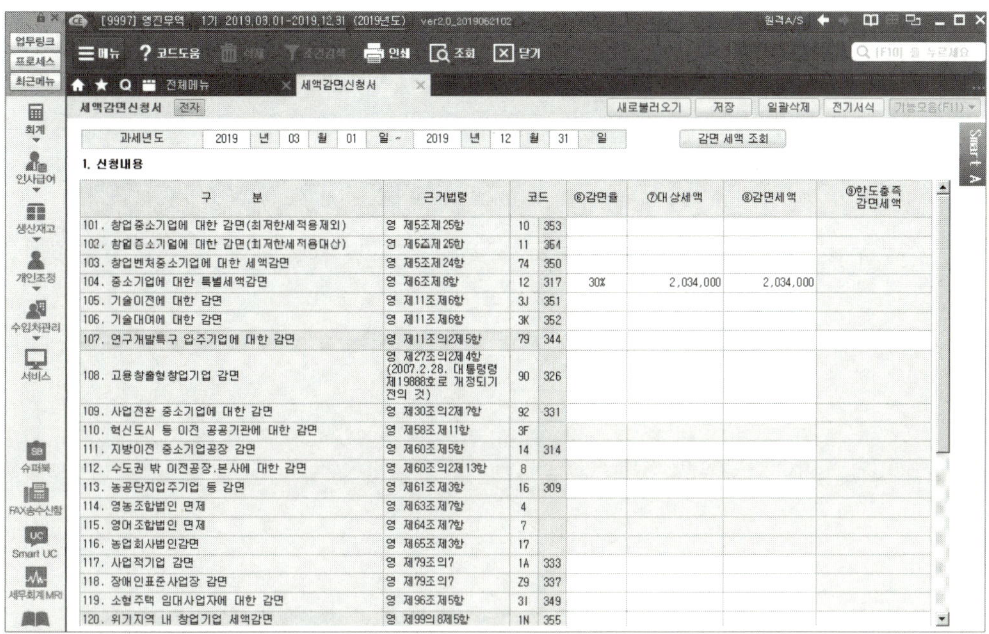

세액감면신청서 전자

과세년도 2019 년 03 월 01 일 ~ 2019 년 12 월 31 일 감면 세액 조회

1. 신청내용

구 분	근거법령	코드		⑥감면율	⑦대상세액	⑧감면세액	⑨한도충족감면세액
101. 창업중소기업에 대한 감면(최저한세적용제외)	영 제5조제25항	10	353				
102. 창업중소기업에 대한 감면(최저한세적용대상)	영 제5조제25항	11	364				
103. 창업벤처중소기업에 대한 세액감면	영 제5조제24항	74	350				
104. 중소기업에 대한 특별세액감면	영 제6조제8항	12	317	30%	2,034,000	2,034,000	
105. 기술이전에 대한 감면	영 제11조제6항	3J	351				
106. 기술대여에 대한 감면	영 제11조제6항	3K	352				
107. 연구개발특구 입주기업에 대한 감면	영 제11조의2제5항	79	344				
108. 고용창출형창업기업 감면	영 제27조의2제4항 (2007.2.28. 대통령령 제19888조로 개정되기 전의 것)	90	326				
109. 사업전환 중소기업에 대한 감면	영 제30조의2제7항	92	331				
110. 혁신도시 등 이전 공공기관에 대한 감면	영 제58조제11항	3F					
111. 지방이전 중소기업공장 감면	영 제60조제5항	14	314				
112. 수도권 밖 이전공장.본사에 대한 감면	영 제60조의2제13항	8					
113. 농공단지입주기업 등 감면	영 제61조제3항	16	309				
114. 영농조합법인 면제	영 제63조제7항	4					
115. 영어조합법인 면제	영 제64조제7항	7					
116. 농업회사법인감면	영 제65조제3항	17					
117. 사업적기업 감면	영 제79조의7	1A	333				
118. 장애인표준사업장 감면	영 제79조의7	Z9	337				
119. 소형주택 임대사업자에 대한 감면	영 제96조제5항	31	349				
120. 위기지역 내 창업기업 세액감면	영 제99의8제5항	1N	355				

㉕ 종합소득세신고서(종합소득세액계산)

세액공제, 세액감면 해당금액을 반영하고 저장한다.

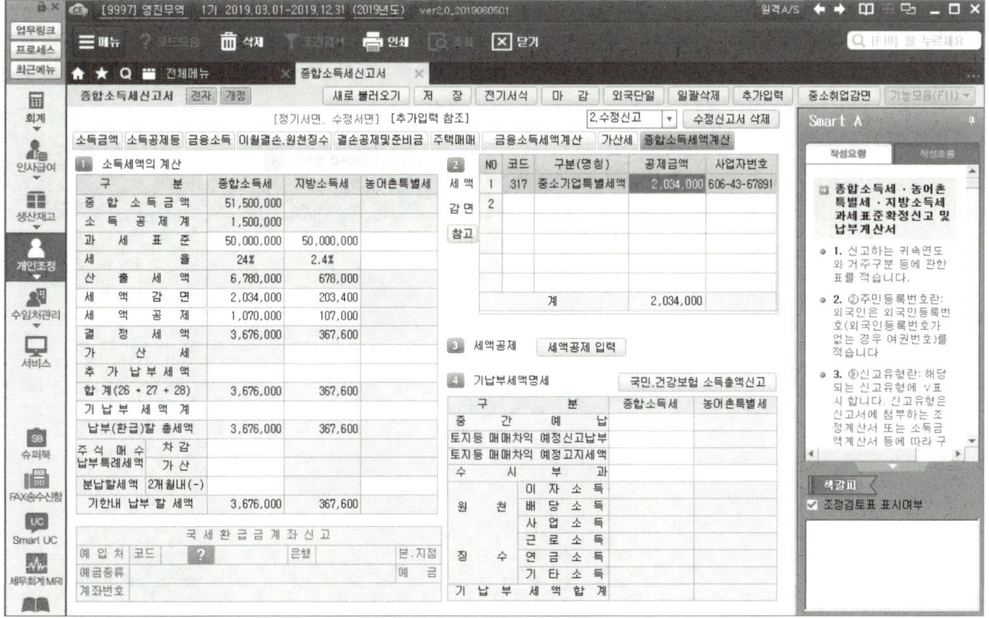

종합소득세신고서 전자 개정

1 소득세액의 계산

구 분	종합소득세	지방소득세	농어촌특별세
종합소득금액	51,500,000		
소득공제계	1,500,000		
과세표준	50,000,000	50,000,000	
세율	24%	2.4%	
산출세액	6,780,000	678,000	
세액감면	2,034,000	203,400	
세액공제	1,070,000	107,000	
결정세액	3,676,000	367,600	
가산세			
추가납부세액			
합계(26 + 27 + 28)	3,676,000	367,600	
기납부세액계			
납부(환급)할 총세액	3,676,000	367,600	
주식매수 납부특례세액 차감			
주식매수 납부특례세액 가산			
분납할세액 2개월내(-)			
기한내 납부할 세액	3,676,000	367,600	

2 세액감면

NO	코드	구분(명칭)	공제금액	사업자번호
1	317	중소기업특별세액	2,034,000	606-43-67891
2				
		계	2,034,000	

3 세액공제 세액공제 입력

4 기납부세액명세

㉖ 최저한세조정명세서

최저한세 해당 감면세액을 입력하고 최저한세 초과금액을 검토하여 조정감을 적용한다.

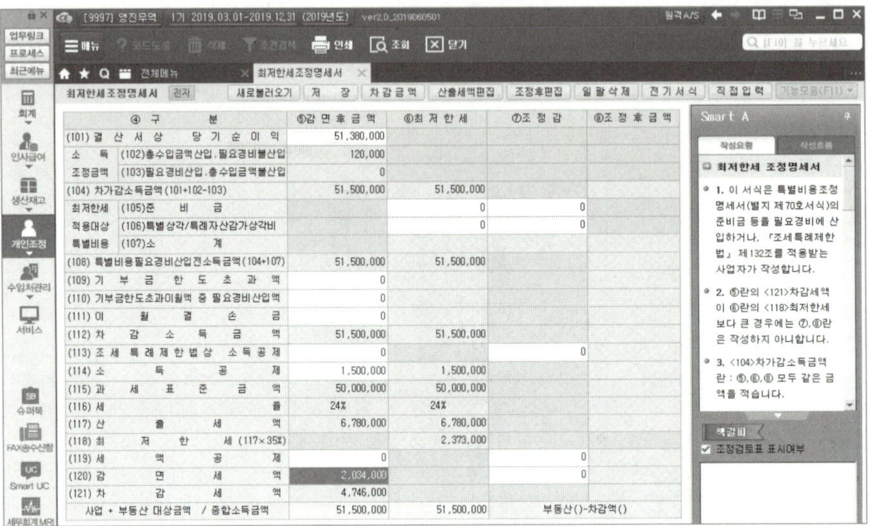

최저한세조정명세서

④ 구분		⑤감면후금액	⑥최저한세	⑦조정감	⑧조정후금액
(101) 결산서상 당기순이익		51,380,000			
소득조정금액	(102)총수입금액산입,필요경비불산입	120,000			
	(103)필요경비산입,총수입금액불산입	0			
(104) 차가감소득금액(101+102-103)		51,500,000	51,500,000		
최저한세 적용대상 특별비용	(105)준비금		0	0	
	(106)특별상각/특례자산감가상각비		0	0	
	(107)소계				
(108) 특별비용필요경비산입전소득금액(104+107)		51,500,000	51,500,000		
(109) 기부금한도초과액		0			
(110) 기부금한도초과이월액 중 필요경비산입액		0			
(111) 이월결손금		0			
(112) 차감소득금액		51,500,000	51,500,000		
(113) 조세특례제한법상 소득공제		0		0	
(114) 소득공제		1,500,000	1,500,000		
(115) 과세표준금액		50,000,000	50,000,000		
(116) 세율		24%	24%		
(117) 산출세액		6,780,000	6,780,000		
(118) 최저한세(117×35%)			2,373,000		
(119) 세액공제		0		0	
(120) 감면세액		2,034,000		0	
(121) 차감세액		4,746,000			
사업 + 부동산 대상금액 / 종합소득금액		51,500,000	51,500,000	부동산()-차감액()	

㉗ 유보소득조정명세서

- 위는 소득금액조정합계표의 유보사항으로, 세무조정사항의 소득처분 유형으로 유보(또는 △유보)는 기업회계와 세무회계 일시적 차이를 나타낸다.
- 유보 증가처리 후 다음 회계연도 이후에 감소 사유 발생시에 꼭 소득처분을 해주어야 유보가 사라진다.

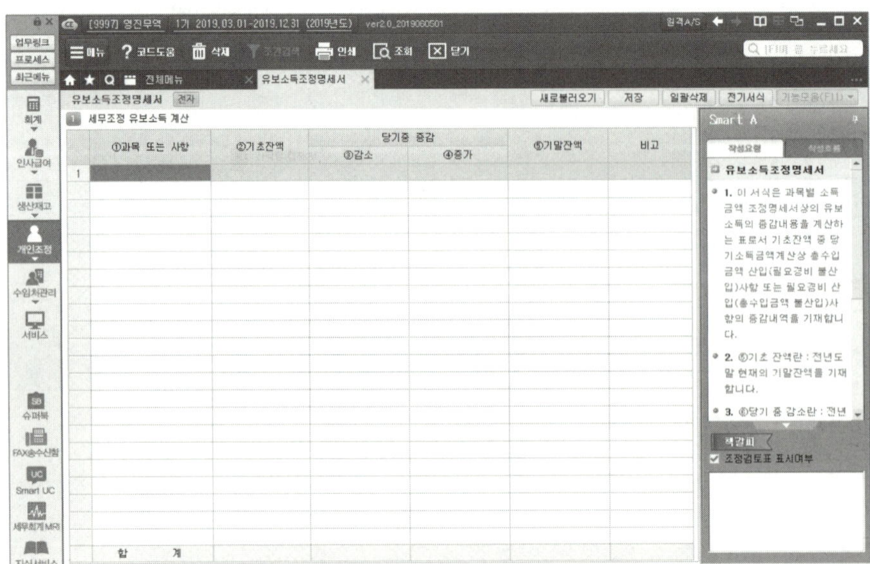

유보소득조정명세서

1 세무조정 유보소득 계산

	①과목 또는 사항	②기초잔액	당기중 증감 ③감소	당기중 증감 ④증가	⑤기말잔액	비고
1						
	합계					

6. 재무제표

(1) 결산보고서

종합소득세 세무조정을 완료하고 해당 내용을 일반전표에 반영한 후의 재무제표로 작성한 종합소득세·농어촌특별세·지방소득세 과세표준 확정신고 및 납부계산서를 전자신고(정기분) 전송하면 종합소득세 세무조정 신고서식과 표준재무제표 등이 국세청에 신고 접수된다. 다음은 위의 자료로 마감된 결산보고서이므로 직접 작성한 것과 비교해 보면 된다.

1) 재무상태표

제1기 2019년 12월 31일 현재

회사명 : 영진무역 (단위 : 원)

과목	제1(당)기	
	금액	
자 산	0	0
Ⅰ. 유동자산	0	127,078,960
① 당좌자산	0	127,078,960
현 금	0	422,259
보 통 예 금	0	40,856,701
외 상 매 출 금	0	85,800,000
② 재고자산	0	0
Ⅱ. 비유동자산	0	22,500,000
① 투자자산	0	0
② 유형자산	0	12,500,000
차 량 운 반 구	15,000,000	0
감 가 상 각 누 계 액	2,500,000	12,500,000
③ 무형자산	0	0
④ 기타비유동자산	0	10,000,000
임 차 보 증 금	0	10,000,000
자 산 총 계	0	149,578,960
부 채	0	0

과목	제1(당)기	
	금액	
Ⅰ 유동부채	0	73,898,960
외 상 매 입 금	0	67,152,800
미 지 급 금	0	3,809,590
예 수 금	0	77,600
부 가 가 치 세 예 수 금	0	2,858,970
Ⅱ 비유동부채	0	0
부 채 총 계	0	73,898,960
자 본	0	0
Ⅰ.자본금	0	75,680,000
자 본 금	0	75,680,000
(당 기 순 이 익)	0	0
당기 : 51,380,000	0	0
전기 : 0	0	0
자 본 총 계	0	75,680,000
부 채 와 자 본 총 계	0	149,578,960

2) 손익계산서

제1기 2019년 03월 01일~2019년 12월 31일

회사명 : 영진무역 (단위 : 원)

과 목	제1(당)기	
	금액	
Ⅰ. 매출액	0	900,000,000
제 품 매 출	900,000,000	0
Ⅱ. 매출원가	0	796,054,305
제 품 매 출 원 가	0	796,054,305
기 초 제 품 재 고 액	0	0
당 기 제 품 제 조 원 가	796,054,305	0
기 말 제 품 재 고 액	0	0
Ⅲ. 매출총이익	0	103,945,695

과 목	제1(당)기	
	금액	
Ⅳ. 판매비와관리비	0	52,445,696
직 원 급 여	12,000,000	0
복 리 후 생 비	3,812,200	0
접 대 비	9,459,230	0
통 신 비	3,017,230	0
세 금 과 공 과 금	1,023,400	0
감 가 상 각 비	2,500,000	0
임 차 료	3,600,000	0
보 험 료	2,854,100	0
차 량 유 지 비	3,913,400	0
운 반 비	1,921,500	0
소 모 품 비	5,364,810	0
지 급 수 수 료	2,979,826	0
Ⅴ. 영업이익	0	51,499,999
Ⅵ. 영업외수익	0	1
잡 이 익	1	0
Ⅶ. 영업외비용	0	120,000
잡 손 실	120,000	0
Ⅷ. 소득세차감전이익	0	51,380,000
Ⅸ. 소득세등	0	0
Ⅹ. 당기순이익	0	51,380,000

3) 제조원가명세서

제1기 2019년 03월 01일~2019년 12월 31일

회사명 : 영진무역 (단위 : 원)

과 목	제1(당)기	
	금 액	
1. 원재료비	0	751,621,750
기 초 원 재 료 재 고 액	0	0

과 목	제1(당)기	
	금 액	
당 기 원 재 료 매 입 액	751,621,750	0
기 말 원 재 료 재 고 액	0	0
2. 노무비	0	28,300,000
급 여	28,300,000	0
3. 경비	0	16,132,555
복 리 후 생 비	1,407,900	0
통 신 비	1,673,160	0
차 량 유 지 비	1,553,700	0
운 반 비	1,455,000	0
포 장 비	3,080,000	0
소 모 품 비	5,200,890	0
지 급 수 수 료	1,761,905	0
4. 당기 총 제조비용	0	796,054,305
5. 기초재공품 재고액	0	0
6. 합계	0	796,054,305
7. 기말재공품 재고액	0	0
8. 타계정으로 대체액	0	0
9. 당기제품 제조원가	0	796,054,305

4) 합계잔액시산표

2019년 12월 31일 현재

회사명 : 영진무역 (단위 : 원)

차 변		계정과목	대 변	
잔 액	합 계		합 계	잔 액
127,078,960	8,169,074,191	1. 유동자산	8,041,995,231	0
127,078,960	5,825,343,831	〈 당 좌 자 산 〉	5,698,264,871	0
422,259	3,792,777,306	현 금	3,792,355,047	0
40,856,701	938,093,936	보 통 예 금	897,237,235	0
85,800,000	1,013,892,500	외 상 매 출 금	928,092,500	0

차 변		계정과목	대 변	
잔 액	합 계		합 계	잔 액
0	80,580,089	부가가치세대급금	80,580,089	0
0	2,343,730,360	〈 재 고 자 산 〉	2,343,730,360	0
0	796,054,305	제 품	796,054,305	0
0	751,621,750	원 재 료	751,621,750	0
0	796,054,305	재 공 품	796,054,305	0
25,000,000	25,000,000	2. 비유동자산	2,500,000	2,500,000
15,000,000	15,000,000	〈 유 형 자 산 〉	2,500,000	2,500,000
15,000,000	15,000,000	차 량 운 반 구	0	0
0	0	감가상각누계액	2,500,000	2,500,000
10,000,000	10,000,000	〈기타비유동자산〉	0	0
10,000,000	10,000,000	임 차 보 증 금	0	0
0	966,048,610	3. 유동부채	1,039,947,570	73,898,960
0	841,900,000	외 상 매 입 금	909,052,800	67,152,800
0	34,606,780	미 지 급 금	38,416,370	3,809,590
0	853,600	예 수 금	931,200	77,600
0	88,688,230	부가가치세예수금	91,547,200	2,858,970
0	1,400,000	4. 자본금	77,080,000	75,680,000
0	700,000	자 본 금	76,380,000	75,680,000
0	700,000	인 출 금	700,000	0
0	900,000,001	5. 손익	900,000,001	0
0	900,000,001	손 익	900,000,001	0
0	900,000,000	6. 매출	900,000,000	0
0	900,000,000	제 품 매 출	900,000,000	0
0	796,054,305	7. 매출원가	796,054,305	0
0	796,054,305	제 품 매 출 원 가	796,054,305	0
0	796,054,305	8. 제조원가	796,054,305	0
0	751,621,750	〈 재 료 비 〉	751,621,750	0
0	751,621,750	원 재 료 비	751,621,750	0
0	28,300,000	〈 노 무 비 〉	28,300,000	0
0	28,300,000	급 여	28,300,000	0

차변		계정과목	대변	
잔액	합계		합계	잔액
0	16,132,555	〈제조경비〉	16,132,555	0
0	1,407,900	복리후생비	1,407,900	0
0	1,673,160	통신비	1,673,160	0
0	1,553,700	차량유지비	1,553,700	0
0	1,455,000	운반비	1,455,000	0
0	3,080,000	포장비	3,080,000	0
0	5,200,890	소모품비	5,200,890	0
0	1,761,905	지급수수료	1,761,905	0
0	52,445,696	9. 판매비및일반관리비	52,445,696	0
0	12,000,000	직원급여	12,000,000	0
0	3,812,200	복리후생비	3,812,200	0
0	9,459,230	접대비	9,459,230	0
0	3,017,230	통신비	3,017,230	0
0	1,023,400	세금과공과금	1,023,400	0
0	2,500,000	감가상각비	2,500,000	0
0	3,600,000	임차료	3,600,000	0
0	2,854,100	보험료	2,854,100	0
0	3,913,400	차량유지비	3,913,400	0
0	1,921,500	운반비	1,921,500	0
0	5,364,810	소모품비	5,364,810	0
0	2,979,826	지급수수료	2,979,826	0
0	1	10. 영업외수익	1	0
0	1	잡이익	1	0
0	120,000	11. 영업외비용	120,000	0
0	120,000	잡손실	120,000	0
152,078,960	12,606,197,109	합계	12,606,197,109	152,078,960

5) 결산부속명세서

① 현금명세서

회사명 : 영진무역 (단위 : 원)

계정과목	적 요	금 액	비 고
현 금	현금시제	422,259	
합 계		422,259	

② 보통예금명세서

회사명 : 영진무역 (단위 : 원)

계정과목	적 요	금 액	비 고
보통예금	우리은행	40,856,701	
합 계		40,856,701	

③ 외상매출금명세서

회사명 : 영진무역 (단위 : 원)

계정과목	적 요	금 액	비 고
외상매출금	동일철강	85,800,000	
합 계		85,800,000	

④ 차량운반구명세서

회사명 : 영진무역 (단위 : 원)

계정과목	적 요	금 액	비 고
차량운반구	스파크	15,000,000	
합 계		15,000,000	

⑤ 임차보증금명세서

회사명 : 영진무역 (단위 : 원)

계정과목	적 요	금 액	비 고
임차보증금	사무실보증금	10,000,000	
합 계		10,000,000	

⑥ 외상매입금명세서

회사명 : 영진무역 (단위 : 원)

계정과목	적 요	금 액	비 고
외상매입금	남원철강	67,152,800	
합 계		67,152,800	

⑦ 미지급금명세서

회사명 : 영진무역 (단위 : 원)

계정과목	적 요	금 액	비 고
미지급금	신용카드	3,809,590	
합 계		3,809,590	

⑧ 예수금명세서

회사명 : 영진무역 (단위 : 원)

계정과목	적 요	금 액	비 고
예수금	국민연금관리공단	45,000	
예수금	국민건강보험공단	32,600	
합 계		77,600	

⑨ 부가가치세예수금명세서

회사명 : 영진무역 (단위 : 원)

계정과목	적 요	금 액	비 고
부가가치세예수금	부가가치세예수금	2,858,970	
합 계		2,858,970	

⑩ 자본금명세서

회사명 : 영진무역 (단위 : 원)

계정과목	적 요	금 액	비 고
자본금	자본금	75,680,000	
합 계		75,680,000	

(2) 종합소득세 산출 분개장

- 영진무역의 개인세무조정의 제1기 전표입력은 12.1.자로 입력하고, 12.31.은 결산대체 분개가 반영된다.
- 합계잔액시산표에서 12.1. 차변 대변 합계금액 7,666,412,442원 일치시킨 후에 결산자료 입력에서부터 세무조정을 시작한다.
- 합계잔액시산표는 손익 대체하기 전의 지료로 전표입력을 완료하면 된다.
- 101 현금은 대차 평균의 원리에 의해 자동으로 입력되므로 참고한다.

분개장

기간 : 2019.3.1.~2019.12.31.

일자	전표번호	구분	코드	계정과목	차변	대변	전표유형
12-01	00001	출금	0103	보통예금	938,093,936	0	일반
12-01	00001	출금	0101	현금	0	938,093,936	일반
12-01	00002	입금	0103	보통예금	0	897,237,235	일반
12-01	00002	입금	0101	현금	897,237,235	0	일반
12-01	00003	출금	0108	외상매출금	1,013,892,500	0	일반
12-01	00003	출금	0101	현금	0	1,013,892,500	일반
12-01	00004	입금	0108	외상매출금	0	928,092,500	일반
12-01	00004	입금	0101	현금	928,092,500	0	일반
12-01	00005	차변	0135	부가가치세대급금	80,580,089	0	일반
12-01	00005	대변	0135	부가가치세대급금	0	80,580,089	일반
12-01	00007	출금	0153	원재료	751,621,750	0	일반
12-01	00007	출금	0101	현금	0	751,621,750	일반
12-01	00008	출금	0208	차량운반구	15,000,000	0	일반
12-01	00008	출금	0101	현금	0	15,000,000	일반
12-01	00009	입금	0209	감가상각누계액	0	2,500,000	일반
12-01	00009	입금	0101	현금	2,500,000	0	일반
12-01	00010	출금	0232	임차보증금	10,000,000	0	일반
12-01	00010	출금	0101	현금	0	10,000,000	일반
12-01	00011	출금	0251	외상매입금	841,900,000	0	일반
12-01	00011	출금	0101	현금	0	841,900,000	일반
12-01	00012	입금	0251	외상매입금	0	909,052,800	일반
12-01	00012	입금	0101	현금	909,052,800	0	일반
12-01	00013	출금	0253	미지급금	34,606,780	0	일반
12-01	00013	출금	0101	현금	0	34,606,780	일반
12-01	00014	입금	0253	미지급금	0	38,416,370	일반
12-01	00014	입금	0101	현금	38,416,370	0	일반

일자	전표번호	구분	코드	계정과목	차변	대변	전표 유형
12-01	00015	출금	0254	예수금	853,600	0	일반
12-01	00015	출금	0101	현금	0	853,600	일반
12-01	00016	입금	0254	예수금	0	931,200	일반
12-01	00016	입금	0101	현금	931,200	0	일반
12-01	00017	출금	0255	부가가치세예수금	88,688,230	0	일반
12-01	00017	출금	0101	현금	0	88,688,230	일반
12-01	00018	입금	0255	부가가치세예수금	0	91,547,200	일반
12-01	00018	입금	0101	현금	91,547,200	0	일반
12-01	00019	입금	0331	자본금	0	25,000,000	일반
12-01	00019	입금	0101	현금	25,000,000	0	일반
12-01	00019	대변	0338	인출금	0	700,000	일반
12-01	00019	차변	0331	자본금	700,000	0	일반
12-01	00019	출금	0338	인출금	700,000	0	일반
12-01	00019	출금	0101	현금	0	700,000	일반
12-01	00020	입금	0404	제품매출	0	900,000,000	일반
12-01	00020	입금	0101	현금	900,000,000	0	일반
12-01	00021	출금	0503	급여	28,300,000	0	일반
12-01	00021	출금	0101	현금	0	28,300,000	일반
12-01	00022	출금	0511	복리후생비	1,407,900	0	일반
12-01	00022	출금	0101	현금	0	1,407,900	일반
12-01	00023	출금	0514	통신비	1,673,160	0	일반
12-01	00023	출금	0101	현금	0	1,673,160	일반
12-01	00024	출금	0522	차량유지비	1,553,700	0	일반
12-01	00024	출금	0101	현금	0	1,553,700	일반
12-01	00025	출금	0524	운반비	1,455,000	0	일반
12-01	00025	출금	0101	현금	0	1,455,000	일반
12-01	00026	출금	0528	포장비	3,080,000	0	일반
12-01	00026	출금	0101	현금	0	3,080,000	일반
12-01	00027	출금	0530	소모품비	5,200,890	0	일반
12-01	00027	출금	0101	현금	0	5,200,890	일반
12-01	00028	출금	0531	지급수수료	1,761,905	0	일반
12-01	00028	출금	0101	현금	0	1,761,905	일반
12-01	00029	출금	0801	급여	12,000,000	0	일반
12-01	00029	출금	0101	현금	0	12,000,000	일반
12-01	00030	출금	0811	복리후생비	3,812,200	0	일반
12-01	00030	출금	0101	현금	0	3,812,200	일반
12-01	00031	출금	0813	접대비	9,459,230	**(신용카드 여)**	일반
12-01	00031	출금	0101	현금	0	9,459,230	일반
12-01	00032	출금	0814	통신비	3,017,230	0	일반
12-01	00032	출금	0101	현금	0	3,017,230	일반

일자	전표번호	구분	코드	계정과목	차변	대변	전표 유형
12-01	00033	출금	0817	세금과공과	1,023,400	0	일반
12-01	00033	출금	0101	현금	0	1,023,400	일반
12-01	00034	출금	0818	감가상각비	2,500,000	0	일반
12-01	00034	출금	0101	현금	0	2,500,000	일반
12-01	00035	출금	0819	임차료	3,600,000	0	일반
12-01	00035	출금	0101	현금	0	3,600,000	일반
12-01	00036	출금	0821	보험료	2,854,100	0	일반
12-01	00036	출금	0101	현금	0	2,854,100	일반
12-01	00037	출금	0822	차량유지비	3,913,400	0	일반
12-01	00037	출금	0101	현금	0	3,913,400	일반
12-01	00038	출금	0824	운반비	1,921,500	0	일반
12-01	00038	출금	0101	현금	0	1,921,500	일반
12-01	00039	출금	0830	소모품비	5,364,810	0	일반
12-01	00039	출금	0101	현금	0	5,364,810	일반
12-01	00040	출금	0831	지급수수료	2,979,826	0	일반
12-01	00040	출금	0101	현금	0	2,979,826	일반
12-01	00041	입금	0930	잡이익	0	1	일반
12-01	00041	입금	0101	현금	1	0	일반
12-01	00042	출금	0960	잡손실	120,000	0	일반
12-01	00042	출금	0101	현금	0	120,000	일반
합계					7,666,412,442	7,666,412,442	

(3) 신고방법 및 절차

- 종합소득세 마감한 자료 제작은 [전자신고/일괄출력] → [종합소득세전자신고] → [전자신고제작] → [제작구분 선택] → [정기신고] → 종합소득세 마감한 서식명 검토(업종에 맞는 해당서류 반영되었는지 확인) → [제작] → [전자신고 변환]순으로 암호를 정하여 제작한다.
- 잘못된 부분은 제작과정에서 오류 검토가 되고, 국세청 홈택스에서 변환하는 과정에서도 변환에러가 체크된다.
- 종합소득세 신고 집계관리에 종합소득세 신고자료 금액을 기록한다.
- 국세청 홈택스로 로그인한 후 종합소득세 변환과정은 다음과 같다.
  [찾아보기] → [파일형식검증하기] → [비밀번호 입력] → [검증결과확인] → [내용검증하기] → [검증결과확인] → [전자파일제출 이동] → 다음 화면에서 신고서요약내용 확인 후[전자파일제출하기] → '일괄접수증' 확인 → [Step 2.신고내역]

- 파일형식검증하기 클릭 후 암호입력 팝업창이 나타나지 않는 경우 홈택스 하단 [통합설치프로그램]－선택탭 '파일복호화(NTS－CRYPTO)' 다운로드 클릭 후 실행한다.
- [Step 2. 신고내역]에서 접수한 금액, 종합소득세 신고 집계관리의 금액과 전자신고 제출 확인 체크하고 접수증 확인출력해서 가상계좌 반영된 납부서를 출력하여 종합소득세 사업장에 전달한다.
- 5월말 종합소득세 신고마감 후 전송하고 가상계좌가 기록된 종합소득세 납부서와 지방소득세 납부서를 같이 전달한다(종합소득세 신고일 현재 주소지로 회사등록함).
- 6월말 성실신고확인대상사업자는 종합소득세 신고마감 후 전송하고 종합소득세 가상계좌가 기록된 납부서 농어촌특별세 해당 사업자는 농어촌특별세 납부서를 작성하여 지방소득세 납부서와 같이 전달한다.

① 종합소득세 전자신고 제작

- 종합소득세 신고마감 후 전송되는 서식을 확인하고 제작한다.
- 전자신고 마감은 국세청에서 부여한 사업자등록번호만 마감한다. 전자신고는 정기신고 때 지원된다.

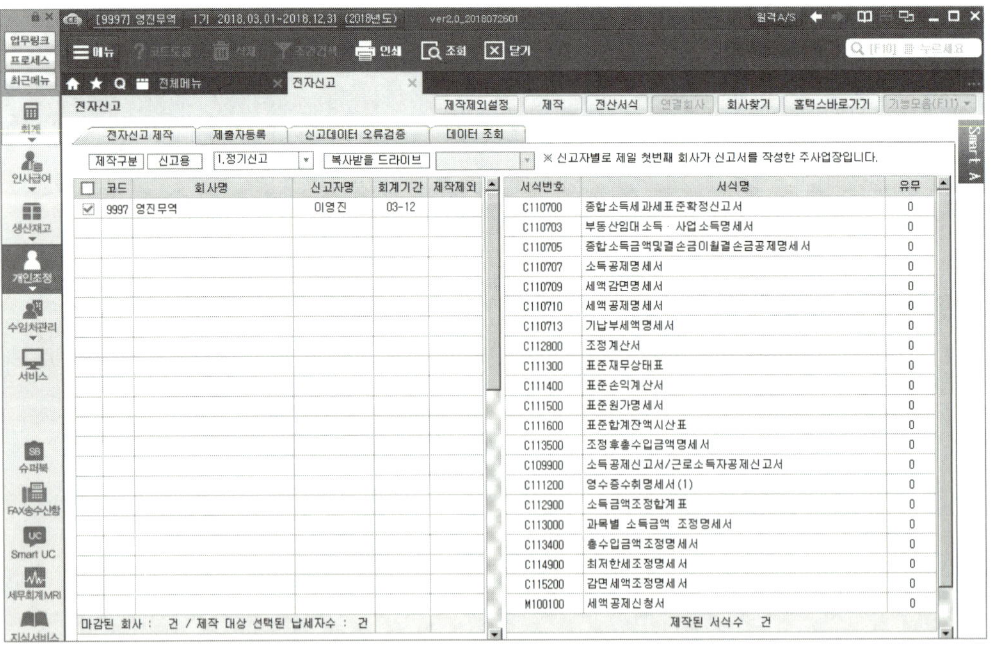

② 종합소득세 전자파일 변환

국세청 홈택스에서 종합소득세 신고자료를 전자파일로 변환하는 과정으로 정상변환에 체크되어야 전송할 수 있으며, 전송 후 접수증을 출력하여 보관하고 가상계좌가 기록

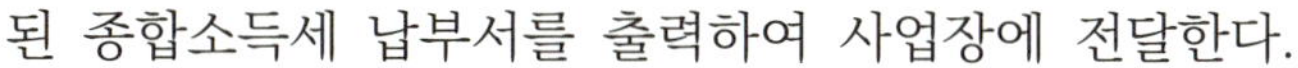

된 종합소득세 납부서를 출력하여 사업장에 전달한다.

7. 중간예납신고

- 종합소득세 중간예납은 중간예납세액을 고지받아 납세고지서로 납부하는 방법과 중간예납세액을 납세자가 직접 계산하여 신고하는 방법이 있다.
- 고지받은 세액을 분납하고자 할 경우에는 분납할 세액을 제외한 금액을 자진납부서에 기재하여 납부하거나 납세고지서를 발급받아 납부한다.
- 중간예납세액이 30만원 미만인 자는 소액부징수 대상으로 중간예납 납부대상에서 제외된다.
- 분납대상은 중간예납세액
  - 1천만원 초과 2천만원 이하 : 1천만원 초과금액
  - 2천만원 초과 : 납부세액 50% 이하의 금액
- 중간예납세액을 결산하여 신고하는 중간예납추계액 신고대상자는 중간예납세액을

산출하여 신고납부한다.

- 중간예납추계액신고서 제출 및 자진납부기한은 11.30.까지이다.

* 첨부서식 : 중간예납추계액신고서 외

8. 수정신고

- 종합소득세 법정신고기한이 지난 뒤 원천징수 수정신고, 부가가치세 수정신고를 했다면, 종합소득세 수정신고도 같이 처리해야 하므로 신중을 기한다.
- 종합소득세 수정자료가 발생하면 전기분 재무제표는 수정하지 않고 소득금액조정합계표 및 명세서에 소득처분 내용을 입력하고 수정신고서를 작성한다.
- 정기분 마감자료는 당초신고 자료와 일치시킨 후 종합소득세신고서에서 2.수정신고를 선택하고 해당 종합소득세신고서로 들어가면 당초분은 적색으로 수정신고분은 검정색 글씨로 표시되니 수정신고 금액이 잘 반영되었는지 검토하고 저장한 후 변환하여 신고서를 국세청에 전송한다(우편접수 가능).
- 수정신고서 작성시 종합소득세를 산출할 때 가산세 감면 해당 여부를 잘 계산하여 종합소득세신고서에 반영한다.
- 종합소득세 수정신고서상 세금추가분이 발생되었을 경우에는 과세표준수정 및 추가납부계산서(종소세)의 수정신고 사유를 작성하고, 신고서의 금액과 일치여부를 확인한다.
- 세금 환급(은행계좌번호 필히 기록)이 발생되었을 경우에는 과세표준 및 세액경정청구서(종소세)의 경정청구 사유를 작성하고 경정청구 환급금액이 신고서의 금액과 일치되는지 여부를 확인한 후 수정신고서를 전송한다.
- 종합소득세수정신고 자료 : 종합소득세수정신고서, 과세표준수정 및 추가납부계산서(종소세) 또는 과세표준 및 세액경정청구서(종소세), 소득금액조정합계표 및 명세서, 공제 · 감면 해당시는 관련 서식 작성 등 종합소득세 수정사유 관련증빙(예 : 매출누락은 세금계산서 등)

9. 가산세

세법에서 규정한 의무를 위반한 경우에는 가산세가 부과되니 종합소득세 신고가 잘 진행될 수 있도록 자료 준비를 철저히 하여야 한다. 또한 종합소득세수정신고는 상여처분 등 소득귀속자에게 소득처분받은 경우 근로소득원천징수영수증 등으로 종합소득세 수정신고 외 신고서를 접수한다. 이 경우 가산세가 부과되므로 주의해야 한다.

세법에서 규정한 의무를 위반한 자에게 국세기본법 또는 소득세법에서 정하는 바에 따라 가산세가 부과된다. 가산세는 해당 의무가 규정된 세법의 해당 국세의 세목으로 하고, 해당 국세를 감면하는 경우에는 가산세는 그 감면대상에 포함시키지 않는다.

가산세는 납부할 세액에 가산하거나 환급받을 세액에서 공제한다.

종합소득세 가산세 요약표(2019년)

종류	부과사유	가산세액
무신고	일반무신고	무신고납부세액×20%
	일반무신고 (복식부기의무자)	Max ① 무신고납부세액×20%, ② 수입금액×0.07%
	부정무신고	무신고납부세액×40%(국제거래 수반시 60%)
	부정무신고 (복식부기의무자)	Max ① 무신고납부세액×40%(국제거래 수반시 60%) ② 수입금액×0.14%
과소신고, 초과환급 신고	일반과소신고	일반과소신고납부세액×10%
	부정과소신고	부정과소신고납부세액×40%(국제거래 수반시 60%)
	부정과소신고 (복식부기의무자)	Max ① 부정과소신고납부세액×40%(국제거래 수반시 60%) ② 부정과소신고 수입금액×0.14%
무기장	무기장・미달기장 (소규모사업자제외)	산출세액×(무기장, 미달기장 소득금액/종합소득금액)×20%
납부 불성실, 환급 불성실	미납・미달납부	미납・미달납부세액×미납기간* ×2.5/10,000 * 미납기간 : 납부기한 다음날~자진납부일(납세고지일)
	초과환급	초과환급받은 세액×초과환급기간* ×2.5/10,000 * 초과환급기간 : 환급받은 날의 다음날~자진납부일(납세고지일)
지급 명세서 보고 불성실	미제출(불분명)	미제출(불명)금액×1%
	지연제출(기한 후 3개월이내 제출시)	지연제출금액×0.5%

종류	부과사유	가산세액
계산서 보고 불성실	계산서 허위·누락기재	허위·누락기재 공급가액×1%
	계산서합계표미제출, 허위·누락기재	미제출, 허위·누락기재액×0.5% (기한 후 1월 이내 제출 시 0.3%)
	계산서 미발급, 가공(위장)수수가산세	공급가액×2%
	중도매인에 대한 계산서 보고불성실가산세	[(총매출액×연도별 교부비율)−교부금액]×1%
전자 계산서 관련 가산세	전자계산서 외 발급	전자계산서 외의 계산서를 발급한 공급가액×1%
	전자계산서 미전송	미전송 공급가액×1% (직전과세기간 총수입금액 10억원 이상인 개인 : 0.3%)
	전자계산서 지연전송	지연전송 공급가액×0.5% (직전과세기간 총수입금액 10억원 이상인 개인 : 0.1%)
매입처별 세금 계산서 합계표	미제출, 불분명 (복식부기의무자만 해당)	미제출, 불분명분 공급가액×0.5%
	지연제출 (복식부기의무자만 해당)	지연제출(기한 후 1월 이내 제출) 공급가액×0.3%
증빙불비	정규증명 미수취, 허위수취(소규모사업자 및 추계자 제외)	미수취, 허위수취 금액×2%
영수증수취명세서 미제출	영수증수취명세서 미제출, 불분명 (소규모사업자 및 추계자 제외)	미제출·불분명금액×1%(기한 후 1월 이내 제출 시 0.5%)
사업장현황 신고불성실	의료업, 수의업, 약사업 사업자가 사업장현황 무신고, 수입금액 과소신고	무신고, 과소신고×0.5%
공동사업장 등록불성실	사업자미등록·허위등록	미등록·허위등록 과세기간의 총수입금액×0.5% (기한 후 1월 이내 등록 시 0.25%)
	손익분배비율허위신고 등	허위신고한 과세기간의 총수입금액×0.1%
사업용 계좌 미사용등	미신고가산세 (복식부기의무자만 해당)	Max ① 해당과세기간수입금액×미신고기간/365×0.2% ② 미사용금액×0.2%
	미사용가산세 (복식부기의무자만 해당)	미사용금액×0.2%

종류	부과사유	가산세액
신용카드 거부	신용카드에 의한 거래를 거부 또는 사실과 다르게 발급	거부금액 또는 사실과 다르게 발급한 금액×5% (건별 5천원 미만 시 5천원)
현금 영수증 불성실	가맹점 미가입	수입금액×미가입기간/365×1%
	발급거부 또는 사실과 다르게 발급	발급 거부 또는 차액×5%(건별 5천원 미만시 5천원)
기부금 영수증 불성실	기부금영수증을 사실과 다르게 발급	불성실기재금액×2%
	기부자별 발급내역 미작성, 미보관 * 상증세법에 의해 가산세가 부과된 경우 제외	미작성, 미보관금액×0.2%
성실신고 확인서 미제출	성실신고확인대상 사업자가 기한 내 성실신고확인서를 미제출	산출세액×(사업소득금액/종합소득금액)×5%
유보소득 계산 명세서 제출 불성실 가산세	유보소득명세서 미제출·불분명	배당가능 유보소득금액×0.5%
원천징수 납부 등 불성실	원천징수세액의 미납·미달납부	미납·미달납부세액×(3%+미납일수×2.5/10,000) (한도 : 미납·미달납부세액×10%)

* 신고불성실가산세와 무기장가산세, 성실신고확인서 미제출가산세가 동시에 적용되는 경우 큰 금액을 적용하고 같을 경우에는 신고불성실가산세만을 적용한다.
* 출처 : 국세청 → 성실신고지원 항목별 가산세

Check Box_종합소득세 확정신고 집계관리

- 개인사업자의 종합소득세 확정신고 집계관리는, 타소득 자료 유무 확인 및 성실신고 사전안내 내용 등을 검토해서 사업용계좌 개설 · 등록을 확인하고 신고를 마감한다.
- 종합소득세 신고 접수한 금액과 전송한 접수증 금액의 일치 여부를 확인한다. 종합소득세 신고 전송한 후 가상계좌가 기록된 종합소득세 납부서를 사업장에 전달하는 관리도 함께 한다.
- 집계관리를 통해 전자신고 또는 고지서 전달을 누락하는 일이 없도록 한다.

20××년 귀속 종합소득세 확정신고 집계관리

20××. 05. 31.

번호	회사명	대표자	구분	20×× 수입금액	20×× 수입금액	기장유형		소득 표준율	20××년 과세표준 (소득금액)	20××년 결정세액
					1−12월	20××	20××			
1										
2										

번호	소득세	주민세	중간예납	사업용 계좌 개설 확인함	조정료 (부가가치세 포함)	영수증 수취제출	주민 등록 번호
1							
2							

세금신고 끝판왕

제 4 장

효율적인 고객서비스 및 관리업무

사업장 관리의 궁극적인 목적은 각종 신고업무를 대리함으로써 고객의 편의를 도모하고, 납부하게 될 세액을 미리 예상하여 손해를 입지 않도록 안내하는 것이다. 사업장을 효율적으로 관리하기 위해서는 우선 사업장의 특성을 파악하는 것이 필요하다. 세액을 산출하기까지의 과정은 세무회계사무소의 몫이지만 결국 모든 의무의 주체는 사업장이기 때문에 국세청에서 내려오는 안내문들을 미리 전달하여 불이익을 받는 일이 없도록 해야 한다.

본서는 세무회계업무를 이제 막 시작하려는 초심자들을 위해 기본적인 부분만 다루고 있으므로 어느정도 익숙해지면 심화과정을 위한 관련 서적들을 찾아서 공부하기 바란다. 특히 세법의 경우 매년 개정되는 빈도가 높은 편이므로 꾸준히 관심을 갖고 놓치지 않도록 한다.

제1절

사업자가 세무조사를 대비하는 방법

1. 세무조사의 흐름

세무조사는 정기조사, 수시조사, 기타 과세자료소명 안내문 발송을 통하여 이루어진다. 그 절차는 다음과 같다.

① 세무조사 대상자 선정 → ② 세무조사 사전통지 → ③ 세무조사 개시 → ④ 세무조사 진행 → ⑤ 세무조사 종결 → ⑥ 세무조사결과(과세예고) 통지 → ⑦ 고지서 발송 → ⑧ 납부

2. 세무조사 대상자의 선정 및 선정사유

모든 회사가 다 세무조사를 받는 것은 아니며, 그 대상이 무작위로 선정되는 것도 아니다. 세법에서는 세무조사 대상자를 선정하는 규정이 있고, 이에 따라 정기적인 표본조사를 실시한다. 표본조사는 과거 5개년의 자료를 모두 검토하여 진행되며, 조사 후 납세의무를 성실히 이행하지 않고 탈세한 정황이 발견되면 해당 세액과 가산세까지 포함하여 추징한다. 이외에도 국세청의 수시선정에 의해 세무조사의 대상이 될 수가 있는데, 사유는 다음과 같다.

- 납세자가 세법에서 규정한 신고, 세금계산서 또는 계산서의 작성, 교부, 제출, 지급명세서의 작성, 제출 등의 납세협력의무를 이행하지 아니한 경우
- 무자료거래, 위장거래, 가공거래 등 거래내용이 사실과 다른 혐의가 있는 경우
- 신고내용에 탈루나 오류의 혐의를 인정할 만한 명백한 자료가 있는 경우
- 거래상대방에 대한 조사가 필요한 경우

- 2년 이상의 사업연도와 관련하여 잘못이 있는 경우
- 부동산 투기, 매점, 매석, 경제질서 교란 등을 통한 탈세 혐의가 있는 경우

3. 세무조사 사전통지와 연기신청

국세청에서는 세무조사에 착수하기 15일 전 회사에 서면으로 납세자성명 및 주소, 조사 대상, 세목, 조사 기간, 조사 사유, 부분조사시 '부분조사의 범위' 등을 기재한 사전통지서를 발송하지만 증거인멸 등으로 조사목적을 달성할 수 없는 경우에는 사전통지를 생략할 수 있다.

세무조사의 통지와 연기신청(국세기본법 81조의 7)

① 세무공무원은 세무조사를 하는 경우에는 조사를 받을 납세자에게 조사를 시작하기 15일 전에 조사대상 세목, 조사기간 및 조사 사유, 그 밖에 대통령령으로 정하는 사항을 통지하여야 한다. 다만, 사전통지를 하면 증거인멸 등으로 조사 목적을 달성할 수 없다고 인정되는 경우에는 그러하지 아니하다.

② 사전통지를 받은 납세자가 천재지변이나 그 밖에 대통령령으로 정하는 사유로 조사를 받기 곤란한 경우에는 대통령령으로 정하는 바에 따라 관할 세무관서의 장에게 조사를 연기해 줄 것을 신청할 수 있다.

③ 위 ②에 따라 연기신청을 받은 관할 세무관서의 장은 연기신청 승인 여부를 결정하고 그 결과를 조사 개시 전까지 통지하여야 한다.

④ 세무공무원은 위 ①의 단서에 따라 사전통지를 하지 아니하고 세무조사를 하는 경우 세무조사를 개시할 때 다음 각 호의 사항이 포함된 세무조사통지서를 세무조사를 받을 납세자에게 교부하여야 한다. 다만, 폐업 등 대통령령으로 정하는 경우에는 그러하지 아니하다.

- 사전통지 사항
- 사전통지를 하지 아니한 사유
- 그 밖에 대통령령으로 정하는 사항

4. 자금 및 증빙 등의 관리

• 법인의 현금

법인은 개인과 달라서 현금 흐름이 중요하다. 발생주의에 의해 장부를 기장하기 때문에 출처가 정확하지 않은 현금이 회사에 들어오거나(근거자료 구비) 나갔을 때는 항상 대표이사가 책임을 져야 하기 때문이다(가지급금 인정이자 계상).

예시 외상으로 매출을 했는데 거래처에서 대금을 회사로 입금하지 않았을 경우에는 대표이사가 해당 금액을 가져간 것으로 보고 대표이사 상여처분하여 소득세를 원천징수한다.

• 법인 카드

법인 카드는 반드시 법인의 사업 목적에 부합하는 경우에만 사용하여야 하고, 법인의 접대비는 법인 명의의 신용카드를 사용한 경우에만 인정된다. 골프장 및 유흥주점에서 사용한 금액 등은 법인 카드의 가사 사용 혐의로 국세청 전산자료에 나타난다. 따라서 사업상 접대한 내용은 소명이 필요하며, 개인적인 사용이 확실한 부분은 사용자에게 상여처분하여 근로소득에 대한 세금을 추가납부하여야 한다(휴일 · 공휴일 · 퇴근 이후의 카드 사용내역도 마찬가지임).

• 세금계산서

세금계산서의 수취는 항상 대금의 지출과 함께 이루어지는 시스템으로 운영해야 한다. 세금계산서는 그 자체로 중요한 증빙자료의 역할을 하므로 누락으로 인한 손해를 보지 않기 위함이다. 전체적으로는 회계 전담 부서에서 검토하겠지만 영수증 수취 여부에 따라 납부할 세금이 달라지기 때문에 대표이사 및 직원들의 이해와 협조가 필요하다.

• 재고자산 관리

상품과 재료가 있는 회사는 재고자산 관리도 기록으로 남겨야 한다. 재고자산은 결국 자산과 부채 계정과목과 밀접한 관련이 있으며, 해당 내역은 재무제표 뿐만이 아니라 세금을 결정하는 당기순손익에도 영향을 미친다. 재고자산의 투명하지 않은 관리로 분식회계의 대상이 되는 일은 없어야 한다.

• 기 타

위의 사항 외에도 인건비 관리와 자금 및 증빙관리를 철저히 하여, 매년 정기 세무조사, 비정기 세무조사, 자금출처조사, 주식변동조사, 상속세 조사, 증여세 조사, 양도소득세 조사, 신고 사후검증 등 다양한 세무조사에 잘 대응하기 바란다.

• 가산세율
  - 2007년 귀속부터 각종 가산세율이 상향조정 되었으며 국세기본법 규정을 적용하게 된다.
  - 일반무신고가산세 : 과소신고세액의 20%와 수입금액의 0.07% 중 큰 금액
  - 부정무신고가산세 : 과소신고세액의 40%와 수입금액의 0.14% 중 큰 금액

5. 국세청 세무관리시스템의 이해를 통한 세무조사 대비

• 국세청 빅데이터 전산시스템으로 추출

국세청은 NTIS 전산시스템을 구축하여 전 국민의 소득과 지출(Property Consuption Income System)을 철저하게 비교분석하고 있다.

예시 법인의 대표이사가 본인 소득은 10억원으로 소득세 신고를 했는데 지출내역을 살펴보니 25억원일 경우, 국세청은 차액 15억원은 신고소득에 비해 과다한 수준의 소비로 인식한다. 이 경우 국세청은 그가 대표이사로 있는 해당기업으로부터 자금을 사적으로 유출하여 부동산 취득자금 및 생활비 등으로 사용한 것으로 추정하며 세무조사 대상 목록에 올린다.

• 탈세 제보

탈세 제보 포상금은 최대 30억원까지로 부당한 방법으로 탈세한 세금이 많을수록 포상금액도 높아진다. 그러나 탈세 제보시 근거 없는 제보는 국세청에서 받아주지 않으므로 제보자는 아주 구체적인 정황과 근거자료를 갖고 제보하기 때문에 세무조사를 받고 추징되는 세금도 상당히 높고 대표이사는 형사고발까지 당할 수 있다.

• 신고 후 국세청으로부터 해명자료 제출안내문을 받은 경우

관련 세금을 신고한 후 국세청으로부터 신고누락 혐의가 있으니 해명자료를 제출하라는 안내문을 받은 경우 이를 무시하지 말고 반드시 해명자료를 제출하여야 한다. 이것을 무시하면 가산세의 부과대상이 되는 것은 물론이거니와 정식 세무조사 대상으로 선정될 수 있으므로 특히 주의하여야 한다.

• 비용증감 분석

작년도 인건비, 복리후생비, 외주 가공비 합계액이 10억원인데, 올해는 30억원일 경우 비용이 300% 증가했다면, 상식적으로 매출도 300% 증가해야 한다. 국세청이 분석해 보니 실제로 매출이 20%만 증가했다면, 국세청은 매출을 누락하여 신고했는지, 실제로 지출하지 않은 가공비용을 신고한 것이 아닌지 알아보려고 할 것이다.

- 국세청 통합 전산망(Tax Intergrated System)에서 관리되는 자료
  - 원천징수되는 모든 종류의 소득 : 이자, 배당, 급여, 연금 등
  - 부동산의 취득 및 보유 현황 : 상속, 증여, 매매 등
  - 부동산 임대현황
  - 주식취득 및 보유현황
  - 지방세 중과대상인 고급주택, 고급선박 등 보유현황
  - 신용카드 매출내역 및 사용실적(해외 사용실적 포함)
  - 세금계산서와 판매시점관리(Point of sales)에 의한 매출, 매입실적
  - 외국환 매각자료, 해외송금 자료
  - 운전면허학원의 수강관련자료
  - 기업의 특허권 등록자료
  - 세관 통관업무 실적자료
  - 옥외광고물 표시 및 설치허가 관련자료 등
- 금융정보분석원
  - 금융기관을 이용한 범죄 자금의 세탁 및 외화 불법 유출 방지를 위해 설립된 금융위원회 소속기관
  - 현금 입출금액이 일정금액 이상 되면 금융정보분석원에 자동통보된다.
  - 참고로 현금이 아닌 온라인 입금이나 출금은 국세청 전산시스템에 바로 노출되기 때문에 금액 상관없이 통보대상은 아니다. 5년 정도 분석 후 5년치 모두를 소명하라고 개인한테 통보하게 하고 소명 불가할 시 세금폭탄을 피할 수가 없다.

6. 세무조사 관련 용어 정의

① 세무조사

각 세법에 규정하는 질문조사권 또는 질문검사권에 근거하여 조사공무원이 납세자의 국세에 관한 정확한 과세표준과 세액을 결정 또는 경정하기 위하여 조사계획에 의해 세무조사 사전통지 또는 세무조사 통지를 실시한 후 납세자 또는 납세자와 거래가 있다고 인정되는 자 등을 상대로 질문하고, 장부・서류・물건 등을 검사・조사하거나 그 제출을 명하는 행위를 말하며, 국세기본법에 따른 일반세무조사와 조세범처벌절차법에 따른 조세범칙조사로 구분한다.

② 현장확인

각 세법에 규정하는 질문조사권 또는 질문검사권에 따라 세원관리, 과세자료 처리 또는 세무조사 증거자료 수집 등 다음 각 목의 어느 하나에서 예시하는 업무 등을 처리하기 위하여 납세자 또는 그 납세자와 거래가 있다고 인정되는 자 등을 상대로 세무조사에 의하지 아니하고 현장확인 계획에 따라 현장출장하여 사실관계를 확인하는 행위를 말한다.

가. 자료상 혐의자료, 위장가공자료, 조세범칙조사 파생자료로서 단순 사실확인만으로 처리할 수 있는 업무

나. 위장가맹점 확인 및 신용카드 고액매출자료 등 변칙거래 혐의 자료의 처리를 위한 현장출장・확인업무

다. 세무조사 과정에서 납세자의 거래처 또는 거래상대방에 대한 거래사실 등 사실관계 여부 확인업무

라. 민원처리 등을 위한 현장출장・확인이나 탈세제보자료, 과세자료 등의 처리를 위한 일회성 확인업무

마. 사업자에 대한 사업장현황 확인이나 기장확인 업무

바. 거래사실 확인 등을 위한 계좌 등 금융거래 확인업무

③ 세무조사사무, 조사사무

조사대상자의 선정, 조사계획의 수립, 조사집행, 조사결과의 통지, 조사결과에 따른 결정・경정, 사후관리 및 조사관련 통계관리 등 세무조사 실시와 관련된 사무를 말한다.

④ 조세범칙조사사무

조세범처벌법에서 규정하는 조세범칙행위에 대해 범칙혐의 유무를 입증하기 위하여 조사계획을 수립하고 조세범칙행위 혐의자나 참고인을 심문, 압수・수색, 범칙처분하는 등 조사집행과 관련된 조사사무를 말한다.

⑤ 조사공무원

국세청장, 지방국세청장 또는 세무서장으로부터 특정 납세자에 대한 세무조사의 명령을 받은 공무원을 말한다.

⑥ 제3장에서의 조사공무원

조세범처벌절차법 제2조 제4호에 따라 근무지를 관할하는 지방검찰청의 검사장으로

부터 세무공무원으로 지명받은 자로서 지방국세청장 또는 세무서장으로부터 특정의 조세범칙행위 혐의자 또는 참고인에 대한 조세범칙조사의 명령을 받은 공무원을 말한다.

⑦ 조사관리자

조사공무원을 직접 지휘·감독하는 자를 말한다.

⑧ 조사종결일

조사받는 납세자에 대한 조사행위를 끝마치는 날을 말한다.

⑨ 재산제세

양도소득세, 상속세 및 증여세를 말한다.

⑩ 간접세

부가가치세, 개별소비세, 주세, 인지세, 증권거래세, 교통·에너지·환경세를 말한다.

⑪ 확인서

특정의 사실 또는 법률관계의 존재 여부를 인정하는 내용을 담은 문서를 말한다.

⑫ 진술서

특정의 사실 또는 법률관계의 단순한 확인 이외에 쟁점사실에 대하여 그 발생의 원인, 경위 및 결과에 대한 내용과 진술인의 의견이 덧붙여져 자필(다만, 부득이한 사정으로 진술인이 작성하지 못함에 따라 서명 또는 날인만을 진술인이 직접한 경우 포함)로 작성된 문서로 서술형과 문답형으로 구분된다.

⑬ 심문조서

조세범칙조사 과정에서 조사공무원이 조세범칙행위 등을 확정하기 위하여 그 경위 등을 문답형식으로 기록하여 심문을 받은 사람 또는 참여자에게 확인하게 한 후 그와 함께 서명날인한 조서를 말한다.

⑭ 일시보관

국세기본법 제81조의 10에 따라 세무조사시 납세자의 동의가 있는 경우 장부·서류 등을 세무조사기간 동안 일시적으로 조사관서에 보관하는 것을 말한다.

⑮ 압 수

법관이 발부한 영장에 따라 범칙증거물 등 물건의 점유를 취득하는 대물적 강제처분을 말한다.

⑯ 수 색

법관이 발부한 영장에 따라 범칙행위의 증거 등을 찾기 위하여 사람의 신체, 물건, 주거, 장소 등에 대하여 행하는 강제처분을 말한다.

⑰ 주식변동

출자, 증자, 감자, 매매, 상속, 증여, 신탁, 주식배당, 합병, 전환사채 · 신주인수권부사채 · 교환사채 · 기타 유사한 사채의 출자전환(전환 · 인수 · 교환 등) 등에 따라 주주 또는 출자자가 회사에 대하여 갖는 법적지위권 또는 소유지분율 및 소유주식수 · 출자지분이 변동되는 것을 말한다.

⑱ 일반세무조사

특정납세자의 과세표준 또는 세액의 결정 또는 경정을 목적으로 조사대상 세목에 대한 과세요건 또는 신고사항의 적정 여부를 검증하는 일반적인 세무조사를 말한다.

⑲ 조세범칙조사

조사공무원이 조세범처벌법 제3조부터 제14조까지의 죄에 해당하는 위반행위 등을 확정하기 위하여 조세범칙사건에 대하여 행하는 조사활동을 말한다.

⑳ 추적조사

재화 · 용역 또는 세금계산서 · 계산서의 흐름을 거래의 앞 · 뒤 단계별로 추적하여 사실관계를 확인하는 세무조사를 말한다.

㉑ 기획조사

소득종류별 · 계층별 · 업종별 · 지역별 · 거래유형별 세부담 불균형이나 구조적인 문제점 등을 시정하기 위하여 국세청장, 지방국세청장 또는 세무서장이 별도의 계획에 따라 실시하는 세무조사를 말한다.

㉒ 통합조사

납세자의 편의와 조사의 효율성을 제고하기 위하여 조사대상으로 선정된 과세기간에 대하여 그 납세자의 사업과 관련하여 신고·납부의무가 있는 세목을 함께 조사하는 것을 말한다.

㉓ 세목별조사

국세기본법 제81조의 11 제2항 각 호의 사유에 따라 특정 세목만을 대상으로 실시하는 세무조사를 말한다.

㉔ 전부조사

조사대상 과세기간의 신고사항에 대한 적정 여부를 전반적으로 검증하는 세무조사를 말한다.

㉕ 부분조사

국세기본법 제81조의 11 제1항 및 제2항에 따른 통합조사 또는 세목별조사에 의하지 아니하고 특정 사업장, 특정 항목·부분 또는 거래 일부 등에 한정하여 적정 여부를 검증하는 세무조사를 말한다.

㉖ 동시조사

세무조사시 조사효율성, 납세자 편의 등을 감안하여 조사대상자로 선정된 납세자와 특수관계에 있는 자(법인을 포함) 등 관련인을 함께 조사하는 것을 말한다.

㉗ 긴급조사

각 세법에서 규정하는 수시부과 사유가 발생하였거나, 채무자회생및파산에관한법률에 의한 회생절차개시 신청 등으로 조세채권의 조기확보가 필요한 납세자에 대하여 그 사유가 발생하는 즉시 실시하는 세무조사를 말한다.

㉘ 간편조사

상대적으로 성실하게 신고한 것으로 인정되는 중소기업 등을 대상으로 최소한의 해명자료의 요구·검증 및 현장조사 방법 등에 의해 단기간의 조사기간 동안 조사를 실시하고 회계·세무처리과정에서 유의할 사항 안내, 경영·사업자문 등을 하는 세무조사를 말한다.

㉙ 사무실 간이조사

소규모 납세자에 대해 납세자 편의, 회계투명성·신고성실도 및 규모 등을 고려하여 현장조사에 의하지 아니하고도 조사의 목적을 달성할 수 있다고 판단되는 경우 납세자가 제출한 신고서류, 회계서류 및 증빙자료 등을 통해 조사기간의 대부분을 조사관서의 사무실에서 실시하는 세무조사를 말한다.

㉚ 주식변동조사

위 ⑰에서 정한 주식변동 과정에서 관련 주주 및 해당 법인의 제세 탈루 여부를 확인하는 세무조사를 말한다.

㉛ 자금출처조사

거주자 또는 비거주자가 재산을 취득(해외유출 포함)하거나 채무의 상환 또는 개업 등에 사용한 자금과 이와 유사한 자금의 원천이 직업・나이・소득 및 재산상태 등으로 보아 본인의 자금 능력에 의한 것이라고 인정하기 어려운 경우, 그 자금의 출처를 밝혀 증여세 등의 탈루 여부를 확인하기 위하여 행하는 세무조사를 말한다.

㉜ 이전가격조사

거주자, 내국법인 또는 외국법인 국내사업장이 국제조세조정에관한법률에서 규정하는 국외 특수관계자와의 거래와 관련하여 과세표준 및 세액신고시에 적용된 이전가격이 국제조세조정에관한법률 제2조(정의) 제1항 제10호에서 규정하는 정상가격과 합치하는지를 확인하기 위하여 행하는 세무조사를 말한다.

㉝ 위임조사

지방국세청장이 조사인력・업무량・조사실익 등을 감안하여 지방국세청 조사대상자를 세무서장에게 위임하여 실시하는 세무조사를 말한다.

㉞ 교차 세무조사

국세기본법 시행령 제63조의 3(세무조사의 관할 조정) 제1호, 제2호 및 제4호에 따른 관할조정 사유에 해당하는 경우 납세지 관할 지방국세청장이 관할조정을 신청하여 납세지 관할이 아닌 지방국세청장이 실시하는 세무조사를 말한다.

제2절

고객사의 생애주기별 필요업무 및 유의사항

1. 신규사업자

신규사업자 및 기장이관업체의 관리는 수임 의뢰를 받으면서부터 시작된다. 회사에 직전사업연도의 모든 서류를 의무적으로 보관하도록 전달하고, 신규업체 관리 상담표를 작성하면서 필요서류를 파악하여 당해 사업연도의 자료들을 요청한다. 회사가 신규사업자일 경우에는 사업자등록 신청시에 접수한 서류를 챙겨야 하고, 관리를 시작하기 전에 업태·종목을 파악해야 한다. 계속사업자의 경우에는 직전연도의 세무조정계산서(결산서)를 요청한다.

(1) 신규사업자 관리시 주의사항

① 신규업체 관리 상담표는 신규사업자 및 기장이관업체에 자료를 요청할 때 필요한 서류를 체크하여 관리하기 위한 자료이다.

② 또는 사업자등록증을 교부받은 후에 영업을 개시할 때 각종 세금 신고납부의 중요성을 인식하고 서로 업무에 협조하기 위해 필요한 자료이다.

③ 기장계약을 하고, 세무대리인이 홈택스에서 수임 등록을 하면, 사업자는 회원가입한 후 국세청 홈택스에서 세무대리인 수임동의를 해주어야 한다.

④ 수임동의 후 개인사업자의 사업용계좌 등록 여부를 확인한다.

⑤ 수임동의 후 개인사업자의 사업용신용카드를 국세청 홈택스에 등록했는지 여부를 확인한다.

⑥ 수임동의 후 개인사업자의 현금영수증가맹의무 해당업종 여부를 파악하고 현금영수증가맹하는 방법은 카드단말기 설치하는 방법과 카드단말기 없이 국세청 홈택스

에서 인터넷 현금영수증 사업자 홈페이지에 접속하여 회원가입하면 가맹점(조회/발급→현금영수증→현금영수증 인터넷 발급안내→현금영수증 가맹점가입)이 된다(현금영수증 홈택스 발급 사업자를 신청하면 신용카드 단말기 없이 홈택스에서 현금영수증이 발급 가능하며, 현금영수증 가맹사업자는 현금영수증를 의무 발급하여야 가맹점으로 가입가능, 국세청 홈택스 2. 조회/발급 참고, 2019.7.9.부터).

⑦ 개인사업자의 신용카드 신규발급 및 갱신이 있게 되면 3월, 6월, 9월, 12월 분기마감 전에 신규발급 또는 갱신한 신용카드 등록이 누락되지 않게 한다(사업자의 국세청 홈택스 아이디와 비밀번호로 신용카드번호 등록함).

⑧ 기장계약시 전달받은 개인, 법인 통장으로 CMS등록(기장료)동의서를 받아 등록한다.

⑨ 업체관리를 위한 상담을 하며 파악된 내용을 근거로 각 사업자에 맞게 매월 관리하는 자료 준비상황을 체크한다(수출입회사의 경우 수출관련 서류 등).

⑩ 다음의 업체관리 상담표는 회사의 현황을 파악하기 위한 자료로서 회사의 파일에 보관하며 특이사항을 메모해서 관리하기 위한 자료이다.

신규업체 관리 상담표

(회사메일 :   , 팩스 :   )

상호 : 사업자		개업일자				전화번호	
성명 : 법인 등		업종코드				수임유무	기장료
업 태		부가율		평균 부가율		담당자	
사업 현황	구분	사업장 소유구분	자가, 타가	종업원 수		현금영수증 가맹	
	사업 현황 개요	사업장 연면적 330㎡(100평) 초과 기록				원천징수 반기신고 신청	
						여	부
						사업용계좌 개설 신고(개인)	
		사업 현황 개요란에 취급품목, 제조공정 과정 등 간단하고 명료하게 특이사항 기재함				여	부

세목	연도	매 출	매 입	납부세액	부가율	비 고
부가 가치세						
소득 및 법인	연도	총수입금액	과세표준	납부세액	소득율	비 고

특이사항 상담시 메모	
번호	내 용
1	사업자등록증 사본 (대표자 주민등록번호 확인)
2	홈택스 사이트 가입 후 (아이디 : 비밀번호 :)
3	법인, 개인 통장 사본 앞면 CMS등록(기장료)
4	국세청 코드확인 (세무대리 등록 및 수임) 사업장 현황표 인쇄, 보관=세무사사무소 업무임
5	개인, 법인－임대차계약서 사본 및 직전연도 세무조정계산서 및 회계프로그램
6	법인－정관 사본 및 법인등기부등본, 주주명부
7	법무사 수수료(신설법인)－등기비용 수수료 세금계산서 수취 외
8	직원 프리랜서 및 직원등록 서류 (주민등록등본 등)
9	개인사업자는 사업용신용카드 국세청 홈택스 등록 확인, 법인신용카드번호
업종에 맞게	[수임 후 신규회사 재무회계→ 기초정보관리→ 환경등록－회계→ 2.분개유형 설정 계정과목 및 적요등록]

⑪ 개인 사업자는 국세청 홈택스에 사업용계좌 통장 번호를 등록해야 한다.
⑫ 세무대리 수임업무 대행을 진행하면서 금융기관에서 증명원 등의 자료를 직접 요청 하는 경우, 사업장에 연락하여 금융기관의 요청자료 내용을 확인한 후 재무제표 등 증명원 자료를 전송해 준다.
⑬ 사업장의 재무제표 내용을 수정하여 증명원을 요구하는 경우도 있는데, 절대 세무대리인이 재무제표를 수정해서 증명원으로 제공해서는 안된다.
⑭ 기장계약한 사업장에서 대표자가 아닌 이해관계자가 회사관련 자료를 세무대리인에게 요청하는 경우 대표자의 동의 없이 세무관련 자료를 보여주거나 보내주면 안 된다.
⑮ 사업장의 폐업 등으로 사업장의 자료를 수집할 목적으로 직접 세무대리인 사무소에 찾아와 자료를 요구하는 경우, 사업주 동의 없이 자료를 잘못 전달하는 경우 분쟁에 휘말릴 수가 있으므로 주의한다.
⑯ 고객의 사업전반에 관련하여 직무상 알게 된 비밀은 누설하지 아니한다.

(2) 신규업체 회사등록 및 관리 방법

① 신규업체 관리 상담표에 의한 자료를 작성하고 회사 관련 자료를 요청하여 수취한다(사업자등록증 사본을 먼저 팩스로 받은 후 국세청 홈택스 ID, 비밀번호 요청 등).
② 연간신고목록표로 각종 신고에 대해 안내하고 세무대리계약서를 작성한다.
③ 회계 프로그램에 기초정보관리에서 회사코드를 부여하고 신규 회사등록을 한다(통장, 계좌번호 등).
④ 세무사사무소의 기초정보관리에서 신규회사 거래처등록을 한다(메일 등).
⑤ 회계 프로그램에 국세청 홈택스 전자세금계산서를 다운받기 위한 스크랩핑 회사 설정으로 관리 회사의 ID와 비밀번호를 등록한다.
⑥ 국세청 홈택스에 로그인하여 세무대리인 수임납세자 등록을 ‘*’표시된 것만 입력한다.
⑦ 신규업체에 연락하여 국세청 홈택스의 조회/발급 → 세무대리인 수임 동의 절차를 요청한다(회사 ID, 비밀번호로 국세청 홈택스에 들어가면 대표자 핸드폰으로 국세청 인증번호를 요청 후 세무대리인이 인증번호를 반영하여 세무대리 동의를 할 수 있고, 법인은 공인인증서로만 수임 동의가 가능함).
⑧ 세무대리인의 국세청 홈택스에서 세무대리인 수임납세나 정보조회 → 사업자 기본

사항 조회를 출력하여 주업종코드, 현금영수증가맹, 원천징수구분을 검토하고 사업장 기본자료를 출력하여 파일에 정리해 놓는다.

⑨ 신규회사의 회사등록의 기본사항 주업종코드와 국세환급금계좌를 등록한다.

⑩ 은행에서 개설한 사업용계좌를 전달받아 국세청 홈택스에서 사업용계좌(개인 사업자만)를 등록한다.

⑪ 개인 사업자는 개인 신용카드 번호를 요청하고 국세청 홈택스에 사업목적 신용카드(개인 사업자만 해당)를 등록한다.

⑫ CMS 기장료 수임 동의서를 작성하고 전달받은 은행 통장 번호로 CMS 계좌 등록한다.

(3) 담당자별 수금관리 방법

세무대리 업무 진행을 하면서 미수금 관리는 꼭 필요하다. 따라서 프로그램을 사용하여 관리하는 방법에 대해 정리해 보았다.

더존 회계프로그램의 입력 방법은 아래와 같다.

① 직원 명단 부서사원 등록

기초데이터 → 부서사원등록 코드를 부여하고, 세무사, 사무장, 과장, 대리 등 관리하는 사람들의 이름을 등록한다.

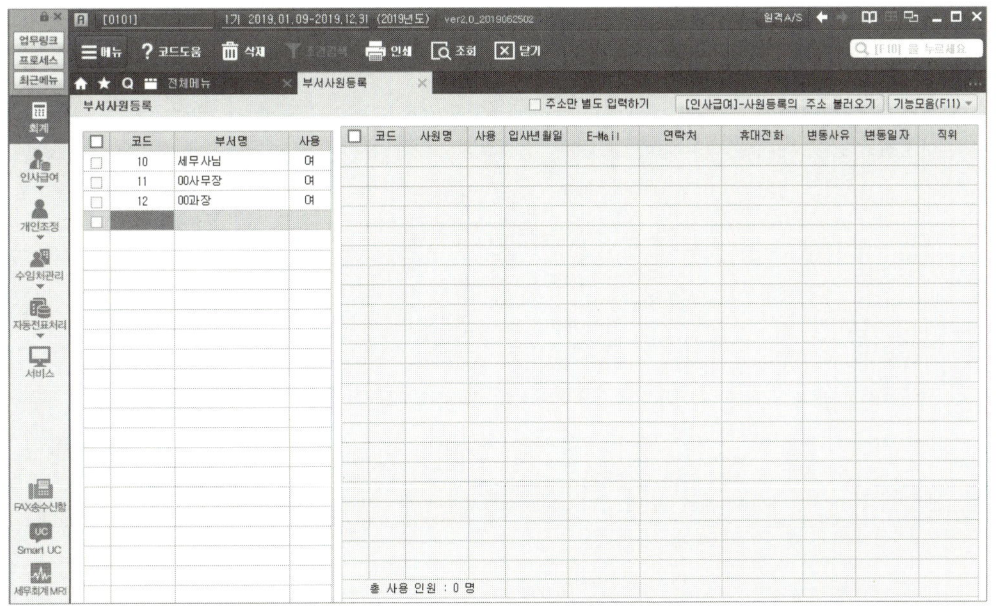

② 거래처 등록

• 기초데이터 → 거래처등록 → 일반(거래처) → 10. 담당(부서)사원 등록 → 추가사항 중 메일등록

• 거래처를 등록할 때 추가사항에서 전자세금계산서 발행 메일을 꼭 기록한다.

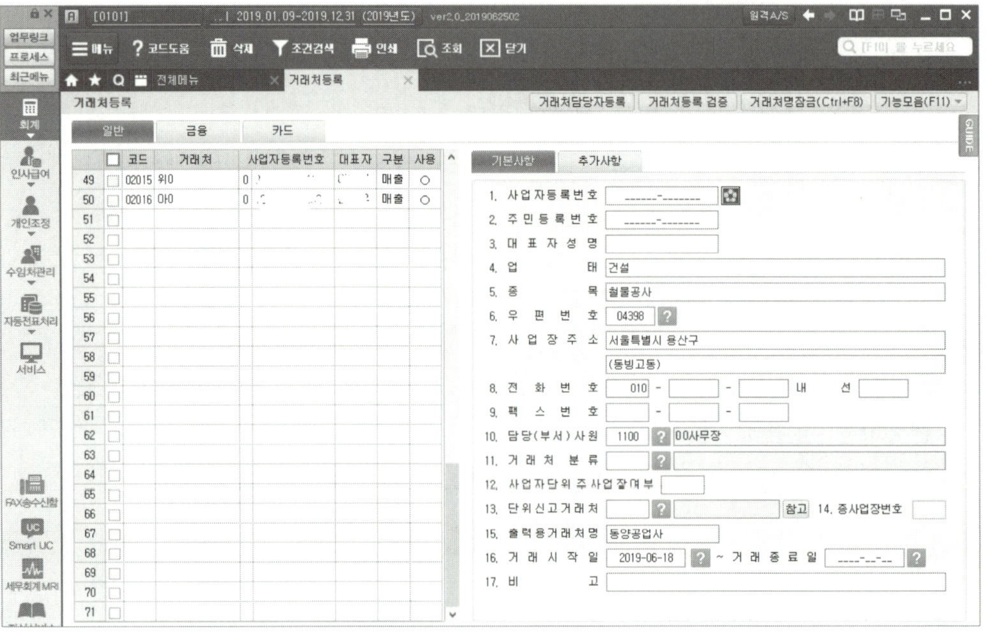

③ 매입매출전표 입력, 월기장 수수료 입력

• Bill36524 사이트(더존전자세금계산서, www.bill36524.com)에서 세무회계사무소 전용으로 회원가입하고, 사업자등록증, 세무사등록증을 제출하면 세금계산서를 더존프로그램에서 국세청 홈택스로 전송할 수 있다. 전자세금계산서를 더존프로그램에서 전자발행을 진행하며 전자발행수수료는 세무사전용은 무료이다.

• 세금계산서 작성일(용역제공일)이 매월 31일이라면 31일에 발행해서 국세청 홈택스에 바로 전송한다. 홈택스에서 직접 세금계산서 발행하여 전송하는 경우에는 발행일에 전송되기 때문에 지연전송 문제가 발생하지 않으나, Bill36524사이트는 발행 다음날에 전송이 되므로 지연전송가산세가 검토된다.

• 기장수수료를 세금계산서 발행일에 맞추어 세금계산서 전자발행을 전송한다.

• 국세청 홈택스에서는 다음날 오전에 매출 전자세금계산서 발행 내역을 확인할 수 있다.

• 전기이월 자료는 부서사원별 초기이월에서 전기이월 자료를 입력한다.

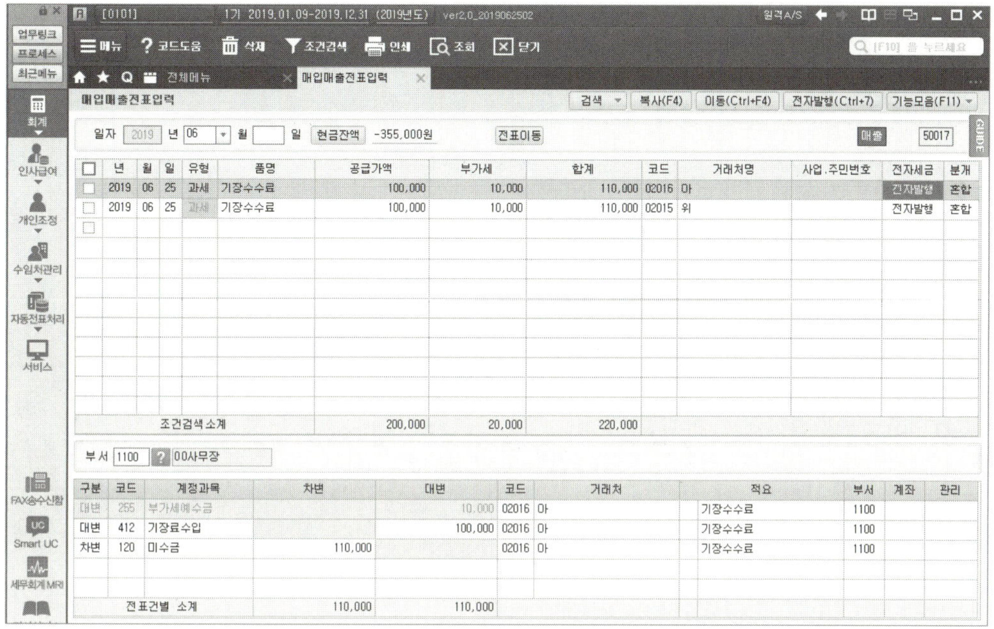

④ 통장 · 신용카드 자료수집 및 자동분개

- 통장을 엑셀 업로드하지 않고 은행자료를 직접 연동하는 방법은 세무사무소 사업용 통장을 각 은행사이트에서 빠른조회 등으로 신청하는 것이다.
- 빠른조회를 신청하면 회계프로그램에서 자료수집을 통하여 통장 입출금 자료가 수집된 후 분개처리를 하여 일반전표에 전송할 수 있다.

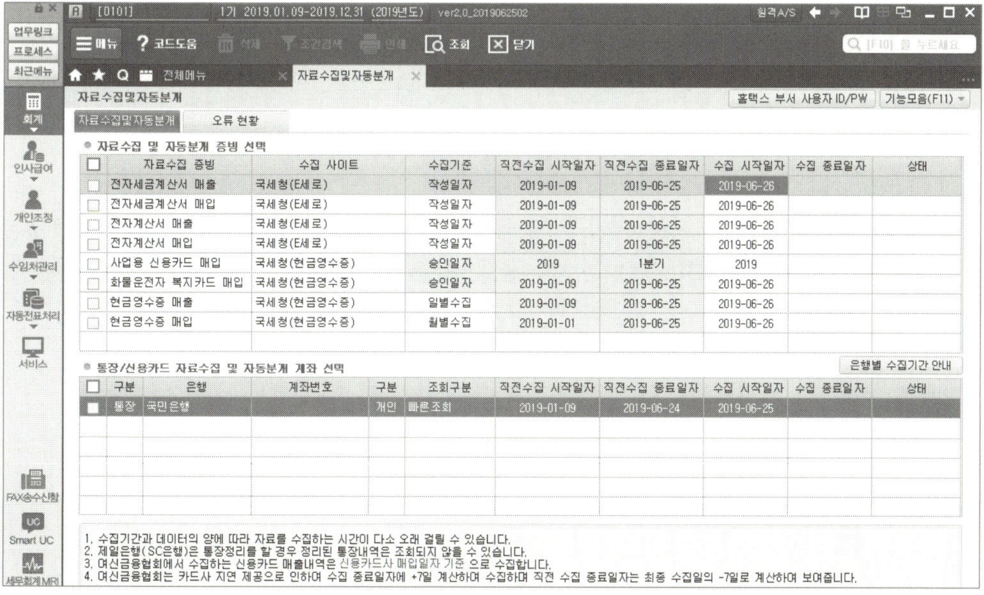

• 금융기관거래처 등록 LIST는 회계프로그램→거래처 등록→금융에서 확인하고 금융기관계좌번호를 조회하여 조회구분의 각 은행별 필수입력 사항을 확인한 후 관리하는 회사에 요청한 뒤 자료수집하여 등록하고 저장한다.
• 회사에서 금융기관거래처 등록을 먼저 진행한 후 회계프로그램 정보등록을 진행해야 하며, 5회 이상 틀리면 관리회사의 은행 인터넷 사용에 불편을 끼칠 수가 있다.

금융기관거래처 등록 LIST

회사상호 : ㈜○ ○

NO	코드	금융기관명	계좌번호	구분	조회구분	계좌비밀번호	ID	비밀번호	동의	동의방법	자동수집
1	○ ○ 은행	○ ○ ○ − ○ ○		기업	빠른 조회		×	×	여	서면	사용
2									여	서면	사용

• 간편조회서비스 용도 : 입출금 기능은 없으며, 순수하게 자료 조회수집만 국세청 홈택스처럼 사용 가능하다.
  – 엑셀파일을 제작해서 보내지 않아도 된다.
  – 실시간으로 컴퓨터에서 스크래핑 전일 자료를 수집할 수 있다.
  – 계좌비밀번호는 전화로 불러 주면 바로 입력 후 ‘＊’표시로 변경되고, 복사를 하더라도 ‘＊’표시된 부분은 알 수 없다.
  – 위 모든 업무는 회계프로그램에서 보안을 철저하게 관리하고 있다.
  – 다음의 자동수집 회계프로그램 화면을 참고하기 바란다.

통장(계좌)등록 샘플(클라우드)

○ 통장(계좌)등록 　　은행별 필수입력 사항 　크게

☑	은행	계좌번호	구분	조회구분	계좌비밀번호	아이디	비밀번호	동의	동의방법	자동수집	인증
☐	기업은행	14	기업	빠른조	****	tiger00100	********	여	서면	사용	성공
☐	하나은행	681	기업	빠른조	****	thefirst10	******	여	서면	사용	성공
☐											

은행별 필수입력 사항

은행	구분	조회구분	필수입력사항			
			계좌번호	계좌 비밀번호	Web ID	Web PW
1. 기업은행	기업	빠른조회	○	○		
	개인	빠른조회	○	○		
2. 국민은행	기업	빠른조회	○	○		
	개인	빠른조회	○	○		
		인터넷뱅킹	○		○	○
3. 외환은행 (KEB하나은행)	프리미엄	CMS iNet	○		○	○
	기업	기업인터넷뱅킹	○		○	○
		빠른조회	○	○		
	개인	인터넷뱅킹	○		○	○
		빠른조회	○	○		
4. 농협	기업	빠른조회	○	○		
	개인	인터넷뱅킹	○		○	○
		빠른조회	○	○		
5. 우리은행	기업	스피드계좌조회	○	○		
		인터넷뱅킹	○		○	○
	개인	스피드계좌조회	○	○		
		인터넷뱅킹	○		○	○
6. SC(제일)은	기업	스피드서비스	○	○		
	개인	스피드서비스	○	○		
		인터넷뱅킹	○	○	○	○
7. 신한은행	기업	간편서비스	○	○	○	○
	개인	인터넷뱅킹	○		○	○
		간편서비스	○	○	○	○
8. 씨티은행	기업	간편서비스	○	○		
	개인	인터넷뱅킹	○		○	○
9. 대구은행	기업	안전계좌서비스	○		○	○
		인터넷뱅킹	○		○	○
	개인	안전계좌서비스	○		○	○
		인터넷뱅킹	○		○	○
10. 부산은행	기업	빠른조회	○	○		
		인터넷뱅킹	○	○	○	○
	개인	빠른조회	○	○		
		인터넷뱅킹	○	○	○	○
11. 광주은행	기업	빠른조회	○	○		
	개인	빠른조회	○	○		
12. 제주은행	기업	바로바로서비스	○	○		
	개인	바로바로서비스	○	○		
13. 전북은행	기업	빠른서비스	○	○		
	개인	빠른서비스	○	○		
14. 경남은행	기업	빠른서비스	○	○		
	개인	빠른서비스	○	○		
15. 새마을금	기업	빠른조회	○	○		
		인터넷뱅킹	○		○	○
	개인	빠른조회	○	○		
		인터넷뱅킹	○		○	○
16. 우체국	기업	EVERRICH간편조회	○	○		
	개인	EVERRICH간편조회	○	○		
17. 하나은행 (KEB하나은행)	프리미엄	기업인터넷뱅킹	○		○	○
		빠른조회	○	○		
	기업	기업light인터넷뱅킹	○		○	○
		빠른조회	○	○		
	개인	인터넷뱅킹	○		○	○
		빠른조회	○	○		
18. 산업은행	기업	빠른조회	○	○		
	개인	빠른조회	○	○		
19. 신협	기업	조회전용	○		○	○
	개인	조회전용	○		○	○
20. 수협	기업	간편조회	○	○		
	개인	간편조회	○	○		

[참고] 씨티은행 개인뱅킹은 클라우드에서 지원하지 않습니다.

⑤ 거래처원장에서 부서 · 사원별 미수금관리, 총괄 미수금 관리

- 통장의 자료수집한 자료를 은행별로 수집하여 일반전표에 분개 처리한다.
- 거래처 미수금관리로 세금계산서 발행 내역과 입금 내역이 정리가 된다.

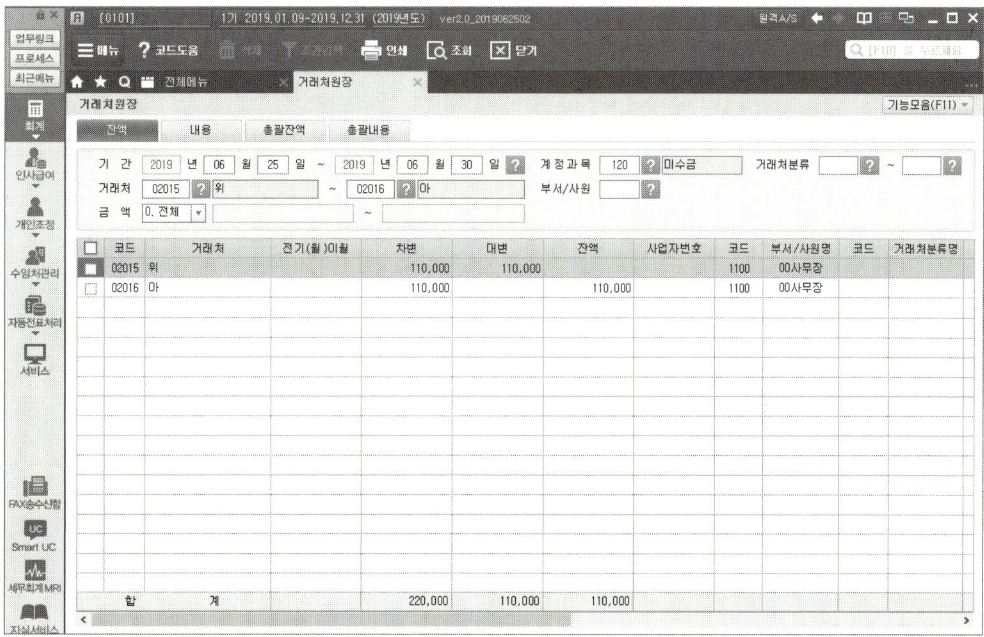

세무사랑Pro ▸▸▸ 담당자별 수금관리 입력

세무대리 업무를 진행하면 미수금 관리가 꼭 필요하기 때문에 여기에서는 세무사랑 프로그램을 사용하여 관리하는 방법에 대해서 알아본다. 세무사랑 회계프로그램의 입력 방법은 아래와 같다.

① 직원 명단 부서사원등록

기초정보관리 → 부서사원등록 코드를 부여하고, 세무사, 사무장, 과장, 대리 등 관리하는 사람들의 이름을 등록한다.

② 거래처등록

- 기초정보관리 → 거래처등록 → 일반거래처 → 7. 담당(부서)사원 등록 → 업체담당자연락처(조회/등록) → 담당자 메일 등록
- 거래처 등록할 때에 추가사항에서 전자세금계산서 발행 메일을 꼭 기록한다.

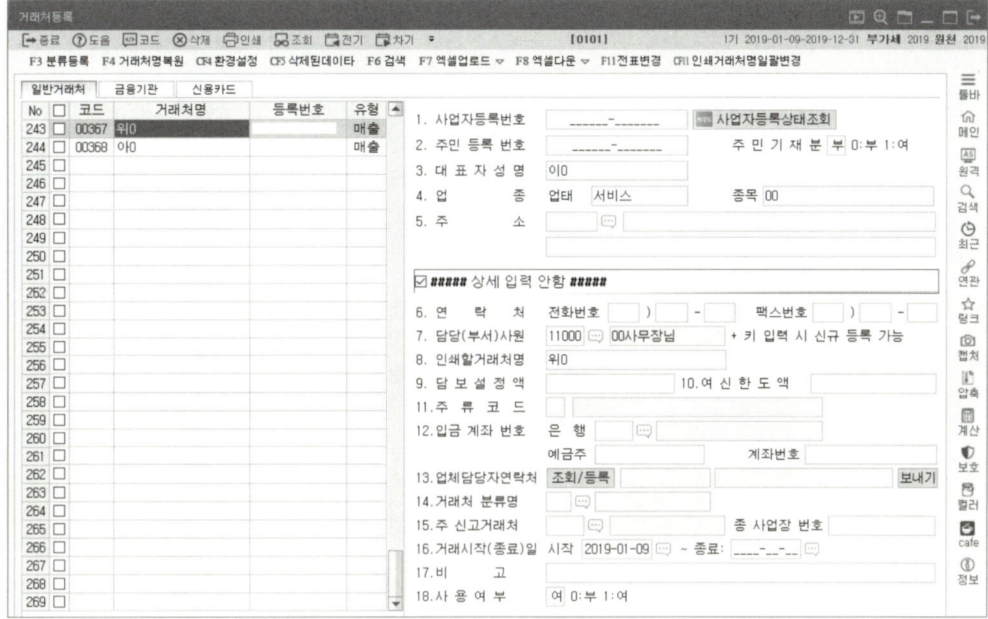

③ 매입매출전표입력 월기장 수수료 입력

- BestBill 사이트(세무포털, www.semuportal.com)에서 세무회계사무소 전용으로 회원가입하고, 사업자등록증, 세무사등록증 제출하면 세금계산서를 세무사랑 프로그램에서 국세청 홈택스로 전송할 수 있다. 전자세금계산서를 세무사랑 프로그램에서 전자발행을 진행하며 전자발행수수료는 세무사전용은 무료이다.
- 세금계산서 작성일(용역제공일)이 매월 31일이라면 31일에 발행해서 국세청 홈택스에 바로 전송한다. 홈택스에서 직접 세금계산서 발행하여 전송하는 경우에는 발행일에 전송되기 때문에 지연전송 문제는 발생하지 않으나, BestBill 사이트는 발행 다음날 전송이 되므로 지연전송가산세가 검토된다.
- 기장수수료를 세금계산서 발행일에 맞추어 세금계산서 전자발행을 전송한다.
- 국세청 홈택스에서는 다음날 오전에 매출 전자세금계산서 발행 내역을 확인할 수 있다.
- 전기이월 자료는 부서사원별 초기이월에서 전기이월 자료를 입력한다.

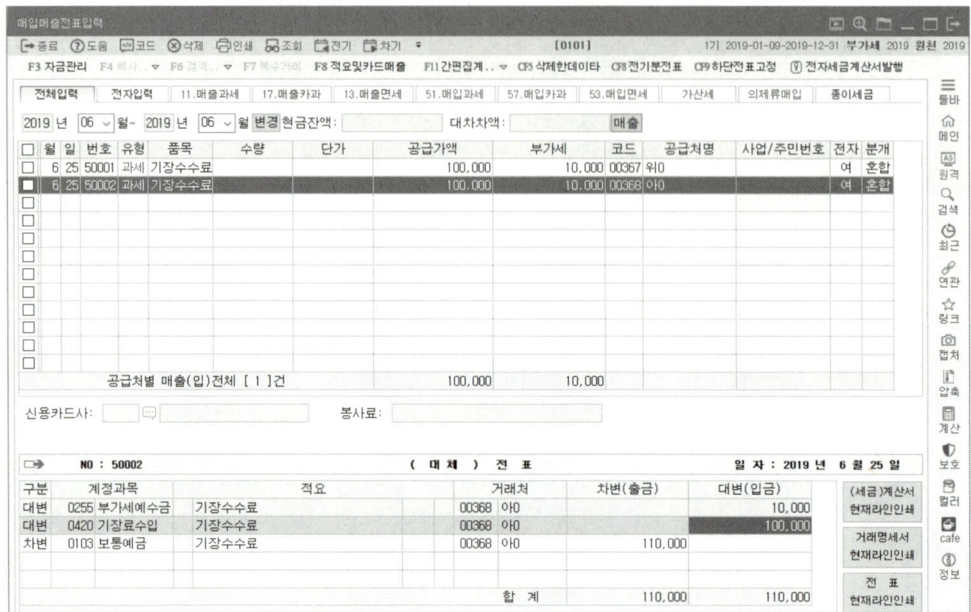

④ 통장 · 신용카드 자료수집 및 자동분개

- 데이터연동/기타 → 스크래핑회사설정 → 계좌/카드등록 → 계좌등록(F3)
- 통장을 엑셀로 업로드하지 않고 은행자료를 직접 연동하는 방법은 세무사무소 사업용 통장을 각 은행사이트에서 빠른조회 등을 신청하는 것이다.
- 빠른조회를 신청하면 회계프로그램에서 자료수집을 통하여 통장 입출금 자료가 수집된 후 분개처리를 하여 일반전표에 전송할 수 있다.

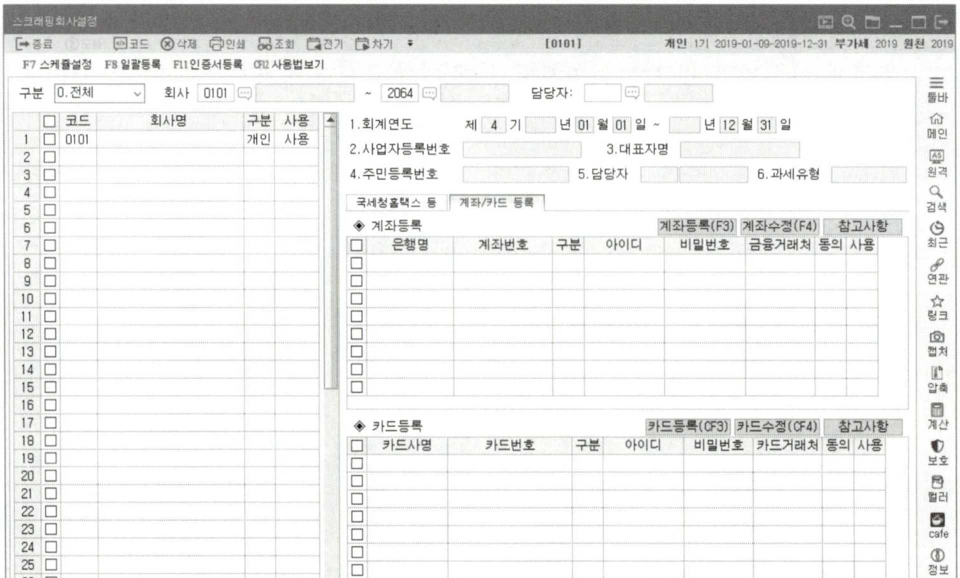

• 금융기관거래처 등록 LIST는 회계프로그램→거래처 등록→금융에서 확인하고 금융기관 계좌번호를 조회하여 조회구분의 각 은행별 필수입력 사항을 확인한 후 관리하는 회사에 요청한 뒤 자료수집하여 등록하고 저장한다.
• 관리하는 회사에서 금융기관거래처 등록을 먼저 진행한 후 회계프로그램 정보등록을 진행해야 하며, 5회 이상 틀리면 관리회사의 은행 인터넷 사용에 불편을 끼칠 수가 있다.

금융기관거래처 등록LIST

회사상호 : ㈜○○

NO	코드	금융기관명	계좌번호	구분	조회구분	계좌비밀번호	ID	비밀번호	동의	동의방법	자동수집
1	○○은행	○○○-○○		기업	빠른조회		×	×	여	서면	사용
2									여	서면	사용

• 간편조회서비스 용도 : 입출금 기능은 없으며, 순수하게 자료 조회수집만 국세청 홈택스처럼 사용이 가능하다.
 - 엑셀파일을 제작해서 보내지 않아도 된다.
 - 실시간으로 컴퓨터에서 스크래핑 전일에 자료를 수집할 수 있다.
 - 계좌비밀번호는 전화로 불러 주면 바로 입력 후 '*'표시로 변경되고, 복사를 하더라도 '*'표시된 부분은 알 수 없다.
 - 위 모든 업무는 회계프로그램에서 보안을 철저하게 관리하고 있다.

은행별 도움말

no	은행	계좌번호	계좌비밀번호	주민(사업자)번호	아이디	비밀번호	서비스구분
1	경남은행	o	o	o			
2	광주은행	o	o	o			
3	국민은행	o	o	o	o		
4	기업은행	o	o	o			
5	농협	o	o	o			
6	대구은행	o	o	o	o	o	
7	부산은행	o	o	o			
8	산업은행	o	o	o			
9	새마을금고	o	o	o			
10	수협	o	o	o			
11	신한은행	o	o	o	o	o	
12	신협	o	o	o			
13	씨티은행	o	o	o	o	o	o
14	외환은행	o	o	o	o	o	
15	우리은행	o	o	o			
16	우체국	o	o	o			
17	전북은행	o	o	o			
18	제일은행	o	o	o			
19	제주은행	o	o	o			
20	하나은행	o	o	o			

* 아이디, 비밀번호는 해당 은행사에 빠른(간편) 조회 시 사용되는 아이디, 비밀번호 입니다.
* 특정 금융기관의 기업용 계좌는 빠른(간편)조회서비스가 불가하오니 참고하시기 바랍니다.
(계좌등록 시, 인증등록의 아이디,비밀번호로 등록 권장)

⑤ 거래처원장에서 부서·사원별 미수금관리, 총괄 미수금 관리

- 통장의 자료수집한 자료를 은행별로 수집하여 일반전표에 분개 처리한다.
- 거래처 미수금관리로 세금계산서 발행 내역과 입금 내역이 정리가 된다.

거래처원장

종료 도움 코드 삭제 인쇄 조회 전기 차기 [0101] 계인 1기 2019-01-09-2019-12-31 부가세 2019 원천 2019

F3 전표조회/수정 F6 합계옵션 CF9 일괄출력 F11 선택조회

잔액 | 내용 | 총괄잔액 | 총괄내용

기간 2019 년 1 월 9 일 ~ 2019 년 12 월 31 일 계정과목 0120 미수금

거래처분류 ~ 거래처 00367 위0 ~ 00368 아0

<< < 00367:위0 > >>

일자	적요	코드	거래처	차변	대변	잔액	번호	코드	부서/사원	코드	현장명
06-25	기장수수료	00367	위0	110,000		110,000	50001	11000	00사무장님		
06-29	기장수수료입금	00367	위0		110,000		00001	11000	00사무장님		
	[월 계]	00367		110,000	110,000						
	[누 계]	00367		110,000	110,000						

툴바 메인 원격 검색 최근 연관 링크 캡처 압축 계산 보호 컬러 cafe 정보

(4) 개인사업자의 사업용신용카드

① 국세청 홈택스에 등록하기

- 개인사업자는 사업용신용카드를 국세청 홈택스에 등록해야 한다. 미등록카드는 국세청 홈택스의 자료로 활용할 수 없다.
- 신용카드를 홈택스에 등록하면 회계프로그램에 업로드하여 누락없이 장부상에 반영할 수 있다. 또한 사업자등록 신청 후에 신용카드를 등록하면 신용카드영수증 분실로 인하여 비용금액이 장부에서 누락되는 일이 없게 된다.
- 분기마다 국세청 홈택스에서 사업용신용카드를 조회한 후 출력하여 보관하고 업로드 한 신용카드 지출금액과 장부상 반영금액을 확인한다.

개인사업자의 사업용신용카드 국세청 홈택스 등록 안내문

[주　소]　　　　　　　　　　　　　　　　　　　　　　　○○세무회계사무소
[전　화]
[팩　스]
[이메일]

문서번호 : 20　.　.　　　　　　　　　　　　　　　발신 : ○○세무회계사무소
수　　신 : 대표자님 외　　　　　　　　　　　　　　　날짜 : 20　.　.　.
전체 페이지 수 : 1
제　　목 : 개인사업자 사업용신용카드 국세청 홈택스 등록 안내

1. 안녕하십니까?
2. 정규증빙자료 수취의무화로 인하여 사업용신용카드를 세무대리인 또는 본인이 직접 홈택스에 등록해야 합니다(카드의 분실, 갱신으로 인한 재발급 및 신규등록). 이미 등록된 카드번호는 삭제하지 않아야 하며, 등록되어 있는 카드를 삭제하게 되면 사용금액도 없어지게 됩니다. 카드등록기간은 3월말, 6월말, 9월말, 12월말 마감 전에 홈택스에 등록해야 장부 반영이 가능합니다. 가사용 카드는 구분하여 사용해야 사업용신용카드 사용현황 분석대상에 다음과 같은 내용이 표기되지 않으니 주의하시길 바랍니다.

국세청 사업용신용카드 분석

* 2017년 사업용신용카드 사용현황 분석

구분	합계	신변잡화 구입	가정용품구입	업무무관업소 이용	개인적치료	해외사용액
건수	988	25	436	411	95	21
금액	75,030,255	41,364,327	1,205,300	13,500,368	1,675,030	17,285,230

국세청 소득세 개별분석자료

* 소득세 개별분석자료 : 사전 성실신고지원 안내대상자

항목	항 목 설 명
정규증빙 과소수취	2017년 귀속 재무제표를 분석한 결과 귀하가 신고한 경비와 국세청이 보유하고 있는 정규증빙자료(세금계산서 등)의 차이금액이 1억원 이상입니다. 2018년 신고시 매입비용에 대한 정규증빙수취 여부를 자세히 확인해야 합니다. * 간편장부신고자 : 차이금액 5천만원 이상

홈택스 등록된 카드

번호	카드사명	카드번호	1~3월변동	4~6월변동	7~9월변동	10~12월변동
1	신한카드	0000－				
2	국민카드	1111－				

* 적격증빙(세금계산서, 계산서, 신용카드, 현금영수증) 미수취시에 3만원 초과금액(접대비 1만원)은 증빙불비가산세 대상으로 거래금액의 2%가 가산세에 해당됩니다.

○○세무회계사무소 (직인생략)

② 사업용신용카드 관리하기

신설 개인사업자로부터 사업용신용카드 번호를 전달받을 수 있도록 협조를 구하고, 기존 사업자로부터는 사업용신용카드 분실, 갱신으로 신용카드를 새로이 발급받으면 즉시 신용카드번호를 전달받을 수 있도록 사업장을 관리해야 한다. 등록하지 않으면 신용카드영수증을 건별로 전표입력을 해주어야 한다. 신용카드 관리대장으로 다음과 같이 관리하면 분기별 비교분석도 가능하고 신용카드 등록사항을 체크할 수 있다.

개인사업자 사업용신용카드 관리대장

회계연도 :

번호	회사	카드사명	카드번호	유효기간	1~3월 건수	금액	4~6월 건수	금액	7~9월 건수	금액	10~12월 건수	금액	비고
1	영진무역	국민카드	0000 –	00/00									
2													

③ 사업용계좌 관리하기

개인사업자에게 사업목적과 관련 있는 사업용계좌의 사용을 안내한다. 개인사업자의 사업용계좌 관리는 언제든지 세무서에서 사용내역을 확인할 수 있으므로 개인사업자도 법인사업자와 마찬가지로 사업과 관련 있는 부분은 모두 사업용계좌를 사용할 수 있도록 하여야 한다.

사업용계좌(법인통장) 관리에 대한 안내문

[주　소]　　○○세무회계사무소
[전　화]
[팩　스]
[이메일]

문서번호 : 20　.　.　　발신 : ○○세무회계사무소
수　　신 :　　날짜 : 20　.　.　.
전체 페이지 수 : 1
제　　목 : 사업용계좌(법인통장) 관리에 대한 안내

1. 안녕하십니까? ○○세무회계사무소입니다.
2. 국세청에서 과세자료 발생 경위 등 과세자료 내용을 분석하여 매출과 관련된 해명자료 제출 안내를 하고 있는데, 사업용계좌 관리를 잘못하여 세금을 추징당하는 사례가 많이 발생하고 있다고 합니다. 따라서 개인사업자에 해당되시는 분은 사업용계좌를, 법인사업자는 법인통장관리를 철저히 하여, 추후에 불이익을 당하는 일이 없도록 하여 주시기 바랍니다.

• 금융계좌 관리를 중점사항으로 체크하는 사례
  1. 개인사업자의 사업용계좌 아닌 개인통장도 분석대상
  2. 법인사업자는 법인대표이사 개인통장도 분석대상
  3. 전자상거래사업자가 개인 블로그 운영시 사업자등록을 신청하지 않은 경우 분석 후 자료통보

위 사항은 금융결제원 등의 예의주시 후 조회하여 국세청에 통보되며, 세금계산서 매출누락 등이 해당되면 가산세가 40% 이상 해당되고, 법인은 상여처분 등 법인세를 납부하고, 개인사업자 또한 종합소득세 수정신고 대상이 되므로 유념하시기 바랍니다(개인사업자, 법인사업자는 적출금액의 50~90% 이상 세금부담임).

○○세무회계사무소 (직인생략)

위와 같이 거래처의 원활한 관리를 위해서는 총괄관리표로 거래처의 현황을 담당자별로 관리회사 진행현황을 한눈에 볼 수 있다.

담당자별 관리 현황표

담당자별 관리회사 현황표 (자료수집 및 입력 현황표)

20××. 01. 01.~20××. 12. 31. (업무진행 : 개월)

NO	과장	통장	원천	증빙	카드	결산	마감	대리	통장	원천	증빙	카드	결산	마감
1		6	6	6	6	6			6	6	6	6	6	
2														
3														
계														

담당자별 관리 현황표는 회사 내 컴퓨터에 공유방을 만들어서 담당자가 자료 수거 현황 및 입력 현황을 기록하면 된다.

담당자별 전자신고 현황표

(부가가치세, 법인세, 종합소득세, 총괄 전자신고 현황표)

20××. 01. 01.~20××. 12. 31. (각 법정신고 기한일)

NO	사무장	결재	전자	과장	결재	전자	대리	결재	전자	조/신*	결재	전자
1												
2												
3												
4							(총 전자신고 건)					
							(우편신고 건)					
							(성실신고대상등 건)					
	신고 총계			건			신고 총계			건		

* 조/신 : 조정/신고업체

** 세목별 신고기한 전에는 관리회사의 명단을 먼저 작성하고, 결재란에 결재 진행하는 날짜를 기록해보면 신고기간 진행 현황을 확인할 수 있다.

2. 사업양수도

(1) 양도양수 업무의 이해

1) 사업의 포괄적 양도양수

① 포괄양도양수

사업이나 건물을 양도하는 경우 사업의 양도인이 양수인에게 모든 사업 시설과 그 사업에 관한 인적, 물적 권리 의무를 양도하여 양수인이 계약 그대로를 승계하는 계약을 말한다. 매도자와 매수자의 사업 형태가 동일하고 과세유형도 동일하면 사업상 포괄양도양수로 보아 부가가치세를 주고받지 않아도 된다. 즉, 임대목적으로 사용하던 건물을 새로운 매수자가 똑같은 임대목적으로 사용을 하면 부가가치세를 서로 주고받지 않아도 된다.

② 포괄양도양수 계약서를 작성하는 이유

매매계약을 하면 매수자는 건물분에 대한 부가가치세를 납부해야 하고 납부했던 부가가치세에 대해서 환급신청을 통해 부가가치세를 환급받게 된다. 부가가치세를 과세하지 않는 이유는, 양도자가 납부한 세금을 양수자가 환급받게 되어 아무런 세금징수 효과가 없음에도 불구하고 사업자에게 불필요하게 자금 부담을 지우는 것을 피하기 위해서이다. 이러한 일련의 절차들이 번거롭기 때문에 이 구조를 생략할 수 있는 방법을 만들게 된 계기가 되었다. 그래서 포괄양도양수계약서를 작성하여 불필요한 절차를 생략함으로써 매수자는 납부도 환급도 하지 않게 된 것이다.

과세유형 검토

양도자	양수자	포괄양도양수 해당 여부
일반과세	일반과세	○
일반과세	간이과세	○ (양수자 간이과세 → 일반과세로 전환)
일반과세	면세, 면세겸용사업	×
간이과세	간이과세	○
간이과세	일반과세	○

③ 양도자(매도자)

양도일(잔금일)에 속하는 달의 말일부터 25일 이내 부가가치세 확정 신고와 납부 그리고 폐업신고를 해야 한다. 폐업신고 시 사업자등록증 원본, 포괄양도양수계약서 또는 매매계약서상 기재되어있는 특약 사항을 첨부하여 신고한다.

④ 양수자(매수자)

양수일(잔금일)로 부터 20일 이내에 매도인과 동일 과세유형으로 사업자 등록을 신청해야 한다.

⑤ 주의사항

- 포괄양도양수 시 별도의 양식으로 작성해도 되고 매매계약서의 특약사항으로 포괄양도양수한다는 내용을 기재해도 된다.
- 양수받은 양수인은 10년동안 계속 일반과세 사업을 유지하여야 하며 그러지 않을 경우 남은 기간에 대하여 추징당할 수 있으니 주의해야 한다.
- 양도인이 직접 자가 건물에서 판매업 등을 하다가 양도할 경우 포괄양도양수 계약이 불가능하다.
- 업종, 인력, 시설 등 모든 조건을 변동 없이 양도받아야한다.
- 양도 이후 양수자가 업종을 변경하거나 일부 추가하는 것은 가능하다.
- 매도인과 매수인이 사업 포괄양도양수 계약을 하게 되면 매도인의 자산은 물론 그 사업체의 부채까지도 매수인이 떠안게 되는 경우가 있으므로 이것을 대비하기 위해 계약 시에 꼭 매도인에게 국세 완납증명서 첨부를 요구하거나, 계약 시 특약란에 부채와 미납세금은 인수하지 않는다는 것을 표기해 두어야 한다.

2) 양도소득세 이월과세

① 중소기업 간의 통합에 대한 양도소득세의 이월과세 등(조세특례제한법 시행령 28조)

조세특례제한법 제31조 제1항에서 '대통령령으로 정하는 업종을 경영하는 중소기업 간의 통합'이란 제29조 제3항에 따른 소비성서비스업(소비성서비스업과 다른 사업을 겸영하고 있는 경우에는 부동산양도일이 속하는 사업연도의 직전사업연도의 소비성서비스업의 사업별 수입금액이 가장 큰 경우에 한함)을 제외한 사업을 영위하는 중소기업자(중소기업기본법에 의한 중소기업자를 말함)가 당해 기업의 사업장별로 그 사업에 관한 주된 자산을 모두 승계하여 사업의 동일성이 유지되는 것으로서 다음의 요건을 갖춘 것을 말한다. 이 경우 설립 후 1년이 경과되지 아니한 법인이 출자한 개인(국세기본법 39조 2호의 규정에 의한 과점주주에 한함)의 사업을 승계하는 것은 이를 통합으로 보지 아니한다.

- 통합으로 인하여 소멸되는 사업장의 중소기업자가 통합 후 존속하는 법인 또는 통합으로 인하여 설립되는 법인(이하 "통합법인"이라 함)의 주주 또는 출자자일 것
- 통합으로 인하여 소멸하는 사업장의 중소기업자가 당해 통합으로 인하여 취득하는 주식 또는 지분의 가액이 통합으로 인하여 소멸하는 사업장의 순자산가액(통합일 현재의 시가로 평가한 자산의 합계액에서 충당금을 포함한 부채의 합계액을 공제한 금액을 말함) 이상일 것

② 법인전환에 대한 양도소득세의 이월과세(조세특례제한법 시행령 29조)

조세특례제한법 제32조 제1항에서 '대통령령으로 정하는 사업 양도・양수의 방법'이란 해당 사업을 영위하던 자가 발기인이 되어 제5항에 따른 금액 이상을 출자하여 법인을 설립하고, 그 법인의 설립일부터 3개월 이내에 해당법인에게 사업에 관한 모든 권리와 의무를 포괄적으로 양도하는 것을 말한다.

조세특례제한법 제32조 제2항에서 '대통통령으로 정하는 금액'이란 사업용 고정자산을 현물출자하거나 사업양수도하여 법인으로 전환하는 사업장의 순자산가액으로서 조세특례제한법 시행령 제28조 제1항 제2호의 규정을 준용하여 계산한 금액을 말한다.

3) 사업양수도 방식에 의한 법인전환

법인전환에는 여러 가지 방법이 있고, 가장 일반적으로 사용되고 있는 것이 '사업양도양수'에 의한 법인전환이라고 할 수 있다. 법인전환하는 방법에는 개인기업의 사업주가 사업용 고정자산을 법인에 현물출자하는 방법과 사업을 양도양수하는 방법이 있다.

① 현물출자 방법

개인기업의 사업주가 금전이 아닌 부동산・채권・유가증권 등으로 출자하는 것을 말한다. 현금으로 출자하는 것이 아니기 때문에 출자하는 자산의 평가문제가 까다로운 편이며, 현물출자의 경우 법원이 선임한 감사인 또는 공인된 감정평가기관의 조사를 받아야 하므로 절차가 복잡하고 비용 부담이 큰 편이다.

② 양도양수 방법

개인기업의 모든 자산과 부채를 법인에 포괄적으로 양도하는 것을 말한다. 쌍방간에

적정한 가격이 형성되기만 하면 용이하게 전환할 수 있으므로 실무적으로도 양도양수 방법을 많이 선호하고 있는 편이다.

③ 사업양도양수계약의 절차

- 법인의 대표이사와 개인사업주(동일인이어도 무방)의 계약이 진행된다.
- 계약 체결 시기는 법인의 설립 등기 후부터 신설법인의 사업자등록 신청일 이전까지로 한다.
- 양도양수가액은 개인기업의 결산이 완료되어 자산, 부채가 확정되고 필요한 경우 고정자산에 대한 감정이 완료된 후에야 결정할 수 있다.
- 사업양수에 대한 주주총회와 이사회의 승인, 즉 개인 기업을 법인이 인수하면서 주주총회의 특별결의와 이사의 자기거래에 대한 이사회의 결의가 필요하다.

④ 사업양도 양수시 세감면의 요건(조세특례제한법 32조, 같은법 시행령 29조)

- 호텔업, 주점업 및 오락 유흥업 등의 소비성서비스업은 제외된다.
- 개인 기업을 영위하던 자가 반드시 발기인으로 참여해야 한다.
- 법인자본금과 개인사업주의 출자액이 개인사업주의 순자산평가액 이상이어야 한다.
- 법인설립일로부터 3개월 이내에 해당 법인에게 사업에 관한 모든 권리와 의무를 포괄적으로 양도해야 한다.
- 이월과세 적용신청서를 납세지 관할 세무서장에게 제출해야 한다.

⑤ 부동산취득세 감면 신청시 구청에 제출할 서류

- 감면신청서
- 양도양수계약서
- 개인사업자등록증
- 법인등기부등본 및 법인 개시 대차대조표
- 부동산평가서

⑥ 일정

개인기업 순자산가액추정 → 자본금결정 · 법인설립 → 개인기업 결산 → 포괄사업양수도 계약체결, 법인설립신고 및 사업자등록 신청 → 부가가치세신고 및 폐업신고 → 부동산 명의이전 등 법인전환 후속조치

⑦ 개인사업자 결산

개인기업 순자산가액 산정은 부동산 → 감정가액, 기타자산 → 상속세 및 증여세법상 평가금액이다.

- 신설법인에 대한 개인사업자의 출자가액(양도가액)을 계산하기 위해 결산과 개인기업의 폐업신고를 위해 당해 연도 1월1일부터 폐업일인 법인전환기준일까지 결산을 한다.
- 재고자산명세서 작성, 직원의 퇴직금정산 내역 검토, 직원 4대보험 상실처리, 4대보험사업장 탈퇴처리 접수도 진행한다.
- 금융기관의 예금, 차입금 등에 대하여 해당 금융기관에 사업양도양수로 인한 법인전환사실 통보 및 법인 명의로 변경해야 한다.

⑧ 법인전환일의 결정

법인전환일(사업양수도일) 결정 및 개인사업자의 폐업일을 결정 → 폐업일은 사업양수도 기준일의 1일 전이어야 한다.

⑨ 포괄 사업양수도계약 체결

법인설립일로부터 3개월 이내에 계약 체결 후(필요시 공증 진행할 수도 있음) 개인거래가 없도록 하여야 한다. 포괄사업양수도 계약은 개인사업자와 신설법인의 대표이사 간에 체결하는 계약이며, 양수도가액이 확정되지 않았을 때에는 평가방법만 기재하면 된다.

⑩ 개인사업자 폐업신고

포괄 사업양수도 계약서상의 양수도기준일 후 개인사업자를 폐업신고해야 한다. 폐업신고시 개인사업자등록증을 반납해야 하며, 계약서와 폐업일 현재의 재무상태표와 사업양수도자산부채명세서와 포괄사업양수도신고서를 함께 제출하여야 한다.

⑪ 법인설립등기

주의해야 할 부분은 자본금이 순자산가액 이상이어야 하며, 현금출자만 인정하게 되며, 1년 이상 개인사업자 영위자가 발기인이 되어야 한다. 이때의 개인대표자는 회사설립 후 대표이사가 아니더라도 상관은 없다.

⑫ 사업자등록 신청

법인등기일로부터 20일 이내에 법인의 본점소재지 관할 세무서에 사업자등록을 신청하여야 한다. 이때 허가업종 여부, 신고업종 여부를 미리 확인해서 관련 기관에 먼저 허가를 받아야 한다.

⑬ 개인사업자 부가가치세 신고와 종합소득세 신고 또는 지급명세서 제출

- 부가가치세 신고는 폐업일 당월 말일로부터 → 다음달 25일 이내에 신고
- 종합소득세 신고는 개인사업자의 주소지 관할 세무서 → 다음 연도 5.31.까지 신고
- 원천징수 지급명세서 제출 → 폐업일이 속하는 달의 다음다음 달 말일까지 신고
- 근로소득간이 지급명세서 제출 → 폐업 및 휴업(해산) 시 휴업일 마지막달의 다음달 10일까지 제출

⑭ 부동산 명의이전

개인이 소유하고 있던 부동산의 명의를 전환한 법인 명의로 소유이전등기를 하여야 한다. 취득세, 등록면허세 신고 및 감면신고는 취득일 후 30일 이내에 해야 하며, 이때 사업포괄양수도계약서, 순자산가액평가보고서를 첨부하여야 한다. 만일 등기일로부터 2년 이내에 폐업 또는 처분할 경우에는 감면세액을 추징당하게 된다는 점을 유의한다.

⑮ 기타 변경사항 신고

공장이 있는 경우 공장등록을 전환한 법인의 본점소재지 시 · 군 · 구청의 산업과에 변경을 신청해야 한다.

⑯ 양도소득세 예정신고 및 이월과세 적용 신청

양수도일이 속하는 달의 말일부터 2개월 이내에 개인사업자의 주소지 관할 세무서에 신고해야 하며, 이때 양수도계약일이 속하는 과세연도의 과세표준 신고시 '이월과세 적용신청서', '자산양도차익 예정신고서', '포괄양수도계약서 및 순자산가액 평가보고서'를 첨부해서 신고하면 된다.

⑰ 사업양수도에 의한 법인전환시 거주자의 재고자산 총수입금액 산입

사업을 영위하는 거주자가 사업양수도 방법에 의하여 법인전환하는 경우 당해 거주자의 소득금액의 계산에 있어서 양도된 재고자산의 시가상당액은 당해사업을 양도하는 때에 총수입금액에 산입하고 이에 대응하는 취득원가는 필요경비에 산입한다[서면1팀

－1070, 2006.7.28.(참고 : 소득46011－2126, 1996.7.27.)].

(2) 사업양도와 부가가치세

사업용 자산을 비롯한 물적 · 인적시설 및 권리와 의무 등을 포괄적으로 양도하여 사업의 동질성을 유지하여야 하며 '사업양도 · 양수 방법'에 의해 개인기업의 자산을 법인으로 이전하는 경우 재화의 공급으로 보지 아니하는 사업의 양도로 본다. 즉 양수도 방법에 의한 법인전환은 부가가치세를 부담하지 않는다. 사업의 양도양수를 진행할 때 체크할 사항은 업태 · 종목과 사업장의 성격에 따라 다르며, 진행상황은 수시로 전달받아 정리해야 한다.

1) 사업양도 검토

① 2019.1.1.~폐업시까지 자료 준비

- 차입금이 있는 경우 해당 금융기관에 양도 · 양수로 인한 법인전환사실 통보 및 준비서류 요청(국고보조금 기계 취득)
- 폐업시까지 자산 · 부채 잔액 명세서
- 차량운반구, 등록자산, 법인등기 등 등기 · 등록 목록 작성
- 폐업시 재고자산명세서 작성
- 유형자산 내역 검토(기계장치, 비품 등)
- 폐업 전 직원 퇴직금 정산내역 확정

② 2019.1.1.~폐업시까지 매입 · 매출 최종 확정

2019년 폐업시 종합소득세 신고기한은 2020.5.31.이다.

- 매입 · 매출 세금계산서 : 임차료 등의 종이계산서
- 2019년 증빙서철

③ 부가가치세 폐업 확정신고

- 사업자등록증 원본 제출
- 포괄 사업양도양수계약서 제출

④ 양도 · 양수법인 검토사항

- 법인세와 포괄 사업양도양수계약서 제출

- 양수받은 등록자산 취득세 신고 · 납부 : 15일 이내 등기 · 등록을 못하면 과태료 대상
- 4대보험 사업장 내용 변경
- 법인사업장 임대차계약서 작성
- 법인등기(주주구성, 법인 납입자본금 확정－과점주주 검토 후)
- 법인사업자등록 신청
- 개인면허는 법인으로 등록변경해야 함(구청에 변경 등록)

⑤ 양도 · 양수 재무상태표 확정

- 자산 확정
- 부채 확정
- 포괄 사업양도양수계약서 작성

⑥ 사업장 폐업시 4대보험

사업장탈퇴신고서, 직원보수총액신고서, 직원자격상실신고서 접수, 폐업 개인대표자 보수총액신고서 접수

2) 사업 양도, 양수 준비와 신고서류 요약

사업양도 · 양수시 과정별 준비서류 흐름은 다음과 같다.

① 법인사업자등록증 발급
② 원천징수 마감－원천징수이행상황신고서 접수(지급명세서 제출)
③ 재무상태표 마감－퇴직금 장부상 반영 처리 검토
④ 사업양수도자산 · 부채명세서 작성 → 별첨 관리 서식 참조
⑤ 사업양도신고서 작성[부가가치세법 시행규칙(별지 31호 서식)]
⑥ 포괄 사업양도양수계약서 작성
⑦ 개인사업자 폐업시 제출－사업양도신고서－포괄 사업양도양수계약서－사업양수도자산 · 부채명세서
⑧ 부가가치세 확정신고－폐업신고서 제출

사업양수도자산 · 부채명세서

현 재

자산	계정과목	적요	금액	비고
자 산	외 상 매 출 금			
	기 계 장 치			
	차 량 운 반 구			
	비 품			
	시 설 장 치			
	임 차 보 증 금			
	기 타 보 증 금			
계				
부 채	미 지 급 금			
	예 수 금			
	부가가치세예수금			
	단 기 차 입 금			
	장 기 차 입 금			
계				
사 업 양 수 도 금 액				

3) 비상장주식 양도

① 이익잉여금이 많은 회사가 액면가로 주식양도하는 경우 사전 검토사항

- 특수관계자 간 거래시 증여나 부당행위부인에 해당되는지 여부
- 제3자와 거래시 거래가격과 비상장주식의 평가금액 적정 여부
- 특수관계자 간 거래시 비상장주식의 평가금액 적정 여부
- 주식 양도소득세 신고
- 증권거래세 신고(→기타주식 : 0.5%) (증권거래세법 8조)

② 준비와 신고서류 요약

- 주식매매계약서
- 주주명부

- 증권거래세 과세표준신고서
- 양도소득세 과세표준신고 및 납부계산서
- 주식양도소득금액명세서
- 인감증명서
- 그 외 관련서류

3. 폐 업

사업장이 폐업하면서 사업장의 정리사항을 의뢰하지 않고 방치해 놓아서 가산세 등을 납부하는 경우가 종종 있으므로 장부 관리회사는 폐업정리를 빈틈없이 해야 한다. 신규 사업자, 사업양도양수, 폐업 등 사업의 폐지시에 처리해야 할 일을 누락하면 사업자가 금전적인 손해를 입을 수 있으므로 관리에 주의를 기울여야 한다. 폐업정리를 하지 않고 있다가 폐업에 관한 안내문을 받고 나서 진행하게 되면 이미 시간이 경과되어 폐업신고 관련 자료의 분실이 많기 때문이다.

(1) 부가가치세 신고

① 부가가치세 확정신고

폐업시 폐업일이 속하는 달의 말일부터 다음달 25일까지 부가가치세 확정신고를 하여야 한다(폐업일이 속하는 과세기간의 개시일~폐업일).

② 폐업시 잔존재화

매입세액이 공제되지 않는 재화를 제외한 폐업시의 잔존재화는 재화의 의제공급에 해당하므로 부가가치세를 계산하여 신고납부한다.

- 재고자산은 회사가 매입한 금액과 매출한 금액을 비교하고, 재고를 파악하여 시가를 과세표준으로 신고한다.
- 사업용 고정자산 건물(구축물)은 매입세액이 공제된 경우 취득한지 10년이 경과하였다면 세금이 발생하지 않는다.

사업용 건물(구축물)=당해 재화 취득가액×(1－5/100×경과된 과세기간의 수)

- 기타 감가상각자산은 매입세액이 공제된 경우로 취득한지 2년이 경과하였다면 세

금이 발생하지 않는다.

기타 감가상각자산=당해 재화 취득가액×(1−25/100×경과된 과세기간의 수)

- 폐업을 하면 사업자등록이 말소되므로 세금계산서를 교부할 수 없다.

(2) 종합소득세 및 법인세 신고

① 종합소득세

1.1.~12.31.까지의 소득에 대하여 폐업일이 속하는 연도의 다음 연도 5월말까지 신고납부하여야 한다.

② 법인세

해산 및 청산 절차에 의한 폐업이 원칙이나, 해산(청산) 등기를 하지 않는 경우 사업연도 종료일부터 3개월 이내에 신고납부하여야 한다(법인 폐업 5년 경과시 해산 간주, 해산 후 3년 경과시 청신종결 긴주 후 법인 자동소멸, 즉 폐업 후 8년 경과시 청산간주됨).

(3) 폐업준비절차

- 동업일 경우 동업해지계약서를 제출한다.
- 법령에 따라 허가 또는 등록사업인 경우에는 관할관청에 폐업신고확인서를 제출한다.
- 법인사업자는 폐업시 재무상태표상 가지급금이 있으면 상여처분될 수도 있다.
- 원천세 신고납부는 폐업일이 속하는 달의 다음달 10일까지 진행해야 한다.
- 지급명세서 제출은 폐업일이 속하는 달의 다음다음 달 말일까지 제출해야 한다.
- 근로소득간이지급명세서는 폐업 및 휴업(해산) 시 휴업일의 마지막달 다음달 10일까지 제출해야 한다.
- 4대보험 사업장 탈퇴신고서, 직원 보수총액신고, 직원 자격 상실신고서, 폐업 개인대표자보수총액신고서를 접수해야 한다.
- 법인사업자는 폐업시 재무상태표상 이익잉여금이 있으면 배당소득 처분 될수도 있으니 주의해야 한다.

(4) 폐업준비서류

폐업신고시 사업장 관할 세무서를 직접 방문하거나 세무대리인을 통해 다음의 관련서류를 접수할 수 있으며, 사업자 본인의 공인인증서로 국세청 홈택스에서 직접 접수할 수 있다.

- 사업자등록증 원본
- 폐입신청서
- 법인 인감증명서
- 대표자 신분증 사본
- 법인 인감도장
- 대리인의 신분증, 위임장(대리인이 법인 폐업신고 진행시)

(5) 폐업 및 결산완료 후 서류 인수인계

법인세 신고, 개인종합소득세신고 및 폐업한 회사의 장부를 마감한 증빙자료를 각 사업자에게 안내하고, 문서자료 보존기간까지 보관할 수 있도록 장부와 함께 사업장에 전달한다. 장부를 전달하지 않을 경우 장부의 의무보존기간(5년) 동안 세무회계사무소에 보관해야 한다.

서류인수인계서

회사명		당해 연도	
사업연도	년 월 일 ~ 년 월 일	수 량	기타서류
인계 서류	◎ 전표철	권	
	◎ 증빙철	권	
	◎ 세금계산서철	권	
	◎ 갑근세 및 부가가치세파일	권	
	◎ 결산서철	권	
	◎ 기타증빙철	권	
	◎ 증빙철	권	
	1. 건강보험 EDI 해임	여	
	2. 국민연금 EDI 해임	여	
	3. 국세청 세무대리 해임	여	
	4. 기장료 CMS 해임	여	
비 고	* 2019년(장부 및 결산 자료) 문서보존기간은 5년(개인은 2025년 05월 31일, 법인은 2025년 03월 31일)입니다. * 인수인계 서류 확인 후 － 로 팩스 부탁합니다.		

연락처 :

인계자 : (인)

인수자 : (인)

년 월 일

제3절

알쏭달쏭 세금신고의 확실한 정리

1. 재무회계의 기초

(1) 재무제표

1) 재무상태표

재무상태표는 일정시점 현재 기업이 보유하고 있는 경제적 자원인 자산과 경제적 의무인 부채, 그리고 자본에 대한 정보를 제공하는 재무보고서로, 정보이용자들이 기업의 유동성, 재무적 탄력성, 수익성과 위험 등을 평가하는데 유용한 정보를 제공한다.

2) 손익계산서

기업의 경영성과를 밝히기 위해 일정기간의 총비용과 총수익을 나타내는 보고서로, 손익계산서는 일정기간 동안 기업의 경영성과에 대한 정보를 제공하는 재무보고서이다. 손익계산서는 당해 회계기간의 경영성과를 나타낼 뿐만 아니라 기업의 미래현금흐름과 수익창출능력 등의 예측에 유용한 정보를 제공한다.

Check Box_거래의 8요소

회계상 모든 거래는 자산의 증가・감소, 부채의 증가・감소, 자본의 증가・감소, 수익의 발생, 비용의 발생이라는 8가지 요소로 구성되어 있다. 제무제표의 계정과목 이해를 돕기 위해서는 회계프로그램에서 회계 → 기초데이터 → 기초정보관리 → 계정과목 및 적요등록에서 자산, 부채, 자본, 매출, 매출원가, 판관비, 기타, 제조, 도급, 분양의 업종에 맞는 계정과목으로 거래의 8요소 흐름을 이해하고, 분개를 할때는 계정과목을 정확하게 입력을 해야 한다.

거래의 8요소

차변	대변
자산의 증가	자산의 감소
부채의 감소	부채의 증가
자본의 감소	자본의 증가
비용의 발생	수익의 발생

손익계산서

차변	대변
비용	수익

재무상태표

<table>
<tr><th>차변</th><th>대변</th></tr>
<tr><td rowspan="2">자산</td><td>부채</td></tr>
<tr><td>자본</td></tr>
</table>

(2) 재무제표 계정과목의 이해

계정과목 분류

<table>
<tr><th colspan="4">구 분</th><th>계 정 과 목</th></tr>
<tr><td rowspan="8">재무상태표</td><td rowspan="7">자산</td><td rowspan="2">유동자산</td><td>당좌자산</td><td>현금, 당좌예금, 보통예금, 기타제예금, 정기예 · 적금, 기타단기금융상품, 단기매매증권, 외상매출금, 받을어음, 공사미수금, 단기대여금, 미수수익, 분양미수금, 미수금, 매도가능증권, 만기보유증권, 선급금, 선급비용, 가지급금, 부가가치세대급금, 선납세금, 주주임원종업원 단기채권, 전도금, 선급공사비, 이연법인세자산</td></tr>
<tr><td>재고자산</td><td>상품, 제품, 완성건물, 반제품, 원재료, 부재료, 건설용지, 가설재, 저장품, 미착품, 재공품, 미완성공사, 소모품(일반재고)</td></tr>
<tr><td rowspan="5">비유동자산</td><td>투자자산</td><td>장기성예금, 특정현금과예금, 매도가능증권, 장기대여금, 만기보유증권, 지분법적용투자주식, 투자부동산, 단체퇴직보험예치금, 투자일임계약자산, 퇴직연금운용자산, 퇴직보험예치금, 국민연금전환금</td></tr>
<tr><td>유형자산</td><td>토지, 건물, 구축물, 기계장치, 차량운반구, 공구와기구, 비품, 건설중인자산, 미착기계, 건설용장비, 시설장치</td></tr>
<tr><td>무형자산</td><td>영업권, 특허권, 상표권, 실용신안권, 의장권, 면허권, 광업권, 창업비, 개발비, 소프트웨어</td></tr>
<tr><td>기타 비유동자산</td><td>이연법인세자산, 임차보증금, 전세권, 기타보증금, 장기외상매출금, 장기받을어음, 장기미수금, 장기선급비용, 장기선급금, 부도어음과수표, 전신전화가입권</td></tr>
<tr></tr>
<tr><td>부채</td><td colspan="2">유동부채</td><td>외상매입금, 지급어음, 미지급금, 예수금, 부가가치세예수금, 당좌차월, 가수금, 예수보증금, 선수금, 단기차입금, 미지급세금, 미지</td></tr>
</table>

구 분			계 정 과 목
			급비용, 선수수익, 유동성장기부채, 미지급배당금, 지급보증채무, 수출금융, 수입금융, 공사손실충당금, 하자보수충당금, 공사선수금, 분양선수금, 이연법인세부채
		비유동부채	사채, 장기차입금, 임대보증금, 퇴직급여충당부채, 퇴직보험충당부채, 장기미지급금, 중소기업투자준비금, 기술개발준비금, 해외시장개척준비금, 지방이전준비금, 수출손실준비금, 주주임원종업원 단기차입금, 관계회사장기차입금, 외화장기차입금, 장기공사선수금, 장기임대보증금, 장기성지급어음, 환율조정대, 신주인수권부사채, 전환사채, 사채할증발행차금, 장기제품보증부채, 퇴직연금충당부채, 퇴직연금미지급금
	자본	자본금	보통주자본금, 우선주자본금, 출자금, 인출금
		자본잉여금	주식발행초과금, 감자차익, 자기주식처분이익, 전환권대가, 신주인수권대가, 기타자본잉여금, 재평가적립금
		자본조정	주식할인발행차금, 배당건설이자, 자기주식, 신주발행비, 미교부주식배당금, 신주청약증거금, 국고보조금, 공사부담금, 감자차손, 자기주식처분손실, 주식매입선택권
		기타포괄손익누계액	매도가능증권평가손익, 해외사업환산손익, 파생상품평가손익
		이익잉여금(또는 결손금)	법정적립금, 임의적립금, 미처분이익잉여금(또는 미처리결손금)
손익계산서	수익	매출액	매출액은 기업의 주된 영업활동에서 발생한 제품, 상품, 용역 등의 총매출액에서 매출할인, 매출환입 및 매출에누리 등을 차감한 금액
		영업외수익	이자수익, 만기보유증권이자, 배당금수익, 수입임대료, 단기투자자산평가익, 단기투자자산처분익, 외환차익, 수입수수료, 외화환산이익, 사채상환이익, 전기오류수정이익, 하자보수충당금환입, 유형자산처분이익, 투자자산처분이익, 상각채권추심이익, 자산수증이익, 채무면제이익, 보험차익, 투자증권손상차환입, 지분법이익, 잡이익
		매출원가	매출원가는 기초상품재고액에 당기상품매입액을 가산하고 기밀상품재고액을 차감한 금액
	비용	판매비와 관리비	급여(임원급여, 급료, 임금 및 제수당을 포함), 퇴직급여, 명예퇴직금(조기퇴직의 대가로 지급하는 인센티브 등을 포함), 복리후생비, 여비교통비, 임차료, 접대비, 통신비, 수도광열비, 감가상각비, 무형자산상각비, 세금과공과, 광고선전비, 연구비, 경상개발비, 대손상각비,보험료, 잡비등 매출원가에 속하지 아니하는 모든 영업비용

구 분			계 정 과 목
			을 포함
		영업외비용	이자비용, 외환차손, 기부금, 기타의대손상각비, 외화환산손실, 매출채권처분손실, 단기투자자산평가손, 단기투자자산처분손, 재고자산감모손실, 재고자산평가손실, 재해손실, 전기오류수정손실, 투자증권손상차손, 지분법손실, 회사채이자, 사채상환손실, 보상비, 유형자산처분손실, 투자자산처분손실, 특별상각, 잡손실
		법인세비용	법인비용차감전순손익에 대응하여 발생한 법인세비용

[주요 계정과목 내용] 자 산

계정과목 분류		내 용
현금 및 현금성자산		통화 및 타인발행수표 등 통화대용증권과 당좌예금, 보통예금 및 큰 거래비용 없이 현금으로 전환이 용이하고 이자율 변동에 따른 가치 변동의 위험이 중요하지 않은 금융상품으로서 취득 당시 만기일(또는 상환일)이 3개월 이내인 것
단기투자자산	단기예금	금융기관이 취급하는 정기예금, 정기적금, 사용이 제한되어 있는 예금 및 기타 정형화된 상품 등으로 만기가 1년 이내에 도래하는 것
	단기매매증권	주로 단기간 내의 매매차익을 목적으로 취득한 유가증권으로서 매수와 매도가 적극적이고 빈번하게 이루어지는 것
	단기대여금	회수 기한이 1년 내에 도래하는 대여금
매출채권		일반적 상거래에서 발생한 외상매출금과 받을 어음
선급비용		선급된 비용 중 1년 내에 비용으로 되는 것
이연법인세 자산		법인세 회계에 관한 기업회계 기준에 따라 유동자산으로 분류되는 것
미수수익		당기에 속하는 수익 중 미수액
미수금		일반적 상거래 이외에서 발생한 미수채권
선급금		상품, 원재료 등의 매입을 위하여 선급한 금액
상품		판매를 목적으로 구입한 상품, 미착상품, 적송품 등
제품		판매를 목적으로 제조한 생산품, 부산물 등
반제품		자가 제조한 중간제품과 부문품 등
재공품		제품 또는 반제품의 제조를 위하여 재공 과정에 있는 것
원재료		원료, 재료, 매입 부분품, 미착 원재료 등
저장품		소모품, 소모 공기구 비품, 수선용 부분품 등
투자부동산		투자 목적의 비영업용으로 소유하는 토지, 건물 및 기타의 부동산
장기투자증권		비유동자산으로 분류되는 매도가능증권과 만기보유증권을 통합하여 표시

계정과목 분류	내　　용	
지분법적용 투자주식	지분법적용대상이 되는 지분증권	
장기대여금	유동자산에 속하지 아니하는 장기의 대여금	
설비자산	건물	건물, 냉난방, 전기, 통신 및 기타의 건물 부속 설비 등
	구축물	교량, 궤도, 갱도, 정원 설비 및 기타의 토목설비 또는 공작물 등
	기계장치	기계장치, 운송설비(콘베어, 호이스트, 기중기 등)와 기타의 부속 설비 등
건설중인자산	유형자산의 건설을 위한 공사원가로 지출한 도급금액 또는 취득한 기계 등을 포함	
비품	영업용으로 사용할 책상, 의자, 컴퓨터(즉시비용가능), 복사기 등	
영업권	합병, 영업 양수 등 매수기업 결합에서 매수원가 중 피매수 회사로부터 취득한 순자산의 공정가액에 대한 매수회사의 지분을 초과하는 것	
산업재산권	일정기간 독점적, 배타적으로 이용할 수 있는 권리로서 특허권, 실용신안권, 디자인권, 상표권, 상호권 및 상품명 등	
개발비	신제품, 신기술 등의 개발과 관련하여 발생한 비용으로서 개별적으로 식별가능하고 미래 경제적 효익을 확실하게 기대할 수 있는 것	
컴퓨터 소프트웨어	유상으로 구입한 컴퓨터 소프트웨어	
광업권	광업법에 의하여 등록된 일정한 광구에서 등록을 한 광물과 동 광상 중에 부존하는 다른 광물을 채굴하여 취득할 수 있는 권리	
이연법인세 자산	차감할 일시적 차이 등으로 인하여 미래에 경감될 법인세 부담액	
장기매출채권	유동자산에 속하지 않는 매출채권	
보증금	전세권, 전신전화 가입권, 임차보증금, 영업보증금 등	
장기 선급비용 등	유동자산에 속하지 않는 장기 선급비용, 장기 선급금, 장기미수금 등	

[주요 계정과목 내용] 부 채

계정과목 분류	내　　용
단기차입금	금융기관으로부터의 당좌차월과 1년 내에 상환될 차입금
매입채무	일반적 상거래에서 발생한 외상매입금과 지급어음
미지급법인세	법인세의 미지급액
미지급비용	발생된 비용으로서 지급되지 아니한 것

계정과목 분류	내 용
이연법인세부채	법인세 회계에 관한 기업회계 기준에 따라 유동부채로 분류되는 것
미지급금	일반적 상거래 이외에서 발생한 채무(미지급비용을 제외)
선수금	일반적 상거래에서 발생한 선수액
예수금	일반적 상거래 이외에서 발생한 일시적 제예수액
선수수익	받은 수익 중 차기 이후에 속하는 금액
유동성 장기부채	비유동부채 중 1년 내에 상환될 것
사채	1년 후에 상환되는 사채의 가액
장기차입금	1년 후에 상환되는 차입금
퇴직급여 충당부채	회계연도 말에 전임직원이 일시에 퇴직할 경우 지급하여야 할 퇴직금에 상당한 금액
이연법인세부채	가산할 일시적 차이로 인하여 미래에 부담하게 될 법인세 부담액

[주요 계정과목 내용] 자 본

계정과목 분류	내 용
자본금	법정자본금, 주당 액면가액에 발행주식수를 곱한 금액
주식발행 초과금	주식 발행가액(주식발행비용 차감)이 액면가액을 초과하는 경우 초과하는 금액
감자차익	자본감소의 경우에 감소액이 주식의 소각, 주금의 반환에 요하는 금액과 결손 보전에 충당할 금액을 초과한 경우 초과하는 금액. 감자차손이 있는 경우에는 이를 먼저 차감하고 그 잔액을 기타자본잉여금에 계상
자기주식 처분이익	자기주식 처분이익은 자기주식처분손실이 있는 경우에는 이를 먼저 차감하고 그 잔액을 기타자본잉여금에 계상
자기주식	회사가 이미 발행한 주식을 주주로부터 취득한 경우 취득가액으로 계상
주식할인 발행차금	1. 주식발행가액이 액면가액에 미달하는 경우에는 그 미달하는 금액 2. 주식발행연도부터 3년 이내의 기간에 매기 균등액으로 이익잉여금으로 상각 (3년 상각규정 폐지)
주식선택권	주식매입선택권의 교부계약에 의해 임, 직원 등으로부터 제공받는 용역에 대한 반대급부로 계상한 금액
감자차손	감자차익이 있는 경우에는 감자차익에서 우선적으로 차감하고, 나머지는 결손금 처리순서에 준하여 처리함
자기주식 처분손실	자기주식처분이익으로 계상된 기타자본잉여금에서 우선적으로 차감하고, 나머지는 결손금의 처리순서에 준하여 처리함

계정과목 분류	내　　용
매도가능증권 평가손익	처분손익 또는 감액손실 인식시 일괄하여 당기손익에 반영
해외사업 환산손익	1. 해외 지점 등에 대하여 현행 환율법으로 환산한 외화환산손익 2. 해외지점 청산, 매각시 당기손익으로 처리
파생상품 평가손이	현금흐름 위험 회피 수단으로 채택된 파생상품의 평가손익
법정적립금	상법의 규정에 의하여 적립된 이익준비금과 상법 이외의 법령의 규정에 의하여 적립된 금액
임의적립금	정관의 규정 또는 주주총회의 결의로 적립된 금액으로서 사업확장적립금, 감채적립금, 배당평균적립금, 결손보전적립금 등
미처분 이익잉여금	전기이월 이익잉여금에 회계변경으로 인한 누적효과, 중간배당액, 당기순손익을 가감한 금액

[주요 계정과목 내용] 수 익

계정과목 분류	내　　용	
매출액	1. 기업의 주된 영업활동에서 발생한 제품, 상품, 용역 등의 총매출액에서 매출할인, 매출환입 및 매출에누리 등을 차감한 금액 2. 순 매출액＝총 매출액－매출환입, 매출에누리, 매출할인	
	매출환입	상품 등이 품질 차이, 파손, 계약 취소 등으로 매출처로부터 반송되어 온 것
	매출에누리	고객에게 제품을 판매한 후에 판매한 제품의 수량 부족이나 품질불량 등이 발견된 경우에 고객에게 가격을 할인해 주는 것
	매출할인	일정한 현금 할인기간 내에 매출 대금을 지급한 경우 당초의 판매가격에서 일정률을 할인해 주는 것
이자수익	금전의 대여 및 이용에 대하여 상대방으로부터 일정 이율에 따라 수취하는 금전적 보수, 또는 소유하고 있는 유가증권 중에 채권에 대한 수입이자	
배당금수익	소유하고 있는 유가증권 중에 현금에 대한 배당금을 받을 때	
임대료	토지, 건물 등을 임대하고 받은 수입임대료	
단기매매증권 처분이익	단기매매증권을 장부가액 이상으로 처분할 때 발생하는 이익	
단기매매증권 평가이익	단기매매증권의 공정가액이 상승한 경우 공정가액과 취득원가의 차액	

계정과목 분류	내 용
외환차익	외화자산의 회수시에 발생하는 이익
외화환산이익	결산일에 화폐성자산 또는 화폐성부채를 환산하는 경우 환율의 변동으로 인하여 발생하는 환산이익
유형자산처분이익	유형자산을 장부가액 이상으로 처분할 때 발생하는 이익
사채상환이익	사채 상환시에 미상각액으로 인한 이익
법인세환급액	법인세를 과오납하여 환급 받을 때
잡이익	영업활동과 관계없이 발생한 이익

[주요 계정과목 내용] 비 용

<table>
<tr><th>계정과목 분류</th><th colspan="2">내 용</th></tr>
<tr><td rowspan="4">매출원가</td><td colspan="2">1. 제품, 상품 등의 매출액에 대응되는 원가로서 판매된 제품이나 상품 등에 대한 제조원가 또는 매입원가
2. 매출원가＝기초상품 재고액＋당기상품 순 매입액－기말상품 재고액
3. 당기상품 순 매입액＝총 매입액－매입환출, 매입에누리, 매입할인</td></tr>
<tr><td>매입환출</td><td>구입한 상품 등의 품질차이, 파손, 계약취소 등으로 매입처로 반송한 것</td></tr>
<tr><td>매입에누리</td><td>구입한 제품의 수량부족이나 품질불량 등이 발견되어 가격을 할인 받은 것</td></tr>
<tr><td>매입할인</td><td>일정한 현금할인 기간 내에 매입대금을 지급하여 당초의 구입가격에서 일정률을 할인 받는 것</td></tr>
<tr><td>급여</td><td colspan="2">판매와 일반 사무업무에 종사하는 종업원에 대한 월급으로 임원급여, 급료, 임금 및 제수당을 포함</td></tr>
<tr><td>퇴직급여</td><td colspan="2">직원이 퇴직 할 경우 발생하는 퇴직금이나 결산 시 퇴직급여충당부채를 설정할 경우의 퇴직금</td></tr>
<tr><td>복리후생비</td><td colspan="2">판매와 일반 사무업무에 종사하는 직원의 복리 증진을 위해 사용된 복리비와 후생비, 식대, 간식대(커피, 음료수), 회식대, 직원피복비(유니폼), 직원경조사비, 건강보험 회사부담 분, 고용보험 등</td></tr>
<tr><td>지급임차료</td><td colspan="2">사업용의 토지, 건물 선박등을 빌려서 사용하는 대가로 지급하는 비용</td></tr>
<tr><td>접대비</td><td colspan="2">특정인에게 지급하는 금액으로 거래처 식사접대, 주대접대, 음료접대, 선물대, 경조사비(청첩장등) 20만원까지 인정, 카드사용접대(법인사업자는 카드만 인정) (접대비 기본한도 연간 일반기업 1,200만원, 중소기업 2,400만원－2015.1.1. 이후 개정)</td></tr>
</table>

계정과목 분류	내 용
감가상각비	유형자산에 대한 감가상각액(간접상각법)
무형자산상각비	무형자산에 대한 상각액(직접상각법)
세금과공과	재산세, 자동차세, 면허세, 인지대, 국민연금 회사부담 분, 협회비 및 적십자회비, 법인(개인사업자)균등할주민세, 사업소세 등(국가나 지방자치단체가 부과하는 국세 지방세 등의 조세)
광고선전비	상품판매를 위하여 지급한 광고비, 선전비, 광고물 제작비, 현수막, 간판(소액) 등(불특정다수에게 제품 등의 판매촉진을 위해 지출하는 비용이며, 금전은 기타소득)
연구비	신제품 또는 신기술의 연구와 관련한 비용
경상개발비	신제품 또는 신기술 개발비용 중 개별적인 식별이 불가능하거나 그 지출의 효익이 미래에의 기간까지 미칠 수 없는 경상개발비
대손상각비	결산시 계상되는 대손예상액과 채권 중 회수가 불가능한 금액으로 일반적 상거래에서 발생한 매출채권에 대한 대손상각비(채권에 대한 소멸시효 검토)
통신비	전화요금, 이동통신전화요금, 전보, 우표, 엽서, 인터넷 전용회선 요금, 팩스 사용료, 각종정보이용료 등
운반비	상품매출시 발송비, 택배비, 퀵서비스, 운임, 상하차비, 배달비 등(상품등의 취득과정에서 발생하면 자산의 취득원가 가산)
교육훈련비	직원 연수교육비, 학원비 등
수선비	건물, 비품, 기계, 시설장치, 구축물, 기계장치 등의 수선비 등(그 자산의 가치 경제적 가치를 증가시키지 않은 비용)
소모품비	청소용품, 소모자재대, 기타(내용연수 1년 미만이고, 금액이 소액인 것) 컴퓨터 및 핸드폰 즉시비용(직접상각)
사무용품비	서식, 문구류 구입대금, 서식양식구입, 사무집기(소액) 등
지급수수료	송금수수료, 신용카드수수료, 인적용역을 제공받고 지급하는 수수료(변호사, 세무사, 회계사, 법무사 등)
수도광열비	수도료, 가스료, 난방유류비, 도시가스요금 등
전력비	전기요금, 자가 발전기 유류 등
차량유지비	차량유류대, 차량수리비, 주차료, 도로통행료, 차량검사비, 세차비 등(업무용승용차 관련비용－차량별로 기록)
여비교통비	출장비, 시내외교통비, 해외출장비, 출장숙박비 등
도서인쇄비	도서구입, 정기간행물, 인쇄비, 신문대금, 도장, 고무인대금, 사진현상, 복사, 명함대금 등

계정과목 분류	내 용
보험료	손해보험료, 보증보험료, 수출보험료, 산재보험, 근재보험, 자동차보험, 건물・비품등의 화재보험 등(직원부담 건강보험료 반영가능)
건물관리비	관리비, 청소용역비 등
보관료	창고사용료 등
리스료	사업용의 기계장치, 차량운반구 등 타인으로 리스하여 사용한 비용
잡비	발생빈도나 금액이 적어서 중요성이 없는 비용, 오물수거비 등(계속적 반복적으로 나타나지 않는 비용)
이자비용	캐피탈, 차입금, 사채의 이자 지급액 등(적요에 이자율 기록 요)
기타의 대손상각비	기타 채권에 대한 대손상각비
단기매매증권 처분손실	단기매매증권을 장부가액 이하로 처분할 때 발생하는 손실
단기매매증권 평가손실	단기매매증권의 공정가액이 하락한 경우 공정가액과 취득원가의 차액
재고자산감모손실	재고자산의 분실, 파손, 도난 등으로 인한 재고자산의 수량부족으로 발생한 손실
외환차손	외화부채의 상환시에 발생하는 손실
외화환산손실	결산일에 화폐성자산 또는 화폐성부채를 환산하는 경우 환율의 변동으로 인하여 발생하는 환산손실
유형자산처분손실	유형자산을 장부가액 이하로 처분할 때 발생하는 손실
법인세추납액	법인세를 추징 받거나 가산세 납부하는 때
기부금	자선사업이나 공공사업을 도울 목적으로 내는 금액
잡손실	과태료, 벌과금, 범칙금 등 영업활동과 관계없이 발생한 비용
법인세등	법인이 일정한 기간동안 벌어들인 법인소득에 대해 부과되는 법인세

(3) 재무제표의 수정

1) 재무제표 수정사항의 수정신고 가능 여부

국세기본법 제45조의 규정에 의한 요건에 해당하는 경우 수정신고를 할 수 있는 것이나, 과세표준이나 세액을 변동시키는 모든 사유가 수정신고의 대상은 아니며, 적법한 절차에 따라 결산을 확정하고 과세표준신고를 한 후에 당초의 확정된 재무제표를 정정하여 수정신고를 할 수 없다(국세기본법 징세46101－430, 2000.3.18.).

2) 수정신고(국세기본법 45조)

과세표준신고서를 법정신고기한내에 제출한 자는 다음 중 어느 하나에 해당하는 때에는 관할 세무서장이 각 세법의 규정에 의하여 당해 국세의 과세표준과 세액을 결정 또는 경정하여 통지를 하기 전까지 과세표준수정신고서를 제출할 수 있다

① 과세표준신고서에 기재된 과세표준 및 세액이 세법에 의하여 신고하여야 할 과세표준 및 세액에 미달하는 때

② 과세표준신고서에 기재된 결손금액 또는 환급세액이 세법에 의하여 신고하여야 할 결손금액 또는 환급세액을 초과하는 때

③ 위 ①, ② 외에 원천징수의무자의 정산 과정에서의 누락, 세무조정 과정에서의 누락 등 대통령령으로 정하는 사유로 불완전한 신고를 하였을 때(45조의 2에 따라 경정 등의 청구를 할 수 있는 경우는 제외)

④ 과세표준 수정신고서의 기재사항 및 신고절차에 관하여는 대통령령으로 정한다.

(4) 복식부기

기업의 자산과 자본의 증감 변화하는 과정과 그 결과를 계정과목으로 대변과 차변에 이중기록 계산이 되도록 하는 부기형식이다. 대차 양변에 동시에 기입으로써 대・차변의 각 합계가 일치되어 대차평균의 원리가 성립된다. 이처럼 복식부기는 자기통제기능 자동검증기능을 수행할 수 있는 것이다.

1) 거 래

① 정 의

기업의 경영활동에서 자산, 부채, 수익, 비용의 증감변화를 일으키는 것을 거래라고 한다.

② 거래요소의 결합관계

기업에서 일어나는 수많은 거래들은 기본적으로 거래의 8요소로 불리는 자산, 부채, 자본의 증감과 수익, 비용의 발생으로 구별할 수 있다. 각 요소들은 다양한 방식으로 결합되며, 이때 차변요소(자산의 증가, 부채의 감소, 자본의 감소, 비용의 발생)와 대변요소(자산의 감소, 부채의 증가, 자본의 증가, 수익의 발생)의 금액이 항상 같아지는 것을 거래의 이중성이라고 한다.

2) 계 정

① 정 의

항목별로 설정된 기록, 계산의 단위를 계정(account : A/C)이라 하고 현금계정, 보통예금계정 등과 같이 계정에 붙이는 이름을 계정과목이라고 한다.

② 계정의 분류

자산, 부채, 자본 계정을 재무상태표 계정으로, 수익과 비용 계정을 손익계산서 계정으로 분류한다.

③ 계정의 기입방법

거래의 8요소에 따라 자산의 증가는 재무상태표의 왼쪽 차변(debit : Dr)에, 부채 및 자본의 증가는 재무상태표 오른쪽 대변(debit : Dr)에, 수익의 발생은 손익계산서의 대변에, 비용의 발생은 손익계산서의 차변에 기입한다.

④ 대차평균의 원리

한 개의 거래에서 차변금액의 합계와 대변금액의 합계는 반드시 일치하게 되는데 이를 대차평균의 원리라고 한다.

3) 분 개

① 정 의

기업에서 거래가 발생한 경우 분개장에 입력하기 전에 계정의 위치와 금액을 결정하는 절차를 분개라고 한다.

② 분개장

분개를 기입하는 장부를 분개장이라고 한다.

③ 총계정원장

분개장의 기록을 해당 계정에 옮겨 적고, 이들의 계정이 설정되어 있는 장부를 원장 또는 총계정원장이라고 한다.

④ 회계장부

재무상태와 경영성과를 파악하기 위하여 기업의 경영활동에서 발생한 거래를 기록, 계산, 정리하기 위한 기록자료이며 요즘에는 컴퓨터에 의한 전산시스템을 많이 활용한다. 회계장부는 주요장부와 보조장부로 나뉘며, 기록한 장부는 장기간 보존되어 기업의 역사를 말해주며, 기업거래에 대한 중요한 증거자료이므로 기업의 투명성의 요구에 따라 정확하게 작성하여 잘 관리해야 한다.

2. 가지급금, 가수금

단기대여금, 가지급금, 주주임원종업원 단기채권 등의 가지급금은 명칭 여하에 관계없이 특수관계인에게 자금대여액(금융기관의 경우 주된 수익 사업으로 볼 수 없는 자금대여액을 포함)을 말하므로 특수관계인 이외의 자에 대한 자금대여는 가지급금에 해당되지 않아 세무상 규제대상에서 제외된다. 흔히 증빙없이 인출되는 자금에 대해서는 출처가 확인되지 않을 경우 가지급금으로 보며, 가지급금 계정은 일시적으로 설정되는 임시계정이다. 또한 법인의 설립시 납입자본금을 가장 납입하는 경우 대부분 설립 후 자본금을 인출하기 때문에, 이 역시 세무상 가지급금으로 보게 된다. 세무상 가지급금의 상대방이 특수관계자인 경우는 세법상 인정이자를 회사의 수익으로 보아 법인세를 과세한다.

(1) 특수관계인

- 법인세법 제52조 제1항의 규정에 의한 특수관계인에게 금전을 대여하면 명칭 여하에 불구하고 가지급금으로 본다.
- 법인의 특수관계자에 대한 금전의 대여는 인정이자 계상대상이므로 약정서(금전소비대차계약)를 비치해야 한다.
- 가지급금의 경우 특수관계가 소멸할 때 회수되지 아니하면 특수관계가 소멸하는 날에 귀속자에게 소득처분(상여)한다.
- 특수관계인에 대한 지출은 판단을 잘 해야 하며, 가지급금은 특수관계인에 대한 자금 대여시에만 지급이자 부인대상에 해당하므로 특수관계인 이외의 자금대여시에는 가지급금에 해당하지 않는다.
- 특수관계인의 범위는 다음과 같다.
  - 실질적 지배자와 그 친족

－출자자와 그 친족
－법인 또는 출자자의 사용인 등

* 영리법인인 경우에는 임원, 비영리법인인 경우에는 그 이사 및 설립자만 해당된다.

(2) 약정과 이자율

1) 약 정

① 이자율 및 이자 지급시기의 약정이 있는 경우

약정에 따라 이자수익으로 처리하며 회계연도 말에 기간경과분은 미수수익으로 계상한다(미수이자는 원천징수대상 이자소득에 해당 안됨).

② 상환기한 및 이자율 등의 약정이 없는 경우

이자수익을 계상하지 않고 이자를 지급받는 경우에 그 이자 지급일이 해당하는 사업연도의 익금에 해당된다.

회사가 미수수익을 계상한 경우에는 미수이자는 익금불산입하고 인정이자상당액은 익금에 산입하여 귀속자에게 소득처분한다.

③ 특수관계자와의 거래에서 발생한 가지급금 이자에 대한 원천징수의무

- 약정이 있는 경우 : 이자를 받기로 한 날 원천징수한다.
- 약정이 없는 경우 : 소득처분에 의한 법인세 신고일을 원천징수시기로 하여 소득세를 원천징수하고 해당 소득에 대한 지급명세서를 제출해야 한다.

2) 이자율

① 금전소비대차계약

원금, 이자율, 이자 지급시기, 상환기일 등을 기재한 약정서를 비치한다.

② 인정이자율

원칙은 가중평균차입이자율이나, 국세청장이 정하는 당좌대출이자율(2016.3.7. 이후 4.6%) 중 선택하여 사용 가능하다.

③ 원천징수세율

- 대여금에 대한 이자는 비영업대금의 이익으로 분류하여 원천징수세율 25%를 적용한다.
- 법인이 개인에게 대여한 경우 원천징수세율 27.5%(지방소득세 포함)를 적용한다.

④ 일반법인이 일반법인에 대여 또는 차입시 이자소득 원천징수

- 원천징수세율 25%(지방소득세 2015.1.1.부터 별도과세)
- 다만, 대부업으로 등록한 법인이 법인이나 개인에게 대여했을 경우에는 원천징수의무가 없다.

3) 기타사항

① 소득처분

미수이자의 경우 사업연도 종료일부터 1년이 되는 날까지 회수하지 아니하면 1년이 되는 날이 속하는 사업연도에 귀속자에 따라 소득처분(상여)한다.

② 부당행위계산부인 대상

- 양도자와 양수자가 특수관계인인 거래일 경우(주식 양도시에도 적용되며, 주당 액면가액을 평가해서 양도함이 원칙임)
- 시가차액 3억원 이상일 경우
- 정상거래가액 대비 5% 이상 차액이 생길 경우

③ 가수금의 발생원인

- 채권(자산)이 채무(부채)보다 늘어나서 가수금이 증가한다.
- 무자료 매출을 통장에 반영하여 당기외상매입금(세금계산서 발행분)을 상환하였다.
- 현금(외상매입금 등)을 과다지급해서 가수금이 늘어났다
- 무자료매입은 없으면서 무자료매출이 있다.
- 복식부기 원리와 대차평균의 기장원리로 재무제표가 반영된다.
- 가수금은 매출누락의 원인으로 볼 수도 있다.

3. 감가상각

(1) 의 의

법인이 소유하고 있는 고정자산이 사용이나 시간의 경과에 따라 자산의 가치가 점차로 감소하게 되는 현상을 감가라 하며, 이를 체계적인 방법에 의하여 각 회계기간에 배분하는 것을 감가상각이라 한다.

- 법인세법에서는 감가상각을 강제하지 아니하고 법인이 감가상각비를 손금으로 계상한 경우에 한하여 손금으로 인정하는 임의상각 제도를 택하고 있다.
- 법인이 손금으로 계상한 감가상각비를 모두 손금으로 인정하지 아니하고 법인이 선택하여 신고한 내용연수, 상각방법에 따라 세법이 정한 계산방법에 의하여 계산한 금액 한도 내에서 손금산입이 허용된다.
- 감가상각 시부인 계산은 개별 자산별로 하는 것이므로 내용연수가 같은 자산이라도 각각 세무조정하여야 한다.

1) 감가상각자산

감가상각자산은 유형고정자산, 무형고정자산을 말한다.

① 건축물과 무형고정자산

- 신고시 상각방법 : 정액법
- 무신고시 상각방법 : 정액법

② 건축물 외의 유형고정자산

- 신고시 상각방법 : 정률법과 정액법 중 선택
- 무신고시 상각방법 : 정률법

③ 광업용 유형고정자산

- 신고시 상각방법 : 생산량비례법, 정액법, 정률법 중 선택
- 무신고시 상각방법 : 생산량비례법

2) 감가상각 방법

① 정액법

취득가액×상각률

② 정률법

(취득가액－기 상각액)×상각률

③ 생산량비례법

취득가액×(당해 사업연도의 채굴량/총 채굴예정량)

3) 감가상각방법의 신고

법인세법 시행령 제26조 제1항 각호의 구분에 의한 자산별로 하나의 방법을 선택하여 다음에 규정된 날이 속하는 사업연도의 법인세과세표준 신고기한까지 납세지 관할 세무서장에게 신고하여야 한다.

- 신설법인과 새로 수익사업을 개시한 비영리법인은 그 영업을 개시한 날
- 위 외의 법인이 법인세법 시행령 제26조 제1항 각 호의 구분을 달리하는 고정자산을 새로 취득한 경우에는 그 취득한 날

종류가 동일한 자산에 대하여 사업장별로 각각 다른 상각방법을 적용할 수 없다.

4) 감가상각자산의 취득가액 계산

① 매입한 고정자산

매입가액에 취득세, 등록면허세, 그 밖의 부대비용을 가산한 금액을 취득가액으로 한다. 단, 토지와 그 토지에 정착된 건물 및 그 밖의 구축물 등을 함께 취득하여 토지의 가액과 건물 등의 가액의 구분이 불분명한 경우 시가에 비례하여 안분계산한 금액을 취득가액으로 한다.

② 자가제조(건설)한 고정자산

원재료비, 노무비, 운임, 하역비, 보험료, 수수료, 공과금(취득세・등록세 포함), 설치비 기타 부대비용의 합계액을 취득가액으로 한다.

③ 기타의 경우

취득 당시의 시가를 취득가액으로 한다.

5) 잔존가액

감가상각자산의 잔존가액은 '0'으로 한다. 단, 정률법에 의하여 상각하는 경우에는 취득가액의 5%에 상당하는 금액으로 하되, 그 금액은 당해 감가상각자산에 대한 미상각잔액이 최초로 취득가액의 5% 이하가 되는 사업연도의 상각범위액에 가산한다.

상각이 종료되는 감가상각자산은 취득가액의 5%와 1천원 중 적은 금액을 당해 감가상각자산의 장부가액으로 하고 동 금액에 대하여는 이를 손금에 산입하지 아니한다(비망가액이라 함).

(2) 내용연수

기업회계상 내용연수라 함은 고정자산이 영업활동에 사용되는 기간을 말하는 것으로 합리적으로 추정된 사용기간에 걸쳐 고정자산의 원가를 배분함으로써 관련수익에 대응하도록 하는데 그 의미가 있다. 그러나 법인세법에서는 법인의 자의적인 내용연수 선택에 의한 감가상각범위액 계산의 왜곡을 방지하기 위하여 자산별 내용연수와 상각률을 구체적으로 규정하고 있다. 기준내용연수에 25%를 가감한 범위 내에서 내용연수를 6년으로 신고한 경우 5년으로 변경할 수 없으며 계속 6년을 적용하여야 한다. 다만, 법인세법시행령 제29조에서 규정하고 있는 사유에 해당하는 경우에는 기준내용연수의 50%를 가감한 범위 안에서 관할 지방국세청장의 승인을 얻어 내용연수를 변경할 수 있다.

1) 내용연수와 내용연수 범위

법인세법에서는 내용연수를 자산의 구조, 업종, 종류별로 내용연수 또는 기준내용연수와 내용연수 범위를 규정하고 있다.

- 시험연구용자산 : 법인세법 시행규칙 별표2
- 무형고정사산 : 법인세법 시행규칙 별표3

- 건축물 등 : 법인세법 시행규칙 별표5
- 업종별자산 : 법인세법 시행규칙 별표6

* 건축물 부속설비(냉난방・급배수 설비 등)를 건축물과 구분하여 업종별 자산으로 회계처리하는 경우에는 [별표 6] 업종별자산(기계장치)의 내용연수(업종별 4~25년)를 적용할 수 있다.

① 시험연구용 자산

시험연구용 자산 중 법인세법 시행규칙 제15조의 규정에 의하여 기술 및 인력개발을 위한 설비투자에 대한 세액공제를 이미 받은 자산에 대하여는 내용연수표에 의한 감가상각비를 손금에 산입할 수 없다.

법인이 시험연구용 자산에 대하여 내용연수표를 적용하지 아니하고자 하는 경우에는 [별표5] 건축물 등의 기준내용연수 및 내용연수범위표 또는 [별표6] 업종별 자산의 기준내용연수 및 내용연수범위표를 적용하여 감가상각비를 손금에 산입할 수 있다.

[별표2] 시험연구용 자산의 내용연수표(제15조 제1항 및 제2항 관련)

자산범위	자산명	내용연수
1. 새로운 지식이나 기술의 발견을 위한 실험연구시설 2. 신제품이나 신기술을 개발할 목적으로 관련된 지식과 경험을 응용하는 연구시설 3. 신제품이나 신기술과 관련된 시제품 원형, 모형 또는 시험설비 등의 설계, 제작 및 시설을 위한 설비 4. 새로운 기술에 수반되는 공구, 기구, 금형 등의 설계 및 시험적 제작을 위한 시설 5. 직업훈련용 시설	1. 건물부속설비 2. 구축물 3. 기계장치	5년
	4. 광학기기 5. 시험기기 6. 측정기기 7. 공구 8. 기타 시험, 연구용 설비	3년

② 무형고정자산

[별표3] 무형고정자산의 내용연수표(제15조 제2항 관련, 2019.3.20. 개정)

구분	내용연수	무형고정자산
1	5년	영업권, 디자인권, 실용신안권, 상표권
2	7년	특허권
3	10년	어업권, 해저광물자원개발법에 의한 채취권(생산량비례법 선택 적용), 유료도로 관리권, 수리권, 전기가스공급시설 이용권, 수도시설

구분	내용연수	무형고정자산
		이용권, 열공급시설 이용권, 공업용수도시설 이용권
4	20년	광업권(생산량비례법 선택 적용), 전신전화 전용시설 이용권, 전용측선 이용권, 하수종말처리장시설 관리권, 수도시설 관리권
5	50년	댐사용권

③ 건축물 등

건물(부속설비를 포함) 및 구축물이 기준내용연수 및 내용연수 범위가 서로 다른 2이상의 복합구조로 구성되어 있는 경우에는 주된 구조에 의한 기준내용연수 및 내용연수 범위를 적용한다.

구분3과 구분4를 적용함에 있어서 부속설비에는 당해 건물과 관련된 전기설비, 급배수, 위생설비 · 가스설비 · 냉방 · 난방, 통풍 및 보일러 설비, 승강기설비 등 모든 부속설비를 포함하고, 구축물에는 하수도, 굴뚝, 경륜장, 포장도로, 교량, 도크, 방벽, 철탑, 터널, 기타 토지에 정착한 모든 토목설비나 공작물을 포함한다. 다만, 부속설비를 건축물과 구분하여 업종별 지산으로 회계처리하는 경우에는 별표6을 적용할 수 있다.

구분3과 구분4를 적용함에 있어서 건물 중 변전소, 발전소, 공장, 창고, 정거장, 정류장, 차고용 건물, 폐수 및 폐기물 처리용 건물, 유통산업발전법 시행령에 의한 대형점용 건물(당해 건물의 지상층에 주차장이 있는 경우에 한한다), 국제회의산업육성에관한법률에 의한 국제회의시설및무역거래기반조성에관한법률에 의한 무역거래 기반 시설(별도의 건물인 무역연수원을 제외) 축사 구축물 중 하수도, 굴뚝, 경륜장, 포장도로와 폐수 및 폐기물 처리용 구축물과 기타 진동이 심하거나 부식성 물질에 심하게 노출된 것은 기준내용연수를 각각 10년, 20년으로 하고 내용연수 범위를 각각 (8－12년), (15－25년)으로 하여 신고내용연수를 선택적용할 수 있다.

[별표5] 건축물 등의 기준내용연수 및 내용연수범위표(제15조 제3항 관련, 2019.3.20. 개정)

구분	기준내용연수 및 내용연수 범위(하한－상한)	구조 또는 자산명
1	5년(4－6년)	차량 및 운반구(운수업, 임대업(부동산 제외)에 사용되는 차량 및 운반구를 제외), 공구, 기구 및 비품
2	12년(9－15년)	선박 및 항공기(어업, 운수업, 임대업(부동산 제외)에 사용되는 선박 및 항공기를 제외)

구분	기준내용연수 및 내용연수 범위(하한 – 상한)	구조 또는 자산명
3	20년(15 – 25년)	연와조, 블록조, 콘크리트조, 토조, 토벽조, 목조, 목골몰탈조, 기타조의 모든 건물(부속설비 포함)과 건축물
4	40년(30 – 50년)	철골・철근 콘크리트조, 석조, 연와석조, 철골조의 모든 건물(부속설비 포함)과 구축물

④ 업종별자산

아래의 표는 별표3이나 별표5의 적용을 받는 자산을 제외한 모든 감가상각자산에 대하여 적용한다.

내용연수범위가 서로 다른 2 이상의 업종에 공통으로 사용되는 자산이 있는 경우에는 그 사용기간이나 사용정도의 비율에 따라 사용비율이 큰 업종의 기준내용연수 및 내용연수범위를 적용한다.

[별표6] 업종별 자산의 기준내용연수 및 범위표(법칙 15조 3항 관련, 2018.3.21. 개정)

구분	기준내용연수 및 내용연수범위 (하한~상한)	적용대상자산(다음에 규정된 한국표준산업분류상 해당 업종에 사용되는 자산)	
		대분류	중분류
1	4년 (3년~5년)	제조업	15. 가죽, 가방 및 신발제조업. 다만, 원피가공 및 가죽제조업(1511)은 구분 4(6년~10년)를 적용한다.
		교육서비스업	85. 교육서비스업
2	5년 (4년~6년)	농업, 임업 및 어업	01. 농업. 다만, 과수의 경우에는 구분 9(15년~25년)를 적용한다. 02. 임업
		광업	05. 석탄, 원유 및 천연가스 광업
		제조업	18. 인쇄 및 기록매체복제업 21. 의료용 물질 및 의약품 제조업
		수도, 하수 및 폐기물 처리, 원료재생업	37. 하수·폐수 및 분뇨 처리업 38. 폐기물 수집운반, 처리 및 원료재생업. 다만, 해체 선별 및 원료 재생업(383) 중 재생용 금속·비금속 가공원료 생산업은 구분 5(8년~12년)를 적용한다. 39. 환경 정화 및 복원업
		건설업	42. 전문직별 공사업
		도매 및 소매업	45. 자동차 및 부품 판매업 46. 도매 및 상품중개업 47. 소매업(자동차는 제외한다)

<table>
<tr><th rowspan="2">구분</th><th rowspan="2">기준내용연수
및
내용연수범위
(하한~상한)</th><th colspan="2">적용대상자산(다음에 규정된 한국표준산업분류상 해당 업종에 사용되는 자산)</th></tr>
<tr><th>대분류</th><th>중분류</th></tr>
<tr><td rowspan="11"></td><td rowspan="11"></td><td>운수업</td><td>49. 육상 운송 및 파이프라인 운송업. 다만, 철도운송업(491) 및 도시철도 운송업(49211)은 구분 9(15년~25년)를 적용하고 택배업(49401) 및 늘찬 배달업(49402)은 구분 4(6년~10년)를 적용한다.</td></tr>
<tr><td>정보통신업</td><td>58. 출판업
59. 영상·오디오 기록물 제작 및 배급업
60. 방송업
62. 컴퓨터 프로그래밍, 시스템 통합 및 관리업
63. 정보서비스업</td></tr>
<tr><td>금융 및 보험업
전문, 과학 및 기술 서비스업</td><td>64. 금융업
65. 보험 및 연금업
66. 금융 및 보험관련 서비스업
70. 연구개발업
71. 전문 서비스업
72. 건축기술, 엔지니어링, 기타 과학기술 서비스업
73. 기타 전문, 과학 및 기술 서비스업</td></tr>
<tr><td>사업시설관리, 사업지원 및 임대서비스업</td><td>74. 사업시설관리 및 조경 서비스업
75. 사업지원 서비스업. 다만, 여행사 및 기타 여행 보조 서비스업(752)은 구분 4(6년~10년)를 적용한다.
76. 임대업(부동산은 제외)</td></tr>
<tr><td>공공행정, 국방 및 사회보장행정</td><td>84. 공공행정, 국방 및 사회보장행정</td></tr>
<tr><td>보건업 및 사회복지 서비스업</td><td>86. 보건업
87. 사회복지사업</td></tr>
<tr><td>예술, 스포츠 및 여가 관련 서비스업</td><td>90. 창작, 예술 및 여가 관련 서비스업
91. 스포츠 및 오락 관련 서비스업</td></tr>
<tr><td>협회 및 단체, 수리 및 기타 개인 서비스업</td><td>94. 협회 및 단체
96. 기타 개인 서비스업</td></tr>
<tr><td>가구 내 고용활동 및 달리 분류되지 않은 자가소비 생산활동</td><td>97. 가구 내 고용활동
98. 달리 분류되지 않은 자가소비를 위한 가구의 재화 및 서비스 생산활동</td></tr>
<tr><td>국제 및 외국기관</td><td>99. 국제 및 외국기관</td></tr>
</table>

구분	기준내용연수 및 내용연수범위 (하한~상한)	적용대상자산(다음에 규정된 한국표준산업분류상 해당 업종에 사용되는 자산)	
		대분류	중분류
3	6년 (5년~7년)	제조업	26. 전자부품, 컴퓨터, 영상, 음향 및 통신장비 제조업. 다만, 마그네틱 및 광학 매체 제조업(2660)은 구분 4(6년~10년)를 적용하고, 전자코일, 변성기 및 기타 전자유도자 제조업(26294) 및 유선 통신장비 제조업(26410) 중 중앙통제실 송신용 침입 및 화재경보 시스템 제조는 구분 5(8년~12년)를 적용한다.
		정보통신업	61. 우편 및 통신업
4	8년 (6년~10년)	제조업	14. 의복, 의복 액세서리 및 모피제품 제조업. 다만, 편조의복 제조업(143) 및 편조의복 액세서리 제조업(1441)은 구분 5(8년~12년)를 적용한다. 20. 화학물질 및 화학제품 제조업(의약품은 제외한다). 다만, 살균·살충제 및 기타 농약 제조업(2032)은 구분 1(3년~5년)을 적용하고, 화약 및 불꽃제품 제조업(20494) 중 성냥 제조는 구분 5(8년~12년)를 적용한다. 34. 산업용 기계 및 장비 수리업
		건설업	41. 종합건설업
		운수 및 창고업	52. 창고 및 운송관련 서비스업
		숙박 및 음식점업	55. 숙박업 56. 음식점 및 주점업
		부동산업	68. 부동산업
		협회 및 단체, 수리 및 기타 개인 서비스업	95. 수리업
5	10년 (8년~12년)	농업, 임업 및 어업	03. 어업. 다만, 내수면 양식 어업(03212) 중 수생파충류 및 개구리 양식은 구분 2(4년~6년)를 적용한다.
		광업	06. 금속광업 07. 비금속 광물광업(연료용을 제외한다). 다만, 그 외 기타 비금속광물 광업(0729) 중 토탄 채굴은 구분 2(4년~6년)를 적용한다. 08. 광업 지원 서비스업. 다만, 광업지원 서비스업(08000) 중 채굴목적 광물탐사활동, 유·무연탄 채굴 지원 서비스 및 갈탄 및 토탄 채굴 지원 서비스는 구분 2(4년~6년)를 적용한다.

<table>
<tr><th rowspan="2">구분</th><th rowspan="2">기준내용연수 및 내용연수범위 (하한~상한)</th><th colspan="2">적용대상자산(다음에 규정된 한국표준산업분류상 해당 업종에 사용되는 자산)</th></tr>
<tr><th>대분류</th><th>중분류</th></tr>
<tr><td></td><td></td><td>제조업</td><td>10. 식료품 제조업
11. 음료 제조업
13. 섬유제품 제조업(의복을 제외한다). 다만, 섬유제품 염색, 정리 및 마무리 가공업(134)은 구분 4(6년~10년)를 적용한다.
16. 목재 및 나무제품제조업(가구는 제외한다)
17. 펄프, 종이 및 종이제품 제조업
22. 고무제품 및 플라스틱제품 제조업
23. 비금속 광물제품 제조업. 다만, 기타 산업용 유리제품 제조업(23129) 중 평판 디스플레이용 유리의 제조업과 브라운관용 벌브유리의 제조업은 구분 2(4년~6년)를 적용한다.
24. 1차 금속 제조업. 다만, 기타 비철금속 제련, 정련 및 합금 제조업(24219) 중 우라늄 제련 및 정련업은 구분 4(6년~10년)를 적용한다.
25. 금속가공제품 제조업(기계 및 가구는 제외한다)
27. 의료, 정밀, 광학기기 및 시계 제조업
28. 전기장비 제조업
29. 기타 기계 및 장비 제조업
31. 기타 운송장비 제조업
32. 가구 제조업
33. 기타 제품 제조업</td></tr>
<tr><td rowspan="2">6</td><td rowspan="2">12년
(9년~15년)</td><td>제조업</td><td>12. 담배제조업
30. 자동차 및 트레일러 제조업</td></tr>
<tr><td>운수업</td><td>50. 수상 운송업. 다만, 외항화물운송업(50112)은 구분 9(15년~25년)를 적용한다.
51. 항공 운송업</td></tr>
<tr><td>7</td><td>14년
(11년~17년)</td><td>제조업</td><td>19. 코크스, 연탄 및 석유정제품 제조업. 다만, 코크스 및 연탄 제조업(1910) 중 연탄, 갈탄·토탄의 응집 유·무연탄 및 기타 유·무연탄 제조는 구분 2(4년~6년)를 적용한다.</td></tr>
<tr><td>8</td><td>16년
(12년~20년)</td><td>전기, 가스, 증기 및 공기조절공급업</td><td>35. 전기, 가스, 증기 및 공기조절 공급업</td></tr>
</table>

구분	기준내용연수 및 내용연수범위 (하한~상한)	적용대상자산(다음에 규정된 한국표준산업분류상 해당 업종에 사용되는 자산)	
		대분류	중분류
9	20년 (15년~25년)	수도, 하수 및 폐기물처리 원료재생업	36. 수도사업

2) 내용연수의 신고

내용연수범위 안에서 법인이 적용할 내용연수에 대하여는 다음에 열거하는 날이 속하는 사업연도의 과세표준 신고기한까지 납세지 관할 세무서장에게 내용연수신고서를 제출(국세정보통신망에 의한 제출 포함)하여야 한다.

- 신설법인과 새로 수익사업을 개시한 비영리내국법인의 경우 그 영업을 개시한 날
- 자산별 · 업종별 구분에 의한 기준내용연수가 다른 고정자산을 새로 취득하거나, 새로운 업종의 사업을 개시한 경우에는 그 취득한 날 또는 개시한 날

* 신고하지 않는 경우 법인세법 시행령 제28조 제1항 제2호의 규정에 의한 기준내용연수를 적용한다.

(3) 감가상각의 의제

1) 즉시상각의 의제

① 사업자가 감가상각자산을 취득하기 위하여 지출한 금액과 감가상각자산에 대한 자본적 지출에 해당하는 금액을 필요경비로 계상한 경우에는 이를 감가상각한 것으로 보아 상각범위액을 계산한다.

② 위 ①에서 자본적 지출이라 함은 사업자가 소유하는 감가상각자산의 내용연수를 연장시키거나 당해 자산의 가치를 현실적으로 증가시키기 위하여 지출한 수선비를 말하며, 다음 각호의 1에 규정하는 것에 대한 지출을 포함하는 것으로 한다.

- 본래의 용도를 변경하기 위한 개조
- 엘리베이터 또는 냉난방장치의 설치
- 빌딩 등의 피난시설 등의 설치
- 재해 등으로 인하여 건물 · 기계 · 설비 등이 멸실 또는 훼손되어 당해 자산의 본래 용도로의 이용가치가 없는 것의 복구
- 기타 개량 · 확장 · 증설 등 제1호 내지 제4호와 유사한 성질의 것

③ 사업자가 각 과세기간에 지출한 수선비가 다음 각 호의 어느 하나에 해당하는 경우로서 당해 수선비를 필요경비로 계상한 경우에는 제2항에 따른 자본적 지출에 포함되지 아니하는 것으로 한다.

- 개별 자산별로 수선비로 지출한 금액이 300만원 미만인 경우
- 개별 자산별로 수선비로 지출한 금액이 직전 과세기간 종료일 현재의 재무상태표상 자산가액(취득가액에서 감가상각누계상당액을 차감한 금액을 말한다)의 100분의 5에 미달하는 경우
- 3년 미만의 주기적인 수선을 위하여 지출하는 비용의 경우

④ 취득가액이 거래단위별로 100만원 이하인 감가상각자산은 소득세법 시행령 제62조 제1항에도 불구하고 이를 그 사업용으로 제공한 날이 속하는 과세기간의 필요경비에 산입한다. 다만 다음 각 호의 어느 하나에 해당하는 것은 그러하지 아니한다.

- 당해 고유업무의 성질상 대량으로 보유하는 자산
- 당해 사업의 개시 또는 확장을 위하여 취득하는 자산

⑤ 다음 중 어느 하나에 해당하는 경우에는 그 자산의 장부가액과 처분가액의 차액을 해당 과세기간의 필요경비에 산입할 수 있다.

- 시설의 개체 또는 기술의 낙후로 생산설비의 일부를 폐기한 경우
- 사업의 폐지 또는 사업장의 이전으로 임대차계약에 따라 임차한 사업장의 원상회복을 위하여 시설물을 철거하는 경우(사업장 이전추가, 2018.2.13. 개정)

⑥ 위 ④에도 불구하고 다음 각 호의 재산에 대해서는 이를 그 사업에 사용한 날이 속하는 과세기간에 필요경비로 계상한 것에 한하여 이를 필요경비에 산입한다.

- 어업에 사용되는 어구(어선용구를 포함한다)
- 영화필름, 공구(금형을 포함한다), 가구, 전기가구, 가스기기, 가정용 기구 및 비품, 시계, 시험기기, 측정기기 및 간판
- 대여사업용 비디오테이프 및 음악용 콤팩트디스크로서 개별자산의 취득가액이 30만원 미만인 것
- 전화기(휴대용 전화기를 포함한다) 및 개인용 컴퓨터(그 주변기기를 포함한다)

2) 기타 감가상각의 의제

다음의 경우에는 사업자가 감가상각비를 미계상한 경우 감가상각비를 계상한 것으로 의제한다.

- 소득세가 면제되거나 감면받은 경우 감가상각의 의제 적용

• 추계신고 · 결정 · 경정한 경우에 감가상각비를 계산하여 필요경비로 계상한 것으로 보고 감가상각 의제 적용(2018.2.13. 개정)

(4) 개인사업자의 사업용 유형고정자산 처분손익 과세

복식부기의무자에 해당하는 개인사업자가 사업과 관련된 사업용 유형고정자산을 처분하는 경우에 발생되는 유형고정자산 처분소득을 2018.1.1. 이후 과세기간분부터 과세대상소득에 포함한다. 다만, 건설기계의 처분에 따른 과세대상소득의 경우에는 2020.1.1. 이후 양도분부터 적용된다.

• 복식부기의무자의 사업용 유형고정자산(소득세법 94조 1항 1호의 도시 · 건물 등 부동산 제외) 처분소득은 총수입금액에 합산한다.
• 과세대상 유형고정자산의 범위 : 소득세법 시행령 제62조 제2항 제1호에 따른 감가상각자산(사업용 유형고정자산－차량 및 운반구, 공구, 기구 및 비품, 선박 및 항공기, 기계 및 장치등 감가상각자산)이 해당된다.
• 필요경비 : 유형고정자산의 양도 당시 장부가액이다.
• 수입금액 추계결정 · 경정시 수입금액 가산항목 : 국가 등으로부터 지급받은 보조금 또는 장려금, 신용카드매출세액공제액, 복식부기의무자의 유형고정자산 양도가액(2018.1.1. 이후 과세기간 분부터 적용)이 해당된다.
• 간편장부대상자인 개인사업자가 사업용 유형고정자산을 처분할 경우의 처분소득은 과세대상소득에서 제외된다.

4. 업무용승용차

(1) 적용대상

1) 업무용승용차 세무조정순서

• 업무용승용차 관련비용의 손금불산입 특례(1차 세무조정)
• 업무용승용차 감가상각비상당액의 손금불산입 특례(2차 세무조정)
• 업무용승용차 처분손실의 손금불산입 특례(3차 세무조정)

2) 적용대상 업무용승용차

부가가치세법상의 비영업용승용차로 매입세액불공제되는 업무용승용차를 대상으로 한다(개별소비세법 1조 2항 3호).

- 2천cc 초과 승용차와 캠핑용 자동차
- 2천cc 이하 승용차와 이륜자동차
- 1천cc 이하, 지프가 아닌 9인승 이상 승합차, 벤형 차량 화물자동차는 제외

3) 임직원전용 보험

미가입시 : 관련 비용 전액 손금불산입(개인사업자는 적용하지 않음)

(2) 세무조정사항

1) 업무용승용차 관련비용

감가상각비, 임차료, 유류비, 수선비, 보험료, 자동차세, 동행료, 금융리스부채에 내한 이자비용, 직원 개인 명의의 차량은 포함되지 않는다.

① 운행기록 작성(승용차별로 작성)

- 임직원전용자동차보험 미가입시
  법인의 경우 임직원보험 가입이 안 되었으면 관련비용 전액을 손금불산입하고 그 귀속자에 대한 상여로 처분한다.
- 임직원전용보험 가입시
  - 운행기록을 작성한 경우 업무사용비율

승용차별 운행기록상 업무용 사용거리/승용차별 총주행거리

운행기록을 작성하지 않은 경우 관련비용 1천만원 미만인 경우 : 업무사용비율을 100% 인정한다.

  - 운행기록을 작성하지 않은 경우 관련비용 1천만원 초과 경우

1천만원/업무용승용차 관련비용

예시 관련비용이 20,000,000원일 경우 10,000,000 / 20,000,000하여 업무용 사용비

율이 50%이다.

② 손금산입(운행기록 미작성시 1천만원 초과하는 경우)

- 업무용승용차 관련비용의 손금산입액(운행기록 미작성시 한도)

MIN[업무용승용차 관련비용, 1천만원]

- 업무용승용차 관련비용의 손금산입액(관련비용×운행기록 미작성 사용비율)

업무용승용차 관련비용×업무사용비율

2) 감가상각비 손금한도

2016.1.1. 이후 취득 승용차 5년 정액으로 강제상각(감가상각 의제적용)하고, 기존에 신고했던 내용연수, 상각방법과 무관하게 반드시 상각한다.

2015.12.31. 이전에 구입한 차량은 강제상각 규정이 적용되지 않는다[상각 범위 내에서 회사가 손금(비용)으로 계상된 금액].

① 감가상각비(상당액)의 손금불산입 금액

(업무용승용차의 감가상각비(상당액)×업무사용비율)−(800만원×보유월수/12)

② 해당 사업연도가 1년 미만인 경우

1천만원×해당 사엽연도 월수/12

- 800만원까지만 손금인정하고 업무사용비율에 대한 감가상각비에서 800만원을 공제한 금액을 유보처분하여 추후 미달시 손금산입 추인함
- 추인한 금액은 추인한 사업연도의 업무용승용차 관련비용에 포함됨

③ 리스차량의 감가상각비

리스료−보험료−자동차세−수선유지비

④ 리스차량의 수선비를 구분할 수 없는 경우

(리스료－보험료－자동차세)×7%

⑤ 렌트 차량의 감가상각비

렌트료의 70%

3) 세무조정사항

- 업무용승용차 관련비용 명세서[별지 제29호 서식]
- 차량번호－차종－임차여부－보험가입 여부－총주행거리－업무용 사용거리－업무사용비율 기록하고 업무용승용차 관련비용 중 기타 금액에는 감가상각비가 반영되어 있으므로 감가상각비를 구분해 주어야 한다.
- 차량 사용자별 감사, 임원, 직원 등 그 귀속자에게 배당, 상여, 기타소득, 기타사외유출로 처분한다.
  - 차량별로 감가상각비(상당액) 한도초과금액 이월명세 관리
  - 차량별로 업무용승용차 처분손실 및 한도초과금액 손금불산입액 이월명세 관리

4) 기타사항

① 처분손실 손금한도

처분손실 800만원 초과분은 손금불산입(기타사외유출)하고, 그 이후 사업연도에 해마다 800만원까지 손금산입하며 처분일로부터 10년째 되는 사업연도에 전액을 손금산입한다(기타처분).

② 적용대상

- 2016년은 법인사업자 및 성실신고확인대상자(개인)가 해당된다.
- 2017년 귀속분부터는 개인 복식부기의무자도 적용되며, 간편장부대상자는 적용대상이 아니다.

③ 매각한 업무용승용차의 감가상각비

손금불산입액이 남아 있는 경우 처분손익에 관계없이 전액 손금산입하고 유보로 소득처분한다.

④ 총수입금액산입

복식부기의무자가 업무용승용차를 매각하는 경우 그 매각가액을 매각일이 속하는 과세기간의 사업소득금액을 계산할 때에 총수입금액에 산입한다. 매각차익(매각가액－장부가액)이 아닌 매각가액 전액을 총수입금액에 산입하여야 하며, 기장의무나 성실신고 확인대상자 등의 판정시 업무용승용차의 매각가액을 포함해야 한다.

⑤ 필요경비산입

복식부기의무자가 업무용승용차의 매각가액을 총수입금액에 산입한 경우 해당 승용차의 매각 당시 장부가액(감가상각비 중 업무사용금액에 해당하지 아니하는 금액이 있는 경우에는 장부가액을 계산할 때 그 금액을 차감한 금액)을 필요경비에 산입한다.

⑥ 차량매각 회계처리

차량매각 20,000,000원인 경우 처분손실 회계처리는 다음과 같다.

> 장부상 차량운반구(취득가액) 80,000,000－감가상각누계액 45,000,000
> ＝장부가액 35,000,000

㉮ 분개 : 차량운반구의 매각시 처분손실의 차량처분원가 처리

차변		대변	
계정과목	금액	계정과목	금액
영업외비용 차량처분원가	20,000,000	차량운반구	80,000,000
감가상각누계액	45,000,000		
유형자산처분손실	15,000,000		
(유형자산처분손실 한도 8,000,000원 → 7,000,000원 필요경비 불산입 기타사외유출)			

㉯ 분개 : 차량운반구의 매각금액 수입금액으로 인식

차변		대변	
계정과목	금액	계정과목	금액
현금	22,000,000	영업외수익 업무용승용차매각수입	20,000,000
		부가세예수금	2,000,000
(업무용승용차매각수입 20,000,000 총수입금액 산입으로 수익으로 인식)			

차량매각 50,000,000원인 경우 처분이익 회계처리는 다음과 같다.

> 장부상 차량운반구(취득가액) 80,000,000－감가상각누계액 32,000,000
> ＝장부가액 48,000,000

㉮ **분개 : 차량운반구의 매각시 처분이익의 차량운반구 처분 원가 처리**

차변		대변	
계정과목	금액	계정과목	금액
영업외비용 차량처분원가	48,000,000	차량운반구	80,000,000
감가상각누계액	32,000,000		

㉯ **분개 : 차량운반구의 매각시 매각금액을 수입금액으로 인식**

차변		대변	
계정과목	금액	계정과목	금액
현금	55,000,000	영입외수익 업무용승용차매각수입	50,000,000
		부가세예수금	5,000,000
(업무용승용차매각수입 50,000,000 총수입금액 산입으로 수익으로 인식)			

5. 세금계산서

(1) 세금계산서 발급시기(부가가치세법 34조)

① 사업자는 부가가치세법 제15조 및 제16조에 따른 재화 또는 용역의 공급시기에 재화 또는 용역을 공급받는 자에게 세금계산서를 발급해야 한다.

② 위 ①에도 불구하고 사업자는 부가가치세법 제15조 또는 제16조에 따른 재화 또는 용역의 공급시기가 되기 전 같은 법 제17조에 따른 때에 세금계산서를 발급할 수 있다.

③ 위 ①에도 불구하고 다음 각 호의 어느 하나에 해당하는 경우에는 재화 또는 용역의 공급일이 속하는 달의 다음 달 10일(그 날이 공휴일 또는 토요일인 경우에는 바로 다음 영업일을 말한다)까지 세금계산서를 발급할 수 있다.

- 거래처별로 1역월(1曆月)의 공급가액을 합하여 해당 달의 말일을 작성 연월일로 하여 세금계산서를 발급하는 경우
- 거래처별로 1역월 이내에서 사업자가 임의로 정한 기간의 공급가액을 합하여 그 기간의 종료일을 작성 연월일로 하여 세금계산서를 발급하는 경우
- 관계 증명서류 등에 따라 실제거래사실이 확인되는 경우로서 해당 거래일을 작성 연월일로 하여 세금계산서를 발급하는 경우

(2) 세금계산서의 작성, 발급, 전송

국세청 전자세금계산서

① 작성일자 : 매출이 일어난 날(재화를 공급한 날, 용역의 제공을 완료한 날)

작성일자를 기준으로 과세기간별 세금계산서합계표의 집계와 손익의 귀속시기가 결정되기 때문에 중요하다. 작성일자는 현재일까지 작성이 가능하며 미래일자로는 작성이

불가능하다.

② 발급일자 : 해당 전자세금계산서를 기관으로 송신한 날짜

발급기한 내에 미발급 또는 지연발급시 가산세 문제가 있으니 반드시 위의 기한 내에는 발급을 해야 한다. 발급기한(10일)이 공휴일 또는 토요일이라면 그 다음 영업일까지 발급가능하다.

③ 전송일자 : 발급한 전자세금계산서를 국세청에 전송한 날짜

발급일의 다음 날까지 국세청에 전송해야 한다. 전송기한(11일)이 공휴일 또는 토요일이라면 그 다음 영업일까지 전송이 가능하다.

④ 전자세금계산서 발급 의무자

- 법인사업자
- 직전연도의 사업장별 공급가액 합계가 3억원 이상인 개인사업자

⑤ 전자세금계산서 발급

- 홈택스에서 직접 발급하는 방법(공인인증서 또는 보안카드로 전자서명)
- 발급대행시스템 사업자를 통해 발급하여 자료를 전송하는 방법(ASP · ERP시스템 이용)
- ARS를 이용하여 발급하는 방법
- 전자(세금)계산서 보안카드를 신청하여 발급하는 방법

⑥ 발급시기

부가가치세법 제15조~제17조(공급시기)에 발급한다.

⑦ 전송의무

발급일 다음날까지 전송한다.

⑧ 전자세금계산서 발급 시기

- 원칙 : 전자세금계산서 발급의무자는 재화 또는 용역을 공급할 때마다 그 공급시기를 세금계산서의 작성일자로 하여 재화 또는 용역을 공급받는 자에게 발급해야 한다.
- 예외 : 거래처별로 1역월의 공급가액을 합하여 재화 또는 용역의 공급일이 속하는 달의 말일을 작성일자로 하여 재화 또는 용역의 공급일이 속하는 달의 다음달 10일

까지 발급할 수 있다.

⑨ 전자세금계산서의 국세청 전송

• 국세청 홈택스 이용 : 국세청 홈택스에 접속하여 발급한 전자세금계산서는 별도의 전송 절차가 없다.
• ASP · ERP시스템 이용 : ASP · ERP시스템에서 발급한 전자세금계산서는 발급일의 다음 날까지 국세청 홈택스로 전송해야 하며, 미전송 및 지연전송시에는 가산세가 부과된다.

⑩ 가산세(법인, 개인－의무발급자)

전자세금계산서에 관한 가산세는 신중히 검토하기 바라며 여기서는 ASP · ESP시스템을 이용으로 발생되는 미전송 및 지연전송 가산세에 대한 내용에 대해 알아 본다.

㉮ 전자세금계산서 발급명세 지연전송 가산세

전자세금계산서 발급의무사업자가 전자세금계산서 발급일의 다음날(토요일 또는 공휴일인 경우 그 다음날)이 경과한 후 공급시기가 속하는 과세기간 말의 다음달 11일까지 발급명세를 전송한 경우

공급가액×0.3%(2019.1.1. 이후)

㉯ 전자세금계산서 발급명세 미전송 가산세

전자세금계산서 발급의무사업자가 전자세금계산서 발급일의 다음날(토요일 또는 공휴일인 경우 그 다음날)이 경과한 후 공급시기가 속하는 과세기간 말의 다음 달 11일까지 발급명세를 미전송한 경우

공급가액×0.5%(2019.1.1. 이후)

6. 배 당

기업의 영업활동으로 발생한 이익을 주주에게 각자의 지분에 따라 분배하는 것을 말한다. 이익잉여금이 없으면 배당을 할 수 없고, 배당은 기업 입장에서 보면 벌어들인 이익을 외부로 유출하는 것으로 상법에서는 배당가능금액, 배당시기와 기준, 배당의 의

사결정방법을 규정하고 있다.

(1) 배당시기와 금액산정

1) 배당시기

① 배당의 종류

㉮ **정기배당**

사업연도 종료 후 3개월 이내에 정기 주주총회에서 결정하는 것이다.

㉯ **중간배당**

사업연도 중에 이사회 결의로 배당하는 것이다. 중간배당은 법인의 정관에 중간배당 조항이 있는 경우 1년에 한 번 할 수 있다. 상법 제462조의 3(중간배당)에 따르면 연 1회의 결산기를 정한 회사는 영업연도 중 1회에 한하여 이사회의 결의로 일정한 날을 정하여 그 날의 주주에 대하여 이익을 배당(이하 '중간배당'이라 한다) 할 수 있음을 정관으로 정할 수 있다.

② 배당금 지급시기

주주총회나 이사회에서 지급시기를 따로 정한 경우를 제외하고 주주총회 승인 뒤 1개월 안에 지급해야 하며, 배당금 지급청구권 소멸시효는 5년(상법 464조의 2)이다.

③ 배당금 지급시 세금

직전연도 이자·배당소득 지급명세서는 매년 2월 말일까지 국세청에 제출해야 하며, 미제출시 가산세 대상이 된다.

- 개인 : 배당소득세 14%와 지방소득세 1.4%(배당소득세의 10%) 즉, 15.4%를 원천징수한 후 지급한다.
- 배당소득 2천만원 이하는 분리과세 가능하며 2천만원 초과시 종합과세대상이다.
- 금융소득(이자, 배당소득)이 2천만원을 초과하면 종합소득세 신고를 해야 한다.
- 법인 : 법인에 대한 배당은 배당소득세는 해당없으나, 배당지급명세서를 국세청에 제출한다.
- 국내사업장 없는 외국법인, 비거주자 : 원천징수 세율 10~15%(지방소득세 별도)이며, 조세조약상의 제한세율을 적용한다.
- 미국 : 배당소득세 15%(지방소득세 별도)

2) 배당가능금액

상법 제462조(이익의 배당) 규정에 따라 회사는 재무상태표의 순자산가액에서 다음의 금액을 공제한 금액을 한도로 이익을 배당한다.

① 자본금

② 그 결산기까지 적립된 자본준비금과 이익준비금의 합계액

③ 그 결산기에 적립하여야 할 이익준비금

④ 대통령령으로 정하는 미실현이익

3) 배당가능이익 제외

재무상태표 순자산가액은 총자산에서 총부채를 뺀 금액(총 자산－총 부채)으로 다음과 같은 총자본을 의미한다.

① 주주의 납입자본금(자본금)

② 회사의 주주와의 자본거래에서 발생한 잉여금(자본 잉여금) → 주식발행초과금, 감자차익, 합병차익, 자기주식처분이익

③ 영업활동 결과 발생한 이익으로 인한 잉여금(이익잉여금)

①, ②, ③ 중에서 이익준비금으로 적립된 금액은 배당가능이익에서 제외한다.

(2) 배당 관련 기타의 업무처리

1) 이익준비금

이익준비금은 상법 제458조에 의해 매 결산기 이익배당의 1/10 이상의 금액을 자본금의 1/2에 달할 때까지 적립해야 하는 법정준비금이다. 기업에 이익이 발생하면 이익준비금을 빼고 난 금액 중 일정액을 주주에게 배당하게 된다. 이를 이익처분이라 하며 이에 따른 회계처리가 필요하게 된다.

- 정기배당은 정기 주주총회 결의일 3.31. 20,000,000원(결산서에 이익잉여금 처분계산서 처분 예정일 기록함)
- 결산시 이익잉여금 처분계산서에 이익잉여금 처분액을 현금배당란에 금액 기록하고 전표 추가한다. 결산확정 후 결산을 수정할 때는 이익잉여금 처분계산서에 새로 불러오기 하면 배당금액이 삭제되니, 다시 배당금액을 표기하고 전표 추가한다. 4월 10일 배당금을 지급한다.

예시 결산연도 다음해에 아래와 같은 전표를 발생시킨다.

(차)			(대)	
3.31.	이월이익잉여금	20,000,000	미지급배당금	20,000,000
			이익준비금	2,000,000 (이익준비금 설정, 이익배당의 1/10)
4.10.	미지급배당금	20,000,000	보통예금	16,920,000
			예수금	2,800,000 (적요 : 배당소득세 예수)
				280,000 (적요 : 지방소득세 예수)
5.10.	예수금	2,800,000 (배당소득세)	보통예금	3,080,000
	예수금	280,000 (지방소득세)		

2) 배당 정리

① 주주명부 준비

- 정기배당 : 정기주주총회 결의(주주총회 의사록)
- 중간배당 : 이사회 결의(이사회 회의록)

② 배당결의에 의한 배당금액 확정 후 인별 배당 내역 작성

- 이자 · 배당소득 원천징수영수증 작성
- 지급연월일에 구분입력내용 정확히 선택하여 작성
- 이자 · 배당 지급명세서를 마감하여 배당지급연도 다음 해 2월 말일까지 전송
- 근로소득지급명세서 제출 전송일은 3.10.까지이니 주의하도록 한다.

③ 원천징수이행상황신고서 작성 · 제출 및 배당소득세 납부

지급월의 말일로부터 다음달 10일까지 신고하고 배당소득세 납부서와 지방소득세 납부서를 전달한다.

7. 공동사업자(소득세법 43조 1항)

- 개인사업자가 사업자등록을 할 때 동업이면 사업자등록 신청시 동업계약서에 표기된 동업 지분율을 신청서에 기록하고 동업계약서를 첨부하여 접수한다.
- 사업자 코드 회사등록에서 공동사업장 여부에 '여'로 체크하고 등록한다.
- 비대표는 신규 사업자코드를 별도로 회사등록하여 공동사업장 여부 '여' 체크하고 등록한다.
- 공동사업자 분배명세서를 작성 후 저장한다(소득금액, 총수입금액 단수차는 공동대표자 금액에 반영).

① 공동사업자의 유형

공동사업자는 공동사업의 형태(개인+개인, 개인+법인)에 상관없이 사업자등록, 부가가치세법 적용, 소득금액 계산 및 안분시 개인사업자로서 인정되며, 공동사업하는 법인의 경우에는 소득세법에 의하여 계산된 분배받은 소득금액을 법인세법에 의해 다시 조정하여야 한다.

② 공동사업장의 재무제표 제출

- 공동사업장의 경우 당해 공동사업장을 1거주자로 보아 소득금액을 계산하여 지분별로 그 소득금액을 분배한다.
- 공동사업자별로 각각 재무제표를 작성하는 것이 아니라 공동사업장을 1거주자로 보아 재무제표를 작성한다.
- 대표 공동사업자가 확정신고시 재무제표와 조정계산서 등을 첨부하여 제출한 경우에는 비대표 공동구성원이 재무제표 등을 제출하지 않은 경우에도 신고불성실 가산세를 적용하지 아니한다.

공동사업장의 기장의무 판정

추계 신고	기준 경비율 또는 단순 경비율 적용 기준
접대비한도액 계산	공동사업장만의 수입금액을 기준으로 기장의무 판정하는 것임
단독으로 경영하는 다른 사업장	공동사업장의 수입금액과 상관없이 단독사업장만의 수입금액을 기준으로 적용함

추계 신고	기준 경비율 또는 단순 경비율 적용 기준
구성원이 동일한 공동사업장이 여러 개인 경우	각 공동사업장의 직전연도 수입금액 합계액으로 기장 의무를 판단함
구성원이 다른 두 개 이상의 공동 사업장인 경우	각각 별개의 사업자로 보아 기장의무 등을 판정함

③ 공동사업 출자용 차입금의 지급이자 또는 출자용 자산에 대한 비용

- 부동산임대 공동사업에 출자하기 위하여 차입한 차입금 지급이자는 당해 공동사업장의 소득금액 계산에 있어서 필요경비에 산입할 수 없다.
- 출자를 위한 차입금 외에 당해 공동사업을 위하여 차입한 차입금 지급이자는 공동사업의 필요경비에 산입한다.

④ 공동사업장 소득세 신고방법

사유별 공동사업장 소득세 신고방법

- 단독으로 사업을 영위하다 공동으로 변경한 경우
  단독사업장은 공동사업장으로 변경한 날까지의 대표자 소득금액 계산
- 공동사업장으로 변경 후 당해 공동사업장에서 발생한 소득의 경우
  변경한 다음 날부터 지분 또는 손익분배의 비율에 의하여 분배되었거나 분배될 소득금액에 따라 각 거주자(대표자)별로 소득금액 계산

단독사업장 및 공동사업장에 대하여 각각 별개로 장부를 비치 · 기장하는 것이므로 복식부기의무자가 소득세 확정신고시 조정계산서 등을 첨부하여 신고하지 아니하는 경우에는 신고불성실 가산세가 적용된다.

8. 2개 이상의 사업장

(1) 본 · 지점 거래

다루어야 할 내용이 많지만 업무를 익히는 과정 중에 여기서는 본점과 지점간의 거래와 해당 거래를 장부에 입력하는 방법에 대해서 알아본다.

① 본 · 지점(공장) 등록

본 · 지점 등록 (허가사업은 허가증 첨부)	• 지점등록 : 상법상 미등기도 사업자등록 가능(지점설치에 관한 이사회 회의록 첨부하여 신청함) • 지점등기시 법인균등할 주민세 납부 대상임(변경시 변경등기해야 함) • 법인지방소득세 납세지 : 법인의 등기부에 따른 본점 또는 주사무소의 소재지 (사업장이 둘 이상인 경우 각각의 사업장의 소재지) • 법인지방소득세 : 각 사업장 소재지 종업원 수, 건축물 연면적 기준으로 안분함

② 총괄납부 승인신청을 안 한 경우

구 분 (본점, 지점과의 거래)		가산세	부가가치세	부가가치세 총괄납부	법인세 신고
지점 (공장)	재료 매입하고 제품 완성하여 본점에 직매장반출로 매출세금계산서 발행의무 있음(과세표준에서 수입금액 제외 신고) －원가로 발행(마진 반영되면 매출과대 계상됨－본점에서 마진 발생)	세금계산서 미교부시 신고불성실 가산세 해당됨	(각각 부가가치세 신고)	매출에서 매입 차감납부 (지점 세무서 납부)(재고로 인해 환급 또는 납부)	본점, 지점 (공장) 통합 법인세 신고
본점	지점(공장) 매입분 최종 완성 제품 판매시에 매출세금계산서 발행함.		납부가 발생함 (각각 부가가치세 신고)	본점 세무서 납부	

③ 총괄납부 승인신청한 경우

구 분		보관자료	부가가치세	부가가치세 총괄납부	법인세 신고
지점 (공장)	재료 매입하여 제품 완성하여 거래명세서를 본점으로 재화 이동	거래 명세서로 본점이동	재료매입분 환급 발생(각각 부가가치세 신고)		본 · 지점 (공장) 통합 법인세 신고
본점	공장매입분 최종제품 판매시에 매출세금계		판매분 매출 세금계산서(각각 부가	주된 사업장에서 (사업장별 부가가	

구 분		보관자료	부가가치세	부가가치세 총괄납부	법인세 신고
	산서 발행함.		가치세 신고)	치세 과세표준 및 납부세액 신고명세서 제출)	

주사업장 총괄납부신청방법 및 신청효력

주된 사업장의 관할 세무서에 과세기간 개시 20일 전에 총괄납부 승인신청서를 제출한다.
- 각 사업장별로 납부(환급)세액을 통산하여 주사업장에서 납부(환급) 가능
- 세액의납부(환급)만 총괄하며 신고는 각 사업장별로 해야 함.
- 세금계산서 작성・교부 및 수정신고・경정・결정은 각 사업장별로 해야 함.
- 직매장 반출 등 내부거래는 재화의 공급이 아님(거래명세표로 관리함－관리에 어려움이 있음. 본사에서 직매장 공급분(원가) 세금계산서 발행하면 부가가치세 신고시 과세표준에서 수입금액 제외로 신고함).
- 신규사업자 : 신청일이 속하는 과세기간부터 총괄하여 납부
- 계속사업자의 경우 : 총괄납부하려는 해당 과세기간부터 총괄하여 납부
- 내부거래에 대한 세금계산서 교부의무 없음

구분	일반신고, 폐업신고, 조기환급 신고	수정신고, 경정청구, 기한후신고	경정	비고
신고	각 사업장 관할 세무서장	각 사업장 관할 세무서장	각 사업장 관할 세무서장	
납부・환급	주된 사업장 관할 세무서장	각 사업장 관할 세무서장	각 사업장 관할 세무서장	
회계 프로그램	• 본・지점 계정과목 회계프로그램 코드를 모두 동일하게 사용하여 통합함 • 본・지점 금전의 이동이 있는 계정과목은 본・지점 코드를 동일하게 사용함 (예 : 본・지점 143 계정과목 동일하게) • 거래처등록은 코드는 나뉘어 사용하면, 거래처등록 후 입력하면 통합 전체 외상거래처 잔액을 볼 수 있다. 거래처등록을 본점(1－100) 지점1(200－300) 지점2(400－500)으로 함.			
데이터 통합	• 회계관리 → 데이터관리 → 데이터 통합 A. 통합시 기준되는 회사 B. 통합할 회사들 C. 통합 후 저장할 회사 (A＋B) • 통합 후 재무제표 확정 및 세무조정을 진행한다.			

④ 총괄납부 분개

㉮ 총괄납부승인을 하지 않은 경우 분개

본점에서 재료를 구매 후 지점에 공급하는 경우 매출세금계산서를 본점에서 발행한다(직매장공급). 직매장공급은 부가가치세 신고시 과세표준에서 제외하여 신고한다.

예시 본점에서 지점으로 과세매출 33,000,000원 공급시 분개 방법

ㄱ. 본점

재고관리를 위해서는 지점의 매출금액 반큼만 지점으로 세금계산서 발행하면 지점에서는 재고관리가 수월하고 재고는 본점에서 보유한다.

차변)	본 · 지점	33,000,000	대변) 부가가치세예수금	3,000,000
	재료매입	△30,000,000		

ㄴ. 지점(공장)

차변)	재료매입	30,000,000	대변) 본 · 지점	33,000,000
	부가가치세대급금	3,000,000		

ㄷ. 검토

- 재료를 지점으로 보낼 때 재화이동으로 세금계산서를 발행하면 지점에서 재고관리 해야 함.
- 본점에서는 지점의 손익현황을 볼 수 있으므로 재료이동(직매장공급)을 정확히 관리해야 함.

㉯ 회계처리 결과

본 점		지 점	
차변	대변	차변	대변
본지점 33,000,000	부가가치세예수금 3,000,000	재료매입 30,000,000	본지점 33,000,000
재료매입 △30,000,000		부가가치세대급금 3,000,000	
3,000,000	3,000,000	33,000,000	33,000,000

통 합	
차변	대변
본지점 33,000,000	본지점 33,000,000
부가가치세대급금 3,000,000	
재료매입 0	부가가치세예수금 3,000,000
36,000,000	36,000,000

㉰ **본점, 지점**

- 본점과 지점의 재료를 각각 구매하여 독립해서 재료를 관리하고 구분경리하면 각각의 손익을 산출할 수 있다.
- 지점의 구분경리를 위해서 지점직원이 자주 교체되면 관리가 소홀할 수 있다.
- 본점, 지점의 직원은 4대보험 신고의무가 있으니 별도 관리를 해야 한다
- 본점, 지점의 운영자금의 흐름을 잘 관리해야 한다.

(2) 공통손익의 구분경리

1) 구분경리(조세특례제한법 143조)

- 법률에 따라 세액감면을 적용받는 사업(감면비율이 2개 이상인 경우 각각의 사업을 말하며 '감면대상 사업')과 그 밖의 사업의 사업을 겸영하는 경우에는 법률에 따라 구분경리하여야 한다.
- 소비성사업과 그 밖의 사업을 하는 내국인은 법률에 따라 자산, 부채 및 손익을 각각의 사업별로 구분경리하여야 한다.
- 감면대상사업의 소득금액을 계산할 때 위와 같이 구분하여 경리한 사업 중 결손금이 발생한 경우에는 해당 결손금의 합계액에서 소득금액이 발생한 사업의 소득금액에 비례하여 안분계산한 금액을 공제한다.

2) 공통손익의 안분계산(법인세법 기본통칙 113−156…6)

- 공통익금 : 각사업의 수입금액 또는 매출액에 비례하여 안분계산한다.
- 공통손금 : 사업의 업종이 동일한 경우에는 각 사업의 수입금액 또는 매출액에 비례

하여 안분한다. 사업의 업종이 다른 경우에는 각 사업의 개별손금에 비례하여 안분한다.

3) 개별손익과 공통손익의 예시

① 과세사업의 개별익금

영업외수익과 특별이익 중 과세사업의 개별익금은 수입배당금, 수입이자, 유가증권 처분이익, 수입임대료, 가지급금 인정이자, 고정자산 처분이익, 자산수증이익, 국고보조금, 부가가치세 신용카드세액공제, 사업용자산의 보험차익, 사업장이전 보상금, 영업손실 보상금(감면대상소득 아님, 감면업종 단일소득이라도 감면에서 배제됨)이 해당된다.

② 과세사업의 개별손금

영업외비용과 특별손실 중 과세사업의 개별손금은 유가증권 처분손실, 고정자산 처분손실이 해당된다.

③ 공통익금(안분계산)

감면사업과 과세사업에 공통으로 발생되는 수익이나 귀속이 불분명한 부수수익으로 공통익금에는 귀속이 불분명한 부산물・작업폐기물 매출액, 귀속이 불분명한 원가차익, 채무면제이익, 공통손금의 환입액, 기타 개별익금으로 구분하는 것이 불합리한 수익이 해당된다.

④ 공통손금(안분계산)

감면사업과 과세사업에 공통으로 발생되는 비용으로 귀속이 불분명한 비용으로 공통손금에는 사채발행비 상각, 사채할인발행차금 상각, 기타 개별손금으로 구분하는 것이 불합리한 비용, 기부금이 해당된다.

9. 소득금액조정합계표상 소득처분

다음의 표는 익금산입(손금불산입)과 손금산입(익금불산입) 사항을 요약 집계한 것으로 각 항목별 내용, 금액, 소득처분 내용을 명시했다.

소득금액 조정 합계표 소득처분 요약표

항목	세무조정내용	관련 조항	조정구분		소득처분
			익금산입 손금불산입	손금산입 익금불산입	
수입 금액	① 인도한 제품 등 매출액 가산	법령 제40조, 법령 제68조, 법령 제69조, 법령 제70조, 법령 제71조	익금산입		유보
	② ①에 대응하는 매출원가			손금산입	유보
	③ 전기매출액 중 당기결산상 매출 계상분			익금불산입	유보
	④ ③에 대응하는 매출원가		손금불산입		유보
	⑤ 작업진행률에 의한 수입금액 가산		익금산입		유보
접대비	한도 초과액 및 건당1만원(경조금 20만원) 초과 접대비 중 신용카드 등 미사용액	법법 제25조, 법령 제41조	손금불산입		기타사외 유출
기부금	① 기부금 한도초과액	법법 제24조	손금불산입		기타사외 유출
	② 당기 말 미지급계상 기부금	법령 제37조	손금불산입		유보
	③ 전기 미지급기부금 당기 지급			손금산입	유보
	④ 당기 가지급 계상분			손금산입	유보
	⑤ 전기 가지급 계상분 당기비용 처리		손금불산입		
채권자 불분명 사채 이자 등	① 채권자 불분명 사채이자 및 지급 받은 자 불분명 채권·증권 이자	법법 제28조	손금불산입		대표자 상여. 단, 원천 세액은 기타사외 유출
	② 업무무관자산 등 지급이자		손금불산입		기타사외 유출

항목	세무조정내용	관련 조항	조정구분		소득처분
			익금산입 손금불산입	손금산입 익금불산입	
가지급금 등 인정이자	① 출자자(출자임원 제외)	법령 제88조 제1항 제6호, 법령 제89조 제3항	익금산입		배당
	② 임원 · 사용인		익금산입		상여
	③ 법인 또는 개인사업자		익금산입		기타사외유출
	④ 상기 외 개인		익금산입		기타소득
퇴직급여 충당금 등	① 한도초과액	법법 제33조, 법령 제60조	손금불산입		유보
	② 전기 부인액 중 당기 지급			손금산입	유보
	③ 전기 부인액 중 당기 환급			익금불산입	유보
	임원퇴직금 한도초과액	법령 제33조 제3항	손금불산입		상여
퇴직 보험료 등	① 한도초과액	법령 제44조의 2 제3항	손금불산입		유보
	② 신고조정으로 설정			손금산입	유보
	③ '②'의 금액을 퇴직금으로 지급시		익금산입		유보
	④ 전기부인액 중 당기 환입			익금불산입	유보
대손 충당금	① 한도초과액	법법 제34조 제1항, 제4항	손금불산입		유보
	② 전기 한도초과액 중 당기 환입			익금불산입	유보
재고 자산 (원가법)	① 당기평가감	법령 제74조	손금불산입		유보
	② 당기평가증			익금불산입	유보
	③ 전기평가감 재고자산 당기 매각			익금불산입	유보
	④ 전기평가증 재고자산 당기 매각		손금불산입		유보
유가증권 저가 양수액	특수관계에 있는 개인으로부터 저가로 매입한 유가증권(시가 매입액)	법법 제15조	익금산입		유보

항목	세무조정내용	관련 조항	조정구분		소득처분
			익금산입 손금불산입	손금산입 익금불산입	
감가상각비	① 당기부인액	법법 제23조	손금불산입		유보
	② 기왕부인액 중 당기추인액			손금산입	유보
	③ K-IFRS 적용 법인의 한도내 당기상각액			손금산입	유보
	④ 손금산입 특례분			손금산입	유보
의제배당	이익잉여금의 자본전입분 감자·해산·합병 등으로 인한 의제배당 등	법법 제16조	익금산입		유보
전기이월이익잉여금	전기이월미처분이익잉여금의 수정사항 중 익금해당액	법칙 제36조	익금산입		기타
	전기이월미처분이익잉여금의 수정사항 중 손금해당액			손금산입	기타
자기주식처분손익	처분이익을 자본잉여금으로 처리시	법기통 15-11…7	익금산입		기타
	처분손실을 자본조정으로 처리시			손금산입	기타
자산수증익 등	잉여금 계상된 자산수증익 등 (이월결손금 보전시 익금불산입)	법법 제18조 제6호	익금산입		기타
기타사항	① 법인세등	법법 제21조	손금불산입		기타사외유출
	② 국세 및 지방세 환급이자	법법 제18조 제4호		익금 불산입	기타
	③ 벌과금. 과료. 가산금 등	법법 제21조 제3호	손금불산입		기타사외유출
	④ 임원 상여금 규정 초과 지급액	법령 제43조 제2항 및 제3항	손금불산입		상여

항목	세무조정내용	관련 조항	조정구분		소득처분
			익금산입 손금불산입	손금산입 익금불산입	
	⑤ 부가가치세 매입세액 비용계상(단, 매입세액 불공제분 제외)	법법 제21조 제1호	손금불산입		유보
	⑥ 법령에 의하여 의무적으로 납부하는 것이 아닌 공과금과 의무불이행이나 위반에 대한 제재로 부과되는 공과금	법법 제21조 제4호 및 제5호	손금불산입		기타사외유출
	⑦ 부당행위계산 부인(귀속자에 따라 소득처분)	법법 제52조	손금불산입		상여, 배당, 기타사외유출, 기타소득

10. 주민세 종업원분(종업원할 사업소세)

매월 급여총액이 확정되면 주민세 종업원분(종업원할 사업소세)의 과세대상 여부를 검토하여 각 지방자치단체 신고 후 납부해야 한다. 기간경과 후 신고는 가산세에 해당된다.

① 납세의무자 및 신고기한

- 납세의무자 : 종업원에게 급여를 지급하는 사업주
- 사업주 : 시・군에 사업소(매년 7.1. 현재 1년 이상 휴업하고 있는 사업소 제외)를 둔 자
- 신고기한 : 매월 종업원의 급여총액(비과세 제외)에 대하여 과세대상 해당시 다음달 10일까지

② 과세표준

- 주민세 종업원분은 종업원의 급여총액을 과세표준으로 하여 부과하는 주민세로 최근 12개월간 해당 사업소의 종업원에게 지급한 급여총액의 월평균 금액이 1억 3,500만원을 초과하는 경우 종업원 급여총액에 0.5% 세율을 적용하여 부과하는 세금이다.

• 면세기준 변경 : 종전 종업원 수에서 급여총액의 월 평균금액으로 변경

면세기준

변경 전	변경 후(2016.1.1. 시행)
해당 사업소의 종업원 수 50명 이하인 경우	최근 1년간 해당 사업소 급여총액의 월 평균값이 1억 3,500만원(50명×270만원) 이하인 경우

③ 종업원의 급여총액 산정기준

• 종업원의 급여총액의 월평균액 : 사업소에서 종업원에게 지급하는 봉급, 임금, 상여금 및 이에 준하는 성질을 가지는 급여로서 대통령령으로 정하는 것. 단, 소득세법 제12조 제3호에 따른 비과세대상 급여는 제외한다. 비과세대상 급여는 일직비, 숙직비, 여비, 월20만원 이내의 차량유지비와 보상금, 의료보험료, 생산직의 특근수당, 학자금, 피복비, 벽지수당, 취재수당(월20만원) 등이다.

• 면세기준 산정방법 : 해당 급여 지급 월을 포함하여 최근 12개월간(사업기간이 1년 미만인 경우는 급여 지급 월부터 개업일이 속하는 달까지) 급여총액을 해당 월수로 나누어 산정한다. 단, 휴・폐업 등으로 영업일이 15일 미만인 달은 평균금액 산성에서 제외한다.

- 1년 이상 계속 영업한 경우 : 2017.2.~2018.1. 급여총액을 12월로 나눈 금액
- 2017.8. 신설한 경우 : 2017.8.~2018.1. 급여총액을 6월로 나눈 금액
- 2017.3. 신설, 2017.6.~8. 휴업한 경우 : 2017.3. 이후 8개월분(휴업 3개월 제외) 평균금액
- 5개월간 휴업, 영업 재개 후 2018.1.10. 폐업한 경우 : 2017.2. 이후 6개월분(휴업 및 폐업월 제외) 평균금액

* 해당 급여 지급 월을 포함하여 최근 12개월간의 급여총액으로 월평균금액을 산정하기 때문에 면세기준은 매월 계산이 필요하다.

④ 과세표준 신고시 참고사항

• 서울시는 이택스(etax.seoul.go.kr), 그 외 지역은 위택스(wetax.go.kr)에서 주민세 종업원분의 직접 신고납부가 가능하다.

• 세무대리인의 경우 고객을 [고객정보관리]에 등록하고 [고객정보 가져오기]로 조회하여 신고한다.

• 중소기업 고용지원 해당 사업자는 검토하여 적용한다.

• 개인사업장 경영주는 최종이익 귀속자이므로 종업원에서 제외되지만, 법인이 경영하는 사무소의 경우는 사장, 회장, 대표이사, 대표사원 등 모두가 종업원에 해당된다.

⑤ 가산세

㉮ 신고납부기간이 경과하여 신고할 경우

• 무신고가산세(20%), 부정무신고가산세(40%) 부과

• 납부불성실가산세

납부세액×2.5/10,000×지연일수

㉯ 가산세 감면

당초 납기가 지난 날로부터 1개월 이내에 신고할 경우 다음과 같이 가산세를 감면한다.

• 무신고가산세

신고납부세액×20%×50%(감면율)

• 부정무신고가산세

신고납부세액×40%×50%(감면율)

* 2017.3.28. 신고분부터 신고납부기간이 경과 후 1개월 이후 6개월 이내 신고시 무신고가산세액이 20% 감면된다.

제4절 국세청 홈택스의 이해

국세청 홈택스는 별도의 신청절차 없이 회원가입이 가능하고, 홈택스에 로그인하면 기관을 방문하지 않아도 모든 업무를 처리할 수 있다. 홈택스에 전송된 신고 자료들은 분석데이터가 각 세목별로 전달되므로 세금 신고시 내용을 정확히 입력할 수 있도록 한다.

사업장에서 수임의뢰를 받으면 해당 사업장 명의의 홈택스 아이디가 필요하므로 회원가입절차에 필요한 사업자등록증, 주민등록번호, 휴대폰 번호 등 기본사항을 요청해야 하며, 전자세금계산서 발급용 인증서를 구매할 수 있도록 사업장에 전달해야 한다. 이후 업무를 진행하면서 신용카드 등 필요한 사항은 사업장에 협조를 구하면 된다. 세무대리인은 수임납세자를 수임등록한 후 세무대리 동의도 사업자가 진행할 수 있도록 도와야 한다.

현재는 국세청 홈택스 모바일 앱도 출시되어 회원가입, 세금신고, 현금영수증 사용내역 조회, 전자세금계산서 발급 및 조회, 세금신고내역 조회 등 서비스를 휴대폰으로도 이용할 수 있으니 업무에 활용했으면 한다.

1. 회원가입

국세청 홈택스는 전국 어디서나 인터넷을 통해 세금신고나 납부, 민원증명 서류 발급 등을 세무서에 가지 않고 빠르고 편리하게 이용할 수 있는 국세종합서비스로 국세청이 운영하는 납세자동화시스템으로 조회/발급, 민원증명, 신청/제출, 신고/납부, 상담/제보, 세무대리인의 업무를 처리하고 있다. 홈택스에는 회원 가입하여 업무처리를 진행하며, 아이디와 비밀번호를 잘 메모해 두어야 한다. 개인사업자의 납세증명서는 공인인증서를 금융 공인인증서로 로그인해야 납세증명서를 발급받을 수 있다(전자세금계산서 공인인증서로는 발급받을 수 없음).

(1) 사업자등록증이 없는 경우

- 주민등록번호(사업자등록증이 없는) 해당시 회원가입방법 → 프리랜서
- 개인사업자의 주대표자는 주민등록번호로 회원가입할 경우 개인에 대한 업무처리와 사업자에 대한 업무처리가 모두 가능하다.
- 사업자에 대한 업무처리를 위해서는 주민등록번호로 가입한 회원으로 로그인 후 메인화면 상단에 있는[사업장선택] 버튼을 이용하여 사업자로 전환해야 한다.
- 사업자로 전환한 후 전자세금계산서 발급시 보안카드 또는 공인인증서(사업자범용/전자세금용)가 필요하다.
- 회원가입 인증방법(주민등록번호로 회원가입함)
  ① 주민등록번호로 발급한 공인인증서
  ② 본인명의 휴대전화번호
  ③ 본인명의 신용카드 번호

(2) 사업자등록증이 있는 경우

- 주민등록번호(개인사업자 주대표자) 해당시 회원가입 방법 → 사업자등록증이 있는 경우 해당
- 개인사업자의 주대표자는 주민등록번호로 회원가입할 경우 개인에 대한 업무처리와 사업자에 대한 업무처리가 모두 가능하다.
- 사업자에 대한 업무처리를 위해서는 주민등록번호로 가입한 회원으로 로그인 후 메인 화면 상단에 있는[사업장선택] 버튼을 이용하여 사업자로 전환해야 한다.
- 사업자로 전환한 후 전자세금계산서 발급 시 보안카드 또는 공인인증서(사업자범용/전자세금용)가 필요하다.
- 개인의 경우 개인에 대한 업무처리는 안되며, 사업자에 대한 업무처리만 가능하다.

1) 회원가입 인증방법

- 주민등록번호로 발급한 공인인증서
- 본인명의 휴대전화번호
- 본인명의 신용카드 번호

* 주민등록번호로 회원가입하는 방법이며, 본인 인증방법이 없는 경우 세무서방문가입이 필요하다.

2) 사업자등록번호(개인 · 법인사업자, 세무대리인)로 회원가입 방법

- 법인사업자 · 세무대리인의 경우 사업자등록번호를 이용하여 회원가입을 해야 한다.
- 단체 · 개인사업자 등 사업자와 관련된 업무만 필요할 경우 사업자등록번호로 회원가입이 가능하다.
- 사업자등록번호로 회원가입시 해당 사업자에 대한 업무처리만 가능하다. 대표자 개인과 관련된 업무는 주민등록번호로 가입한 회원으로 로그인하여 처리할 수 있다.
- 회원가입 인증방법
  ① 사업자등록번호로 발급한 공인인증서
  ② 전자세금계산서 발급용 보안카드
- 본인 인증방법이 없는 경우 세무서 방문가입이 필요하다.

홈택스 초기 화면

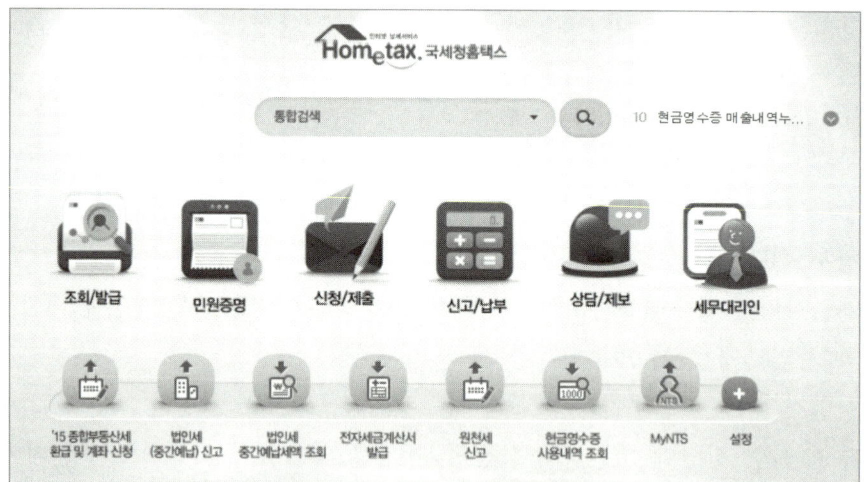

2. 조회/발급

- 조회/발급 메뉴에서 각종 조회 및 자료 업로드는 세무대리 수임등록 및 공인인증서 등록 후에 가능하고, 세금의 신고/납부 과세자료제출, 전자세금계산서 관리 및 일반 조회 서비스에 이르는 업무의 조회와 발급이 가능하다.
- 전자(세금)계산서 → 세금계산서 발급업무
- 현금영수증 → 개인사업자의 사업용신용카드 (3월, 6월, 9월, 12월말 분기까지 신규발급, 갱신, 분실된 신용카드는 꼭 등록해야만 신용카드 사용금액을 다운받을 수 있음)
- 사업자 상태 → 거래시에 상대방의 사업자등록번호, 주민등록번호로 조회하면 사업자등록의 상태에서 계속사업자인지, 폐업사업자인지 확인이 가능하다.
- 세금 신고납부 → 신고분석 안내대상자는 부가가치세, 종합소득세, 법인세 신고도움 서비스에 신고관련 안내정보가 있으니 참고한다.
- 세무대리정보 → 납세자가 세무대리인이 수임납세자 등록을 한 후에 나의 세무대리인 수임동의 및 해임을 진행하는 방법은 ① 공인인증서로 나의 세무대리인 동의를 진행하는 경우와 ② 아이디와 비밀번호로 로그인하여 조회/발급에서 나의 세무대리인 수임동의를 휴대폰 번호와, 신용카드 번호로 인증번호를 국세청에서 전송 받아 수임동의 진행하는 방법이 있다.
- 기타조회 → 기준(단순)경비율은 업종별코드로 경비율을 조회하고, 근로소득 간이세액표는 공제대상 부양가족 수를 체크하면 나의 월급에서 한달에 납부하는 세금을 알아볼 수 있다.

사업용 신용카드 등록 안내

개인사업자 사업용신용카드 사용내역은 분기(3개월 단위)마다 조회가 가능하다.

예시 1. 2017.7.21.에 카드를 등록하였다면 홈페이지 사용내역 조회는 2017.10.15. 이후부터 가능하며 이때, 2017.7.~2017.9. 기간 동안의 카드 사용내역이 조회된다.

2. 2017.10.21.에 카드를 등록하였다면 홈페이지 사용내역 조회는 2018.01.15. 이후부터 가능하며 이때, 2017.10.~2017.12. 기간 동안의 카드 사용내역이 조회된다.

- 화물운전자복지카드의 유류비 이용내역은 화물운전자복지카드 메뉴에서 조회 가능하니, 사업용신용카드로 등록하지 않는다.
- 당월 등록하신 카드는 다음달 15일경에 본인일치여부를 조회할 수 있다.

• 등록가능 카드 : 대표자 또는 기업 명의의 신용카드, 체크카드
• 등록불가 카드 : 가족카드, 기프트카드, 충전식선불카드, 직불카드, 백화점전용카드

1. 사업용 신용카드 등록제
개인사업자가 사업용 물품을 구입하는 데 사용하는 신용카드를 국세청 홈택스 홈페이지에 등록하는 제도이다.

2. 사업용 신용카드 등록제 이용시 혜택
사업자는 부가가치세 신고시 매입액공제를 받기 위한 신용카드매출전표 등 수취명세 작성이 폐지됨에 따라 시간과 비용이 대폭 감축된다.

3. 동의내용
금융실명거래 및 비밀보장에 관한 법률 제4조 및 신용정보의 이용 및 보호에 관한 법률 제24조의 규정에 불구하고 본인이 국세청에 등록하는 사업용신용카드의 거래정보자료를 신용카드업을 영위하는 자가 국세청장에게 제출하는 것을 동의한다.

* 출처 : 국세청 홈택스

현금영수증 홈택스 발급 사업자 신청

Hometax. 국세청홈택스 조회/발급 민원증명 신청/제출 신고/납부 상담/제보

≡ 조회/발급 현금영수증 현금영수증 발급

현금영수증 홈택스 발급 사업자 신청

· 가맹점이 홈택스를 통해 현금영수증을 발급할 수 있도록 신청하는 화면입니다.
- 홈택스 현금영수증 발급 시스템과 관련하여 연락 가능한 담당자 정보를 정확하게 입력해주세요.
- 신청 후, **승인이 완료된 가맹점**만 홈택스를 통한 현금영수증 발급이 가능합니다.
- **승인 여부가 처리되면 입력한 연락처로 안내 SMS가 발송됩니다.**
- 현금영수증 미가맹 사업자는 **현금영수증을 발급하여야 가맹점으로 가입**됩니다.

◎ 가맹점 정보

사업자등록번호		상호	
대표자명		사업장주소	
현금영수증 가맹여부	부	현금영수증 가입일	

◎ 담당자 연락처

사업장 전화번호		대표자 휴대전화번호	
* 담당자명		* 담당자 연락처	010 - -

신청하기

≡ QUICK 로그아웃 현금영수증 전자세금계산서 연말정산간소화 근로장려금 자녀장려금 브라우저 환경설정 접기^

• 현금영수증 가맹의무 해당업종에서 현금영수증을 가맹하는 방법은 카드단말기 설치하는 방법과 카드단말기 없이 국세청 홈택스에서 인터넷 현금영수증 사업자 홈페이지에 접속하여 회원가입해서 가맹점으로 등록 하는 방법이 있다(조회/발급→현금영수증→현금영수증 인터넷 발급안내→현금영수증 가맹점가입).
• 현금영수증 홈택스 발급 사업자를 신청하면 신용카드 단말기 없이 홈택스에서 현금

영수증 발급 가능하며, 현금영수증 가맹사업자는 현금영수증 의무 발급하여야 가맹점으로 가입된다(조회/발급→현금영수증→현금영수증 발급 2019.7.9.부터).

홈택스 조회/발급 화면

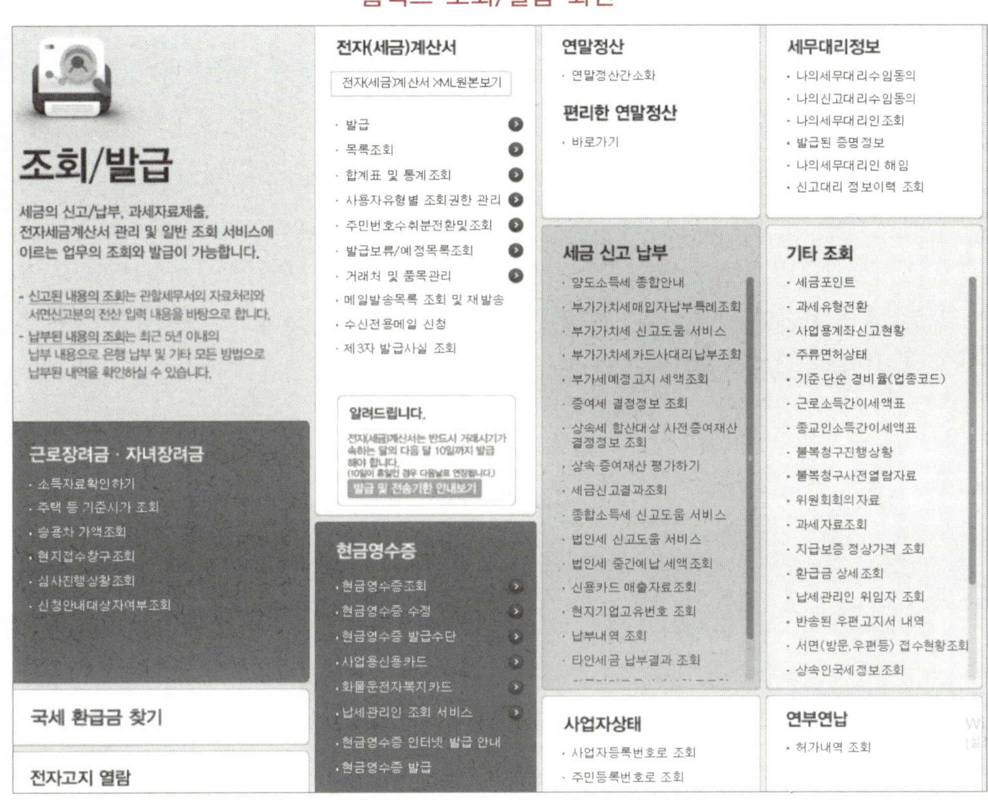

3. 민원증명

- 세무서 방문 없이 인터넷을 통하여 민원증명 발급을 신청하여 컴퓨터에서 프린터로 출력하는 민원증명서비스이다.
- 민원증명 신청은 금융기관 등에서 신용평가 기준자료로 각종증명발급을 요청하는데, 국세가 체납이 있으면 납세증명서(국세완납증명)는 발급이 되지 않는다.
- 민원증명, 민원증명 원본확인(수요처 조회), 문서위변조방지 및 처벌안내, 민원증명 처리결과 조회를 한다.
- 개인사업자의 납세증명서(국세완납증명 : 세금 체납 확인하는 서류)는 공인인증서를 금융 공인인증서로 로그인해야 납세증명서를 발급 받을 수 있다(전자세금계산서 공인인증서로는 발급받을 수 없음).

홈택스 민원증명 화면

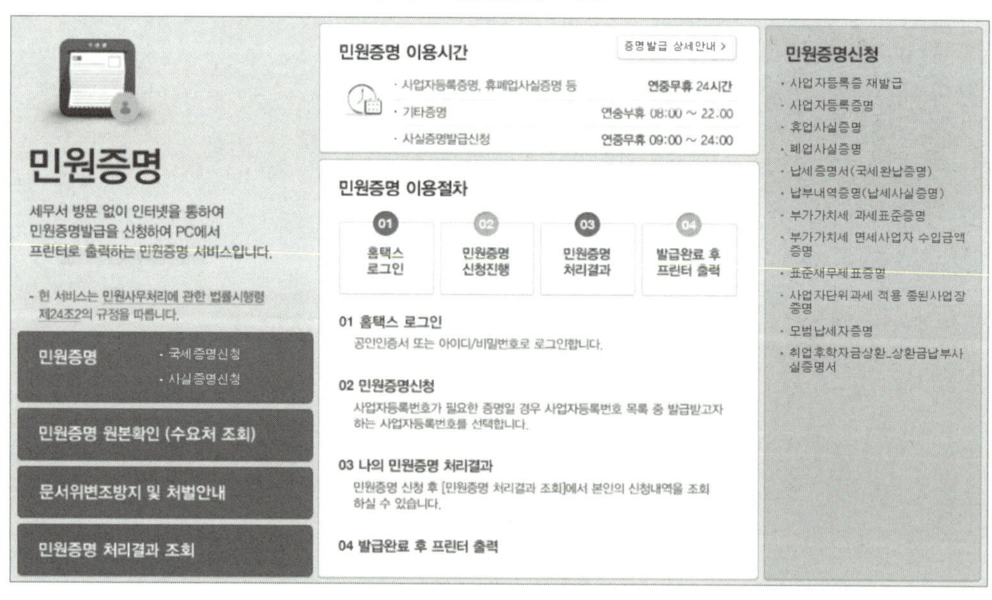

4. 신청/제출

- 국세청에서 주관하는 민원사무를 인터넷으로 신청 또는 제출할 수 있다
- 사업자등록 신청/정정등 → 제출서류 준비 → 신청(신고)서 입력 → 제출서류 등록 → 신청내용 확인 및 전송으로 세무서에 직접 방문하여 신청(정정)하는 경우(확정일자신청 등)를 제외하고 사업자등록 신청/정정 등을 처리 할 수 있다.
- 일반세무서류 신청, 현금영수증전용카드 신청/등록, 전산매체제출, 민원신청 처리결과조회를 진행한다.

홈택스 신청/제출 화면

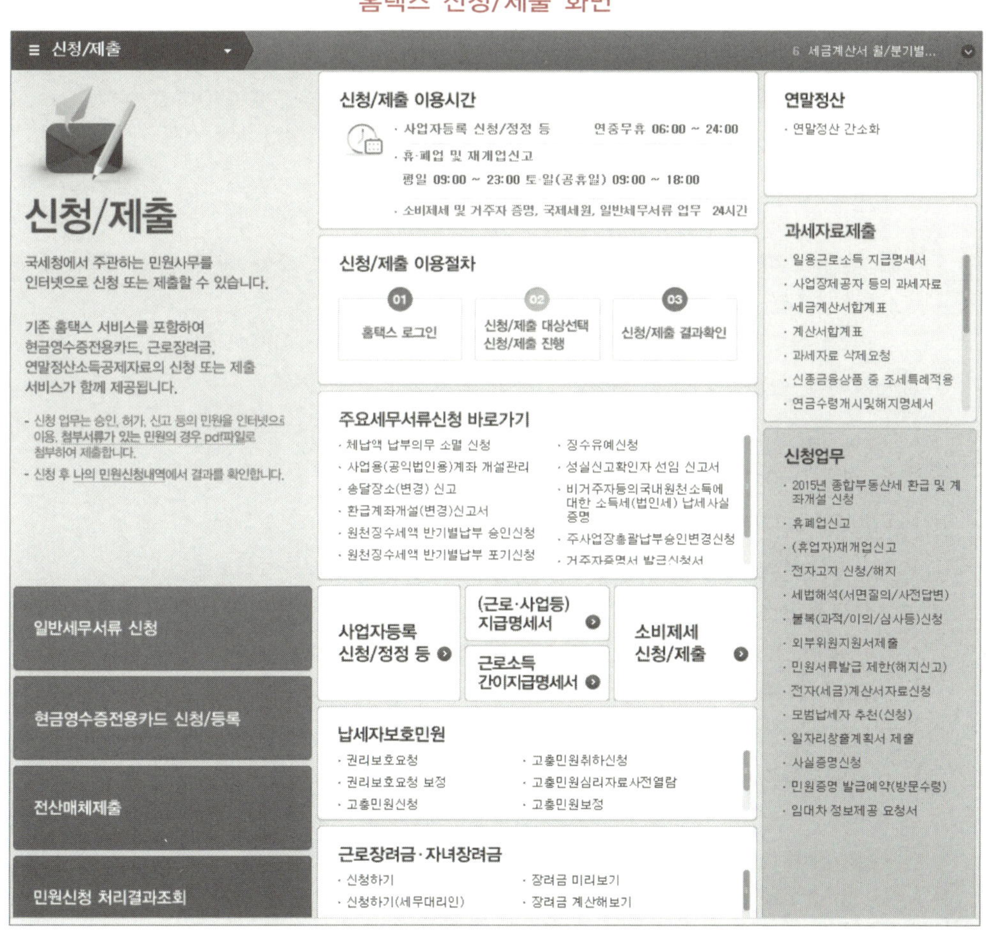

5. 신고/납부

- 홈택스에서 세금의 신고 및 납부업무를 편리하게 이용할 수 있다.
- 기존의 서면신고 및 세무서 방문의 불편을 인터넷으로 대신하여 세금신고와 세금납부를 세무대리인이 대행 진행할 수 있다.

홈택스 · 인터넷 등에 의한 국세전자납부 안내

1. 편리한 국세전자납부의 5가지 방법

① 은행 등의 인터넷뱅킹을 이용한 전자납부 : 납세자들의 거래은행에서 인터넷뱅킹 신청을 하면 누구나 이용이 가능하다. 인터넷지로(www.giro.or.kr)에서도 계좌이체 방식으로 납부 가능하다.

② 국세청 홈택스를 이용한 전자납부 : 국세청 홈택스(www.hometax.go.kr)

③ 폰뱅킹을 이용한 전자납부 : 납세자들의 거래은행에서 폰뱅킹 서비스를 신청하면 누구나 이용이 가능하다.

④ 신용카드 전자납부 : 금융결제원(www.cardrotax.or.kr)에 접속하여 신용카드로 국세를 납부할 수 있다(대상세목 및 세액은 1천만원 이하의 모든 세목, 이용시간은 00 : 30~22 : 00).

⑤ ATM(자동입출금기)을 이용한 전자납부 : 은행 점포에 설치되어 있는 ATM을 이용하여 납부하는 방법으로 은행 창구가 붐빌 때 이용하시면 좋다.

2. 국세납부는 홈택스(www.hometax.go.kr)로 납부

① 홈택스를 이용한 세금납부 안내

- 홈택스 전자신고 후 납부하는 경우
  - 홈택스 공인인증서 로그인→[신고/납부]→[세금납부]→[신고분납부]
  - 납부하기→금융결제원 지로화면→은행계좌번호/비밀번호→즉시납부→세금납부 확인
- 고지서를 받은 경우
  - 홈택스에 공인인증서 로그인→[신고/납부]→[세금납부]→[신고분납부]
  - 납부하기→금융결제원 지로화면→은행계좌번호/비밀번호→즉시납부→세금납부 확인
- 자진하여 납부하는 경우
  - 홈택스에 공인인증서 로그인→[신고/납부]→[세금납부]→[신고분납부]
  - 결정구분→세목선택→납부할세액→납부하기→금융결제원 지로화면→은행계좌번호/비밀번호→즉시납부→세금납부 확인

  ※ 본인 계좌에서 타인의 국세도 납부 가능 : [신고/납부]→[세금납부]→[타인세금납부]

② 세금납부 이용시간 : 365일(7 : 00~22 : 00)

③ 전자납부의 장점
- 은행을 방문하지 않고 22시까지 편리하게 납부 가능
- 영수증을 보관할 필요가 없으며, 국세전자납부 확인서를 언제든지 발급 가능

홈택스 신고/납부 화면

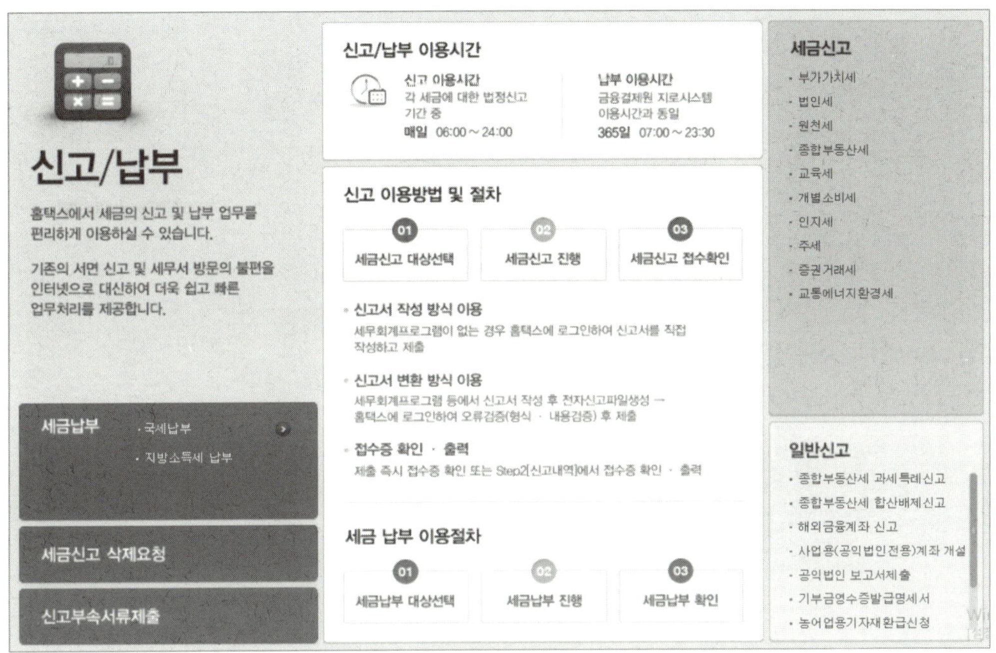

6. 상담/제보

국세청 홈택스 이용자들의 궁금한 점을 상담해 주고 제보내용을 수렴하는 서비스이다.

홈택스 상담/제보 화면

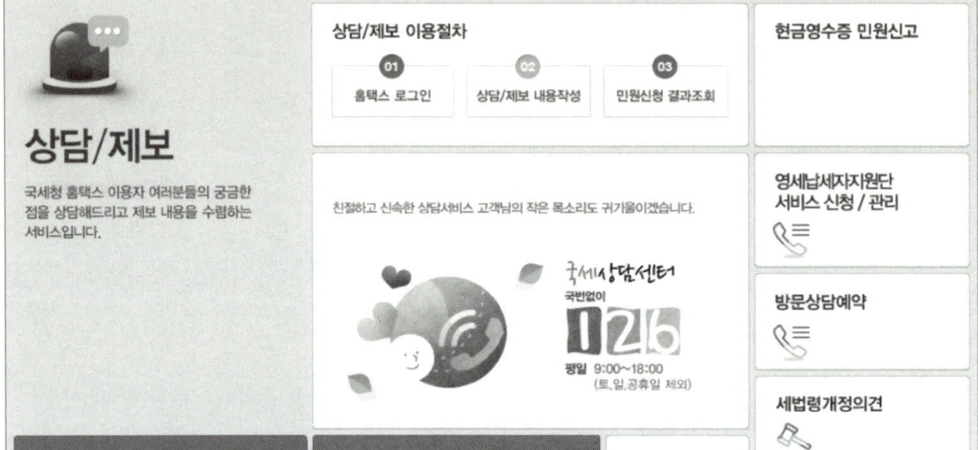

7. 세무대리

세무대리인이 납세자를 대리하여 세무신고, 민원증명 신청 등의 업무를 보다 쉽게 처리할 수 있도록 하기 위한 서비스이다. 세무대리정보는 수임납세자의 수임동의 및 해임 등록하에 모든 업무가 진행된다.

- 수임납세자 정보조회로 다운받은 자료는 회계관리 프로그램과 국세청 전자세금계산서 및 계산서의 일치여부를 꼭 확인한다.
- 고지내역 및 체납내역 조회
- 신용카드매출자료 조회
- 현금영수증매출총액 조회
- 사업용신용카드 사용금액 조회
- 구리스크랩 등 납부세액 조회
- 부가가치세, 법인세, 종합소득세 신고도움 서비스는 각 납세자에 대한 국세청의 신고안내자료를 볼 수 있다.
- 금, 철, 구리 스크랩 등 조회 방법
  세무대리 → 부가가치세 매입자 납부특례 조회 → 전용 계좌 조회(전용계좌번호 확인)→ 거래내역 조회(분기별조회 매출, 매입) → 국고입금 내역(기납부세액 조회)

* 1분기, 2분기 말에 홈택스에서 거래내역 조회가 늦게 반영이 되므로 사업자의 홈택스 아이디와 비밀번호로 조회하면 거래내역이 바로 조회 가능하다.

홈택스 세무대리 화면

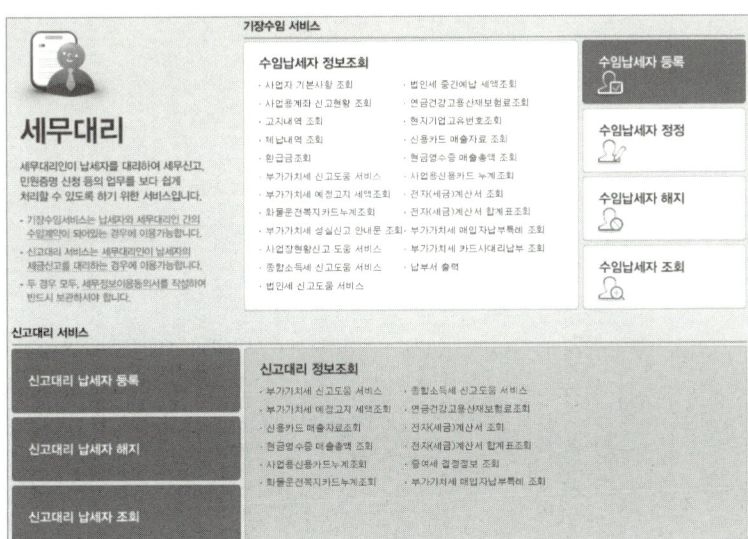

8. 기타 국세청 홈페이지 이용

- 국세청 (www.nts.go.kr) : 대표번호 126
- 국세청 홈페이지 중 국세정보에서는 세무서식을 조회하고, 국세청 소개에서는 전국 세무관서를 조회하며, 국세법령정보시스템에서는 인터넷으로 법령 등 관련 업무를 이용할 수 있으며, 전체 업무는 다음과 같다.
- 국세청뉴스 : 보도자료, 조간스크랩, 그건 이렇습니다, 국세청뉴스레터, 공지사항, 고시・공고, 훈령・고시 행정예고, 국세매거진, 월간 '국세'
- 국세정보 : 세법해석질의안내, 사업자등록안내, 세무서식, 국세청프로그램, 국세통계, 국세청 발간책자, 세무용어사전, 국세조세정보, 납세서비스, 국회관련정보공개
- 성실신고지원 : 종합소득세, 사업장현황신고, 원천징수(연말정산)안내, 종교인소득신고안내, 부가가치세, 전자(세금)계산서, 현금영수증・신용카드, 법인세, 공익법인, 해외금융계좌신고, 양도소득세, 상속세, 증여세, 종합부동산세, 자금출처확인서 발급안내, 명의신탁주식 실소유자 확인안내, 주류제조, 월별세무일정, 납부안내, 국세환급금찾기
- 국민소통 : 이용안내, 온라인민원, 신고센터, 국민참여, 규제혁신
- 탈세제보 : 국세청 홈택스 상담/제보와 연계
- 국세청소개 : 우리청안내, 청・차장소개, 국세공무원소개, 전국세무관서, 관련기관안내
- 정보공개 : 정보공개, 고액상습체납자 등 명단공개, 공공데이터제공, 정책실명제
- 관련사이트 : 홈택스, 국세법령정보, 취업 후 학자금 상환, 국세공무원교육원, 조세박물관, 어린이 국세청, 국세통계

국세청 초기화면

저 · 자 · 약 · 력

• 남 미 숙

1984년에 광주여자상업고등학교를 졸업하여, 첫 직장으로 세무회계사무소와 인연을 맺고, 세금신고 업무를 배우기 시작하였다. 현재는 세무회계사무소에 근무를 하고 있으며, 30여년간 세무회계 직무에 종사하며 신입 직원들의 교육을 도맡아 하고 있다.

입문자의 입장을 기록한 체계적인 교육의 절실함은 책이 세상에 출판 된 후 그 필요성을 현장에서 들을 수 있었고, 전달하는 부분이 책을 통한 방법이 아닌 미디어 매체를 이용하여 교육 내용을 전달하고 있으며, 실무 교육를 위한 강단에 서기위한 준비와 함께 활동 영역을 넓혀 가고 있다.

세금신고 끝판왕 정가 35,000원

저 자 남 미 숙
발행인 서 동 혁
편 집 권 아 정

저자와의 협의하에 인지생략

발행처 ㈜영화조세통람

펴낸날 2018년 11월 8일 초판 발행
2019년 8월 28일 개정판 발행

주 소 서울특별시 중구 동호로 14길 5-6(신당동)
등 록 1976. 11. 5. 제9-81호
전 화 대 표 02) 2231-7027 Fax 02) 2234-1754
출판사업부 02) 2231-7141 Fax 02) 2231-7994

구입문의 (02) 2231-7027~9 ISBN 979-11-6064-144-8 13320

㈜영화조세통람은 좋은 책을 만들기 위해 독자 여러분의 의견을 기다립니다.
E-mail(josetop@inaus.co.kr)과 홈페이지(www.taxnet.co.kr)의 고객지원센터 "고객의 소리" 코너